吴秋林文集

·第六卷·

◎吴晓梅　罗康隆　主编

◎贵州少数民族面具文化研究

◎居都仡佬族文化研究

◎『蒙恰』古歌研究

吴秋林　著

WU QIULIN WENJI

中央民族大学出版社
China Minzu University Press

图书在版编目（CIP）数据

吴秋林文集. 第六卷／吴晓梅，罗康隆主编. —北京：中央民族大学出版社，2023.7

ISBN 978-7-5660-2186-1

Ⅰ. ①吴… Ⅱ. ①吴… ②罗… Ⅲ. ①文化研究—中国—文集 Ⅳ. ①C52②G0-53

中国国家版本馆 CIP 数据核字（2023）第 007304 号

吴秋林文集. 第六卷

主　　编	吴晓梅　罗康隆
策划编辑	舒　松
责任编辑	舒　松
封面设计	布拉格
出版发行	中央民族大学出版社 北京市海淀区中关村南大街 27 号　　邮编：100081 电话：（010）68472815（发行部）　传真：（010）68932751（发行部） （010）68932218（总编室）　（010）68932447（办公室）
经 销 者	全国各地新华书店
印 刷 厂	北京鑫宇图源印刷科技有限公司
开　　本	787×1092　1/16　印张：40.5
字　　数	887 千字
版　　次	2023 年 7 月第 1 版　2023 年 7 月第 1 次印刷
书　　号	ISBN 978-7-5660-2186-1
定　　价	148.00 元

目　录

贵州少数民族面具文化研究

居都仡佬族文化研究（部分章节）

“蒙恰”古歌研究

吴秋林文集

第六卷

贵州少数民族面具文化研究

引　言

一

面具是一种世界性的、古老的文化现象，是一种具有特殊表意性质的象征符号。据考古学和民族学提供的资料，大约在旧石器时代晚期或新石器时代早期，古代先民已经在原始狩猎、部落战争、图腾崇拜、巫术仪式等众多领域中广泛使用面具。由于早期的面具大多是用兽皮、竹木、纤维、羽毛、陶土等不耐腐蚀的材质制作的，因此很难抵御时间的侵蚀而保存至今。但史前的一些洞窟壁画和岩画（例如西班牙的列文特洞窟壁画、印度的帕奇玛尔山岩画、北非的塔西里岩画、北美的阿拉斯加岩画）中，都刻绘着不少佩戴着面具的原始人类图像，他们有的在舞蹈，有的在狩猎，有的在举行巫术仪式或祭祀活动，头上的面具被塑造成鹿、狼、犀牛、猴子等动物的形象。世界一些地区的岩画中还刻绘着数量众多的人面像和兽面像，西方的人类学家一般把它们视为神灵或面具。

图 0–1　希腊迈锡尼出土的黄金面罩

现在世界各地遗存的面具实物，最早距今大约有八九千年。巴黎圣经博物馆藏有一件出土于近东地区的石质丧葬面具，据测定是公元前 7000 年的遗物；①南斯拉夫文萨地区曾出土一批人形和兽形陶质面具，制作于公元前 4000 年。②在古代中国、日本、印尼、印度、玛雅……亦有一些史前的面具遗存下来。进入奴隶社会以后，面具的使用更为广泛了；除了早先的流布领域外，此时面具还较多地用于丧葬仪式。由于奴隶社会的面具多用黄金、玉石、青铜等贵重而耐腐蚀的材质制作，故流传下来的作品

① 潘绍棠编：《世界雕塑全集·东方部分》（上册），河南美术出版社 1989 年版，第 421 页。
② 朱狄：《原始文化研究》，生活·读书·新知三联书店 1988 年版，第 514 页。

较多，其中最著名的有：1876年在希腊迈锡尼卫城竖井墓出土的黄金面罩，距今约3500年；1923年在埃及底比斯帝王谷图坦卡蒙墓出土的黄金面罩，距今约3300年；1952年在墨西哥帕冷克碑文神庙地下石室出土的绿玉面罩，距今约1200年。在嗣后的漫长岁月里，面具作为人类物质文化和精神文化相结合的产物，一直在狩猎、战争、巫术、祭祀、舞蹈、戏剧、镇宅、装饰等众多领域流传不衰，成为人类历史上最缤纷夺目、丰富多彩的文化现象之一。今天，在不少国家和地区，尤其在那些经济、文化比较落后的民族中，面具依然非常盛行；即使在那些经济、文化高度发达的国家和地区，例如日本、欧洲和北美，面具亦并未绝迹，而经常在各种舞蹈、戏剧和民俗活动中出现。

我国是世界上面具历史最悠久、流传最广泛、遗存最丰富的国家之一。同世界上其他国家和民族的面具相比较，我国的面具品类繁多，造型生动，形制独特，具有鲜明的民族特色和地域特色。我国已发现的面具，最早为新石器时代遗存的小型面饰，它们一般用玉或石制作，长、宽在3—6厘米，戴在人的胸部或臂部，用于装饰或辟邪。这种面饰在四川巫山县大溪、山东滕县岗上村、甘肃永昌县鸳鸯池、陕西神木县石峁村、浙江余杭县瑶山等地均有出土，距今大约4000年至6000年。我国远古时期也盛行在脸部和头部佩戴面具，是为假面和假头。如前所述，此类面具多用兽皮、竹木、纤维、羽毛、陶土等易腐材质制作，因此很难经受数千年岁月的侵蚀而保存下来。但在内蒙古阴山、宁夏贺兰山、广西花山、云南麻栗县大王岩、西藏日土县任姆栋山、新疆呼图壁县康老二沟等地的岩画中，刻绘着大量原始先民佩戴面具进行狩猎、战争、祭祀和舞蹈的图像，它们从一个侧面证明了我国远古时期的面具文化是多么的丰富多彩！

图0–2 河南三门峡出土的西周缀玉面罩

商周时期，面具作为一种特殊的“祭器”和“兵器”，被大量用于祭祀和战争，是直接或间接为维护、巩固奴隶制政权服务的。商周面具多用青铜、黄金、玉石、熊皮等贵重材质制作，这使得它在很大程度上成了奴隶主贵族的专有之物，奴隶和平民一般不大可能拥有。商周面具除了继续用于狩猎、战争、祭祀、巫术、舞蹈之外，还较多地用于丧葬和驱傩。周代盛行在葬仪中用缀玉面罩遮盖死者的面部，缀玉面罩又叫“缀玉幂目”，系用玉石琢成人的眉、目、口、鼻、耳等饰件，然后缝缀于绢帛之上，功用是保护死者的面部，延缓尸体腐烂，并含有一定的宗教意义。商周时期还有在墓葬中放置人形面像或兽形面像的习俗，前者的功用类似“偶人”，是“殉人”的替代品；后者系镇墓驱鬼之物，属于镇墓吞口面具。

驱傩是一种戴着面具驱鬼逐疫的巫术仪式，这种仪式相传起源于黄帝时期，到商周逐渐形成固定的制度。周代把驱傩纳入“礼”的范畴，每年在季春、仲秋和冬季定期举行盛大的傩祭；平时人们遇到祸祟丧事，也可随时举行傩事活动，但规模比宫廷举行的傩事活动小得多。在驱傩仪式中，主角方相氏要佩戴“黄金四目”面具，《周礼·夏官》：“方相氏掌蒙熊皮，黄金四目，玄衣朱裳，执戈扬盾，帅百隶而时傩，以索室殴疫。”由于这段记载过于简略，致使人们对方相氏面具的形制和质地均不甚了然，并因此产生了种种误解，其中具有代表性的意见是把它视为一面独立的、镂刻着四只眼睛的青铜面具。笔者认为：方相氏面具并非一面独立的面具，而是由熊皮假头和青铜假面合套而成的复合式面具，假头的二目加上假面的二目共为四目；其目或用黄金装饰，或用青铜制作，故称“黄金四目”。由于方相氏的这种装饰十分烦琐，因此自汉代始，出现了假头与假面分离的倾向，方相氏在一般的傩仪中只戴熊首假头，或只戴青铜（或木质）假面，唯有在宫廷傩仪中才将二者并用。宋代以后，方相氏这一角色更从傩仪中消失了，其职司被开路将军和开山猛将所取代，方相氏一般只出现在葬仪中。

商周时期遗存至今的面具实物甚多，总数在百面以上，其中最令人瞩目的是四川广汉市三星堆遗址出土的一批商周青铜面像、假面和面饰，以及数件同一时期用纯金皮制作的面罩。2 号祭祀坑出土的一件巨型青铜面像，高 65 厘米、通耳宽 138 厘米，重约 100 公斤，是迄今为止我国发现的最大的面具，堪称“面具王”；1 号祭祀坑出土的黄金面罩，是盖在青铜人头雕像上的，此类黄金面罩在国内外均是首次发现，具有珍贵的研究价值。此外，河南安阳市殷墟侯家庄出土的商代青铜人面像、陕西城固县苏村出土的商代青铜人形假面和兽形面像、山西曲沃县曲村-天马遗址和河南三门峡市上村岭出土的西周缀玉面罩、湖北荆州市濠林村出土的东周玉面罩、四川成都市金沙村遗址出土的黄金面罩等，也是这一时期最具代表性的面具。

图 0-3　四川广汉三星堆出土巨型青铜面像

汉唐时期，随着我国疆土的拓展以及丝绸之路的开通，中外经济、文化交流日益频繁。就面具文化而言，一方面，中亚、南亚、东亚、东南亚各国的面具乐舞纷纷传入中国，为我国的面具文化注入了新鲜血液；另一方面，我国的驱傩仪式和面具乐舞也传到了日本、朝鲜、越南和西域各国，对那些国家的面具文化产生了巨大影响。在这种双向的文化交流中，我国的面具文化开始走向成熟。汉唐时期面具发生了以下引人注目的变化：其一，木、竹、布、纸等廉质面具日益盛行，并逐渐取代金、铜、玉面具，成为面具的主流，从而打破了商周时期面具为少数奴隶主贵族专有的局面，极大地推动了面具的普及和发展。其二，汉代出现了一种专门佩戴面具进行乐舞百戏表演的宫廷艺人——象人，他们常在角抵节目中戴上面具与各种猛兽搏斗，这表明此时面具文化的宗教性、祭祀性已逐渐减弱，而向着娱人化、戏乐化的方向发展。其三，汉代以前，面具的角色全部是神祇、祖先、动物和魔鬼，汉代以后，出现了世俗人物角色，例如汉代角抵戏《东海黄公》中的黄公、东晋乐舞《文康伎》中的庾亮、隋唐歌舞戏《踏谣娘》中的苏郎中妻等，皆属于世俗人物，他们在表演中均要戴面具。其四，商周时期，面具文化主要受到原始宗教巫教和萨满教的影响，汉唐时期，面具文化则主要受到宗教佛教和道教的影响；二者相较，此时佛教对面具文化的影响更大一些。

汉唐时期遗存的面具，已知的有广西西林县出土的西汉青铜人面像、湖南溆浦县马田坪出土的西汉滑石兽面、山东长清县双乳山及江苏徐州市子房山、后楼山出土的西汉缀玉面罩、新疆尉犁县营盘出土的东汉麻质面罩、宁夏固原县出土的唐代黄金覆面、新疆昭苏县出土的南北朝—唐代黄金面罩、新疆库车县出土的南北朝—唐代木质假面等。汉代流行用玉衣作为殓服的习俗，玉衣系用金缕、银缕、铜缕将玉片连缀而成，其脸盖形似假面，若与头罩结合则有如假头。我国已出土完整的玉衣十余套，最著名的是河北满城县中山靖王刘胜夫妇墓出土的金缕玉衣。汉唐遗存的面具实物在数量上虽然不如商周，但这一时期的历史文献和美术作品中有很多关于面具的资料，从中可以清楚了解其衍变发展情况。并且，东邻日本至今仍保存着很多中古时期的伎乐面和舞乐面，其中不少角色（如吴公、吴女、陵王、秦王等）皆系从中国传入，是研究这一时期面具文化的珍贵参照物。

图 0-4　日本飞鸟时代伎乐面具吴公

宋元明清是我国面具文化的繁荣时期，这时面具除流行于传统的领域外，还大量用于戏剧之中。我国的戏剧萌芽于汉代的角抵戏和唐代的参军戏、歌舞戏，但直到宋元时期，随着杂剧、目连戏和傩戏的出现，才进入了成熟阶段。在宋元杂剧和目连戏中，面具一般只用于神魔鬼怪和番官、动物一类角色，而在傩戏及稍后诞生的藏戏中，大部分角色都要佩戴面具。傩戏和藏戏在明清两代流传极广，傩戏主要流传于中原、东南和西南各省区，藏戏主要流传于西藏，以及青海、甘肃、四川等省区的藏族聚居地区。在戏剧表演中，面具是作为一种具有审美价值的化装道具而存在的，它既是演员走向角色的桥梁，也是演员扮饰角色的标志。戏剧面具（尤其是傩戏面具和藏戏面具）的出现，推动面具完成了功能上和艺术上的两大转变，在功能上，由早期的以实用为主转变为以审美为主；在艺术上，由早期的追求类型化转变为追求个性化。

宋元明清面具文化的繁荣超过了商周以来的任何一个时期，这主要表现为面具数量之巨，角色之多。据孟元老《东京梦华录》载：北宋宫廷傩的队伍达到了上千人，他们佩戴的面具各不相同，其角色有将军、门神、判官、钟馗、小妹、土地、灶神等。陆游《老学庵笔记》亦载：政和年间，下桂府向朝廷进呈面具一副，共八百枚，老少妍陋无一相似者。又据清宫档案所记：光绪十九年，慈禧太后六十大寿时，何庆喜为求恩赏，进呈寿戏套头面具共230个，角色有寿星、罗汉、岳主、雷公、弥勒、阿修罗、金翅鸟、无常鬼、骷髅鬼、大头和和尚等。由于面具的需要量很大，因此各地涌现一批以制作面具为业的艺人，面具则成了一种公开出售的商品。宋代制作和出售面具之地甚多，而以桂林制作的面具最著名，价格也最昂贵，其佳者，一枚能卖到万钱。明清两代，制作面具的艺人遍布全国，并涌现出不少制作面具的民间艺人，例如在贵州安顺，清代以制作面具闻名的民间艺人，便有齐二、胡开清等。每一个名家一般都有一批追随者或继承者，从而形成了风格各异的流派。

宋元明清遗存的面具，全国估计不下万面，它们可以分为两个部分：一部分是“死”面具，即通过考古发掘得到的面具，这一部分面具数量不多，但年代考订比较准确，代表作品有内蒙古奈曼旗陈国公主及附马肖绍矩合葬墓出土的辽代金面罩、北京市房山区出土的辽代银面罩、内蒙古昭乌达盟小刘仗子出土的辽代铜面罩、宁夏贺兰县宏佛塔发现的西夏陶面像、陕西千阳县冉家沟出土的金代陶吞口、新疆新源县出土的宋—元石假面等。另一部分是“活”面具，即现在仍在民间流传的面具，这一部分面具数量甚巨，但年代考订比较困难，一般只能根据其造型风格、残朽程度和保存者的口碑做大致推断。贵州、四川、云南、广西、湖南、湖北、安徽、江西、福建、山西、陕西、河北、西藏、青海、甘肃、内蒙古、黑龙江等省区，至今仍流传着不少明清时期的傩戏面具、藏戏面具、“羌姆”面具和民间乐舞面具，它们为研究我国辉煌博大的面具文化，提供了最生动、最鲜活的实物资料。

二

以上，我们对世界面具文化，特别是中国面具文化的发展历史做了概略论述，贵州少数民族面具文化便生长在这样的大环境中。作为中国面具文化的一个分支，贵州少数民族面具文化与传统的中国面具文化以及传统的中国文化有着千丝万缕、不可分割的联系，这种联系表现在历史、宗教、民俗等诸多方面，这里且以贵州流布最广、遗存最丰的傩戏及其面具为例，进行简略的分析。

（一）历史方面

傩戏是由驱傩活动衍变、发展而成的一种戏剧，佩戴面具是其最显著的特征。如前所述，我国在商周时期已盛行驱傩活动，经过上千年的衍变、发展，大约在南宋已形成融祭祀、舞蹈、说唱、故事、面具于一体的傩戏。傩戏最早只在中原和江南流布，明清时期逐渐向周边地区辐射。我国现存的傩戏可分为村社傩、巫师傩和军傩三种形态，其中村社傩产生最早，巫师傩和军傩是在它的基础上发展而形成的。村社傩主要分布在中原和江南，其中江西、安徽两省尤为丰富。贵州迄今尚未发现村社傩，只有巫师傩和军傩流传。

目前我国巫师傩遗存最多的地区有湖南、湖北、四川、重庆、贵州、广西、云南等。各地巫师傩的称谓和表演形式虽不尽相同，但本质却无差别：它们的演出均由专职或半专职的巫师主持，围绕“冲傩还愿”的仪式而进行；演出中穿插着请神、送神的法事，宗教色彩极浓。贵州的巫师傩在不同地域和民族中，有傩堂戏、傩坛戏、傩愿戏、端公戏、喜傩神、庆坛等别称，田野考察表明，贵州的巫师傩并非土生土长，而是从周边省区传入的，根据如下：其一，黔北、黔东的傩堂戏中，常有“我祖本是湖南、湖北人，来到贵州显威灵”的唱词。在一些掌坛师的“师坛图”上，则明确记载开山祖师来自湖南、湖北等地。例如道真县槐坪乡掌坛师李楹祥的“师坛图”上，便写有开山祖师陈法隆是“湖南宝庆府五岗州南路头天生桥人”等语；思南县溪底乡掌坛师崔照昌的“师坛图”上，也清楚记载其启教祖师马法纪是“湖南宝庆府人”。其二，傩堂戏一般分为宗教法事和戏剧演出两部分，开始是迎请天上诸神来到傩堂的繁缛法事，然后穿插着戏剧演出，法事一般不戴面具，戏剧演出必须戴面具。相传面具锁在“桃源三洞”中，出戏之前，需由唐氏太婆与尖角将军（有的地方为地盘和尚）前往桃源打开上、中、下三洞的锁，搬请出锁在洞中的24个面具（代表24出神戏），才开始演出正戏和插戏。据胡健国考证，“桃源洞”在湖南辰州，① 即今湖南沅陵一带。而贵州思南县的正戏《地盘开洞》中，则明确指出桃源三洞的中洞在“湖南宝庆府”②（今湖南邵阳一带）。面具是傩堂戏的重要道具，既然面具是从湖南辰州或宝庆搬请来的，贵州黔东地区的傩堂戏当然也来自湖南了。其三，在黔东、黔北的一些正戏中，其主角在演唱自己的“根生”（身世）时，也常常会透露出许多有关傩堂戏渊源的重要信息。例如在思南县的正戏《仙锋催愿》中，仙锋小姐唱道：“家住湖广西踏界，小小地名苦竹林”；

图 0–5 唐氏太婆从桃源洞中搬请出来的面具

① 胡健国：《巫傩与巫术》，海南出版社 1993 年版，第 275 页。
② 卢朝林主编：《思南傩堂戏》，贵州民族出版社 1993 年版，第 176 页。

在思南县的正戏《押兵五郎》中，押兵五郎唱道："家住四川南蛇口，五郎本是我小名。"① 又如在德江县的正戏《李龙》中，李龙唱道："家住湖广肖阳府，小阳村寨我家门"；在德江县的正戏《秦童》中，甘生唱道："家住湖广西连寨，地名就叫小甘村。"② 类似的例子还有许多，兹不一一列举。从我们收集到的傩堂戏剧本来看，几乎所有傩堂戏神祇均出现在湖广、四川、广西乃至长安、扬州等地，由此可证明贵州傩堂戏并非土生土长，而是从周边省区传入的，其源头可以追溯到中原和江南地区古老的驱傩活动。

图 0–6 云南澄江县小屯村关索戏剧照

贵州地戏的性质与贵州傩堂戏的性质虽有差别，但其源头亦可追溯到南北朝时期甚至更早流传于全国各地军中的傩仪。傩仪在上古时期便与武事有着密切的联系，《周礼》载，驱傩的主角方相氏原是列在军队夏官编制内的军伍职称，郑玄《周礼·春官》注曰："傩谓执兵以有傩却也。"但最早详细记录军中傩仪的却是《魏书·礼志》，该书载：高宗和平三年（公元462年）十二月，为了耀兵示武，军队在岁除举行大傩之礼，命步兵和骑兵分别列队于南、北，布阵演兵，互相拒击，以为盛观，"自后踵以为常"。敦煌"儿郎伟"歌词亦载，唐代西域沙州归义军曾于岁除举行驱傩仪式。而南宋学者周去非在《岭南代答》中更是第一次使用了"军傩"一词："桂林舞队，自承平时名闻京师，曰'静江诸军傩'。"虽然学术界迄今对军傩的性质、形式尚有不同意见，但贵州地戏属于"军傩"却得到大多数学者的认同。除了贵州地戏，被学者们普遍认同为"军傩"的傩戏尚有云南的关索戏。贵州地戏流传的地域极广，全省二十余个县市的上百个村寨都有地戏流传；而关索戏只流传于云南省澄江县阳宗乡小屯村。地戏和关索戏在演出剧目、面具造型、声腔曲调等诸多方面颇不相同，但它们有两点却非常相似：其一，它们都只在当年云贵的屯军及其后裔中流传，其演出存有"演兵习武"和"寓兵于农"之意。其二，它们演出的剧目都是古代的征战故事，而没有生活戏、公案戏和爱情戏。正是基于以上两点，学术界才将地戏与关索戏认定为"军傩"。关索戏的形式因不在本书的研究范围之内，这里暂不置论。就地戏而言，虽然全国仅贵州一省才有流传，但它并非土生土长。笔者曾考察过江西、安徽等省的"村社傩"，它们的演出时间、傩班组成、演出程序，以及面具的造型、禁忌与收藏方式，均与地戏非常相似。据此推断，贵州地戏的源头乃是江西、安徽一带的"村

① 卢朝林主编：《思南傩堂戏》，贵州民族出版社1993年版，第225页、第208页。
② 李华林主编：《德江傩堂戏》，贵州民族出版社1993年版，第398页。

社傩”，明代中前期屯军将其带入贵州，以后在漫长的岁月中，屯军及其后裔在江南“村社傩”的基础上，根据战争生活练兵习武的需要，融入贵州土著文化的因子，孕育而成一种新的傩戏品类——军傩地戏。简而言之，“傩”是地戏的根，“军”是地戏的魂，贵州土著文化是地戏的精、气、血。

（二）宗教方面

中国古代并没有一个统一的、为全民所信仰的宗教。远古时期盛行自然崇拜、图腾崇拜和祖先崇拜，并由此萌生出巫与巫术。夏、商、周三代，巫常以史官、卜官、礼官的身份出现；在民间，巫则主要从事驱鬼、招魂、治病、送亡等活动。严格地说，巫与巫术并不是一种宗教，但民间习惯上却将其称为巫教，在不同民族中，巫教有萨满教、东巴教、苯教、摩教等称谓。西汉前期，汉武帝为了加强中央集权，采纳董仲舒的建议，实行“罢黜百家，独尊儒术”的政策。从此，儒家思想成为历代封建王朝用以统治人民的精神武器。尽管在嗣后的两千多年间，儒学自身也在不断地发展变化，但它作为官方统治哲学的神圣地位始终没有发生动摇。因此，虽然儒学本身并非一种宗教，但人们却常常把它称为“儒教”。

中国出现真正的人为宗教始于汉代，两汉之际，佛教开始传入中国，公元 68 年，汉明帝命印度僧人迦叶摩腾等在洛阳建白马寺，翻译佛教典籍。佛教传入之初，不可避免地与中国本土文化发生抵牾和冲突，为了自身的生存和发展，它在传播过程中吸收了儒学的某些思想，逐渐由一个外来宗教衍化为具有中国特色的宗教。就在佛教传入中国稍后一些时间里，中国的本土宗教——道教也应运而生。道教的源头有两支，一支为东汉末年张角、张梁兄弟创立的“太平道”；另一支为川蜀张道陵创立的“五斗米道”（又名“天师道”），时间约在东汉后期。在后来的长期发展过程中，儒、道、释既互相排斥，互相争斗，又互相吸收，互相融合，唐宋以后逐渐形成三教合流的趋势。儒、道、释合流反映在哲学上是“理学”的出现，反映在民间是与巫教融汇，儒、道、释、巫的鬼神（或偶像）共同组成一个庞大而驳杂的神圣家族，和平共处于世俗的

图 0–7　傩坛中悬挂的“三清图”

祭坛之上。这种情况在贵州各个民族的傩堂戏及其面具中有着鲜明而生动的反映。

贵州傩堂戏与巫、道、佛、儒的关系表现在：其一，傩堂戏的表演场地傩堂，供奉着许多纸质彩绘的“神案”，其中最重要的是“三清图”。“三清图”上绘着三位主神和若干较小的神，三位主神有的认为是孔夫子、李老君、释迦佛，有的认为是太清、上清、玉清。除了三位主神外，“三清图”和其他神案上的神祇有玉皇大帝、真武祖师、太白金星、王灵官、马元帅、土地、判官、钟馗、功曹等；巫教神祇（包括民间俗神）有东山圣公、南山圣母、三元法主、三乔王母、南极仙翁、和合二仙、地傩小山、茶酒库师、十二花园姐妹等；佛教神祇有观音、阎王、夜叉等。其二，佩戴面具是傩堂戏最鲜明的特征之一，在傩堂戏中，面具既是神祇的化身和载体，又是扮饰角色的道具。贵州傩堂戏面具的数目因傩坛而异，一般每个傩坛拥有二十四个面具，也有多于或少于此数的。各民族、地区的面具角色不尽相同，常见角色有三四十个，它们大致可以分为民间俗神、道教神祇、佛教神祇三类。属于民间俗神的有唐氏太婆、先锋小姐、开山莽将、李龙叫化、甘生八郎、歪嘴秦童、三王、二郎神等；属于道教神祇的有关圣、判官、东岳、南岳、钟馗、土地、灵官、牛头、马面等；属于佛教神祇的有观音、龙女、阎王、和尚等。除了以上三类神祇，傩堂戏面具中还有不少世俗人物，如幺儿媳妇、卜卦先生、卖酒王婆、鞠躬老师等。其三，在傩堂法事中，巫师为了制造一种阴森神秘的气氛，以吸引和煽惑观众，通常要头戴法冠，身穿法衣，肩披牌带，载歌载舞。他们时而吹牛角，卜神卦，时而敲令牌，摇师刀，其间还穿插着挽“诀法”，划“字讳”，请“法水”，走“禹步”，念“咒语”等动作。而这一切，都来源于巫教、道教和佛教的仪轨，只不过在傩堂法事中根据表演的需要做了某些增减和变化而已。

以上我们列举了贵州傩堂戏与巫、道、佛、儒联系的部分表现（更多的表现将在后文详论），从中不难看出，在中国民间宗教（巫、儒严格地说不能称为宗教，但民间有“巫教”“儒教”的称谓，这里暂从其说）中，巫、道对傩堂戏的影响十分巨大，甚至可以说，没有巫、道，就没有傩堂戏。需要指出的是：在民间，巫与道往往是你中有我，我中有你，互相融汇，难于分割的。事实上道教在其形成的过程中，不但吸收了巫觋驱鬼、招魂、治病、送亡等方面的种种巫技、巫法，而且将一些巫系的神祇纳入道家神祇的谱系。因此我们可以笼统地说傩堂戏在许多方面受到巫、道的影响，而很难明确地指出，哪些是巫的影响，哪些是道的影响。相对而言，佛、儒对傩堂戏的影响较小一些，并且往往是以潜在的、间接的方式表现出来。除了佛、儒的某些神祇（或偶像）被纳入傩堂神祇之外，佛教对傩堂戏的影响主要是因果报应、生死轮回的教义，儒教对傩堂戏的影响主要是忠孝节义、三纲五常的思想，这在傩堂戏的正戏和插戏中表现得尤为明显。

（三）民俗方面

民俗是一种在广大民众中长期传承的信仰、传说和风俗，是一种相沿成习的和不成文的规矩。作为一种具有历史、教育、娱乐诸多功能的特殊文化现象，民俗广泛存在于人类社会生活的各个方面，与人类许多物质活动和精神活动都有密切联系。例如面具文化，无论古今中外都与民俗密不可分，它们或者渊源于古代某种民俗活动，或者与当地某种民俗融为一体，贵州少数民族面具也不例外，下面从两个方面简论之。

1. 前一种情况，以地戏中的“开财门”仪式最具代表性。“开财门”虽非地戏固定的组成部分，但却经常依附于地戏而演出。“开财门”渊源于古代“沿门逐疫”的风俗，其历史最早可以追溯到周代，当时人们碰到病邪灾祸，都要邀请方相氏头戴面具，手持戈矛，前往逐除，而主人则以酒食款待。后来这种风俗几经演变，仪式的主角由方相氏一变为金刚、力士（南北朝），再变为傩公、傩母（唐代），三变为判官、钟馗（宋代），四变为春官、土地（近代），仪式的内容亦主要由“驱邪”变为“纳吉”。近代以来，全国很多省区每年腊月二十四到正月十五，一些贫丐者或民间艺人往往头戴春官面具，手持春联、历书、年画，挨家挨户恭贺新春大吉。他们给主人送去春联、历书、年画，同时唱一些“开财门”的喜庆曲调，内容无外乎是恭祝升官发财，清吉平安，主人则以红包相谢。后来这种风俗传入贵州屯堡人中，又由屯堡人传入布依族、仡佬族和苗族中，每年春节期间或七月半演出地戏时，欲“开财门”的人家事先要准备好烟酒、糖食、果品，以及红布和酬金。戏班来到主人家，要燃放鞭炮，给面具和锣鼓披红，为二小童挂彩。二小童手持扇、帕站在大门两边，小童身后站着忠臣良将，其中福将（如程咬金）站在中间，他们脸上都戴着面具。二小童给主人家施礼后，边舞边唱，唱词都是吉利之语，如：

图 0–8　地戏“开财门”仪式

小童唱：桐子年年长，
龙门日日开，
家有读书子，
高官自然来。

福将唱：正月里，是新春，
来到贵府开财门。
不开财门犹之可，
开起财门有根生。
鲁班造门三尺三，
早晨开门夜晚关；
早晨开门出贵子，
夜晚关门点状元。

“开财门”一般持续半个小时左右，仪式结束后，主人家要用烟酒、糖食、果品等招待众演员，并赠送一笔酬金，少则二三十元，多则上百元。最后戏头要唱一段感谢的诗文：

多谢情来承谢情，
多谢主人费心情，
自从地戏来奉贺，
福禄寿喜满门庭。

虽然“开财门”的具体做法与古时的“沿门逐疫”不尽相同，但显然渊源于后者；而“开财门”的主角福将，乃是从近代新年期间挨家挨户送春联、门画的春官衍变而来。

2. 后一种情况，以穿插于地戏和傩堂戏中的“送太子”活动最为典型。恩格斯指出：“历史中的决定因素，归根到底是直接生活的生产和再生产，但是，生产本身又有两种，一方面是生活资料即食物、衣服、住房以及为此所必需的工具的生产；另一方面是人类自身的生产，即种的藩衍。”① “送太子”便是为了实现“种的藩衍”而举行的一种民俗活动。在黔中的布依族、苗族、仡佬族和屯堡人中，那些久婚不孕或只有女孩的人家，为了早生贵子和喜添男丁，往往借地戏演出之机，将地戏班迎至家中，举行“送太子”活动。戏班接到主人家的邀请，需先准备一个尺余长的木雕男婴裸体立像（也有给雕像穿上衣服的），然后集队来到主人家的门前，在阵阵鞭炮声和锣鼓声中，演出《穆桂英大破天门阵》片段，演到穆桂英阵前产子时，由一戴土地婆面具的演员将其扶起，在两个小童的带领下，全体演员进到主人家堂屋，大家即兴演唱一些有关夫妻生活和祝愿早生贵子之类的唱词，穆桂英接唱道：因战事紧迫，军中难以抚养婴儿，故把忠臣良将之后送给主人家云云。唱毕，由手下女将把“太子”（即木雕男婴）送到主妇手中，主妇将其抱进内房放在床上，或将其供在香火案上。据说这样不久便能添丁加口。送罢“太子”，主人要赠给戏班一笔酬金，数额多为 128 元，12 代表 12 个月，寓四季发财；8 取其“要得发，不离八”之意。若

① 恩格斯：《家庭、私有制和国家的起源》，见《马克思恩格斯选集》（第四卷），人民出版社 1972 年版，第 2 页。

以后主人家添了男丁，还要接戏班去演戏，至少演十天，并为众演员披红挂彩，表达主人的谢意；届时还要再赠送戏班一笔酬金。傩堂戏也有“送太子”活动，但具体做法有所不同，例如黔北仡佬族、苗族、土家族和汉族的农民欲举行“送太子”活动，事前需立下“童子愿”，届时杀猪宰羊，将傩堂戏班迎至家中，在演出诸多法事和正戏之后，插入一出《洪氏生子》的戏。演员在戏中要模仿产妇从临盆到生产的整个过程，在一阵阵撕心裂肺的呼叫声中，“太子”从洪氏裙中呱呱坠地，主妇随即将其抱起走入卧室放在床上。傩堂戏的“送太子”活动十分粗俗，演出中不仅有许多关于性事的唱词，还要表演性交的动作。巫师们说：这样做是为了让神高兴，神高兴了，才会赐福给主人家。地戏和傩堂戏中的“送太子”活动，本是古代“生殖崇拜”的遗风，但也受到了儒家“不孝有三，无后为大”观念的影响。不知从什么时候起，这种民俗与傩文化、面具文化融为一体，现在人们已经很难分清，究竟是傩文化、面具文化渗入“送太子”民俗之中，还是“送太子”民俗渗入了傩文化、面具文化。

以上我们论述了贵州少数民族面具文化与传统中国文化的联系，这种联系使得贵州少数民族面具文化就整体而言，同中原、江南特别是周边省区的面具文化有着惊人的相似之处。这种相似并不奇怪，因为自秦汉以来，中央王朝的统治就深入贵州高原，与之相伴的是汉民族的大量涌入。自那以后，汉文化与贵州本土文化就没有停止过交流、冲突与融汇，以故贵州少数民族面具文化被深深烙上传统中国面具文化与传统中国文化的印记。但另一方面，贵州地处僻远，交通闭塞，经济落后，开发较晚，在从秦汉到宋元的漫长时间里，中央王朝对贵州都实行“羁縻”政策，采取“土流并治”，致使贵州的政治、经济、文化长期处于边缘化的地位，而保持着相对的封闭性和独立性。这种情况直到明永乐年间贵州建省以及清雍正年间在贵州实行“改土归流”，才有了根本的改变。贵州少数民族面具，就生长在这种独特的自然生态环境和社会人文环境之中，因此其功能、角色、材质、造型、制作工艺，以及保管、禁忌等诸多方面，又具有不同于其他省区面具的鲜明个性。这种同中有异的特点，是贵州少数民族面具文化最具光彩的部分，也是最具学术研究价值的部分，对此我们将在后面展开详细论述。

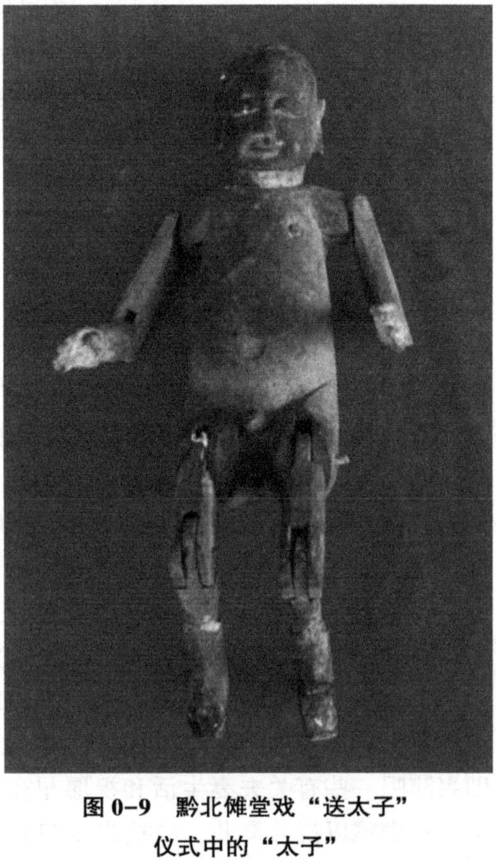

图 0–9　黔北傩堂戏“送太子”仪式中的“太子”

第一章 贵州少数民族面具文化的孕育生境和流布范围

任何一种文化，都孕育于一定的生境，亦即生态环境。这里的生境，既包括自然生境，也包括人文生境，前者指地理的各种因素，如海拔、气候、地貌、物产等；后者指社会的各种因素，如历史、政治、经济、民族等，二者互相作用，互相影响。贵州少数民族面具文化也不例外。需要指出的是：贵州少数民族面具文化，不仅孕育于贵州的自然生境和人文生境，也受到中国传统文化特别是中国面具文化的影响。但本章只论述前者，至于后者，将在下面的章节中论及。

贵州少数民族面具文化和其他文化一样，有着特定的流布范围，包括流布民族、流布地域和流布领域。这三者相互交织，很难将其截然分开，其中流布民族和流布地域更呈现出重叠之势，因为各个民族一般总是世代生活在一定的地域之内，反之亦然。以故文中将流布民族和流布地域合在一起论述。流布领域又可分为民族民间戏剧和其他宗教、民俗活动两个方面，每一个方面可再细分为若干小类。

第一节 贵州地理、历史和民族文化生境

一、地理概况

贵州简称“黔”或“贵”，位于中国西南部，地处云贵高原东部。东邻湖南，西接云南，北倚四川和重庆，南毗广西，全省面积176128平方公里。在二三千年前，现今的贵州腹地，曾有过较为可观的古代牂牁文化和夜郎文化，但在后来的历史时期里，贵州地域长期处于发育较为成熟的荆楚文化、古滇文化、巴蜀文化、古越文化的交叉点上，并深受其影响。

贵州为高原山区，境内地势陡峭，山峦层叠，平地狭小，河流纵横，全省97%为山地与丘陵，地势由西向东倾斜，海拔从2200米降至1200米左右，处在我国二级阶梯东部边缘位置上。境内苗岭山、雷公山、梵净山与乌蒙山、大娄山、武陵山巍峨耸

图 1-1　贵州乌蒙山景

峙，遥遥相望，乌江、清水江、赤水河、舞阳河等属长江水系；南盘江、北盘江、都柳江、红水河等属珠江水系。贵州属喀斯特地貌，是世界上岩溶发育最完全、最典型的区域之一，地表峰岭槽谷鳞次栉比，地下阴河暗流交错密布，自然景观壮美奇特，矿产资源和动、植物资源极为丰富。有驰名世界的黄果树大瀑布、宏伟壮阔的织金大溶洞、高原明珠花溪风景区、黑颈鹤的乐土威宁草海……在这片神奇的土地上，生长着珙桐、桫椤等珍稀树种和豹、穿山甲、金丝猴、黑颈鹤等珍贵动物。矿产资源现已查明的有五十余种，其中汞、铝、煤、锰、磷、重晶石的储量在全国名列前茅。

二、历史沿革

贵州是我国南方古人类的发祥地之一。黔西县观音洞、桐梓县岩炭洞、水城县硝灰洞、盘县大洞、普定县穿洞、兴义市猫猫洞、平坝县飞虎山等古人类文化遗址的发掘出土，证明从旧石器时代初期以来，已有人类在这里生息繁衍，生产劳动，贵州上古文明已初现端倪。

西周中期以来，居住在今贵州高原西部的居民已初步掌握了青铜冶铸技术，并逐步过渡到以农耕为主的定居生活。春秋战国时期，境内相继有“牂牁”“夜郎”等国属。秦统一中国，贵州分属黔中、象、巴、蜀等郡，境内仍以夜郎国为大。汉武帝元鼎六年（公元前 111），平西南夷，置牂牁郡，夜郎归汉，受封夜郎王。三国时期，蜀汉政权平定南中后，加强了对贵州的经营，改进生产技术，提倡中原文化，并将在平叛中立了大功的水西彝族酋长济火封为罗殿王，罗殿国从此建立，开创了后世的水西政权。唐代，今贵州境内属黔中道、剑南道、岭南道。唐袭汉制，设经制州与羁縻州，实行土流并治。宋开宝七年（公元 974），石人部落王子罗氏若藏的儿子普贵以所领矩州（夷名黑羊箐）乞内附，土人语矩曰贵，宋廷就其所语，于敕中说：“予以义正邦华夏，蛮貊罔率服，惟尔贵州，远在要荒……云云”[①]。贵州称谓首次见于史载。元代，今贵州分属湖广、四川、云南三行省，元王朝为了加强对民族地区的控制，在原羁縻州、县的基础上建立土司制度，把蕃属关系发展为臣属关系。明洪武十五年（公元 1382）设贵州都指挥使，永乐十一年（公元 1413）置贵州布政使司，永乐十四年（公元 1416）设贵州按察使司，自此，贵州才成为明朝中国的行省之一。

① 周春元等编著：《贵州古代史》，贵州人民出版社 1982 年版，第 151 页。

清雍正五年（公元1727），四川所属之遵义府，湖广所属之天柱、锦屏、玉屏、清溪以及荔波、罗甸并红水河以北地区划属贵州，今贵州疆域自始确定。辛亥革命（公元1911）后至中华民国二十四年（公元1935），贵州为地方军阀统治；民国二十五年（公元1936）至三十八年（公元1949），国民党政府统治贵州。

1949年10月1日，中华人民共和国建立，11月15日，贵阳解放，12月26日建立贵州省人民政府。至1990年，贵州省辖遵义、安顺、毕节、铜仁四个行政公署，黔南布依族苗族自治州、黔东南苗族侗族自治州、黔西南布依族苗族自治州三个自治州，贵阳、六盘水两个省辖市，86个县（市、区）行政区划单位。1998年始，遵义、安顺先后撤“地”改市，原行政公署所辖各市、县不变。

三、民族源流与分布

贵州是多民族省份。据全国第七次人口普查统计，全境人口约3856.2148万，现有民族成分49个，其中世居民族18个，它们是汉族、苗族、布依族、侗族、土家族、彝族、仡佬族、水族、回族、白族、瑶族、壮族、畲族、毛南族、蒙古族、仫佬族、满族、羌族。少数民族人口1405.0266万，占贵州人口比例的36.44%。

贵州境内少数民族的渊源大多与我国古代西南地区的百濮、百越、南蛮、氐羌四大族系有关，“百濮”是贵州境内最早的原住民族，其中一部分经“僚”演化为现在的仡佬族，其他各族多系陆续迁徙而来。其过程历时千载，他们携带着各种不同的文化基因进入黔地。

苗族　据有关史籍记载，约在秦汉时期，苗族的一支从洞庭湖边平原地带往南，经巫水，顺着“南岭走廊”中越城岭北麓往西，从通道、黎平进入黔东南，成为今黔东南方言苗族先民；另一支自今陕西、甘肃交界的地方，向东南迁徙，经过很长时间进入川南、滇东北、黔西北等地，形成今川、黔、滇方言苗族的先民；还有一支原居住在江淮荆州的苗族，经过多次跋涉迁徙到了今湘西、川南、黔东、桂北等地区，成为今湘西、黔东方言苗族的先民。据全国第五次人口普查统计，现今贵州省境内的苗族人口为4 299 954人，占全国苗族总人口的48.09%，以黔东南苗族侗族自治州为第一大连片分布区，人口过百万；以湘、鄂、川、黔为苗族的第二连片区，人口也过百万，贵州铜仁地区松桃的腊尔山苗族就属于这一片区。贵州中西部的苗族分布分散，多住高山和几县接壤的偏僻地区，但也形成了几个小的片区：贵定西南、龙里南部、贵阳东南、惠水东部的云雾山到高坡大体为一片；贵定北部、龙里北部、开阳东南、福泉西部大体为一片；紫云东南、望谟东北部、罗甸西北和望谟北部的麻山到四大寨又连成一片。除了这些成片的分布外，苗族在贵州各地都有零星分布。贵州的苗族，大约90%以上的人都以自己的母语作为日常生活中的主要用语。

布依族　布依族自称“濮越”或“濮夷”，汉字记音为“布依”“布夷”。据考古发现，新石器时期，布依族的先民古越人就在贵州高原活动，先后在水城、盘县出土的有肩石斧、有段石锛和几何印纹陶等都具有典型的古越人文化特征。《史记》《汉书》《华阳国志》等史籍记载的“洛越地”，即今南、北盘江、红水河流域之地，至今这些地方仍是布依族聚居的地区。“布依族的祖先自古以来就生息、繁衍于南北盘江、红水河流域及其以北地带，是贵州的土著民族之一”①。“濮人”是一个古老的民族，春秋战国时代已在今贵州境内北盘江流域立国，叫牂牁国。“牂牁国的主要居民包括今布依族的先民在内”②，后来，“由于干越人、扬越人从东面迁入，越人从北面迁入，滇越人从西面迁入，骆越人、西瓯人从南面迁入，他们都与牂牁人杂居，导致牂牁人逐渐与众多的越人通婚，而融入越人系统，以后成为布依族、壮族的成员”③，又，“唐代的‘西原蛮’中，有大批人移居贵州布依地区，逐渐被布依族融合”④。再，许多江西人，“相传在明洪武年间‘调北征南’或‘调北填南’时……随军来到贵州……却被布依族吸收并融合了”⑤。布依族主要分布在黔、滇、川三省，据2000年的统计，总人口为297.1万人，贵州占其全国总人口的94.16%。黔南布依族苗族自治州、黔西南布依族苗族自治州的大部分县市、安顺市、六盘水市、贵阳市、毕节县等都有布依族分布。布依族在自己的聚居区里，一般都用自己的母语进行社会交际，在杂居区里，一般布依人都兼通汉语，与同族人交际时用布依语，与外族人交际时用汉语。布依语大致有黔南、黔中、黔西三个土语区。

侗族 侗族在唐、宋时被称为“峒蛮”“佶伶”“仡伶”，明以后始被称为“侗人”。“侗族世代聚居在湘、桂、黔三省毗邻地区，她是由秦初活动于岭南一带的骆越人并融合其他民族发展而来，至今侗族人民仍保留着不少百越族群的习俗。”⑥ 后来演变为峒人、侗人，而成为侗族的主要成员。宋陆游之《老学庵笔记》卷四说：“辰、沅、靖州，蛮有仡伶……。”“辰、沅、靖等，即今之新晃、芷江、怀化、溆浦、玉屏、天柱、三穗、靖县、会同、通道等县。”⑦ 这一地区正是现今称为北部方言区的侗族聚居地；而现今为南部方言区的黎平、榕江、从江的侗族先民则正如《侗族祖先哪里来》⑧ 所说：侗族先民来自梧州等地。“至于侗族先民来自江西之说，亦非偶然。”⑨ 南部方言区许多村寨中，“有杨、吴、石、陆、粟、欧等六个姓氏，都说自己的祖先来自江西吉安府吉水县和太和县……因此，侗族先民来自江西之说，实际上是民族融合的反映”⑩。侗族现今分布在黔、湘、桂、鄂四省毗邻地区，据2000年的统计，其总人口为296万人，而贵州省的侗族人口占全国的55.01%。贵州省的侗族主要分布在黔东南苗族侗族自治州的黎平、天柱、锦平、从江、榕江、剑河、三穗、镇远、岑巩，以及铜仁的玉屏等地。

土家族 土家族自称毕兹卡，意即本地人。自明以后，经历了土丁、土人、土蛮等称谓，最后被定为土家族。土家族系古代巴人的后裔。据《后汉书·南蛮西南夷

---

① 《布依族简史》，贵州人民出版社1985年版，第7页。
② 《布依族简史》，贵州人民出版社1985年版，第8页。
③ 伍光岳：《百越源流史》，江西教育出版社1989年版，第226页。
④ 《布依族简史》，贵州人民出版社1985年版，第14页。
⑤ 《布依族简史》，贵州人民出版社1985年版，第14页。
⑥ 《贵州通史》（第一卷），贵州人民出版社2003年版，第344页。
⑦ 《侗族简史》，贵州民族出版社1985年版，第10页。
⑧ 杨国仁、吴定国整理：《侗族祖先哪里来》（叙事长诗），1981年贵州人民出版社出版。
⑨ 《侗族简史》，贵州民族出版社1985年版，第12页。
⑩ 《侗族简史》，贵州民族出版社1985年版，第13页。

列传》载："巴郡南郡蛮，本有五姓，巴氏、樊氏、瞫（音审）氏、相氏、郑氏。皆出于武落钟离山，其山有赤、黑二穴。巴氏之子生于赤穴，四姓之子皆生于黑穴。未有君长，俱事鬼，乃共掷剑于石穴，约能中者，奉以为君。巴氏子务相乃独中之，众皆叹。又令各乘土船，约能浮者，当以为君。余姓悉沉，惟务相浮。因共立之，是为廪君。"又据《华阳国志》记载，巴人的祖先曾参加周武王伐纣的战争，并被封于巴，建立了巴子国。（巴国疆域）"其地东至鱼复，西至僰道，北接汉中，南极黔、涪。"其中的黔就是今贵州省黔东北的部分地区。据2000年的统计，全国土家族有8028133人，集中在湖北、湖南、重庆、贵州四省市毗连地区。贵州境内土家族有1430286人，主要分布在沿河、德江、务川、印江、江口、铜仁等地。

彝族 彝族是一个有悠久历史文化的民族，全国人口在2000年的统计中有7762272人，主要分布在云南、四川、贵州三省。贵州彝族的族源有土著、卢人诸说，最为通行的是来源于古代的氐羌族群。氐羌族群是中国古代一个人数众多、支系纷繁、分布辽阔、势力强盛的族群，他们最早活动于今甘、青、川、陕等地区。贵州彝族的来源，据彝文典籍《西南彝志》《彝族源流》等记载，彝族的始祖名希母遮。在第三十一世时传至渎母吾，渎母吾娶妻三人，共生六子，即彝族六祖。其后子孙繁衍，各立疆域，分为武系、乍系、糯系、恒系、布系、默系六支。约在东汉时期，以布、默两系为主的彝族人始由西向东迁入贵州。彝族在历史上不同时代有不同族称，秦汉时被称为"昆明""叟"，唐宋时被称为"乌蛮"，元明清时期被称为"罗罗"。贵州彝族自称"诺苏"，"苏"意即人，而"苏"，是古代"叟"的对音。2000年时贵州的彝族有843554人，主要分布在黔西北地区的威宁、赫章、纳雍、大方、毕节等县、市，以及六盘水市的盘县等地。

图1-2 盛装的水族妇女

仡佬族 仡佬族是贵州最古老的民族。在商周时代，以今天贵州为主体的南方地区，就有一个分布辽阔、人口众多的古代族群"百濮族群"。其后，由于越人的北上，逐渐发展为新的族群"僚"，其中"僚"的一部分又发展为今天的仡佬族。明代嘉靖年间的《贵州通志》谓："古称僚，一曰仡佬"，已经明确提出仡佬族系从僚人中分化出来，濮人和僚人相继是仡佬族的先民。仡佬族的称谓有自称、互称、他称，自称有哈仡、埃审、布尔、布告、濮、褒佬、当佬等，他称中，彝族称仡佬为"濮"，苗族称仡佬为"克""友""嘎赫"，布依族称仡佬族为"戎""布戎"，汉族称仡佬族为"仡佬""阁佬""古老""古老户"。明清时，汉族人口迅速增多，仡佬族在广大的贵州土地上逐渐分为若干支系，明代时有：花仡佬、红仡佬、打牙仡佬、剪头仡佬等称谓，清代又增加了披袍仡佬、锅圈仡佬、打铁仡佬、青仡佬、木仡佬、水仡佬、土仡佬、雅意仡佬等。仡佬族人口在2000年的统计中有559041人，主要分布在贵州的黔北地区，黔中、黔东北、黔西北亦有少量分布。

水族 水族是由“骆越”的一支发展而来的单一民族。根据水族民间歌谣的叙述：他们的祖先原居住在邕江流域一带的“邕虽山”，后来由于战争的影响，水族先民离开邕江流域，经今河池、南丹一带沿龙江溯流而上，往今黔、桂边境迁移，从此开始从骆越母体中分离出来，逐渐形成一个民族。水族自称“睢”（汉字译音为“水”）。民间相传，水族由“睢闽”“睢干”“睢柳”三大支系组成。水族的总人口在2000年的统计中为406902人，其中369723人居住在贵州，以三都水族自治县为中心，分布在与三都毗邻的荔波、独山、都匀、丹寨、雷山、榕江、从江等县市。

回族 回族是在元代以后，由拥有共同的伊斯兰教信仰的西来的中亚各族人、波斯人、阿拉伯人，逐渐融合形成的一个民族。回族先民在元初就已经进入贵州威宁。在明清时期，由于经商和征战，又有不少回族人移入贵州。贵州的回族人口，在2000年时有168743人，主要居住在毕节地区。

白族 白族的族源在学术界迄今未有定论，简而言之有四说：一为云南土著；一为氐羌之后；一为汉族后裔；一为多元民族。多数专家认为与古氐羌族群有密切渊源关系。白族自称“白子”“白尼”，他称较多。据2000年的统计，全国的白族人口有1858063人，贵州省的白族人口为187362人，散居在威宁、赫章、毕节、大方、黔西、金沙、织金、纳雍、普定、安顺、水城、盘县等地。

瑶族 贵州的瑶族支系多，自称也有很大差异，有“董蒙”“努侯”“东蒙”（荔波）、“满”（望谟）、“巴哼”（黎平）、“容棉”（榕江、雷山等县）等称谓。由于支系不同，其族源和进入贵州的时间也不同，但在明代的汉族文献中，对贵州的瑶族已经有所记载。贵州瑶族大多居住在黔桂、湘黔边境上的崇山峻岭之中。2000年时，贵州瑶族人口有44392人。

壮族 壮族是我国岭南的土著民族，属古百越人的后裔之一。2000年贵州境内的壮族计有52065人，主要分布在从江、黎平、榕江、荔波、独山等地。

畲族 贵州的畲族在1996年未认定为畲族时称为“东家”，意为“东边而来”。贵州明清史中称其为“东苗”。贵州的畲族祖先来源于江西。2000年时，贵州的畲族人口为44926人，以麻江县最多，有3万多人。

毛南族 贵州的毛南族在历史上称为佯僙人，在明代的汉族文献中已经有此称谓。贵州的毛南族人自称为“印绕”“哎绕”，在历史上分布比较广泛，现今主要分布在平塘、惠水、独山三县境内。2000年时有31240人，仅平塘一县就有3万余人。

仫佬族 仫佬族是贵州的古老民族之一，系从古僚族群中逐渐发展而来，在元代时就有了单独明确的记载。贵州仫佬族自称“嘎窝”“类窝”，汉文献中称“木娄”

“木楼”“木僚”“木老”“木佬”“姆佬”等。仫佬族主要分布在广西和贵州两地，2000年时有579357人，贵州有仫佬族人口28435人，主要分布在麻江、凯里、福泉、黄平等地。

满族 贵州的世居满族主要居住在黔西、金沙、大方三县的接合部，是清康熙年间由于征战屯兵而迁入的。自称为“阿大”“元族”“原族”等，2000年时，贵州的满族人口有21932人，散居全省，黔西、金沙、大方三县的接合部较为集中。

蒙古族 蒙古族最早是从元代进入贵州的，在明末清初时，又有余姓的蒙古族从四川迁入贵州大方县，并成为贵州蒙古族的主要部分。2000年时贵州有蒙古族47531人，全省零散分布。

羌族 羌族主要分布在四川省的阿坝地区，贵州的石阡、江口也有分布。贵州的羌族是在明清之际迁入的，亦是贵州省的世居民族之一，2000年有1431人。

秦汉至两宋期间，汉族人渐次进入贵州，但入黔的汉人大都“变服易俗”，融入各少数民族之中。明以后，虽然入黔的汉人最终成为占贵州总人口最多的民族，但他们系来自全国四面八方的移民，所携带的汉文化基因和式样差异很大，所以汉文化在贵州尚未形成一种具有整体性的强势文化态势。

综上可见，始于上古的民族迁徙，直至贵州在建省过程中，由于明清两代统治者所实施的“调北征南”“卫所屯田”“改土归流”等一系列政治和军事举措所导致的民族迁徙，加之贵州作为独立行省的确定到最终疆域的划定，竟历时三百余年（1413—1727）的历史原因，使贵州各民族交错杂处，区域构成和民族构成极为复杂。又由于贵州层峦峻岭，道路险阻，环境闭塞，十里不同天，地理、气候、物产、交通等条件的制约，造成各地区各民族社会形式构成上的“大分散、小聚居”，区域文化呈相对完整性，并导致经济结构、文化结构和生产方式的相应封闭，各地区经济和社会发展的极端不平衡，使各地区各民族的经济方式、文化特征等等的差异性得到较为完整的保存。故而，贵州民族文化的多元并存，共同发展，经济社会发展十分落后的基本状况，又使得贵州民族民间文化蕴藏和表现极为丰富。

贵州各民族语言大多属汉藏语系。苗语属苗瑶语族苗语支；布依语属壮侗语族壮傣语支；侗语、水语属壮侗语族侗水语支；彝语属藏缅语族彝语支；土家语属藏缅语族，语支未定；仡佬族语族、语支未定。

彝族有自己的文字，大约形成于汉朝以前，古称“爨文”“韪书”，又称“罗文”“倮文”等，现在还保存着一大批用彝文写作的古文献。水族有一种称为“水书”的象形文字。新中国建立后，国家帮助苗族、布依族、侗族创制了自己的拼音文字。

…………

贵州少数民族面具文化就生存在这样的地理环境和民族文化生境中。或者说贵州少数民族面具文化从地理环境、历史背景、文化渊源等方面都受到它的制约，比如梵净山傩文化圈之于东南的荆楚巫文化和北边的巴文化，黔中的“屯堡文化”之于明代的汉族大移民文化，等等。

第二节 贵州少数民族面具文化的流布范围

贵州少数民族面具文化极其丰富，这种“丰富”有两个方面的表现：

一是面具数量上的“丰富”。

贵州境内各个民族、各种品类的面具，据田野调查和历史记载综合推断：以明清为最兴盛的时期，全境约有数万面之多，就是在经过历史上多次“劫难”之后的今天，贵州全境仍在民间使用的各种面具，保守估计也不下万余。

在最近出版的《傩韵——贵州德江傩堂戏》① 中有一个统计表，表中说：在现今的德江县，有 120 坛傩坛，共有 3144 面面具。而且这个统计数字不包括“德江县民族宗教事务局、文物管理部门等单位及个人收藏的古老面具和仿制品”，也就是说，这 3144 面面具是现今傩班中仍在使用的面具，一些为观赏、馈赠、展览等目的而制作的面具都没有计算在内。据德江当地的面具收集制作研究方面的资深人士介绍：从 20 世纪 80 年代起，德江以各种途径流传出去的面具近千。以此推算，德江一个县的傩堂戏面具就应有 4000 多面。这种情况在其临近的沿河县也是如此。这个县在 1950 年前后，全县有近 200 坛傩坛，如以每坛 20 面面具来估算，约有 4000 面。经过历史上的多次“劫难”之后，现今仍有 130 余坛，也有数千的“使用中”的面具存在。同样，从 1980 年以后，该县也有 600 余面面具流传于外。

作为贵州少数民族面具文化的重要组成部分的傩堂戏如此，在其另一个重要组成部分的贵州省布依族、仡佬族、苗族地戏中，这样的表现也非常突出。我们在 2003 年，对安顺市西秀区黄腊布依族苗族乡的地戏进行了田野调查。这个乡面积有 77 平方公里，14 个行政村，56 个自然村，3760 户，15680 人，少数民族 13359 人，其中布依族 12000 多人，苗族 800 余人。在这个不大的区域内，现今仍有布依族地戏 16 堂，且每堂地戏的面具都在 30 面上下，全乡的布依族地戏面具有近 500 面。

在以上的描述中，我们不难看出，贵州少数民族面具在数量上的“丰富”是其他周边省份难以比拟的。

二是面具文化内涵的“丰富”。

贵州少数民族面具文化的文化内涵，反映在外在形态和内在蕴涵两个方面。前者指面具的形制、造型、结构、纹饰、色彩，以及所刻画出的不同角色的性别、年龄、容貌、性格、品质、身世等。后者指面具在制作、开光、使用、收藏、传承时所举行的仪式和种种禁忌，以及由此表现出来的宗教观念和民间信仰。正是这两个方面，使贵州少数民族面具具有民族学、宗教学、民俗学、历史学、文化人类学，以及雕刻、绘画、舞蹈、戏剧等多学科的学术研究价值。一般来说，流传于全国各地的民间面具

① 贵州省德江县民族宗教事务局编：《傩韵——贵州德江傩堂戏》，贵州民族出版社 2003 年 10 月版，第 18 页。

都具有这种价值，但由于贵州少数民族面具遗存丰富，品类众多，功能广泛，且保存着完好的原生形态，因此其学术研究价值显得格外巨大而珍贵。

贵州少数民族面具文化不但极其丰富，而且流布十分广泛，这表现在两个方面，一是流布民族；二是流布领域。

一、流布民族

贵州是多民族的省份。据全国第五次人口普查统计，全境人口约3524余万，共有49个民族成分。除汉族外，有17个世居少数民族，在这17个世居少数民族中，已知有面具文化表现的民族有苗、布依、侗、仡佬、彝、土家、瑶、白、壮、毛南等10个民族，其中以土家、布依、仡佬、侗、苗等民族的面具最多，以彝族的面具最独特。另外，瑶、白、壮、毛南等族，也有面具文化表现。在旧时，贵州省境内拥有面具的民族应该比现在要多一些，至少像水族等一些民族可能曾拥有过面具。

贵州少数民族面具在贵州省各个少数民族中的分布与贵州少数民族在贵州境内的分布直接相关。贵州是历史上四大族群的交汇之处，苗瑶族群的一部分由东面而来，百越族群由南北上，氐羌族群由西东进，加上本地的百濮族群，以及汉族人主要由北南下和由东西进。汉族人是历史上的强势族群，大致遍布全省，而其他各相关民族在全省的分布都与这种民族迁徙发展历史相关。即由东向西的苗瑶族群所属诸族（苗族、瑶族、畲族等）基本上分布在黔东南、黔南一带；由南北上的百越族群所属诸族（布依族、水族、侗族等）基本上分布在黔东南、黔南、黔西南、黔中一带；由西东进的氐羌族群所属诸族（彝族、土族等）基本分布在黔西北一带；而百濮族群的后裔仡佬族主要分布在黔西北、黔中及黔北一带。在贵州少数民族面具文化中有着重要地位的土家族，历史源流上他们是由北而来，但很长一段时间里就居于乌江流域的中部，并深受巴文化的影响。

贵州少数民族面具的分布就依托于这种特定的民族分布。

在贵州少数民族面具的民族分布中，拥有傩堂戏的民族主要有：土家族、仡佬族、苗族、侗族、布依族、白族等，拥有地戏的民族有：布依族、仡佬族和苗族，彝族则流传着亚傩戏“撮泰吉”。

图1-3　侗族风雨桥

土家族

土家族傩堂戏中的面具文化最为丰厚。土家族傩堂戏所拥有的面具，至少占全省少数民族面具的百分之三十左右。在贵州省的土家族中，傩文化、傩堂戏在人们的精神文化生活中是第一位的，也是他们宗教信仰、审美观念等精神生活最主要的选择。可以说，土家族民间群体中关于精神生活领域中的多向性选择的可能性较小，而这种选择在其他民族中则普遍存在。比如松桃县的苗族，他们拥有傩堂戏，并受到苗人的欢迎，但同时苗族固有的巫事活动也很盛行，即松桃的苗族在选择其精神生活的方式时，能有多种选择。在土家族中，上演傩堂戏的傩坛班遍布城乡各个角落，任何一个生活在族群中的个体，从小就在精神上和观念、行为方式上浸透了傩戏、傩文化的影响，当他成为这个族群的成熟个体时，傩文化自然成为他精神生活的最重要的选择。

在贵州，土家族主要居住在乌江流域的中部，梵净山的腹地、北麓、西面等地，其主体主要在德江、沿河、印江、思南、江口等县，而这几个县也就是傩坛分布最为密集，傩事活动和傩堂戏表演最为频繁的地区。可以说，土家族的傩坛、傩堂戏、傩文化、傩面具是贵州民族民间傩坛、傩堂戏、傩文化、傩面具的最重要的组成部分。

仡佬族

仡佬族是一个生息在中国西南地区的古老民族。主要分布在贵州省的务川仡佬族苗族自治县、道真仡佬族苗族自治县、正安县。其余分布在贵州省的六枝、水城、遵义、仁怀、安顺、平坝、普定等县、市和特区。

仡佬族也是拥有较多傩堂戏的民族，在傩坛和傩堂戏、傩面具的数量和影响力上仅次于土家族。仡佬族在20世纪50年代民族划分时，只有不到3万人，且多在黔中和黔西北地区。1982年民族识别时，遵义地区的北部，一下识别出了20多万在20世纪50年代民族划分时隐藏了自己真实的民族身份的仡佬族，其中务川仡佬族苗族自治县、道真仡佬族苗族自治县两县就有15万之众。贵州省的仡佬族的傩坛、傩堂戏、傩文化、傩面具主要就分布在这两个县，并在黔北的傩坛、傩堂戏、傩文化、傩面具中有自己的独特地位。

苗族

苗族主要分布在中国西南和中南的贵州、湖南、云南、四川、广西、湖北、海南等省区，在东南亚则分布在越南、老挝、泰国和缅甸的北部，在西方则主要是美国、法国等国家。

与傩坛、傩堂戏、傩文化、傩面具发生联系，直接分布有傩坛、傩堂戏、傩文化、傩面具的是黔东、黔东南、黔西南的苗族，其中以松桃一带的苗族的傩坛、傩堂戏、傩文化、傩面具最为兴盛，对外的影响力也最大。其余在黄平、岑巩、施秉、凯里、道真、晴隆等县的苗族中，傩堂戏、傩面具的分布亦很广泛。此外，从江苗族在民间宗教活动中会使用“耍变婆”面具。

侗族

侗族主要分布在湖南、贵州、广西毗邻的广大地区。在贵州的广大侗族地区，由于内部文化的差异性表现，又分南侗地区和北侗地区，在保存传统文化方面，南侗地区要比北侗地区更为完整一些，民间的风土民情南侗要比北侗浓郁得多。鼓楼和侗歌是这个民族创造的两大文化奇迹。

侗族的傩戏、傩面具主要分布在岑巩、玉屏、黎平、天柱、锦屏、万山特区等地，尤以“思州古傩”著称的岑巩侗族傩文化最有影响力。

布依族

布依族在贵州省主要居住在黔东南、黔西南两个布依族苗族自治州，省内其他各地州也有零星分布。

黔东南、黔西南两个布依族苗族自治州境内的布依族地区，傩堂戏、傩面具在20世纪50年代前分布很广，但1950年以后，由于历次政治运动的冲击，傩堂戏、傩面具在一些地方逐渐消亡。现今，布依族的傩堂戏、傩面具主要分布在黔南的荔波县、罗甸县、黔西南的册亨县、望谟县、兴义市等地。另外，除了受外来影响的傩戏面具之外，还有源于其本土文化的傩戏，如册亨县丫他镇板万村在丧事活动中演出的“哑面”傩戏就是。“哑面”傩戏的形态比威宁彝族“撮泰吉”傩戏还要古老。

白族

白族是一个有着悠久历史和多元文化的民族。拥有傩戏，并与贵州少数民族面具文化发生关联的白族人生活在黔西北的织金县。在织金的白族中，流行一种叫“娘娘坛”的傩坛，在庆坛时，就要表演傩面具戏。他们的傩堂戏有11个面具。

毛南族

毛南族是一个古老、智慧、纯朴的民族。20世纪50年代，贵州省博物馆在黔南收集到一套面具，因当时未做详细记录，以致后来无法判断其族属。我们将它同广西毛南族面具进行比较后认定，它们属于毛南族的面具。推测20世纪50年代前，贵州省南部毛南族地区曾有毛南戏流传，但最近我们在平塘等毛南族地区探寻，已没有毛南戏的演出了。在广西壮族自治区西北部的环江毛南族自治县中，现在仍有毛南戏面具流布，而贵州省博物馆所藏的这套面具与其完全相同。毛南戏面具也应归为傩戏面具之一种。

彝族

贵州的彝族主要居住在黔西北地区。他们拥有自己独特的宗教信仰和精神文化。

彝族与民族民间面具文化发生联系的是威宁县板底乡的一种人们称为“撮泰吉”的古傩面具戏。在很久以前，以板底乡裸嘎院子为中心的数十平方公里的范围内，这里的彝族人一直在春节期间跳和观看这种叫“撮泰吉”的古傩戏。这种古傩戏很独特，在贵州面具文化中地位很特殊，在贵州的面具戏中影响很大，国内外学人对它非常关注。此外，贵州彝族在欢庆“火把节”时，往往也要使用面具。

除以上的数个民族有傩堂面具外，贵州境内的瑶族、水族也有，或曾经有过傩面具文化的表现，但他们或已消失，或者影响力不大。

黔西北的穿青人中也有傩面具流传，主要表现在当地称为“庆坛”的傩戏中。

贵州少数民族地戏面具文化主要流布在黔中的与“屯堡人”错杂而居的布依族、苗族和仡佬族之中，而以布依族流布最广。由安顺市西秀区黄腊布依族苗族乡和平坝县的白云镇共同构成的这一片布依族文化区域，是黔中布依族地戏面具文化的主要流布区域。另外，安顺市的镇宁、普定，贵阳市的花溪区、乌当区，六盘水的六枝特区等地，也有布依族地戏面具文化流传。

生活在黔中“屯堡人”文化圈的仡佬族人、苗族人也有地戏面具文化的表现。安顺市西秀区的蔡官乡、刘官乡的仡佬族、苗族村寨里就有这样的个案。

黔中的“屯堡人”是明朝来到贵州的“老汉人”，族属上属于汉族，但又与今天的一般汉族人有很大的区别，他们至今仍然保持着源自600年前的汉族文化风情，俨然一个独有的族群文化的表现。在我们的研究中，虽然未把“屯堡人”的地戏纳入贵州少数民族面具文化的范畴，但在论述布依族、仡佬族、苗族的地戏时，将对之有所涉及。

归结而言，黔东、黔北、黔东南、黔西南的傩面具文化，主要流布在土家族、仡佬族、苗族、侗族、布依族①等五个少数民族中；黔中的地戏面具文化流布在布依族、仡佬族和苗族中；黔西北的“撮泰吉”本土文化性质的面具文化为彝族所独有；同为本土文化性质的布依族丧事中的“哑面”傩戏面具文化，为布依族所独有。

二、流布领域

贵州少数民族面具文化的流布领域可分为两个部分，一是民族民间戏剧，一是其他宗教、民俗活动。

（一）民族民间戏剧中的面具文化

贵州的民族民间戏剧异常丰富多彩，而其中的面具戏剧又最为引人注目，在这些面具戏中，不但有极为深刻的文化内涵，而且还表现为多种形式和类型。

贵州少数民族面具文化主要表现在傩文化中的傩戏中，但由于这些傩戏的文化来源和背景不尽相同，故它们都有不同的表现，比如黔东、黔北的土家族、仡佬族、侗族、苗族傩堂戏，黔中的布依族、仡佬族、苗族地戏，黔西北彝族的变人戏和黔西南布依族的“哑面”戏等。贵州少数民族面具文化主要分布在这四种民族民间的戏剧类型中。

图 1-4 德江土家族傩堂戏表演

傩堂戏

傩堂戏是一种佩戴面具演出的宗教祭祀戏剧，是傩戏之一种，属于“巫师傩”的范畴。在黔东、黔北地区，任何一傩班举行傩事时，都要在傩祭后、傩祭中，或者傩技的表演后、表演中演出“傩堂戏”。

傩堂戏又叫“傩戏”“傩愿戏”“傩坛戏”等，傩戏是指在傩事中演出的戏，傩愿戏说的是在冲傩还愿中演出的戏，傩坛

① 黔东、黔北的傩文化圈中，当然有汉族，但这不是本课题的研究对象。

戏是表明在傩坛中演出的戏，傩堂戏则强调的是在特定的傩堂中演出的戏。这些在傩戏、傩面具文化中都有特定的意义，我们在另外的章节中还要详细叙述。

傩堂戏是贵州少数民族面具出现最多的民族民间戏剧形式。在土家族、仡佬族等冲傩还愿的广大地区，不管所冲之傩是一天、三天、七天，还是十五天，一般来说都要在冲傩还愿的人家堂屋里搭建一个用竹条、彩纸等材料建成的傩坛。这样的傩坛是傩坛师进行傩祭、傩仪的地方，也是进行傩戏表演的场地。在堂屋里的傩坛，坛位在上，坛下是堂，故“傩堂戏”这一名称是双重的，既是堂屋的“堂”，也是傩坛中之“堂”，它有演出地点的表意，也有演出境域的表意。这些，我们也将在下面的章节展开。

一般而言，在傩堂中演出的宗教祭祀戏剧就叫“傩堂戏”，但它又由法事、正戏、插戏三个部分组成，被人们称为“傩戏的三个世界”。傩堂戏的面具和面具文化主要在后两个环节里展现，也就是俗称的“出戏”，而出戏也就是出面具。

面具是傩文化最醒目的外在表现，20 世纪 90 年代，贵州乃至中国兴起的“傩文化热”，就与 1987 年冬贵州省在北京举办的“贵州民族民间傩戏面具展览”直接相关。人们普遍是受到傩面具这外在形态的“震惊”“震撼”之后，才开始思考傩和傩文化的。

出戏了，也就出面具了。在傩堂戏里，有全堂戏和半堂戏之分，一般而言，全堂戏有 24 个面具出现，半堂戏有 12 个面具出现，但实际情况往往差异较大。在调查中，我们看到，一个傩班演出全堂戏，一般都很少少于 24 个面具，而出现 30 多个面具，或更多面具的情况屡见不鲜。有时候，两个傩班或三个傩班合坛演出时，所出面具更多。

贵州省各个少数民族中现存傩坛班近千个，有傩堂戏演出的傩坛，也就是说，在做傩事时有面具出现的傩班不下 800 余。这样一来，贵州少数民族面具主要部分就存在于傩堂戏中了。可能它从角色的数量上不能与贵州少数民族地戏的面具相比，但从面具的绝对数量上就是当之无愧的第一了。

地戏

地戏是一种在村野旷地上表演的戴面具演出的具有一定傩文化性质的民族民间戏剧，一般认为它属于“军傩”的范畴。

地戏与傩堂戏相比，是一个完全不同的傩文化系统，它的来源、演变、表现形式都与傩堂戏不一样。据考证，地戏的“种子”是 600 多年前由“调北征南”“调北填南”的军士和民众带入贵州的，其早期形态可能与今天江南的傩戏比较接近，后来在长期的发展过程中，吸收了贵州土著民族的文化因子，并结合屯军生活的实际，逐渐形成今天我们看到的样式。用“源于江南，成于贵州”八个字来概括地戏形成的历史，可能比较符合实际。在地戏所表现的题材内容中，没有生活小戏，也没有公案戏，全部是一朝一代的兴废争战的戏，描述的全是金戈铁马的英雄人物。

地戏的出演叫“跳神”，时间主要在农历春节初一至十五期间和七月半稻谷扬花时，前者叫“玩新春”，后者叫“跳米花神”。其余时间有乡人为开财门、送太子等相请者，也有前往朝贺的。其傩祭的内容主要在“开箱”“封箱”和“开场”“扫场”中出现，其余时间都是地戏的表演。时间可长可短，从三五天到半个月不等。

图 1-5 图为地戏演出场景

贵州少数民族地戏中的面具就是在这些个演出中出现的。傩坛有时候在举行傩事时不一定有傩堂戏表演，如傩班在为主家冲“急救傩”时就没有傩堂戏的表演，而地戏一旦出演，一定就是戴面具表演，无一例外。在地戏表演时，出现面具的多少视演出剧目内容的长短和剧中人物的出场顺序而定，如果演出的时间短，只能演出此堂戏的一个片段时，就只有片段中的相关人物面具出现，其他的面具也就没有机会出现了。

地戏的演出由村里的戏班来实施，但这个戏班是由这个村的村民志愿者、爱好者组成的，无固定和专门的如傩坛班子那样的“传职受法”的“神头”。只有一自然领袖式的“戏头”或“召集人”，这个“戏头”或“召集人”对戏班的诸事务并没有法定的决定权，他对戏班事务的影响力取决于他在这一“事业”上的贡献的多少。多数地戏班在某种意义上是这个村的“公共财产”，许多戏班在 1950 年前是有一种名叫“族田”的公田来作财政支持的。在人民公社时期，许多戏班的财政支持是由村集体收入而来的。

每个地戏班一般都有一个由祖辈传下来的剧目，演什么是既定的，各地的地戏班所演出的剧目有相同的，也有不相同的，也有可能是新创的。所以，在贵州少数民族地戏中，剧目繁多，因而角色也特多。贵州少数民族地戏中的面具在数量上赶不上前述的傩堂戏。傩堂戏中每一个傩坛的角色大致是既定的，变化不大，但它的傩坛数量众多，所以重复性的面具数量众多，而贵州少数民族地戏中的戏班总量远逊于傩堂戏班，面具的总量不是很大，但它的角色却是很多的，有一堂不同的戏，就有不同的角色。也就是说，贵州省的少数民族地戏不但如傩堂戏那样，可以在数量上展示无限的空间，而且在角色上也可展示无限的空间。

变人戏和“哑面”戏

变人戏即彝族的“撮泰吉”，撮泰吉是彝语的读音，在彝语中，“撮”的意思是“人”，“泰”的意思是“变”“变化”，“吉”的意思是“游戏”“玩耍”，合起来就是“人类刚刚变成的时代”或“人类变化的游戏”，简称为“变人戏”。

“撮泰吉”一般在每年旧历正月初三到十五演出，旨在驱邪祟，迎吉祥，祈丰收。演出活动多在夜晚进行，遇到天灾人祸或年成不好，则隔几年才举行一次。演出以本村寨为主，有时也应邀到附近村寨演出，所到之处，受到村民们的热烈欢迎。

“哑面”戏是布依族人在丧事中表演的一种仪式性质的傩戏，它的表演在出殡的头一天晚上的绕棺活动中进行。它是为了死者的某种目的而进行的表演，表演中展示生命的诞生过程，让死者能看到一条新生的路，能获得一种新生命的能力，即受到这模拟巫术似的表演的启发和感染，获得新生的力量。

变人戏在贵州省的少数民族傩面具戏中有着自己独特的地位，很为国内外学人所重视，但它在全部的演出中所见的面具就只有五个，而且这些面具也没有如傩堂戏、地戏那样的民族民间工艺美术上的表现，它更重要的是它所承载的古老的原始傩文化的信息。

“哑面”戏的文化形态比变人戏还要古老，并且是我们最新的发现和认定。它的面具为笋壳，分男女，只有三个面具，包含的原始文化信息更为古老，是一种典型的源于本土文化的原始祭祀戏剧的遗存，并且形态保存相当完好。

贵州省的少数民族面具，从民族民间戏剧类型而言，主要就分布在这四种类型中。当然，这不是贵州少数民族面具的全部表现，因为在傩祭和傩仪中我们还可以看到面具的出现，在其他的宗教活动和民俗活动中也有面具的出现。

（二）其他宗教、民俗活动中的面具文化

在贵州省有面具出现的少数民族宗教活动和民俗活动，有布依族的绕棺、瑶族的度戒、苗族的耍变婆，布依族的打加官和扫寨，以及镇宅、送福、狮舞等。

绕棺

是南北盘江流域布依族的葬礼仪式。布依族的葬礼叫作殡亡，又称“殡凡”“古谢”“砍牛”等，由布摩主持，主要仪式有“结师”“祭棺”“开丧”“转场”“送仙”等，内容是通过一系列带有戏剧性的巫术手段，愉悦神灵，超度亡魂，并将其遣送到冥界。在葬礼中出现的面具就叫绕棺面具，一般用竹篾或笋壳制作。

度戒

是瑶族的成丁仪式。为了缅怀槃瓠并酬还愿信，各地瑶族（主要是盘瑶）要定期（一年、数年或数十年，视经济状况及所许愿信而定）举行“还盘王愿”法事，法事多在农闲时的冬天举行，分为家祭和村祭两种，前者以家庭为单位，后者以村寨为单位；程序有“拜神”“上丧”“奏丧”“审鬼”“接祖宗”“请盘古大王”“跳盘古大王”“送盘古大王”等名目。瑶族在举行“还盘王愿”期间，主家要同时举行“度戒”仪式。

度戒面具又叫“神头”或“神像”，多用纸绘制而成，用布衬底。面具角色有瑶王、雷王、威德、三德、三光、盘王等，总计多达四五十个，其中既有本民族的土俗神，也有道教和佛教的神祇。

耍变婆

是从江翠里村苗族春节期间举行的一种民俗活动，其中也有面具出现。后来从江拥里、翠里的壮族，每年的春节也举行这种活动。

打加官和扫寨

打加官是黔西南州册亨县南盘江两岸的布依族人演出一种叫“土戏”的民间戏剧时所举行的一种仪式。打加官的目的是默念“福朗”，“福朗”是一种巫术，默念了它，在家、在地里劳动的人们就会赶来看“土戏”。打加官就一个面具。

扫寨是贵州许多少数民族村寨中广泛流行的一种扫除民俗活动。黔西南州册亨县等县举行这种活动十分隆重，前后可进行三天，有12个面具，全都是笋壳做的，每次扫除结束，面具都会送到村外烧掉。

送福

是新中国成立前广泛流传于贵州城乡的一种习俗，春节期间，贫丐者头戴“春官”面具，沿门逐户给人们送“皇历”，并表演一些驱邪纳吉的节目，主人则酬以一定数量的钱米酒食。

吞口

是一种用于悬挂的面具，因其放置的地点不同，而分为镇墓吞口和镇宅吞口两类，镇墓吞口悬挂于墓室四壁或棺木之上，功用是护卫陵墓的主人，使其不受鬼魅精怪侵扰。镇宅吞口悬挂于人家的门楣之上，功用是厌胜辟邪，使妖魔精怪不敢侵犯家宅，以保主人家清吉平安，这与旧时人们在门上张贴门神的动机如出一辙。在贵州省，特别是在少数民族地区，多有用圆木、葫芦、砂陶等材质制作的吞口。

狮舞

是一种面具与假形装扮并用的拟兽舞蹈。贵州的狮舞通常在春节、元宵等传统节日出现，一些少数民族的传统节日，如苗族的四月八，布依族的六月六，亦往往有狮舞表演。彝族亚傩戏“撮泰吉”中也有狮舞。

第二章　贵州少数民族面具文化的神圣空间

贵州少数民族面具文化是一个特定的复杂的概念，它具有历时性的话语，又有共时性的话语，同时它又横跨在诸多文化表现的边缘上，与诸多的文化相互关联、相互缠绕。这些相互关联、相互缠绕的文化事象中自有其独特的文化意义，但又是贵州少数民族面具文化最为深刻的背景和舞台。贵州少数民族面具文化的依存空间主要是傩堂戏、地戏、变人戏和其他宗教、民俗活动，这些文化事象的展开，有很多时候也就是贵州少数民族面具文化的展开。

贵州少数民族面具文化与贵州少数民族民间宗教的关联很深，所以贵州少数民族面具文化中面具戏都是神性十足的神戏，也可以说是贵州少数民族民间的宗教祭祀等一系列活动为贵州少数民族面具文化提供和造就了一个空间，一个几乎是永恒的神圣无比的空间。这个空间大致包含以下几个方面：傩堂戏的神圣空间，地戏的神圣空间，变人戏的神圣空间，其他宗教、民俗活动的神圣空间。这里只分析傩堂戏、地戏、变人戏的神圣空间，其他宗教、民俗活动的神圣空间，因特征不很突出，故此不赘。

第一节　傩堂戏的神圣空间（上）

傩堂戏是一种佩戴面具在特定的宗教祭祀地点——傩堂上演的宗教祭祀戏剧，是傩戏中的一种。这种傩戏对“冲傩”等傩事的依附性极强，可以说，无傩事、无傩堂也就无傩堂戏。

在贵州，傩文化是一个分布面很广的传统文化事象，但并不是所有的傩事都能建立傩戏演出空间，有很多的民间傩事就与傩戏毫无关系，所以，傩堂戏的神圣空间是一个特指的概念，即指贵州省黔东、黔北、黔南、黔东南、黔西南，以及黔西北部分地区的以“冲傩还愿”为主的傩事仪轨和程序内容。

这一部分包含的内容很多，从面上而言，大致上包含两个部分：

一是以黔东德江、思南、印江、铜仁、江口等地为主的土家族、苗族傩堂；以黔东南的岑巩、黔东的玉屏为主的侗族傩堂；以遵义市的道真、务川为主的仡佬族、土家族傩堂；以及毕节地区的织金、大方、纳雍等地白族、苗族傩堂。这是傩堂戏最大的神圣空间。

二是以黔南的荔波，黔西南的兴义、册亨、望谟等地为主的布依族傩堂。

这二者共同构成了贵州少数民族傩堂戏的神圣空间。贵州各地汉族傩堂戏的神圣空间，因不属于本书论述的范围，故从略。

一、黔东、黔北的傩堂戏的神圣空间

第一个部分的傩堂从地域上来说是广大的，它几乎占据了贵州傩堂和傩戏的一半左右的分布区域。同时它还分布于多个民族。傩文化的渊源上，这一地区的傩文化事象是同源的，神系、神谱、仪轨、程式都大致相同，只是简繁、详略不同而已。但它们也有一定的差异性，如师承差异性、民族固有文化浸润所致的差异性、传播时间和途径不同的差异性等等。不过，这都不大可能从根本上造就其体系的差别性，也就是说，黔东、黔北的傩堂戏的神圣空间，虽分布的地域广阔，民族众多，但它们基本上可以在一个文本中得到阐释和描述。我们这里选择了“德江文本”为主述体，参照“思南文本”，以及仡佬族傩堂文本、侗族傩堂文本、苗族傩堂文本等等。①

黔东、黔北的傩堂由三个部分组成：一是傩祭，二是傩技，三是傩戏，也有加上“傩艺”之说的。傩祭是围绕神鬼这一轴心开展的一系列宗教祭祀活动，是后二者的基础，展开了傩祭，才能展开傩技和傩戏。

（一）傩祭

傩祭仪式有请神、迎神、敬神、酬神、娱神、祈神和送神等程序。也就是民间所说的做法事。其法事有基本法事和特殊法事之分。基本法事也称普通法事或常用法事，是任何种类的冲傩还愿活动都必须进行的程序；特殊法事是在基本法事之外另行增加的法事。

举行傩祭一般在行傩人家的堂屋中，开坛前掌坛师（傩坛中总领其事的巫师）要精心地布置傩堂神案（又叫香案或祖师案）。正对堂屋为竹子编扎的彩楼牌坊，名叫“三清殿”。“三清殿”共分三个殿，左边是“灵官殿”，右边是“元帅府”，中间为“华山宫”。也有将三个殿称之为“玉皇殿”“王母殿”“老君殿”的。

“三清殿”前置一神案桌，桌上供着傩公和傩母的木雕神像。供奉方式各个傩坛不同，有的用大碗盛满谷米，将傩公、傩母像插在谷米中，有的则为傩公、傩母穿上衣服。此外，桌上还供着令牌、竹卦、师刀、玉印、牌带、头札、牛角、马鞭等法

---

① 叙述傩堂戏的神圣空间的材料来源有以下几个方面：一是笔者多年的田野作业资料；二是德江县民委、思南县民委的傩戏、傩文化的调查报告，这两个县的傩戏、傩文化的调查报告已结集成书为《德江傩堂戏》（李华林主编，贵州民族出版社 1993 年版）、《思南傩堂戏》（卢朝栋主编，贵州民族出版社 1993 年版），笔者为此二书的编者之一；三是参照部分关于仡佬族傩堂戏调查报告、侗族傩堂戏调查报告、苗族傩堂戏调查报告等等。特此说明并致谢意。

图 2-1 土家族傩坛

物，以及香烛、纸钱和供品：神案桌上还经常供奉着翻坛小三和健身大帝的木雕像。① 神案桌下，供着地傩小山及其妻子丫角娘子的木雕头像，有的还置一铁链，供地傩小山捉鬼用：桌下四周，摆满傩堂戏面具和刀、枪、弓、箭等道具。

“三清殿”内侧以及堂屋左右的墙壁上，悬挂着“三清图”“功曹图”“东岳图”“南岳图”“王灵官图”“马元帅图”“师坛图”等各色画轴，俗称“案子”。案子”的多少因傩坛而异，少者四五轴，多者 20 余轴，其中最重要的是“三清图”和“师坛图”。

“三清图”是绘在纸上的三轴彩画，每轴画上绘着一位主神和若干较小的神。三位主神是谁，民间有两种说法：一说是玉清元始天尊、上清灵宝天尊、太清道德天尊；一说是孔夫子、李老君、释迦佛。除了三位主神外，“三清图”上还画有 100 余位神祇，各个傩坛供奉的神祇不尽相同，常见的有玉皇大帝、南极仙翁、北极紫微、三元将军、五岳大帝、五明皇后、东山圣公、南山圣母、炳灵侯王、真武祖师、北斗七星、南斗六星、三元盘古、三桥王母、了愿仙官、追魂帝君、赵公明、张天师、王灵官、马元帅、十殿阎君、十二花园姐妹，以及雷公、风伯、左簿、右判、五猖、十圣等。这些神祇有的属道教系统，有的属佛教系统，有的属巫教系统。

“师坛图”是历代祖师的神位图，上面绘有赵侯圣主傩公大法老师、三十六代

① 翻坛小三即申公豹，是五猖的徒弟，他神通广大，善于变化，妖魔鬼怪无论躲在什么地方，他都能将其捉住。健身大帝又名太子，是一具身着衣装，四肢可以活动的木偶，无子或孩子不乖的人家冲傩还愿，必须将他供在神案上。

天师、行兵祖师、度关王母、三曹将军、引兵土地、统兵圣母、翻坛小三和五猖等神祇的画像，除此之外，还详细写着本傩坛历代祖师的传承表。傩堂戏多为口耳相授，师承关系非常严格，徒弟对师父、师祖十分尊敬。每次演出前，土老师都要净手焚香燃纸，燃放鞭炮，祭祀“师坛图”上的历代祖师，祈求他们保佑演出成功。演出结束后，也要在“师坛图”前举行谢师仪式，并从愿主供奉的鸡牲身上扯下几片鸡毛，粘在“师坛图”上，以告慰历代祖师。下面是德江土老师张金辽的师坛图（见图2-2）。

图2-2　土家族傩坛中的傩祭

茅山启教：刘元兴、刘元生、刘应乾、刘应榜、刘应弟

梅山启教：张法娘、谭法娘、苏法娘、熊法娘

前代师祖：冉法胜、田法胜、朱法灵、何法道、蔡法通、熊法胜、罗法高、李法清、赵法灵、王法真、赵法兴、张法开

正坛师祖：鲁法清、鲁法高、李法旺、安法兴、刘法旺、罗法开

天祭师祖：杨法道、赵应开、赵应玄、黄法胜、杨法开

师公：张法灵

传度师：张法旺

接法师兄：张法灵

引进师兄：罗运举

同坛师兄：张法清

剎铧顶坳：张法全、石法胜

师兄：张法杨（稳坪镇人）
随坛师兄：张法杨（龙泉乡人）
传度师：张法清
父师：黎法清

以上傩堂神案布置，适用于绝大多数法事，在举行某些特殊的法事时，还需在傩堂中放置另外一些物品。例如主家还“童子愿”，举行“过关煞”法事，则需在堂屋大门的木梁下方，悬吊一个装满大米的陶罐，以及一张写有愿主全家人生辰八字的“星辰牌”；在堂屋中央，需放置一个画着虎头的木甑，以及用12个土碗摆成的“十二道阎君关卡”；等等。神案布置完毕后，就可以进行一系列的傩祭仪式了。

在傩坛举行的傩祭仪式，或简或繁，或详或略，各地不同，德江的傩坛傩祭计有19大项，分别是开坛、发文敬灶、搭桥、立楼、安营扎寨、造席、差发五猖、铺罗撒网、判牲、膛白、和会交标、上熟、造船清火、大游傩、送神上马、安香火、过关、祝寿、扫荡等。

1. 开坛

是土老师们向诸位神灵、三元法主、老少家先、列位师祖述说还愿起因，迎请他们进入傩堂，保佑还愿圆满成功的请神、祈神活动。开坛主要分为引言、清圣、发锣、报门、迎山王、请法水、献法（讳）、穿衣件、参神、请三元法主、焚香（上香）、解秽、踩九州、观师、迎神下马、下装等过程。

2. 发文敬灶

是傩坛法师将还愿活动应做的事向诸位神灵奏表申报，祈求众神的恩赐。此部分法事分为穿衣件、参神、拜功曹、赞香、宣文书、发文、交书文、敬灶、请圣、推遣保管、宣文书、唱赞、下装等十三个步骤。在这一部分的傩事中，有许多仪轨同前，如穿衣件、参神等，但由于这一傩事是为了向天下诸神发傩事文告，所以对担任各界“交通”的功曹礼礼敬有加：

一拜东方青功曹……
二拜南方赤功曹……
三拜西方白功曹……
四拜北方黑功曹……
五拜中央黄功曹……，

灶神是玉皇大帝派来的，也要敬到位：

恭奉真香，虔诚奉请：奉请东方青帝灶王府君，南方赤帝灶王府君，西方白帝灶王府君，北方黑帝灶王府君，中央黄帝灶王府君，五方五帝灶王府君。天灶地灶神君，年灶月灶神君，日灶时灶神君。曾灶祖灶神君，父灶母灶神君，子灶妇灶神君，孙灶媳灶神君。金灶银灶神君，铜灶铁灶神君，砖灶瓦灶神君，土灶石灶神君。行灶坐灶神君，长灶短灶神君，大灶小灶神君，高灶矮灶神君，单灶

双灶神君，内灶外灶神君，请降香坛，证监领占敬灶功德。(作揖相请)

3. 搭桥

搭桥是为诸位神灵、阳兵阳将、阴兵阴将架设桥梁，让他们顺利通过河谷沟堑，来到傩坛为东家的了愿活动服务的一场法事。

搭桥分两种：了一般愿信的叫小搭桥，了大型愿信的叫大搭桥，又称迎銮接驾。二者的区别，主要在法事规模的大小及舞唱的内容多少。小搭桥择主要法事执行，而大搭桥则要执行全部法事。

大搭桥法事的步骤有：上坛、启口语、上装、发锣报门、请圣、迎神下马、观师、参神（人）、采木、架桥、扫桥、亮桥、坐桥、讳桥、锁桥、游傩撤桥、卸装歇坛。

大搭桥用白布一匹，从师坛拉到大门处搭成桥状，名曰天仙桥。桥面匀铺 36 张纸钱。桥下安放一高木凳，凳上放一茶盘，盘内装供仪，即九个粑粑分三堆，豆腐、刀头、酒杯、香、长钱各三份。

将地傩小山和丫角小娘以男左女右安置于茶盘内，在其背后插祖师杖，名为“顶梁柱”。谢师钱 1.2 元或 12 元，放于茶盘边角上。

小搭桥是在正坛右边挂一纸绘桥案，一端拴在案桌横担上，另一端拴在靠大门口那直立的木凳上，中部以祖师杖顶撑。桥案，因所绘图案之异而分为天仙桥、地仙桥、水仙桥三种。

4. 立楼

为迎接诸位神灵到来，建造楼馆供神灵及其兵卒居住。此法事分为上装、迎三元法主、立楼、排楼、催楼、报楼、下装等七部分。

5. 安营扎寨

是法师为邀请进入傩坛的各路神兵安排驻扎之所，待命出击，围剿邪魔鬼怪。

6. 造席

是神化傩坛用来垫脚的竹席，让其也具有驱邪除怪能力的一场法事。主要分上坛、穿衣件、迎三元法主、造席等部分。一般在“传花红”后进行。执法前，备新席一床，卷成筒形，中捆布带。带端留约 20 厘米长，便于拿着舞跳。捆好后，置于神案桌边。

这一傩事对傩坛有特定的意义，既是上帝给了教坛行傩的“一席之地”，也同时是傩堂戏的“一席之地”。在黔东、黔北等地的傩坛中，傩事多是在“一席之地”之上进行的，而傩堂戏则完全是在“一席之地”之上进行的。

7. 差发五猖

是派遣地傩五猖神率领阴兵阴将去收魂及制服诸般邪怪的一场法事。由甲乙执法师上坛，身穿战褂，腰拴战裙，头包红帕武丑装饰。净手焚香化纸于师坛位前，同跪三揖三叩参拜师祖。手执牛角站于中宫，面向三清殿吹奏，向三清殿号请天、地、各界的神灵、仙道、先祖降临傩坛，差发五营兵将。

8. 铺罗撒网

又名“下罗网”，意为铺下天罗地网，将鬼邪妖怪一网打尽，使主人清洁平安，百事顺达。

9. 判牲

将愿主了愿时许下的猪、羊、鸡三牲捆送到傩堂，接受神灵检验后，当堂宰杀，以备祭祀之用。

10. 膛白

即把宰杀的猪、羊、鸡等，刮净取去内脏之后，安置在三清殿前的条凳上祭祀诸神。猪、羊背上各插一把杀牲刀。将点燃的三炷香顺着刀口插着，再搭九树长钱。执法师素装上坛，搭牌带拿牛角与卦子，用卦敲角，边敲边念。请诸神“膛白到来，三巡杯酒，欢欢台上敬领，喜喜台上得纳。谢神敬领，蒙得神圣得纳。”

11. 和会交标

是一堂和合诸神的法事。有测字、上元和会、中元和会、下元和会、和神、交标等部分。其中的“三元合会”，唱述了傩堂中儒、道、释三教合一的教义，以及傩堂戏的来历和搬演。

12. 上熟

也称回熟，是将献祭的猪、羊、鸡内脏及部分肉块烹熟后，犒赏诸神、师父、师兄、家先的隆重献祭仪式。祈求诸神等继续为这场还愿活动尽职尽责。其主要程序有请神、敬酒、推遣保管、解标、撤愿等。

在三清殿、师坛、功曹殿处擦桌、净杯、备酒、焚香、开血钱（即杀牲时，沾上牲血的钱纸）。正坛前长木凳上依旧摆置膛白的牲祭，增加煮熟的内脏及一些肉块。熟肉上放宰此牲的刀，肉旁放血钱、血索。木凳的两端放两个酒碗，碗内斟六六三十六巡神酒，谓“上熟酒”或“撤愿酒”。执法师束装上坛，左手拿统兵令旗，右手拿角吹奏。迎请先祖、神灵排班归位，祈保事主清洁平安。

13. 造船清火

造船，是造送瘟神之船，以法讳手段将五方瘟神、邪魔、鬼怪押赴船上送解他方。清火，是火崇拜的反映，以打火方式兼念法咒来驱邪逐疫，有时兼表演刹铧。两者意为求获家宅平安，百事顺达。此部分法事分为作证盟、采木造船、祭船、请上船、发船、清火、送船等七个步骤。

造船，是用一根竹子劈成五片，以篾丝编成宽约七寸的小船。船内铺少许茅草，民间认为茅草可压邪。草上铺五张钱纸，表示船上有舱。前舱装粮草，中舱装孤魂（瘟邪），后舱装金银。舱上放一道“船引”即行船路照，每张钱纸上画“雷公讳”，以驱除船外之邪气。船绳上所搭钱纸数量，按判每个男女孤魂之应得数而定。然后，法师用只公鸡讳船挂号，在鸡冠上画“尖刀利剪”讳，以利鸡血畅流。取血在船头上画“五雷讳”，三个船舱还各画“井”字讳，船尾画“闭”字讳，此三讳意表封闭。扯一鸡毛贴船尾，表示扎船。在船头烧五炷香，意表五姓男女孤魂。这样，即造成了神船。左侧船头处放竹筛一面，内盛五块粑粑、豆腐、刀头、酒礼。鸡脚上画

“雪山凝讳”，将鸡凝在船上。一切就绪后，将瘟船放在大门外的净洁处。（图 2-3 为清初《贵州通志》卷三十上的《木老祭鬼图》。图中的“瘟船”与今天的瘟船无二）

图 2-3　清代民间傩坛“造船清火”

清火用具，以葵花秆或干篾片绑扎火把一束，任取苦荞面、锯木面或柏香枝叶晒干碾末，作驱邪“打粉火”之用。

14. 大游傩

游傩，分大游傩和小游傩两种。是在敬神、祈神法事结束后，让傩公、傩母辞别主人，装鞍配马，回銮返驾上五岳华山的一坛法事。大游傩分为穿衣件、迎请三元法主、游傩等三个步骤。

15. 送神上马

这是礼送诸神回归原居住地的闭坛法事，分为送神上马、倒龙厅宝架两部分。凡做度关傩、寿傩，送神上马都要游傩，而平安傩、急救傩不游傩。寿傩要扎龙宫宝殿，送神时还要倒龙宫宝架。

16. 安香火

是在了愿活动的主要法事结束后，土老师临走前给主人家安顿香火宽慰祖先的法事。目的是使神龛上的祖灵安安稳坐，享受香烟，镇守家宅，以求得全家老幼清洁平安，百事顺遂。此法事通常分为安位、扫光、开光、点像、礼请、恭望等六个步骤进行。

17. 过关

也称度关，是为儿女顺利成长步入成年而许的一种愿信。一般为 3~12 岁的小孩许下此愿。富裕而又少儿女的人家，须杀猪鸡羊鱼鸭及杀牛祭祀。

18. 祝寿

是专为 60 岁以上的老人举办的寿愿仪式。在三清殿前的堂屋正中安放一大方桌，桌上再放小方桌，小桌上安一把小木凳。大桌上摆放十供养，即香、花、灯、水、果、茶、食、宝、衣和火炮，搭五岳华山，即在大桌的四角及正中分别搭挂三树长钱，小桌上摆设香、灯、粑粑、豆腐、三树长钱、三个茶杯和三副卦子。小凳上，用一茶盆装寿衣、寿鞋，另用一茶盆装寿幛、寿被，再用一茶盆装盛“延生词文和延生表文”（即“文书”），用青布盖着，青布上面再放祝寿“谢师钱”。如此的陈设名为“五岳三清玉皇殿”。殿前用两条长高木凳阴阳重叠绑固，凳脚绑上寿香、寿烛。凳前再安放两把椅子，椅子搭垫单供寿星登座，名曰“寿星席”。待一切陈设就绪后才开始行坛祝寿。

19. 扫荡

是彻底扫除邪秽，在“安香火”之后进行的一场法事。用面盆盛清水放在堂屋正中，盆上放一扫帚。另备一只雄鸡作“挂号”鸡，又叫“带兵鸡”。香火前安放1张大木桌，摆上3个茶盅，3炷燃香和3树长钱以及画讳的法水碗。另用茶盆盛着粑粑、豆腐、刀头肉和谢师钱。这些祭祀品，祭毕由土老师带回，呈献于家中的师坛前谢师，名曰“回师”。意为去要“请师”师显灵，回来“回师”师镇坛。

这19个部分也许在不同的傩坛掌坛师那里有不同的叫法和安排，但内容大同小异，比如在思南的傩堂文本中把这些内容分为开坛、和坛、封坛三个部分。开坛有开坛、请圣号、发文、立楼、架桥、造船、祭船、下坛歌等8个部分；和坛有判卦、投坛和会、猜字谜、交标、投表、迎请三人姊妹、大祭山抚神、接送神、请戏、送戏等10个部分；封坛有造茅取替胎、游傩塞海、度关解厄、祭魂、衔齿钉胎、祭草神等6个部分。

在铜仁傩坛中又表现为：铺傩挂案、吃合心酒、发文书、净洁、开光、会兵、传文、呈文、扔傩、传花红、上标（表）、让星（替主人家解罪）、开洞、跳标、吃下马饭、整饥（送给阴人吃三十六个粑粑……）、献牲、上熟、上灶（祭祀灶王）、和尚谢龙神（谢土）、搬判官勾簿、送神等22个程序。

在道真、务川两县的仡佬族傩坛中，其傩坛的神圣空间表现为：仡佬族傩坛分行坛和坐坛。坐坛有两种活动形式：一种是行单纯的傩祭，无戏；一种是傩祭和傩戏相兼，前者一个晚上即可，后者三至七天不等。

单纯傩祭的程序和法事是：开坛、敬灶、申文、立楼、迎桥、差兵、交魂、领牲、回熟、过关、勾愿、造船劝茅、游傩屯纂、送神等。

傩祭、傩戏相兼的冲傩程序和内容有：

> 申文发牒——由掌坛师一人穿戴法衣法帽出场。内容是；傩堂写出重申牒文，申达礼请“浩浩苍天上帝，冥冥地府王官，滔滔水国真仙，烈烈阳元圣典，冉冉城隍社会，处处土地灵祠，济济家龛香火，轰轰护教龙神，三界有名上圣，十万元极高真”降临傩堂，受领受祭与民解禳。并请四值功曹和传牒土地去各界各司传牒投文。
>
> 立楼扎寨——由法师一人扮立楼童子，一人扮立楼小姐，一人伴跳，共三人出场。

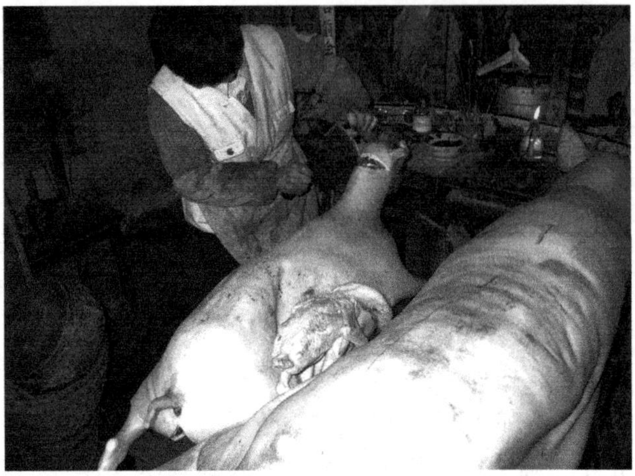
图 2-4　土家族傩坛的“膛白”

开坛——由掌坛师手执席、衣各一出场。道真分鸣锣开坛、鸣角开坛、敲角开坛几种形式。

劄灶——又叫敬灶、参灶。道真有小劄灶、大劄灶两种形式。

迎兵接圣——又叫迎桥、迎桥对贴。由法师一人扮法宝生、一人扮道妹二人上场。

抛傩上纂——由法师扮小生、小旦、金龟道人三人出场。

开洞——由唐氏太婆戴面具一人出场。

打洞——又叫赶洞、盘洞，由法师扮引兵仙娘、打洞童子二人轮次出场。

出引兵土地——法师戴土地面具一人出场。

交标合会——由法师扮赵令芳（生）、黄氏女（旦）二人出场。

灵官镇台——道真有单镇台、双镇台之分。单镇台由真武、灵官、土地三人出场；双镇台由真武、灵官、财神、土地四人出场。

走阵出神——又叫发案、滚神、跳神像等。由法师穿戴法衣法帽出场，其他多人配跳。

差兵发票——由法师一人出场。

三王取魂——又叫开山、取魂、降妖造斧等。

交魂——又名叫魂，由法师一人出场。

催愿拆愿——由先锋小姐戴面具别雉尾一人出场。

领牲——道真傩祭分东岳（黄飞虎）领牲、炳灵（黄天化）领牲、二郎领牲，这种称阳戏；又有火官童子（华光）领牲，称梓潼戏；还有梁山土地（代东岳）领牲等。

回熟——又叫回熟断愿，由法师一人出场。

禳关——又叫过关、打关。道真设平关、竖关两种，均由法师一人出场。

造船造茅——包括造茅取代、造盖解冤、造船设送三坛法事。

驱邪设送——此法事十分复杂，既可在冲傩中做，亦可在冲傩之外单独做。

和尚拣斋——由和尚一人出场。

统兵回山——汉朝将军、土地二人出场。

判子勾愿——由判子（杨七郎）、和尚、三人出场。

游傩送圣——又叫游傩屯纂、游傩塞海等，由法师三人出场。

安家先——由法师一人做。因冲傩搅扰了祖宗安宁，祈求祖先保佑儿孙清泰。

在岑巩、玉屏等地侗族的傩坛中，这些内容又有不同的表现，他们把缔造这个神圣空间的过程分为铺堂、打三场、迎圣下马、开光点像、架桥、迎兵、立楼、扎寨、合神、告歇、安慰、会兵、辞席、踩九州、发五猖、纳牲、献白、敬标、跑报、上熟、安龙谢土、春官架喜、送神等，在跑报之后就出“秆牲八郎”“开山”“搬仙锋”“笑和尚戏先锋”“梁山土地”“判官审案”等戏。

在这些林林总总的法事仪式中，开坛、发文、搭桥、立楼等四个部分最被人们看重，在思南的傩堂中，就认为这是基本的法事，不管做什么性质的法事，这四个部分都不能少，称此为“四大坛”。另外的领牲、上熟、参灶、招魂、祭船、判卦、和坛、投表、清宅、送神等内容也很重要，称为“八小坛”。

在松桃等地的苗族傩堂戏中，这些内容也有一定的变化。他们把缔造这个神圣空间的过程分为：张罗设坛、剪纸、书写疏文、吊飞、装点傩公、傩母圣像，到了子夜即开始法事表演，苗语叫“起棍”。整个法事表演程序有：冷建—热建—发功曹—造桥—飞兵—开光—立营—上表—传花红—上马—问卦—胡标—开洞—出戏（戏有《先锋》《开山》《算匠》《和尚》《师娘》《秦童》《八郎》）—上熟—游愿—倒五岳—送神等，全部表演程序一直要延续到第三天才告结束。

在以上的文字中我们不难看出，一些地方傩坛弱化了彼，强调了此，另一些傩坛则相反，还有些傩坛新增加了内容，但基本的仪式内容变化不大，不管详略，都在“坛内”。

黔东、黔北的傩坛冲傩还愿在时间的安排上有一天、三天、七天、十五天不等，以三天的最常见。三天的时间中，一般安排是这样的：第一天上午扎坛，下午布置神案杀牲供果，晚上开坛，并按照仪轨举行一系列的如前所叙的傩事，直到第二天下午或晚上，在和会交标后就可以进入傩堂戏的部分了，坛中习称“出戏”。“出戏”后就要演一夜，到第三天的上午，大致才能把12出正戏演完，然后还有余下的其他仪式，如送神、勾愿、游傩等，最后是外戏（或插戏）的演出。

这是黔东、黔北的傩坛的傩祭部分的主要内容，是它们造就了黔东、黔北傩堂戏的神圣空间，但黔东、黔北傩坛中的傩技也是赋予傩坛神圣性的重要表现，它也与傩堂戏的出现相互关联，是黔东、黔北的傩坛神性的重要组成部分。

（二）傩技

黔东、黔北的傩坛傩技有开红山、上刀梯、抱坛礅、刹铧、劈推、下油锅、口含红铁、定鸡等八种。

开红山，是法师用尖刀刺破自己额头取血献祭，隔绝鬼魅及占卜吉凶的重大法事。一般是在家人遭特大灾难需当即急救时才采用。

上刀梯，通常是为12岁左右的小孩许下过关愿之后，在还愿中举行的一场法事。未满12岁的，由法师背着上刀梯；已满12岁的，则由法师背其穿过的衣服上刀梯。这象征小孩已闯过阎王的12道关煞，此后易长成人。

抱坛礅，婚后多年不孕或几代单传的人家，为繁衍子孙就许愿安设“子孙坛”。事后，凡添人口就要杀猪宰羊择日请土老师祭祀，谓之庆坛。庆坛时，法师要赤手抱舞用旺火烧红的石坛礅。石坛礅高约 23 厘米，直径约 27 厘米，呈鼓状。

刹铧，是土老师以赤手端着烧红的铁铧，在屋内串绕，口含桐油或菜油掺白酒的混合液喷于红铧上产生火焰，以此逐鬼驱邪。有的法师还表演口咬红铧，脚遛红铧等惊险动作，意在表现法师有超人的技艺与手段，使鬼魅丧胆而远遁。

图 2-5　上刀梯

图 2-6　土家族傩技“开红山”

劈推，是傩法事活动中的一项杂技表演，其作用是驱逐鬼邪，属于冲傩活动中的一部分，过程是法师悬空仰面躺在两根木凳上，肚皮上放一石磨，做法事时在石磨上推两碗苞谷面，边推磨下面的法师还要吹牛角。

下油锅，是“冲地傩”法事中的一种，是傩法师们使用的一种原始占卜(即神判)。主要用来发现和裁判犯罪之人。

口含红铁，是傩法事“钉胎”中所表演的一种技巧。傩法师们认为，女人怀胎以后，如果惊动了某种邪鬼，就会多次出现流产现象。为了保住所怀之胎，必须请傩法师来施法术“钉胎”，以保证不流产。

定鸡，鸡是一种会跑、会飞、会叫而又胆小好动的家禽，特别是在遭到惊吓或在人多嘈杂的场合更是容易惊飞，然而傩法师对它施用法术后，能使它不动不叫地“定”在一定位置上，任由众人观看和由傩法师随意摆布。定鸡有祖师棍上定鸡、关结索上定鸡、过关解结、头上定鸡、筷子杀鸡不死（亦叫“移身还魂”）、金刀利剪(二指剪鸡)、牛角榨定鸡、封山定鸡、放鸡等数种。

（三）傩坛器物

服饰、道具、乐器、经书，也是黔东、黔北傩堂戏神圣空间的组成部分。

服饰有头札、法衣、法裙三种。

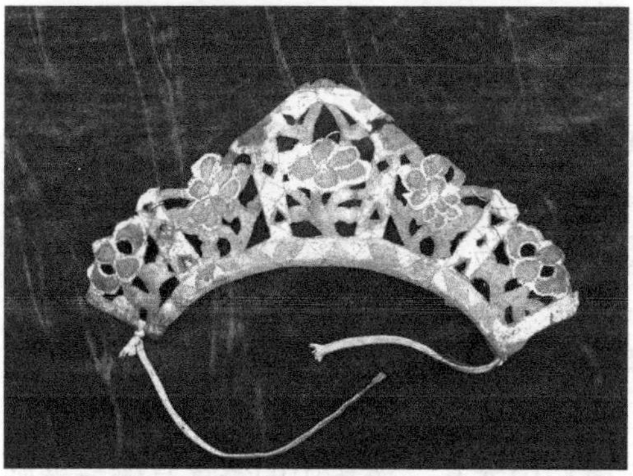

图 2–7　傩坛中傩师的“头札”

头札　是土老师所戴的冠。它由五片前尖中长尾细类“矛”形的皮质或纸质物制成，将底部连接形成半圆形的法帽。中间三片分别绘有上清、太清、玉清彩色半身像。左边一片书一“日”字，意为太阳；右边一片书一“月”字，意为月亮。合称“日月二宫”。

法衣　是土老师执行法事和演出傩戏时所穿的礼服，又叫礼衣或朝服。法衣有两种：一种叫太极八卦衣，另一种叫五龙捧塔衣。

太极八卦衣，其色鲜红或淡红，以青、白色镶边，有袖有领，布带作扣。背后一幅的正中有白色太极图，图的周围为九宫八卦，故称为太极八卦衣。

五龙捧塔衣，其色深红，以青、白色镶边。背后一幅的中央有一宝塔，塔的四方各有一龙捧扶，塔下端另有一龙翘首昂扬上捧其塔，故名五龙捧塔衣。

法裙　又分八幅罗裙、太极罗裙和山河社稷罗裙。这三种罗裙中以八幅罗裙最为常见。八幅罗裙是用红、黄、青、绿、黑、白、紫、蓝色的八块长形彩布条制成。每块的左、右、下三边镶上不同色彩的吊边或镶嵌花栏杆。

道具也叫法器。有常用法器与非常用法器之分，常用法器通常在内坛法事中使用，有令旗、牛角、师刀、牌带、令牌、神鞭、神棍、宝剑、链子、傩竹、卦子、木鱼、神鼓等。它们的大小、尺寸、图案、质地都有严格规定，象征着某一种神性，其来历大多有着神奇的传说。非常用道具如蓑衣、风箱、打狗棒、破木瓢、猪尿泡等，一般在外坛剧目中使用。

乐器有神鼓、锣、钹、镲及二胡等。锣、钹、镲如一般在民间流行的锣、钹、镲无二；二胡亦同，但出现的时间少，并不会在傩祭中出现。鼓为圆形小鼓，但黔东、黔北傩堂戏的鼓一般用当地称为“盆鼓”的小鼓。此鼓直径约 35 厘米，木制，如当地木制脚盆，用牛、羊皮蒙一面，另一面空。在这些乐器中，坛师们最注重的是鼓，称为“神鼓”，并附有其神性的来历传说。

傩坛的经书也称科仪书，是记录傩祭经文的书。这是傩坛的经典，在所有的傩祭仪式中都少不了它，在傩坛的传承中，科仪书是非常重要的一部分。

（四）傩坛的手诀等

在贵州少数民族傩坛中，不管是傩祭、傩技、傩戏的表演中，都经常出现手诀、符、字讳、咒诰，以及剪纸等文化事象，它们的出现，使傩坛平添了几分神秘感，而在傩坛师们眼中，这是他们与神鬼交往的一种必需的手段，也是傩坛神圣空间的一种构建方式。

手诀又叫诀法，是傩坛老师们在行傩时用十指的比划、造型来表达特定巫术含义的一种方法，具有驱邪、镇鬼、退病、解厄之法力，传说系李老君亲自秘授。历代相传的傩坛手诀有72种（一说200多种），这些诀法的用途和法力不尽相同，均以手指的运动和造型来表示。基本手法有勾、按、屈、伸、拧、扭、旋、翻8种，以此组成各种诀法。各地各民族的傩坛的诀法名称不一，但功用大同小异。

黔东、黔北傩坛诀法有：祖师诀、独角将军诀、灵官诀、二帝君王诀、四元枷拷诀、大尖刀诀、黄斑饿虎诀、铜锤诀、天桥诀、天车地车诀、尖刀利剪诀、五猖诀、二郎真君诀、破关诀、阴阳箭诀、行船过渡诀、白鹤飞仙诀、打鬼诀、龙须马诀、莲台诀等等。

符箓在民间许多地方都有表现，特别是在傩坛中尤甚。傩坛中的符箓是傩坛老师们用以镇魔压邪、驱鬼治病、祈福禳灾的武器；是将神力以“符号”的形式附着在规定的“文字”或图形中，并书写或刻印在纸、绢、木等物上的一种法术。傩坛中常用的符有上百种之多，各种符都有特定的功能和用法。

黔东、黔北傩坛中的常用符箓有：健身符、退病符、隔摆子符、隔鬼符、桃符、大门桃符、左门桃符、右门桃符、催生符、魁罡符、镇宅符、小儿夜哭符、紫微符、蓝蛇符、鲁班符等等。

字讳是一种似符非符，似字非字的神秘符号，在傩堂法事中具有重要的作用。字讳一般由“云头”和“鬼脚”两部分组成，“鬼”字下部有的画着无数盘绕的小圈，向左右两边分开；有的用一个或几个圆圈将整个字讳圈住；有的还画有一些交叉的线条，称为“横八卦”或“鬼挑担”。讳与符的重要区别在于：符是书写或刻印在纸、绢等上面的；而字讳多是在傩堂中“划”出来的。

黔东、黔北傩坛中的常用字讳有：紫微讳、退病讳、破血封血讳、生离死别讳、铁草鞋讳、海水讳、封条讳、闭门讳等等。

咒诰是“咒”与“诰”的合称。咒即咒语，系古老的巫术之一，是将神力以“密码”形式附着在规定的语言中的一种古老法术。土老师在法事中常用它来驱邪逐鬼，祓除不祥，保护自己，实现某种特定的愿望。

诰即诰章，是一种训诫性质的文告，其功能、形式与咒语大体相似，但威力更加强大。

一些常见的咒语和诰章有：藏身咒、雪山凝咒、收邪咒、观音咒、灵官咒、安土地咒、开关诰、法船诰、观师诰、化钱诰、解秽诰、雷霆诰等等。

剪纸是傩堂戏中独有的艺术文化。在傩堂中，扎坛师要根据各种神坛的要求，剪制一系列的剪纸作品，来装扮傩坛，表现一定的傩坛内容，增加傩坛的神性意味。这就形成了一个特定的派生物——傩坛剪纸艺术。它的存在，把傩坛装扮得五彩缤纷，神采飞扬。

傩坛中的剪纸艺术，在土家族的傩坛和苗族的傩坛中表现得最为成熟。在每一坛的扎制中，都有数十、上百的剪纸出现。这些作品内容广泛，蕴含丰富，具有很高的艺术水准。

第二节　傩堂戏的神圣空间（下）

在贵州省傩堂戏的神圣空间中，黔东、黔北的傩堂最为重要，但以黔南的荔波，黔西南的兴义、册亨、望谟等地为主的布依族为主的傩堂也很有特色。

一、荔波、兴义、册亨、望谟布依族傩堂的神圣空间

在黔南的荔波，黔西南的兴义、册亨、望谟等地的布依族社区里，傩堂有着广泛的分布，傩文化在这些地区有着深厚的信众基础，傩事频繁，这些地区的傩坛队伍也很活跃。

他们的傩坛和傩事与黔东、黔北的傩坛渊源相同，从傩坛的神案、神坛的布置、傩事的内容和表现形式等都有很多相似之处，同时也有很多不同之处，比如对傩事的应用不同，并且依托于自身的民族文化相应的发展了一些东西，组合了一些东西，舍弃了一些东西。布依族的傩坛中戏和面具并不像黔东、黔北的傩坛那样，已经是其中一个重要的组成部分。布依族傩坛中的面具文化只在傩坛的一部分傩事中出现。而且主要在一种叫“做祧”的傩事中出现。故而，我们叙述布依族傩堂的神圣空间，并不涉及布依傩堂法事的全部过程，只就“做祧”的傩事而言。

荔波布依族“做祧”傩戏①中的神圣空间的造就是从布景开始的。其布景十分讲究，分内景、外景。内景主要娱神，外景主要娱人。

内景在柏果成、黎汝标先生的《贵州荔波县布依族傩戏调查》中是这样描述的：

> 内景设在主人的堂屋，八仙桌摆在堂屋的正中，一边抵墙，桌的两边各放一张长凳，用竹子架一座“牌坊”把桌凳围住。牌坊的上端贴着用不同彩色纸剪成的形态各异的龙、蛇、鸡、鸭、象、牛、马、猪、羊、驴等，在八仙桌正中的墙上挂着“万岁天尊圣母”神像，两旁按神序由大到小依次将诸神像分挂左右。八仙桌正前方的桌缘绑两根竹竿，以此为骨架用竹条搭一座桥，桥的上半部是一张约一米左右剪成半圆弧形的红纸，红纸被剪出四排活灵活现的童男童女，四周衬有布依族传统几何花纹及动物图案，竹竿的顶部是花筒，俗称“桥棒”。坛师把内景称为“坛”。坛前的桌上有几杯酒，一碗米及其他供品，还点有几炷香、一盏菜油灯。傩书、道具、面具、乐器等全置于坛前，门和窗的两旁都贴上

① 资料来源为柏果成、黎汝标先生的《贵州荔波县布依族傩戏调查》，（见《中国傩戏调查报告》，顾朴光、潘朝霖、柏果成主编，贵州人民出版社 1992 年版）。以及笔者 2003 年在荔波县播尧乡的田野作业资料。

“酬神敬神”内容的对联。门外设一张供桌，桌上摆着供品，有香火，门扇挂神像，俗称“门卫”，或叫“看门神”“守门神”。

这是类似傩坛“三清殿”的神殿和神案的布置，但内容和形式都有很大的变化。这是布依族地区的傩坛神殿式样？还是其“做桃”傩事的专有式样？在2003年的田野调查中，我们就在播尧乡的豆村看到了柏果成、黎汝标先生所提到的觉巩乡寨索村的傩班所做的一场丧葬傩事，以及2005年在冲芒村所做的一场丧葬傩事，其神坛布置就与黔东、黔北的傩坛无二，或大同小异，并不是上面所描述的神堂。也就是说，布依族的“做桃”傩事并不在我们理解的一般意义上的傩堂里举行，而是另有其堂，而这个傩堂可视为布依族“做桃”傩事的专有傩堂。不过，这只是“做桃”傩事神圣空间的一个组成部分，这个神圣空间还包含它的另一个组成部分——外景。

外景在柏果成、黎汝标先生的报告中是这样描述的：

傩戏演到第7天，坛师及其弟子们在村前田坝选择一块宽阔的平地，中间摆3张八仙桌，将供品、道具全摆出来，36根长约五米左右的杉树，大小不一排成一字形，由大到小，根距约一米，挖坑栽在地上，然后将供品挨个捆在树脚。第1根捆着一头大肥猪，第2至8根各捆着一头几十斤重的小猪，第9、10两根各捆一只鹅，第11根捆一条狗，第12至16根各捆一只鸭，第17至36根各捆一只鸡。如果牲口不足用刀头（即一块1斤多重的猪肉）或象征性竹编纸糊牲口取代亦可。

内景和外景一起才构成布依族“做桃”傩事一个完整的神圣空间。

布置完这些个空间上的景致，就要进入它的程序了。

荔波布依族“做桃”傩事是以求子保子为主要内容的。程序做如下简介：

第1天，内景布置完毕，掌坛师主持点坛仪式，全体演员肃立于坛前，叩拜历代祖师。接着掌坛师在大门口摆上供品，点几炷香，念《保财经》，奉请地神保护主家财产；在灶口安两张桌，杀鸡供上，坛师念《灶王经》，奉请灶王府君保佑主家人丁安全。

第2天，举行开坛仪式，坛师吟诵《请神经》，将36个面具排在坛前，把36个神祇请到坛上，念颂《九娘歌》《三元歌》《茶荣歌》《蒙官歌》《花林歌》《婆王歌》《盘古歌》《十二花王歌》《脱罪歌》《托生歌》《梁吴歌》《雷王歌》《白马歌》《冯敖老爷歌》《仙爷歌》《功曹歌》《三界公爷歌》等。最后，全体演员齐唱《开坛歌》。

第3天，先唱《问答歌》，一问一答。例如问“你从哪里来？”，答“我从东方来。”，等等。然后，举行犹如黔东、黔北的傩坛“造席”一节的仪式。这时，主人拿一张约一平方丈①的竹席摊在坛前，掌坛师将4片红纸藏于四角，手端一碗水，默

① 平方丈为中国市制土地面积单位。1平方丈=100平方尺≈11.11平方米。

念佛法，边念边喝水，念着念着把水喷在竹席上。做完法事后，演员头戴面具一个接一个出场。先是范许（即万岁天尊圣母）走出立于坛前，然后是蒙官、三界公爷、雷王、梁吴、欧官、五通、仙官等傩戏角色按顺序依次出场。每出一神，便在竹席上舞一个动作，然后一个接一个地站到一边。最后，掌坛师把事先扎好暂放一旁的五颜六色彩“楼”移至坛前，举行“封楼”仪式。

第4天，扮演瑶族青年的龙公及扮演瑶族姑娘的勒良出场演出。

第5天，白天，迎接外家来的客人，并在堂屋摆长席，请外家来的客人坐上席，举行“送花”仪式。晚上，龙公和勒良演出《龙公卖马》。

第6天，举行犹如黔东、黔北傩坛的定鸡傩事。白天，主人跪在坛前，坛师从桌下的鸡笼捉出一只大公鸡，口念咒语，先把一把米撒在主人背上，再把公鸡放在主人背上，俗称“主人背鸡”，坛师及其弟子共唱《太子六宫歌》。主人背着鸡到野外行走几圈，然后坛师带着全班人马，口念咒语从田野把主人护送回家。晚上，龙公和勒良演《老瑶打猎》《错砍樟树》等剧目。

第7天，白天，全体演员戴面具，举行“扫家”仪式，驱除鬼怪。然后排队在人群护拥下从主人家向田野走去，猴王手持标竿在前开路，白马、太子六官、莫一、莫二等文官武将跟在坛师后面，炮声、鼓声铿锵齐鸣。到田野仪式场，坛师站在第一根树前，大弟子站在最后一根即第36根树前，其余弟子即演员带着主人及其亲属按顺序绕36棵桩，每桩转3圈。随后，屠手们把捆在树脚的猪、狗、鹅、鸭、鸡等通通宰杀就地打整。晚上表演“说媒”和“讨草鞋”。约在第二天凌晨4点举行“撤坛”仪式。至此“做桃”仪式全部结束。

荔波布依族“做桃”傩事的仪式过程可归为扎坛（布置内景）—点坛仪式—奉请地神—奉请灶王府君—开坛仪式—请神（面具神）—唱《开坛歌》—唱《问答歌》（如报门）—摊竹席（造席）—出神（面具神）—封楼仪式—送花仪式—主人背鸡游行—扫家仪式—布置外景—转桩—撤坛仪式。

这些仪式有明显的常规傩坛的影子，也有自己的独有的仪式，并且傩事和当地民族民间的民俗活动关系密切。

“做桃”傩事中，送花仪式被认为是“做桃”傩事的关键仪式，因为要在此仪式中看到“做桃”傩事的直接效果。

送花仪式在柏果成、黎汝标先生的报告中是这样描述的：

> 送花是“做桃”（布依族傩戏活动的魂）和“架桥”的中心内容。“做桃”和“架桥”的宗旨是主家求子，外家给女婿送花。“花”在布依族人眼里是妇女受孕的因子，外家不送花即使结了婚也不会怀孕，就是怀孕生了小孩也保不住。因此，布依族“做桃”或“架桥”求子保子的核心部分就在外家给女婿送花一节……

在布依族的人生观中，把人生视为“未来世、在世和辞世”，把天下分为“上界、下界和花界”。上界是活人的世界，下界是死人的天堂，花界是神仙把握人间的世界。布依族把花界神仙向人间投胎的男性叫“都花”，女性叫“米花”。统管神仙世界的母神叫“米娃林”。上界与花界隔天隔海，相距极其遥远，人类为了繁衍自己，必须架一道桥，把上界和花界连接起来，相互沟通，谁不架桥谁就会绝后，于是人间兴起“做祧”和“架桥”的习俗。

送花仪式安排在“做祧”的第5天，“架桥”的第3天晚上，仪式在坛前举行，中央放1张八仙桌，桌上摆3杯酒、3碗糯米饭、3挂粽子、1碗米、1个花筒、3个红鸡蛋、1个接花盘，桌下放1个鸡笼，笼内有3只公鸡。花筒里插的花是用竹签的一端裹着用糨糊粘贴的多种颜色纸剪成条状的纸花絮。坛师走近桌前放声高唱：

> 这时有仙气，
> 这时好送花。
> 外婆今天来，
> 送花给主人。

歌声刚落，外家派来的青年人抬着一个全身插满红色纸花的大萝卜走向桌前。萝卜是生殖崇拜的象征物，暗示外家花的来源，强调男性的重要性。今移植到女婿家，让女婿家传宗接代，兴旺发达，儿孙满堂。坛师接过外家送来的花，把这些花从大萝卜上一根根拔出来插进装鸡蛋的花篮里。这时，外家来的客人唱：

> 今早我们来，天门还未开。起脚到寨门，寨神前跪拜。我们出门去，你在家保寨。
>
> 我们到田坝，银花满坡开。我们到半路，后生迎上来。我们到河边，人马一排排。
>
> 一排接一排，送往主家来。我们到寨脚，坛师出来问，外家来齐否？送花给坛神。
>
> （坛师向外家敬茶）

这时，坛师既做外家与主家的中间人，又作上界与花界的中介，先自言自语后放声高唱：

> 东方现何花？南方现何色？西方现何色？北方现何花？东方木兰花，南方红金色，西方金钱色，北方水菊花。南方现红金，用灯来引路，水上葫芦花，日夜水上浮。
>
> 送第一枝花，这枝送东方。甲乙木行者，拿来东方送。
>
> 送第二枝花，这枝送南方。
>
> ……

坛师唱到这里，弟子把一棵长约尺五（即一尺五寸，50厘米）左右的小木棍，棍的一端尖上挂着一块也约尺五的土白布递给坛师。这张挂在小木棍上的土白布是刚从织布机上剪下来的，要求绝对清洁，俗称“挽花布”。坛师一边念咒语，一边挥动木棍使挂在木棍上的土白布在花筒上来回抹擦着往上提，力图用布把插在花筒里的花拔出来。一次又一次重复，不时一枝枝花被布从花筒里拔出来放进接花盘里。端花盘的人是乡间百里挑一的所谓“命根八字”最好的人，是主人特意请来的最尊贵的贵客。这在送花仪式中名曰“钩花”。钩花时，坛师除不停地口念咒语外，还吟咏《挽花歌》，每吟两句，在场人都要齐声和“嗨哟，嗨哟！”。

一般说，在坛师吟咏《挽花歌》的过程中会挽出很多的花，但是也有一枝也挽不上来的。在此情况下，气氛十分紧张，因为在布依族人的意识里挽花布老挽不上花，就意味着花界的母神“米娃林”和“米花然”不乐意把花送给这家人，或花界童男童女不乐意到这家来投胎。凡此，坛师加倍认真再用“米魂’，“粽魂”和“蛋魂”去引花。同样，一边吟咏《米魂歌》《棕魂歌》和《蛋魂歌》，一边全力用挽花布认真地在花筒上反复不断地来回挽花。每挽上来一枝，主家及观众就雀跃沸腾。挽上来的越多，众情就越激昂，主家就越兴奋、欢愉。

实际上这也是一场生动的戏剧表演。

布依族的“做桃”傩事傩堂空间与黔东、黔北傩堂是不一样的，同为傩事，但“做桃”傩事的鬼气要重一些，并受到布依族传统文化的深刻影响。另外，“做桃”傩事在道具等方面也与黔东、黔北傩堂不尽相同。

布依族傩戏每个戏班有演员 15 人，均属坛师弟子。另有打铜鼓 2 人，打腰鼓 2 人，打铜锣 2 人，打钹 3 人，吹唢呐 2 人，吹大号 2 人，摇铜铃 1 人，拉二胡 2 人，吹姊妹箫 2 人，打竹快板 1 人，放铁炮 2 人，乐师共 21 人。如不身兼几职，整个队伍可达 40 人。

布依族“做桃”傩戏的服饰实际就是布依、瑶、水等民族服饰的汇集。其服饰有掌坛师黄袍一件，花袍 3 件，分别为红底绿花，白底金黄花，紫底白花各一件，木底高跟鞋一双。另有布依、瑶、水 3 个民族的服饰 20 余套。其中布依族男装 10 套，女装百褶裙式样的 2 套，水族姑娘连衣裙 2 条，白裤瑶男、女盛装各一套，另加一条蓝色花裙。在这些服饰中，除了掌坛师的服饰还有些傩坛遗风外，其余服饰，基本上“民族化”了。

布依族“做桃”傩戏的道具有：龙头拐棍一根，牛角号一根，牛角卦一副，令牌一块，响铃一个，装傩书的竹箱 2 个，黑色雨伞一把，毛笔一枝，墨、砚各一块，梭镖、标竿各一根，木枪一把，柴刀一把，木棍、棕绳各一根，花筒、南瓜各一个，宝剑、令剑各一把，驱鬼除邪用的兵器如刀、叉等共数件，斧、锯各一把，铁炮 4 个等共 60 余件。

布依族“做桃”傩戏的乐器有铜鼓 2 面，腰鼓 2 面，大小铜锣各一面，钹大、中、小各一副，唢呐 2 支，二胡 2 把，姊妹箫一副，铜铃一个，竹快板一副，合计 20 余件。

这些已如一个乡间的民间剧团的一般道具和乐器，神性的根由已基本被遗忘。

第三节　地戏的神圣空间

地戏是一种深植于农民之中的民间面具戏剧，因演出不用戏台和庙台，而在村野旷地间进行，故名。在民间，农民习惯于称之为“跳神”。地戏主要流传于贵州的安顺、贵阳、平坝、普定、镇宁、紫云、清镇、长顺、贵定、罗甸、六枝、水城、毕节、黔西、大方、兴义、盘县等县、市的广大农村，尤以安顺流传最广。故地戏又可称为“安顺地戏”。

安顺地戏主要流传于安顺市带有“屯”“堡”“旗”“营”“关”“哨”“场”等地名的村寨。这些村寨居住的都是汉族，但他们与别地的汉族不同，具有独特的风俗习惯，语言自成体系，其妇女的服饰明显地保存着明朝遗风。在当地，人们把他们称为“屯堡人”，屯堡人与安顺地戏有着极为密切的关系。

屯堡人并非安顺的土著居民，而是明代从江南一带迁入安顺的移民后裔。明洪武十四年（公元 1381），朱元璋为剿灭元朝的残余势力，安靖边疆，任命颍川侯傅友德为征南将军，率领 30 万大军远征云贵。傅友德仅用了 3 个月时间，就占领了云南和贵州的广大地区。翌年，西堡一带的“蛮夷”进攻普定，傅友德派贵州卫指挥同知顾成父子带兵征剿。战事平息后，顾城父子在普定、安顺、平坝、清镇一带的战略要地设置卫、所、屯、堡，推行屯军屯田制度。史书记载，当时安顺“六十里设一屯堡，三十里置一卫所”。这些屯军屯田的移民及其后代在漫长的岁月中，逐渐形成了一个既区别于周围的少数民族，又不同于后来迁入安顺地区的汉族的社会群体——屯堡人。

图 2-8　地戏的演出

屯堡人与地戏关系十分密切。据嘉靖《贵州通志》等文献记载，至迟在明代中叶，贵州已经有了傩的活动。但直到清代初期，对地戏才有比较明确的记载。康熙十四年（公元 1675）《贵州通志》云：“土人所在多有，盖历代之移民。在广顺、新贵、新添者……岁首则迎山魈，逐村屯以为傩，男子装饰如社火，击鼓以唱神歌，所至之家，皆饮食之……。”康熙三十一年（公元 1692）的《贵州通志》也有类似的文字，还配有一幅《土人跳鬼图》，图中所绘与今天安顺地戏的演出十分相似，以此推断《贵州通志》的那一段文字，描写的应是地戏无疑。地戏一般每年演出两次，一次在春节期间，称为“玩新春”，另一次在七月半谷子扬花的时节，称为“跳米花神”。屯堡人演出地戏，既是为了休息娱乐，也是为了敬神祭祀，驱邪纳吉。除此之外，还有着深刻的社会原因。《安顺续修府志》载：“黔中人民多来自外省，当草莱开辟之后，人民习于安逸之境，积习既久，武事渐废……识者忧之，于是乃有跳神之举。迄今安顺、普定各屯与旧州北部龙场、狗场、猫营一带犹盛行勿替，简称为跳神，盖藉农隙之际演习武事，亦存‘寓兵于农’之深意也。”这表明地戏当初是屯堡人训练武功、加强战备的一种娱乐活动。随着岁月的流逝，地戏所担负的“寓兵于农”的功利目的早就不复存在，但作为一种世代传承的文化现象，它已经深深地渗透到屯堡人的生活之中，成为屯堡人最引人注目的风俗之一。从某种意义上说，没有屯堡人，就没有地戏；反之，没有地戏，屯堡人就会丧失它最具光彩的特征，而变得黯然失色。

如果仅是如此，安顺屯堡人的地戏并不是贵州少数民族面具文化的论述对象，因为屯堡人的文化并不属于贵州少数民族的文化范畴。但现实中的地戏并不是屯堡人的独有文化现象，而是一个泛民族的文化现象，在安顺、平坝、花溪、乌当、六枝、镇宁等地布依族、苗族、仡佬族等少数民族社区里，就广泛地存在着地戏。一般认为，这些地区的少数民族地戏，是从屯堡人的文化中心向周边少数民族传播开来的，而且认为这种传播的发生是近当代的事情。这可能是历史事实，但我们也不能完全排除周边少数民族参与地戏的可能性，在2003年的田野调查中，我们就在安顺市西秀区黄腊布依族苗族乡长寨村看到了布依族人光绪年间的地戏抄本。

地戏是屯堡人的地戏，但同时也是贵州少数民族布依族、苗族、仡佬族人的地戏，尤其是布依族的地戏表现最为出色。

这里论述的贵州少数民族地戏也就特指布依族、苗族、仡佬族人的地戏。

当然也不可否认，屯堡人的地戏和布依族、苗族、仡佬族人的地戏在内容和形式上并没有根本的区别，布依族人的地戏虽然在演出中加进了一些布依族文化的东西，但其变化不大。

这样的少数民族地戏，也应是贵州少数民族面具文化的重要表现。

一般认为，地戏是一种军傩性质的面具戏，其戏剧的神圣空间并不像傩堂那么来得复杂和烦琐，但地戏也要在演出的前后尽力地造就其表演的神圣空间，让地戏的表演空间充满神性。不过，地戏的神圣空间的造就比傩堂戏神圣空间的造就要明朗和纯粹得多。

地戏演出的核心部分是“跳神”，亦即演出正戏。正戏演出之前和之后，要举行“开箱”“参庙”“扫开场”“扫收场”“封箱”等仪式，在演出过程中，往往还穿插着“开财门”和“送太子”等民俗活动。这就是地戏造就其神圣空间的过程。

“开箱”。又称“请脸子”，是演出前举行的一种祈神仪式。头年地戏演出结束后，艺人们便把面具用白棉纸包好，装在专用的木箱里封存起来，有的还要特制一个数寸长的裸体木雕小孩镇守箱底。面具封存之后，平时不能随便乱动，因为在艺人们的心目中，每一面面具都代表着一个神。“开箱”仪式多选择在黄道吉日隆重举行，届时全体演员身着戏装，把装面具的木箱搬到演出的场坝。场坝中设一神案，上面放着烟、酒、水果、糕点之类的供品。扮演正派主帅的演员在木箱前焚香化纸，其余演员列队站在两边。烧完钱纸，主帅带领众演员对着木箱下跪叩首，念诵请神的诗文（其辞详见“贵州少数民族面具的禁忌和传承”一章，此处从略）。

图 2-9　地戏的开箱祭祀

念毕，起立，主帅手端酒浆奠祭众神，然后将一只雄鸡的鸡冠咬破（或宰杀一只雄鸡），以鸡血点木箱的各部位。

在一阵鞭炮声中，主帅开箱取出面具，演员按照各自扮演的角色戴上。戴毕，主帅率领众演员列队到本村各公共场所，如水井、河流、寺庙、山林驱邪逐疫。

“参庙”。布依族人的村寨过去多建有庙宇，地戏演出之前，需对庙宇进行参拜，祈求神灵保佑村寨无灾无难，清吉平安。“参庙”在“开箱”之后举行，众演员排列整齐，由小军、小童作为先导，鱼贯来到庙宇。先对庙中神祇祭奠，然后由正派主帅唱“参庙词”。

“扫开场”。在正戏演出之前进行，锣鼓声中，观众们来到演出场地，这时，两名头戴面具的小童手持扇子、手帕走进场内，把人群分开，边舞边唱“扫开场”的诗文：

扫开场，扫开场，
扫个红日照四方，
扫个大场卖牛马，
扫个小场卖猪羊，
扫个文场卖笔墨，
扫个武场卖刀枪。
牛马卖给庄稼佬，
猪羊卖给屠户行；
笔墨卖给文官写，
刀枪卖给耍二郎。
……

开场完毕后，就是“跳神”——地戏的演出了。演出时间少则三、五天，多则半个月。地戏演出结束时，又要“扫收场”。这也是地戏神圣空间的组成部分。

“扫收场”。全体演员身着戏装，按敌我双方站成两个弧形，和尚、土地出场，念唱滑稽逗趣和纳吉逐疫的诗文。如：

土地念：

土地佬来土地佬，
周身都是臭虫咬，
看牛娃娃不懂事，
把我的香炉打破了。

和尚念：

和尚和，和尚和，
八十岁没有讨老婆。
拿得泥巴捏一个，
贴在身上不暖和；
拿得竹子编一个，
睡到半夜空壳壳。

“封箱”。扫场完毕，双方元帅点兵，各兵将在鞭炮声中绕场三周，卸下戏装，将面具摆在神案上，前面一排为正面人物，反面人物放在后排。宰杀雄鸡一只，焚香化纸，戏头带领众演员在神案前下跪、叩首，念“封箱词”。然后用新买的白棉纸将面具一一包好，小心放入箱内，木箱用红纸条封严实，纸条上写“吉年吉月吉日封”。并将服装道具收捡好，以备秋季或来年春节使用。

“开财门。”“开财门”不是地戏固定的组成部分，而是临时插入的民俗活动。也与地戏演出的神性表现有关。

在演出过程中或演出结束时，有的人家如要驱邪、纳吉，可随时请戏班去“开财门。”主人家要预先准备好烟酒、糖食、果品、粑粑，以及红布和酬金。讲究的人家还要在神案前置一方桌，上面摆满各种寓意吉祥的物品。如在盘中放 4 颗四季豆，喻四季发财；在盘中放一些米和 4 枚硬币，喻余钱剩米；在盘中放 5 堆谷子，每堆 5 颗，喻五谷丰登；在瓶中放一条小鱼，喻鱼跃龙门；在盘中放 5 颗水果糖，喻五代同堂；在盘中放一些芝麻或苏麻，喻多子多孙；在盘中放一束柏枝和几炷香，喻香烟不断；在桌上放几本书，喻书香门第；等等。

戏班来到主人家，要燃放鞭炮，给面具和锣鼓披红，为二小童挂彩。二小童手持扇、帕站在大门两边，小童身后站着忠臣良将各二人，福将和紫微星站在中间。二小童给主人家施礼后，边舞边唱，唱词都是吉利之语。

“开财门”仪式结束后，主人家要用烟酒、糖食、果品、粑粑等招待众演员，并赠送一笔酬金，酬金少则二三十元，多则上百元不等。

“送太子”。“送太子”也是一种民俗活动，目的在于求子。婚后多年不孕或只有女孩子的人家，借地戏演出之机，将戏班迎到家中，希望以此带来喜庆吉利。戏班先在门外演出《穆桂英大破天门阵》片段，演到穆桂英阵前产子时，由一装扮成土地婆的演员将其扶起，在二小童的带领下，全体演员进到主人家堂屋里。大家即兴编唱一些有关夫妻生活和祝愿早生贵子之类的词语，然后由穆桂英把一木雕男婴（俗称“太子”）送到主妇手中，主妇将其抱进内房放在床上，也有的将其供在香火案上，据说这样做不久便能生一男孩。送罢“太子”，主人要赠给戏班一笔酬金，数额多为128元，12代表12个月，寓四季发财；8取其“要得发，不离八”之意。若以后主人家添了男丁，还要接戏班去演戏，至少演10天；并为众演员披红挂彩，表达主人的谢忱，届时还要再赠送戏班一笔酬金。

地戏的服饰、道具、乐器。地戏的服饰最早使用明代军中的服饰，后来随着时间的推移而逐渐民间化，但仍保留着某些军中服饰的痕迹。

地戏中的道具十分丰富，常用的有以下一些：兵器（刀、枪、剑、戟、斧、棒、鞭、锤，禅杖等，大多为木制，长度一般不超过1米）、黑纱、毛巾、羽翎、桌椅、树枝、背包（又称背插）、扇袋、扇子等。另外，地戏中还有一些特殊道具，如捆仙绳、仙葫芦、照妖镜、翻天印、魔术弹等。

地戏的乐器只有一锣一鼓。

第四节　变人戏的神圣空间

说到变人戏的神圣空间，可能并不能像傩堂戏、地戏那样来表述它，因为“撮泰吉”本身就是一种驱灾除邪、迎祥纳福的宗教性民俗活动，是一种祭祀性的表演，不存在为另外的“戏”的表演造就神性空间的问题。故而，它的演出过程就是神圣空间的表现过程。

“撮泰吉”出场人物共6人，他们是巫师惹戛阿布，以及撮泰老人阿布摩、阿达姆、麻洪摩、嘿布和阿安。阿安出场时为襁褓中的婴儿。演出内容可分为祭祀、正戏、喜庆、扫火星等四部分。①

过去“撮泰吉”演出都在夜间进行。传统的演出场地选择在村寨后面山上的一块平地。场地四隅，由四人扛着七尺来长的木杆，顶上分别悬挂着用红、绿、白、黑皮纸糊成的灯笼。演出时，观众带来很多火把围着场地四周。火把与灯笼交相辉映，十分壮观。

祭祀地点选择在不让外人看见的僻静清洁处。阿布摩带领着阿达姆、麻洪摩、嘿布，拄着拐杖，迈着矮蹲状的罗圈腿步伐，踉踉跄跄地从树林中走向祭场。同时，还不断用吸气冲击声带发音方法（简称怪腔）互相呼唤，并常常发出“呜”“噢”的猿猴般叫声。

① 变人戏的神圣空间描述的资料来源有笔者的多次田野调查资料，以及参照潘朝霖先生的《贵州威宁县“撮泰吉”调查报告》（见《中国傩戏调查报告》，顾朴光、潘朝霖、柏果成主编，贵州人民出版社1992年版）。

图 2–10 变人戏的演出

祭场一侧，站立着戴鸡蛋眼镜和蓄白色长须的巫师惹戛阿布，阿布摩等四位戴面具的演员入场后站成一横排，将拐杖顺放在脚边，双手接过惹戛阿布事先点燃的香炷向四方行拜礼之后，又特地朝祖先迁徙来的西方行拜礼。接着把香炷插在地上，表示迎请天地神、山水神、四方诸神、谷神和祖先魂灵。然后接过惹戛阿布递上的酒碗，虔诚地向四方酹酒酬神。敬酒时，惹戛阿布用正常语调领念祝词，戴面具演员齐声用怪腔跟着念：

敬酒呀敬酒，
向天父敬酒，
向地母敬酒。
向 99 位天神敬酒，
向 66 位山神敬酒，
向 33 位地神敬酒，
向侍奉天神的神敬酒，
向房后的银山神敬酒，
向锅庄神敬酒，
向粮食的头领苦荞敬酒
…………

向诸神焚香敬酒祈祷，是希望得到诸神与祖先的保佑，驱灾逐疫，粮食丰收，子孙发达，生活美满幸福。

祭祀结束后，有时还跳铃铛舞。四位戴面具的演员手摇铜质马铃，应着铃声摆动腰身和手脚舞蹈。铃铛舞俗称跳脚，是丧葬守灵绕棺跳的舞蹈，有怀念和歌颂祖先辛苦迁徙和艰难创业的含义。当地乡民说：“跳脚”是新中国成立后加进去的，最早的“撮泰吉”没有“跳脚”。

跳完铃铛舞，演员来到演出场地，正戏表演开始。正戏反映彝族先民迁徙、农耕、繁衍的历史，是“撮泰吉”的核心内容。第三部分是“喜庆”，表演狮舞，庆祝粮食丰收，这一部分是近代才植入的。

扫火星时间限定在正月十五的夜晚。由惹戛阿布带领撮泰阿布，从村寨中居住位置最高的住户开始，自上而下挨家扫火星。所到之家，主人恭敬地在门前迎候，有的还要放鞭炮。进屋后，撮泰阿布把拐杖插于火坑的灰烬中，主人斟上一碗酒递给领头的阿布摩。阿布摩酹酒敬祖宗和火神后，饮下一口，然后往下传递，大家都依次这样做。

主人家早已备下一个鸡蛋和一束麻，当把鸡蛋送给阿布摩时，撮泰阿布高呼：“你家的母鸡一天下十个蛋。”当献上麻时，又说道：“你家的麻有七座房子那么高。”接过蛋、麻之后，惹戛阿布又带领撮泰阿布念祝词。众人双手扶拐杖，摇头扭胯，用怪腔重复念道：

……
福禄更昌盛，
福禄也不扫。
口嘴口舌扫，
牛瘟马疫扫，
猪瘟狗病扫，
鸡瘟羊瘟扫。
……

最后，众人齐声高呼：“走啰！走啰！把不吉利的东西扫走啰，把不吉利的东西埋掉啰！”

如果到了久婚不育的人家，撮泰阿布们，除了接鸡蛋、麻并在火坑表演上述动作外，还特意说些逗闹的话。同时，阿布摩还扶在阿达姆肩上，从背后做交媾的示意动作，引起主人和围观的群众哄堂大笑。

临出门时，撮泰阿布高声祝福道：“祝福主人家啊，明年生个胖娃娃。”接着又高呼：“走啰！走啰！把不吉利的东西扫走啰！把不吉利的东西埋掉啰！”走到屋外，撮泰阿布还在四个屋角各扯一把盖房草，将它集中起来，带到岔道口用来烧鸡蛋。

逐户挨家扫火星结束后，撮泰阿布们抱着扯下的盖房草，提着鸡蛋和麻，在围观群众的簇拥下，高喊“火星走啰！”等话语，往村外的岔道口走去。

撮泰阿布们卸下面具排列在地上，然后举香向面具和诸神行拜礼，并酹酒献祭。接着，掘开一个土坑，埋下一个鸡蛋，用来占卜年成的吉凶。然后，用拐杖搭成个支架，用一片麻绑个鸡蛋悬吊在支架上，再点燃搜集来的房草，烧掉这个鸡蛋，表示烧掉了不吉利的东西。其余鸡蛋可以烧来吃，在场的群众也可分享，余下的麻，由撮泰阿布们带回家

图 2-11　烧鸡蛋场景

使用。

离开烧蛋现场，众位撮泰阿布高呼：“火星走了！火星走了！”

隔一些日子，惹戛阿布带领撮泰阿布来到埋鸡蛋处，将蛋挖出，视其好坏以判断当年的收成和吉凶祸福。如果鸡蛋完好，不变质，主上吉，预示这年人畜平安，五谷丰登；若蛋壳完好，蛋黄变色，主小吉，预兆当年诸事比较顺利；若蛋壳不烂，蛋黄蛋白烂了，主凶，预兆当年有瘟病，五谷歉收；若蛋全烂了，主至凶，瘟病会流行，将有饥馑出现。

变人戏的服饰就是简单的黑衣、白布尖尖帽，并在穿戴时用白布条裹紧身体以象征裸体。

道具有拐杖、狮子头和牛头等。

乐器有皮鼓和锣、钹。但它们不在正戏中使用，只在喜庆活动中使用。

第三章 贵州少数民族面具戏的剧目

贵州民族民间戏剧品类繁多，如侗族有“侗戏”、苗族有“高台戏”、布依族有“布依戏”，还有属于多个民族的民间花灯戏，等等。傩堂戏、地戏、“变人戏”“哑面”也属于贵州民族民间戏剧的范畴，但后者与前者有一个显著的不同点，即前者不戴面具，后者必戴面具，前者娱人，后者人神兼娱。是戏剧就得有剧目，不管是口传的、书面的，都会有一定的剧目作为戏剧演出的基础。本章仅对贵州少数民族戏剧中的傩堂戏、地戏、“变人戏”和“哑面”的剧目，做初步的探讨。

第一节 傩堂戏的剧目

傩堂戏是贵州少数民族面具戏中流传最广、影响最大、面具文化内涵最丰富，并有多种形态表现的一种品类。傩堂戏是在傩堂表演的戏剧，因地域和民族的不同，其傩堂神圣空间有着不同的表现形式，上演的剧目也颇有差异。下面，对各地区、各民族傩堂戏的剧目做一简介。

一、黔东、黔北的傩堂戏剧目

1. 黔东的傩堂戏剧目

黔东指铜仁地区各县，它是贵州傩堂戏流布最广泛的地区之一，其中德江、思南、沿河、印江、松桃等县的傩堂戏尤为丰富。黔东傩堂戏的流布民族主要为土家族，其次为汉族和苗族。以德江县为例，据德江县民族宗教事务委员会1990年调查，该县当时共有103坛傩班，其中掌坛师为土家族的计52坛，占50.49%；为汉族的计45坛，占43.69%；为苗族的计6坛，占5.83%，因此我们有理由认定，黔东傩坛戏是以土家族傩堂为代表的面具戏。

黔东傩堂戏的剧目十分丰富，总数在100出左右，当地百姓将其分为正戏和插戏两大类。正戏是从桃源洞中搬请出来的24出神戏，德江县将其分为上半堂十二戏，下半堂十二戏；思南则有前十二戏和后十二戏之说，但后十二戏现已消亡，一般只演出前十二戏。正戏剧目的故事情节大多比较简单，艺术上亦比较粗糙，只初具了戏剧的某些要素，还不能算是成熟的戏剧，其中不少剧目是直接为请神还愿服务的，戏中夹杂着祭祀活动，具有浓厚的宗教色彩，从中可以清晰地看到傩祭向傩戏过渡的痕迹，是研究戏剧发生学的珍贵材料。

图 3–1 《唐氏太婆》剧照

各个傩坛演出的正戏剧目不尽相同，德江县乐泉乡土家族掌坛师张金辽的傩班所演出的正戏剧目，上半堂十二戏为：《唐氏太婆》《尖角将军》《关圣帝君》《周仓猛将》《引兵土地》《押兵先师》《开山莽将》《九州和尚》《十州道士》《柳毅传书》《开路将军》《勾愿先锋》；下半堂十二戏为：《秦童挑担》《三娘送行》《甘生赴考》《杨泗将军》《梁山土地》《李龙神王》《城隍菩萨》《灵官菩萨》《文王卦师》《梅香丫环》《蔡阳大将》《勾愿判官》。思南县常见的前十二戏为：《地盘开洞》《甘生赴考》《牛皋卖药》《秦童买猪》《开路将军》《水路殷红将军》《关爷点兵》《周仓报事》《押兵五郎》《目莲寻母》《仙锋催愿》《勾愿老判》《柳三扬泗》《二郎镇宅》。以上所列剧目为十四个，其中《牛皋卖药》《秦童买猪》是从《甘生赴考》中分出去的，这二个戏只能算是一个剧目，故总数为十二个。

插戏是穿插在正戏之间或放在正戏之后演出的戏，有的地方又称要戏、杂戏和花花戏。插戏已摆脱了宗教祭祀的束缚，成为独立的戏剧艺术；其主人公已不再是桃园三洞中的神祇，而是现实生活中的普通人物；演出的目的也不再是为了驱鬼逐疫和祈福纳吉，而是为了警世、娱人。插戏的剧目丰富多彩，有的系从其他剧种移植而来，有的则是傩戏艺人创作的，其优秀剧目有《张少子打鱼》《陈幺八娶小》《郭老幺借妻回门》《苏妲姐选婚》《审桶》《傻二赶场》《水打蓝桥》《八仙庆寿》《安安送米》《白罗裙》《谋夫夺妻》《蟒蛇记》《鹦哥记》《太子卖身》等。这些剧目情节生动，语言幽默，娱乐性强，充满世俗色彩。

在铜仁市，傩坛戏班演出的剧目与德江、思南两县的差异很大，表现出一定的特殊性。新中国成立后，政府提倡“破除迷信”，得到民间傩班的响应，原有傩班里的师傅们和喜爱文艺的村民很快合流，演变为能以傩堂声腔演出戏曲剧目的业余剧团。

这些剧团走村串寨，受到村民们的喜爱。有的剧团每年能演出二百场左右的戏，但原有的傩堂仍在民间流行，故铜仁“傩堂戏剧”有两种剧目：一是“傩堂腔剧目”，二是传统的傩堂戏剧目。

“傩堂腔剧目”为：《夜打登州》《大闹满园春》《李密投唐》《大审白玉霜》《双合树》《双合约》《双合印》《白骨塔》《花王柳》《玉井关》《紫荆杯》《海马审冤》《文武会》《槐荫会》《九孔桥》《闹东京》《打鞭进城》《刘海戏蟾》《召召说媒》《白猪戏布》《铁弓缘》《杀四门》《山东伐木》《竹节山搬兵》《双斩子》《平贵回窑》《战洪州》《四郎探母》《王通盗宝》《借妻回门》《胡大四门》《汾水河》《醉打金枝》《九龙刀》《两河关》《围困锁阳》《樊江关》《蟒蛇记》《花园失帕》《闹书馆》《宝莲灯》《大闹朝阳》《辕门斩子》《盘龙山》《白虎关》《三请三拜》等。

传统的傩堂戏剧目为：《开山》《先锋》《师娘》《血海》（唐二或李四）、《算匠》《算匠婆》《秦童》《土地》《判官》《和尚》《幺妹仔》《孟姜女》《龙王女》《庞氏女》。《孟姜女》《龙王女》《庞氏女》是三个大戏，合称“三女戏”，所出的人物较多。

下面简述几个黔东傩堂戏插戏剧目的内容，以窥一斑；至于正戏剧目的内容，因下一章论述贵州少数民族面具的角色时将有较多介绍，故此处从略。

《苏妲姐选婚》 苏妲姐的母亲苏大娘，因年关将至，而家境贫寒，无钱置办年货，遂以“一女许三婿”的花招先后骗得张屠夫的肉、李裁缝的衣、丁癞癞的米。回到家中，苏妲姐问母亲哪里得钱买这样多东西？苏大娘只得告诉女儿：已将她许配给了三个人。苏妲姐抱怨道：“世上只有一夫一妻，哪有一妻多夫的？恐怕别人牙齿都要笑落，我才不干呵。”半个月后，张屠夫、李裁缝、丁癞癞三人一同登门来相亲，知道苏大娘只有一个女儿，一气之下把苏妲姐告到县衙，三人都要求县官把她判给自己为妻。县官要求三人各谈自己的职业，以便参照断案。张屠夫唱：“一把刀儿里面快，杀条猪儿街上卖。一斤猪肉扣一两，十斤猪肉扣一斤。苏妲姐你来随我，油肉肝子吃不完。”李裁缝唱：“裁缝剪刀二面快，缝起衣裳街上卖。谁说裁缝不偷布，当面撕下二尺五。苏妲姐你来随我，绫罗绸缎穿不完。”丁癞癞唱：“丁癞癞呀丁癞癞，办起庄稼逗人受。前仓我们拿来吃，后仓我们拿来卖。苏妲姐你来随我，汤粑糍粑吃不完。”听了三人的自我介绍，苏妲姐认为张屠夫卖肉短斤少两，李裁缝做衣暗地偷布，“丁癞癞人才不美良心好，勤劳耕作志气高”，决定嫁给丁癞癞。张屠夫、李裁缝不服，县官唱道：“外美不如心灵美，逼婚难胜自由婚”，判苏妲姐与丁癞癞结为夫妇，不准张、李二人再争。

《审桶》 胡乾在外经商攒下300两银子，托人带给弟弟胡坤，请他代买一些田土。胡坤认为这是发财的机会，于是同妻子王氏串通，在田契上写成自己的名字。又过了一些日子，胡乾带着500两银子回到家乡，准备请弟弟再代买一些田土。他来到胡坤夫妇的卧室，当面把银子放在床头的黄桶盖上，说事成之后一定酬谢。胡坤夫妇乘他不备将银子藏好，然后矢口否认看到银子，并反诬胡乾想敲诈他们。胡乾无奈，只好到县衙申冤。在大堂上，胡坤夫妇百般狡辩，县官审了两次均无结果，于是暗中派一衙役藏在胡坤夫妇卧室的黄桶内，然后将胡坤夫妇放回。胡坤做贼心虚，问妻子把银子藏在何处？王氏说藏在床脚下三尺深的泥土里，神仙也查不出来。次日县官派人将黄桶抬到公堂上审讯，黄桶不答，县官命人用木棒狠狠地打，黄桶叫道："痛杀我也，我招我招。"遂把事情的真相说了出来。胡坤夫妇还想抵赖，县官派人到其家中取回赃银，二人只得招供认罪，被从轻发落，每人重打五十大板。胡乾又提出先前托弟弟买地之事，县官说且慢，要先审毛娃子合伙抢银一案。毛娃子被押上公堂后，大叫冤枉，说胡坤约他抢商，抢得银子三百两，被胡坤一人独吞，自己分文未得。胡坤听后急忙申辩说，那三百两银子不是抢的，是胡乾托他买田土的，并保证："全部文约当堂退，从今不害红眼病。"

《郭老幺借妻回门》 郭老幺新婚不久，就痛失爱妻，不巧岳父要他带着妻子回门，他无法向岳父交代，独自在家发愁。媒婆得知后为他出主意说：去年王家坨八十八岁的长胡子伯伯刚娶了一个十六岁的妻子油菜花，她的身材、相貌都和你的妻子相似，不如用银子租借她与你同去回门。郭老幺说："恐怕人家不肯借。"媒婆来到长胡子伯伯家，果然借到了油菜花。郭老幺带着油菜花在岳父家住了二十天，二人十分恩爱，愿结为终身伴侣。长胡子伯伯见妻子久不回来，便来到郭老幺家，一来领取银两，二来索妻归家。郭老幺不承认借妻之事，长胡子伯伯将他告到县衙。县官觉得借妻之事太荒唐，他问清三人的年龄后，认定是长胡子伯伯看上了郭老幺年轻美貌的妻子，想"老牛吃嫩草"，下令将其责打四十大板，轰出衙门去。长胡子伯伯后悔不该贪财，不但失去了妻子，还被责打四十大板，让世人笑掉了大牙。

2. 黔北的傩堂戏剧目

黔北指遵义地区各县，其傩堂戏（有的地方称为傩戏，实则属于巫师傩类型，亦即傩堂戏）的流布也十分广泛，其中以道真、务川、正安等县的傩堂戏最有特色。黔北傩堂戏的流布民族主要为仡佬族，其次为汉族、苗族和土家族。以道真县为例，据道真县民委和文化局调查，1988 年全县共有傩坛 47 个，其中掌坛师为仡佬族的计 24 坛，占 51.06%；为汉族的计 12 坛，占 25.53%；为苗族的计 7 坛，占 14.89%；为土家族的计 4 坛，占 8.51%。因此，我们可以认定，黔北傩堂戏是以仡佬族傩堂戏为代表的面具戏。

黔北傩堂戏的剧目，与黔东傩堂戏的剧目相较，既有相同的，也有不同的，即使是相同的剧目，情节、人物亦多有差异，表现出鲜明的地域、民族特色。在黔北傩坛中，没有正戏、插戏之说，所有剧目无论宗教色彩浓淡，统称为外坛剧目，它们都穿插在内坛法事中演出，每场法事插演什么剧目，一般是固定不变的；有的剧目与祭祀紧密结合，表现出祭戏合一的特点。出戏之前，也有一出名叫"开洞"的法事，由唐氏太婆、蒋氏太婆、蔡氏太婆戴面具上场，前去打开桃园三洞，引出"一班耍耍郎君"，来到傩堂"唱戏庆贺君王"。"开洞"之后，紧接着上演一出名叫"打洞"（又叫"赶洞"或"盘洞"）的戏，由引兵仙娘和打洞童子出场，打开金、木、水、火、土五方神洞，取出五方兵马，以备傩堂调用。这出"打洞"的戏，在黔东傩堂戏中是没有的。并且，在黔东地区的"开洞"中，掌管桃园三洞钥匙的只有唐氏太婆一人，而在黔北的同一出法事中，除唐氏太婆外，还增加了蒋氏太婆和蔡氏太婆，表现出同中有异的特点。

图 3-2 《山王图》剧照

黔北地区常见的傩堂戏剧目有：《山王图》《五岳图》《金鸡岭》《战洪山》《琴童剽散》《上云台》《中云台》《下云台》《黑风洞》《借五台》《凤凰祭》《洞宾醉酒》《仙凡配》《收南邪》《包公清宅》《钟馗遣鬼》《捉寒林》《借五台》《泗水关》《三官图》《长生乐》《双富贵》《二虎山》《花仙剑》《摸包告天》《骑龙下海》《天河配》《泰山封禅》《韩湘子度林英妻》等。下面介绍几个黔北傩堂戏的剧目，它们都是笔者在田野考察中搜集整理的。

《泰山封禅》 北宋时真宗皇帝懦弱无能，不理朝政，只知祭祀天地，企图依靠天命来保住江山社稷。一次辽国军队进攻澶州，宋、辽军队展开激战，结果宋军获胜，辽军大败。宋真宗为了讨好辽国，反而每年赔偿辽国白银二十万两，绢二十万匹。大臣王旦进谏说："打了胜仗还赔款，这岂不是本朝廷的耻辱？望皇上三思。"宋真宗诡辩说，这样做是为了防止再连战祸。王旦争辩道："这样做，民气衰，局势怎能稳定？"宰相王钦若为真宗出谋献策道："封禅可镇服四海，并可给契丹人施加点压力。"为了替"封禅"造舆论，王钦若编造说，他亲眼在蛇山看见苍龙，他还在黄帛上写了一首诗，冒充"天书"，挂在皇宫外。"天书"上写道："天书命，兴于宋；付于春，守于正，世七百；祥瑞光，九九定。"宋真宗被王钦若蒙骗，以为得了"天瑞"，高兴地说："好呀！国将兴听于民，国将亡听于禅，那是吉祥之兆。"当即下令到泰山"封禅"，并吩咐："仪式要隆重，让万民知晓；给契丹人捎个信，施加点压力。"王旦目睹这一幕闹剧，感叹道："帝王就是这么一套'天命封禅'，真是可笑！"

《花仙剑》 故事发生在汉代。传说花仙姑原为一把芙蓉宝剑，皇帝将它赐给财翁爷，财翁爷将剑作为饰物，挂在客厅墙上，芙蓉宝剑感到委屈，常在墙上哭泣，财翁爷认为不吉利，将它窖在园中，并在上面栽了一株芙蓉花。财翁爷的朋友陈秋连常来花园游玩，饮酒，酒酣情动，便将酒倾于花下，并深情地把玩芙蓉花。天长日久，芙蓉花得到酒的滋润和人的抚摸，变成一个美丽的少女，来到书房陪伴陈秋连。圣母娘娘得知后大怒，派天兵拿下花仙姑，以私配凡夫罪要将她处死。桃花、李花、梅花、桂花等为花仙姑求情，圣母娘娘将她发落到扬州城看野花。不久陈秋连为功名前往金华，二人不期而遇，复又失散。花仙姑怀念旧情，不顾禁令，驾云前去追赶。途经一座高山前，被芭蕉精巴士龙截住厮杀，欲将她捉住作为压寨夫人。二人正打得难解难分，恰巧陈秋连路经此山，他帮助花仙姑杀死巴士龙，二人齐赴扬州，喜结良缘。

《凤凰祭》 又叫《造茅》，剧本叙述宋代有一对同父异母兄弟，哥哥张孝为前娘所生，弟弟张礼为后母所生。一次张孝的后母得了重病，需用凤肝医治，张孝便背上弓箭上山打凤凰。不料这年宋仁宗因风调雨顺，向神许下愿，要用 24 个人头祭天地，当时已斩了 23 个，只差张孝来封刀了。张孝打到凤凰后，下山时被一群官兵捉住，带到营中会见包公。包公念张孝救母孝心，答应等他回家为母亲治好病再来受斩。张孝用凤肝治好了母亲的病，信守诺言回到包公营中。张礼得知哥哥即将被斩，急忙赶来会见包公要求代死，张孝不允。包公无奈，只得做一副生死牌，让二人凭运气决定生死。张孝、张礼都争着抢死牌，结果被张孝抢到。包公不忍心杀张孝，便上天向玉皇禀告。玉皇派人查询，原来张孝是天上金童被贬下凡，于是喻旨用茅人作张孝替身。包公照玉皇喻旨办理，将张孝、张礼放回家中奉养双亲。此后土老师在做开红山和打替身的法事时，都要用茅草扎一茅人，代替真人受刑上祭。

三、布依族“做桃”傩戏剧目①

布依族“做桃”傩戏是一种专有傩堂中的傩戏，有深厚的布依族民族文化的根基，它的傩戏剧目与黔东、黔北的傩堂戏剧目相比较，完全是另一类特有的剧目。

布依族“做桃”傩戏剧目现在见到的有《龙公点坛》《野猪偷薯》《老瑶打猎》《野外砍牲》《抢吃生肉》《戏弄外家》《破瓜取子》《龙公卖马》《错砍樟树》《背鸡进屋》《祈讨草鞋》《祈花求子》等 12 个剧目。

这些剧目全取材于民间，创作于民间，集中反映了布依族的社会经济文化和爱情，是地道的少数民族民间剧目。现择几个剧目介绍如下。

《老瑶打猎》这出戏，由两个男性青年主演。个儿高的扮演老瑶，身穿白裤瑶青年服，潇洒英俊，头戴面具，名叫“龙公”，另一个身材略为矮小的青年男扮女装，身穿白裤瑶女装，头戴面具，名叫“勒良”，是老瑶的妻子。龙公肩扛枪、腰挂月形柴刀，带着妻子上山打猎。进山后发现山上猎物很多，顾不得给妻子打招呼，左一枪右一枪就打开了，越打越起劲，连带妻子上山打猎的事都忘了。当他冷静下来以后突然想起妻子，于是满山遍野寻找，结果从猎物中发现了自己的妻子，原来龙公打兴奋时，头也打晕了，眼也打红了，结果误把自己的妻子当猎物打死了。龙公丢下猎物边哭边去求卜问卦，向天地哀悔，认罪，得到神仙的同情。在神仙的帮助下，妻子死而复生，夫妇团圆。这出戏反映了古代先民狩猎生活的艰辛和欢乐。

《破瓜取子》是反映人类自身繁衍的故事。其故事取自中国古代伏羲、女娲兄妹结婚繁衍人类的传说。这出戏紧接上出戏，龙公与勒良相爱结婚，死后又再度团圆，勒良怀抱一个大南瓜，装成孕妇模样，“花林仙官”上来接过南瓜，婴儿连声啼哭，

① 见柏果成、黎汝标：《贵州荔波县布依族傩戏调查》，该文载顾朴光、潘朝霖、柏果成编：《中国傩戏调查报告》，贵州人民出版社 1992 年版。

观众齐贺“得啦！得啦！”。范许出场，破南瓜取籽，向四面八方撒去，边撒边念：

> 撒到北方成莫家（经识别莫家仍属布依族），
> 撒到东方成布虽（水族的自称和布依族对水族的称呼），
> 撒到南方成布壮（壮族），
> 撒到西方成布侗（侗族），
> 撒到中央成布依族。

这个故事不仅反映人类繁衍的神话传说，也表达了布依族人认为壮族、水族、侗族和布依族同源的关系。

《戏弄外家》这出戏最富有乡土气息，戏剧色彩最浓，是“做桃”的第7天傩戏班子在田野演出的一场最精彩，观众最多的戏，可算是“做桃”高潮。

田野“做桃”的场面十分壮观，观众成千上万，掌坛师及其弟子全部戴上面具，在掌坛师的率领下，尽情挑逗外家来的客人。手持木枪的龙公强行要把自己的枪卖给外家来的客人，对方说不买，就把事先装在枪筒里的柴灰洒在外家来的客人头上；调皮活泼的猴王跑去向外家来的客人要生肉吃，对方说没有，就伸手去抓外家来的客人的裤裆；手持钗子的白马，拿手中的钗子与外家来的姑娘交换，姑娘说没有钗子交换，白马便伸手去抚摸姑娘的乳房；等等。最有趣的是戴着面具的一群“鬼神”，有的把屠宰后有意在头上留下一小撮毛的牲口举过头，指着牲口头上那撮毛说：“大家看呀，这是外家的辫子呀！”有的手拿猪、狗肠子大声叫嚷：“大家看哦，外家把肠子打落了，是谁的，请快来认哦！”等等。这时观众发出狂热的喝彩声，沉醉在欢乐的海洋中。

四、黔西北傩戏的剧目

黔西北傩戏主要流传于白族、苗族、汉族和穿青人中，它与黔东、黔北傩堂戏的渊源关系比之布依族人的“做桃”傩戏要近得多，故而它们的剧目有似曾相识的感觉，并且这些剧目与傩祭也紧密关联。黔西北傩戏的剧目有《砍先锋》《出灵官》《二郎殿》《捉龙锁龙》《请仙娘》《戏仙娘》《山魈》《南游》等等。①

《砍先锋》亦称《打先锋》，剧情大意是：

> 纣王无道，家将方弼、方相弟兄二人投奔武王，被封为“梁山先锋”。五显陪众位神圣游大郎殿，令他们二人当开路先锋，砍开三方四正五路坛场。表演较简单，仅二人披挂持枪舞刀出场，一人为先锋（二方的合身）一人轮番为五方星君。台词如砍南方时，先锋问：“陈丘二将，来此何地？”答：“来此南方地界。”问：“然何停兵不走？”答：“不敢前行。”问：“有何挡住？”答：“南方火德星君挡住吾家去路。”先锋大怒道：“好大胆的火德星君。吾领土皇五显一支令，

---

① 关于黔西北傩戏剧目的介绍，主要根据张成坤《贵州织金县傩戏调查报告》，张文载顾朴光、潘朝霖、柏果成编：《中国傩戏调查报告》，贵州人民出版社1992年版。

了愿坛中走巡，吾来砍开三方四正五路坛场，然何阻挡吾家去路?”遂挥刀大战打退星君。先锋砍开五方大路，还有一层意思是为主人家砍退四季瘟疫，保护酬恩人家。

这则剧目的内容和表演形式与黔东、黔北傩堂戏中的《开路将军》非常相似，是一个性质的戏剧。

《出灵官》亦称《灵官镇宅》，剧情大意是：

灵官王龙出巡纠察来到坛场，披甲执鞭入坛封赠主人家大吉大利，继而出门跳上用两张方桌垒成的高台撬脚打坐观看，为主人家消灾纳福。如高呼：“若有天地年月日时瘟，牛马猪羊鸡犬鹅鸭瘟，吾神金鞭一指，盖往九里山前十里山后，若有天地水火年月日时火，吾神金鞭一指，盖往龙宫海底，若有珍珠玛瑙金银财宝五谷粮米，吾神金鞭一指，盖往主家华堂之内关箱闭笼。”继而出一土地神来与灵官嬉戏猜字、猜卦，讨封，诙谐有趣，观者无不大笑，娱神娱人融为一体。

《二郎殿》亦祭亦戏，说的是二郎得道之前放荡不羁赌钱、打架、醉酒卧街、学算命等一系列的经历。得道之后擒鹰放鹞，捉龙锁龙，收火牙火熛，收五猖等为民除害。意即劝善。有趣的是擒鹰放鹞一折中二郎的鹰鹞不见了，游五门到处问，他用自白方式说问，当碰见少数民族妇女时说：“我二郎一游游到西门，碰见一个头上戴起团团帕，身上穿起两块衣，脚下穿起桶桶裙，是个什么人?”答：“是个仡佬大嫂。”于是开玩笑，问拣得他的鹰鹞没有。如此依次问苗、彝、白各族和穿青人。

《捉龙锁龙》剧情大意是：

乌龙大王专吃童男童女，否则吸水害民。一年，陈良老汉家一儿一女同时中签拿祭乌龙。二老不肯而上状奏天，被五显二郎得知，下凡与乌龙斗法，锁住乌龙为民除害。表演为二人，一人红衣紫带扮二郎，一人披红盖身扮乌龙。

《请仙娘》剧情大意是：

一人穿本民族服装，戴面具先用一根称为“火草秆”的五花竹棍乱戳乱舞，或夹在胯下说些流言俗语向五方去请。继而用墨状的东西吊在胯下去请，才把仙娘请出来。

《戏仙娘》剧情大意是：

由一男一女（男扮女）边舞边唱花灯十月怀胎、十二月小调，仙娘则做接墨状入怀、怀孕、生娃娃等示意动作的表演。还有茶酒师在中途参与戏弄仙娘，被称为“俗坛”。穿青人说只有这样表演，五显神才会保佑子孙发达。

《山魈》剧目表演的是上山砍树、放火烧山、开荒、犁牛耙田、泡谷撒秧、栽秧、薅秧、割谷、运粮入仓、上皇粮、封仓等一年四季的农耕活动。民间生活风味极浓。每一折都有道白，有表演，有说有唱。最有特色的是要用穿青人的土语大唱特唱其反映农事活动的山歌。而且多用和歌的形式表演，即演员领唱，观众合唱，越多越好，有："栽秧要栽大大秧，把坛老者开歌场。开起歌场众人唱，哪个不唱烂牙框。"因此，坛场成了歌场舞场戏场，达到了人神同乐的境地。

第二节　地戏的剧目

贵州布依族、仡佬族、苗族地戏演出的剧目与安顺屯堡人所演出的剧目相同，全部取材于古代的话本小说、历史演义和民间传说，内容都是金戈铁马的征战故事，而没有生活戏、公案戏和爱情戏。在一般情况下，一个戏班在几十年之内只演出一个剧目，这是因为演地戏需佩戴面具，一副面具少则数百元，多则上千元，更换剧目需重新购置面具，这对农民来说是一笔难以负担的经济开支。另一个原因是地戏剧本大多很长，一出戏往往要十天半月才能演完，而地戏演员都是农民，文化水平普遍较低，他们通常从少年时代就开始学戏，需要花几年时间才能熟记一出戏的声腔和唱词，这也决定了地戏剧目具有较大的稳定性。

地戏剧目反映的时代，从商周直到明朝，时间长达三千多年，但以唐宋时期的长篇征战故事为主。从前剧本全部用手工抄写，近代出现了油印的剧本。一出戏通常分为十几本，每本又分若干回目。剧本除少数道白、对话外，大量是以七言为主，五言、六言、十言为辅的唱词，其文体是以第三人称为主的叙事说唱体。地戏剧目已知的有 34 个，其中《东周列国志》《郭子仪征西》《九转河东》已停止演出，尚在民间流传的有 31 个，它们是：《三国演义》《封神演义》《西汉演义》（又名《楚汉相争》）、《薛仁贵征东》《薛丁山征西》《五虎平西》《五虎平南》《薛刚反唐》《初下河东》《三下河东》《罗通扫北》《四马投唐》《岳雷扫北》《二下南唐》《三下南唐》《四下南唐》《沈应龙征西》《杨家将》《英烈传》《粉妆楼》《说岳》《隋唐演义》《残唐》《黑黎打五关》《八虎闯幽州》《王玉连征西》《大破锁阳》《保唐》《二下偏关》《大反山东》《后三国》。

以上剧本大多根据古代的小说、话本改编，故事生动跌宕，情节紧凑集中。下面选几个剧目的内容简介于后，从中可以窥见地戏剧本之大略风貌。

《薛丁山征西》 故事发生在唐代。薛仁贵讨平辽东后，唐太宗为他修造王府，封官赐爵。皇亲李道字心怀妒忌，陷害薛仁贵，把他打入天牢。不久，苏宝童唆使西番国王进犯唐朝，企图吞并唐室天下。唐朝朝中无统兵之人，唐太宗只好杀死李道字，放出薛仁贵，派他统兵出征。唐军在锁阳关被番兵围困，薛仁贵为苏宝童的飞刀所伤。程咬金回朝搬兵，朝中无人，唐太宗贴出皇榜招贤。薛仁贵之子薛丁山的师父王鳌老祖得知此情，命薛丁山下山，到京城长安揭榜应试，被唐太宗封为二元帅，拜印西征。薛丁山率领唐军一路势如破竹，先后攻克磨盘山、界牌关、锦霞关、接天关等要塞，直逼锁阳关。经过一番激战，唐军打下锁阳关，救出薛仁贵。薛丁山率军继续西进，攻打寒江关。寒江关总兵樊洪的女儿樊梨花，容貌美丽，武艺高强，是天上玉女星下凡。她的师父梨山老母告诉樊梨花，她与金童星投胎的薛丁山有宿世姻缘。樊梨花在战场上主动追求薛丁山，要与他结为夫妻，薛丁山不知内情，执意不肯。樊梨花第一次捉住薛丁山，薛丁山为保全性命，假装允婚，并发誓“如有反悔，倒挂在半空中”。但他刚被释放，便立即反悔。樊梨花变成一座高山，挡住薛丁山的去路，薛丁山见山中有一樵夫，便向他求救。樵夫将薛丁山吊至半山腰即离去，原来樵夫是樊梨花变的。薛丁山第二次发誓道：“如不允婚，被大水淹死。”可是刚一脱身，又大骂樊梨花。樊梨花使用法术，使河水陡涨，将薛丁山淹得半死，再次把他擒住。在程咬金的撮合下，薛丁山才答应与樊梨花结婚。成亲那天，樊梨花的父亲和两个哥哥都没有参加婚礼，薛丁山讯问原因，樊梨花回答说：父亲不同意她与薛丁山的婚事，拔出剑要杀她，不小心滑倒，撞在剑上死掉。两个哥哥见状，要杀她为父亲报仇，她不得已将他们杀死。薛丁山听了大怒，说：你今天杀兄弑父，将来也可能杀我的父母。于是把樊梨花休了。樊梨花被迫返回寒江关。后来薛仁贵在白虎关被杨樊围困，他变成白虎下山喝水（薛仁贵是白虎星下凡），被薛丁山误以为是老虎射死。不久，唐太宗驾崩，唐高宗登位，樊梨花到京城长安告御状。唐高宗十分同情樊梨花，下令薛丁山认樊梨花为妻。薛丁山不敢违抗君命，加上自己也误杀了父亲，没有理由再嫌弃樊梨花，遂把樊梨花接回团聚。后来薛丁山在樊梨花的帮助下平定了西番，被封为西番王。

图 3-3 《薛丁山征西》剧照

《薛刚反唐》 故事发生在唐代。薛丁山之子薛刚正月十五看花灯，踢死皇太子，惊崩圣驾。武则天为了篡权，将薛家360多人全部活埋，薛刚只身逃到卧龙山落草，娶妻纪鸾英。朝廷派大军前往征剿，薛刚不敌，逃到汜水关，纪鸾英逃到夏家坝，途中生下儿子薛葵。薛刚对汜水关总兵薛义有救命之恩，以为他会收留自己。薛义表面上对薛刚十分热情，暗地却生了歹心。他把薛刚灌醉后捆绑起来，用囚车装了押送朝廷。黄草山的绿林好汉吴齐、马战倾慕薛刚的英名，在途中劫了囚车，杀死薛义，薛刚与吴齐、马战结拜为兄弟。后来薛刚等听说屈福禄在黄州设擂台，3人相约前往比武。吴齐、马战先后被屈福禄打败，薛刚跳上擂台，正欲与屈福禄交手，被屈认出唤住。原来屈福禄摆擂台的目的，是为了替绿林王招揽天下英杰。绿林王本是武则天之子，因不满武则天的倒行逆施，被贬到黄州。屈福禄把薛刚等带到绿林王处，被延为上宾招待。薛刚得知绿林王准备起兵反武则天，自告奋勇去招兵买马。他先到锁阳城借兵，但没有借到，后来他来到西凉国，被招为驸马，并借得兵马，起兵反唐。薛刚在久燕山结营扎寨，武则天派侄儿武三思统兵前往征剿。官兵人强马壮，薛刚连吃败仗，幸得妻子纪鸾英和儿子薛葵前来助战，才把武三思打得溃不成军，逃回京城。接着，武则天又先后派武成四、白云等前往征剿，都被打败。武则天无可奈何，只好在长安贴出招贤榜，选取将才。武则天早年遗弃的儿子骡头太子受老师铁板道人派遣，前往长安应试，被选为统帅，带兵前往久燕山征剿薛刚。交战中，吴齐、马战相继被骡头太子打伤俘去，薛刚正一筹莫展，他的生母樊梨花前来助战，救出吴齐、马战，将骡头太子打死，铁板道人前来助战，也被樊梨花打死。薛刚统帅大军打进长安，废黜武则天，扶绿林王登上皇位。薛刚把埋葬薛家360多口人的铁丘坟挖开，薛丁山和妻子高兰英、儿子薛猛的尸体尚未腐烂。樊梨花抱着丈夫薛丁山的尸体痛哭。唐中宗（即绿林王）下诏，选择吉日，焚香设祭，将薛丁山等人的尸骨重新安葬。老将程咬金对薛家的遭遇十分同情，现在看到多年的沉冤得到昭雪，大笑道："薛家胜，薛家败，薛家死了我还在。"笑毕，倒地而死。

《沈应龙征西》 故事发生在明代。沈应龙的父亲是明朝的大臣，他的6个哥哥也在朝廷做官，因其父与奸臣刘巡按有仇，被刘陷害，沈家1003口都死于冤狱，只剩下沈应龙一人。沈应龙逃到漳德县，当地一个姓马的员外见他聪明英俊，便把女儿琼英许配给他，不久生了个儿子，取名梦祯。为逃避官兵追捕，沈应龙离别妻儿，四处漂泊，先后被刘员外和王员外收留，招为女婿，生下儿子梦魁和女儿银玉。后来琉球国王造反，将反表送到明朝，武宗天子手下缺乏良将，便张榜天下，举行武试招考元帅。沈应龙见告示前往京城应试，在比武中杀死刘巡按之子刘承祖。武宗天子本欲问罪于他，沈应龙向武宗天子讲述了他家被奸臣刘巡按陷害的经过，加上群臣极力保荐，武宗天子遂将沈应龙封为元帅，拜印出征，并把刘巡按斩首。琉球国共有12道关隘，第1关是锦竹关，守将宋奇将明军先锋富锦打败，白花村黄员外之女素秋与富锦有宿世姻缘，她在途中救下富锦，杀死宋奇。黄员外招富锦为婿，富锦赠素秋金簪一支作为表记。宋奇之女娇莲为报父仇，用定身法活捉谭英等8员明将。娇莲见谭英相貌出众，招其为夫，献关投降。第2关是黄龙关，守将黄眉老道摆

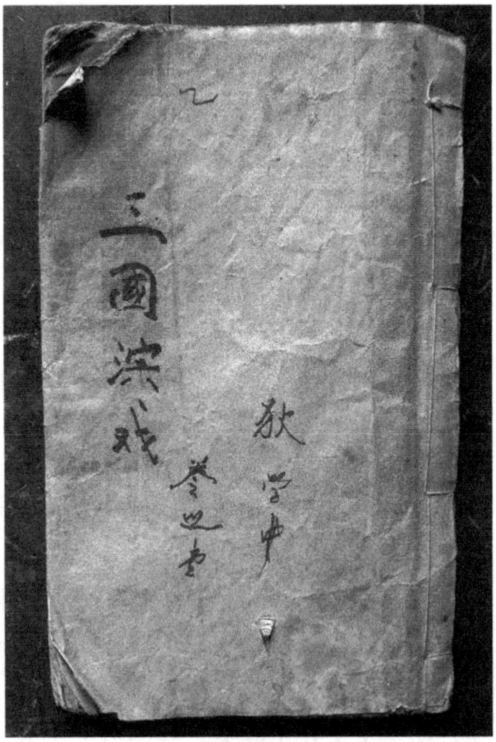

图3-4 《三国演戏》手抄本

下迷魂阵，富锦等6员明将闯入阵中，昏迷不醒。黄素秋占卜得知丈夫遇难，下山破了迷魂阵，用青云扇将黄眉老道扇为尘土。明军破了黄龙关。第3道关是葛藤关，守将为琉球国王的亲生女儿秀英公主，她用柳叶飞刀将娇莲、素秋杀伤。文殊菩萨掐指知明军有难，命女弟子美容、月英下山相救。此时在仙山修炼的梦祯、梦魁亦分别受师父广成子和清虚道德真人之命下山解救父亲之厄。途中，梦祯、梦魁、美容、月英不期而遇，梦祯与美容，梦魁与月英双双结为夫妻，共同前往明军大营拜见父亲和公爹。美容用仙丹救活娇莲、素秋；梦祯破了秀英的柳叶飞刀，并将她打伤。秀英不甘失败，向姐姐琼娥求助，琼娥用天罗地网将明军罩在其中，情况十分危急。此时沈应龙的女儿银玉已长大成人，在白云山玉柱洞修炼，她的师父云中老仙赠她包天帕，要她下山解救明军。银玉用包天帕包住琼娥，破了天罗地网，然后到明军大营拜见父亲，并从包天帕中抖出琼娥。沈应龙命手下将琼娥推出斩首，被夫人马氏救下，认其为义女。秀英见大势已去，前往仙山学道，明军遂破了葛藤关。第4关是飞云关，守将乃琼娥的丈夫雷驸马。琼娥阵前对丈夫晓以大义，说服他弃关归降。全剧写沈应龙连破12关，琉球国王被迫投降，沈应龙班师回朝。由于剧本太长，不少村寨只演到破4关为止。

下面是《安顺市布依族仡佬族苗族地戏剧目分布表》（见表3-1）。这是一个并不十分详备的安顺市少数民族地戏的分布表，但在表中我们不难看出，就算是不计贵阳市花溪、乌当等地的布依族地戏，仅安顺市的布依族地戏就已经是蔚为大观了。

表3-1　安顺市布依族仡佬族苗族地戏剧目分布表

县乡名称	村寨名称	剧　目	民　族	备　注
安顺头铺乡	弯子窑	薛丁山征西	仡佬	
安顺刘官乡	新宏	五虎平西	苗	（青苗）
安顺塘山乡	塘山	薛仁贵征东	布依	
安顺梅旗乡	上鸽	杨家将	布依	
安顺马头乡	小革	薛丁山征西	布依	
安顺马头乡	石头寨	反山东	布依	
安顺詹家屯乡	罗官	三下河东	布依	
安顺黄腊乡	黑秧	四马投唐	布依	
安顺黄腊乡	六堡	罗通扫北	布依	
安顺黄腊乡	黄腊	三国上段	布依	
安顺黄腊乡	长寨	三国下段	布依	
安顺黄腊乡	罗陇	四马投唐	布依	
安顺黄腊乡	黑土	四马投唐	布依	
安顺黄腊乡	腊寨	大反山东	布依	
安顺黄腊乡	打寨	薛仁贵征东	布依	

续表

县乡名称	村寨名称	剧　目	民　族	备　注
安顺黄腊乡	王官屯	岳雷扫北	布依	
安顺黄腊乡	鱼陇	杨家将下段	布依	
安顺黄腊乡	孔陇大寨	四马投唐	布依	
安顺黄腊乡	铜鼓山	四马投唐	布依	
安顺黄腊乡	猛坝	杨家将	布依	
安顺黄腊乡	白岩	沈应龙征西	布依	
安顺黄腊乡	马桥	杨家将下段	布依	
安顺黄腊乡	新寨	三国上段	布依	
平坝白云镇	洋西	三国	布依	
平坝白云镇	芒种	杨家将	布依	

在表中，有一例仡佬族个案和一例苗族个案，这应该是贵州少数民族地戏的特例，两者都有明确的发生原因。如新宏村苗族（青苗）的地戏《五虎平西》，就是明确地说是周官屯的周佑先，在 1962 年时去新宏教他们的。原因是周佑先的弟弟在新宏教书，与当地苗族关系好，就送了一堂地戏给他们。

大部分的布依族地戏可能也是因为各种各样的途径从屯堡人那里学来的，笔者在安顺做田野调查时问及这方面的情况，有许多布依人认为他们的地戏是从屯堡人那里学来的。但是，布依族人的地戏，也有参与地戏的情况发生，至少是在学习中为地戏的发展做出了自己的贡献。笔者在黄腊乡的长寨村就见到一本名为《三国演戏》的手抄本，上书："光绪癸巳年三月天水郡叔祖狄协和谨撰，中华民国三十六年岁次巳丑年季夏月中旬侄孙狄学中录书于楼上东窗之下。"很明显，这一《三国演戏》的戏书是其叔祖狄协和在光绪癸巳年编撰的。这应该是布依族人在向屯堡人学习地戏中，为地戏的发展做出了自己的贡献的例证之一。

第三节　变人戏和"哑面"戏的剧目

彝族的变人戏（即"撮泰吉"）只有一个剧目，它既是一场表演过程冗繁的傩事，也是一出典型的祭祀戏剧。现在的变人戏由"祭祀""耕作""喜庆""扫火星"四个部分组成。"祭祀"和"扫火星"在"变人戏的神圣空间"一节已做了详细论述；"喜庆"表演狮舞庆祝粮食丰收，是近代才植入的，这里着重介绍"耕作"的内容。

"耕作"又叫"正戏"，是变人戏的核心部分，紧接"祭祀"之后演出。戏的前面通过巫师惹戞阿布与阿布摩的对话，叙述了四位撮泰老人从祖辈居住的沟凑发(实为祖灵洞) 出发，途经云南的谷彻贝谷和东川，以及贵阳和威宁，最后来到板底乡裸戞村落脚。当地因连年干旱“不闻雀鸟叫，活人没一半”，撮泰老人“送粮种来解救他们”。为了“开荒种地盘庄稼”，急需买一条牛，惹戞阿布将撮泰老人带到牛旁，四人高兴地抚摸牛头，拍打牛背，扒开牛嘴观看牙齿，认为牛还年轻，有气力，是头好牛。牛的主人要价 1200 两银子，阿布摩的钱不够，阿达姆把私房钱也凑了出来。惹戞阿布将银子过秤后，撮泰老人即拉着牛犁地开荒。不久牛突然倒地不起，惹戞阿布说牛疲乏了，叫化盐水喂牛。

牛喝了盐水，果然恢复了力气。撮泰老人先后干完犁地、碎土、烧灰、撒灰、播荞种、收荞子、打场等农活，感到有些疲倦，便坐在山坡上休息。阿布摩、麻洪摩用木拐杖当烟杆，抽起旱烟，阿达姆解下背上的布包走出场外，随即领着孩子阿安上场，并为其哺乳。嘿布趁阿布摩不留意，抱住阿达姆后面作交媾状表演。阿布摩发现后，用拐杖追打嘿布，然后也从背后与阿达姆作交媾状表演。

图 3-5　阿布摩与阿达姆交媾剧照

惹戞阿布来到荞子堆边察看，认为足足有 12000 担。于是带领大家绕着荞子堆念祝词。惹戞阿布用常人语调念，四人双手扶拐杖摇头扭腰，用怪腔跟着念。念完祝词，阿布摩等纷纷背荞子倒入仓内。惹戞阿布见到大小仓全装满了，就来领着众人敬酒念祝词：

敬酒啊敬酒，
向天父敬酒，
向粮食的头领苦荞敬酒，
向粮食的新媳妇甜荞敬酒，
向粮食的毕摩苞谷敬酒，
向粮食的嫂嫂燕麦敬酒，
向粮食的兄弟洋芋敬酒，
向粮食的女儿白米敬酒，
向粮食的仆类红豆敬酒，
向还没提到的统统敬酒。

念毕，全体下场。

布依族的“哑面”戏也只有一个剧目，它是在布依族人的丧葬仪式中表演的仪式性质的戏剧。

其表演由一人执钹在前为引导，兄、妹、阿鲁紧接成单行队列绕棺而行。

执钹者不停地搓钹发出响声，心中默念给死者的经文，绕着棺木走，其余三人跟其后，边走边做表演，一般绕棺正转三圈后，又反转三圈，反转三圈又正转三圈。“哑面”的表演分成三个部分。

第一次绕棺的表演内容有：绕棺中阿鲁伸手去拉扯妹妹，手拉在一起被哥哥发现，就用树枝击打阿鲁，阿鲁与妹妹的手松开，作躲避状。哥哥一转身，阿鲁又把妹妹的手拉起，做亲热状，哥哥发现又打……直到第一次绕棺结束。

第二次调转方向绕棺的表演内容有：阿鲁把妹妹面前的芭蕉叶撕开，抱着妹妹作性交状，哥哥看见就打，阿鲁放开妹妹逃走，哥哥一转身，阿鲁与妹妹复又抱在一起作性交状。随后妹妹即扮为大肚子状。

第三次调转方向绕棺的表演内容有：妹妹背上已经背了一个娃娃，阿鲁仍在其后作护卫状，哥哥还是见了就打，娃娃哭，阿鲁卷树叶、舀泉水、喂小孩，妹妹做配合状。小孩喝了水不哭了。绕棺完，表演也结束。

全部的表演过程只有动作，没有一句台词，为哑剧。

第四节　面具戏的戏剧性分析

贵州少数民族面具戏是贵州少数民族面具文化的主要载体，它们之间是相互依存、紧密联系的。为了更好地理解贵州少数民族面具文化，有必要对贵州少数民族面具戏的戏剧性进行深入的分析。

面具戏作为一种民族民间广泛存在的戏剧，怎样来理解它的戏剧性呢？从纯戏剧艺术的角度而言，《辞海·艺术分册》对戏剧的定义是这样的：“由演员扮演角色，在舞台上当众表演故事情节的一种艺术。”① 应该说理解面具戏的戏剧性可从这里着手，但也不能完全照此办理，因为贵州少数民族面具戏是一种多表现形式的复杂的特定的戏剧品类。

我们以为，贵州少数民族面具戏的戏剧性应该从它的演出空间、剧本、故事剧情、表演特性、与傩事的关系等方面来分析论述。

一、演出空间

贵州少数民族面具戏的演出空间，是一个彻底的神性空间，我们在第二章看到的内容表明，傩坛坛师的一切努力，就是要造就一个神的空间，来营建一个神性的世界，为了祭祀仪式的展开，也为了傩堂的演出。在黔东、黔北傩坛坛师中间，有一个

① 《辞海·艺术分册》，上海辞书出版社1980年版，第74页。

根深蒂固的观念：即官家（政府）是为百姓管理阳间事务的，坛师则是为百姓管理阴间事务的。阴间是阳间的影子，是根据阳间的模式虚构的，而这一虚构就在坛师一系列虚拟的构造中，不造就这个空间，他们为百姓管理阴间事务从何而起？从这个意义上讲，傩堂就只能给贵州少数民族面具戏的演出提供这样的神性空间。

另外，面具戏的大部分是为了神而演出的，是娱神的，是祭祀神的一种方式，也是表明神圣盟证的一种方式。这样的面具戏不在这种神圣空间演出在哪里演出呢？

在世界各地，不同的戏剧性质有自己不同的戏剧空间，而不同性质的戏剧空间也与不同的戏剧相适应，在贵州少数民族面具戏的演出空间中也是如此表现的。

傩堂面具戏的演出空间有两种表现形式：一是现实的空间——即主人家堂屋中神坛面前的那两平方米的一席之地；二是虚拟空间——即上、中、下三界神祇降临的香坛。现实空间中的主体是围观的乡人，而虚拟中的主体是被供奉的神祇，演出的内容既要悦神，也要悦人。这就是这个演出空间的性质。

由于是面对这样性质观众的演出空间，在黔东、黔北傩堂戏中，才会出现如《开路将军》这样的正戏。这则戏只有开路将军和把坛老师两个角色。剧情是：开路将军身穿龙袍，腰拴法裙，背插锦鸡毛，手执大刀，头戴面具上来就砍四方。

…………

（边唱边做磨刀动作。然后提刀绕场一周，从东方到北方，唱哪方就舞砍哪方。）

…………

天瘟砍出天堂去，（朝上舞）
地瘟砍出十方门。（朝下舞）
左边砍出招财路，（朝左舞）
右边砍出进财门。（朝右舞）
开路神来开路神，
开路原来要辞神。

…………

这样上来说说自己的根由，在神坛中砍杀一阵就退场的正戏，仅就戏剧性而言是微不足道的，但这则戏在德江的傩坛中是继“开洞”后就演出的第一场正戏，可见其在傩堂戏中的重要性。而这重要性的依据就是傩堂戏的第二个空间存在，要演出给神看，要符合神性的意味，当然，这个神性意味是在信奉傩坛的文化境域中集体无意识而形成的。可能生存在另外一种文化境域中的人们是不能理解这种现象的，更不要说用现代戏剧的审美观来理解它了。

演出空间的现实性，这个空间我们好理解。傩堂戏的演出也有娱乐审美，也有娱乐人的目的和作用。这种作用也能在一席之地的地方看得见、听得见，演员的道白、唱词和动作等一系列的表演也有审美的娱乐人的意义。一般认为，傩堂存在这样的现实空间，是因为要吸引观戏者的到来，认为没有一个观戏的人是为了敬神而来的。这种认识有一定的道理，不过，也不尽然，行傩人家的行为是一种对神的酬谢，而酬谢中神是要赐福于人的，而在场的人也是可以领受到这种福分的。我们在荔波的豆村，看见观看上刀梯的村民在法师做完傩事后，抢夺刀梯上的木楔子，认为这是避邪的有福之物。在傩堂戏的演出空间中，也有这样的文化心理在起作用，说来观戏的人是为了娱乐，有这样的因素，但我们以为文化心理的作用也是相当重要的。

一席之地，这是黔东、黔北傩堂戏和黔西北傩堂戏，以及布依族“做diao”傩戏的内景，是这样的演出空间概念，但在布依族“做diao”傩戏的外景，地戏、变人戏的演出空间就不是这样的概念了。布依族“做diao”傩戏的外景演出空间是在田坝里，而且演出者和观看者之间的关系在这里有了一些变化，这时的演员还是演员，但已进入观众中，而一些观众也被转化为演员的一分子了。地戏的演出场地不在人户的堂屋中，多在村中的场坝上，演出空间有神性的意味，但已经没有具体的神性象征和神性框架了。

这些演出空间都会给各自的面具戏演出带来一些规约，限定面具戏的表演。就在一席之地之上的表演，演员们不会有大的进出和排列，出场的演员一次也不会太多。一席之地的场地不大，声音可以较小，对声腔的选择也有影响，等等。

二、剧本

剧本是一剧之本。这是现代戏剧的概念，在民族民间性质的面具戏中，也有这样的表现。我们所说的剧本在民间一般叫“戏本”。戏本在傩戏和地戏中大量存在，而变人戏中就无所谓戏本了。傩戏的戏本一般都是手抄本，在傩坛的师傅们中间代代相传。贵州少数民族面具戏中傩堂戏的戏本没有明确的作者，应该是集体编创后，经一代代的口头流传，最后又经一定的书面整理，用汉文记录而成今天的戏本的。用汉文来记录戏本，在土家族、仡佬族、苗族、布依族、侗族、白族中都是如此，概莫能外。在傩堂戏中，也有把历史故事和民间故事改编成戏本的情况，这在其插戏和外戏中不乏其例，德江傩堂戏的《骑龙下海》，就明显是从《柳毅传书》这一民间神话故事改编而来的。在思南傩堂戏中，这一出戏干脆就叫《柳毅传书》。

布依族“做diao”傩戏也是有戏本的，他们的戏本也是用汉文写的，但有的内容又有用“土俗字”（汉字记布依语音）记述的。

这些戏本在傩坛中不一定有师傅们传授的傩法及科仪书那么重要，但也是这一傩坛经书的重要组成部分。在傩坛中法事做得好不好只有坛内师傅们知道，而对戏书熟不熟，傩戏演唱得好不好，却是大家都知道的事情。

学者们由于研究的需要，把一些戏本整理了出来，这就使戏凝固了下来，实际上这些戏本在傩坛师傅们的传抄和应用中，是一种活形态的戏本。每位传抄者都会在上一个戏本中去掉一些他认为不好、不合适的东西，也同时会加上点他认为好的、合适的东西。所以，这样的戏本，虽然同样的剧名、同样的人名，但内容会有很大的变化。这样有的戏本会很好，有的戏本就会较差。

地戏的戏本，比之傩戏的戏本要成熟得多。地戏的戏本都是从中国历史故事中改编的，都是历朝历代的改朝换代的征战戏。是地戏流布地域的知识分子以历史故事为蓝本，改编成用于说唱的戏文。安顺市黄腊乡长寨村的狄协和先生就是这样的可以考据的“改编者”。

在地戏中，一堂地戏的形成和流传，首先要有戏书，这个戏书人们可以去讨要或者和花钱去抄录，也可以用历史故事为蓝本来编写。

在六枝落别布依族乡，我们看到了一本名为《接指记》的戏本，这是一个典型的抄本。在戏本的开头，有这样的文字：

> 从古至今新抄纳马寨祖传地戏一堂书虽存书已朽烂重新抄写古风犹存写书之人费尽心非是一日写完成有人借去不还者永绝子孙无后成若有内亲托情借去抄写者罚银十二两除打在外各人谨之慎之勿谓言之不先也草字不恭述而不作。
>
> 蔡家亮一九八一年辛巳年六月上旬抄

有了戏本，然后才是雕刻面具。地戏的原型是傩，故而最初的仪式和面具是最重要的事物，但在傩仪、傩祭世俗化和风俗化后，其戏本的重要性就上升到一定的高度，并在后来主导着新的地戏剧目的出现和新的面具形象的发生。让地戏面具在人物形象上层出不穷，向新形象方向发展，而不像傩堂戏面具那样，是一个面具的多种表现的发展。

一个村子有了一个戏本，再有了一套面具，组织起一个戏班，这个处于地戏流布地域内的村子，就有了其民间文化的显著外在特征了。这也应该是当时的民间文化流行的一种“时尚”，因为一个村子的地戏往往是这个村的共同财富，是这个村的“面子”。

不管是屯堡人的戏本，还是布依族人的戏本，其戏化历史故事的水平都是不低的，并且在“戏述”历史故事的进程中，都形成了一定的程式。如在诗文性质的唱词中，一个人物披挂出场，都有这样的套语：“看看，看，怎披兵，怎打扮……”，然后才描述这员大将的武备。

地戏的戏本一旦成型，一般来说在演出中是变化不大的，这一点它不同于傩堂戏的戏本。地戏的表演中临时编词的情况很少，而傩堂戏戏本的演出本身就要求“临场发挥”，在傩坛中叫“见子打子”。这在布依族的“做祧”傩戏中最为明显。

地戏的戏本原创是汉语，所以，流行于布依族、仡佬族、苗族社区内的地戏戏本也自然是汉语的。

三、故事剧情

贵州少数民族面具戏的故事剧情林林总总，数不胜数，我们不必复述，但剧目的剧情类型是我们应该关注的，因为它与面具文化的表现直接相关。地戏的剧情多为战争戏，这是屯军人后裔的首选，后来传播到布依族、仡佬族、苗族中，自然情形依旧。傩戏的剧情分两个部分：一是祭祀戏中的“两种生产”的剧情，二是在插戏中的“劝世警世”的剧情。插戏中的“劝世警世”的剧情类型是民族民间戏剧的一般表现，不必赘述。倒是祭祀戏中的“两种生产”的剧情，最有意味。我们几乎在所有面具戏中都能看到这样的剧情。我们将有关性的剧情作一对比。

在黔东、黔北傩堂戏的《开山猛将》中有：

鞠躬：猛将，喊你好几声都不答应，把你家那狗招呼一下。

(猛将故意接近幺儿媳妇挨挨擦擦的，鞠躬老师在中间左右阻隔。并说：幺儿媳妇，注意狗来了。)

开山：鞠躬老师，我请你们来给我把金光钺斧锤炼一下。

鞠躬：猛将，要把你那金光钺斧打好炼好，就要驾起风箱，安起炉。唱起逍遥歌。还要诚心。因为安起炉子就有炉神，你不诚心，铁就烧不红，就打炼不好。(开山乘机去摸幺儿媳妇，幺儿媳妇忙喊："公公，你看那开山舅子又来了。"鞠躬老师板着脸说："猛将，你那手是痛呢？还是痒？")

猛将：安风箱要大家安，扯风箱，你和幺儿媳妇两个扯，但不准胡思乱想的，否则你那钺斧打炼不好就不要怪我哟。

开山：是，是，是。(挨在幺儿媳妇耳边说："是呀。")

在黔西北傩堂戏《请仙娘》和《戏仙娘》中有：

一人穿本民族服装，戴面具先用一根称为"火草秆"的五花竹棍乱戳乱舞，或夹在胯下说些流言俗语向五方去请。继而用墨状的东西吊在胯下去请，才把仙娘请出来。

由一男一女（男扮女）边舞边唱花灯十月怀胎，十二月小调。仙娘则做接墨状入怀、怀孕、生娃娃等示意动作的表演。还有茶酒师在中途参与戏弄仙娘，被称为"俗坛"。

变人戏中有：

嘿布趁阿布摩不留神，从后面抱住阿达姆作交媾状示意表演。阿布摩发现后，用拐杖追打嘿布，然后也从背后与阿达姆作交媾状示意表演。

在地戏中有演到樊梨花在阵中产子时去为人"送太子"的民俗活动。

这些剧情都不是淫的内涵表达，而是最正常不过的性交巫术仪式在傩戏中的遗存，是非常宝贵的文化人类学信息。在这些交媾示意性程度上，变人戏最直接，其次是黔西北傩堂戏《请仙娘》和《戏仙娘》，再次是黔东、黔北傩堂戏的《开山猛将》(但黔东、黔北傩堂戏在其他地方还有同样的示意)，而在地戏中就变成了一种暗示了。而这种性交示意性程度正好与所处的傩戏的原初性相一致，即剧情中交媾的示意性动作越直接，其傩戏越古老。

四、表演特性

贵州少数民族面具戏的表演特性是动作小，表演的动作编排简单，注重道白和念唱上的功夫，不分场次或场次不明显。谈不上什么面部表情的表演，它极大的受限于戴面具和表演场地的狭小。在这样的情况下，用对白、道白和部分身体语言来进行戏剧表演，就是贵州少数民族面具戏的基本特性了。在《先锋》（文先锋）这则正戏中，就把语言的趣味和机智用到了一定的水平。

剧情表演先锋到了傩堂，问：

(白) 有请把坛老师，我到何方来了？
老师：先锋，到了“打破小船”来了。
先锋：(唱) 打破小船丝舟（思州）府，补起小船圆舟（沅州）城。
一心只往前头走，不怕山高路不平。
…………
(白) 把坛老师，又到哪里来了？
老师：到了“船儿启航和江河丈二”来了。
先锋：(唱) 船儿启航开舟（州）府，
江河丈二窄（浙）江城。
过山只见山头转，过河只见桡片翻。
…………
(白) 把坛老师，我又到何处啦？
老师：到了“牛皮缝裤”和“磕膝落地”来了。
先锋：(唱) 牛皮缝裤难穿（南川）府，
磕膝落地跪（贵）州城。
古时称它南蛮地，说它地无三尺平。
…………
(白) 把坛老师，又到哪里来了？
老师：到“寡妇梦夫”和“棉花落水”来了。
先锋：(唱) 寡妇梦夫思男（南）府，
棉花落水淹花（安化）城。

自从民国二年起，安化改为德江城。

这样的剧情对唱和道白，是很有意味和情趣的，而傩戏的剧情表演和推进就是在这样的剧情对唱和道白中实现的。傩戏的演员们也是在这种表演中显现自己才华的。

在黔东、黔北傩堂戏中，把坛老师这个角色在表演中尤为重要，人们说他是一个导演式的人物，但这种说法并不能说明问题，导演一般只会在旁边导，一般是导而不演，而这个“导演”是一种“演导”，是在演中的导。实际上这不是一种导，而是一种“戏头”的角色，由他带领演出大多数的剧目，特别是正戏的演出。

黔东、黔北傩堂戏的表演一般都在两三个角色中进行，剧情的发展呈单线串连式，如《开山猛将》就是如此。将军的金光钺斧掉了，把坛老师先叫他去找文王卦师，又去找和合二仙……从而引出文王卦师和和合二仙这两个人物和相关剧情。

表演特性在变人戏的演出中就要开放、自由和舒展得多，他们用独特的步履和独特的声音来表现其独特的主题内容，并且表演与原野和黑夜相互影响，形成变人戏一种蛮荒、初始、自然质朴的戏剧情境。

表演特性在布依族“做禇”傩戏的外景表演中又是一番情景，这里演出场地中的舞台和观众席位界线已经打破，成为一体；戴面具的演员穿插其中，用语言和动作来引发剧情和展开剧情，达到了表演和欣赏一体的境界和效果。

地戏的表演也受制于面具，由于表演地大都在村中场坝，在动作上要相对自由一些。动作由于受战争戏题材的制约，以打斗动作为主。地戏的动作、步法渊源于古代的军旅生活，在长期的发展过程中，逐渐形成了一整套程式化的动作。这些动作勇猛、雄健、粗犷，以劈、杀、砍、刺为主，共有数十种之多。仅以刀的动作为例，就有提刀、抡刀、丢刀、要刀、扛刀、追刀、回刀、亮刀、栽刀、拖刀、顺刀、抽刀、绞刀、压刀、抱刀、刀劈、刀砍等20余种名目。此外，常见动作尚有撩须、甩须、上马、跪拜、刺四门、刺咽喉、打背包、理三刀、反上马、凤点头、单双比棍、围城刀、抓脚心、披刀在手、双手握球、马上栽刀、大砍三刀、扳野鸡毛、黄莺展翅等。这些动作，有的是直接对战争生活的模拟，有的经过提炼加工，已经戏剧化了，其中不少动作明显来源于古代的马战。配合上述动作的步法，有二步半、行军步、参拜步、女碎步、男大步等。

地戏在腔调上注重语言的抑扬顿挫，受汉族民间戏曲的影响较深，但也受到布依族、仡佬族、苗族等少数民族山歌的影响。

贵州少数民族面具戏的伴奏乐器多是打击乐，傩堂戏中只有极少的时候有弦乐出现。在布依族“做禇”傩戏中出现了管乐。黔西北傩戏中的“南游殿”中，出现了芦笙。

五、与傩事的关系

贵州少数民族面具戏都与傩事密切相关，有的戏既是傩事又是傩戏剧，比如变人戏，其演出是一场戏剧演出，但又何尝不是一场傩事呢？

在黔东、黔北傩堂中，一些傩事不但是一场地道的傩祭表演，而且其表演过程中具有的戏剧性和戏剧色彩，也可宽泛地归为戏剧的范畴。而一些我们已经明确归为傩戏的剧目，演出的内容并不仅仅是戏剧性的表演，还夹有大量傩事内容的表演，比如《关爷斩蔡阳》这一出正戏中，最后的“扫除”就不是“戏事”，而是“傩事”了。故民间有“傩夹戏”“戏夹傩”“傩中有戏”“戏中有傩”的说法。

贵州少数民族面具戏基本上就生存于贵州少数民族的种种傩事中，傩戏离不开傩事，从某种意义上讲，傩事也不能没有傩戏，它们是一个整体的两个部分。

地戏中的傩事与戏的关系也许不那么密切，而且举行傩仪式与戏剧的表演并不相互混合和关联，戏就是戏，仪式就是仪式，是相对独立的两个部分。所以，地戏的戏剧性在表演中就要强烈和纯粹得多。

第四章　贵州少数民族面具的角色

角色是面具存在的重要形式，是面具的名称和标识。人们为了把同一品类面具中的众多面具互相区别开来，根据各个面具造型、色彩、装饰、身份、功用的不同，赋予它们不同的称谓，于是便有了角色。不同角色无论外形还是内涵，都打上了自己的独特印记，而与其他角色有着明显的差异。

面具发展史的资料表明，面具角色的出现，经历了一个漫长的历史进程。早期的面具主要用于狩猎、战争和通神，是人类为了自身生存而发明和使用的一种工具，其实用功能远远大于审美功能，因此，面具多共性而少个性，而没有个性差异，也就没有角色的区别。后来随着面具乐舞、面具戏剧的出现，面具逐渐成为一种化装道具，其实用功能开始下降，审美功能取而代之占据了主要地位，出于扮饰各种人物的需要，很自然地便有了千容百态，个性各异的角色。这一进程同样适用于贵州少数民族面具。

第一节　贵州少数民族面具角色概述

现存贵州少数民族面具，并非所有的品类都有“角色”，例如悬挂在门首用以驱邪镇宅的吞口面具，虽然各地对它有“吞”“天口”“喷口”“辟邪”“老虎牌”等种种称呼，但那只是称谓的不同，而非角色的差异。吞口面具之所以没有“角色”，是因为每户人家一般只悬挂一个吞口，所以没有必要、也不可能将它划分为不同的角色。那么，是否数量众多的面具品类就一定有“角色”呢？也不尽然。例如流行于黔东南丛江县苗族中的“耍变婆”民俗活动，通常由 3 至 7 人（必须是单数）佩戴形象丑怪的面具演出，但这些面具统称为“变婆”，并没有“角色”的区别。另有一些民俗活动，如流传于黔西南南、北盘江流域布依族中的“绕棺”（即“哑面”）面具，以及盛行于贵州各个民族的“送福”面具、狮舞面具等，已经有了简单的角色划分（“绕棺”有 3 个戴面具的角色，一个为兄，一个为妹，一个为“阿鲁”，意为“流浪行乞的人”；“送福”活动大多由 2 人进行，分别佩戴春官和土地面具；狮舞出场的角色通常有孙悟空、大头和尚及狮子)。但以上民俗活动中的“角色”只是作为一种象征性的符号出现的，而且其表演十分单调，缺乏曲折生动的情节，因此它们还不能算是真正意义上的角色，称之为角色的雏形更确切一些。

贵州少数民族面具中，角色发展比较成熟的品类有傩堂戏面具、地戏面具、“做桃”面具、变人戏面具、度戒面具等。其中傩堂戏、地戏、“做桃”戏曲化程度较高，其面具角色也最为丰富；变人戏属于傩戏雏形，被称为“亚傩戏”和“前傩戏”，只有5个面具角色；度戒本为瑶族的成丁仪式，它通常结合“斋醮”和“还盘王愿”一起进行，面具角色也较丰富。下面依次论之。傩堂戏面具因流传地域广泛，面具角色众多，并与民间宗教结合十分紧密，特辟专节详细介绍。

一、变人戏的角色

变人戏演出通常由13人参加，2人击锣鼓，2人扮牛，3人扮狮子，6人扮山林老人（巫师）及撮泰老人（祖灵、鬼魂），其中扮演巫师惹戞阿布的演员不戴面具，其余5个撮泰老人均戴面具，他们是阿布摩、阿达姆、麻洪摩、嘿布和阿安。若是晚上演出，则另加4个提灯笼的人。

1. 阿布摩

意为老爷爷，相传已有1700岁，戴白须面具。在戏中他率领彝族先民从云南沟凑发出发，披荆斩棘，风餐露宿，途经东川、贵阳等地，迁徙到威宁县板底乡裸戛村定居。他为当地人民带来五谷种子和耕作技术，使他们丰衣足食，不愁吃穿，因此受到当地彝民尊崇，被奉为祖先神。

2. 阿达姆

意为老奶奶，是阿布摩的配偶，相传已有1500岁，戴无须面具。她出场时背上背着一个襁褓，里面包着婴儿阿安，戏中她除了与其他角色一起跋涉、开荒、播种、除草、收割外，还在劳动间隙为阿安哺乳，与阿布摩作示意性的交媾。当地彝民亦把她尊奉为祖先神。

3. 麻洪摩

意为苗族老人，男性，相传已有1200岁，戴黑须面具。苗族是贵州的世居民族之一，大约在汉代前后便已进入黔西北地区，和彝、汉等民族杂居共处，一起劳动和生活。戏中描写麻洪摩在阿布摩率领下从云南迁徙到贵州威宁，是出于表演的需要，并不符合历史（彝族先民和苗族先民并不是在同一时间经由同一路线进入

图4-1 阿布摩、阿达姆、麻洪摩、嘿布和阿安，上为山神

贵州威宁的），但他们共同开发威宁地区却是不争的事实。因此，戏中麻洪摩与阿布摩、阿达姆等一起耕作、娱乐、扫寨，关系十分融洽。

4. 嘿布

意为汉族老人，男性，相传已有1000岁，戴豁嘴兔唇面具。汉族也是贵州的世居民族，进入黔西北地区的时间亦很早，历史上汉族地主、官吏曾对彝、苗等少数民族进行残酷的压迫和剥削，引起少数民族的反感，因此嘿布的面具被丑化了。戏中还有嘿布欲与阿达姆交媾，被阿布摩用木棍追打的细节，这些都是历史上民族矛盾的曲折反映。但另一方面，历史上汉族人民与贵州各少数民族人民的关系主流是友好的，因此嘿布基本上仍是一个正面的角色。

5. 阿安

意为小娃娃，是阿布摩与阿达姆之子，戴无须面具。阿安在戏的前半场还是襁褓中的婴儿，后半场才戴着面具出场。戏中阿布摩和阿达姆分别为1700岁和1500岁，据此推算，阿安的年龄当不会少于千岁，但他出场时却是小孩的形象，还需要阿达姆为他哺乳，这种年龄的矛盾反映了变人戏时空上的巨大跨度，是原始戏剧中常见的表现手法，不应以常理苛求。

二、度戒的角色

度戒仪式的面具角色因瑶族支系及所居地域的不同而颇有差异，总计不下四五十种，常见角色有三清、三元、三界、三光、玉皇、盘王、雷王、甘王、令公、社王、灶王、梁王、吴王、四帅、花婆、土地、和尚、功曹、太尉、五伤、山鸡十三郎、山鸡十四郎等。其中既有道教、佛教神祇，也有本民族的土俗神（部分土俗神为壮族、布依族、毛南族、仫佬族和汉族所共有）。由于现在贵州瑶族已很少举行度戒仪式，因此一些角色已经消失。现将度戒仪式中较有特色的角色介绍于后。

图 4-2 度戒面具

1. 盘王

盘王又叫盘瓠和盘护，相传是瑶族的始祖。瑶族传说，古代高辛王时，王后有耳疾，掏出一物如茧，将其盛在瓠中，盖上盘子，七日后茧状物化成了一只五色犬，取名盘瓠，封号为龙犬。后来北方高王吴将军率兵犯境，评王高辛氏屡战屡败，遂宣诏谁人能取吴将军的头，便将公主许配他为妻。龙犬漂洋过海，来到高王宫中，乘其不备，将高王头颅咬下，献给评王。评王大喜，将龙犬招为驸马，封他为南京会稽山石宝殿盘瓠王。盘瓠与公主生下六男六女，相互婚配，繁衍为十二姓瑶族。瑶族每迁至一地，必修建“盘王庙”，并将盘王祭日农历十月十六日定为“盘王节”，届时要举行盛大的祭典。此外，在举行“度戒”“还盘王愿”时，亦要祭祀盘王。

2. 雷王

雷王即雷神。雷神信仰源于古人的自然崇拜，后来道教将雷神纳入其谱系，道教中的雷神甚多，最高雷神为黄帝，全称“九天应元雷声普化天尊”，手下辖天雷、地雷、水雷、神雷、社雷，合称五雷。《历代神仙通鉴》载：雷神左右有玉枢、玉府五雷使院，有雷鼓36面，36神司之。《封神演义》则将闻太师封为雷部部长，属下有24个雷公“催云助雨护法”。我国西南瑶、壮、苗、毛南、仫佬等少数民族亦盛行雷神信仰，但传说却不相同。相传古时雷州有雷姓五兄弟，因给财主帮工被赖了工钱，一气之下杀了财主，他们也因此被官府抓捕斩首。五兄弟死后冤魂不散，提着头颅四处喊冤，雷王闻知感佩他们的刚烈，将其收为部下，指挥他们行云播雨，雷殛恶人。民间风调雨顺，连年丰收，盛赞雷王的功德。雷王自恃有功于天下，不满足于百姓的素斋供奉，提出每年要吃一孩童，否则非旱即涝，百姓敢怒不敢言。有一年，轮到一个寡妇奉献她的独子，寡妇悲伤痛哭，惊动了天上佛祖。佛祖怒斥雷王残暴无道，雷王答应改为吃牛，三界神说：牛有功于人，也不能吃。雷王畏惧三界神，只好改为吃鸡。此后民间祭祀雷王，只供奉一只鸡便行了。

3. 甘王

甘王又叫甘圣王，是瑶族最尊崇的神祇之一。相传甘王原本姓罗，名应，广西金秀瑶族人，生于南朝刘宋年间。罗应自幼丧父，少年时曾给财主放牛，他机灵顽皮，因痛恨财主贪婪吝啬，经常要一些恶作剧戏弄财主。后来罗应结识了一个风水先生，风水先生告诉他村后山上有三个墓穴，第一个穴出阳王，第二个穴出阴王，第三个穴出贼王。罗应为图日后发迹称王，把老母杀死，打算葬在第一个穴中。天神被他的不孝逆行震怒，派天兵雷公下界讨伐，罗应慌乱中将母亲尸体丢入第二个墓穴，逃回家中躲在大铁锅下，虽因铁锅庇护死里逃生，但脸却被天火烤得通红。他还因祸得福，通了各种神力法术，能用神鞭赶石填海，用神剑斩妖除魔。朝廷听说罗应会使法术，害怕他将来造反，派兵前往缉拿，罗应施展法术摆脱了官兵的追捕，改为甘姓。甘罗应长大后，番蛮兴兵犯境，甘罗应毅然投军护国，屡立战功，被提升为将军。两军决战时，他撒豆成兵，消灭了番军的主力。皇帝欲封赐他高官厚禄，他婉言辞谢，只求减免家乡百姓的赋税，皇帝答应了他的要求。甘罗应死后，被敕封为甘王。家乡百姓有感于他的恩德，为他立庙塑像，祈求甘王神灵为地方消灾除难，驱妖辟邪。

4. 五伤

五伤又称五伤神，相传原是瑶区铜钱山上一个生性邪恶、专干坏事的精灵。谁家立屋盖房，他就把屋顶的瓦片掀翻打碎，让主人遭受日晒雨淋；谁家浇灌田地，他就截断水源，让庄稼枯萎干死。看见村里六畜兴旺，他便引来瘟疫，害死禽畜，禾苗长得茁壮丰盛，他便刮起狂风，把禾苗吹倒。一月之中五伤有25天专做坏事，只有5天安分守己，瑶民对他又怕又恨，但却无可奈何。香火大圣镇宅金殿李王得知五伤糟害瑶民之事，非常愤怒，他专程来到铜钱山，规劝五伤不要行恶，五伤不但不听，反而提出要与大圣斗法。五伤用五魅精火将大圣烧了三天三夜，又用冰水将大圣泡了三天三夜，都未损大圣一根毫毛。五伤气急败坏，驱赶一群山猪来咬大圣，被大圣施法全部杀死。大圣随即念罡诀，用天罡五雷将五伤击倒在地，接着又用天火将五伤烧得呼天号地，跪拜求饶。大圣责令五伤从此改邪归正，不准再骚扰瑶民，必须保护瑶山五谷丰收，庇佑一方安宁。五伤点头一一应允，从此弃恶从善，成为瑶山的保护神，受到瑶民尊崇，被四时祭供。

度戒面具的其他角色尚有：三清，或作释迦佛、李老君、孔夫子，或作上清、玉清、太清；三元，一般指上元将军唐道扬、中元将军葛定应、下元将军周护正，也有的把天、地、水三官称为三元；三光，为日、月、星；玉皇，即道教中的诸神之王，又称玉皇大帝；令公，一般指唐代岭南道抚慰大使李靖，也有的认为是杨烈、李卫公或郭汾阳；社王为五谷神；花婆为生育神；梁王、吴王，一说是二位守监将军，一说是二位青年，因爱牛，死后被封为牛棺神；四帅，一般认为指邓保益、赵公明、马华光、关云长，或谓指“邓、赵、马、辛”四帅；灶王、土地、和尚、功曹，是道教和佛教的小神；山鸡十三郎、山鸡十四郎，是瑶族地区的土俗神。

三、“做桃”的角色

“做桃”是流传于黔南、黔西南布依族中的傩戏，以求子保子为主要内容，由巫师（布摩）主持演出，属于巫师傩的范畴。与黔北、黔东、黔西北、黔中的傩堂戏（各地又有庆坛、喜傩神、傩戏、傩坛戏、端公戏等别称）相较，“做桃”的仪式内容、演出剧目和面具角色均迥然相异，表现出鲜明的民族特色和地域特色。“做桃”面具以堂为单位，每堂36个面具，角色如下：万岁天尊圣母、花林仙官、六桥青蛇判官、托生花王太庙、本殿三元帅祖（3个）、太子六宫、双龙树王（2个）、九娘、功曹（5个）、李应社王、欧官、蒙官、冯敖老爷、覃九老爷、勒良、雷王、写傩、莫一、莫二、伍通、龙公、白马、三界公爷、猴王、上公七郎、刮坛、梁吴、鲁班。① 以上角色除少数为道教、佛教的神祇外，大部分为布依族、壮族、水族、瑶族、毛南族、仫佬族共同信奉的土俗神。“做桃”在新中国成立前十分流行，新中国成立后基本停止了演出，面具或损毁或散失，今已十不存一。下面介绍几个具有代表性的角色。

图 4–3　布依族“做桃”面具

1. 万岁天尊圣母

万岁天尊圣母又叫婆王、花婆、花王圣母、圣母娘娘等，其原型是古代神话中的西王母，后来被移植到布依族、壮族、瑶族、毛南族、仫佬族中，成为掌管婚姻生育及保护幼儿之神，最受民间崇拜。传说中圣母共有三个：一是上楼圣母，又叫万岁婆王，相传他是唐代女皇武则天，死后被封为万岁婆王，主管人间生育，为人补年增寿。传说她住在花山，管护花山，她赐红花或金花给谁家，哪家便生男孩，她赐蓝花或银花给谁家，谁家便生女孩。她将两枝花移栽在一起，世间男女便结成姻缘。人逝世后回归花山还原为花，待万岁婆王再次赐花下山时便转为后世人。二是下楼圣母，又叫“收花婆”，36 岁以前逝世的人，由她收回所赐之“花”。三是中楼圣母，又叫荷白仙娘，她本名张达环，排行第七，人称“达妹”，因恋爱受阻蒙冤自尽。她生前不能同相爱的人结婚，就希望有情人终成眷属。她发现好多恩爱夫妻因不能生育而苦恼，就自告奋勇为万岁婆王给这些家庭送“花”（即送子）。佛祖知道后赞誉她像荷花一样洁白，封她为中楼荷白仙娘。在一些地区，圣母有一个、四个、十二个等不同说法，圣母的身世也有一些差异，但职司都是掌管婚姻、生育和保护幼儿。

2. 花林仙官

花林仙官又称“小婆王”和“送花仙娘”，是万岁婆王的属下，协助万岁婆王掌管人间生育之事。花林仙官的身世各地传说不一，下面是其中的一种：相传花林仙官俗姓李，名花林，出生不久父母就相继亡故，成了孤儿。所幸她的哥哥对她很好，哥哥帮人家放牧牛羊，赚取微薄的收入，兄妹俩相依为命。后来哥哥娶了个恶女人为老婆，嫂子嫉妒花林生得美丽，经常无故打骂她，对她百般虐待，而她的哥哥生性懦弱，不敢出面保护花林。花林长成少女后，同村的女伴都有花衣服穿，可她还是衣不蔽体，一次她在山上放羊，见山里有许多鲜艳的花，她采摘一些花插在头上，傍晚回到村里，村里人夸赞她比花还要美。但花林的侄子侄女却讥笑她是“花痴”“花婆”，嫂子还骂她是“小妖精”，想勾引男人。花林气得跑出家门，在一座桥上伤心地哭起来，恰好万岁婆王从桥头经过，问明原委，十分同情花林的遭遇，便叫她跟随自己到花山去种花管花。花林种的花开得特别好，被百姓奉为花林仙官，成了护花神。每当有人“求花”（即求子），就由花林仙官决定是送“金花”（男孩）还是“银花”（女孩）。

3. 莫一

莫一是壮侗语族传说中的英雄，被尊称为通天圣帝莫一大王，布依族、壮族、仫佬族中都流传着莫一大王的故事，情节大同小异。相传莫一少年时就有非凡的神力，能在丛山中造海，在藤条上跑马，他摘下头巾抛到空中，顿时化为一座石桥，用手向下一招，可挥退正在升起的太阳。万岁圣母赠给他一张神弓，重四百斤，能把箭射出一千里远。那时北方番邦南下侵扰边疆，朝廷虚弱难以抵挡，便贴出皇榜招贤，莫一为了报效国家，赶到京城揭了皇榜。在与番兵的战斗中，莫一用神弓射了三箭，第一箭搅得飞沙走石，使番兵尽数跌下马背；第二箭卷起一阵旋风，把番兵卷到几十里外；第三箭燃起一片烈火，把番兵全部烧死了。皇帝因莫一退敌有功，封他在朝做官。后来皇帝害怕莫一造反，借故将他杀了。莫一用手捧着头颅，骑飞龙马回到家里，叫妻子把头颅放在瓦缸里。不久断头化为龙蜂，飞到京城蜇瞎了皇帝的眼睛，皇帝跪地求饶，答应从此不再欺压百姓，并封莫一为王。后人为感谢莫一恩德，尊奉他为五谷神，定期进行祭祀，以求风调雨顺，五谷丰登。

4. 蒙官

蒙官是布依族、壮族、毛南族信仰的凶神，传说他的母亲长得很美，一天她下河洗衣，被水獭看见，水獭化作美男子和她相恋，不久生下蒙官。因此蒙官自幼便识水性。一次一地理先生发现水宫里有一块宝地，便叫蒙官用嘴衔他祖先的骨头到那里安葬，蒙官把此事对父亲讲了，父亲告诉他那是地理先生的诡计，蒙官便把自己祖先的骨头葬在宝地里，把地理先生祖先的骨头葬在宝地外。后来蒙官果然当了大官。蒙官和善神三界是要好的朋友，但和太师六官是死对头，二人曾打过仗。太师六官用神箭射中他的额头，流血不止，他拔下箭头，用稔子堵住伤口，才止住了血。因此蒙官面具额头上多刻有一个稔子般的凸点。民间还传说蒙官是一位好色的土司，一次他外出巡游，路遇一个美貌的姑娘，名叫谭三娘，不由动了色心，于是送去聘礼，欲强娶谭三娘为妻。谭三娘不慕蒙官的权势，乘夜同心上人韦土地逃往他乡。蒙官探得二人下落，派家丁将韦土地打死，把谭三娘抢回府内。谭三娘假意允婚，在婚筵上灌醉蒙官，将其杀死。旧时民间有人生病，便认为是蒙官作祟，需请巫师念咒跳神，并用雄鸡和乳猪供奉蒙官，以解灾病。

四、地戏的角色

地戏主要流行于屯堡人中，但在布依族、仡佬族、苗族中亦有较多分布。地戏面具的数目没有定制，视剧目的需要和演出村寨的经济能力而定，每堂少则二三十面，多则七八十面，有的甚至达到百面以上，不仅在贵州各种品类的面具中首屈一指，而且在全国各种品类的面具中亦罕有其匹。地戏面具的数量之所以如此之巨，原因在于：其一，地戏剧目全部取材于古代小说、讲史、话本，表演的全是历代兴废、战争的故事，情节曲折，故事完整，时空跨度大，演出时间久，出场人物多，且每个人物都要佩戴面具，因此面具角色格外丰富多彩。其二，地戏系以村寨为单位进行演出，其所需面具由全村人共同出资购买，故面具数量虽多，耗资亦巨，但倾全村人的财力去购置一副面具，一般并不感到困难。即使一时财力不济，亦可采取先购置主要人物的面具，以后再陆续将其他面具配齐的办法。其三，面具在地戏中占有特殊的位置，在地戏流布地域的乡民心中，哪个村子戏班的面具数量多，雕刻精，并出自名家之手，便被刮目相看，受到尊重和追捧，因此各戏班无不以拥有一副角色齐全、刻工精美的面具为荣，甚至互相进行攀比，受此风气影响，地戏面具数量众多也就不足为怪了。

贵州各地上演的地戏剧目，已知的有 30 余个，每个剧目出场人物数十个至上百个不等，若平均以 60 个计算，则地戏面具的角色约有 1800 余个，真可谓洋洋大观！这么多的角色，难以一一详细叙说其生平故事，这里仅把《封神演义》和《黑黎打五关》两堂地戏的面具角色简介于后，以窥一斑。

地戏《封神演义》取材于明代许仲琳编的《封神演义》，情节基本相同但有删节。由于该剧情节复杂，人物众多，因此一般分为《前封神》和《后封神》，由两个村寨各演一半。《前封神》从纣王调戏并逼死黄飞虎妻贾氏起，演到姜子牙金台拜将止；《后封神》从姜子牙登台点将伐商起，演到火焚摘星楼止。这里介绍的是《前封神》的面具角色，为叙述方便，分为正派角色、反派角色、动物角色三类，正反角色以其所属营垒为准，拥周者为正派角色，拥商者为反派角色，少数角色立场前后有所变化，在文中加以说明。

正派角色

1. 周武王：名姬发，文王子。
2. 姜尚：即姜子牙，周丞相，原始天尊之徒。
3. 黄飞虎：商武成王，后投周。
4. 贾氏：黄飞虎妻，在摘星楼受商纣王调戏，跳楼而死。
5. 黄天化：黄飞虎子，清虚道德真君之徒。
6. 黄妃：黄飞虎妹，纣王妃，因骂妲己、纣王，被纣王摔死。
7. 黄滚：黄飞虎父，商界牌关主将，后投周。
8. 黄飞彪：黄飞虎弟。
9. 黄飞豹：黄飞虎弟。
10. 黄天禄：黄飞虎子。
11. 黄天爵：黄飞虎子。
12. 黄天祥：黄飞虎子。
13. 黄明：黄飞虎友。
14. 周纪：黄飞虎友。
15. 龙环：黄飞虎友。
16. 吴谦：黄飞虎友。
17. 散宜生：周上大夫。
18. 南宫适：周大将。
19. 雷震子：周文王养子，云中子之徒。
20. 姬叔乾：周武王弟，为商大将风林所杀。
21. 姬叔明：周武王弟，为商大将洪锦所杀。
22. 李靖：商陈塘关总兵，度厄真人弟子，后投周。
23. 哪吒：李靖第三子，太乙真人弟子。
24. 金吒：李靖长子，文殊广法天尊弟子。
25. 木吒：李靖次子，普贤真人弟子。
26. 杨戬：玉鼎真人弟子。
27. 辛甲：周大将。
28. 武吉：周大将。

29. 龙须虎：修炼千年的怪物，姜子牙所收门徒。
30. 韩毒龙：道行天尊弟子，命丧地烈阵。
31. 薛恶虎：道行天尊弟子，命丧寒冰阵。
32. 邓华：玉虚宫门人，命丧天绝阵。
33. 肖臻：玉虚宫门人，命丧金光阵。
34. 乔坤：五夷山散人，命丧化血阵。
35. 曹宝：五夷山散人，命丧红水阵。
36. 陆压：西昆仑闲人，帮助姜子牙射死赵公明。
37. 方相：商镇殿大将军，后投周，命丧落魄阵。
38. 方弼：商镇殿大将军，后投周，命丧风吼阵。
39. 韦护：道行天尊之徒。
40. 龙吉公主：昊天上帝与瑶池金母之女，因犯天规被贬下凡，后嫁给洪锦。
41. 月合仙翁：即月下老人。
42. 原始天尊：昆仑山玉虚宫仙人，阐教教主，姜子牙师父。
43. 老子：即太上老君，大罗宫玄都洞仙人，原始天尊道兄。
44. 南极仙翁：玉虚宫仙人，原始天尊弟子。
45. 广成子：九仙山桃源洞仙人，殷郊师父。
46. 赤精子：太华山云霄洞仙人，殷洪师父。
47. 黄龙真人：二仙山麻姑洞仙人。
48. 惧留生：夹龙山飞云洞仙人，土行孙师父。
49. 太乙真人：乾元山金光洞仙人，哪吒师父。
50. 灵宝法师：崆峒山元阳洞仙人。
51. 文殊广法天尊：五龙山云霄洞仙人，金吒师父。
52. 普贤真人：九宫山白鹤洞仙人，木吒师父。
53. 慈航道人：普陀山落伽洞仙人。
54. 玉鼎真人：玉泉山金霞洞仙人，杨戬师父。
55. 道行天尊：金庭山玉屋洞仙人，韩毒龙、薛恶虎、韦护师父。
56. 清虚道德真君：青峰山紫阳洞仙人，黄天化师父。
57. 云中子：终南山玉柱洞仙人，雷震子师父。
58. 白鹤童子：原始天尊弟子。
59. 金霞童子：太乙真人弟子。
60. 白云童子：清虚道德真君弟子。
61. 燃灯道人：灵鹫山圆觉洞仙人，羽异仙人师父。
62. 玄都大法师：老子弟子。
63. 度厄真人：九鼎铁叉山八宝云光洞仙人，李靖师父。
64. 准提道人：西方教仙人，马元师父。
65. 接引道人：西方教仙人。

66. 柏鉴：本为东海游魂，被姜子牙救起，负责监造封神台。

反派角色

1. 商纣王：帝乙第三子，名殷寿。
2. 苏妲己：纣王宠妃，系千年狐精借苏护女儿之体变成。
3. 闻仲：商太师，金灵圣母之徒，在绝龙岭被云中子烧死。
4. 费仲：商奸臣，被姜子牙冰冻西岐山俘获，斩以祭山。
5. 尤浑：商奸臣，被姜子牙冰冻西岐山俘获，斩以祭山。
6. 鲁雄：商奸臣，被姜子牙冰冻西岐山俘获，斩以祭山。
7. 张凤：临潼关主将，后被部将肖银所杀。
8. 陈桐：潼关主将，被黄天化所杀。
9. 陈梧：穿云关主将，被黄飞虎所杀。
10. 韩荣：汜水关主将。
11. 余化：韩荣手下先锋。
12. 晁田：闻仲手下大将，晁雷兄，后降周。
13. 晁雷：闻仲手下大将，晁田弟，后降周。
14. 张桂芳：青龙关总兵，被哪吒等围困，自刎而死。
15. 风林：张桂芳手下先锋，死于黄天祥枪下。
16. 王魔：九龙岛炼气士，死于金吒剑下。
17. 杨森：九龙岛炼气士，死于金吒剑下。
18. 商友乾：九龙岛炼气士，被姜子牙打神鞭打死。
19. 李兴霸：九龙岛炼气士，死于木吒剑下。
20. 魔礼青：佳梦关守将，被黄天化用攒心钉打死。
21. 魔礼红：佳梦关守将，被黄天化用攒心钉打死。
22. 魔礼海：佳梦关守将，被黄天化用攒心钉打死。
23. 魔礼寿：佳梦关守将，被黄天化用攒心钉打死。
24. 邓忠：黄花山寨主，后投商，被哪吒所杀。
25. 辛环：黄花山寨主，后投商，被雷震子所杀。
26. 张节：黄花山寨主，后投商，被黄飞虎所杀。
27. 陶荣：黄花山寨主，后投商，被黄天祥所杀。
28. 秦完：天绝阵阵主，死于文殊广法天尊剑下。
29. 赵江：地烈阵阵主，被惧留生用捆仙绳俘之，斩于阵前。
30. 董全：风吼阵阵主，被慈航道人用净琉璃瓶化为脓水。
31. 袁角：寒冰阵阵主，死于普贤真人剑下。
32. 金光圣母：金光阵阵主，被广成子用番天印打死。
33. 孙良：化血阵阵主，被太乙真人用九龙神火烧死。
34. 白礼：烈焰阵阵主，被陆压用宝葫芦杀死。

35. 姚宾：落魄阵阵主，被赤精子用阴阳镜打死。
36. 王奕：红水阵阵主，被道德真君用五火七禽扇扇为灰烬。
37. 张绍：红砂阵阵主，死于白鹤童子剑下。
38. 赵公明：峨眉山罗浮洞炼气士，被姜子牙用陆压之桃枝箭射死。
39. 陈九公：赵公明之徒，被杨戬所杀。
40. 姚少司：赵公明之徒，被哪吒所杀。
41. 云霄：三仙岛炼气士，赵公明之妹，被老子用乾坤图裹去压在麒麟崖下。
42. 琼霄：三仙岛炼气士，赵公明之妹，被元始天尊用三宝玉如意杀之。
43. 碧霄：三仙岛炼气士，赵公明之妹，被原始天尊装人宝盒中化为血水。
44. 菡芝仙子：金鳌岛炼气士，被姜子牙用打神鞭打死。
45. 彩云仙子：金鳌岛炼气士，被哪吒杀死。
46. 申公豹：姜子牙师弟。
47. 土行孙：惧留生之徒，被申公豹说反，后降周，娶邓婵玉为妻。
48. 邓九公：三山关总兵，邓婵玉父，后降周。
49. 邓婵玉：邓九公女，土行孙妻，后降周。
50. 太鸾：邓九公手下先锋，后降周。
51. 苏护：商冀州侯，妲己父，后投周。
52. 郑伦：苏护手下大将，吕岳之徒，后降周。
53. 吕岳：九龙岛炼气士，被木吒砍断一臂，逃回九龙岛。
54. 周信：吕岳门人，被杨戬所杀。
55. 李奇：吕岳门人，被哪吒所杀。
56. 杨文辉：吕岳门人，死于韦护降魔杵下。
57. 朱天麟：吕岳门人，死于玉鼎真人斩仙剑下。
58. 殷洪：纣王子，赤精子徒，因背誓反周，被赤精子用太极图杀死。
59. 庞弘：二龙山寨主，后投商，被哪吒打死。
60. 刘甫：二龙山寨主，后投商，被邓九公打死。
61. 苟章：二龙山寨主，后投商，死于黄天祥之手。
62. 毕环：二龙山寨主，后投商，死于杨戬之手。
63. 马元：骷髅山白骨洞炼气士，申公豹说其反周，后被准提道人收为门徒。
64. 张山：三山关总兵，被邓九公斩杀。
65. 钱保：张山手下先锋，被邓九公斩杀。
66. 李锦：张山手下先锋，被南宫适斩杀。
67. 羽异仙人：蓬莱岛炼气士，为大鹏金翅雕所变，后被燃灯道人收服。
68. 殷郊：纣王子，广成子徒，因背誓反周，被广成子用犁犁死。
69. 温良：白龙山寨主，后投商，被杨戬用弹子打死。
70. 马善：白龙山寨主，为燃灯道人座下琉璃灯所变，后投商，被燃灯道人所收。

71. 罗宣：火龙岛炼气士，被李靖用黄金塔打死。

72. 刘环：火龙岛炼气士，被龙吉公主杀死。

73. 洪锦：三山关总兵，被龙吉公主生俘，经月合仙翁撮合，与龙吉公主成婚。

74. 季康：洪锦手下先锋，为恶犬所变，后降周。

动物角色

1. 四不像：姜子牙坐骑。
2. 五色神牛：黄飞虎坐骑。
3. 玉麒麟：黄天化坐骑。
4. 梅花鹿：燃灯道人坐骑。
5. 板角青牛：老子坐骑。
6. 墨麒麟：闻太师坐骑。
7. 白额虎：申公豹坐骑。
8. 黑虎：赵公明坐骑。

图 4–4　地戏的动物面具

以上三类角色共 148 个，他们只是《封神演义》中的主要角色，如果把次要角色也算上，数量接近 200 个，这在地戏中也是不多见的。角色多则所需演员多，购买面具所需经费亦巨，由于人力、财力的限制，现在演出《封神演义》的村寨已寥寥无几了。

《黑黎打五关》又名《接指记》，讲的是明宪宗时的故事，现在安顺一带已经无此剧演出，故一般认为该剧已经消失，但我们在调查中发现六枝县落别乡纳骂村还保存着这一剧目，且每年都要演出。据当地村民说，这堂地戏原有 100 多个面具，全部毁于"文革"之中，现在的面具是 1980 年刻制的，共 80 个，具体角色为下：

正派角色（33 人）

1. 皇帝：明宪宗。
2. 何进：兵部大臣。
3. 汪如海：兵部大臣。

4、5. 钦差大臣：共 2 个。

6. 赵状元：名子接。
7. 秦纪民：赵状元之子。
8. 刘银定：赵状元之妻。
9. 长生：秦纪民之子，赵状元之孙。
10. 爱哥：秦纪民之子，赵状元之孙。
11. 秦洪：秦纪民养父。
12. 刘金定：秦洪之妻，秦纪民养母。
13. 王群英：秦记民之妻。

14. 刘秀娥：明大将，朋英之妻。
15. 朋英：明大将，刘秀娥之夫。
16. 黄菜花：女将。
17. 李朋：元帅，朋英之父。
18. 武元：武曲星官。
19. 王兵：元帅。
20. 黎山老母：即观音菩萨。
21. 太白金星：仙人。
22. 秦纪龙：秦纪虎之兄。
23. 秦纪虎：秦纪龙之弟。
24. 张巧山。
25. 罗燕。
26. 刘密：先锋。
27. 王全：先锋。
28、29、30. 一般战将。
31. 小童。
32. 小卒。
33. 丫环。

反派角色（47 人）

1. 老魏王：反王。
2. 老黑黎：镇殿将军。
3. 黑黎千：老黑黎之子。
4. 黑黎万：老黑黎之子。
5. 黑黎龙：老黑黎之子。
6. 黑黎虎：老黑黎之子。
7. 黑黎英：老黑黎之妹。
8. 陀罗大仙。
9. 熊仲：把关大将。
10. 熊万车。
11. 熊万武。
12. 熊万福。
13. 熊万禄。
14. 熊万寿。
15. 李龙：山大山，苗族。
16. 李虎：山大山，苗族。
17. 哈大王。

图 4-5 《接指记》面具

18. 哈天熊：将军，哈大王之子。
19. 哈天闯：将军，哈大王之子。
20. 桃符真人：哈大王师父。
21. 画符真人：哈大王师父。
22. 黑天威：老黑黎之孙。
23. 黑天达：老赤黎之孙。
24. 黑天禄：老黑黎之孙。
25. 九天玄女：仙人。
26. 西凉王。
27. 李林庆：把关大将。
28. 李林青：把关大将。
29. 熊万富：把关大将。
30. 黄天震：黄菜花之父。
31. 丁赛金：西凉公主。
32. 丁赛娥：西凉公主。
33. 金荣：女将。
34. 金莲：女将。
35. 天魔公主。
36. 地魔公主。
37. 人魔公主。
38. 玄魔公主。
39. 五雷神将。
40. 歪嘴老苗。
41. 小弁。
42. 小军老二。
43. 马面。
44. 五鬼。
45. 赵子接之母。
46. 婴儿。
47. 和尚。

第二节　傩堂戏的角色

傩堂戏是我国流布最广的一种傩戏，除了贵州之外，湖南、湖北、四川、云南等地都有流布。贵州省的傩堂戏就地域而论，主要分布在黔东和黔北，但黔中、黔西北、黔西南亦有分布；就民族而论，流传最广的是土家族、仡佬族、侗族、苗族和汉族，其次为布依族、白族和穿青人。傩堂戏的面具角色分为正戏角色和插戏角色两类，正戏角色各个傩坛大同小异，插戏角色因各傩坛上演剧目之不同而差异甚大。下面将常见的傩堂戏面具角色介绍于后。

1. 东岳大帝

东岳大帝为泰山的人神化，泰山即五岳之一的东岳，位于山东省泰安县。我国古代盛行自然崇拜和山川崇拜，早在周代，古籍中就有了关于五岳的记载。《礼记·王制》云："天子祭天下名山大川，五岳视三公，四渎视诸侯，诸侯祭名山大川之在其地者。"但五岳观念的真正形成，是在秦汉以后。秦始皇和汉武帝都曾到泰山举行"封禅"仪式，所谓"封"为祭天，所谓"禅"为祭地。他们在泰山筑土为坛祭祀天地，是为了祈求天下太平，国祚久长。历代君主到泰山封禅者，据说多达七十二人。

泰山位于东方，古人有崇尚东方的观念，认为"东方物始成"，因此东岳在五岳中地位最高，它掌管的职司也最为重要。《藏经》曰："五岳之神，分掌世间人物，各有攸属。如泰山乃天帝之孙，群灵之府，为五岳祖，主掌人间生死贵贱修短。"《风俗通义》记载了这样一个传说：泰山上有金箧玉策，能知人年寿长短。汉武帝来到泰山，见玉策上写着他的寿命只有十八岁，他急中生智，把玉策倒过来读，变为八十岁，后来汉武帝在位五十四年，享寿七十一岁，成为长寿的皇帝。

汉魏时期，泰山神已被尊为"泰山府君"，《搜神记》中有几则泰山府君的传说，其中一则写道：泰山人胡母班，一天被泰山府君召至地府宫室，请他给女儿、女婿传递书信。胡母班遵嘱完成任务后，泰山府君对他表示感谢。当胡母班上厕所时，看见父亲正戴着枷锁服劳役，上前询问方知父亲已在此服了两年劳役，困苦不堪。胡母班应父亲之请向府君叩头哀求，泰山府君终于免除了胡父的苦役。

由于泰山神是统治阴曹地府的"百鬼之帅"，掌管着人世臣民的生死贵贱、福禄荣辱，权势极大，因此历代统治者对其祀奉甚隆。唐玄宗封其为天齐王，宋真宗封其为仁圣天齐王，后又加封为东岳天齐大生仁圣帝，简称东岳大帝。他的祀庙被称为东岳庙或天齐庙。

在道教神谱中，东岳大帝被附会为盘古氏的后裔，其母弥轮夫人夜梦口吞二日，觉而有孕，生下二子，长子金蝉氏后来成为东华帝君，次子金虹氏即东岳大帝。东岳大帝有五子一女，第三子为炳灵公，女儿为碧霞元君，二人皆赫赫有名（见《三教源流搜神大全》）。在神魔小说《封神演义》中，东岳大帝的身份是商朝武成王黄飞虎，他因妻子贾氏被纣王非礼坠楼而死，遂带领家兵反出京城，投奔周武王，后来在渑池城下战死，魂归封神榜，被姜子牙封为东岳大帝，总管天地人间生死祸福，执掌幽冥地府十八层地狱。

东岳大帝在黔东、黔北傩堂戏的"领牲""回熟"等法事中出场。"领牲"又分为五岳领牲、炳灵领牲、二郎领牲三种形式，如为五岳领牲，则加演剧目《五岳图》，表演黄飞虎之妻被纣王逼死，黄飞虎反商投周，战死归天的故事。

2. 南岳

南岳系五岳之一，据《史记·封禅书》载：汉武帝元封五年（公元前106年），

"登礼潜之天柱山，号南岳"。天柱山即今安徽霍山，当时又叫潜山、衡山。隋唐时期，湖南衡山取代天柱山成为南岳。相传隋文帝已定祀于此，但正式见诸记载却在唐代。《古今图书集成·神异典》引《衡岳志》："唐太宗贞观中定祀南岳衡山于衡州。"开元十三年（公元725年），唐玄宗封南岳为司天王，秩加三公一等；大中祥符四年（公元1011年），宋真宗又加封南岳为司天昭圣帝，并封南岳的妻子为景明皇后。

关于南岳的身份，有几种不同的说法：《神异经》称他是金蝉氏的长子；《历代神仙通鉴》则说"伯益即南岳后身，为庆华注身真君"；在《封神演义》中，南岳又被附会为商朝曹州侯崇黑虎；而《衡阳志》却说：南岳是明代衡山人茹瑺，本为国学诸生，明太祖曾梦见他，因而受到擢用。茹瑺在永乐朝时官至兵部尚书，封忠诚伯，死后被作为南岳神的化身受祭不绝。

以上诸说中，《封神演义》的故事流传最广。小说中的崇黑虎，生得面如锅底，白眉赤须，双手执两把湛金斧，胯下骑一匹金睛兽。他幼时曾拜截教真人为师，真人秘授他一个红葫芦，内藏铁嘴神鹰，只要打开葫芦盖，神鹰就会从中飞出，去啄敌将的眼睛。崇黑虎的兄长乃商朝四大诸侯之一的北伯侯崇侯虎，只因他助纣为虐，把持朝纲，重贿酷刑，残害忠良，天下百姓无不恨之入骨。周文王为清君侧，兴兵讨伐崇侯虎，但要姜子牙尽量少杀戮。姜子牙修书给崇黑虎，晓之以理，要他大义灭亲，生擒叛逆。崇黑虎乘兄长返回崇城时，在城门内设下埋伏，将其拿下解送周营，斩于军中。后来武王伐纣，崇黑虎在金鸡岭用铁嘴神鹰破了高继能的蜈蜂，解了周军之困；周军在渑池城受挫，崇黑虎前往救援，死于张奎刀下。姜子牙封神时，论功敕封崇黑虎为南岳衡山司天昭圣大帝。

南岳的职司，是"主于世界星辰分野之地，兼鳞甲水族龙鱼之事"（《三教源流搜神大全》）。据《陔余丛考》引《癸亥杂志》和《寓简》所载，宋代有向衡岳借兵的风俗，朝廷每有重大兵事，须在事前遣使到南岳庙致祭，其做法是："用武士百人移（北门）铁础，视出兵之数。凡出兵几万，则启门若干尺寸，法甚严，不得少差。事毕，又遣使告谢，举铁础塞门如故。"该风俗的来历，不得而知。

南岳一般在黔北、黔东的傩坛法事《跳神像》中出场，其地位不如东岳大帝重要。《跳神像》由巫师把全部面具放在"八庙堂"内，然后按上界、中界、下界神祇的顺序将面具轮换戴上，口中念唱有关该面具"根生"（来历）的诗文，五岳属于上界神祇。从前当有以南岳为主角的剧目，但今天已经失传。

3. 炳灵侯王

炳灵侯王又叫炳灵公、泰山三郎，相传他是东岳大帝的第三子黄天化。后唐长兴四年（公元933年）七月，唐明宗李亶诏封他为威雄大将军，其时唐明宗身患疾病，服用泰山僧进献的药便康复了。泰山僧奏称："尝于泰山中亲睹（东）岳神，谓僧曰：'吾第三子威灵可爱，而未有爵秩，师为我请之。'"故有此封。北宋大中祥符元年（公元1008年）十月，宋真宗赵恒又诏封泰山三郎为炳灵公。在江浙一带，炳灵公又被尊为火神，并把六月二十三日（或七月十八日）定为他的诞辰。

泰山三郎是个好色之徒，《玉堂闲话》载：五代后梁时，葛周之子十二郎的妻子长得十分美貌，一次她与家人到泗亭游玩，进入泰山三郎祠中朝拜，对着三郎塑像凝视良久。出了祠门她即心痛倒地，家人大惊，向神祈祷后病情有了好转。但从此精神失常，终日恍恍惚惚，常在睡梦中与三郎相遇。家人十分害怕，把她送到东京躲避，但不久三郎便寻找而至，不时前来与十二郎的妻子交合。每次到来之前，十二郎的妻子都要伸懒腰打喷嚏，然后进入帐中，身边的侍女侧耳偷听，帐内传出阵阵调笑和私语。十二郎心存畏惧，不敢再与妻子同宿，过了很久，十二郎的妻子病死了。

黔北、黔东一带傩堂中的炳灵侯王与上述记载颇不相同，而与《封神演义》中黄天化的故事近似。天化家住山东济南烟州县岱宗庙附近，父亲乃商朝武成王黄飞虎，母亲贾氏，祖父黄滚是界牌关的守关将领。贾氏共生有四个儿子，天化是老大，三个弟弟分别名天禄、天爵、天祥。天化三岁时在花园玩耍，一股狂风把他吹至青峰山，被清虚道人收为徒弟，在紫阳洞中修行。后商纣王荒淫无道，在元宵节诏令天化的母亲贾氏进宫，企图对她施暴，贾氏痛骂纣王坠楼而死。黄飞虎闻讯大怒，统领家兵反出京城朝歌，一行人来到潼关，黄飞虎被守关大将陈桐用火龙标打伤，生命垂危。清虚道人在紫阳洞中掐算到黄飞虎有难，急命黄天化下山救父。天化驾云来到潼关，用师父赐给的仙丹救活父亲，并在阵前用花篮收了陈桐的火龙标，将他斩于马下。后来黄天化又多次下山助武王伐纣，屡建奇功。不幸一次在金鸡岭黑夜劫营时，天化被高继能用太阳神针刺中，魂上封神榜，姜子牙封神时封他为管领三山正神炳灵公。

炳灵侯王在傩堂中的职司是统领七十七司、八十一案，白天管生死簿，夜晚管万人魂，并为愿主勾愿了愿，领牲判牲。炳灵领牲需加演剧目《金鸡岭》，表演黄天化在金鸡岭战死归天的故事。

4. 真武祖师

真武即玄武，民间俗称真武大帝、真武祖师和荡魔天尊，是道教的大神之一。对真武的崇拜源于星辰信仰，我国古代把天空的恒星分为二十八星座，称为二十八宿，战国以后，又把二十八宿分为东西南北四组，每组七宿，分别以四灵来命名，即东方青龙，南方朱雀，西方白虎，北方玄武（龟蛇），它们又被称为“四象”；北方斗、牛、女、虚、危、室、壁七宿被想象为龟蛇相缠之形。最初，玄武与青龙、朱雀、白虎同为道教的护法神，是普通的小神，从宋代起，真武的地位逐渐显赫。宋代皇帝因避其“圣祖”赵玄朗的名讳，改玄武为“真武”，宋真宗天禧二年（公元 1018 年），真武被封为真武灵应真君，到元代真武又被晋升为元圣仁威玄天上帝。明初，朱棣利用真武系镇守北天大神的地位和威望，为其以北统南、讨伐建文帝制造舆论，当时战争中每每获得胜利，莫不归功于真武显灵。朱棣称帝后，特加封真武为“北极镇天真武玄天上帝”，并将其所谓修炼之地武当山，赐名“大岳太和山”。并在北京营建规模宏伟的真武庙（后改为显佑宫），由官方礼祭。由于统治者的大力推动，真武信仰迅速遍及全国，真武的地位也扶摇直上，几乎成为仅次于三清、玉皇的大神。

真武由星宿神而衍变为动物神，又进而人神化以后，道家自然要为其另行编造身世。据《道藏》《历代神仙通鉴》《三教源流搜神大全》等书记载：黄帝时，真武脱胎于净乐国善胜皇后，由母亲剖左胁而生，出生时瑞云覆国，异香芬然。真武自幼神异，年及十岁，经典一览悉皆默会，年十五，辞别父母，欲寻幽谷内炼元真，后得玉清圣祖紫虚元君传授无极之道，复入太和山（即武当山）修炼，四十二年后得道，白日飞升金阙，被玉帝敕封为玄元上帝，镇守北方。真武被神化以后，其原身龟、蛇只好屈尊于足下，成为真武手下的部将，后世称之为龟、蛇二将，而真武则被塑造成道服羽流、仗剑披发、形象威猛的尊神。

在黔北傩坛中，真武祖师的身世与道教典籍中的记载颇不相同。传说他是晋武帝的儿子，道号李洪基，父亲早逝，文武大臣扶持他登上龙位。一日，其舅带他到城外四门游玩，他在东门看见生，在南门看见老，在西门看见病，在北门看见死，他感叹人生短暂，世事无常，于是看破红尘，辞去王位，出家到梅花古洞修炼，后被玉皇敕封为北方镇天真武玄元上帝，统领十大雷神，威镇北方。在傩堂法事《灵官镇台》中，真武与土地、灵官、财神一同出场，他从土地手中接过牒文，派遣灵官和财神到傩堂司职，以防四方邪魔混入傩堂作祟。

5. 判官

判官是协助鬼王阎罗统治阴间的主要帮手，民间传说阴曹地府共有十殿，每殿都有判官，而首席判官是掌管生死簿的崔珏崔府君。据《铸鼎余闻》所载：崔珏字子玉，祁州古城县人，生于隋朝开皇五年（公元585）六月六日，其母生他前梦见东岳大帝赐以双玉，故他的名和字里都含有“玉”字。崔珏年轻时曾举孝廉，入唐后曾任滏阳县令等职，因为官清廉爱民，故死后百姓在磁州滏阳鼓山西河村北立祠祀之。也有人认为历史上并无崔珏其人，他的名字和生平是后人编造的。

图4-6　勾愿判官

崔珏的显赫时期是在唐玄宗时代。相传安禄山发动叛乱后，崔珏曾在梦中安慰玄宗说：“陛下不要恐慌，叛贼不久就会破灭。”叛乱平定后，玄宗命在京城建崔珏祠，加封他为护国威圣公。宋代和元代，对崔珏的祀奉更加隆重，又先后被封为护国显应公和齐圣广佑王。

崔府君的“神迹”，最著名的是泥马渡康王的故事。《宋人轶事汇编》载：北宋末年，康王赵构曾被送到金国充作人质，后被遣还。归途中他一路奔波，十分疲困。一日他夜宿崔府君庙，睡梦中一神人告诉他：“金兵已经追至，殿下快离去，我已在门外备下马匹。”康王惊醒后跑出门跃上马背，仓皇南逃。渡过一条大河，马站立着一动不动，康王视之，原来是一匹泥马。《列仙全传》也有类似的记载，情节不尽相同，但描写更为详细。康王即后来的宋高宗，他为了借助神威以自重，所以杜撰出这个离奇的故事。

在古代小说中，崔珏的形象并不好。《西游记》第十回描写唐太宗本答应救泾河龙王之命，不料魏徵奉玉帝御旨，在梦中将龙王斩首，龙王冤魂不散，日夜纠缠太宗，致使太宗一病不起。幸得魏徵修书一封，要太宗捎去冥司交给判官崔珏，崔珏因生前与魏徵有八拜之交，他的子孙现在又得到魏徵的照顾，遂偷改生死簿，为太宗增添了二十年阳寿。可见他是个私心甚重、大拍人间帝王马屁的人物。在《三宝太监西洋记》中，崔珏被描绘成霸占民间美妇的好色之徒，后被五鬼戏弄，演出了一场“五鬼闹判”的喜剧。

北宋的宫廷傩和南宋的民间傩都有判官出现，对此孟元老《东京梦华录》和吴自牧《梦粱录》记之颇详，现在全国傩坛中也多有判官。贵州傩堂中的判官，一般皆为崔珏府君，但也有作杨七郎或其他人的。他们在正戏《勾簿判官》中出场，职司是为愿主勾还良愿，具体做法是：愿主把所许之愿写在纸上，交给判官，判官左手拿勾簿牒，右手执羊毫笔，对愿文逐一清查检验，检验一项即勾去一项，全部勾完后，将勾簿牒文放入牒桶内，用鸡血在桶口画讳并加盖玉印。最后判官点起五方兵马前来护驾，转回华山向二帝君王缴旨。

6. 钟馗

钟馗信仰本源于古代一种用于辟邪的桃木棒槌——终葵，后来终葵逐渐被人格化，变为了钟馗，成为民间传说中专门捉鬼、斩鬼、吃鬼的大神。关于他的身世，清代小说《斩鬼传》和《平鬼传》皆有叙写：相传钟馗本是上界武曲星，投胎到终南山一钟姓人家，他自幼刻苦学习，博学多才。长大后进京应考，试卷文不加点，一挥而就，主考官韩愈和陆贽阅后，不由拍案叫绝，将其点为头名状元。但钟馗长相凶恶丑陋，唐德宗以貌取人，见了钟馗十分不悦，遂听信奸相卢杞的谗言，要将钟馗赶出龙廷。钟馗气得暴跳如雷，当场自刎身亡。唐德宗十分懊悔，将卢杞流放，并封钟馗为“驱魔大神”。钟馗在天下斩妖辟邪，剪除鬼魅，立下大功，被玉帝封为“驱魔帝君”。

钟馗的来历还有另外一种说法，据《三教源流搜神大全》等书记载：开元年间，唐明皇李隆基一次从骊山讲武还宫，忽然患了重病，御医们使出浑身本领，也不见转机。一天白昼，明皇梦中见一牛鼻小鬼，身穿红衣，一只脚穿靴，一只脚却光着，腰间插一把竹扇。他偷走了杨贵妃的绣香囊和明皇的玉笛。明皇见了大怒，正要呼武士捉拿，只见一个大鬼头戴破帽，身穿蓝袍，腰系角带，猛然捉住小鬼，先剜出他的双目，然后将其撕成两半吃掉。明皇忙问大鬼名讳，大鬼上前奏道：“臣乃终南进士，因武德中应举不捷，羞归故里，触殿阶而死。是时奉旨赐绿袍殓葬，感恩祭祀，发誓要为我主除尽天下恶鬼妖孽。”明皇梦醒后，霍然痊愈，于是召来画工吴道子，命他将梦中情景绘成图画。吴道子恍惚间好像亲睹大鬼一般，很快就画完了。明皇瞪大眼睛看了半晌说：“莫不是你跟我做了同样的梦，怎么画得这样像!”遂重赏吴道子，并将此画悬于后宰门，用以镇妖驱邪。这一做法不久便传到了民间，每当春节、端午，人们争相在门首悬挂钟馗像，使妖魔鬼怪望而生畏，不敢侵犯家宅。

贵州许多地方的傩堂戏中，都有一出名叫《钟馗斩鬼》的正戏，内容表现钟馗手执笏板腾云来到傩堂中，他先自道身世，然后举剑斩杀东方木精鬼、南方火精鬼、西方金精鬼、北方水精鬼、中央土精鬼。将五方邪魔统统斩杀之后，钟馗喝令神荼、郁垒火速赶赴傩堂，命他们把守财门，坚守职责，不许瘟疫瘴气、妖魔鬼怪进入家中作祟。最后，将神荼、郁垒的画像（如无画像，用红纸写上二人姓名亦可）贴在愿主家两扇大门上，以镇守财门永保吉利。

7. 二郎神

民间传说的二郎神共有五人：一为秦时蜀郡守李冰父子，二为隋代嘉州太守赵昱，三为五代蜀汉王孟昶，四为晋代冠军将军邓遐，五为《西游记》中的杨戬，而以前二说最为流行。

图 4-7　二郎面具

相传秦孝王（一作秦昭王）时，李冰被任命为蜀郡郡守，他凿离堆以灌溉诸郡，而避沫水之害，蜀人因其治水有功，立庙祀之。五代时封为大安王，后改为应圣灵感王，宋太祖开宝七年（公元 974 年）复改为广济王。又据《太平广记》等书所载：李冰为蜀郡守时，江中有蛟龙肆虐，为害百姓，李冰化为牛形，跃入江中与蛟龙搏斗，不胜，后来在所部武士的帮助下，终于射杀蛟龙，平定了水患。据说李冰有一次子，名二郎，曾帮助父亲除水患，故百姓又在灌口立二郎庙以祀之。宋仁宗封李二郎为惠灵侯，宋徽宗改封为昭惠显灵真人。民间则习惯把李冰父子统称为“灌口二郎神”。

赵昱，字仲明，隐居青城山，师事道士李珏。隋炀帝闻其名，多次请他出山为官，均被赵昱拒绝。后被强召至京，炀帝赐以上爵，赵昱推辞不就，而自请到嘉州任太守。当时嘉州河中有蛟龙，常于春夏兴风作浪，为害两岸百姓。赵昱闻知，大怒，设舟船七百艘，率甲士千人及州属男子万人，沿岸鼓噪，声震天地。赵昱奋勇持刀跃入江中与蛟龙搏斗，顷刻之间，江水即被染成赤色，紧接着，赵昱手执蛟首从波浪中跃出，州人见了，皆把赵昱视为神明。隋末天下大乱，赵昱弃官隐去，不知所终。后人为感谢他为民除害，在灌江口为他建立祠庙，后唐太宗封赵昱为神勇大将军，唐玄宗加封他为赤城王，宋真宗追封他为清源妙道真君。

贵州各地傩坛多有二郎神出场。黔东有一出正戏名叫《二郎镇宅》，演的是二郎神来到傩堂斩妖除魔，镇守家宅。但其身世与以上二郎神的身世均不相同。据戏中唱词，二郎神家住西川龙江，生于四月八日，他有一个哥哥，名叫三化身（三王），有一个弟弟，名叫开山猛将。兄弟三人同在昆仑山修道，后来二郎神上了封神榜，被玉帝封为镇宅之神。在黔北傩堂戏中，二郎神与东岳大帝、炳灵侯王同为领牲受祭的主神。若为二郎领牲，需加演插戏《上云台》《中云台》和《下云台》。《上云台》演玉帝的大女儿张大仙姑私自下凡与李天佑婚配，被玉皇派人押回天廷，囚在桃山受苦。她在囚中生下儿子汝灵宝，因自己无法养育，便请土地神将孩子送交四妹张四姐抚养。《中云台》演汝灵宝自幼具有慧根，被张四姐送到玉顶真人处学道，学成后玉顶真人派他去守蟠桃园，与玉顶真人的另一弟子孽龙结下怨恨。《下云台》演孽龙下凡投胎到穷人家，一次上山打草拣得一枚火龙蛋，他因误吞火龙蛋，口渴难耐，化为蛟龙入江喝水，搅得西蜀不得安宁。汝灵宝受玉帝之命下凡收了孽龙，被封为显圣二郎真君，领坐灌州，享民祭祀。

8. 关圣帝君

关圣帝君简称关帝，俗称关公，即三国时蜀国名将关羽。关于他的出生，民间流传着如下故事：相传蒲州雷首山有一龙神，汉桓帝时，河东连年大旱，当地乡民前往雷首山跪泣求雨，龙神悯民心切，违反上帝旨意，吸黄河之水普降甘霖，上帝震怒，令天曹以法剑斩之。解良县僧人普静，晨起在溪边捡得龙头，放在家中缸里，日夜为其诵经咒，到第九天，龙头忽然不翼而飞，俄顷，天空突降暴雨，一条黑龙出现在溪东关道远家上空，转了几圈后腾云而去。这时关家院内传来婴儿呱呱的啼哭声，普静和尚循声寻去，只见婴儿长得竖眼攒眉，巨颏长面，遍体殷红，普静点头赞道：“忠义性成，神圣之质。”小孩取名长生，乳名寿，从小拜师求学，长大后臂力过人，通晓易象之学，尤好《春秋》。后长生为自己改名关羽，字云长。

图 4-8　关圣帝君面具

东汉末年，天下大乱，关羽避祸涿州。当时刘备在乡下招兵买马，关羽、张飞往投之，三人于桃园结义，誓共生死。刘备起兵不久，兵败小沛，关羽身陷曹营，曹操封其为汉寿亭侯，并多有赏赐。当关羽得到刘备的音信，毅然挂印封金，过五关斩六将，千里投奔刘备。赤壁之战时，曹操败走华容道，关羽出于义气，冒着被军法处置的危险，放走了曹操。后刘备在成都建立蜀国，拜关羽为前将军，被派镇守荆州，因他骄傲轻敌，兵败麦城，遭孙权杀害。据说关羽的魂魄悠悠荡荡来到当阳玉泉山，山上寺庙的住持和尚正是普静，关羽拜普静为师，修成正果，当地百姓感念关羽的忠勇和义气，在山顶建庙，四时致祭。

蜀汉后主景耀三年（公元260年），关羽被追谥为壮缪侯。自晋至唐，关羽在民间的影响并不大，从宋代始，其声名才逐渐显赫起来。宋徽宗时关羽先后被封为忠直公和义勇武安王，宋高宗时加封为壮缪义勇王，宋孝宗时加封为英济王。明神宗万历年间，关羽被加封为三界伏魔大帝神威远镇天尊关圣帝君，妻、子皆得厚封。清代对关羽的尊崇更达于极点，顺治元年（公元1644年），敕封关羽为“忠义神武关圣大帝”，朝廷每年五月十三日都要对其隆重祭祀。在民间，关羽被视为“武王”“武圣人”，俨然与“文王”“文圣人”孔子并肩而立。

贵州傩堂中的关圣帝君，职司是点兵出坛，驱邪镇魔，许多地方都有《关羽点兵》或《关羽斩蔡阳》的剧目。

9. 王灵官

王灵官本名王善，是宋代道士萨真人萨守坚的弟子，著名诗弈道士林灵素的再传弟子。《明史·礼志》载：“灵官受法萨守坚，萨复受法于林灵素，而林乃一诗弈道士耳。”但民间对他的身世却有不同的说法。《列仙全传》说：王灵官本是湘阴城隍庙的城隍，萨真人一次路过湘阴，住进了城隍庙。几天之后，城隍托梦给当地太守说：“有个姓萨的道士住进庙里，闹得我不得安宁，请替我把他赶走。”天亮后太守带人来到庙里，把萨真人给轰走了。萨真人怀恨在心，走不多远，见有人抬着一头猪到庙里还愿，便拿出一把香交给他们，说：“还完愿，请替我烧烧香。”还愿人如约办理，不料天上突发雷火，把城隍庙烧了个精光。《三教源流搜神大全》的记载却不相同：萨真人路过此庙，见人们用童男童女活祭庙神，大怒道：“此等邪神，即焚其庙！”说罢，施法术雷电飞空，立焚此庙。

图4-9 王灵官面具

此后萨真人云游四方，救济众生。三年后他来到一个渡口，见河中有条小船，但却没有艄公，萨真人举篙划到对岸，放三文钱在船中，作为借船酬金。他正在河边洗手，忽然看见一个头戴铁冠身穿红袍的神将，手执玉斧，站在水中。萨真人呵斥道：“你是何物？速现原形！”神将回答说：“我乃王善，即湘阴的城隍，三年前真人无故焚毁我的庙宇，使我无所依靠，我把此情奏禀玉帝，玉帝赐我玉斧，遇有官吏触犯天律，可相机处置。我暗中跟随真人三年，并无触犯天律之事，使我没有报仇的机会。今愿为部将，奉行法旨。”萨真人于是禀奏玉帝，将王善收为部将。

王灵官的显赫应归功于明初杭州道士周思得。永乐年间，周思得来京，以王灵官法名动京师，据说他能预知祸福，屡试不爽。永乐帝大喜，于禁城之西建天将庙及祖师殿，以祀萨真人和王灵官。明宣宗宣德年间，改庙为观，称“火德观”，在观内建崇恩殿和隆恩殿，加封萨真人为崇恩真君，王灵官为隆恩真君。明宪宗成化年间，又改观为宫，称“显灵宫”，祀奉之隆，达于极点。由于皇帝的尊崇，各地道观争相把王灵官作为护法神将，将其塑像置于山门，一如佛教中的护法神韦驮。至于大大小小的灵官庙，更是遍布全国。王灵官在明代又被封为“玉枢火府天将”，因此民间把他视为火神，并在火神庙中供奉他的塑像。

王灵官进入傩堂后，成为巡察四大部州、惩罪扬善的神祇。黔北傩（堂）戏中有一堂法事叫《灵官镇台》，内容大意是：冲傩开始后，敲锣打鼓，惊动四方邪鬼，恐其混入傩堂作祟，故请灵官前来镇守，以保平安。《灵官镇台》又分单镇台和双镇台，单镇台由灵官、真武、土地三人出场，双镇台另加财神共计四人出场。

10. 五猖

五猖，又叫五路猖神、五猖兵马。全称为东路青面猖神，南路赤面猖神，西路白面猖神，北路黑面猖神，中央黄面猖神。《三教源流搜神大全》中，将五猖说成是道教中的财神——龙虎玄坛赵公明的部下，“五方雷神，五路猖兵，以应五行”。

图中 4-10　五猖面具

但在贵州民间，却认为五猖并非五人而只是一人。黔东一带传说他家住湖北武昌府竹阳县，母亲是上界仙女，父亲是下界张三郎，他还有四个哥哥，都是赫赫有名的神祇。五猖因为是幺儿，受到父母溺爱，十六岁才开始读书，后来他听说李老君在茅山传教，决心前往学法。他的四个哥哥也相邀同行，兄弟五人走到一座大山前，黑松林里跳出五只老虎，张开血盆大口便要吃人。四个哥哥吓得战战兢兢，躲在一旁不敢吭声，只有五猖神通广大，他手掐诀脚踏罡，大吼一声，五只老虎就驯服卧地，五人手执长枪，骑上虎背前往茅山拜见李老君。黔北一带的传说与此大同小异，只是五猖的籍贯改为了赵州赵阳县，母亲改为了上界唐大姐，父亲改为了下界净饭王。

五猖是傩堂中的殇亡之神，被供于下傩，其职司是掌管五营阴司兵马，为愿主扫除邪魔瘟疫，并追索、验证愿主全家老小的阳魂、阴魂，失去的将其追回交还本人，使全家兴旺平安。由于“猖”与“昌”同音，五猖便成了人们心目中的兴旺昌盛之神。在黔北法事《祭阳兵阴将》中，巫师将五猖召至傩堂，待他吃了供品饮了酒后，嘱令他在东西南北中扎下大营，镇守五方。五猖在东方布下八十一万青帝兵，在南方布下六十四万赤帝兵，在西方布下三十六万白帝兵，在北方布下二十五万黑帝兵，在中央布下九万九千黄帝兵。东西南北中五方都驻守了阴兵阴将，巫师唱道：

你去高山莫扎寨，
你去水深莫安营，
高山扎寨狂风起，
水深安营路难行，
你去选个平阳地，
好扎兵马好扎营，
安营扎寨扫邪精……

在这场法事中五猖似为一人，又似为五人，应当是五人一体。法事极为阴森恐怖，观众似乎亲睹了五猖率领阴兵阴将在傩堂搜捕邪魔妖怪的情景。五猖有个徒弟叫翻坛小山，也是捉拿妖邪的能手，在他的配合下，邪魔妖怪更是插翅难逃了。

当愿主的愿信已了，巫师还要举行一场名叫《收兵》的法事，内容是把五猖调来的阴兵阴将和请来受祭为主人作“证明”的神祇送回华山。

11. 汉朝将军

汉朝将军的身世，民间有两种说法：一说是天上的菖蒲星，另一说是刘邦手下的大将樊哙，而后一说较为流行。

图 4-11　汉朝将军面具

樊哙与刘邦同为沛县人，在家乡以屠狗为业，刘邦起义后，樊哙投奔其麾下，南征北战，攻城略地，斩获秦兵无数。公元前 207 年，刘邦攻入咸阳，秦亡。为了不给项羽抓住口实，刘邦采纳了樊哙、张良的建议，退军灞上，并制定“约法三章”。不久项羽接踵而至，进驻鸿门，准备与刘邦决一雌雄。当时项羽拥兵 40 万，刘邦只有 10 万军队，刘邦自知不敌项羽，亲赴鸿门卑辞言好。项羽设宴款待刘邦，范增命项庄以舞剑为名，乘机击杀刘邦，幸好项伯拔剑对舞，以身体遮蔽刘邦，使项庄无从下手。正在危急之时，守候在营外的樊哙执盾撞入，项羽见他生得威武，赐以猪腿卮酒。樊哙慷慨陈词，指责项羽听信小人之言，贻笑天下，项羽默然，刘邦乘上厕所之机，在樊哙护卫下回到灞上。在后来长达四年的楚汉战争以及刘邦平定异姓诸侯的战争中，樊哙战功卓著，被封为舞阳侯。汉惠帝六年（公元前 189），樊哙病死，谥为武侯。

黔北傩坛中的汉朝将军，虽然被附会为樊哙，但民间传说却与史书中的记载完全不同。相传他原是一个凶神，经常危害地方百姓，人们为了免受他的骚扰，要定期以童男童女祀奉。他大月吃童男，小月吃童女，如不满足他的要求，就要兴妖作怪。后来孙悟空、笑和尚劝他不要吃人，他说："不吃人可以，以后大户人家祭我，要用三十六牲；中户人家祭我，要用猪、羊、鸡三牲；小户人家祭我，用一块肉、一只鸡、一瓶酒就行了。"樊哙改邪归正后，成为傩堂神祇，给韩信牵马，带路前行。

汉朝将军这一角色在傩堂法事《将军统兵》（又叫《统兵回山》）中出场，内容是：汉朝将军先自道身世，参圣，受法师差遣外出寻找失魂的阴兵引回傩堂，检查阴兵所收魂魄是否已经交还了失魂人，并接受愿主参拜。最后将阴兵押出坛门，统领返回华山。

12. 柳毅

柳毅是民间信奉的水仙神，又叫金龙大王，他的故事最早见于唐代李朝威的传奇《柳毅传》，元代戏剧家尚仲贤据此创作了杂剧《洞庭湖柳毅传书》。后世百姓有感于他助人为乐的侠义行为，把他尊为水仙，立庙祭祀。《历代神仙通鉴》卷十四载：（唐景龙三年，柳毅为洞庭龙女传书）"遂为水仙。帝降敕为金龙大王。"

黔东傩堂戏中有一出正戏《柳毅传书》，内容与李朝威的传奇大致相同，只是个别情节略有出入。相传柳毅是杨柳县人氏，父亲柳员外，母亲张氏。柳毅七岁入学读书，十年寒窗，习得满腹诗文。十八岁时他上京赶考，临行前母亲叮嘱他沿途要早住店，晚出门，一不饮酒，二不赌博，三不嫖妓。柳毅一一允诺，辞别父母来到京城，不料发榜时竟名落孙山，他挂念家中父母，急忙收拾行李返回家乡。路过南山时，看见河边坐着一个神色凄凉的女子，她手中拿着一根赶羊棒，一群羊围在她身边吃草。柳毅心中纳闷，上前问道："你是山中逃走女，还是河边柳树精？"牧羊女泪流满面，向柳毅讲述了自己的身世。

原来牧羊女本是龙王三公主，因错行雨簿被贬落凡间，嫁到金家，公公、婆婆、丈夫待她都不好，经常无故虐待她。近日在小姑的挑唆下，婆婆交给她一根赶羊棒，命她赶三百只羊到南山放牧。那根赶羊棒是天上桫椤树制的，一天十二时辰都在转动，一时不动就要生根。龙女说完，从怀中掏出一封信，要柳毅替她送到龙宫。柳毅对龙女十分同情，慨然允诺。龙女止住眼泪，从头上拔下金簪交给柳毅，教给他敲开龙宫大门的方法，并答应获救后以身相许。

柳毅遵照龙女所言来到东海，用金簪敲击岸边黄果树，巡河夜叉闻声来到岸边，引导柳毅前往龙宫，拜见龙王。龙王看罢女儿的信，不禁泪如雨下，忙叫虾兵把柳毅接到后宫安歇宴饮，又派巡河夜叉到洞庭湖去请龙王三爷。不一会儿，龙王三爷来到东海龙宫，龙王要他带领兵将去南山把龙女接回，并发大水将金家淹成水塘。龙王三爷遵命而去。

龙女被接回龙宫后，父女二人抱头大哭。哭毕，龙王要女儿叩拜三叔，感谢他相救之恩，又取来龙宫各种奇珍异宝赠给柳毅，酬谢他送信之劳。柳毅再三推辞不受，只说龙女事前同他有约，龙王问女儿对柳毅说过什么话，龙女羞红了脸回答："你女儿那天走投无路，答应他为女儿传得书信到东海龙宫，便与他结为夫妻。"龙王听了呵呵大笑，说："我女儿果真聪明！"忙命巡河夜叉准备香烛，将柳毅请到大厅，与龙女拜谢天地，举行婚礼。

13. 开路将军

开路将军又叫开路先锋，是傩坛中的先导（险道）神，职司是逢山开路，遇水搭桥，扫除五方邪魔，与古代驱傩活动的主角方相氏类似，应即是从方相氏衍变而来。

方相氏的起源可以追溯到黄帝时期，据《事物纪原》等书记载：黄帝周游各地，元妃嫘祖死于途中，黄帝命次妃嫫母监护嫘祖遗体，嫫母特招募高大勇武的方相氏守夜防丧，后人于是把方相氏叫作险道神、阡陌将军和开路神。《封神演义》对方相氏的生平亦有描写，但已经被小说化了：方相与兄方弼本是商纣王手下的镇殿大将军，二人身材高大，赤面四眼，勇力过人。只因皇后姜氏遭苏妲己陷害，被商纣王剜目烙手，气绝身亡。姜后所生殷郊、殷洪兄弟欲为母亲报仇，被纣王赐死。方弼、方相愤慨不平，背负二位殿下逃出朝歌，由于身无盘缠，只得叫殷郊、殷洪自奔前程，方氏兄弟来到黄河边，靠揽渡行人谋生。后来方相、方弼在武成王黄飞虎的劝说下归降周朝，先后在破风吼阵和落魄阵的战斗中阵亡。

方相氏在古代的驱傩活动中一直扮演着重要的角色，《周礼·夏宫》载："方相氏掌蒙熊皮，黄金四目，玄衣朱裳，执戈扬盾，帅百隶而时傩，以索室殴疫。大丧，先柩。及墓入圹，以戈击四隅，殴方良。"汉代以后，驱傩活动的规模日益扩大，唐代宫廷傩的方相氏已增加为四人；自宋代始，方相氏从驱傩活动中消失了，而只在丧葬礼仪中出现。《三教源流搜神大全》云："开路神君，乃是《周礼》之方相氏是也。其神身长丈余，头广三尺，须长三尺五寸，须赤面蓝，头戴束发金冠，身穿红战袍，脚穿皂皮靴，左手执玉印，右手执方天画戟。出柩以先行之，能押诸凶煞恶鬼藏形，行柩之吉神也，留传之于后世矣。"

在黔东傩堂戏中，有一出名叫《开路将军》的正戏，戏中开路将军的身世与上述记载均不相同。相传开路将军家住长安城，父亲名曹安子，母亲是苏氏夫人。一年天逢大旱，粮食绝收，祖婆康氏饿得奄奄待毙，父亲为了行孝，杀了开路将军给康氏吃，因此被捕下狱。开路将军的魂魄不忍父亲坐牢，便到天庭向玉皇求情。玉皇见他有孝心，把他封为紫云台上斩妖除邪大将军。在戏中，开路将军手执大刀砍开四方道路，迎接东、南、西、北四方神兵进入傩堂，为愿主驱邪纳吉。他口中唱道："天瘟砍出天堂去，地瘟砍出十方门，左边砍出招财路，右边砍出进财门……"显然，这与古代方相氏驱傩时"执戈扬盾""索室殴疫"以及大丧时"以戈击四隅，殴方良"的做法是一脉相通的。

14. 先锋小姐

先锋小姐名叫崔良玉，家住江西南昌棋盘县苦竹坪。父亲叫崔其君，母亲是黄氏夫人，家里有兄妹九个：大哥是南朝天子；二哥是京都翰林；三哥原在桃园为官，因得罪了丞相张宜，被官府派兵捉拿，不得已逃到二龙山落草为王；大姐嫁到东海，是木德星君的夫人；二姐嫁到南海，被尊为观音菩萨；三姐嫁到西海，是金德星君的夫人；四姐嫁到北海，是水德星君的夫人。先锋小姐排行第九，是家中的小妹，母亲怀她怀了十二个月，一直生不下来，到处求神问卦都无济于事。后来黄氏夫人找到文王卦师，文王连卜三卦，说先锋小姐命贵难以养活，需送到佛门修行。话音刚落，先锋小姐就呱呱坠地了。黄氏夫人牢记文王卦师的话，当先锋小姐长到六岁时，把她送到玉皇门出家。长大成人后，先锋小姐被傩爷、傩娘封为傩神，为人们驱邪纳吉，勾还良愿。

图 4-12　先锋小姐面具

黔东傩堂戏中有一出名叫《武先锋》的正戏，又叫《霸王抢先锋》，故事情节如下：某天，先锋小姐为愿主勾愿毕，与两个丫鬟返回桃园，走到南垭口，三人迷了路，见前面有一座土地庙，便上前讯问。土地公公告诉先锋小姐说：前面就是二龙山，近来有一伙贼寇占山为王，致使土地庙香烟冷落，少人敬奉，好久没见油荤了。说罢，土地公公把九天玄女授的镇山之宝斩妖剑和捆仙绳赠给先锋小姐，希望她能平定二龙山的寇贼，使土地庙再受善男信女的祀奉。

先锋小姐接过宝物，辞别土地公公，带领丫环向二龙山走去。突然山后跳出两个喽啰，口出恶言调戏丫鬟，二丫鬟举刀迎战，喽啰不敌，逃回山寨秉报。山大王听罢大怒，全身披挂整齐，带领众喽啰下山，要捉拿先锋小姐一行。来到阵前举目望去，只见先锋小姐生得弯眉秀目，银牙红唇，如花似玉，心中不由大喜，准备将她抢到山上做压寨夫人。

山大工放马过去，几个回合后，先锋小姐佯装败走，山大工策马不舍。先锋小姐回首再战，乘山大王不备，用捆仙绳将他捆住。两个丫鬟把山大王押到先锋小姐面前，先锋小姐怒喝道："你这个强盗，家住哪里？姓甚名谁？从头说来。"山大王慑于先锋小姐的威严，只得老实交代自己的身世和落草的缘由。不待山大王说完，先锋小姐上前跪倒在他的面前——原来山大王就是她失散多年的三哥崔洪。

兄妹相认后，先锋小姐从腰间拔出斩妖剑，将捆仙绳割断。崔洪留恋二龙山，劝妹妹与他一同落草，镇守山寨，同享快活。先锋小姐斥责哥哥"抢劫人物伤人命，扰乱江山罪难逃"，劝他改邪归正，重新做人。崔洪觉得妹妹说得有理，吩咐喽啰们收拾人马，放火烧了山寨。兄妹二人统帅众兵马，浩浩荡荡，返回桃园。

15. 开山猛将

开山猛将又叫开山或开山莽将，相传他家住南昌棋盘县，父亲姓崔，母亲姓黄，他有两个哥哥，大哥是当朝宰相，二哥是京都翰林。母亲怀开山怀了十年还不分娩，父亲只得到文王那里求卦，文王说开山命犯飞天五岳神，父亲于是许下白猪、白羊、白锦鸡、白凤凰，以及长标、短标各三十六支，大傩、小傩各十二堂，并允诺如生的是男孩，便送到华山修行。刚许完愿，黄氏便产下一男孩，父亲果然遵守诺言，把他送到华山出家。

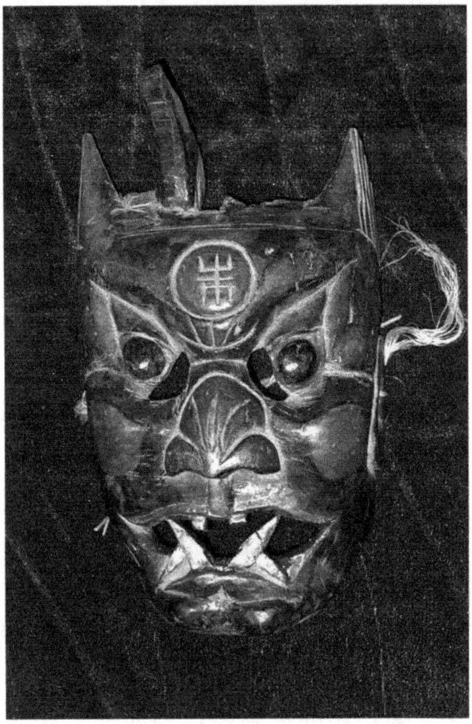
图 4-13　开山猛将面具

开山相貌十分凶恶，头上长着一对尖角，口中生出两颗獠牙，背上有三路红毛，腋下的毛长达三尺。他食量惊人，一顿要吃三斗炒谷米，八十斤的肥羊囫囵吞。他皮肤粗糙，身子痒时常到长满尖刺的檬子树上去擦痒，甚至爬到刺如剑戟的皂角树上去歇息。他身材敦实魁梧，从峨眉山前走过震得山岩崩塌，从洞庭湖中走过踩得湖水浑浊，从黄河岸上走过吓得鱼兵虾将战战兢兢。

开山长大后，成为傩坛里的一位凶神，职司是为愿主家斩除妖邪，勾魂摄魄。一次他为愿主勾完良愿，来到海中洗澡，他脱掉身上的盔甲、战裙跳入大海，海水不深不浅淹到他的头顶。当他洗完澡时，发现随身携带的金瓜钺斧不见了。把坛老师要他到文王卦师那里卜卦，掐算斧子失落在何处。开山来到文王卦师家，文王给他占了三卦，第一卦是阳卦，第二卦是胜卦，第三卦是阴卦。文王卦师说：阳卦属火，火主二、四、八；胜卦属木，木主一、五、七；阴卦属金，金主三、六、九，如果这九天都找不到斧子，我也不知怎么办。开山见文王卦师卜卦不灵，连声喊：“拐了！拐了！”把坛老师要他找和合二仙降神，开山在寺庙内找到二仙，二仙收了工钱，手舞足蹈跳了一会神，说：你的金瓜钺斧不在东方在南方，不在南方在西方，不在西方在北方，不在北方在中央，如果五方都不在，我也不知在哪方。开山知道又上当了，连声骂道：“撞他妈的鬼！”后来开山从天师那里得知，他的钺斧失落在黄河边，被鱼兵虾将拿到东海龙宫垫桌子脚去了。开山好不容易从东海龙宫找回钺斧，但钺斧已被弄缺了一角。把坛老师要他找铁匠鞠躬老师修整，开山好不容易找到鞠躬老师家，鞠躬老师要他先付工钱。开山说：我拿楼上三十三，楼下三十三，三七二十一，七六一十三吊钱给你。鞠躬老师算不清，叫他的媳妇——幺儿媳妇出来算。幺儿媳妇说：楼上三十三加楼下三十三，就是六十六，再加三七二十一，就得八十七，再加六七一十三，那不刚好一百吊钱吗？鞠躬老师安起炉火，把钺斧放在火中煅烧。幺儿媳妇在旁边扯风箱，开山假装帮助扯风箱，却在幺儿媳妇身边挨挨擦擦想占便宜，鞠躬老师呵斥道：“你不诚心，铁就烧不红，斧子就修不好。”说罢举起铁锤叮叮当当打起铁来，但每一锤都打在开山的头上、腰上，开山连声叫唤，幺儿媳妇放开嗓子唱起山歌：“一把扇子里面黄，摇扇打扇下龙塘。除了龙塘无好水，除了情哥无好郎。”在打铁声、叫唤声和山歌声中，金瓜钺斧修整好了，开山拿在手中舞舞试试十分高兴，一边用它砍扫五方邪魔，一边唱道：“……左边砍个牛成对，右边砍个马成双……财宝砍在家龛上，五谷砍在仓里头……天瘟砍出天堂去，地瘟砍出十方门。”

16. 唐氏太婆

贵州各地的傩坛，在举行“申文发牒”“立楼扎寨”“迎兵接圣”等法事后，都要上演一出名叫《开洞》的正戏，由戏中主角唐氏太婆打开桃园洞，请出“一班耍耍郎君”，来到傩堂“唱戏庆贺君王”。相传傩堂戏的面具锁在桃园洞中，洞的钥匙掌管在唐氏太婆手里，必须由唐氏太婆“开洞”请出锁在洞中的 12 面具（代表 12 个神祇）或 24 面具（代表 24 个神祇），才能出戏。

关于唐氏太婆的身世，民间有各种不同的说法，一种说法是：唐氏太婆是唐员外和柳氏之独生哑巴女，女娲娘娘见她有灵性，将她化去投靠在玉祖门下，在火荧洞中学法，学成后被玉皇敕令分管桃园三洞。另一种说法是：唐代某年，瘟疫横行，一女巫走村串寨，施符水拯救百姓，因劳累过度，死于荒野。唐皇闻知大恸，特赐女巫“唐”姓，并封她为桃园洞主。还有一种说法是：唐氏太婆家住唐州唐扬县，父亲是有名的唐天子，母亲是堆金积玉人，家中没有兄弟姐妹，只有她独自一人。唐氏太婆十八岁时，由周爷做媒嫁给吴王，吴王见她长得丑陋，对她百般虐待，从不给她一点银钱，三年之后，又将她乱棒打出家门。唐代太婆没有安身之处，便投往黎山老母门下修行，修了三年零六个月，一次她从五台山前经过，口吐法水淹了天庭，玉皇见她神通广大，敕封她到桃园洞掌管洞门。

图 4–14　唐氏太婆面具

各地的《开洞》在演出形式上不尽相同。德江县的《开洞》由掌坛老师、尖角将军、唐氏太婆、唐氏仙娘、桃园和尚、刘高志医生、雷石匠七人演出。内容表现掌坛老师和尖角将军一路斗嘴打趣，来到唐氏太婆家，请她前往桃园开洞，唐氏太婆以年高老迈，走路缓慢为由，推辞不去，推荐儿媳唐氏仙娘代她前往。掌坛老师和尖角将军到唐氏仙娘家将其请出，三人在前往桃园的路上先后遇到桃园和尚、刘高志医生和雷石匠，引出许多笑料。最后尖角将军和唐氏仙娘打卦将锁在桃园上洞和中洞的面具请出，下洞因住着邪魔妖鬼故不能打开。思南县的《开洞》又叫《地盘开洞》，由唐氏太婆、地盘和尚和掌坛师三人演出，内容与德江县的《开洞》相近，但情节较简单，由唐氏太婆亲往桃源开洞，请出上、中、下三洞中的个面具。道真县的《开洞》由唐氏太婆、蒋氏太婆、戴氏太婆和掌坛师共同演出，戏中说桃源三洞在湖南常德府，上洞被金锁锁住，由唐氏用金钥匙把守；中洞被银锁锁住，由蒋氏用银钥匙把守；下洞被铜锁锁住，由戴氏用铜钥匙把守。三位太婆与掌坛师出场后，先要演唱一些小故事，接着由掌坛师打卦，“阳卦打开桃源洞，阴卦取出洞中兵，胜卦落在地尘埃”，最后三位太婆分别用金、银、铜钥匙打开上、中、下三洞，为了防止锁在洞中的邪鬼乘机逃脱，每打开一个洞，立即又把它锁上。

17. 甘生

甘生又名甘生八郎，是傩堂中的正神，长得眉清目秀，一表人才。相传他家住湖广西连寨小甘村，父亲名叫甘百万，母亲是堆金积玉人。甘生有兄弟八个，“大哥南朝做天子，二哥东海做龙王，三哥云南开金店，四哥海内管神兵，五哥云中去跑马，六哥马上去抛枪，七哥原在家中住，他在家中管田庄，只有我八郎年纪小，爹娘舍我玉皇门。”甘生修成正果之后，成为傩堂神祇，职司是为愿主家领牲判牲。黔东傩堂正戏《甘生赶考》（又叫《秦童》）描写的是他上京应试的故事。

甘生离家之前，要把坛老师为他推荐一个挑担的书童，把坛老师推荐了三个人：一是下十字街的硬童，二是上十字街的软童，三是中十字街的秦童。甘生心想上京路程遥远，需挑选一个硬朗些的，于是决定聘用硬童。上路第一天，二人赶了一段路程，看着天色将晚，甘生要硬童前去打个店歇息，硬童见不远处有一幢房子，上前生硬地问：“喂，喂，此处借宿不借宿？”房主见他无礼，回答说：“寒舍狭小，不能借宿。”硬童听了火冒三丈，骂道：“他妈的，不借宿？老子放火把你的房子烧了！”甘生见硬童言语粗鲁，行事莽撞，怕他日后惹出大祸，便把他辞退了。第二天甘生又去聘请软童，甘生问他挑得动担子否？软童说：“你放心，我力大无比，要是以鸡蛋壳做筐子，我能挑好几筐哩。”甘生又问软童一天能走多少路？软童说：“能走二里多一点。”二人上路走了一程，不觉日已西坠，甘生要软童前去打店住宿，软童见路边有一户人家，上前怯生生地问：“主人家，主人家，借个宿呵。”主人回答说：“敝舍狭小，家人众多，不便住宿。”软童说：“不能住宿，那就在你家大门口狗窝里将就睡一夜吧。”甘生见软童性格怯懦，办事无能，又把他辞退了。

甘生无可奈何，只好聘请秦童为他挑担。秦童生性幽默，贪色好酒，一路上招惹不少是非，出了不少洋相。主仆二人好不容易到了京城，甘生前往考场应试，考官出了副对联让他对，甘生没有对上，结果名落孙山。秦童抱着碰碰运气的想法前去应试，不料却高中皇榜。二人兴高采烈返回家乡，置办猪、羊、鸡三牲办学酒，然后来到愿主家领牲勾愿。愿主献上三牲，甘生赐给他用纸糊的金锭、银锭，祝愿他儿孙发达，家财兴旺。然后把一把杀猪刀交给厨官，唱道：“这把刀儿不非凡，南京带在北京城，南京带在北京转，将来送给杀猪人。先杀猪，后杀羊，一盆鲜血放毫光……杀进金，杀进银，交给求财四官神……”杀猪毕，厨官将猪的头、蹄、肝、肺等各个部位分割好，用以祭供傩堂众神。甘生、秦童对愿主祝福一番，打马转回桃源。

18. 秦童

秦童又叫歪嘴秦童，是傩堂中一个幽默风趣的神祇，关于他的身世，民间有不同说法。一说他是玉皇大帝的儿子，生得歪嘴斜眼，三岁时因出天花留下一脸麻子，后来在蟠桃园偷吃桃子，又跌断了腿，摔驼了背。玉皇大帝本来就嫌秦童相貌丑陋，此时见他又落下了残疾，于是狠心将他打下南天门。太上老君闻知此事，心发慈悲，把他救活，送与凡间秦家为子，取名秦童。秦童长大后，心地善良，对秦家二老十分孝顺，老君因此把他封为傩神。也有的说秦童是玉皇大帝的外孙，度关王母的丈夫，炳灵侯王黄天化的妹夫。他家有兄弟三个，“大哥是个十八癞，二哥是个光秃秃，只有我三弟生得好，光头铁塔癞头肉。”秦童不仅兄弟三人长相奇丑，而且妯娌三人也一个更比一个难看：“大嫂出来扯巴眼，二嫂出来扯眼巴，只有我三娘生得好，扯眼扯眼萝卜花。”

图 4-15　秦童面具

在黔东傩堂正戏《甘生赶考》中，秦童是以甘生八郎仆人的身份出现的。甘生欲赴京城应考，先聘硬童、后聘软童为他挑担都不合适，于是决定聘用秦童。秦童的妻子怕丈夫到京后，喜新厌旧变了心，唱道：

有句话儿奴要讲，我把古人说比方。
世美做官良心丧，招为驸马作东床。
结发夫妻全不想，不认前妻定可伤。
相公若与他一样，奴的修身好凄凉。

秦童见妻子放心不下，安慰她说：

难怪娘子叮嘱我，原来怕我不还乡。
我今盟誓对天讲，虚空过往有三光。
如我学了世美样，夭折阳寿命早亡。

但上路之后，秦童却忘了对妻子的承诺，沿途拈花惹草，闹出许多笑话。他先是在酒店斜眼窥视店小二的妹妹，故意走到她身边挨挨擦擦，被店小二训斥了一顿。接着他又为了寡妇打菜娇，同一个好色和尚争风吃醋。王婆见他色心荡漾，故意逗弄秦童说，要保媒把打菜娇嫁给他。秦童满心欢喜，忙给王婆作揖磕头。不料入洞房后，秦童揭下新娘的盖头帕，眼前坐着的竟然是那个好色的和尚，气得他当场便晕倒在地。最后秦童又同丁癞癞比试猜谜语，二人约定：如果丁癞癞输了，把老婆送给秦童，如果秦童输了，给丁癞癞十八吊钱。结果秦童猜输了，白白丢了十八吊钱。

在黔北正戏《炳灵领牲》中，秦童改为替黄天化挑担。该戏出场人物共有黄天化、沿路仙官（黄天化的侍从）、秦童、度关王母（秦童之妻、黄天化之妹）、歪三（秦童之弟）五人。戏中主要表现炳灵和秦童领牲判牲，同时加入了度关王母为人们送子赐福的内容。

19. 土地神

土地神俗称土地公、土地爷，其配偶称土地婆、土地奶奶。土地神源于远古时期的土地崇拜，在农耕社会中，土地是人们衣食住行赖以生存的基本保障，因此凡有人烟处都敬土地神。最初的土地神是社神，古人说："社者，土地之神，能生五谷""土地广博，不可遍敬，故封土以为社而祀之"。统一王朝出现以后，土地神被列入国家祀典，称为地祇、后土，由天子专祀，民间则奉祀本地区的土地神。关于土地神的来历，古籍记载不一：一说是汉末广陵人蒋子文，一说是南朝梁武帝的大臣沈约，此外，也有把祢衡、萧何、曹参、韩愈乃至把岳飞当作土地神的。土地信仰本来遍及城乡，但自唐代盛行崇奉城隍以后，土地在城里便成了城隍的下属。对土地神的奉祀自宋代起达于鼎盛，人们认为无论城乡、住宅、寺庙、山岳都有土地神，其辖区按行政区划来分，有只管某一地段的小土地神，也有管辖一个村庄、一个片区的总土地神。

中国百姓心中的阴冥世界，最高统治者为地藏王和东岳大帝，其下有十阎王、五道将军和各种判官，再下便是各州、府、县的城隍以及各村、里的土地。由于土地神是阴间最下层的小吏，与百姓的关系十分密切，因此在民间受到广泛的敬奉。过去，几乎每个村寨都有一座或几座土地庙，里面供奉着慈眉善目的土地公和土地婆。其像或为木刻或为石雕或为泥塑，一些简陋的土地庙则以石块作为土地神的化身，供人们顶礼膜拜。

贵州各地的傩堂戏中，都有土地神这一角色，而土地又有梁山土地、引兵土地、青苗土地等的区分。德江县傩堂正戏《梁山土地》，内容表现梁山土地神来到傩堂，先自报根由籍地：他家住南开十字县岳阳桥下，父亲肖百万娶了陈氏、李氏、许氏三个妻子，她们共生下九个男孩，依次为天门土地、桥梁土地、当坊土地、山门土地、野草土地、冷坛土地、梅山土地、青苗土地、蜂王土地。梁山土地好像是他们之中的一个，又好像是九个土地神的化身。说清身世之后，梁山土地便帮愿主家挖土、播种、间苗、赶牲口，然后又同"闹手"们一起将苞谷地里的杂草薅干净，其形象犹如一个庄稼把式。道真县的傩堂正戏《引兵土地》，表现引兵土地神受二帝君王之命，把桃园三洞中的兵马引到傩堂受祭，听候差遣。引兵土地说话俚俗，诙谐风趣，俨然是一个乐观随和的民间老头。贵州地戏中也有土地神这一角色，主要在"扫收场"仪式中出场，在正戏演出中，他一般只起到串联剧情的作用，地位并不重要。

20. 安安

安安是黔东傩堂插戏《安安送米》中的主角，《安安送米》一剧的情节大致如下：陈氏十七岁嫁到姜家，三十四岁产下一子，取名姜诗。姜诗自幼苦读诗书，长大后当了一名教书先生，娶妻庞氏。庞氏顺夫敬婆，勤俭持家，膝下有一男孩，名叫安安。一家三代和睦孝和，生活十分美满。一日陈氏闲坐无聊，请街坊秋娘前来说话解闷。秋娘是一个好吃懒做、播弄是非的女人，她因有次来到姜家，庞氏没有拿酒肉款待她，于是怀恨在心。此时乘机在陈氏面前诬陷庞氏，说她背地里偷偷打糍粑、杀鸡，不给婆婆吃，又说她在后花园焚香化纸，诅咒陈氏道：

别人婆婆是婆婆，我家婆婆活阎罗——
世上若有雷公卖，买个雷公打婆婆——
哪年候得恶婆死，猪也扯来狗也拖。

陈氏听了不问青红皂白，把庞氏叫来，先是一顿责骂，然后举棒便打。安安见母亲被婆婆责打，一边哭一边拉着木棒求告。

陈氏见孙子哭得可怜，只好放下手中木棒，但心中仍不解恨，叫丫鬟梅香把正在学堂读书的儿子叫回，要他写下休书，将庞氏逐出家门。姜诗与庞氏情意深挚，不忍休妻，陈氏以死相威胁，姜诗无奈，只好违心写下休书。庞氏有口难辩，含泪拜别丈夫和七岁的儿子安安。她来到一条大河边，前思后想，欲回娘家，害怕爹妈责骂，要想改嫁，又恐旁人耻笑，左右为难，决意投河自尽，以表清白。太白星官在空中观知庞氏有难，化成一个老头来到河边，对庞氏宽解劝慰，并赠给她扇子一把、姜丝一片，留待日后为婆婆治病。庞氏息了自尽的念头，来到林姑家暂住，一边修行一边劳动，等待陈氏回心转意。

安安自母亲被逐出姜家，每日在学堂发愤读书，他思虑母亲在外生活无着，便每日省下一些口粮，数月之间，已积了一斗二升。他探听到母亲住在林姑家，便挑着米前往会见母亲。庞氏怀疑米的来路不正，要责罚安安。林姑抓一把米仔细察看，见米颜色不一，整碎不匀，断定是一点点积攒的。庞氏心中感动，夸赞安安年幼有孝心。

一日庞氏外出打柴，在芦林边碰见姜诗，原来是婆婆病重，他前往白云洞求药，路经此地。庞氏向丈夫诉说了自己的冤情，并把太白星官送给她的扇子、姜丝交给丈夫，要他回去替婆婆治病。姜诗回家用扇子、姜丝治好了母亲的病，陈氏得知扇子、姜丝的来历，心中十分后悔，要儿子去林姑家将媳妇接回，又派梅香把秋娘叫来家中。庞氏与秋娘当面对质，一一揭穿秋娘的谎言，秋娘在事实面前抵赖不过，只好认错求饶，陈氏早已备下利刀，将秋娘的舌头割了下来，以警戒世间那些专门造谣挑拨的小人。

21. 李龙

李龙又名李化龙，是一个要饭的乞丐，专在傩堂为愿主减灾减难。相传李龙家住湖广省肖阳府小阳村，父亲名叫李癞子，母亲是麻氏夫人，家中有兄弟三人，大哥在场上卖柴，二哥在街上卖水，嫂子既抠门又厉害。李龙早先曾经喂过猪，被二嫂“敷”去了半边，由于嫂子的虐待、搜刮，他卖尽了田地房屋，住在一所破瓦窑中，身上穿襟披缕，手拿打狗棒和要饭瓢，“夏日炎炎勉强过，数九寒冬难出门”，玉皇见了于心不忍，差他在傩堂做了个减灾人。德江县傩堂正戏《李龙》，演的便是李龙为愿主减灾减难的故事。

该戏出场人物共有李龙、把坛老师、柳三、杨四、李龙娘子、王小二六人。在阵阵锣鼓声中，李龙身披蓑衣，手持拄师棍上场，他先念一段傩词，然后向把坛老师要酒、肉和粑粑吃。把坛老师要他对大门上的对子，对得上就得吃，对不上就不得吃。对子的上联是："老不老，小不小"，下联是"羞不羞，好不好"，李龙对道：

太公八十遇文王，
你看那是"老不老"，
甘罗十二为丞相，
你说那是"小不小"，
我李龙老汉在讨饭，
你看那是"羞不羞"，
众位亲朋在饮酒，
你说那是"好不好"。

把坛老师说对子倒是对上了，但还要说一下"根由籍地"，李龙误听成"耕牛脚迹"，答道："水牛脚迹有盘子大，黄牛脚迹有小碗大，牛崽脚迹那就小多了。"正在这时，柳三、杨四来到傩堂，他们先报了自己的"根由籍地"，李龙听了方知所谓的"根由籍地"，是说家在哪里？来历怎样？于是讲清了自己的身世。李龙、柳三、杨四来到王小二的酒店喝酒，柳、杨二人要上京赴考，先告辞了。王小二抓住李龙要酒钱，李龙身无分文，东拉西扯，被王小二数落了一顿。这时李龙娘子来到傩堂，李龙左手执拄师棍，右手摇师刀，李龙娘子手执木瓢，前往厨房参拜厨官，讨要酒、肉、豆腐、粑粑吃。李龙夫妇饮了几杯参厨酒，随即劝敬四官神和参拜主人，为愿主减灾减难，祈求平安，愿主夫妇一面作揖，一面拿"谢师钱"送给李龙，李龙唱道：

谢师钱，我拿住，主人发人又发富，
主人发人又发财，明中去了暗中来……
讨你几文谢师钱，永世不到你家门。

离开愿主家后，李龙将娘子瓢内讨得的饭、肉、豆腐、粑粑以及十二树长钱、三炷香放在十字路口，焚香化纸，奉请五方男女孤魂前来领受。

第五章　贵州少数民族面具的神性和世俗性

贵州少数民族面具广泛分布在各地各民族宗教色彩十分浓厚的戏剧和民俗活动中，故而贵州少数民族面具本质上是一种神性事物，并且有浓厚的象征性和象征意义，这是贵州少数民族面具之所以存在的文化基础，没有这种神性和由神性而来的象征性和象征意义，贵州少数民族面具就没有存在的理由和根基。那么，贵州少数民族面具的神性及其表现形式是什么？它是从哪里并通过何种途径取得这种神性的？

贵州少数民族面具在具有神性的同时，也具有世俗性，或者说，贵州少数民族面具有的神性是通过世俗性的表现才为人们所理解和接受的。那么，贵州少数民族面具世俗性的性质和表现是什么？它是怎样与贵州少数民族面具的神性建立一种对立而互动的关系的？

这些都是我们要在这一章中论述和研究的。

第一节　贵州少数民族面具的神性

贵州少数民族面具是一种神性的事物，这个定论可能不会有人反对。在许多时候，人们称呼面具时，就有直接称呼为“神面”的，这不会只是一个随意性的称呼，而是对面具神性的认定。一般的神的概念就是某种超自然力量的化身，他们的能力大大超越了一般的人力和想象力，但是，渺小的人从自己有意识之日起，就梦想通过某种方式来支配和诱导这些神和神力为自己“服务”，其“祈祷”“媚神”“悦神”“驱逐”“封闭”“镇压”“遮蔽”等等手段都是为了这个目的。而在傩事中使用面具，在傩堂戏中使用面具，就是为了表现“媚神”“悦神”“驱逐”“封闭”“镇压”“遮蔽”等等，是使用这些个手段的方式之一。这就是贵州少数民族面具神性的基本性质。变人戏面具、傩堂戏面具、地戏面具是这样，其他宗教民俗活动中的面具也是这样。地戏的戏剧性虽然要强烈一些，但当地农民一直称呼它为“跳神”。可以说贵州少数民族面具在一系列傩事中的使用（用戏的方式和直接戴面具的方式），就是为了配合傩事而实现支配和诱导这些神和神力为自己“服务”的目的。这个“目的”也是贵州少数民族面具构建自己神性的基础，同时也决定了贵州少数民族面具神性的性质。

贵州少数民族神性面具的神性是从哪里来的呢？我们以为：

一是多数面具的形象本身就是其一系列神谱和神祇系统中的角色，只不过把他们面具化了而已。二是使用一些手段，直接神圣化面具角色，使其具有神性，如开光、点像等等。

在贵州所有类型的傩戏中，新的面具一开始就要举行一种叫“开光”的仪式，使面具角色获得或具有神性，或者说让面具具有某种接纳神性的能力。这是傩面具角色取得神性的第一步。这种开光并不复杂，最重要的是其中的“开光词”。这样的“开光词”在各类型的傩戏中大同小异，其作用都是通过开光、点像这一环节，使原来用木、布、纸、竹等普通物质制作的面具，完成向具有神性象征物的转换。从这一刻起，这个面具所应该包含的一切，也就注入其中，一切的神性力量和品性也就被激活了。

通过这样的神性力量和品性的激活和注入，这些面具就成为神祇的化身了，但在后来的一系列的仪式中，这种神性还得到不断地强化，使其神性色彩更为浓厚。在黔东、黔北傩堂戏的演出中，其二十四正戏的第一场戏就是《开洞》，通过一系列的过程，要从华山桃源三洞中请出：

> 唐氏太婆、报府三郎、桃园土地、关圣帝君、周仓带马、引兵土地、押兵先师、和合神仙、鞠躬老师、文王卦师、九州和尚、勾愿先锋（这是半堂戏的角色）；灵官戏子、蔡阳大将、十州道士、梁山土地、甘生八郎、秦童三爷、秦童三娘、李化龙、柳三相公、杨泗相公、勾簿判官、开路将军（这是另外半堂戏的角色）等等全堂戏的角色。华山是中国民间宗教信仰中一个神圣的地方，用一个仪式化的表演，把他们从华山的桃源三洞中请出来，其身份也就非同寻常了。

在开洞的表演中，演员的道白和唱词极尽能事的渲染华山桃源洞的神圣性，里面的神面具不是一请就到的，开洞者是具有非凡神力的尖角将军，以及专管桃源三洞的神祇唐氏太婆；三个洞分别用金钥匙、银钥匙、铁钥匙锁闭；开启三洞要有玉皇的令喻；到达桃源三洞的路途遥远而艰难，要用雷石匠来开路；开洞时只开上洞和中洞，下洞住的是妖魔鬼怪不可放出，开了洞要尽快封洞，不能让其他的邪神出来。有时候演绎这些情节是戏剧的需要，而许多时候是为了表述角色神性的需要。

把这些戏剧的角色或面具从神圣的桃源洞中请出，从根本上就确定了这些面具角色的神性地位，开洞这个仪式明确地告诉你，傩堂戏扮演角色的是神，而不是一般的形象，他们的表演也不可能仅仅是“戏”的表演，而是一种充满神性意义的祭祀表演。

在大的背景上用开洞的仪式来确立所有角色的神性地位，这也是角色面具神性化的一个重要前提，在这种戏剧的表演中，还会时时地不断地加强这种神性，提醒观众面对的戏和戏面具的神圣性，特别是观众面对一个个体的角色时。开洞是所有角色的基础性的神性证明，而每一个个体的角色出现时，这种证明就以“盘根由”的面目出现了。

图 5–1　开路将军面具

开路将军的神性根由。

老师：光好哇？还是要谈一下你的根由籍地，才是道理。

开路：（唱）人不表明不成器，戏不表明不成神。
说我家来家不远，说我无名却有名。
家住长安城一座，祖公原是姓曹人。
祖公乃是曹员外，祖婆康氏老安人。
父亲名叫曹安子，苏氏夫人是母亲。
无有三兄和四弟，是我开路一个人。
当年遭着大干旱，十城饿死九城人。
我父见婆快饿死，杀我开路救婆身。
父亲杀我犯了罪，逮入牢中受苦刑。
父亲杀儿为行孝，吾要救父入天庭。
玉皇见我行大孝，封我紫云台上斩妖、除邪大将军。
赐我金魁帽一顶，赐我滚龙袍一身。
赐吾玉带腰中拴，粉底鞋子脚下蹬。
这是我的根由史，七岁为神到如今。

开山猛将的神性根由。

开山：（唱）一朵祥云扫地青，傩堂降下一尊神。
说我家来家不远，说我无名也有名。
说我有名又有姓，无名不到此傩堂。
家住南昌棋盘县，崔家庄上我家门。
父亲名叫崔其君，黄氏义凤是母亲。
……………

先锋的神性根由。

（先锋唱自己身世。）

先锋神来先锋神，说我无名我有名。
先锋有名又有姓，无名不到傩堂门。
家住南昌棋盘县，地名叫作苦竹坪。

父亲有名崔其君，黄氏夫人是母亲。

…………

一看开路将军、开山猛将、先锋三位的“根由”，都有非凡的经历，都是一种独特的出身，开路将军三岁时被父亲杀了给婆婆吃而成神；开山猛将母亲怀了他十年，生下来就有一对獠牙一对角；先锋6岁就舍在玉皇门，四个姐姐嫁了四方尊神。这种非凡的经历也是他们“有神”的一种证明，特别是面对一般信众，“异”有时候就是“神”的最好说明。就如开路将军表根由时所说：“人不表明不成器，戏不表明不成神。”

戏神由开洞而来，是从来源上证明其神性，而“盘根由”是通过表述某个神面角色的出身来证明其神性，另外，傩坛师们还在傩堂戏的表演中用一种仪式来证明面具角色的神性，这就是“藏魂”。

图5-2 傩祭仪式中的藏魂

我们常规的人看待傩戏面具角色时，观念上并不会把它看作是神的形象，而地道的傩坛师和信众们却深信这是神的形象，决不能把表演神的形象的事，当成一件俗世间的事情来处理和看待。他们认为，穿上衣服，戴上面具，他就是这个角色了。而这个角色并不是阳间的人能够随便担任的，因为不管他们是何方的神圣，都是另一个世界的没有“阳气”的角色。另外，人们普遍认为，人死了是魂魄到了另一个世界去了，如果你扮演了这个角色，非常担心把自己的魂魄留在了另一个世界。还有，扮演了神鬼的角色，就要与神鬼打交道，要镇压驱逐一些恶鬼，也就害怕恶鬼的报复。再有，如果把自己的魂魄随意带到另一个世界，要是遇见故旧和亲人，不让你回来，也很麻烦。为了避免这一切，傩坛师父们在请戏前和扮演这些角色准备出演前，都有一个或一段叫“藏魂”的仪式。

在思南傩堂中的傩祭“和坛”的“请戏”一段中，请戏前请戏师父们就要千方百计地把自己的魂魄藏好。

早黄昏在梦黄昏，藏魂师父上前行。
便问何处好藏身，证盟三十三天去藏身。
三十三天不是为臣子弟藏身处，
恐怕申文奏表人，申文奏表来知道。
犹恐现出小郎身。

便问何处好藏身，爹娘背后去藏身。
爹娘背后不是子弟藏身处，恐怕搬傩塞海人。
搬傩塞海来知道，犹恐现出子弟们。

这样的“藏魂词”可以在演唱中无限延展，比如这里在“爹娘背后去藏身”之后，又先后到了“八庙大殿”“地傩会上”“旺坛门下”“太保大殿”“水碗足下”“半天云内”“茅草林内”“菜籽林内”“铁牛肚内”……绕来绕去，最后还是：

一魂藏在三清殿，二魂藏在旺坛门，
只有三魂无藏处，藏在我娘鞋足下铁罗裾。

这样“藏”好了“三魂”还是不太放心，又要嘱咐师父：

阴去阳回要三魂，师父们，我拿三魂交予你，
好生看守我三魂。

藏好了“三魂”，又嘱咐师父看好，但还要注意不要露了踪迹，故而，在来去之时，还要在行往红龙小山面前打二十四个翻筋斗，以掩其踪迹。

这个藏魂可谓藏得惊心动魄。

在角色演出前，傩坛师父们也要藏魂。

德江正戏《李龙》中的藏魂：

…………

李龙站在三清殿前，右手拿牛角，左手端水碗，边唱藏魂词，边在碗底画藏魂诀。

李龙：（唱）藏魂身来换吾身，藏魂师祖护吾身。
去时一魂藏在三清殿，二魂藏在老君殿前。
还有二魂七魄无藏处，鸣角三声寄在我王席台前。
（左手挽祖师诀，右手执角鸣奏，继续唱。）
去时打下24个翻筋斗，来时打下24个斗筋翻。
翻筋斗，斗筋翻，离了阳间到阴间。

德江正戏《开山猛将》中的藏魂：

开山：（唱）喊叫堂前不出戏，冷落华山二尊神。
去时二帝君王面前转三转，旋三旋，
转来娘娘脚下取三魂。
师，去时三魂七魄交与师公师爷亲，亲手掌，
转来师祖脚下取三魂。
师，去时便把乾上去，回来时便把坎上回。
师，去时天花楼前打下二十四个翻跟斗来斗跟翻，离了阳间到

阴间。(出大门外戴面具)

德江正戏《先锋》中的藏魂:

(先锋上穿女便衣,腰围法裙,头戴面具,双手各执先锋旗一面,在三清殿前唱“藏魂记”。)

先锋:(唱) 藏魂身来换吾身,藏魂师祖护吾身。
一魂藏在三清殿,二魂藏在老君殿前。
还有三魂无藏处,鸣角三声随王行。
去时打下24个翻筋斗,来时打下24个斗筋翻。
翻筋斗,斗筋翻,离了阳间去阴间。

德江正戏《梁山土地》中的藏魂:

(唱) 藏魂身来换吾身,藏魂师祖附吾身。
去的之时一魂藏在三清殿,二魂藏在老君殿前。
去时打下24个翻筋斗,回时打下24个斗筋翻。
翻筋斗,斗筋翻,离了阳间转阴间。

以上四位角色上场演出时,都要把自己的魂魄交给师祖来保护,并不把自己的魂魄一同带到新的角色中去。通过这一仪式,演员们进行了角色的转换,从一个一般的“人”转换为一个“神”。这个仪式是傩坛师父们的一种自我保护的手段,但这一仪式又再一次强调了面具角色的神性。在傩堂戏的“开坛”这一仪式中,最后的“下装”中我们可以看到这样一段文字:

(唱) 师,弟郎回坛卸了牌带归还三清殿,
神鞭插在旺坛门。
师,弟郎回坛之时天气元冠归还三清殿,
下坛有请速降临。
师,弟郎回坛之时上身又褪八卦山河社稷衣,
弟郎还是陌生人。
师,弟郎还是人陌生,
神仙下凡认不真。

可见,“藏魂”的目的就是要让“神仙下凡认不真”。

黔东、黔北傩戏的面具神性表现的色彩最为浓厚和繁复,完全可以用无以复加来形容它。黔西北傩戏的面具角色的神性的性质与黔东、黔北傩戏面具角色的神性相似,但它却缺少世俗性的一面。布依族“做桃”傩戏面具的神性也是十足和到位的,但它的神性是民族化色彩十分浓厚的神性,有其自身民族的神性内涵。变人戏面具的神性可能表现得比贵州任何一种类型的傩戏都要直白得多,不过,与其说他们是神,

还不如说他们是灵——祖灵更为妥帖一些。

地戏面具的神性表现有别于其他傩戏，它更倚赖于开光仪式给面具带来的神性定位，因为在地戏的后来的演出中，就只有在开箱和封箱仪式中感觉得到地戏面具的神性，而在演出中，人性的光辉和人的快乐就很快会淹没神性威仪。不过，你不得不承认，地戏在开箱和封箱两个仪式中表现的神性，给人的印象是非常深刻的。

以上从傩堂戏的仪式和唱词两个方面，探讨了贵州少数民族面具的神性，下面再从关于傩公、傩母和傩堂戏来历的传说，对贵州少数民族面具的神性作进一步解析。

图 5-3　傩公傩母和小山

在黔东、黔北傩堂戏中，有两个神像应该是其面具、面具戏的文化内涵的核心，这就是东山圣公和南山圣母，俗称傩公傩母。它们是傩堂的核心点，在神案的供奉中，他们居于神坛最重要的位置，是神坛视觉的焦点。这是一个什么样的神呢？在黔东、黔北地区有一个大同小异的传说。

远古的一天，土家姑娘正在绣花，一只小鸟飞来绕着她叫道："挑花不如种葫芦。"姑娘听后不理睬它，继续绣花。可是鸟儿绕着她叫个不停，姑娘只得抬起头问鸟儿："你说的话是真的吗？你帮我找颗种子来。"鸟儿点点头飞入云端，不久叼来一颗黄灿灿的种子丢在姑娘的衣兜里，又叫了声"挑花不如种葫芦"，然后拍拍翅膀，飞向天空。

土家姑娘把葫芦籽种在后园里，第二天就长出了瓜秧，第五天就开花结果，第七天结成一个小仓般大的黄葫芦。姑娘又惊又喜，忙喊哥哥来看，哥哥丢下手中活路和妹妹来到葫芦瓜边，葫芦上有一道门开着。这时，天空猛降暴雨，兄妹俩急忙躲进葫芦里，可是，暴雨老是下个不停，等到第二天，洪水淹没了房子，葫芦瓜就随水漂流。第七天雨停了，可天下变成了汪洋大海，葫芦里的兄妹俩连声呼喊救命，天仙听到呼救声后，立即将洪水消去；兄妹俩来到地上，只见世上的人全被淹死了。这天晚上，兄妹俩都梦见天仙劝他俩成亲，接续天下的烟火。天亮了，哥哥说起这件事，妹妹暗暗感到奇怪，可就是不答应。哥哥说多了，妹妹没有办法就说："要是你在河的两岸各点燃一堆火，那烟子在河中上空绞成一缕后再说。"哥哥照样去办，那烟子果然在空中绞成了一股。妹妹又说："这还不行，你若在河两岸插柳枝，柳枝能伸到河中间打成个结子再说。"于是哥哥又去河岸两旁插上柳枝，第二天一看，妹妹的话又一次应验了。但妹妹又开始赖账了，说是要哥哥去东山顶，自己到南山坳，同时从两边往沟底滚石磨，石磨合拢了就成亲。谁知两人滚了石磨后，走到沟底一看，石磨竟然合拢得好好的。妹妹只得羞红着脸和哥哥成了亲。婚后第二年生下个肉坨坨，哥哥把这个肉坨坨剁碎了扔到野外，谁知三天后，这些肉块竟变成了人，世间比当初更加热闹了。

日子一天天地过去，兄妹俩一年更比一年老了，可是没有谁来认他们做爹妈。两位老人就搬到深山老林中去修身养性，不知度过了几百个春秋，看过世上几多变化。有一天哥哥喝酒醉了，就到处游逛，一阵狂风把他卷到了皇宫的内院。皇帝一气之下，叫人把他带到河边去杀头，把他的脑壳丢到水里。

自从哥哥出走以后，妹妹到处找他，可是一点音讯也没有。一天妹妹收拾哥哥的衣服下河去洗，见一个头骨朝她漂来，妹妹很惊奇，说道："我咬破中指滴一点血在头骨上，如果渗红了头骨，就是我的夫君。"妹妹这样一做，那头骨果然渗透得红彤彤的，妹妹抱着头骨痛哭，天黑了，就把头骨放到河边的石洞中，以后每天都来这里祭他。这一带来往的船商很多，人们听了都感到稀奇。一天，船里下来个官员看那头骨，这个官员正是受皇命到河边杀哥哥的人。他急忙回宫禀奏皇上，皇上怕有人来报仇，下令把妹妹也杀了，把两个脑壳一齐丢到河里。说来也怪，哥哥的头骨沾了妹妹的鲜血，又长起红润润的皮肉来，从此，两个头颅总是那样红润，浸泡在水里几年几代也不发臭，不管河水把他们冲到哪里，总是互不分离。后来两个头骨被放牛娃捡到并供奉在山洞里，他们显灵救了生病的放牛娃，以及皇后和三公主，皇帝后悔错杀了他们，将他们封为东山圣公和南山圣母。此后，人们仿着他俩用木头雕成两个头像，演出傩堂戏时恭敬地供奉在戏坛的正中。人们又称他们为傩公、傩母，希望他俩赐福给人们，并保佑演出成功。

这是土家族人的传说，其他民族也有类似的故事，情节大同小异。这明显是一个人类普遍存在的"母题"性神话，在世界众多的民族中广泛流传。问题是为什么傩堂要把他们两个兄妹神作为自己的"傩公、傩母"呢？这又要看另一个与其相关的传说，这就是《傩堂戏的传说》。

传说很久以前，一群土家族的放牛娃在河边洗澡，看到水面的竹梢尖上有一男一女两个脑壳在浮动，虽然在水中泡了好久，但脸色还是红润润的，没有变质发臭。放牛娃们感到非常奇怪，就把他们弄到山洞里供着，还用黄泥巴捏了不少小泥人摆在两边陪供，同时还找来一些野果当供品，并围着唱歌跳舞，磕头许愿说："只要你们保佑我们的牛不去吃庄稼，不让牛丢失，以后我们有什么好吃的东西都拿来敬奉你们。"说来也怪，从此，牛果然不乱跑了，乖乖地在坡上吃草，放牛娃再也不愁管牛的事了。

第二年春天，瘟疫流行，很多孩子都患了病，各种药都用尽了，病情就是不见好转，急得家长们愁眉苦脸，唉声叹气。这时不知是谁说，放牛娃们供奉的人头会显灵守牛，我们不妨去许个愿看看。于是人们邀约着提些吃的东西去放牛娃供奉人头的山洞里焚香许愿，过不了几天，得病的娃娃都好了，人们就按照当初许下的愿去敬奉洞中的人头，并在洞口搭垒了祭台，唱歌跳舞，感谢神恩。

一天，太上老君从上空经过，见下方烟雾缭绕，不少人在唱唱跳跳，就降下云头，变成村民看个究竟。见人们乱唱乱跳没个规矩，于是把演唱傩堂戏的书本传给大家。后来在表演傩堂戏时，都要在正坛中悬挂李老君的画像，并尊称他为二殿君王。

又是一年秋天，皇后和三公主患了腹泻病，百般医治无效，一位巡访官听说有人跳茅山戏（傩堂戏）治好了放牛娃的病，就请土家人带上山洞里的人头到皇宫中去演出，皇后和三公主的病不久就痊愈了。皇帝高兴地来到戏坛看个究竟，一看心中大吃一惊，原来那两颗人头都是他下令斩掉的。皇帝忙对人头说："对不住你们两位。你们是再造人烟的始祖，现在就封你们两位为东山圣公和南山圣母。以后请继续为人类招祥赐福，除祸消灾。"接着皇帝又下了一道圣旨，准许傩堂戏进村，入农家演唱，给它一席之地。自从皇帝封这两个人头为东山圣公和南山圣母之后，他们突然化成一道蓝光升空而去。于是人们就用木头照他们的样子雕刻成两个人头供奉在正坛中央，又用木头刻了不少面具（土家语称"脸子壳"）来跳戏，就这样一代传一代，一直沿袭到今天，所以，土老师们不论是冲傩还愿、消灾避难、庆贺丰年、祈求早生贵子等都得戴上造型各异的面具跳戏（即傩堂戏）。

以上两个传说，借兄妹婚配再造人烟的古老故事，为傩堂戏及其供奉的主神傩公、傩母披上了一层神秘的外衣，同时也为傩堂戏面具注入了超越凡俗的神性。因为具备了这种神性，傩堂戏面具遂成为英雄、神祇、鬼魂、祖灵的象征和载体，傩堂戏才具有了为愿主驱邪纳吉、祛病消灾的功能。在漫长的农业经济社会里，由于生产力的低下和科学文化的落后，广大人民无力抵御天灾人祸的侵袭，只得把幸福的希望寄托于虚无缥缈的神祇，这正是傩堂戏、地戏、变人戏等面具赖以生存的基础，也是贵州少数民族面具千百年来历经沧桑而流传至今的主要原因。

第二节　贵州少数民族面具的世俗性

贵州少数民族面具在时刻建造它的"神性大厦"时，也就伴生了与之对立的另外一面——世俗性。我们在表述一个事物的神性时，基点就是它的世俗性，说一件事有神就是因为非凡，而非凡就是不世俗，那么，不世俗也就是有神的可能性了。但是，不管这种神性多么强烈，一定是通过世俗性来理解的。这在贵州少数民族面具神性的表述中也概莫能外。

贵州少数民族面具的神性的建立是从全体戏神的来源、个体角色的"盘根由"，以及藏魂仪式的进行等得来的，而贵州少数民族面具的世俗性也首先得从这些方面来理解。说傩堂戏的角色来源于一个神圣的洞穴——桃源三洞，实际上是对人类远古家园的一种怀想，是对祖先生活在久远岁月的一种追思，是现今的人对祖先灵魂的世俗描述。也就是说，是世俗的人在想象中创造了神的性格。桃源三洞的这群"神人"，在基本形象上仍是人的形象的外化，就像把人的形象朝另一个方向——"鬼人"外化一样。只不过这是一种上升性的人的形象的外化，而后者是一种下降性的人的形象的外化。从这里，我们似乎可以窥视到人在自己创造的神的面前的喜悦的根据，窥视到人在自己创造的鬼的面前的恐惧的根据。

戏神请到了，蒙神悦纳，欢乐饮酒。演出“神戏”，是为了人的欢乐。在傩祭中有一坛傩事叫“和神”，叫神喜悦，其实是和人，是叫人喜悦。叫戏神从桃源三洞出来，以成为一种神性的证明，实际上就是一个世俗的理由。因为认证这些戏人从桃源三洞中出来就是神的乃是世俗的人本身。

这种世俗性在“盘根由”中更是显露无遗。这些戏神的出身都是人，只不过出生较奇异而已。开路将军之所以成为神，是因为父亲在饥荒时，把他给杀了，让奶奶充饥……杀他的理由是为了行孝，而行孝乃是世俗社会的根本之一。开山猛将在母亲肚腹中怀孕十年，生下来时口中就有两颗獠牙……但也没有“逃脱”母腹生养的俗间世相。

图 5-4　梁山土地面具

是人性给予了戏神的神性，这应该是我们认识贵州少数民族面具神性的根本。从这一点出发，贵州少数民族面具戏的故事内容免不了一系列的人间社会的世俗生活的方方面面，即从贵州少数民族面具戏故事的世俗生活内容来理解贵州少数民族面具戏的神性。也是从这一点出发，贵州少数民族面具的形象是具体的，创造这些面具形象的傩坛雕刻师也是具体的，也即我们从面具形象的塑造或雕刻中来理解贵州少数民族面具的神性。

贵州少数民族面具戏的故事内容是由一系列世俗社会的生活构成的。

贵州少数民族面具戏是一种神性戏剧，它的表演和许多内容是为了娱神的，也就是要神看了喜欢，而这些内容的根底是来自民间，来自世俗生活的。比如像《梁山土地》这则正戏，它的“外壳”是祭祀土地神灵，而“内核”却反映了人们祈求五谷丰登、六畜兴旺的愿望。在此戏的后面有这样一段戏词最能说明这种愿望。

…………

青苗神来青苗神，保护禾苗往上生。
不准青虫吃叶子，不准黄虫钻苗心。
不准雀雀啄种子，不准野兽损苗根。
捉到青虫打板子，捉到黄虫要抽筋。
捉到雀雀劈翅膀，捉到害兽斩脚跟。
苞谷长得像牛角，谷子结穗起索索。
红苕长像猪儿大，黄豆吊角像粽粑。

高粱长势像楠竹，五谷丰登家家乐。
蒿子在关门，快快放工程，
放工要回去，再也不留情。
太阳要落土，还在打锣鼓，
上咐主人家，放工要回府。
洗脸洗脚水，赶快准备好，
席面快摆起，莫要延误了。
主人深道谢，今天大家苦，
功劳苦劳大，三杯酒谢土。
…………

这是祈愿性的表达，但之所以能有如此的表达，是因为前面铺垫了一大段梁山土地的农事表演。戏中说梁山土地来到傩堂，报完根由后见这家主人的“活路”多，就要把坛老师为他找工作。

老师：老嘴嘴，这家老板的活路多端，正要找人帮忙，你看日工钱哪个讲法？

梁山：哎呀！把坛老师，我做活路，拿三个钱有三个钱的活路，两个钱有两个钱的活路，一个钱呢？有一个钱的活路，没得钱也有没得钱的活路。

老师：哎呀！老嘴嘴，你真能看风使舵哩。那么你就做个没得钱的活路来看看？

梁山：以哪样为凭？

老师：以看牛为凭。

梁山：把坛老师，我就把牛赶上山，管它害人不害人，得饱不得饱，我就喊那看牛崽崽些来和老嘴嘴玩石子、打棒，这就是没得钱的活路。

老师：你做一个钱的活路来看看？

梁山：以什么为凭？

老师：以挑粪为凭。

…………

随后是：“扯秧子”“砍火焰”“平秧地”“挖土”“抛粮下种”“种蔬菜”“赶牛马”“赶鸡猪”等。

这段戏文表面上看是一系列农事的表演过程，有教习农耕，注重节令等的教化内容。这是许多傩戏中的经典性内容，比如在变人戏中就有这样的内容，因为巫教、道教等文化从根本上说是以农耕文明为基础的文化。在傩戏中，农事表演是必备不可的，《梁山土地》就是这样的例子。它的一系列内容就是地道的乡村社会农事的世俗生活再现，不过这种再现又充满了仪式性的内涵。比如：“梁山：先下谷子，大白粘送它一百石，乌脚粘送它一百石，大糯谷送它一百石，小糯谷送它一百石。”“梁山：

下苞谷，黄苞谷送它一百石，白苞谷送它一百石，糯苞谷送它一百石。”“梁山：下豆子，早豆子送它一百石，迟豆子送它一百石，转转豆送它一百石，青豆送它一百石。”“梁山：把坛老师，老嘴嘴光吃饭不行，还要吃点蔬菜。先下茄子，后点海椒，再种点包包菜、大白菜、热白菜、黄瓜、四季豆、豇豆，把坛老师，各样都下齐了。”这样的表演和语言，并不仅仅是一段戏剧的台词，而是一段段仪式性的祈愿词、祝愿词、赐福词，只不过它是蕴含在对世俗生活内容的表演中了。再有像后面的《梁山土地》把六畜赶进家的表演，表面看是“做工作”，实际上也是一种为主家带来“六畜兴旺”祝福的一种仪式性动作。如何看牛、挖土、下谷种、下豆种、下菜种……以及如何管理庄稼，如何养牛马鸡猪羊等，都是一些再普通不过的乡村世俗社会生活图景，对这样的图景乡民们会有一种由衷的亲切感。这就是贵州少数民族面具戏的世俗性的基础，但是，这种世俗性的内容表演，并不是为了表现乡村世俗社会生活而表演的，而是为了表现贵州少数民族面具戏的神性而表演的。或者说是为了乡民们能更好地理解这种神性而表演的。表演的图景是世俗化的，但在以上的仪式化的祝词和仪式化的动作中，这种表演就发生了逆转，由世俗性转向了神性。

这就是贵州少数民族面具戏的世俗性和神性表现的基本方式。如《梁山土地》这样的例子，在其他傩戏中也比比皆是。

贵州少数民族面具戏的语言表达方式无疑是世俗的，因为贵州少数民族面具戏的生存空间就在世俗的俚俗的乡村，只有乡村俚俗的语言表达方式才能构成贵州少数民族面具戏的语言表达方式。这里有两个因素：一是傩坛师父的因素；二是乡民的因素，即前者只有使用这种语言的可能性，后者也只有理解这种语言的可能性。因此，在贵州少数民族面具戏中，我们常常看到用最俚俗的语言表达最神圣的内容。比如神坛的诸位神圣，傩坛师扎了神坛，就要寻找机会来宣扬它，在神戏中宣扬诸位神圣是最好的机会了。在《开山猛将》这则正戏中就有很长一段剧情来历数神坛上的神圣，但它是通过无知粗鲁的开路将军的村言俚语来表达的。

…………

(白) 把坛老师，观景致，观景致。

老师：观什么景致？

开山：你看那个红脸大汉，把我那钵红苕烧酒偷吃了，我要套起他。

老师：猛将，你错了。他是东山圣公。

开山：怎么他往上冲？我就往下冲。

老师：他是主，你是将，同在傩堂会上。你得罪了他，你应作揖赔罪。

开山：(唱) 你是主，牙是将，作揖放在右肩上。

开山今日得罪你，连忙作揖又赔礼。

(白) 把坛老师，观景致，观景致。

老师：观什么景致？

开山：你看那个白脸小姐，白白生生的，拉她下来与我成亲。

老师：你胡说，她是南山圣母。

开山：啷个，她往南山上杵。

老师：开山猛将，你错了。她是人类先祖娘娘，你要作揖赔罪。

…………

就这样，开山把“小山人马”有意说成是“两个舅子崽崽”；把“三界四值功曹”说成是“门外三人抬个猪糟”；把“三师教主”说成是“三个人扛把扫帚”……

在这段戏文中，把坛老师（戏头）就用这种称为“误会法”的语言表达方式，来一一历数了东山圣公、南山圣母、地傩小山、三界四值功曹、三师教主等诸位神圣。像“你看那个红脸大汉，把我那钵红苕烧酒偷吃了，我要套起他”“你看那个白脸小姐，白白生生的，拉她下来与我成亲”“你看下面那两个舅子崽崽，在掷麻子三（即掷石子），一、二、三、四、五、六、七的吵得吆喝连天的”等对神的“误会性表述”，是典型的乡村世俗社会的表述，语言虽然不雅，但信众和村民却喜闻乐见。

世俗社会生活的表现和乡村俚俗的语言表达在傩戏的正戏中如此，在插戏（外戏）中就表现得更为明显。比如《张少子打鱼》这则插戏，说的是一个简单的家庭生活哲理——一个好的和睦的家庭要双方共同维护。这则戏不长，但很有世俗生活的情趣，引述如下。

张少子头戴破斗笠，脚穿旧草鞋，右肩搭渔网，左肩挂鱼篓。短衣短裤腰拴带，好一身鱼郎打扮。

张少：(唱) 石匠打石头，落雨水长流。人往桥上走，水往桥下流。

(白) 我乃张少子，离家很久未归，今日天气晴朗，归到家来，眼见家里搞得乱七八糟，太不成话。我要叫那老婆娘出来，问她一天吃了饭做些哪样？待我好好教训教训，以杜今后。妻呀！

少妻：你脚还在门外，嘴就到了厨房，老远就要“吃”妻呀。冷饭在甑子里，要吃自己去吃。

张少：哎，你出来，我问你一下。

…………

张少：林家河涨水了，我们两口子不吵嘴；林家河不涨水，我们两口子就吵嘴。你看林家河现在涨水了，我两口子还是尿臭挨尿，屎臭挨屎，搭伴过日子吧。你去拿渔网鱼兜来，我去驾船，一起打鱼去。

…………

这里活脱脱一个只顾在外面打鱼玩耍，不顾家的乡汉形象，一个好吃懒惰的懒婆娘形象，这样的家，大哥莫说二哥，两个都差不多。这都是典型的乡村世俗社会生活内容，虽没有如正戏《梁山土地》中的仪式化情节和语言，但它们也是贵州少数民族面具戏的重要组成部分。

在贵州少数民族面具戏的世俗性表现上，其面具形象塑造的世俗性表现，也是一个重要方面。在傩戏的面具中，不管是傩堂戏面具、布依族“做桃”面具、地戏面具、变人戏面具，它们在名义上都是神圣的面具，但这些面具都是不神圣的人一刀一刀雕刻出来的。这就为面具形象的塑造提供了两个世俗性的可能：一是雕刻师必须根据自己的审美观念来塑造面具形象，二是要从现实生活中去寻找表现对象。在傩戏面具中，同一个神的形象，我们在不同地方和不同民族中看到了不同的形象表现。它们都体现了一个或一种神的含义，但神的形象并不是一致的。造成这种现象的就是面具中神性与世俗性的关系所致。

黔东、黔北的傩戏面具，北部区域中的面具是一种特点，中部区域中的面具又是一种样子，南部区域中的面具又是一种表现。同样，德江的傩戏面具也能分别出近五种不同的样式。人们把这些不同称为不同的风格。这种情况在地戏中也是这样，大的区域上它有东部风格地戏面具和西部风格地戏面具的区分，以雕刻师为视角，它在面具方面又有齐派、黄派、胡派等风格的差异。在不同民族的傩戏面具形象表现中，其形象表现也不尽相同。土家族人按照自己民族的形象认识和理解来描述面具形象，苗族人、侗族人、布依族人、白族人、彝族人亦然。在彝族人的变人戏中，其面具不管如何变形，彝族人“黑脸，长身，明目，皓齿”的祖先形象仍然“跃然”面具之上。

这方面，我们在论述面具的艺术造型一章里还要详述，此不赘述。

第六章 贵州少数民族面具的制作与“开光”

贵州少数民族面具的制作与开光，是贵州少数民族面具文化的重要组成部分。面具的制作属于民间工艺学的范畴，它包括两个方面：一是材料选择，二是制作工艺。面具的开光是赋予面具神性的一种仪式，它源于佛教轨仪，但又融进了巫、道的因子。

第一节 贵州少数民族面具的材料选择

人类自从发明了面具，就尝试着用各种不同的材料制作面具。远古人类用什么材料制作面具，今天已难知其详，只能根据零星的考古材料作大体上的推断。仅就今天所能见到的古今中外的面具而言，其材质便不下数十种，主要有：金、银、铜、铁、玉、石、泥、陶、木、竹、皮、布、纸、绸、藤、草、棕、龟甲、象牙、笋壳、果壳、砂陶、葫芦、羽毛、豆腐、塑料、麻绳、石膏、玻璃钢等。其中有些材料又可细分为若干种，如金有纯金与鎏金之分，铜有青铜与红铜之别，纸可分为纸浆和纸壳两类，皮则有牛皮、羊皮、熊皮、虎皮等，木更可细分为柳木、柏木、丁木、楸木等数十种。人们制作面具总是从材料的选择开始的，而这种选择通常要受到时代、阶级、自然环境、文化观念、工艺和成本等因素的制约。

图 6-1 思南张家寨布壳面具

就时代因素而论，远古时期，由于生产力十分低下，原始人只能用兽皮、竹木、玉石、藤草、羽毛、龟甲、果壳等在身边即可找到的自然之物制作面具，因此面具的质地还很单调。进入阶级社会以后，随着生产技术的发展，人们开始用金、银、铜、铁、布、纸、绸等人造之物制作面具，使面具的质地变得日益丰富多彩。近代以来，面具家族中更增添了塑料面具、石膏面具、玻璃钢面具等新的品类。总之，面具的材质总是随着时代的发展而不断发生变化。

就阶级因素而论，在阶级社会中，国王、贵族、祭司等统治阶级所使用的面具，多用黄金、白银、玉石、象牙、青铜等贵重材料制作，而广大平民百姓只能选择木、竹、布、纸等廉价材料制作面具。例如，在古代埃及，法老死后常用黄金面具覆盖头部，在古代玛雅，王侯的丧葬面具多用翡翠和绿松石制作。我国周代，国王和贵族盛行用缀玉面罩作为殓服；辽代的王公贵族，死后则多以金、银、铜质面罩覆面。无论中国还是外国，穷苦百姓死后皆罕有用金、银、铜、玉面具者，通常的做法是用一块布遮盖面部，也有的使用陶质或石质面具盖面。阶级社会中森严的等级制度，在面具文化中同样有着鲜明的体现。

就自然环境因素而论，生活在不同自然环境中的人们，总是优先采用当地盛产的或特有的材料来制作面具，从而使某种材质面具的流布，呈现出明显的地域特征。例如，生活在海边的人们，常用龟甲制作面具，而此类面具一般不会出现在山区；生活在草原的人们，常用牛、羊皮制作面具，而此类面具一般也不会出现在海边。同样的道理，象牙面具只流布于出产大象的亚洲、非洲，椰壳面具只流布于出产椰子的热带地区，如此等等。以上情况表明：面具材料的选择，最常见的方式是就近取材，因地制宜，与自然环境紧密关联。

就文化观念而论，面具作为一种具有特殊表意性质的象征符号，负载着历史积淀的深厚文化观念，这种观念既有宗教的，也有民俗的，它们往往通过面具材料的选择表现出来。例如我国上古时期方相氏用以驱傩的面具，多用熊皮制作，名曰倛头，盖因方相氏属于黄帝部落，而黄帝部落以熊作为图腾，方相氏佩戴熊皮倛头，乃是图腾崇拜的一种反映。又如我国云、贵、川一带的吞口面具，质地有木、竹、葫芦、砂陶等种类，其中木质吞口多用桃木制作，因为民间认为桃木有镇邪驱鬼的功能。类似的情况还有很多，此不一一列举。

就工艺和成本因素而论，民间艺人在制作面具时，在同一类型的材质中，总是优先选择那些制作起来比较省力、省时、方便，效果又比较好的材料。当然，成本也是考虑的重要因素，特别是民间所用的面具更是这样。从古至今，民间面具极少有用紫檀木、黄杨木、花梨木之类贵重木料制作的，因为这不符合经济的原则；民间艺人更愿意选择那些价格比较便宜，雕刻起来又比较顺手

图 6-2　德江纸面具

的普通木料来制作面具。对其他面具材料的选择也大体如此。

贵州少数民族面具，无论是傩堂戏面具、地戏面具、变人戏面具，还是度戒面具、绕棺面具、要变婆面具、狮舞面具、吞口面具等，其材料选择基本上也受到以上因素的制约。只是随着时代的变迁，前面两个因素所起的作用已逐渐微弱乃至消失了，现在主要受到后面三个因素（即自然环境、文化观念、工艺和成本）的影响。

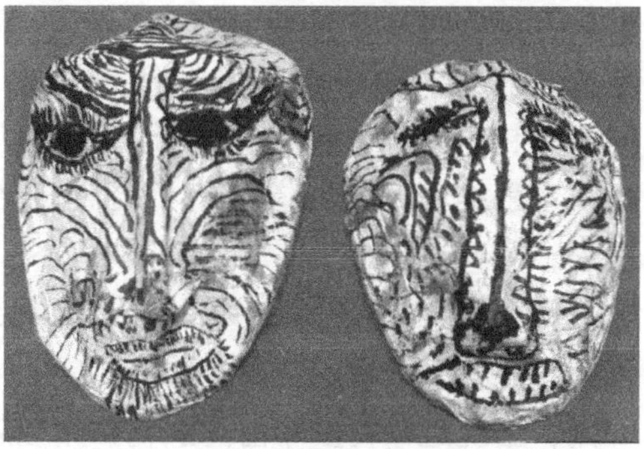

图 6-3　册亨笋壳面具

贵州少数民族面具的质地，已知的有木、竹、皮、纸、布、笋壳、砂陶、豆腐等品类，其中木面具最为常见，傩堂戏面具、地戏面具、变人戏面具、要变婆面具、吞口面具，大部分皆为木质，但各种面具对木质的选择颇不相同。傩堂戏面具过去多用柳木制作，因为柳木在民间是辟邪之物，用它制作面具，据说可以驱邪、镇鬼、纳吉，这与傩堂戏浓厚的宗教色彩十分吻合。现在艺人们则经常用白杨木制作傩堂戏面具，因为白杨木轻软洁白，质地细腻，便于加工，且价格又比较便宜。地戏面具由于雕刻精细，纹饰复杂，所以对木质的选择格外讲究。制作地戏面具的最佳材料是丁木，丁木不但具有质地绵密，便于着刀，韧性好，不易开裂等优点，而且被认为是一种“神木”，现存的古旧地戏面具大都是用丁木制作的。然而丁木究竟是什么树，人们却说法不一，有人说丁木是“丁香”，有人说丁木为“刺桐”，有人说丁木就是“丁木”。我们的观点倾向丁木是刺桐，刺桐树干长满了丁（钉）状的木刺，故民间形象地称其为“丁（钉）木”。丁木现在已很少见，故艺人们多改用当地出产的细叶白杨，其次为白果木和楸木。变人戏面具造型粗犷，制作简便，对木质没有特殊要求，威宁县裸戛村的彝民多用当地盛产的杜鹃、漆树等山地硬杂木制作变人戏面具。要变婆面具对木料的选择也无特殊要求，从江县的苗民多用当地出产的空筒树制作要变婆面具。吞口面具如前所述，多用桃木制作，盖因桃木具有驱邪镇鬼的功能，人们相信在门首悬挂桃木吞口，能保家宅清吉平安。

用竹、皮、纸、布、笋壳、砂陶、豆腐等材料制作的面具，在贵州比较少见，一般只在少数领域和狭小地域流传。生活在荔波、望谟、册亨一带的布依族，喜用竹子和笋壳制作面具，盖因竹子是布依族的图腾物，当地又盛产竹子之故。现在我们见到的布依族的傩戏面具和绕棺面具，有些便是用竹子和笋壳制作的。此外，全省各地在节日和庆典表演的狮舞，其孙悟空和大头和尚面具，亦多用竹篾编扎，然后糊以纸、绸。皮面具在贵州流传极少，目前仅见荔波县方村乡有皮胎傩戏面具遗存的报道，但尚未搜集到实物。黔南、黔东南瑶族在“度戒”仪式中所用的面具，系用纸板制作，一般长、宽各七八寸，上绘彩色神像，称为“神头”。土家族、苗族、仡佬族、侗族和穿青人的傩堂戏面具中，亦有一些为纸质，但通常是木面具遭天灾人祸毁损，掌坛师一时无力添置新的面具，只好临时用纸制作一些简易面具，以应付演出之需。布面

图 6-4　册亨"加官"铝面具

具的情况也大体类似，例如思南县张家寨区溪底乡掌坛师崔照昌，"文革"中其傩班的木质面具被收缴烧毁，他一时没有能力重新添置面具，就用布壳制作了一套面具，以供傩事之用。用砂陶制作面具，是近些年来的事，盘县苗族民间艺人李思贤，出于经济和耐用的考虑，用砂陶制作吞口，很受人们欢迎。因为吞口系悬挂于家宅门首，每日受到日晒雨淋，风吹雨打，容易损毁，砂陶吞口比木质吞口更耐岁月的侵蚀，成本也更低廉。豆腐面具系用豆腐拌和猪血，阴干后压制而成，目前只在织金县吹聋乡发现了一副，据说是一百多年前的遗物。用豆腐制作面具，在全中国乃至全世界，大概都是绝无仅有。以上所论的是面具的主要材料，即决定面具质地的材料，但要完成一面面具的制作，尚需准备若干辅助材料，例如颜色、桐油、清漆、土漆、色漆、铁丝、麻绳、铁钉、石灰、粉笔、锅烟、墨汁、镜片、糨糊、马尾、人发、苎麻等。这些辅助材料因面具品类的不同而各有所需，它们在面具制作中起着重要的作用，并不是可有可无的，对此我们将在下一节中详细介绍。

第二节　贵州少数民族面具的制作工艺

贵州少数民族面具的制作工艺，因材质的不同大体呈现出两种状态：一般说来，用竹、纸、布、笋壳等材料制作的面具，工艺比较简陋、随意，它们多利用自然和生活中随处可得的材料，经过简单的成型和描绘之后，就作为面具来使用了；因此缺乏规范的技艺和固定的程序，无法上升为一种工艺制作的程式。相比之下，木质面具从选料到制作都比较讲究、规范，已形成了一套固定的、复杂的工艺程序，其中以地戏面具最为典型，傩堂戏面具次之，变人戏面具的制作虽然已经有了一套比较固定的工艺程序，但仍然保留着许多简陋、随意的成分。下面，依次对变人戏面具、傩堂戏面具和地戏面具的制作工艺作一简介。

变人戏演出共有 6 个人物出场，除了山林老人惹戛阿布不戴面具外，其余 5 人都佩戴面具，他们是：阿布摩，1700 岁，戴白须面具；阿达姆，女，1500 岁，戴无须面具；麻洪摩，1200 岁，戴黑须面具；嘿布，1000 岁，戴兔唇豁嘴面具；阿安，小孩，戴无须面具。变人戏面具一般用杜鹃、漆树之类的高山硬杂木制作，工艺非常简单，先将圆木锯成一尺左右，一剖为二，用斧头砍成毛胚，然后凭借作者大胆的想象力，粗略地刻出五官即成。其显著的特征是：没有眼珠和嘴唇，仅在相应部位挖出三个孔穴，便表示眼睛和嘴巴。面像不分男女老少，唯以有须和无须来区分性别和年龄。色彩单一，不用油彩精心描绘，只用墨汁或锅烟随便涂成黑色，显得古朴厚重。演出前用石灰或粉笔在脸上、额上画出道道白线，白线的纹饰各个面具多不相同，或横或竖，或做放射状，或做波浪形，类似原始人黥面的图案。关于它的含义，当地彝民有的说那是表示“撮泰”老人年岁的苍老，有的说那是表示人物的性格特征，笔者认为，更可能是彝族先民图腾崇拜的遗痕。需要指出的是：变人戏面具纯粹出自彝族农民之手，而不是由专门从事面具生产的民间艺人雕刻的，在一般的情况下，面具的制作者就是面具的使用者。根据我们的调查，新中国成立前制作过变人戏面具的彝族村民有文正洪、傅正开、周国良、王银宝等人，新中国成立后制作过变人戏面具的彝族村民有文道华、文富宽、傅天明、周德祥等人。

傩堂戏面具一般以 24 面为一堂，不仅角色数量众多，而且造型各异，男、女、老、少、文、武、神、鬼、僧、道、丑一应俱全，这就需要制作者掌握娴熟精湛的雕刻技艺，否则便难以下刀开刻。与变人戏班中人人都能制作面具的情况不同，傩堂戏班中通常只有一个人能制作面具，他就是被称为“雕法师”的傩坛成员。一个傩坛少则七八人，多则十几人，按照法事分工，有掌坛师、引见师、接法师、传牌师、誊录师、香火师、锣鼓师、雕法师等各种名目，他们在傩坛中各有职司，雕法师的职司是制作面具、道具和绘制神案，由精于雕刻和绘画的傩坛成员担任。有的傩坛缺乏擅长雕刻、绘画的成员，所用面具只得向面具艺人购买，也有的从师父那里继承，或由善男信女捐赠。善男信女捐赠面具，一般是家中有人生病，或遭遇灾祸，请傩班前往冲傩之后，病人恢复了健康，灾祸得到了化解，于是便出资购买一两个面具赠给傩班，以表感谢。由于面具价格不菲，故很少有捐赠整副面具的。

傩堂戏面具的制作工艺远比变人戏面具复杂，艺术上也比较精致和富于个性。民间艺人（包括雕法师，雕法师实际上是傩坛中的民间艺人）通常选用柳木和白杨木作为制作傩堂戏面具的胚料，原因如前所述。其工艺大致如下：

第一，把买来的木料阴干，根据需要将其锯成长短不一的木段，一剖为二，作为面具的胚料。面具尺寸没有定规，一般长 20—30 厘米，宽 15—20 厘米，但也有超大和超小的，例如道真县桃源乡的一面二郎神面具，竟长 48 厘米、宽 22 厘米，而思南县民委收藏的一面开山面具，仅长 18.5 厘米、宽 12 厘米。以上为整脸面具的尺寸，傩堂戏面具中另有部分半脸面具（又称半截面具），因没有下颌，故名，其尺寸只有整脸面具的三分之二，最小的长、宽分别在 15 厘米和 10 厘米以下。面具的大小决定着胚料的粗细和长短，民间艺人总是依据面具的品类和尺寸来选料、裁料。

图 6-5　新雕成的傩面

第二，裁好胚料后，便可择日雕刻。

由于傩堂戏面具多为三界神衹，因此在下刀开刻之前，需选一良辰吉日，焚香沐浴，向神祈祷，以表虔诚；傩坛中的雕法师，还要观师、默师，在师坛图前念诵历代祖师特别是雕法师的生庚名讳，以求庇佑。雕刻时须根据不同角色的性别、年龄、身份和性格来刻画其五官、神态、冠帽、发髻等。初学者通常要参照范本，先用笔在胚料上画出脸谱的轮廓，再用刻刀、凿子依样画瓢。熟练的艺人不拘泥于范本，能任意驰骋想象，自由地即兴发挥，以故即使是同一角色，在不同艺人手下往往神采各异。

第三，傩堂戏面具中有一些特殊的品类，其制作工艺与普通面具颇不相同。此类面具的特征是眼睛、下颚会动，俗称动眼断颚面具，又叫活口面具，角色主要有山王、孽龙、秦童、土地、二郎神等。动眼断颚面具与一般面具在制作工艺上的区别，主要表现在眼睛和下颚的制作上：首先，在眼部镂两个硕大的眼眶，左右两侧钻以榫眼，然后制作两个眼球，用铁丝和竹棍将其缚牢并固定在眼眶之中。其次，将下颚单独制作，两侧钻孔，用竹棍将其与面具的主体部分相连。眼球和下腭用麻绳连接，演出时演员用牙咬住麻绳，时松时紧，可使眼睛灵活转动，下颚自由开合。

第四，无论是普通面具还是动眼断腭面具的制作，一般均需经过两道工序：第一步刻出面具的大致轮廓，要求做到棱角分明，结构匀称，比例正确；在此基础上，再对五官、冠帽、发髻等进行深入刻画，力求传达出角色的神态和性格。面具雕刻完毕，需用瓷片刮去刀痕，再用砂纸打磨光洁。过去没有砂纸，则用细砂擦拭。为了使面具不生虫不开裂，经久耐用，有些面具艺人还要把面具放在桐油锅中炸，温度不宜太高，时间不宜太久，待面具表面炸得微黄即可捞出。

第五，傩堂戏面具制作的最后一道程序是上彩和装须。上彩分淡彩和重彩两类，淡彩一般以赭石、土黄和黑色作为主色，赭石、土黄用以涂脸，黑色用以染冠帽、发髻，勾勒眼睛和眉毛；但也有把整个面具涂成一种颜色的。上彩毕，用桐油均匀地刷上几遍，可使面具鲜亮，并防止褪色。用红、蓝、黄、绿、黑等各色油漆在面具上勾画出大的块面，一些细致的地方，如冠帽上的龙凤、花草、云水纹饰，则用笔精心地加以描绘。现存的古旧傩堂戏面具，淡彩居多，重彩较少，盖因当时民间很少有五彩油漆，用土制颜料和桐油，既方便又经济，故多用淡彩。装须是用人发、马尾、麻丝，为某些特殊的角色装上胡须，这类角色常见的有土地、判官、张飞、关羽等，较之地戏面具，傩堂戏面具中有胡须的角色要少得多。

贵州的傩堂戏，新中国成立前绝大部分县市都有流传，一个县市少则十几堂几十堂，多则上百堂，估计全省不下二三千堂。若每堂平均有十个面具，则全省遗存的面具不下二三万之巨。又假如每个面具艺人一生平均制作 300 个傩面，那么 3 万个傩面需要 100 个面具艺人才能完成。但由于傩堂戏面具多为世代传承，演出中或保管中虽时有损毁，毕竟是极少数；事实上现存的古旧傩面，大多已传了几代乃至十几代人。因此，3 万个傩面并非一代面具艺人工作的成果，而是几代乃至十几代面具艺人劳动的积累。换言之，生活于同一个时期的傩堂戏面具艺人，大约只有十余人或者更少。前辈的傩堂戏面具艺人，由于各种文献均无记载，加之他们大多居住在偏僻的乡村，不易被外界了解，故其名字和事迹已被无情的岁月所淹没；而傩坛中的雕法师，也只是在“师坛图”中保留了一个名字，他们的生平、事迹、师承和作品，已很少有人知晓。生活在新中国成立前至新中国成立初的傩堂戏面具艺人，据我们调查，只有寥寥数人。这是由于傩堂戏含有浓厚的宗教成分，新中国成立以后长期遭到查禁，傩堂戏面具艺人没有活干，纷纷歇业和改行，致使他们渐渐被人遗忘。改革开放以来，随着政治气候日渐宽松，一些地区又恢复了傩堂戏演出，鉴于很多傩班的面具已在“文革”中被查抄焚毁，急需补充一批面具以供演出之用。但这时老一代面具艺人有的已经谢世，有的年事已高，很难再操旧业，于是涌现了一批新的面具艺人（准确地说是面具制作者），他们一般均未曾拜过师，而是凭借自学初步掌握了雕刻技艺。现在一些傩坛使用的新刻面具，大多做工粗糙，神情呆板，远不如古旧傩面精彩，盖因其制作者缺乏严格训练之故。并且，从前面具在面具艺人（特别是雕法师）心中，是神祇的载体和化身，他们制作面具时，心中充满了虔诚和敬畏的感情，因此刀下的作品很自然地便具有了一种“灵性”。现在的面具艺人对面具一般已不再怀有神秘之感，他们制作面具更多的是受经济利益的驱使，因此刀下的作品也就失去了灵性，而变成了代表某个角色的符号。

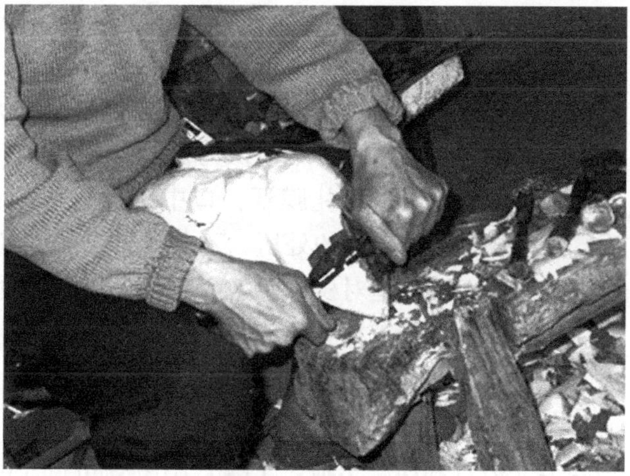

图 6-6　傩面的制作

道真县的著名傩堂戏面具艺人，据我们调查，有雷德生、王雕匠、李雕匠等。雷德生系忠信区群益乡人，仡佬族，1923 年生，因家庭贫穷，少年时流浪四方拜师学艺，出师后回到家乡，以雕刻面具、佛像为生。他一生雕过数百个面具，作品造型浑朴、神采生动，山王面具刻得尤其精采。新中国成立后在家务农，1987 年病逝，享年 64 岁。王雕匠系旧城区棕坪乡人，苗族，生卒年月不详，大约生于 20 世纪 20 年代，60 年代病逝。李雕匠系玉溪区梅江乡人，族属及生卒年月均不详，大约生于 20 世纪 30 年代，80 年代病逝。以上两个面具艺人的具体事迹已不可考，甚至连名字也未留下，人们只是因为他们会雕面具，而以某雕匠称呼之，足见从前面具艺人社会地位的低下。

德江县的著名傩堂戏面具艺人，有潮砥乡的张云财、稳坪乡的陈尚禄、文新乡的陈雕匠、枫溪乡的罗雕匠、覃雕匠等，他们生活在清末至建国初期，均系祖传的手艺，所刻面具风格各异，都具有较高水平。其中最著名的是张云财。张云财生于 1876 年，卒于 1960 年，土家族，祖上六代都是傩堂戏艺人，他幼承家学，精于雕刻，所刻面具造型生动，富于神采，不仅德江县境的面具多出其手，而且周边印江、思南、沿河、务川等县的傩班亦慕其名声，纷纷前往购买面具。其子张钟琪、张钟煜、外孙黎世宏，都曾向张云财学艺。尤其是黎世宏，因得外公秘传之《神面谱》，加之聪颖好学，雕刻技艺有出蓝之誉，前几年中央电视台和贵州电视台都播放过他制作面具的专题片。改革开放以来，黎世宏又传艺给张玉波、陈小强、王国华、罗克祥、黎江荣等，使德江县的面具雕刻艺术薪火相传，后继有人。其他地区的傩堂戏面具艺人，有松桃县苗族面具艺人王裕斐等。

地戏面具是贵州各类面具中角色数量最多、制作工艺最复杂、艺术最精致的一种；与傩堂戏面具相较，它与戏剧本身也结合得更加紧密。在傩堂戏中，不仅法事部分基本不使用面具，而且插戏演出也很少使用面具，即使是正戏，现在有些地方已逐渐改为了涂面化装，或用自制的纸面具、布面具聊以充数。但地戏却不然，它不仅在每一个演出环节（如“参庙”“开财门”“扫开场”“跳神”“扫收场”等）都需佩戴面具，而且必须佩戴由面具艺人正规制作的木质面具。如果某个地戏班子因某种原因面具遭到了损毁，那么该地戏班子宁可不演出，也不愿降格以求，用自制的纸质、布质面具作为代用之物。在通常的情况下，他们会千方百计地筹措资金，请地戏面具艺人重新刻制一副面具，哪怕为此等上三年五载也在所不惜。这种对面具近乎苛刻的要求，从一个侧面反映了面具在地戏中的重要地位，因此老艺人们说：“地戏玩的就是脸子（面具）。”

地戏面具系由专业的面具雕刻艺人制作，所用木料为丁木、白杨、白果、楸木等。过去多用丁木，而丁木被认为是一种“神木”，面具艺人在砍伐树材时，要在树下供奉香烛，虔诚地顶礼膜拜，口中念诵吉祥的祝词，以免树神怪罪。树材扛回家后，要堆放在清洁干爽的处所，不能乱堆乱放，尤忌堆放在猪圈、人厕旁边，或从树材上跨过，否则便是对树神不敬，会招致不祥。动手雕刻前，要将斧、凿、刨、锯等一应工具和马凳置于神龛前面，焚香点烛，用雄鸡一只，咬破鸡冠，将鸡血滴洒在树干上祭祀树神，并念诵祝词，俗称“驾马”仪式。仪式结束，才能动刀施工。地戏面具角色众多，总计不下千种，按其身份和造型，大体可分为武将、道人、丑角、动物四类（另有和尚、土地、丫鬟、小军等角色，因数量不多，未便归类）。其中武将面具数量最多，最有代表性，这里主要介绍武将面具的制作工艺，兼及其他。

第一，把已晾得半干的材料锯成1尺2寸左右的圆木，剥去树皮，再晾3—5天，从中破成两个半圆，成为两个面具的胚料，以备进一步加工。切忌把生木料放在烈日下曝晒，那样会使木料炸裂。为了防止面具开裂和被虫蛀，可将胚料放在沸水中煮，煮时水中加入一定数量的石灰。

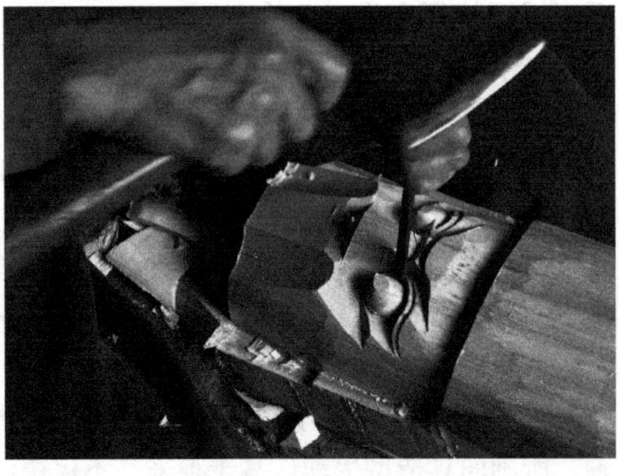

图6–7 地戏面具制作

第二，武将面具由面部、头盔和耳翅3部分组成，面部和头盔连为一体，是重点加工的部位，制作时先在胚料上量好头盔和面部的比例，用笔在盔沿、鼻翼、嘴裂处画三根横线，然后用斧头劈出大的轮廓，称为粗坯。各部位的比例和五官的造型，民间流传着如下口诀："各一半（头盔与面部之比），三三五（以自己的指头为尺度，额3指，鼻3指，鼻尖至下巴共5指），立眉皱鼻鼓眼睛。"粗坯晾3—5天，再刻二胚。二胚要求将头盔的图案纹饰交代清楚，并塑造出不同角色的表情和神态。头盔分为尖盔和平盔两种，早期多尖盔，后期逐渐向平盔过渡。尖盔的装饰较简洁，平盔的装饰较繁缛，其装饰层一般为3—4层，男盔多用龙纹装饰，女盔多用凤纹装饰。一些特殊的角色，盔上还须饰以星宿图案。如岳飞传说是大鹏星下凡，他的头盔上必须刻一只大鹏金翅鸟；薛仁贵传说是白虎星转世，他的头盔必须饰以白虎图案；樊梨花传说是玉女投胎，她的头盔必须用玉女装饰；等等。少数精工的面具，还需在二胚的基础上再刻一次，对面具的细部进行深入细致的加工，称为三胚。面具的主体部分完成后，需刻制一对耳翅与之相配，耳翅长约七八寸，上面饰以龙凤、花草图案，钻孔后用麻绳拴系在面具耳部。道人、丑角、动物面具没有耳翅，可省去这道工序，它们的制作方法与傩堂戏面具大同小异，此不赘述。

第三，将面具打磨光洁，然后着色上彩，勾画图案纹饰。面具的着色分为油质和胶质两种。油质着色用石青、石绿、赭石、土黄等粉质颜料加入清漆调配，然后上彩。采用这种方法，色彩鲜亮，不怕雨水，不易褪色，缺点是成本高，因此艺人们不常使用。胶质着色用各种广告画颜料或粉质颜料加入牛皮胶调配，然后上彩。采用这种方法，色彩不鲜亮，怕雨水，易褪色，优点是成本低，故艺人们多使用此法。地戏面具的画脸表现出一定的程式化倾向，与京剧脸谱有某些相似之处。有的角色面部只涂一种颜色；有的角色上部和下部，左部和右部各为一色，称为"阴阳脸"；有的角色面部用蜂、蝶、鱼、瓜蔓等图案进行装饰。眉毛的画法，有"女将柳叶眉，少将竹叶眉，武将刺刺眉"和"女将一根线，少将一支箭，武将如烈焰"的口诀。面具着色上彩完毕，通常要用光油刷上一遍，这样能使色彩更加鲜艳夺目，富有光泽。地戏面具的颜色一般只能保持10年左右，到时便要重新油洗、彩绘，因此即使是一两百年前的地戏面具，从正面看上去也鲜艳如新。

第四，地戏面具着色上彩后，还需装上镜片和胡须，才算最后完成。镜片大多安装在武将的头盔和耳翅上，系用夹钳将镜子掰成五分硬币般大小，背面涂上胶水，粘在事先凿好的孔洞中。镜片少则两三个，多则十几个，演出时阳光照在上面闪闪发光，能增添一种热烈欢快的气氛；据说还能起到照妖镜的作用，让妖魔鬼怪见而退避三舍。地戏面具中有胡须的角色甚多，不但各类老将均有胡须，而且土地、道人、夹嘴、小顶子等也有胡须。胡须有黑、白、红3种颜色，用人发、马尾、麻丝等材料制作。红色胡须系用白马尾或麻丝染色而成，在贵州仅见于地戏面具，其他类型的面具均未见使用。

由于地戏面具工艺复杂，雕刻精细，因此所需工具远比变人戏面具和傩堂戏面具多。制作变人戏面具只需要十多种工具，主要有锯子、斧头、大小圆凿、平凿及木槌、油筒、瓷片等。而制作地戏面具的工具常见者便有近30种，其名称和用途如下：

一分圆凿：镂刻眼睛小缝。
二分圆凿：镂刻小洞。
三分圆凿：镂刻较小的洞。
四分圆凿：镂刻牙齿和鼻孔小洞。
五分圆凿：打半圆形洞。
六分圆凿：转圆角。
七分圆凿：镂刻云纹。
八分圆凿：修眼皮。
九分圆凿：镂刻龙凤图案。
一寸圆凿：镂刻内空。
半分平凿：掏小缝杂质。
一分平凿：打小洞。
二分平凿：铲小而平的地方。
四分平凿：铲龙凤盔。
五分平凿：打大洞。
洗凿：铲脸上的上部侧面。
尖三角刀：镂刻眼角。
油筒：为工具擦油。
木槌：槌击凿子、刻刀。
斧头：砍毛坯。
推刨：把耳翅推平。
切锯：把木料锯断。
解锯：把木料横剖开来。
手锯：锯细部。
钢丝锯：提花，锯洞。
夹钳：掰镜片。
锥子：在耳翅和面具上钻孔。
铁锅：煮胚料，染胡须。

以上所列，只是一般常用工具，有些面具艺人的工具更多，分工更为细致。例如旧州镇面具老艺人黄炳荣使用的工具，竟达40多种，仅圆凿而言，从半分到1尺5寸，各种型号一应俱全。

制作一面地戏面具，通常要费数日之功，有些精工的面具甚至要雕半个月以上，其所耗费的时间远远多于傩堂戏面具（价格自然也昂贵得多）。加之一堂地戏面具动辄三四十面、五六十面，有的竟达一百多面，也远远多于傩堂戏面具半堂十二面、全堂二十四面之数。以上两点，决定了民间对地戏面具艺人的需求，要大于对傩堂戏面具艺人的需求；而地戏面具艺人的经济收入，相对来说也较为稳定、丰厚。于是，一些地方出现了地戏面具艺人聚村、聚族而居，祖孙世代传承的现象。那些技艺高超的地戏面具艺人，是乡民们尊敬、崇敬的偶像，乡民们谈起他们时，总是肃然起敬，如数家珍，不但熟知他们的名字、生平和掌故，而且会因为拥有一堂他们刻制的面具而无比自豪。清代中晚期以来著名的地戏面具艺人，已知的不下数十人，他们的作品风格鲜明，各具特色，有的已形成了流派，对此将在下一章加以论述。

第三节　贵州少数民族面具的“开光”

“开光”亦称“开眼”，原是佛教中的一种宗教轨仪，本意是通过某种庄严的仪式，赋予无生命的物体以生命和灵（神）性。“开光”多用于木雕泥塑的佛像，但也不限于佛像，有时佛塔、佛殿、神幡、神牌等亦须“开光”。后来这种仪式被引入傩文化和面具文化中，成为傩文化和面具文化的重要有机组成部分。

面具制作完成后，仍然是一般性质的物件，不能直接用于各种宗教、民俗性质的演出，必须经过“开光”仪式，赋予它生命和神性，使它由凡胎木偶变为神祇、祖先、英雄的化身和载体。只有完成了这一转变，面具在演出中才能发挥出驱鬼逐邪、迎福纳吉的功能。

贵州少数民族面具因品类不同，其“开光”仪式的表现颇多差异，有的非常隆重，如地戏面具和傩堂戏面具；有的比较随意，无所谓仪式，心中有念就是神，如绕棺面具、要变婆面具、狮舞面具、跳加官面具等。这些面具制作完成后，放在神龛前面，点一炷香拜一拜就行了，隆重一点的烧一些纸即可；有的则把“开光”附在某种仪式中一并处理，这些都不是严格意义上的“开光”，只是一种变通的赋予面具神性的简易方法。下面着重介绍地戏面具和傩堂戏面具的“开光”仪式。

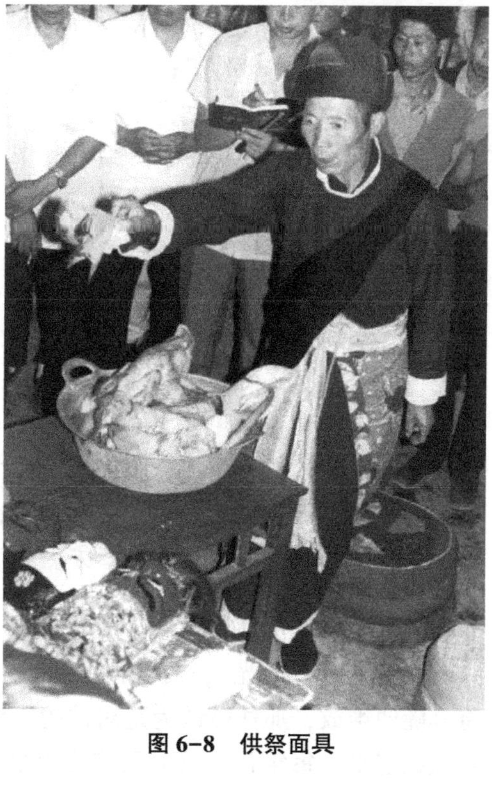

图 6-8　供祭面具

地戏面具通常由所需村寨聘请面具艺人到村中刻制，一副面具全部刻完后，便统一为之举行“开光”仪式。仪式地点过去设在存放面具的庙中，现在多在戏头家里。主持人为戏头或面具艺人，戏班的主要成员都要参加。做法是：将全部面具按正派角色和反派角色分别摆放在神龛前的祀台上，主要角色（如刘备、关羽、薛丁山等）摆在前面的显要位置。祀台上焚香燃烛，供奉各种祭品，然后宰杀雄鸡一只，用鸡血点在面具上，由戏头或面具艺人念诵“开光”词：

香烟袅袅上天庭，
一直飘到南天门，
来到天门无别事，
迎请天神下凡尘。

手拿红烛亮堂堂，
一枝阴来一枝阳。
黄道吉日来开光，
神圣护佑大吉昌。
昔日唐僧去取经，
佛爷面前说分明。
随手带回几个蛋，
拿来孵出几只鸡。
一只飞往空中去，
取名叫做凤凰鸡；
一只飞往箐中去，
它的名字叫野鸡；
一只飞往竹林去，
它的名字叫竹鸡；
一只飞往田中去，
它的名字叫秧鸡；
一只飞往家中来，
取名叫作报晓鸡。
今日拿你无别事，
拿你做个开光鸡。
开眼光，两眼亮堂堂，放毫光；
开耳光，两耳听八方，妖魔鬼怪无处藏；
开鼻光，鼻闻炉中八宝香；
开口光，口含二十八宿赛金刚；
开脚光，脚踏祥云走四方。
开光已毕，万事大吉。

面具经过“开光”，便不再是凡胎木偶，而有了灵性，成了神的化身，此后不得将其随便堆放，那样被认为是对神的不敬，会受到神的惩罚。必须用专门的箱柜把面具收藏起来，每年春节或中元节演出之前，要先举行隆重的“开箱”仪式，然后才能取出使用，使用完毕，需举行“封箱”仪式，将面具放入箱中封存起来。“开箱”“封箱”仪式与“开光”仪式一样，都源于对面具的信仰和崇拜，所不同的是，后者系赋予面具神性的一种仪式，前者更多地表现为对面具的禁忌。

傩堂戏面具的“开光”仪式，由掌坛师主持进行，地点设在掌坛师家的师坛前，仪式中除安师请圣外，还要“发文”“书表”，以取得神祇和祖师的认可。与地戏面具的“开光”仪式相较，显得更加神秘、庄严。所念诵的“开光词”，因地域、民族、傩坛之不同而颇多歧异。黔东侗族傩坛的“开光词”为：

头戴冠帽身穿裳，
师刀拿在手中央。
敲起锣来打起鼓，
迎请仙师赴傩堂。
金钱银钱烧半斤，
五寸红烛点一双。
红烛交给仙师手，
仙师拿来开神光。
开光莫开灯盏光，
灯盏无油点不亮；
开光莫开萤火光，
萤虫尾巴亮不长。
开光要开日月光，
日光月光照四方；
开光要开阴阳光，
阴光阳光照得长；
开光要开头脑光，
头脑聪明播四方；
开光要开额头光，
额头饱满福寿长；
开光要开双眉光，
相貌出众管四方；
开光要开双眼光，
眼如流星射四方；
开光要开双耳光，
言语入耳听得详；
开光要开双鼻光，
左鼻右鼻闻五香；
开光要开双唇光，
言语出众才压场；

开光要开大口光，
出言句句是文章；
开光要开双手光，
手拿笔墨写文章；
开光要开双脚光，
脚踏乾坤镇家邦；
开光法事已圆满，
神受香烟臣歇坛。

下面是黔北仡佬族傩坛的“开光词”：

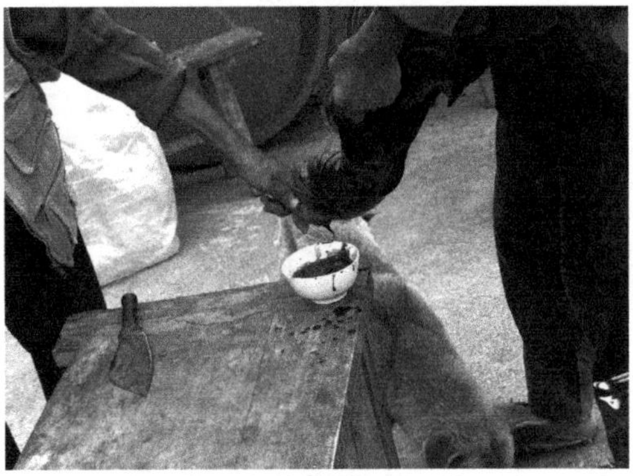
图 6-9　杀鸡用牲开光点香

一对红烛半尺长，
不分昼夜放毫光，
信人拿来敬神明，
弟子拿来开神光。
开光莫开灯火光，
风吹灯灭不久长；
开光要开日月光，
日月轮流照四方。
天师下来开天光，
地师下来开地光，
阴师下来开阴光，
阳师下来开阳光。
神不开光神不灵，
开了神光显威灵。
借得傩堂锣和鼓，
开光神咒诵经章。
开头光，头上紫气放毫光；
开脸光，脸带桃红喜洋洋；
开眉光，眉毛八字排两行；
开眼光，两眼如同日月长；
开耳光，耳听法音妙宣扬；
开鼻光，鼻闻信香达上苍；
开口光，张口原来吃四方；
开手光，手持宝珠镇中央；
开脚光，脚踏祥云大吉昌。
开光已毕，百事大吉。

与地戏面具不同，傩堂戏面具“开光”以后，通常不是放在特制的箱柜中，收藏和取用亦不需举行烦琐的“封箱”和“开箱”仪式。它平时就装在背篓中，存放在掌坛师家的堂屋里或阁楼上，举行傩事活动时，背上背篓便可前往愿主家，十分方便。傩堂戏面具的这种存放方式，是基于以下两点原因：其一，傩堂戏演出没有固定的场地，多在愿主家的堂屋或院坝进行，它们距掌坛师家少则几里十几里，多则几十里上百里，沿途需翻山越岭，涉水过桥，若将面具装入箱柜中收藏，搬运起来十分笨重，放在背篓中搬运起来则非常轻便。其二，傩堂戏演出没有固定的时间，视愿主的需要而定，一年往往要演出十几次甚至几十次，若每次演出前都要举行烦琐的“开箱”“封箱”仪式，将不胜其烦，也太浪费时间。

由于傩堂戏面具的收藏和取用过于随便，不可避免地会使它从“开光”仪式中获得的神性受到削弱。好在傩堂戏中有一项名叫“开光点像”的仪式，会使傩堂戏面具的神性得到补充和加强。“开光点像”由“开光”和“点像”两部分组成，它们或者作为一堂法事单独举行，或者置入相关法事中一起举行。需要指出的是，在傩堂中不仅面具要“开光点像”，而且神像、神龛、傩公、傩母、茅人等都要“开光点像”。

“开光”的做法是：法师双手各执一枝燃烛，口念“开光词”，开面具哪一部分之光，则用燃烛在该处晃动一下，有的还要画“开光照明月讳”。德江县土家族傩坛的“开光词”为：

开光莫开灯火光，
有灯无油不久长。
开光要开日月光，
日月轮流照四方。
开顶光，头顶诸佛放毫光；
开眉光，眉分八彩观十方；
开眼光，眼观合家福寿长；
开口光，讲经说法甚高强；
开耳光，鼻闻炉中八宝香；
开心光，心如明月亮堂堂；
开手光，手拿财宝进家邦；
开脚光，脚踏乾坤镇家邦；
开肚光，肚内有文章；
开背光，背有三百六十骨吊之毫光，骨吊相连，七窍相通。
开光已毕，百事大吉。

“点像”系由法师捉一雄鸡，掐破（或咬破）鸡冠，用鸡血点在面具上，口中念道：

此鸡不是非凡鸡，
头戴火焰帽，
身披五色衣，
口叫五更时。
叫一声惊动满天星斗，
叫二声惊动地府得知闻，
叫三声惊动诸神齐降临。
弟子将你无处用，
拿来作个开光点像鸡。

念毕，从神案上拿起令牌，一边在神案上拍击，一边在空中画“金光令”，朗声念诵：“天之精光，地之灵光，日月华光，弟子神光，尊神威光，金光速现，速现金光。”最后法师化纸斟酒祀神，打胜卦一个结束“点像”仪式。

第七章　贵州少数民族面具的艺术特色

贵州少数民族面具在漫长的时代里，主要是作为戏剧暨宗教、民俗活动的道具而存在的，具有很大的依附性，离开了那些戏剧及宗教、民俗活动，它便失去了生存的土壤。但贵州少数民族面具本身又是具有丰富文化内涵和鲜明艺术特色的兼具物质性与精神性的产品，而这正是今天人们对它格外关注、倍加珍惜的地方。前面我们已对贵州少数民族面具的文化内涵作了较多的论述，本章着重分析它的艺术特色。

第一节　作为造型艺术的面具

面具文化是一门边缘性极强的学科，有着多学科或跨学科的学术表现，面具本身所蕴含的丰富文化内涵，使人们可以从多重角度对之进行研究，例如：从戏剧的角度、舞蹈的角度、宗教的角度、民俗的角度、雕塑的角度、绘画的角度、傩文化的角度等等。在这众多的角度中，美术的角度（即雕塑与绘画的角度）无疑是最直观、最感性、最外显的角度，人们研究面具文化，几乎无一例外都是首先从美术的角度切入，进而才转向其他角度的，这是因为，面具首先是一种造型艺术，然后才是其他，比如：戏剧的道具、镇宅的法物、神灵的载体、祖先的化身，如此等等。

作为一种造型艺术，面具与雕塑和绘画有着极为密切的关系，雕塑决定面具的“形”，绘画决定面具的“色”。“形”和“色”是构成一切造型艺术的基本要素，也是构成面具的基本要素，面具的象征功能和扮饰功能，正是通过那些浸透民间的审美观念，并被符号化了的形象和色彩来实现的。然而面具最初并不是一种造型艺术，而是人体装饰的有机组成部分，从人体装饰衍变为造型艺术，其间经历了漫长的时间。

民族学和考古学的资料表明，人类早期的面具，几乎都是利用天然之物（其中最常见的是经过剥制的兽头）稍加修饰而成。在距今二三万年前的欧洲旧石器时代晚期的洞穴壁画中，我们经常可以看到一些面具图像，它们几乎全部都是用兽皮制作而披在原始先民身上的，其中最著名的是法国三兄弟洞中“鹿角巫师”的图像。我国新石器时代的岩画（如内蒙古阴山岩画、宁夏贺兰山岩画、云南元江它克岩画）

中，也曾发现过此类图像。近代非洲、北美洲的一些原始部族，每当举行大的狩猎活动前，都要表演野牛舞、驯鹿舞等拟兽舞蹈，以祈祷狩猎活动取得成功。舞蹈时由几个部族成员将野牛、驯鹿的皮毛连头带尾披在身上，装扮成野牛或驯鹿。他们在场地中间跳跃奔跑，或遍地打滚，接着几个猎人跑上场，用弓箭或枪棒象征性地把“野牛”“驯鹿”“射死”或“刺伤”。据说举行这种仪式之后，第二天狩猎时野牛、驯鹿便跑不快，很容易被捕获或杀死。显然，这种做法属于交感巫术，西方一些人类学家的著作，对此有很多记录。

早期人类之所以常用兽皮制作面具，一是取材方便，二是加工容易，三是含有巫术的意义。除了兽皮之外，原始先民还利用龟甲、贝壳、头骨、藤蔓等易于加工的材料制作面具。估计那时人类还不具备用木、陶、石、玉等材质加工制作面具的能力，因为这不仅需要较为先进的工具，而且需要较为复杂的工艺。需要指出的是：原始先民使用的面具，与今天我们看到的面具并不完全相同，它们通常只是假形装扮的一个组成部分，除了佩戴面具，原始先民还要文身、绘身；在头上插满鸟羽、花朵、果实；用植物纤维或兽皮披挂在身上。

人类用雕塑和绘画的手法制作面具，大约是在新石器时代早期，开始是用石、玉、陶、木、象牙等材质制作面具，后来随着生产技术的进步，又出现了金、银、铜等金属面具。以上质地的面具制作工艺复杂，并需借助较为先进的工具，它们是生产力发展到一定阶段的产物，凝聚了古人的智慧和技术。只有到了石、玉、陶、木、金、铜等面具出现之后，面具才真正成为一种造型艺术，一种蕴含着人类审美意识和宗教意识的手工制品。

造型艺术泛指绘画、雕塑、建筑、工艺美术等美术门类，面具从美术门类划分，属于工艺美术的范畴，但它在制作工艺上则融雕塑和绘画的造型手段于一体，而二者相较，雕塑的造型手段在其间占有更重要的位置。这是因为大部分面具在艺术样式上都属于浮雕作品，民间艺人运用刻、镂、塑、铸等手法，通过长度、高度和深度的“三维空间”，来表现面具所象征的神祇、魔鬼、祖先、英雄和世俗人物。当然，绘画的造型手段在面具制作中亦不可或缺，民间艺人运用不同的色彩、图案、纹饰，来刻画不同角色的年龄、外貌、性格、品质和身份，但在大多数情况下，绘画的造型手段在面具制作中只是起辅助的作用，唯有在纸壳、笋壳、布料等平板面具中，绘画的造型手段才在面具制作中起主导作用。

造型艺术的基本特征是具体可感的视觉形象性，这一特征也鲜明地表现在面具身上，没有形象就没有造型艺术，也没有面具。作为一种工艺美术产品，面具具有物质的和精神的双重属性，这一属性决定了它的制作必须符合实用、经济、美观的原则，这使得面具的视觉形象性具有以下特色。

一是写实性的特色。面具在古代具有多种功能，当它用于狩猎时是一种生产工具，用于战争时是一种防护武器，用于祭祀时是一种通神法器，用于表演时是一种化装道具……近代以来，面具的实用功能逐渐衰落，审美功能不断加强，现在面具已不再用于狩猎和战争，而主要用于舞蹈、戏剧表演和宗教、民俗活动，除了吞口等个别面具品类外，扮饰角色成了面具最常见、最基本的功能。用于舞蹈、戏剧表演和宗教、民俗活动的面具林林总总，差异很大，按其身份大体可分为神祇、鬼魂、人物（英雄人物和世俗人物）、动物四大类，其中每一类都有数目不等的具体角色。要将这么多角色区别开来，面具艺人必须根据每个角色的性别、年龄、外貌、性格、身世等，对之进行深入、具体的刻画，否则角色之间就会互相混淆，面具的扮饰功能就无从谈起。所谓深入、具体的刻画，亦即写实性的刻画，民间艺人在艺术上注重表现角色的形貌和神韵，强调以形写神，形神兼备，这一追求与中国古代的审美传统完全吻合。当然，民间艺人也常常采用变形、夸张和抽象的手法，但以不失去角色的外形特征为前提。在前述四种类型的面具中，不仅人物面具和动物面具的原型来自现实生活，神祇面具和鬼魂面具亦源于人间世界，只不过在人物面具和动物面具的基础上进行了大胆的变形和夸张，例如口中伸出两颗獠牙，额上多出一只眼睛，头顶长了一对尖角，如此而已，无论它们的造型多么怪诞奇异，仍然是现实社会生活的反映，其表现手法仍然属于写实性的范畴。以上所论主要为中国的面具，在国外（例如非洲）一些原始部族中，往往采用高度抽象的手法来塑造面具角色，在那些面具中，再现的因素十分淡薄，表现的成分占据了主导地位，这是由于不同的审美观念和文化传统所致。写实和抽象，再现和表现，是艺术创作的两种基本方法，它们互相矛盾又互相包容，凭借着它们，艺术的精灵才能展翅腾飞。但在不同的文化传统中，对二者是有所侧重的，而中国面具更多地倾向于前者。

图 7–1　齐二所刻面具（清）

二是符号化的特色。形成这一特色的原因有二：首先是为了便于观众辨别面具角色。我国民间流传的面具绝大多数用于舞蹈、戏剧表演和宗教、民俗活动，其使用场合多为灯烛幽暗的堂屋，或广阔空旷的田野，观众大部分是文化程度不高甚至目不识丁的农民，人数通常在数百人至数万人之间。面具出现在这样的场合，观众往往很难真切地看清它们，从而严重削弱了其扮饰功能。为了使观众在幽暗的灯烛下，在很远的距离外，在拥护的人群中，毫不费力便能辨别出各个面具所扮饰的角色，民间艺人需要寻找一种最佳的表现手法，这就是符号化的手法。符号学家认为：人是符号动物，人的本质在于他能利用符号去创造文化；艺术就是人类创造的具有审美因素、情感因素和表现因素的特殊符号。① 在历史上，各个民族都曾经在自己民族文化艺术传

① 参阅恩斯特·卡西尔：《人论》，上海译文出版社 1985 年版；苏珊·朗格：《艺术问题》，中国社会科学出版社 1983 年版。

统的基础上，创造了一系列视觉艺术符号，它们融自然崇拜、图腾崇拜、生殖崇拜于一体，表达了先民们祈祷幸福的良好愿望，以及追求美的质朴感情。龙、凤是中华民族的图腾，也是中华民族的视觉艺术符号；梅、兰、竹、菊四君子是中国封建文人创造的视觉艺术符号。基督教文化中的十字架，佛教文化中的莲花，伊斯兰教文化中的新月，道教文化中的太极图，都属于这样的符号。从艺术学的角度分析，各个民族的视觉艺术符号，无不具有普遍性和程式化的特点。所谓普遍性，指该符号的内容和形式，被一定文化圈内最广大的人群所认可，已经形成了一种“集体无意识”。所谓程式化，指某种视觉艺术符号一旦形成，就会在该文化圈内被大量重复使用。这一特点也鲜明地表现在面具文化中。例如我国很多地方（主要是傩文化流行的省区）常用龙、凤形象装饰面具，前者用于男性角色，后者用于女性角色，观众一看到面具上的龙、凤图案，便能轻易判定该角色的性别。又如二郎、灵官面具，眉间必绘有一只“纵目”，和尚、寿星面具，额上必刻有一个“福包”，这也是符号化的表现。在藏文化圈中，面具常用骷髅形象装饰，骷髅在儒家文化中被视为死亡和不祥的象征，因此傩文化圈中的面具没有骷髅形象。但藏文化圈中，骷髅被认为是天葬台的保护神，是引导鬼魂的指路精灵和吉祥之神，因此其形象常在“羌姆”面具中出现。总之，把中华民族在漫长岁月中创造的视觉艺术符号运用到面具中，是面具艺人充满智慧的创举。面具的符号化有利于观众辨别角色，理解剧情，可以最大限度地发挥面具的扮饰功能，说到底，乃是出于实用的需要。

其次是受到民间美术创作法则的影响。民间美术是以农民为主体的城乡劳动者所创造的美术，在历史上是相对于正统文化中宫廷的、文人士大夫的美术，在今天是相对于专业美术家的美术。民间美术在千百年的传承中形成了一套独特的创作法则，它们反映了城乡劳动者群体性的审美体验，有别于宫廷美术、文人士大夫美术的创作法则。作为民俗观念的形象载体，民间美术的造型结构可概括为“以象寓意，以意构象”八个字，而这种模式是通过通感联想、拼接组合、打破时空等方法来实现的。所谓通感，指不同事物引起人的不同感觉之间存在的某些共性，通感不但存在于人的生理感觉中，也存在于人的心理感觉中。我国古典诗词中的比兴，借助甲事物来比喻或兴起乙事物，便运用了通感联想的原理。在民间美术创作中，民间艺人常用蝴蝶或蝙蝠代表“福”，用青蛙或石榴表示多子，是为通感的生动例子。地戏《薛刚反唐》中有一个福将叫程咬金，他活了一百多岁，民间面具艺人在其面具的头盔上，刻一只蝙蝠，一个“寿”字和

图 7-2　山王面具

两枚铜钱，表示他“福寿双全”，也是运用了通感联想的手法。所谓拼接组合，是把多种事物的元素拼接在一起，组合成一个新的形象，这种手法源于原始的互渗思维。例如中华民族的图腾龙，系综合了蛇身、马头、鹿角、鹰爪、鱼鳞而组成的神异之物，玄武、麒麟、凤凰等，亦是由多种动物拼接组合而成。贵州道真傩戏面具中有一个角色叫山王，是山神的化身，其面部酷似龙头，但两耳各有一个人形的“抱耳神”，整体应为龙、人合一的形象。安顺地戏面具中的鱼嘴道人和鸡嘴道人，也采用了拼接组合的手法。所谓超越时空，指在美术创作中打破自然的时间、空间局限而自由表达意义的造型手法。民间艺人常把开放在不同季节的梅、兰、竹、菊或运行于不同方位的日、月、星辰画在一张作品中，这虽然有违于大自然的客观规律，但却完全符合民间美术的创作原则。地戏面具中的一些角色，前世或为神鸟，或为神兽，如岳飞和秦叔宝是大鹏金翅鸟投胎，吕布和薛仁贵是白虎转世，民间艺人为了突出他们的身世，在其头盔上刻一只大鹏或白虎，使他们的前世和今生连在了一起，有利于观众更好地理解角色，这一构思打破了时空的局限，堪称是神来之笔。民间美术在色彩的运用上也有自己的法则，其要点有二：一是“好看”，二是象征。“好看”指色彩要单纯、鲜艳、强烈，多用原色而少用混合色。象征指各种颜色寓含着特定的含义，如红色表示忠勇，黑色表示刚烈，白色表示奸诈，绿色表示侠义，蓝色表示草莽，黄色表示残暴，金银表示神妖。以上法则在面具制作中亦大体适用，但具体运用时民间艺人往往在此基础上加以自由发挥，以便更好地刻画出人物的性格。民间美术的造型结构和色彩运用，都注重共性而忽视个性，追求程式化而忽略个性化，这一特点既是民间美术符号化的产物，反过来又对促进民间美术的符号化起了推波助澜的作用。

第二节　贵州少数民族面具的艺术特色

在上一节中，我们对作为造型艺术的面具的衍变历史和艺术特色作了初步分析，这一节我们将集中讨论贵州少数民族面具的艺术特色。贵州少数民族面具是中国面具家族中的有机组成部分，其艺术特色与全国各省区的面具基本相同，表现为写实性与符号化。但由于贵州特殊历史、地理、经济、人文诸因素的作用，又使它呈现出独特奇异的风采。贵州少数民族面具是一个笼统的概念，它由不同民族、不同地域、不同品类的面具所组成，要了解贵州少数民族面具的艺术特色，必须对贵州不同民族、不同地域、不同品类的面具进行具体分析，否则便难以得出正确的结论。为了论述方便，本文拟以面具品类为纲，兼及民族和地域；并且，只论述特色最鲜明的傩堂戏面具、地戏面具和变人戏面具的艺术特色，其他面具从略。

一、傩堂戏面具的艺术特色

傩堂戏面具是贵州少数民族面具造型艺术表现最为丰富多彩的面具品类。

一般来说，傩堂戏面具造型诡奇生动，色彩浑厚古朴、凝重、大方、和谐，注重整体效果。具有浓厚的宗教色彩。有的面具经过岁月的长期侵蚀，油彩已经剥落，显得很有年代感，酷似陶器或青铜器，具有一种特殊的魅力和美感。

在造型上。

傩堂戏面具的造型非常丰富，十分重视人物性格的刻画，有男、女、老、少、文、武、鬼、神、僧、道、丑等众多角色，大体上可分为 3 种类型。

第一类为“正神”，如梁山土地、唐氏太婆、仙锋小姐、消灾和尚、李龙、柳毅等。他们都是正直、善良、温和的神祇，民间艺人抓住他们的性格特征，将其塑造成慈眉大眼、宽脸长耳、面带微笑的形象，色彩也比较柔和协调，使人感到十分亲切可爱。他们给人的印象并不是高高在上，享食人间香火的神祇，而仿佛是生活在我们身边的老翁、老妪和少女。在这一类型的面具中，仙锋小姐很具代表性。

仙锋小姐是正戏《霸王抢先锋》中的主角，她原名崔良玉，与崔洪是亲兄妹。兄妹二人自幼失散，后来崔洪到二龙山落草，当了山霸王。崔良玉到桃园学道，被封为桃园仙锋，并受命前往二龙山收服霸王。路上，土地神赠她斩妖剑和捆仙绳。在二龙山，崔良玉一番苦战，将崔洪捉住，经过盘问，才知道是她的哥哥。于是兄妹放火烧掉山寨，一起转回桃园。戏中这样描绘仙锋小姐的外貌：“眉毛弯弯龙戏水，樱桃小口露银牙……收拾打扮多细雅，赛过南海观世音。”民间艺人根据剧情描写，把她雕刻成一个头戴凤冠，面相丰满，弯眉秀目，端庄美丽的少女，与唐代的菩萨塑像颇为神似。那简洁明快的刀法，柔美流畅的线条，蕴含着浓厚的民俗意识，凝聚着作者的审美理想。

图 7-3　仙锋小姐面具

第二类为“凶神”，如押兵仙师、开山莽将、汉朝将军、勾簿判官、山王、灵官等。他们是一些勇武、凶悍、威严的神祇，民间艺人以头上长角、嘴吐獠牙、眉毛倒竖、眼珠暴突等夸张手法，突出其精神气质。此类面具的共同特点是：线条粗犷奔放，色彩大胆强烈，给人以深刻的印象。其中开山莽将面具是此类面具的代表。

开山莽将是桃园洞中的一员镇妖猛将，手执金光钺斧，专门砍杀五方邪魔。相传他身高一丈二尺，头上长着一对红色的尖角；一顿饭能吃下一整只牛，行走起来山摇地动。他相貌虽然凶恶，但却一贯扶弱惩强，曾为百姓扫除三头八臂的妖怪。民间艺人在塑造这样一个富于传奇色彩的人物时，采取大胆夸张的手法，以直立的双角和狰狞的獠牙，突出其威猛，以炯炯有神的眼睛和烈焰般的眉毛刻画其嫉恶如仇的性格。

整个作品造型怪诞，神采生动，线条奔放，充满力度，观者无不被其浪漫诡奇的形象和咄咄逼人的气势所震撼。

第三类为世俗人物，这类画具又可按照剧情和人物性格分为正面人物和丑角两大类。其共同特点是非常接近生活真实，而没有丝毫“神气”和“鬼气”。正面人物如刘高、梅香、安安、姜师、卖酒娘子、庵主等，造型大多五官端正，眉目清秀，显示出淳朴忠厚的个性；手法写实，没有变形和夸张，类似“正神”面具而更加世俗化。丑角如秦童、秦童娘子、秋姑婆、傻三、唐二、撵路狗等，是插科打诨的滑稽角色。德江县有“离了丑角不成戏，离了锣鼓不成剧”的谚语，可见丑角在傩堂戏中的重要地位。在造型上，它们或歪嘴皱鼻，细眉小眼，或龇牙咧嘴，没有下巴，于荒诞不经中表现出制作者丰富的想象力。其中以秦童的形象最为生动。

图 7-4　德江官村面具

秦童是正戏《甘生赶考》中的角色，他家境贫寒，长相丑怪，甘生赴京赶考，雇他去挑担子。到京城后，甘生名落孙山，秦童去碰运气，却偏偏高中皇榜。在剧中，秦童机智幽默，妙语连珠，有时还要一点小小的无赖，充满了喜剧色彩。各地的秦童面具虽大体是一个模式，但仔细观察，却又各具特点：有的嘴往右边扯，有的嘴往左边歪；有的两只眼眯成一条缝，有的一只眼微闭，一只眼圆睁；有的长着一排细齿，有的生着两颗虎牙……从人体结构看，秦童面具完全违背了解剖学原理，那变了形的五官，展示了民间艺人丰富的想象力。

在色彩上。

傩堂戏面具重视色彩的调配，着色分淡彩和重彩两类。淡彩先在面具上涂一层赭石或土黄作为底色，然后用桐油均匀地刷上几遍，只是在眼睛、眉毛等部位用黑色渲染勾勒，并在帽子上描绘出各种图案，图案有龙凤、云纹、兰草、牡丹、菊花、福寿等。用红、蓝、黄、黑等各色油漆在面具上勾画涂抹，一些细致的地方，如盔甲或帽子上的花纹，则用笔精心地加以描绘。

这是对傩堂戏面具在造型艺术上的总的描述，而各地区的傩堂戏面具造型艺术又有其各自的表现。比如德江的面具风格在不同的区域和傩坛中表现是不一样的，为此，德江的面具雕刻家黎世宏先生就把它们分为 ABCDE 五种不同风格的面具艺术，这五种面具主要流传于土家族傩坛。①

① 这是黎世宏先生的口述的观点。我们作了采录并得到他本人的许可在本书中表述之。

A类面具造型大方，人物形象造型线条明快。以人物的威猛见长，比较注重突出面具凶猛豪放的造型特征。以总体的神态来体现傩神的个性。这类面具很注意脸谱的描绘，通过用彩色线条、纹饰描绘后，进一步突出面具人物的个性。这类面具流行于德江县西北部的高寒山区，这里的山民尚武，性格豪放，重义气。

B类面具造型原始古朴，艺术抽象性十分强烈。面具刻制多呈木瓢形，多用桐木或白杨木削成。五官刻画无大的凹凸反差。面具彩画单调，用色以色块为主，再用粗线条刻画人物的五官特征。这类面具流行于德江县的东部地区。这里地处乌江东岸，地僻人荒，山高林密，至今未通公路。

C类面具整体造型小巧轻薄，面具人物朴实写真，刻画人物以细腻见长，很注重着色上彩，人物的脸谱化较高。这类面具流行于德江县的东面乌江两岸。这里的傩坛班除能演出傩戏外，还能演出高台大戏。

D类面具惯用整体造型和粗细结合的雕刻手法体现傩戏人物性格特征。注重色彩描绘，讲究傩神的人物个性。这类面具流行于德江县的西南区域。

E类面具的造型刻画比较接近生活，生活气息浓郁，朴实自然，充分体现地域风情和民俗特征。这类面具主要流行于德江县的东北地域，是德江县面具量比较大的一个品类。

这是雕刻家黎世宏先生多年来对德江傩堂戏面具造型艺术的体会，很有见地。但这一信息背后反映出的德江傩堂戏面具造型艺术的丰富多彩的表现，更令人惊异。在这样不大的一个县域里，就有五种不同的面具造型艺术风格在流行。在A类面具中，面具形状长中见方，五官的造型比例关系十分夸张，如押兵仙师、王灵官、雷石匠等凶神的口和牙，口宽几乎齐平下颚，口中的上下交错的牙粗如冬笋，十分突出，威猛之像毕现。B类面具以瓢为形，整个脸面为一瓢状，只有鼻部凸出。眼部是在瓢面上部对称斜上地挖两条缝为眼，嘴也是在瓢的下部中间位置挖一条缝为嘴，其余的五官形象全用色彩在“瓢”上勾画，包括开山等凶神的牙也是画上去的。整个面具造型质朴、稚拙，但非常有趣。它完全超出了傩堂戏面具造型的一般的地域性、民俗性审美规范，显得别出心裁。C类面具的造型较为精巧，刻画也较为细腻。其耳轮廓长大，非常夸张，占脸面的三分之二。其面具设色淡薄。D类面具刀法细腻，雕刻颇见功力。此类面具不用设色，面具人物的性格特征也能很鲜明。这套面具中的关羽和李龙给人的印象最深，尤其是李龙面具，眼部就是两个大洞，具有很强的视觉冲击力，也深有意味。E类面具有较强的写实精神，人物的原形味很浓……可以说，民间的面具艺术是一个丰富的造型艺术的宝库。

这样的情况还可以同时出现在印江，出现在思南，出现在铜仁等傩面具比较密集的地区。比如在印江县，其面具的造型艺术也可以分为北部风格区、中部风格区、南部风格区。各个风格区的面具造型风格各异，都有自己的个性，并且其个性都与当地的自然环境、人文环境密切相关。

在傩堂戏的面具中，仡佬族、侗族、苗族、布依族面具在造型艺术上也有自己独特的表现。

侗族的傩堂戏的面具数量不多，其造型朴实自然，注重人物性格的刻画，并且在角色上有自己不同的创造。侗族的傩堂戏面具艺术的角色造型举例如下：

赶牲。又名秦童，与八郎是胞兄弟，以屠宰为业，传为杀猪老板。为丑角造型，口歪鼻斜，眼一睁一闭，显得滑稽。

八郎。为“赶牲（秦童）”的兄弟。面为小生造型，显得憨厚老实，神态温柔。

开山。亦称“开山莽将”，是凶神，头上生双角，力大无穷，开五方道路，扫五方邪精，招五方财路。

铁匠。造型为壮实的男子汉，头缠黑头巾，显得精明粗壮。

报子。是傩堂通报信息的逗趣、滑稽、活泼的人物。造型为宽眉大眼，笑态可亲。

小鬼。又名“夜叉”，造型青面獠牙，焰眉，鹰钩鼻，满脸横肉透出妖气。

仙锋。有的写作“先锋”或“仙锋娘子”“仙锋小姐”，造型为柳眉凤眼，樱桃口，双颊丰腴。

春官。为白面书生扮相，懂文书，识阴阳，从桃源奔傩堂，恭贺主东家人财两旺，四季平安。这是思州古傩有别于其他地区傩戏的一个重要角色。

瘪口龙神。造型为武官便帽，龙鼻、龙眼、瘪口，是监督判官审案勾愿的正神。

笑和尚。为常见的笑容可掬、憨厚状的光头和尚。

土地。为憨厚、和善、笑态可掬的老者。

同属傩堂戏的黔西北傩戏中的白族娘娘坛傩戏面具，在造型艺术上的表现也很有特色。织金县遗存的娘娘坛面具有2个神头，11个面具。这是一组老旧面具，造型优雅，小口、小鼻子、柔和的眼睛，各个角色之间拉不开距离，性格特征欠鲜明。其雕刻也较为精细，面具上看不出着色的痕迹，显露木质的本色，但很耐人寻味。其神头有两个，面部呈长形，两者基本相似，已经看不出男女区别，只是帽冠上的纹饰略有不同。

从以上傩堂戏的造型风格来看，其造型艺术的天地是在同一面具角色下来展开的，即一个面具有数种风格的表现，是一种题材的多方面开拓。同一个开山，在不同的地方和民族会有不同的表现，它们共同构成了一个不同意味的开山造型系列。其他角色亦是如此。

二、地戏面具的艺术特色

地戏面具也是贵州少数民族面具艺术的一个重要组成部分。

一般来说，地戏面具总的特点是工艺精细，色彩绚丽，注重色调对比，并分为面部、头盔、耳翅三部分。根据不同的角色，再刻上龙、凤、虎、花等图案，涂上金粉、红、黄、绿、蓝、赭、粉、白色等油彩，有的还嵌上铜钱般大小的圆镜，显得花梢明晃。

在造型上。

地戏面具是以其戏剧的角色特征而展开造型的。大体可分为以下几种类型：

第一类为武将。武将在地戏中占有极重要的地位，不但有正派将军和反派将军之分，而且有文将、武将、老将、少将和女将之别。

武将面具的共同特点是十分重视头盔和耳翅的制作。头盔一般以龙、凤作为装饰。男将多为龙盔，龙身或露或藏，龙头或正或侧，但左右必须对称，龙的数目少的四五对，多的七八对，著名面具艺人黄炳荣雕刻的唐太宗李世民，盔上竟盘绕着 19 条金龙。他说：李世民是真命天子，本身是一条龙，他平定了 18 个反王，每平定一个反王加一条龙，所以一共 19 条龙。

女将多为凤盔，民间艺人用凤和牡丹、太阳、翔龙等形象搭配，组成“凤翔牡丹”“双凤朝阳”“龙飞凤舞”等吉祥图案。

除了龙、凤之外，武将头盔也有用大鹏、白虎、鬼头、蝙蝠、蝴蝶、喜鹊、鲤鱼、莲花等“星宿”和花鸟等作为装饰的。耳翅多以龙、凤和各种吉祥花草作为装饰图案。

在雕刻技法上，浅浮雕与镂空雕相结合，刻工精细而不琐碎。

面部雕刻与头盔繁缛精细的风格迥然不同，要求简洁明快，轮廓分明，见棱见角，造型偏重写实而又有所夸张，各类武将的区别主要在面部表情和眼睛神态上。例如女将端庄娴静，凤眼微闭；少将英武洒脱，豹眼圆睁；反派将军满脸横肉，怒目而视；等等。

第二类为道人。道人是地戏中较多出现的形象，他们大多为反派营垒中的军师，或前来助战的仙人，不戴头盔而戴道冠是其最显著的特点。由于道人没有固定的模式，创作起来比较自由，民间艺人抓住各个道人的外形特征，随类赋形，突出其精神气质，给人以深刻的印象。例如鸡嘴道人被刻成人面鸡嘴，道冠以变了形的鸡翅和鸡尾组成，其造型兼有人和鸡的特点，怪异中蕴含狡黠的性格。鱼嘴道人嘴作鱼嘴形，道冠作鱼尾状，嘴中伸出两根长须，额上画有点点鱼鳞，尾巴似两片鱼鳍，看上去三分像人七分像鱼，憨厚中透露出几分可爱。其他如飞钵道人，铁板道人、乌龟道人等，也都生动传神，妙趣横生。

第三类为丑角。地戏中最常见的丑角为歪老二（又叫老歪或歪嘴老苗），相传他是当年傅友德征讨云贵时在少数民族中寻找的向导和内线，在戏中是一个插科打诨的活跃人物。在造型上，歪嘴皱鼻，龇牙扯眼，髻上斜插一把木梳，有的还生有几绺胡须。除了歪老二之外，地戏中的丑角尚有小顶子、小花花、笑嘻嘻、夹舌巴、鸦片壳壳、眼镜先生、账房先生等。这些丑角在造型上也颇具特色，例如夹舌巴头戴毡帽，嘻嘴露牙，口中含着一粒圆球，以此来表现他说话大舌头的特征；鸦片壳壳则以圆张的嘴和挤在一起的眉、眼、鼻，刻画出他烟瘾发作，哈欠连天的神情。

第四类为动物。地戏中的动物面具甚多，常见的有龙、虎、狮、牛、马、猪、犬、猴、麒麟、松鼠等。这些动物多是经过修炼得道成精的灵物。民间艺人刻画它们时，大都能抓住各种动物的特性，如虎的威猛、马的神骏、猴的淘气、猪的憨厚，无不形神俱佳，各臻其妙。

地戏面具除了上述4种类型，尚有土地、和尚、丫鬟、老母、小童、小军、差官等角色。这些面具面相温和，造型写实，具有浓厚的世俗色彩和人情趣味，与武将、道人、丑角和动物面具的神奇、诡谲大异其趣。因在地戏面具中不占重要位置，此不赘述。

在色彩上。

武将的色彩以贴金、刷银（白）的亮色为主，辅以红、蓝、黄、绿等色，有的还镶嵌着若干圆形玻璃小镜，显得金碧辉煌，绚丽多彩，充分体现了农民的审美趣味和欣赏习惯。

地戏面具的设色还直接为面具角色的性格塑造服务，其面部赋色多使用对比强烈的原色，一般以一种颜色为底子，然后在上面勾画眉毛、眼睛和各种纹饰图案。正派和反派人物的着色没有固定模式，红、蓝、黄、绿、酱、粉、黑……几乎每一种颜色都可以用来开脸。各种颜色有一定的象征意义，一般说来，红脸多为忠勇刚直的将军，如《三国演义》中的关羽、《薛仁贵征东》中的薛仁贵、《三下河东》中的杨六郎；粉脸多为英俊年少的将军，如《说岳》中的岳云、《大反山东》中的罗成、《薛丁山征西》中的薛丁山；青脸多为凶恶骁勇的将军，如《薛仁贵征东》中的盖苏文、《四马投唐》中的单雄信、《薛丁山征西》中的苏宝童；绿脸多为力大勇猛的将军，如《大反山东》中的熊宽海、《三下河东》中的孟怀元；粉花脸多为奸邪阴毒的文将，如《三国演义》中的曹操、《说岳》中的秦桧。此外，二花脸多为守关总兵，三花脸多为偏将、副将，如此等等。

图7-5 地戏面具中的猪头

丑类面具面部一般涂为红色或蓝色，鼻尖和人中绘有小块白斑，更增添了几分滑稽色彩。

对于色彩的运用，有一组面具最能说明问题，这就是安顺市旧州镇詹家屯村的地戏《三国》中的面具设色。

这堂地戏共有48面面具，各个角色的面部色彩是：刘备，粉脸，黑须；孔明，肉色脸，黑须；关羽，红脸，黑须；张飞，黑脸，黑须；赵云，粉脸；马超，粉脸；黄忠，肉色脸，灰白须；甘夫人，粉脸；糜夫人，粉脸；张角，红花脸，黑须；董卓，酱色脸，黑须；吕布，粉脸；曹操，粉花脸，黑须；曹洪，红脸，黑须；夏侯惇，黑脸，黑须；徐晃，黄花脸，黑须；曹仁，黑花脸，红须；蔡阳，肉色脸，黑须；颜良，黑脸；徐庶，红脸，黑须；周瑜，粉脸；黄盖，粉脸，黑须；蒋庆，粉脸；张辽，黄脸，黑须；蔡瑁，肉色脸，黑须；廖化，蓝脸，红须；孙乾，绿脸；徐盛，粉脸；陈武，红脸；夏侯渊，黑花脸，黑须；潘璋，红花脸；严颜，蓝脸，红须；孙夫人，粉脸；魏延，红脸，黑须；马岱，粉脸；国太，肉色脸；君王，红脸，黑须；丫鬟，粉脸；兵主，酱花脸；小兵主，绿脸；村主，红脸；秀才，肉色脸；和尚，肉色脸；土地，肉色脸，黑须；小歪歪，酱色脸；小军，二面，皆红脸；等等。

地戏面具在造型艺术上已经形成了以雕刻师为中心的风格流派。

今天所能见到的古旧地戏面具，最早的是清代的作品，明代的地戏面具可能已无遗存。自清代以来，地戏面具艺人中涌现了许多名家，他们的作品具有鲜明的个人风格，取得了很高的艺术成就。每一个名家一般都有一批追随者或继承者，从而形成了若干异彩纷呈的流派。这是对整个安顺地戏面具造型艺术的描述，但它也是黔中布依、苗、仡佬等少数民族地戏面具造型艺术的描述。在以下的地戏面具艺术的主要流派介绍中，雕刻师们主要是屯堡人，布依族人的雕刻师有，但少。不过，布依、苗、仡佬等民族的地戏面具主要也是这些屯堡人雕刻师雕刻的，风格上也涵盖了布依、苗、仡佬等民族的地戏面具。这些面具雕刻风格流派的代表有：①

齐二派。

齐二是今安顺市西秀乡西屯人，生卒年月不详，大约生活于距今一百多年前的清嘉庆至道光年间。齐二生前名声即很大，他性格高傲孤僻，主人请他雕刻面具，必须待若上宾才肯动刀。他习惯于闭门独自一人工作，除了主人之外，不让任何人进入屋内，之所以如此，一怕别人学去他的技术，二是怕参观者用汗手摸面具，上漆不沾。齐二在清代面具艺人中占有重要地位，他刻的面具刀法粗犷，清新自然，手法多变，极富神采。新中国成立前，刘官乡水桥村向新寨乡半山村买得齐二刻的一面沈应龙面具，花了两千多斤谷子，可见人们对他制作的面具是何等的珍爱。半山村现在仍然保存着齐二刻的一堂《沈应龙征西》面具，其中有一面宋奇面具，出相较小，黑面黑须，头盔和耳翅的纹饰简洁明快，面部刻画极为生动，是齐二作品中的佳作。可以确认为齐二雕刻的面具，尚有黄腊乡铜鼓山的《四马投唐》面具 20 余面，鸡场乡场坝村的《大反山东》面具 28 面，新寨乡金官屯的《粉妆楼》面具 10 面，塘山乡应当村的《大反山东》面具 12 面等，总计不下 100 面。在清代面具艺人中，遗存作品最多的首推齐二。齐二一生独居，没有后代，但他的影响却非常之大，当今安顺一带的面具艺人，无不直接或间接地受到他的影响。尤其是齐二家乡的李大芳、杜光志等人，作品风格与齐二十分接近，可谓是齐二一派的传人。

胡开清派。

胡开清是今安顺市刘官乡周官屯人，生卒年月不详，大约与齐二同时，因他在家中排行第五，故人称“胡五公”。他祖上两辈都是面具艺人，其手艺当为祖传。胡开清的作品传世不多，能确认的只有云丰乡吴家屯的《三下河东》面具 30 余面、七眼

---

① 关于安顺地戏面具的风格流派，参见沈福馨：《安顺地戏》，贵州民族出版社 1989 年版，第 62-70 页。

桥镇汤官屯的《说岳》面具5面。他的面具尺寸较小，盔帽多尖盔而少平盔，结构严谨，刀法细腻，纹饰简洁，神情庄重。胡开清的后代以雕刻地戏面具为业者甚多。据说当年风水先生曾经断言，胡家祖坟埋得好，将来要出72支文笔（意为72个当官的）。现在胡家很多人继承祖业，当地百姓戏言道：胡家出了72把雕刀。周官屯胡姓现在从事地戏面具雕刻的不下数十人，他们基本上继承了胡开清的传统而又具有自己的风貌，其中的佼佼者有胡少南、胡永发、胡永齐、胡永辉等，尤以胡永发最为著名。胡永发自幼随胡少南学艺，其技术有出蓝之誉。他的面具刻得大而有神，面相开得好，能几刀定型，老少妍媸，无不生动传神。头盔的装饰层多达4层，立体感很强，星宿的雕刻采取象征手法，简明扼要，涂色鲜丽堂皇。周官屯从事地戏面具雕刻的还有周祖本、金国华、洪国香、秦朝安等异姓面具艺人。

吴少怀派。

吴少怀比齐二和胡开清要晚一两辈，大约生活在清末民初之间，其父亲和祖父均为面具艺人，可惜已没有作品流传下来。吴少怀原姓杨，其父吴显清早年由双堡乡杨家入赘到蔡官乡蔡官屯下堰吴家，故改姓吴。吴少怀制作的面具造型神奇怪异，色彩丰富多变，其动物面具尤令人拍案叫绝。传世作品很少，能确认的有安顺市小屯乡南山村的《薛丁山征西》面具29面和下苑的数面。其中南山村遗存的鸡嘴道人和鱼嘴道人面具，形象诡谲，构思奇特，给人以难忘的印象。吴少怀的儿子吴杰明、侄儿吴华明等，均擅长雕刻面具，他们明显地继承了吴少怀的风格。蔡官屯的面具艺人封忠良，在吴少怀的基础上有所创造和发展，他最擅长制作动物面具，其造型之夸张，构思之大胆，深得吴少怀之神韵。

黄炳荣派。

黄炳荣是今安顺市旧州镇人，祖籍江西，生于1910年，20个世纪90年代中期去世。他十三四岁即开始刻面具，曾拜两个民间艺人为师， 是平坝人冯银章， 是贵阳人冯顺清，前者善雕花，但不会雕人，后者善雕人，但不会雕花。黄炳荣学习二人之长，融会贯通，形成了自己独特的风格。他会木工、漆工、塑菩萨，一生刻过300余面面具。他创作的面具有3个特点：一是尺寸较一般面具大些；二是刻工精细，头盔纹饰繁缛、完整，龙、凤有头有尾，面部细致光圆，没有棱角；三是漆色鲜艳而有光泽，显得富丽堂皇。黄炳荣的儿子王（黄）树清，刻面俱得父亲真传，风格酷像其父，将二人的作品放在一起，一般人很难分辨出它们的作者来。黄炳荣的徒弟童拔周，在老师风格的基础上

图7–6　包公面具（黄炳荣刻）

有所变化，其面具出相不像黄炳荣那样丰艳，而显得较为清瘦。

王钦廉派。

王钦廉是安顺市人，1941 年出生，自幼父母双亡，靠自学走上艺术道路。早年画过油画，搞过雕塑，并曾从事摄影工作 20 多年，具有较高的文化艺术修养，现在安顺市从事园林雕塑设计工作。王钦廉雕刻的面具既有传统手法，又富于创新精神，特点是刀锋粗犷，简练传神，头盔和耳翅的图案纹饰吸取了古代龙、凤纹饰的神韵，人物造型从山西永乐宫壁画中受到启发。他还尝试用梨木和黄杨木雕刻小型面具，尺寸只有普通面具的一半，具有很高的观赏价值。1988 年 10 月，王钦廉作为中国民间艺人的代表赴日本访问，在“中国民间艺术博览会”上表演雕刻面具，受到国际友人的好评。王钦廉的面具艺术目前尚未形成严格意义上的流派，但像他这样既具有传统风格又富于创新精神的面具艺人尚有一批，王钦廉是其中的突出代表。他们大都为中青年，文化艺术修养较高，传统包袱较轻，视野较为开阔，他们的作品在一定程度上表现出对传统的反叛。也许在这一代面具艺人手中，古老的地戏面具艺术将会发生重大的革新。

三、变人戏面具的艺术特色

变人戏面具是贵州少数民族面具艺术中一个比较特殊的品类。它一共只有五个面具，是为了一个祭祀戏剧“撮泰吉”的演出而出现和存在的，按理也是戏剧的一种装扮艺术，但其面具不仅仅是一种道具，本身还是具有独立审美价值的艺术品。

变人戏面具的造型特点是：前额凸起，鼻子直长，有猿猴相（因为彝族先民认为人类系从猿猴变化而来）。色彩单一，以黑色为底，然后在黑底上用白色绘出类似虎头的纹饰（彝族以虎为图腾）。其总体风格是原始、粗犷、稚拙、怪诞、夸张，略似非洲黑人面具。当彝族农民在僻远的山村演出“撮泰吉”时，那朴拙不雕的面具与周围荒寂的自然景色十分协调，给人以相当强烈的震撼，具有摄人心魄的艺术力量。

图 7-7　变人戏面具（阿布摩）

第八章　贵州少数民族面具的禁忌和传承

研究贵州少数民族面具文化，不能不涉及面具的禁忌和传承。面具禁忌源于面具本身所具有的神性，是人们对面具既崇敬又畏惧的复杂心理的产物，它广泛存在于贵州各种品类的面具中，尤以在变人戏面具、地戏面具和傩堂戏面具中表现得最为充分。面具传承在不同的面具品类中有着不同的表现方式，其中傩堂戏面具的传承方式最为烦琐和神秘，这是由傩坛严密的组织形式和傩堂戏面具的私有制度所决定的。

第一节　贵州少数民族面具的禁忌

禁忌，是由对不洁事物的憎恶，对危险事物的畏惧，以及对神圣事物的崇敬所产生的禁制。我国在商周乃至更早便有了“禁忌”的观念，《礼记·曲礼》云：“入竟（境）而问禁，入国而问俗，入门而问讳”；《汉书·艺文志》曰：“及拘者为之，则牵于禁忌，泥于小数，舍人事而任鬼神。”《说文解字》释“禁”曰：“禁，吉凶之忌也”；《广雅·释古》释“忌”曰：“忌，恐也。”可见无论对吉物还是凶物，都可以产生禁忌。

在当代人类学、民族学中，“禁忌”被称为“塔布”，它本为南太平洋波利尼西亚汤加岛人的土语，含有“神圣的”和“不可接触的”之意。汤加岛土人在生活中有许多奇特的现象，如某种东西只允许特定的人使用，而不允许一般人使用；有些东西只能有某种特定的用途，而不准用于一般的目的；有些活动只准某些人参加，而不准另一些人参加；等等。当地人称这种现象为“塔布”，它普遍存在于世界各地，尤其是存在于那些比较落后的民族和地区之中。

禁忌就其性质可分为宗教信仰和社会习惯两大类，前者主要源于自然崇拜、图腾崇拜、鬼魂崇拜和法术崇拜，后者则与生活经验和社会心理紧密相关。禁忌通常有两个方面的含义：一是对受尊崇的神物不得随便使用，否则会被视为一种亵渎行为而遭到种种惩罚；二是对受鄙视的不洁、危险之物不许随便接触，否则同样会招致不幸和灾难。面具在一般人的心目中，是神灵、鬼魂和祖先的化身和载体，它既是神圣之物，也是危险、不祥之物，因此，面具禁忌的思想——心理基础，主要来自前者，但也受到后者的影响，它是图腾崇拜、鬼神崇拜和祖先崇拜的产物，而这三种崇拜既是各自独立的，彼此之间又有着紧密的联系。

人类学、民族学的资料告诉我们，面具禁忌在世界上很多国家和地区都普遍存在，例如非洲祖尼人把面具分为两类，一类是扮演众神者佩戴的，为全体部落成员永久性的财富，另一类是跳集体舞时佩戴的，属于个人所有。祖尼人把这些面具奉为超自然的神物，放在罐中保存，世代相传，每餐还要给面具供给饭食。多贡人也认为面具中寄寓着巨大的灵性，他们在庆祝西基节时，男女老少聚集在旷地上，由长者推举一人用歌声宣布面具登场，其余人跟随伴唱，对面具加以热烈的礼赞：

> 面具呵，有着光亮的眼睛，
> 光亮的眼睛呵，来到了村里。
> 面具的眼睛呵，这是太阳的眼睛，
> 面具的眼睛呵，这是矛戟的眼睛，
> 面具的眼睛呵，这是箭头的眼睛，
> 面具的眼睛呵，这是斧子的眼睛，
> 面具的眼睛呵，这是羚羊的眼睛，
> 面具的眼睛呵，这是发光的、发光的、发光的眼睛。①

又如在古代朝鲜，面具在祭祀中或使用后，要烧毁或投入河中任水流冲走，据说这样做是忌讳神灵的化身，并含有送神的意思。② 在美国华盛顿的卢米人中，流传着一种斯考希面具，这种面具颜色乌黑，造型怪诞，面具的嘴部缺少一两颗门牙，使佩戴者能透过缝隙向外窥视。卢米人认为，这种面具只能由它的主人使用，如果谁篡夺了这种面具，他的脸便会长满疔疮。而另一种丑角面具，长着歪斜的嘴巴和蓬乱的头发，颜色一半红一半黑，舞者戴着它舞蹈时，观众不能随便发笑，否则将会遭受身体或呼吸系统的溃疮的折磨。③

在中国也有不少关于面具禁忌的记载。例如云南澄江县阳宗乡小屯村，每年春节期间都要演出一种属于军傩性质的戏剧——关索戏。按当地风俗，演出前一年的腊月间，要选定一个吉日，由全体演员来到五显庙内对乐王进行隆重祭祀。除夕那天，全体演员要在庙里用大锅烧水洗澡净身，每人连洗三次，以示虔诚。净身后演员要集中住在庙里，直到正月十六演出结束，其间除了吃饭之外不准回家，尤忌夫妻同房。春节期间，小屯关索戏要轮流到阳宗坝子各村寨演出，所到之处村里照例要准备丰盛的饭菜招待众演员，但忌食有特殊气味的东西，如大蒜、韭菜之类。据说 1921 年正月，关索戏到阳宗坝子各村寨演出，当天唱完戏后，村里请演员们在玉皇阁吃饭，吃饭前演员们按规矩把面具摆放在神台上。正在吃饭时，玉皇阁突然起火，大家立即放下碗

---

① 德·奥列德洛格：《西非的艺术》，《世界美术》1980 年第 1 期。
② 后藤淑：《日本假面的历史》，《贵州民族学院学报》1989 年第 3 期。
③ 列维—斯特劳斯：《面具的奥秘》，上海文艺出版社 1992 年版，第 24 页。

筷去救火，将火扑灭，但二十个面具已烧掉将近一半。人们查来查去，也查不出失火的原因，后来有人大叫说，菜里有大蒜，失火是因为没有忌嘴吃了大蒜而引起的。又有一年，关索戏在阳宗镇演出，镇里在文庙请演员吃饭，演员脱去戏装，把面具依次排列在神台上，这时有一个从城里来的盖房子的金师傅出于好奇，到神台前去观看面具。一个演员告诉他说：看一看可以，不要用手去摸，不然眼睛会痛，头也会痛。金师傅不听劝告，手拿旱烟杆对着面具指指点点，顺次喊他们的名字："这是刘备，这是关公，这是张飞……"他看完后便离开大殿，还没有下完大殿的台阶，眼睛突然疼痛起来，"哎哟""哎哟"地连声呼唤。演员对他说："关公是英雄，是圣人，到处都供着，神威大，岂能乱来。"金师傅听了，再也不敢吭声。① 在江西省婺源县段莘乡庆源村，流传着这样一个故事：当年，该村的舞鬼戏共有三个班子，一曰"天子八班"，二曰"诸侯六班"，三曰"大夫四班"，三个戏班的面具都是用铜制作的。清乾隆年间，有一个艺人的外甥戴了"天子八班"的一个面具玩，结果竟取不下来了；经大家跪拜祷告祈求神灵宽恕，还是取不下来。最后这个人死了，与面具一同埋葬在村外一座寺庙前。其余面具也全部埋葬失传。另外两个戏班的面具也因此都不敢戴了。后来按照其原来的形状，全部改用木雕面具。② 西藏、青海、云南、四川、内蒙古的"羌姆"面具，也被认为是一种神物，具有驱邪镇魔的法力，其使用年代愈久，法力就愈大。除去演出期间外，平时它们总是被虔诚地供奉于寺院中，不得随便佩戴或搬动。在一些地方，"羌姆"表演结束时，扮演护法神的演员要脱去面具，在脸上画几点墨点，名曰"沙纳"，意为去掉神性，恢复人的面目。以上所述，虽然表现形式不同，但都属于面具禁忌的范畴。

图 8-1　变人戏的烧蛋仪式

在贵州少数民族中，面具同样具有双重性质，它们既被视为神圣之物，也被视为危险不祥之物，对它们也存在种种禁忌，这里且以变人戏面具、地戏面具和傩堂戏面具为例。

变人戏面具是彝民心目中神圣的祖先神，从前它们平时保存在村寨外的祖灵洞（祖先灵魂寄居的山洞）中，每年春节期间演出变人戏时，由主持人带领全体演员来到洞前，焚香点烛，燃放鞭炮，奉上供品，举行祭神仪式。然后把面具取出，来到山洞旁边一个隐蔽的树林里化装，化装时忌讳被外人看见，尤忌被女人撞见。又忌讳互

① 洪加智主编：《关索戏志》，文化艺术出版社 1992 年版，第 82-83 页。
② 金邦杰：《婺源"舞鬼戏"概述》，《江西文艺界》总第 4 期。

相呼唤姓名，如果演员间有事需要商量，只能呼唤彼此扮饰的角色名称，如阿布摩、阿达姆、麻洪摩等，据说喊了真名，演员的魂魄就会被勾走，不失魂落魄，也要大病一场。每年元宵演出结束后，要把面具放入祖灵洞中封存，并焚香化纸，表示送神、安神。面具一旦封存，便不得随便乱动，需等第二年演出时举行祭神仪式后方可取出。如果谁进祖灵洞中乱动面具，搅乱了祖先的安宁，就会受到惩罚，轻则生病，重则夭亡。新中国成立后，为了取用方便，变人戏面具改为存放在住在裸戛村最靠边的演员家里。据当地彝民说，之所以不把它们放在村子中间，是怕祖先的鬼魂从面具里跑出来作祟。

地戏面具的禁忌，集中表现为“开箱”和“封箱”两则仪式。地戏面具角色多为历史上的帝王、谋臣、元帅、将军，老百姓皆把他们尊奉为神祇。面具平时封存在特制的木箱里，演出前需举行“开箱”仪式将其从木箱中请出，才能使用，否则便会冲撞众神。“开箱”选择在黄道吉日举行，届时全体演员身着戏装，把装有面具的木箱搬到演出场坝，扮饰正派主帅的演员面对神案焚香化纸，酹酒祭神，念诵“开箱”仪文：

图 8–2 地戏开箱仪式中的献牲

日吉时良，
天地开张，
吉日开箱，
五世其昌。
弟子今日开脸箱，
虔诚奉请焚宝香，
奉请紫微星下凡，
福禄寿星请到场。

敬酒三奠。
弟子开箱：

一开天长地久，
二开地久天长，
三开桃园结义，
四开刘备封王，
五开五虎上将，
六开六畜成行，

七开七星高照，
八开八百寿长，
九开众神下界，
十开谷米满仓。

念毕，起立，主帅手端酒浆奠祭众神，一面念诵奠酒词。然后将一只雄鸡的鸡冠咬破（或宰杀一只雄鸡），以鸡血点木箱的各个部位，驱邪纳吉，口中念唱道：

此鸡此鸡，
不是非凡鸡，
头顶九宫八卦，
身穿五色绿毛衣，
日在昆仑山上叫，
夜在凡人笼中啼。
今日缚在弟子手，
拿你做个开箱兴旺鸡。
雄鸡点柜头，
村中人民寿白头；
雄鸡点柜腰，
五谷丰登收满仓；
雄鸡点柜脚，
财源滚滚福禄多。
开箱已毕，
万事大吉。

在一阵鞭炮声中，主帅开箱取出面具，演员按照各自扮演的角色戴上。戴毕，主帅率领众演员列队到本村各公共场所，如水井、河流、寺庙、山林驱邪逐疫。每到一处，焚香烧纸，燃放鞭炮，观众尾随其后观看，场面十分热闹。

地戏演出分为“扫开场”“跳神”（正戏）和“扫收场”三部分，全部演出结束，需举行“封箱”仪式。做法是：双方元帅率兵将在鞭炮声中绕场三周，卸下戏装，将面具按顺序摆在神案上，宰杀雄鸡一只，焚香化纸，主事带领众演员在神案前下跪、叩首，念“封箱词”，内容为送神和安神。如：“今将众神来封箱，祈保全寨得安康。来年风调并雨顺，再请众神下教场。”又如：“今年正月十五，弟子亲手封箱。奉请众神多多显灵，

图 8-3　傩堂戏中开洞出戏

庇佑秧苗茂盛，五谷封登，一颗落地，万颗归仓。一年十二月，月月保清吉，一天十二时，时时保平安。士农工商都兴旺，万事如意万年春。”各村寨的封箱词不尽相同，但大同小异。接着用白棉纸将面具一一包好，按顺序小心放入箱内，入箱时一般正派角色在上，反派角色在下，或正、反派各放一箱；据说如将正、反派角色混放，入箱后会互相打仗，弄得村寨不得安宁。放毕，将木箱上锁或用红纸条封严实，纸条上写“吉年吉月吉日封”，有时还要用在地戏表演中使用的刀剑，在戏箱上写一“封”字，以加强“封”箱的威力。然后抬到村中戏头家或寺庙里存放，以备下次使用。

地戏面具封箱以后，一般不得随便开启，如有特殊情况，必须焚香化纸，对面具进行祭祀后方可开箱。1988 年 10 月，笔者到安顺县双铺区新寨乡半山村调查地戏，需拍摄一些面具，该村的面具保管在主任曹家祥家，曹主任知道我们的想法后，面带难色地说：“那些脸子（面具）都是菩萨，不能乱动的。”后来在向导的劝说下，他虽然勉强同意了，但坚持要先焚香烧纸，向菩萨谢罪，然后才开箱取出面具让我们拍照。不过，平时也有例外开箱的情况，若遇长期阴雨，村民们怕面具发霉，便在久雨放晴之时，将面具从箱子中取出，放在阳光下晒，名叫“晒菩萨”，但这种情况十分罕见，并且，在取放面具之前，亦需要举行简单的请神、安神仪式。

在安顺市黄腊乡猛坝村，一般村人尤其是妇女，认为戏箱有神，害怕。自己不敢动戏箱，也不愿自己的男性亲人动戏箱。2003 年 5 月，我们在请猛坝村戏班的李锦旗搬戏箱时他老婆就不愿意。人坐在戏箱上，在猛坝村是很犯忌的事情。妇女一般也不敢靠近戏箱，带娃娃喂奶的妇女最不能靠近戏箱，怕小孩子的“八字”小，压不住神而受到伤害。

傩堂戏面具的使用和收藏也有诸多禁忌，但表现形式与地戏面具不同。傩堂戏面具的保存没有如地戏面具一样的“戏箱”，平时就放在掌坛师家堂屋或楼上，用时用背篓装上背起就走。在平时的收藏、运输等过程中并没有特别的禁忌。使用前也不需举行“开箱”仪式，但却要搬演一堂名叫“开洞”的正戏。各地的“开洞”不完全相同，这里且以德江为例。相传傩堂戏面具锁在桃园的上洞（天仙洞）、中洞（地仙洞）中，三洞的钥匙都掌管在唐氏太婆手里，洞口由九只老虎严密把守。“开洞”表现唐氏太婆奉玉皇圣旨，与尖角将军、唐氏仙娘一同前往桃园迎请 24 个面具（代表 24 个神祇），以出正戏。三人来到桃园后，唐氏太婆斟酒三巡，用金钥匙打开天仙洞的金锁，尖角将军用竹卦卜得阳卦一个，请出上半堂 12 个戏神（即面具），他们是：唐氏太婆、报府三郎、桃园土地、关圣帝君、周仓带马、引兵土地、押兵仙师、和合神仙、鞠躬老师、文王卦师、九州和尚、勾愿先锋。接着，唐氏太婆斟酒三巡，用银钥匙打开地仙洞的银锁，尖角将军用竹卦卜得阳卦一个，请出下半堂 12 个戏神（即面具），他们是：灵官戏子、蔡阳大将、十州道士、梁山土地、甘生八郎、秦童三爷、秦童三娘、李化龙、柳三相公、杨泗相公、勾簿判官、开路将军。取出天仙洞、地仙洞的面具后，尖角将军随即各卜阴卦一个，将二洞的洞门封住。水仙洞里住着妖魔鬼怪，唐氏太婆虽有开洞的钥匙，却不敢开启洞门，以防止他们出来伤害百姓。显然《开洞》演绎的是一个寓言，具有浓厚的象征意义：二十四个面具代表二十四个神祇，平时他们被锁在桃园洞中，由猛虎把守，不得随便动用，否则将会招致灾难和不祥；只有奉玉皇大帝圣旨，并经过特殊的祭神仪式，才能把面具——神祇迎请出来，供演出之用。这里既有对面具——神祇的尊崇，也有对面具——神祇的畏惧，而这两种态度都是禁忌产生的心理基础和思想基础。

傩堂戏全部演出完毕，亦不需举行“封箱”仪式，但在每出正戏的结尾，主要神祇（他们都戴着面具）往往要唱一段词文，表示不能久占傩堂，须打马转回华山或桃园，如德江县的《开山猛将》：“门前乌鸦在排山，骑起马来配起鞍，一步跳上高头马，云中只见马蹄翻。哎嗨咳，皇上文书来得忙，开山猛将不可久占傩堂。东边有锣哎要击锣，西边有鼓哎要击鼓，击动两边锣鼓响，开山打马转桃园。”傩堂诸神返回桃园或华山之后，便被重新“锁”了起来，非经《开洞》仪式不得随便动用，这与地戏面具的“封箱”仪式在内涵上十分相似，都是面具禁忌的一种表现。

贵州少数民族面具文化中的禁忌一般都与神性相关，是一种崇敬加恐惧的反映，既希望神性面具的活动给人们带来福禄，又害怕面具的神性侵害了人们。不过，以上三种面具戏中的禁忌表现的方式是不一样的。变人戏的禁忌的禁制力量最强大，它的神性似乎是与生俱来的，神性的力量时刻都在散播威力，故它的禁忌一年四季都保持着力量，在演出时是这样，在演出后的收藏中也是这样。另外，变人戏的面具角色明显的是彝族人祖先灵魂的化身，这其中的禁忌也与彝族人对祖先崇拜的相关禁忌是相通或一致的。故而，对变人戏面具的禁忌是一种祖先灵的禁忌。

地戏是一种搬演历史上英雄故事的戏剧，故而它的面具禁忌是一种对过往英雄灵魂的禁忌。在地戏文化圈中，几乎所有的人都会在无意识中认为，每一面面具代表一个过去的人物，同时也是这个过去的人灵魂的所现之物，即面具上附着了这个人物的灵魂。对这样的面具，一系列的禁忌是难免的，也是普遍的，这样的禁忌与历史人物，尤其是英雄人物的灵魂崇拜相关，即对英雄人物的崇拜的相关禁忌都能与此禁忌相通。这样的禁忌并不是对地戏所有面具都是同等的，对历史上的威猛型的英雄，禁制的力量尤大，如地戏中的关羽、秦叔宝、尉迟恭等面具就是。2003 年，我们在黄腊乡的黑土寨拍摄面具图片时，此堂面具中就缺少秦叔宝、尉迟恭这两面面具，原因是一戏友家家里女儿犯疯病，拿了这两面面具去放在他家镇邪去了。在黄腊乡，几乎家家门上都有充任“门神”的画像，而这画像就是秦叔宝、尉迟恭，一左一右。这一现象背后的历史故事是：唐太宗李世民夜梦闹鬼，命秦叔宝、尉迟恭二人门边守夜，果然一夜宁静。在崇神心理中，乡人对这样的威猛型的英雄是最崇敬，也是最害怕和担心的。对于这些英雄魂灵，村人相信，一旦面具制成，并开光之后，神性就永在面具之上了。同时，村人也相信“戏箱”的禁锢力量，演出时请出来，演出后送回去，“手续”完备，就“百无禁忌”了。但是，禁锢着英雄魂灵的戏箱平时是乱动不得的。地戏的“戏箱”犹如傩堂戏的“桃源洞”。

傩堂戏面具的禁忌是一种直接对神祇的禁忌。神本来就是一种魂灵的高级状态，全堂戏的 24 戏神是傩坛根据需要，从祖先神、道教神、佛教神、民间神等等中创造出来的一个傩坛戏神系统。这个戏神系统一般有 24 个面具，但它们的神性的附着方式和观念与地戏相比，是不一样的。傩堂戏的面具制作完毕，并开光之后，也具有了神性，但它们的神性与傩坛的一系列神祇（如释迦佛、李老君、孔夫子、傩公、傩母等）相比，是微不足道的，所以，面具的禁制力量在此时并不明显，故而这些面具的存放、运输等环节并没有特别的禁忌。但是，经过“开洞”这仪式性戏剧后，这种神性大大提升了，戏神这时候才是傩坛的主角。这个时候，傩戏面具的禁制力量才最大，才有在傩堂上恭恭敬敬的“亮面具”“搬面具”并不能随便乱动、乱翻和不敬的言行等等。

地戏的面具是一开光就有神性，而傩堂戏面具是开光后有一般神性，但要在傩坛中举行了“开洞”这一仪式戏之后，才具有真正的神性，或者说才真正具有使禁制力发挥作用的神性。这就是为什么傩堂戏面具在平时禁忌不多、不强的原因。

第二节　贵州少数民族面具的传承

这里的“传承”，指的是面具经由某种方式，从上一辈传给下一辈，使其所有权实现合法转移，使用价值得到自然延伸。贵州少数民族面具的传承方式与面具的生存形态直接相关，根据我们的调查，主要有以下两种情况。

第一种是公有面具的传承。地戏面具和变人戏面具是其代表，但二者的情况又有不同。地戏演出以村寨或家族为单位进行，演员都是本村或本族的农民。由于地戏面具雕刻精细，角色众多，自己制作非常困难，必须向专业面具艺人购买。一堂地戏面具少则三五十面，多则上百面，价格不菲，个人或少数人都无力承担。新中国成立前，购买地戏面具的经费多由“公田”或“族田”的收入开支；新中国成立以后，特别是土地集体化后，改由集体经费的剩余部分开支，若集体没有剩余经费，则由全村、全族人认捐或摊派。因此，地戏面具便顺理成章地成了村寨或家族的公有财产。每一个村民或族人，都有使用面具的权利，他们只要喜爱地戏，都可以自由参加戏班的学习和演出，唯一的限制是：女性不得学习和演出地戏，这是地戏的禁忌之一。但她们可以和男性一起观看和欣赏地戏。过去地戏面具多保存在祠堂或庙里，现在一般存放在“戏头”家中。如果“戏头”老、病或过世，则转移到新的“戏头”家中存放。“戏头”只保管面具，而不拥有面具。由于生老病死等原因，一个戏班的成员总是在不断地新陈代谢，新老交替，但无论演员发生怎样的变化，面具的所有权都不会改变，仍然属于这个村寨或家族的每个成员。地戏面具的这种公有性质，决定了它的传承只是一种集体性的传承，只是使用权的转移。这种传承不需要经过特定的仪式，一切都是自然而然地完成的。从这个角度说，地戏面具并不存在严格意义上的传承关系。

变人戏目前只流传于威宁县板底乡裸戛村，长期以来，它都以彝族文姓毕摩家族为核心进行传承。现在的“戏主”是文道华，其父亲五代以上均为毕摩，文道华建国时年纪尚幼，其父文正洪因受政治运动冲击，不愿教他毕摩技艺，但他自小耳濡目染，长大后很自然地成了变人戏的传人。变人戏共有6个角色，其中巫师惹戛阿布一角固定由文氏家族成员扮饰，其余5个角色演员不固定，裸戛村的男性彝民，不论是谁，只要对变人戏有兴趣，都可以任选一角参加演出。根据变人戏的传承及演出情况分析，它兼有家族和村寨的双重性质，是一种融家族性和村寨性为一体的戏剧。变人戏面具造型粗犷，工艺简单，由演员中初具雕刻技艺的成员制作，无须花钱向面具艺人购买。但面具的制作者对面具并没有所有权，他只是在为戏班尽义务而已。面具制成并经过“开光”，便属于戏班所有，集体使用，集体保管，世代相传。不过，由于变人戏面具制作十分方便，演员们对它很不爱惜，损毁、丢失的情况时有发生，届时在山上随便砍一棵树另制一面（或一副）便是了。因此，一副面具的使用寿命通常不会超过一代人，“世代相传”只是理论上的概念，并没有实际意义。综上所述，变人戏面具也不存在严格意义上的传承关系。

第二种是私有面具的传承。代表是傩堂戏面具和度戒面具，这两种面具都属于巫师私人所有，其传承各有一套严格的、宗教色彩极浓的仪轨。鉴于度戒仪式在贵州已基本消亡，这里只能以傩堂戏面具为例，来揭示私有面具的传承方式。傩堂戏面具的传承又有生前传承和死后传承的区别，下面分别作一简介。

一、生前传承

按照傩坛坛规，凡是顶坛的掌坛师都必须招收徒弟传授傩艺，以使傩坛坛门兴旺，香烟不断，否则死后便会成为“游师”，永世不得超生。掌坛师授徒有家传与外传两种，家传为传给儿子、孙子，外传为招徒传授或传给女婿。黔东土家族中大多为家传，黔北仡佬族中则以外传居多，因当地民间有“阴阳（风水先生）三代绝，道士（端公、巫师）三代灭”之说，掌坛师不愿自己家门绝后，故多传给外人。无论家传或外传，均需举行拜师仪式，相比之下，外传的程序更复杂一些，其做法是：学艺弟子请一受过传度的巫师或德高望重的老人当引荐师（又叫干媒人），向掌坛师提出入班习道的要求，掌坛师经过考察，认为学艺弟子忠诚老实，聪明好学，品德无亏，便答应收他为徒。学艺弟子为表诚心，需呈上酬金若干、衣裳一套、鞋子一双、香烟一条（喻傩坛香烟不断），以及《投师牒》两份（师徒各执一份为据），内容为尊师重教，徒弟诚心学艺，师父全心传授等条款；有的还要办拜师酒。掌坛师收下礼物和《投师牒》，吃过拜师酒，便算正式将学艺弟子收为门徒。

自立约之日起，徒弟便开始跟班学艺。一般先从背道具、上香火、布置傩堂、敲锣打鼓等杂活干起，进而学习祭仪、歌舞、戏剧、法术等傩艺。师父口传，徒弟心受，由浅入深，循序渐进。师父传艺除让徒弟随坛看功听唱外，还常于农闲夜间，单独传授手抄秘籍。徒弟每学会一坛，便到冲傩活动中去实践。在此期间，逢年过节或师父生日，徒弟都要携礼前往拜师。经过三年左右，徒弟功艺成熟，能独立举行法事和演出了，便可向师父申请举行请职仪式（又叫“抛牌”“过职”“出师”仪式）。

该仪式就弟子对师父而言，是请职或受职；就师父对弟子而言，则是颁职或授职。

请职仪式主要包括下列内容：一是将请职、授职事宜用牒文禀告上、中、下三界神明，祈神恩准；二是测定弟子所占的主将、副将姓名及所占的兵马数目，以分兵拨将，设立雷坛；三是由师父颁赐弟子职衔、职牒、法名、法物、法服，并传授手诀和符箓等。请职仪式既是受职弟子（又叫新恩弟子、受度弟子、接法弟子）取得独立主坛资格的开端，也是传法师父（即授法师父）坛门兴旺、道法长播的标志，对于师徒双方都是一件大事，因此力求举办得盛大而隆重。一般前一年就要择定佳期吉日，并在经济上做好购买祀神用品及生活物资的准备。届时由授法师邀请同坛或其他坛的正牌法师（即已受职的巫师）来共同举行请职授职仪式。受职弟子的师父一般是理所当然的掌坛师，如果他资历威望不够，则须通过卜卦在威望高、法力大的法师中选定掌坛师，负责主持整个仪式。掌坛师要对除授法师之外的其他法师进行临时性的职务分工，确定引见师、接法师、传度师、证明师、保举师、誊录师、锣鼓师、封牌师的人选，以便各司其职。传法之前，受职弟子需要在师坛前宣读一道名曰“阴阳牒”的文书，大意为“舍身入门，奉教为生，拯救黎民，永不叛教，如违誓言，甘受天罚”云云，读毕，用火焚化，使其达知冥阳二界。

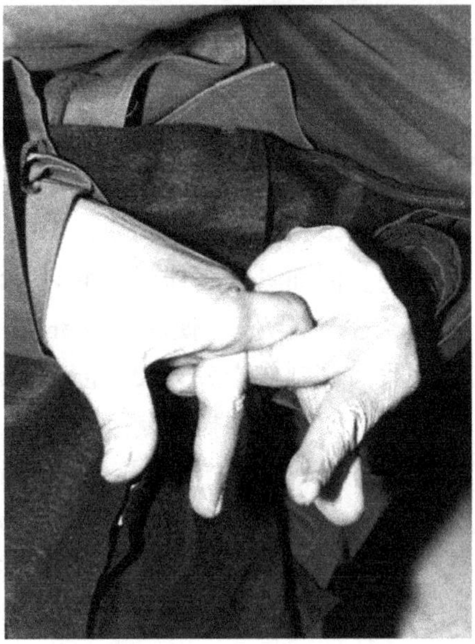

图 8-4 傩祭中的挽诀

各坛班的请职仪式因师承不同，程序多有差异，其法事少则十多堂，多则三四十堂，常见的有安师、敬灶、竖幡、礼圣参神、分兵拨将、传法、送神、安雷坛等，核心部分为传法。传法又分为“茅山传法”与“坐桥传法”两种，有的坛班两种都要做，有的坛班只做其中之一，现分述于后。

1. 茅山传法

茅山传法在野外进行，传法前要选择一个清洁向阳的山坡（即“茅山”）作为传法地点，谓之“采山”。并在受职弟子堂屋中供案设坛。法事先在神案前进行，授法师一边穿戴法裙、法衣、法扎，一边唱它们的来历和神威，接着进行“观师”，从茅山启教祖师（茅山宗为道教三大符箓科教派之一）开始，中经历代师尊，一直到传度师，都要一一观请到，并要唱出他们的生庚年月日时。“观师”毕，授法师手执统兵旗，开始“辞神”，依次辞别上、中、下三界的天神地祇后，授法师与受职弟子各执令旗、牛角一同出门，吹着牛角，各行一道，于途中某地会合，再一起前往事先选定的“茅山”。途中授法师问：“后面有人没有？”若受职弟子回答：“有人。”则授法师借口“六耳不传妙法”（“六耳”指三人，传法时不允许有第三者在场），而拒绝传法。若受职弟子回答："无人。"授法师才将他带往茅山传法。这种问答语义双关，表面上是问背后有没有人跟来，实际上是暗示有没有后代之意。

来到茅山后，授法师盘腿坐在引见师事先布置好的祭台上，手挽祖师诀，默师观师。引见师把受职弟子带到授法师前，退离回避。授法师提问让受职弟子回答：

……
师：你来学法为何因？
徒：我来学法救良民。
师：安师之后，穷家小户请你去不去？
徒：去。
师：自家死了爹娘，信人相请去不去？
徒：去。
师：秧子搭在田坎上（指农忙），信人相请去不去？
徒：去。
师：天遥路远，冰天雪地，信人相请去不去？
徒：去。
师：你的心怀呢？
徒：心怀天师旨意，海枯石烂不变心。
师：若违师意呢？
徒：自遭身残。
……

授法师若对受职弟子的回答满意，便开始传法。一般先传手诀，受职弟子跪在地上，手牵衣襟，作成衣兜状，授法师挽诀直接甩在其衣兜内，诀法共有一百多种，如老君诀、五雷诀、海水诀、祖师诀、三元将军诀、黄斑饿虎诀等，都要一一传授。接着传授符箓、竹筶（卦）、法讳等，并为受职弟子"封职"和取法名。此外，还要赐给他头扎、法衣、法裙、牌带、师刀、雷印、令旗、牛角等物，每赐授一物，授法师都要说明该物的来历及功用，如传授竹筶时讲："夫卦者，包兵治造，恳禀神明。内有九宫八卦，仰阳覆阴；判断人间祸福，不差毫分。以今传与受职弟子某某，万祈万灵。"传法授物毕，受职弟子谢过师恩，将头扎、法衣、法裙穿戴整齐，带上授法师所赐各种法物，先一步下山回家，准备红绫、鞭炮等物，然后披红鸣炮，将授法师迎回家中，跪在师坛前叩头行礼，感谢神恩、师恩。

图 8–5　坐桥传法

2. 坐桥传法

坐桥传法在受职弟子家堂屋进行，因传法时要搭一法桥，授法师（或传度师）高坐法桥上，向跪着的受职弟子传法，故名“坐桥传法”。法桥通常设在师坛前，从堂屋正中至大门外；也可搭在堂屋阶檐至院坝中间。法桥一端放两张方桌，前一张方桌上放一小木桌，叫“公案桌”，上面摆放香烛、供品和给授法师换的全新衣、裤、鞋、袜，以及牌带、针线、谢师钱等物。公案桌前放酒杯、令牌、竹卦、印、笔等。后一张方桌上放一铺有草垫的木椅，名叫“传法台”。传法台和接法台之间，置桌凳若干，上搁木板，木板上铺新白布。

授法师登上法桥之前，要唱“出坛记”“观师”“排兵”等，唱毕，左手执统兵旗，右手拿牛角登上法桥于“传法台”就座；接法师随着登上“接法台”。受职弟子在引见师引领下来到法桥前，授法师先要提出若干问题让他回答，如：

师：初真学法弟子，你学法投的什么坛？拜的什么教？要学什么法？学法做什么？

徒：弟子学法投的玄黄坛，拜的茅山教，要学仙妙法，学法为了救凡民。

师：初真学法弟子，你知道三从四德吗？

徒：弟子知道。三从是从师、从父、从母；四德是道德、心德、教德、法德。

对答结束，开始宣守“三皈依”，由授法师高声宣念受职弟子重复叙说。三皈依即“第一皈依无上至真道宝”“第二皈依太上至真经宝”“第三皈依玄上至真师宝”。接着又宣演“九真戒”：“第一戒者敬让，孝养父母”；“第二戒者克勤，忠于君王”；“第三戒者不杀，慈救众生”；“第四戒者不淫，正身处物”；“第五戒者不盗，推义损己”；“第六戒者不嗔，宽恕宁人”；“第七戒者不诈，诚实向善”；“第八戒者不骄，格物至真”；“第九戒者不二，奉戒专一”。由授法师朗声念诵，受职弟子虔心谛听。宣演完“九真戒”，授法师问：“汝能持否？”受职弟子说：“能持。”

下面开始传法，包括传法衣、法器、法文和法术，每传一样，都由授法师交与接法师，再由接法师转给受职弟子，其间授法师要念唱所传之物的来历及功用，并由众法师高声唱颂一段赞偈，如传诀法时唱：“先天诀法传汝知，自当谨慎莫忘师。驱神役鬼真灵应，呼雷唤雨合天机。”

图 8–6　傩坛中桥案的局部图

传法毕，开始“封牌”。“封牌”是相对“开牌”而言的，“开牌”与“封牌”统称“抛牌”，是授法师将牌带传授给受职弟子的隆重法事。牌带乃法师的职牒盒，具有调动天上各路兵将降临傩坛，护持作法的强大威力，由牌盒与仙带两部分组成。牌盒用薄木板制成，中空，长八寸，宽一寸八分，厚一寸二分，内装法讳、敕令、符箓、职牒以及历代祖师的名讳与生辰等。仙带用彩色绸布制成，长一尺二寸，上绣花草、龙凤、山川等纹饰，共四十根，由未婚姑娘或六旬以上妇女净手制作。“抛牌”法事可单独举行，也可与传法仪式一同进行，这里以后者为例简述之。

传法以前，先要“开牌”，即在师坛前设案焚香，将师父的牌带盒打开；并誊抄职牒，以备“封牌”时使用。职牒又分为“阳牒”（又叫“阳凭”）和“阴牒”（又叫“阴凭”），前者系授法师奏请玉帝颁给受职弟子的坛靖、将兵、职衔、法术、法物等，是受职弟子日后行法的随身执照；后者系受职弟子迎请历代师尊下凡为其请职作证明的文书。传法结束即开始“封牌”，做法是将“职牒”打上驱邪伏魔印，折成方形装入牌盒内；有的还要装入珍珠、玛瑙、海马、黄蜂、四脚蛇、蜈蚣虫、穿山甲、虫蜕壳等，谓之“装脏”，据说能增加牌带召神驱鬼的法力。然后盖上地槽板，用墨笔画上讳，取阴卦在讳上盖印，再用红绫布将牌盒包缝好，并缝上仙带。装“职牒”时，或将“阳牒”与“阴牒”同时装入，或只装“阳牒”，而将“阴牒”焚化。

“封牒”结束，受职弟子摆设酒筵，与参加传法仪式的众法师吃“分家饭”。授法师和受职弟子均用针刺破左手中指，滴血于酒杯中，授法师凝神澄想，灌注生旺道气于血酒之中，并用剑指对着酒杯画一道符，众法师唱道：“一杯血酒一粒丹，太上垂科亿万年。有缘有份今传度，呼风唤雨足生云。”颂唱声中，授法师将血酒唱掉一半，剩下半杯递给受职弟子饮尽，赐封说：“你吃了这杯酒，法门长久开，钱米长久有。”授法师又用筷子夹起一块肉，咬一口，剩下一半让受职弟子咽下［意为“肉（入）口传度”］，赐封说：“你吃了这块肉，坛旺人旺师门旺，了愿撤愿勾良愿。”吃完分家饭，受职弟子向众法师谢恩，开始“分兵拨将”。授法师坐在传法台上，左手执统兵旗，差五方兵马出门，受职弟子左手执帅旗，右手拿神鞭，将五方兵马招进。最后，授法师要在受职弟子家堂屋正面墙上安设雷坛，以驻扎五方兵马。

经过请职传法仪式，受职弟子便成了有职有法的正牌法师，从此可以自行设坛，单独举行各种法事，并可招收徒弟。但无论茅山传法还是坐桥传法，掌坛师一般都不把面具传给受职弟子。受职弟子自立坛门后，其所用面具多为坛班内的雕法师所刻制，或由善男信女捐赠。但也有例外的情况：如果掌坛师面具比较多，又特别喜爱该弟子，便会破例地传给他一些面具，以使他能早日开坛行傩。如果掌坛师年老多病，该弟子又是关门弟子，常常会把面具传给他，而此后掌坛师一般也就不再行傩了。

二、死后传承

傩堂戏面具的传承，更多的是在掌坛师亡故之后。一个掌坛师一生要招收很多徒弟，但衣钵弟子只有一人。据道真县永成乡掌坛师梅天虎说：衣钵弟子的确定有

“阳传”和“阴传”两种方式。所谓“阳传”，是掌坛师生前在众多弟子中，选择傩艺精深、品德出众、忠于师父者一人，作为自己的传人。衣钵弟子一经选定，掌坛师需在一公开的场合向众徒弟公布，以免他死后众徒弟为争夺继承权而互相争斗，这是掌坛师所不愿见到的。所谓“阴传”，是掌坛师活着时未指定传人，他死后弟子通过占卜由“天意”来确定衣钵弟子。具体做法是：掌坛师咽气后，众徒弟立即燃放鞭炮，烧落气钱，从井中取回清水，画上符讳给亡师洗脸擦身，洁净尸体，并为其穿上法衣，戴上法冠。然后将亡师扶坐于三清殿前的木椅中，用点燃的灯或烛在他的头、胸、手、脚处比画，谓之“开光”，口中念诵“开光词”。开光毕，焚香鸣角，迎请天上诸神和历代祖师前来作证，众徒弟依次跪在亡师前面，用竹卦各卜三卦，若有谁三卦都为胜卦（也有的要求三卦分别为阳卦、阴卦和胜卦），他便被确定为衣钵弟子。如首轮卜卦有两个以上徒弟的卦象均符合要求，则要进行又一轮卜卦，直到有一个徒弟胜出为止。除非掌坛师生前另有遗嘱，否则无论“阳传”还是“阴传”，衣钵弟子都有权利继承掌坛师的科书、神案、师刀、令牌、神鞭、玉印、锣鼓、面具等各种行傩法物，其余徒弟不得有异议。与此同时，衣钵弟子有义务为亡师主持操办包括“开天门”在内的特殊葬仪，并承担所需的全部或部分经费。

巫师是沟通阳界和阴界的使者，是神祇在人间的代表，具有请神、捉妖、擒鬼、驱邪的法力。民间认为：巫师亡故以后，如不举行“开天门”仪式，其亡魂就不能离开家门，更升不了天。举行“开天门”仪式的目的，便是为了让掌坛师的亡魂早离家门升入天界。

图 8-7　傩坛师打卦

贵州各少数民族傩坛的“开天门”仪式，性质和内容大体相似，只是具体做法略有差异。在黔东一带的土家族中，掌坛师尸体入棺后，停放在堂屋内侧，堂屋正中安放一张法桌，桌上摆放香烛、供品、灵牌、灵幡等；堂屋大门上方屋顶捡去七块瓦，露出一个大洞，称为“天门”。天门口放一纺车，用一段一丈多长的新白布，一端拴在纺车上，一端下接桌上的灵牌、灵幡；又用两根麻绳捆绑 32 根高粱秆做成“云梯”；32 梯代表 32 天，附于白布之上。辟“天门”，架“云梯”，都是为了让师魂能够顺利升天。

黔北仡佬族、苗族傩坛举行“开天门”仪式，也需在屋顶揭去瓦片，开一大洞，作为“天门”。唯“云梯”不是用麻绳和高粱秆制作，而是用两根长竹和 32 根横木制成。此外，在堂屋内的法桌旁，还放置一个木制脚盆，盆上安一口大铁锅，锅上反扣一个底部有孔的小铁锅，用一根打通内部竹节的长竹罩住铁锅小孔，长竹上端从屋顶的“天门”穿出，名叫“通天筒”。大铁锅内放柏枝、檀香、纸钱等，点燃后袅袅香烟沿“通天筒”从“天门”飘出，直达“天庭”，使天上诸神都来受领香烟。

各项准备工作布置完毕，随即举行“开天门”仪式。仪式由屋内、屋顶两个法师共同完成，其程序十分复杂，有启马通关、混炼招将、分兵拨将、开方破卦、开度升天等关目，内容大致是向有关神明禀告通关启马、接引师魂升登仙境事宜；迎接天神地祇降临，开通五方道路，护持师魂登游东西南北四面各八天，共三十二天。其中分兵拨将一项内容有些特别，兹简述于后：在傩坛教义中，每一个掌坛师都领有五方五营兵马若干，他们是东方青帝九营兵、南方赤帝八蛮兵、西方北帝七戎兵、北方黑帝五狄兵、中央黄帝三秦兵。这些兵马在傩堂中担负着擒妖捉鬼的重任，是掌坛师行傩作法的重要助手。掌坛师亡故后，需将其领有的五方五营兵马重新分拨，其中一半兵马留给亡师，为其镇守墓穴五方，此为“阴兵”；另一半为“阳兵”，按掌坛师临终遗嘱分拨给众位徒弟，以护持他们行傩作法。

“开天门”的核心程序是开度升天，做法是：屋内法师宣读牒文，将师魂升天事宜上奏玉皇、老君、诸天星主及历代祖师，法师唱道：“亡师今日登仙去，功曹迎接上云梯，奏一宫时上一宫，莫把亡师落虚空，奏一天时上一天，莫让亡师转回来……”牒文宣读毕，众徒弟齐唱：“升天牒文已宣完，惊动上界诸圣贤。联班善侣齐努力，超度师魂上九天。”这时，锣鼓齐鸣，另一法师诵念金光神咒和玉皇诰，打阳卦一个，从另设的梯子攀上屋顶，在“天门”处打阴卦一个，对着“云梯”挽祖师诀、阴桥诀、阳桥诀、日月二宫诀等，扮作天师唱道：

吾奉老君敕令到，接引亡师上天朝。
徒弟徒孙齐排班，速送亡师上天朝。
天师来到天门口，速接亡师上天朝。
师徒点兵来护送，速送亡师到天门，
灵魂离别天朝去，遗体送归坟山堂。

屋顶法师摇动纺车，灵牌、灵幡依附白布、“云梯”缓缓上升。众徒弟齐声高喊：“师父上天啦！师父上天啦！”同时用手拉住灵牌、灵幡，表示对亡师的依依难舍之情。在屋内法师的鸣角声和屋顶法师的唱词声中，众徒弟、师友、孝子一边和唱，一边绕棺七周，作揖24拜。接着，屋内法师手执接引幡唱道：

一绕东方青木棺，亡师入棺得安宁。
青云托起青木棺，亡师灵魂赴天朝。
东方钱财火焚化，青帝童子护棺行。

下面依次唱“二绕南方赤木棺……”“三绕西方白木棺……”“四绕北方黑木棺……”“五绕中央黄木棺……”唱词大同小异。亡师开度升天祭仪结束后，众徒弟齐唱：“阴师阴道上天去，阳师阳道下桥来。会仙桥上辞别你，如刀断草两头行。”锣鼓声中，屋顶法师将“天门”用瓦盖好，顺梯下到地面，与屋内的法师一道，到师位坛前谢师，结束“开天门”仪式。①

“开天门”意味着亡师的灵魂已升入天界，接着便需选择黄道吉日安葬他的遗体。其葬仪有“开路”“辞灵”“发丧”等程序，与常人的葬仪颇不相同。例如：“开路”需分别开“天空路”（即天朝云雾路）和“陆地路”（即地上五方冥路）；“辞灵”要举行全部傩堂法事并搬演正戏和插戏；“发丧”由戴开山猛将和开路将军面具的徒弟在前面开山破石，架桥修路，由戴引兵土地和押兵仙师面具的徒弟在后面统领五方五营兵马，其余徒弟亦需佩戴各色面具随棺护送。这些都使掌坛师的葬仪显得奇特而神秘。

掌坛师入土以后，衣钵弟子便可以将亡师的面具及其他法物带回家中，在以后的傩事活动中使用。由于他成了掌坛师的合法传人，他在民众中的威信将会因此而大为提高，同行也会对他刮目相看，他的名字亦可堂堂正正地写在“师坛图”上。傩堂法物的这种传承方式虽然看起来有点荒诞，但却能保证它们能完整地世代相传，不至于中途毁损或散失。现在流传于民间的古旧傩堂戏面具，有的已传了十几代甚至二十余代，巫师们一般都能讲出其传承的大致过程，从而为我们考证其制作年代提供了重要的依据。

① 本节内容主要根据笔者的田野调查，此外，参考了李华林主编的《德江傩堂戏》、汪泉恩执笔的《贵州道真县傩戏》、胡天成主编的《民间祭礼与仪式戏剧》。

第九章　贵州少数民族面具的渊源和衍变

贵州各种品类的少数民族面具，就其历史渊源而言，可以分为两大类，一类是本地土生土长的面具，简称本土面具，另一类是从外地传入的面具，简称外来面具。这两类面具生长背景不同，文化内涵殊异，它们既自成体系，又互相影响，互相渗透，互相辉映，共同组成了绚丽多彩的贵州少数民族面具文化。要对贵州少数民族面具文化做深入、宏观的把握，有必要对这两类面具的渊源和衍变做一番梳理。

第一节　本土面具的渊源和衍变

此类面具一般只流传于贵州某一狭小地域的某个民族之中，具有相当的封闭性，它们在材质、制作、造型、功用、内涵等方面，深深地打上该地域和该民族的文化烙印，而没有受到或很少受到外来文化的影响，呈现出独特的个性和风采。已知的本土面具，有彝族的“撮泰吉”面具，布依族的“绕棺”面具，苗族的“耍变婆”面具，瑶族的“度戒”面具等。

一、彝族“撮泰吉”面具的渊源和衍变

“撮泰吉”面具是本土面具中最具有代表性的品类之一。如前所述，“撮泰吉”是一种初具傩戏品格的“前傩戏”（或“亚傩戏”），千百年来，它只流传于威宁彝族回族苗族自治县板底乡裸戛村及其附近的几个村寨（如登底乡老官寨、板底乡板底院子）。现在，其他村寨的“撮泰吉”已失传了，只有裸戛村还在演出。关于“撮泰吉”产生的年代，学术界众说纷纭，有人认为它“至少流传了三百年”①，有人认为它“是阶级社会初期的产物”②。笔者认为：“撮泰吉”并非产生于某一时期，而是在漫长的岁月中逐渐形成的。具体地说，它大致在东汉时期便已具雏形，以后不断补充、完善，直到清代中叶才基本定型，成为今天我们所看到的样子。

① 皇甫重庆：《贵州彝族戏剧“撮特几”初探》，《贵州民族研究》1988年第1期。
② 杨光勋、段洪翔：《彝族古戏“撮衬姐”》，《贵州文史丛刊》1987年第1期。

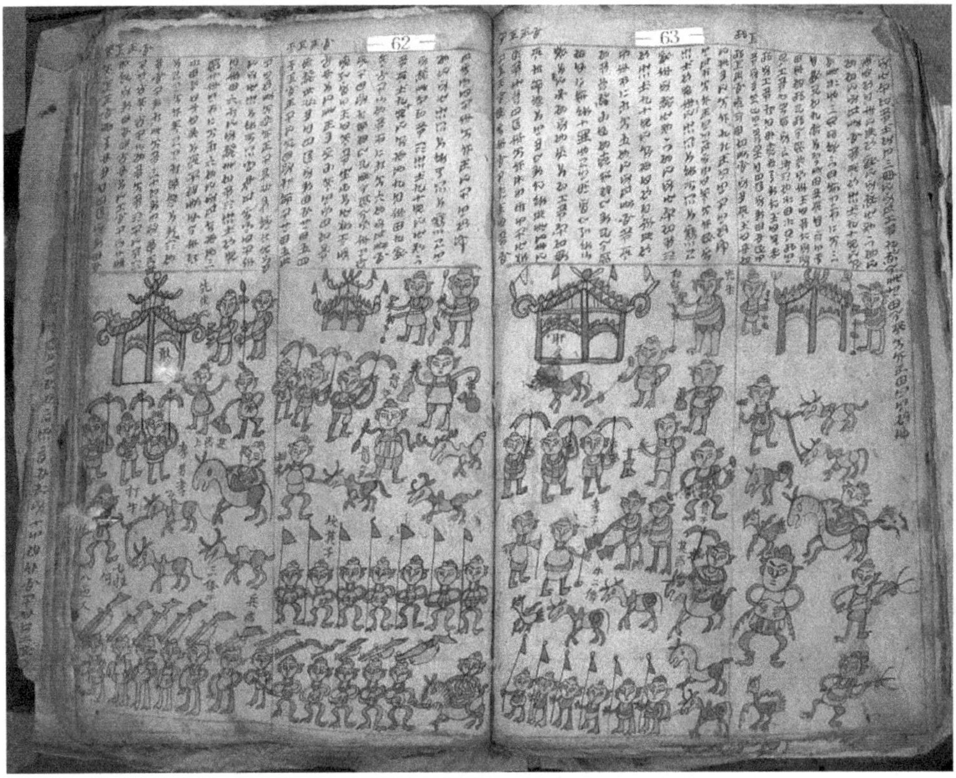

图 9-1 民间的彝文经书

现在的“撮泰吉”演出，由祭祀、耕作（即正戏）、喜庆、扫寨四部分组成，其中正戏是“撮泰吉”的核心部分，也是最古老的部分，它是考证“撮泰吉”产生年代的主要依据。正戏的前半部分，通过山林老人惹戛阿布与阿布摩的对话，叙述了彝族的一支部落从云南出发，途经云南东川、贵州贵阳、威宁，来到威宁县板底乡定居的过程。这与史实基本吻合。据彝、汉古籍记载，这支彝族部落的首领叫勿阿纳，是著名彝族先民领袖仲牟由的二十代孙。《西南彝志》卷十《水西祖代的兴起》云：“在乌纳俄戛，居住四宗支，有勿阿纳者，雄心创基业，另寻好处所，于是就迁移。”《爨文丛刻·治国经》亦载：“君长勿阿纳……建都贵州大方城。”勿阿纳生活在东汉初期，其后代为世袭水西地区的统治者，其五世孙济火在蜀汉建兴三年（公元 225 年）“从诸葛亮南征有功，封罗甸王”（《明史·贵州土司传》）。“撮泰吉”关于彝族先民迁徙史的叙述，与彝、汉古籍的记载基本相符，绝非出于偶然的巧合，而是因为“撮泰吉”与彝族先民的迁徙有着密切联系之故，从某种意义上说，它是一部反映彝族先民迁徙和创业的史诗。

正戏的后半部分，用形象的舞蹈动作，再现了彝族先民艰辛创业的历史，其中包括买牛、驯牛、犁地、施肥、播种、收割、打场等生活画面和劳动场景。这为考证“撮泰吉”的年代，提供了又一重要的线索。据《史记·西南夷传》记载，战国、秦、汉时，彝族先民中的不少部分，还处于“随畜迁徙，毋常处，毋君长”的状态，后来随着社会生产力的发展，才逐渐定居下来。东汉时期，以布、默两支系为主的彝族先民从滇东北迁入贵州后（其中进占黔西北的是默部之一支），亦不再“随水草而居”，而改为了定牧定耕。20世纪70年代末，考古工作者在威宁中水区发掘了15座汉墓葬，出土的铜器和铁器比较丰富，不仅有武器、生活用品、装饰品，还有货币。铜器、铁器的广泛使用有力地推动了社会经济发展，使农业开始从畜牧业中独立出来，逐渐成为占主导地位的经济成分。分析了彝族社会经济发展的历史，我们就能较好地理解“撮泰吉”中“撮泰”老人模拟种地农耕场面的深刻含义，而不会把它仅仅当作一般的舞蹈表演。戏中对驯牛、烧荒、犁地、施肥、播种、收割、打场等生产过程的描绘，反映了在古代威宁地区，彝族先民由主要从事畜牧业逐渐过渡到主要从事农业的深刻社会经济变革的事实。

综上所述，无论从民族迁徙的角度分析，还是从社会经济发展的进程考察，“撮泰吉”的内容都与黔西北彝族地区的历史紧密相关，保持着惊人的一致。这只有一种解释，即“撮泰吉”最早孕育于东汉时期，它是彝族先民大迁徙的产物，是彝族社会经济大变革的产物。1988年4月，笔者曾赴威宁考察“撮泰吉”，裸戛村的彝族农民、“撮泰吉”的表演者付天明告诉笔者，其父付正开（曾在“撮泰吉”中扮演惹戛阿布）生前曾对他说，“撮泰吉”已有近两千年的历史。近两千年前正好是东汉时期，与本书的论断不谋而合。

本书认为“撮泰吉”孕育于东汉时期，主要是指“耕作”（即“正戏”）部分而言，其“祭祀”部分形成的时间亦比较早，但具体年代已难考证，初步推断，当在“正戏”形成后不久。“扫寨”和“喜庆”部分，则是较晚时间才植入“撮泰吉”中的。“扫寨”本是当地许多民族共有的一种驱逐仪式，因举行日期和“撮泰吉”相近，故常由“撮泰吉”演员一起实施，渐渐地就合二为一了。关于“喜庆”，裸戛村流传着一种说法：“撮泰吉”最初只是“撮泰”老人耍木棒，四百多年前才加入狮子舞（即“喜庆”）。有一年干旱，一只狮子突然从天而降，落地时滚三滚，表演了狮子笑天、狮子扑地、狮子滚绣球等动作。干旱解除了，这年喜获丰收。但狮子化成了一座山，人们逢年过节要去烧香祭拜狮子，祈祷丰收。自那以后，“撮泰吉”中就加入了一段狮子舞。至于戏中“撮泰”老人吸旱烟、种苞谷、洋芋的细节，当是清代中叶以后才加入的，因为中国古代并不出产烟草、苞谷和洋芋，这三种作物原产于美洲，哥伦布发现新大陆后始传入欧洲，威宁地区开始种植它们，已是清代中叶以后了。在民间原始戏剧中，随着时代发展而注入新的内容，是常见的现象，我们不能据此推断“撮泰吉”产生于近代，而应进行实事求是的分析。

弄清了“撮泰吉”产生的年代，再来考察“撮泰吉”面具，就比较容易把握它的历史文化内涵了。“撮泰吉”面具最引人注目的特征，是它的造型呈猿猴相，这很可能是受到彝族创世史诗《查姆》和《勒俄时依》的影响，《查姆》把人类的进化分为独眼、直眼、横眼三个时代，独眼时代相当于人类的蒙昧时期。《查姆》认为：“独眼这代人，猴人分不清。猴子生儿子，变成独眼人。人猴一起生，人兽混一处。”《勒俄时依》对远古时期的原始人类描写道：“形象虽像人，叫声似猴音，树叶当衣穿，野果当饭吃。”威宁一带的彝族中亦有猴子变人的神话。当地的孝歌《肯毫》唱道：“从前刚有天，从前刚有地，人是像猴子，脸是猴子脸，牙是耗子牙……”黔西北地区的彝族叙事诗《实索诺姆第》写道：“猴子真像人，猴是人祖先……猿猴传了六世后，猿猴变成了人。”由此可见，“撮泰吉”面具形似猿猴，并非民间艺人随心所欲雕刻所致，而是有着深厚的历史文化内涵，它是当地彝民对人类远古历史追忆的折光。

二、布依族“绕棺”面具的渊源和衍变

绕棺面具用于南北盘江流域布依族的葬礼中，一般用竹篾或笋壳制作，要了解它的历史渊源和文化内涵，需首先对布依族的丧葬仪式及图腾崇拜作一简介。

古人认为，人生有三件大事，即诞生、婚姻和死亡。死亡是人生的最后归宿，也是一切生命的最后归宿。由于早期人类不能正确认识生命和死亡的本质，加之受到梦中景象的影响，使他们产生了灵魂观念，并由此衍生出冥界（或仙界）的观念。灵魂观念和冥界观念存在于世界的一切民族中，布依族也不例外。

布依族是一个十分重视葬礼的民族，布依族先民相信，每一个人都由肉体和灵魂两部分组成，灵魂是不死的，肉体是它的寄居之所。人的死亡，只是灵魂离开了肉体而已，灵魂无形无质，变化无常，如不及时将它送到祖先灵魂的居住之所（冥界或仙界），而任其在村寨中游荡，就会给活人带来危害和灾难，因此，必须举行隆重而烦冗（首选）的殡亡仪式，将亡灵欢送到另一个世界去，并以此寄托生者的哀思。

布依族的葬礼叫作殡亡，又称“殡凡”“古谢”“砍牛”等，由布摩主持，主要仪式有“请师”“祭棺”“开丧”“转场”“送仙”等，内容是通过一系列带有戏剧性的巫术手段，愉悦神灵，超度亡魂，并将其遣送到冥界。这与其他民族的葬礼并没有太大的不同，其引人注目之处，是仪式中渗透着图腾崇拜的因子。布依族以竹为图腾，对此《华阳国志》等古籍有明确记载，民间亦流传着如下的故事：相传古代布依族有一首领，出生三个月后即遭到灭族之祸，其母赴难前急中生智，把他藏在一节巨大的楠竹中投进北盘江，竹节顺江漂流而下，在今贞丰县境被一对无儿无女的夫妻捞起，他们救出孩子精心哺养，孩子长大后成为布依族杰出的领袖。布依族因此把竹子作为崇拜对象，每家屋前房后都种着竹子。在布依族的人生礼仪中，竹子是万万缺少不得的圣物，谚云：“生前靠神竹投世，死后靠神竹升天。”例如北盘江流域的布依族村寨，当妇女不孕时，需由鬼师砍伐大楠竹，将其做成船形，船上扎一茅人，身带竹桨作为划船工具，放在亡人家水缸脚祭祀，人们认为“竹船渡魂过江”，孕妇便能顺利生子。在为有钱人家举行的“古谢亡”葬礼中，竹子是具有特殊功能的道具。“古谢亡”仪式隆重而热闹，需请布摩念经三天，砍牛办斋。丧家大门前面（或屋后），要栽一蓬大的带叶楠竹，上挂白棉纸花，作为亡灵的“升天通路”（此竹布依族称“戈哥”）。神竹底部供奉着酒食。由布摩安排孝子跪竹，然后带领孝子孝媳绕神竹“送灵升天”，称“豪洛”。出丧时由布摩念诵《归根经》，孝子扛神竹在前“引路”，孝女孝媳背糯米饭和酒在后送行，女婿扛彩旗、大伞盖等物随其后，葬毕，

将神竹插于坟上，以后按期扫祭祖坟。显然，布依族在生育和丧葬礼仪中把竹子作为神物崇拜，其间含着图腾崇拜的意义，弄清这一点，就不难理解为什么流传在南北盘江流域的绕棺面具，要用竹子或笋壳制作了。固然，当地盛产竹子，原料易找是重要的原因，但是深层次的原因，是因为竹子系布依族的图腾物之故。但近代以来，布依族绕棺面具有的已改用木料制作，这应该是受到其他民族面具的影响使然。

三、苗族“耍变婆”面具的渊源和衍变

“耍变婆”产生的确切年代，由于资料缺乏，目前尚难断定。但我们可以把它与流传于广西壮族自治区融水苗族自治县的“芒蒿舞”进行比较，以此推断出它形成的大致时间。因为这两种民俗活动内涵比较接近，表演形式也多有相似之处。

“芒蒿”是苗族民间传说中的祖先神和保护神，外貌丑怪而心地善良，深受苗族人民的热爱和崇敬。每年春节期间，广西融水县的苗胞都要演出“芒蒿舞”，以此祈祷瘟疫远避，村寨平安，人丁兴旺，民族繁荣。跳“芒蒿舞”以村寨为单位，演员人数不限，但必须是单数，不能是双数，因为当地苗民认为单数吉利，双数不吉利。扮演“芒蒿”的演员头戴木制面具，身穿用稻草或藤蔓编结的衣服，手脚用锅烟涂成黑色，模样怪异可怖。“芒蒿”有公、母之别，在欢乐的芦笙乐曲中，众“芒蒿”络绎来到演出场地，他们先表演一些反映耕作和渔猎的舞蹈，然后奔跑跳跃，与观看的村民调笑嬉闹。有的同青年男子摔跤打斗，有的抚摸小孩的头，有的拉住老人的手，说一些祝福的话；见了年轻的姑娘，公“芒蒿”便去追逐，一面做出种种猥亵的动作，而姑娘们并不生气。演出持续到傍晚时分，直到“芒蒿”们的草衣舞烂了，方才结束。据当地苗民说，跳“芒蒿”已有三百年的历史。

将“耍变婆”与“芒蒿舞”进行比较，不难发现二者有不少相似之处：第一，二者都只在苗族中间流传，分布的地域都很狭窄；第二，二者都有反映农耕和渔猎生产的内容，演出时都要吹奏苗族的传统乐器芦笙；第三，“变婆”和“芒蒿”都头戴木面具，身穿破衣或草衣，用锅烟涂抹手脚，尽量装扮得丑怪；第四，二者的演员数目都不固定，但必须是单数，不能是双数；第五，二者都在春节期间演出，目的都是为了祈祷村寨平安，来年吉利，人寿年丰，并含有自娱自乐的成分。“耍变婆”与“芒蒿舞”的不同之处主要在于：第一，“芒蒿”是祖先神和保护神的化身，是一个正面的形象。“变婆”本意为“老外婆”“老妖婆”，但在“耍变婆”中成了丑八怪的化身，具有半神半鬼的双重性质；第二，“芒蒿舞”中穿插着象征性交的动作，这是古代生殖崇拜观念的反映，而“耍变婆”中没有这方面的内容。

综上所论，“耍变婆”与“芒蒿舞”，无论内涵还是形式，都可谓小异而大同，以此推测，它们应当具有相同的渊源；加之其流传地从江县和融水县在地理上相毗邻，更增加了同源的可能性。那么，“耍变婆”与“芒蒿舞”是什么时候开始流传的？它们产生于同一时代，还是有先有后呢？要解决这一问题，需要从苗族的迁徙史加以分析。

苗族是我国最古老的民族之一，其先民在远古时称“九黎”，居住在长江中下游

及黄河下游，后来在部落战争中，“九黎”被黄帝部落打败，被迫南迁到洞庭、鄱阳诸湖和汶山、衡山等地，并在尧、舜、禹时形成了新的部落联盟——“三苗”。经过长期的战争，禹时“三苗”被彻底削弱，大部分族人离开原居住的平原地带，避入山林沼泽，开始向西北和西南山区迁徙。秦汉时期，大部分苗族先民聚居在今湘、鄂、川、黔毗邻地区的武陵郡，与居住在这一地区的其他少数民族一起被统称为“武陵蛮”（又叫“五溪蛮”）。从东汉以迄唐宋，由于历代封建王朝不断进行军事镇压，迫使苗族从武陵地区继续由东而西、由北而南迁徙，其中一部分进入贵州和广西境内。元明和清初，进入贵州和广西的苗族因战乱、灾祸以及对苗兵的征调而频繁流动、迁徙，到清代中期以后，才基本稳定下来。

在一般情况下，一种民俗舞蹈的出现需要有一个相对安定的社会环境，像“芒蒿舞”和“耍变婆”之类祈祷村寨平安、人寿年丰的民俗舞蹈更是如此。清代中叶以前，由于苗族一直处于大规模的迁徙之中，是很难产生像“芒蒿舞”和“耍变婆”这样的民俗舞蹈的。因为那时苗族面临的首要任务是如何在极其险恶的处境中战胜敌人，保存种族，暂时还谈不上发展生产、繁荣村寨之类的问题。清代中叶以后，随着苗族逐渐定居下来，生产得到了较大发展，人丁也兴旺起来，这才为“芒蒿舞”和“耍变婆”的出现创造了条件。融水县的苗民说“芒蒿舞”已流传了300年，这一说法应是可信的，当然，300年只是一个约数，如果我们将“芒蒿舞”产生的时间定在清代中叶左右，可能更加符合实际。确定了“芒蒿舞”产生的时间，“耍变婆”产生的年代也就迎刃而解了。鉴于以下原因：第一，二者都流传于苗族之中；第二，二者的流传地相毗邻；第三，二者在内涵和形式上颇多相似之处。以此推断：“耍变婆”与“芒蒿舞”当产生于同一时期，即在清代中叶左右，至今已有300余年的历史。

“耍变婆”诞生以来，只在从江县翠里村这样一个狭小的地域流传，而未流布到贵州广大的苗区，为什么会出现这样的现象，值得我们研究。需要指出的是：在从江县拥里村和翠里村的壮族中，也有“耍变婆”流行，并且，表演时也需佩戴面具。据考察，拥里村和翠里村壮族春节期间表演“耍变婆”，是受当地苗俗的影响。[①]

四、瑶族“度戒”面具的渊源和衍变

度戒面具是瑶族用于成丁仪式“度戒”的面具。瑶族分布于广西、湖南、云南、广东、贵州等省（区），是贵州的世居民族之一，据2000年第五次人口普查，贵州瑶族人口有4.44万人，呈点状分布于黔湘、黔桂边境地区的荔波、麻山、望谟、石阡、黎平、榕江、从江、雷山、丹寨、剑河、三都等县。瑶族盛行自然崇拜、祖先崇拜和鬼神崇拜，信仰原始巫教和道教、佛教。瑶族支系众多，其中人口最多的一个支系自称“容棉”，因崇拜“盘瓠”而被称为“盘瑶”。盘瓠的传说最早见于范晔《后汉书·南蛮传》：“昔高辛氏有犬戎之寇，帝患其侵暴，而征伐不克，乃访募天下，有能得犬戎之将吴将军头者，赐黄金千镒，邑万家，又妻以少女。时帝有畜狗，其

① 《贵州省志·民族志》，贵州民族出版社2002年版，第827页。

毛五彩，名曰槃瓠。下令之后，槃瓠遂衔人头造阙下，群臣怪而诊之，乃吴将军头也。……帝不得已，乃以女配槃瓠。槃瓠得女，负而走入南山，止石室中。……经三年，生子一十二人，六男六女……”至今在盘瑶中仍流传着类似的传说，但加进了盘瓠被封为“评王”和他保护瑶人“漂洋过海”的情节。

为了缅怀槃瓠并酬还愿信，各地瑶族（主要是盘瑶）要定期（一年、数年或数十年，视经济状况及所许愿信而定）举行“还盘王愿”法事，法事多在农闲时的冬天举行，分为家祭和村祭两种，前者以家庭为单位，后者以村寨为单位；程序有“拜神”“上表”“奏表”“审鬼”“接祖宗”“请盘古大王”“跳盘古大王”“送盘古大王”等名目。届时事主要置办三牲酒礼，请师公唱《盘古歌》，讲述盘古来历，颂赞盘古功德，并请长鼓艺人跳起长鼓舞，以娱盘古和诸神；祈求降福主家，同时要大摆酒筵，宴请宾朋。晋干宝《搜神记》载：瑶族先民“用糁杂鱼肉，叩槽而号，以祭槃瓠”，可见“还盘王愿”的历史由来已久。师公作法时使用的法器和道具有神像、面具、筒、宝筶、法剑、法铃、印板等。面具一般又叫“神头”或“面像”，多用纸绘制而成，用布衬底，盖因瑶族居住分散，翻山越岭行路艰难，纸质面具重量轻，体积小，便于携带之故。面具角色有三清、三光、玉皇、瑶王、雷王、威德、盘王、椅郎、五伤、游山、三界、金星、社王、灶王、功曹、土地、引光、大圣、梁相、吴相、官禄、婆王、和尚相、甘五相、山鸡十三郎、山鸡十四郎等，其中既有本民族的土俗神，也有道教和佛教的神祇。

瑶族在举行“还盘王愿”期间，通常要同时举行“度戒”仪式，唯“度三戒”者，需单独进行。“度戒”面具与“还盘王愿”面具可共用，每张七寸见方，眼、口均不留空，两旁有红色系带，面具背面，有的写着该神祇的名字，也有的写着师公或度男（即受戒者）的名字。在“度戒”仪式中，虽然师公和度男都要使用面具，但其佩戴位置和宗教功能却大相径庭。师公的面具系顶于额上，他佩戴什么神的面具，即表明该神已经附体，他便能代替该神传言，从而大大增加行法的威力。度男的面具平时顶在额上，“睡阴床”时则拉下来盖住面部，以使灵魂脱离肉体到达瑶族的道教圣地“梅山”，居于“梅山”的神祇和先祖则凭借度男所戴的面具，认定他是自己的同类和子孙，并因此教给他各种法术和咒语，使他的灵魂脱胎换骨，获得新生。因此，对于度男来说，面具既是通往彼岸世界的“通行证”，也是获取神祇或祖先认同的“身份证”。

第二节　外来面具的渊源和衍变

外来面具指从外省（主要是中原和江南）和其他民族（主要是汉族）传入贵州少数民族中的面具。贵州在元代以前，居民基本上是濮人后裔及苗瑶、百越、氐羌几大族系，历代中央王朝大多对贵州少数民族采取羁縻政策，各少数民族地区则多实行土司制度。明初，朱元璋为平定盘踞在云南的元朝残余势力，任命颖川侯傅友德为征南将军，率领30万大军远征云贵，战事结束后，为巩固边防，在贵州沿驿道建立卫所，实行军屯和民屯。永乐十一年（公元1413）建立贵州布政使司，使贵州成为明代的十三个省之一。清代继续在贵州设省，以巡抚为一省的最高行政长官。雍正年间，清王朝在贵州实行“改土归流”，削弱了土司势力，加强了中央集权。明清两代以汉族为主体的移民大量进入贵州，带来了各地的生产技术和先进文化，汉族的面具文化亦在这时传入贵州，它们或者在汉族移民中间流传，或者辐射到少数民族地区，历尽沧桑而保留至今。现在贵州少数民族面具中，属于外来面具的有傩戏（包括傩堂戏和地戏）面具、送福面具、吞口面具、狮舞面具等。

一、傩戏面具的渊源和衍变

傩戏是一种佩戴面具驱邪逐疫的戏剧。它的源头可以追溯到商周时期的驱傩活动。商代的驱傩活动今天已不知其详，周代将驱傩纳入宫廷祭祀范畴，每年定期举行盛大的傩祭，时间在气候转换，阴气和阳气交替的季春、仲秋和季冬；前两次只有天子、大臣、贵族能参加，后一次才下及庶人。平时人们遇到祸祟丧事，也可随时举行傩事活动，只是规模较小，参加人数较少罢了。驱傩活动的主角是方相氏，他在傩祭中要“掌蒙熊皮”，佩戴“黄金四目”面具，“执戈扬盾，帅百隶时傩，以索室驱疫”（《周礼·夏官》）。

汉代以后，宫廷驱傩活动规模日益扩大，并增加了礼仪的成分，因此一些文献又将其称为傩仪。汉代宫廷傩仪中最引人注目的变化是加入了“十二兽舞”。十二兽由人装扮，身披皮衣，头戴面具，在乐歌声中跳跃追逐，翩翩起舞。唐代在宫廷傩仪中设立了五百人的伥子队伍，由儿童装扮，五百人皆佩戴面具，气势极为雄壮。从北宋开始，方相氏从宫廷傩仪中消失了，取而代之的是将军、门神、判官、钟馗、小妹、土地、灶神等角色。元代以后，宫廷傩仪日渐衰微，明清时宫中虽然也举行驱鬼逐疫的仪式，但声势已不如前，形式又多变异，只不过“代古人傩祓之意”而已。

与宫廷傩平行发展的是民间傩，民间傩多以“沿门逐疫”“乞讨酒食”的形式存在，俗称“打夜胡”或“打夜狐”。其源头可上溯到周代，南北朝时期开始盛行，此后一直绵延不绝，直到近代仍流行不废，表现出比宫廷傩更顽强的生命力。

在宫廷傩和民间傩的发展进程中，不断地世俗化和舞乐化，巫教、道教、佛教亦不断地渗透进来，从而为傩戏的诞生创造了条件。关于傩戏产生的时间，学术界有不同意见，或认为产生于北宋，或认为产生于明代或元明之际。笔者认为，根据现有资料，傩戏大致孕育于南宋，成长于元代和明初，广泛流行于明代中期以后。南宋末年，江西学者刘镗写有《观傩》一诗，诗中生动地描绘了当时搬演傩戏的情景，诗中明确指出演出的是“剧戏”亦即傩戏，从其有说白、有歌唱、有伴奏、有武打、有装扮、有情节等情况分析，刘镗所观之“傩”已突破了傩仪和傩舞的范畴，而上升到了傩戏的层次。明代中期以后，傩戏的演出已相当普遍。当时的两部著作：兰陵笑笑生的《金瓶梅词话》和徐复祚的《花当阁丛论》，都有对傩戏演出的详细记载，一些地区的方志，也有类似的记载。

我国的戏剧渊源于汉唐，形成于宋金时期，宋杂剧和金院本的出现，是我国戏剧走向成熟的标志。与宋杂剧和金院本相较，傩戏的出现要稍晚一些，它在形成过程中很可能在某些方面受到过前者的影响。我国各地区、各民族的傩戏，因为社会经济、文化、风俗的差异，而呈现出不同形态和风貌，很难用一个定义对之进行概括。但傩戏的质的规定性，决定了它们具有以下共同特征。

首先，傩戏一般系从傩祭、傩仪嬗变和脱胎而来，与巫、道、佛等民间宗教有着密切的关系；演出中大多穿插着傩祭活动，目的是驱鬼逐疫，招祥纳吉。

其次，傩戏是一种面具戏，而面具戏不一定都是傩戏。早期傩戏的主要角色均需佩戴面具，近代虽有一些地区和品类的傩戏改成了涂面化装，但大部分傩戏仍以面具为其基本特征。

图 9-2　江西萍乡茅园村跳傩

再次，傩戏演出的时间和场合有着严格的规定，它或者在春节前后及某些特定的节日（如中秋节、重阳节）演出；或者应冲傩还愿及举行丧事之家的邀请演出，平时一般不演出。

虽然前面所述江西南丰刘镗的《观傩》诗，是目前所知最早的有关傩戏（而非傩仪或傩舞）的史料，但这并不意味着傩戏就一定起源于江西或江南。中原地区自商周以来便盛行驱傩活动，宋代已达于鼎盛，以此推断，中原地区也应是傩戏最早的起源地之一，只是文献中没有记载而已。

傩戏诞生以后，因其搬演及传承方式不同，大体可分为“村社傩”（或叫“家族傩”）、“巫师傩”和“军傩”三种类型。“村社傩”一般以村社或宗族为单位进行演出，演员都是本村或本族的普通百姓，而没有专职的巫觋人员。“巫师傩”由巫师主持演出，大多以“冲傩还愿”的方式进行，宗教色彩十分强烈。“军傩”保存于古代屯军及其后裔之中，只演以战争为题材的“武戏”，而不演公案戏、爱情戏等“文戏”。我国现存的“村社傩”，主要分布于江西、安徽、福建、江苏、浙江、河北、山西诸省，巫师傩主要分布于湖南、湖北、四川、云南、广西、贵州等省区，军傩分布的地域比较狭窄，只有贵州的一些县市和云南澄江县小屯村尚有遗存。

贵州现存的傩戏，只有巫师傩和军傩两大品类，而无村社傩流传。巫师傩在贵州通常称为傩堂戏或傩坛戏，另有还傩愿、杠菩萨、喜傩神、端公戏、鬼脸壳戏、傩愿戏、庆坛等别称。它们广泛流布于全省大部分地区的汉族、土家族、仡佬族、布依族、苗族、侗族、白族中，尤以德江、思南、沿河、铜仁、江口、印江、松桃、道真、务川、湄潭、岑巩、黄平、荔波、织金、大方、纳雍、六枝、水城等地遗存最丰富。田野考察和比较研究表明，贵州的巫师傩是从邻省传入的，传播路线主要是湖南、湖北和四川，时间大约在明代中前期。军傩在历史上曾有较多流传，如宋代广西静江府（桂林府）的军傩就一度名闻京师。但随着岁月的流逝，今天军傩只剩下了两个品类，即贵州的地戏和云南的关索戏。地戏在民间又称为“跳神”或“跳鬼”，广泛分布于安顺、贵阳、平坝、普定、镇宁、紫云、清镇、长顺、贵定、六枝、水城、毕节等县市的农村，尤以安顺最为集中。地戏最初只在明代江南屯军及其后裔——屯堡人（又称“老汉人”）中流传，后来才传入附近的布依族、仡佬族和苗族中。

地戏是什么时候形成的，目前学术界尚无定论，安顺市朱选青老人说：第一堂地戏脸子（面具）是洪武年间一个姓杨的指挥带来的。这只是民间传说，没有旁证，未可全信。据嘉靖《贵州通志》记载，至迟在明代中叶，贵州已经有了傩的活动，该书写道：“除夕逐除，俗于是夕具牲礼，扎草舡，列纸马，陈火炬，家长督之，遍各房室驱呼怒吼，如斥遣状，谓之逐鬼。”但上述这段文字记录的只是较为原始的驱傩活动，并不能证明当时已经有了地戏。（当然，也不排除这种可能，即当时已经有了地戏，但演出还不很普遍，未能进入史志作者的视野，因而未能在书中记录下来）。直到清代初期，地戏才在史志中有了比较明确的记载。康熙十四年（公元1675）《贵州通志》云：“土人所在多有，盖历代之移民。在广顺、新贵、新添者……岁首则迎山魈，逐村屯以为傩，男子装饰如社火，击鼓以唱神歌，所至之家，皆饮食之……”康熙三十一年（公元1692）的《贵州通志》也有类似的文字，还配有一幅《土人跳鬼图》，图中所绘与今天安顺地戏的演出十分相似，以此推断康熙《贵州通志》中那一段文字，描写的应是地戏无疑。根据以上分析，地戏形成的下限年代，不会晚于清康熙年间，更可能的情况是，早在明代中晚期甚至更早一些，地戏便已经产生了，因为一种民俗事项从它产生之日到被史志作者关注并将其写入史书中，中间往往要经过一段较长的时间，这在历史上是屡见不鲜的。何况地戏从它初步形成到日趋完善并广泛流传开来，中间也有一个过程。在一般情况下，这个过程需要数十年乃至上百年的时间。

在基本弄清了地戏产生的年代以后，需要进一步考察它究竟产生于何地，是从外省传入的还是在贵州本土生成的。由于地戏最初只流传于屯堡人中，因此一些学者认为，它是明初由屯军从江南带来的（明初进入贵州的屯军大多来自江南）。但有一个问题却难以解释，即我国江南各省不仅今天没有地戏流传，历史上也未见有地戏流传的记载，这就排除了地戏产生于江南诸省的可能性。不过，这并不意味着地戏是横空出世般地在贵州独立产生的，因为它的面具、唱腔与江南傩戏确有许多相似之处，明显地受到了江南傩戏的影响。例如，地戏面具最显著的特征之一是有头盔和耳翅，而类似的面具至今在江西万载一带仍有遗存。又如，地戏的唱腔中明显地带有弋阳腔的成分，而戈阳腔是元末明初产生于江西东部的一种唱腔，江南一带的傩戏唱腔多受到过弋阳腔的影响。根据以上情况分析，比较合理的推测是：明代屯军从江南带来了当地的傩戏（主要是“村社傩”），屯堡人出于自身训练武功和加强战备的需要，把江南傩戏与贵州土著文化融合，将其改造和发展成了具有军傩性质的地戏。因此，地戏及其面具既非纯粹从外地传入的，也不是完全土生土长的，它的源头来自江南，生成却在贵州。

二、“送福”面具的渊源和衍变

“送福”是新中国成立前广泛流传于贵州城乡的一种习俗，春节期间，贫丐者头戴“春官”面具，沿门逐户给人们送“皇历”，并表演一些驱邪纳吉的节目，主人则酬以一定数量的钱米酒食。这种习俗，渊源于古代的民间傩仪（亦即“乡人傩”），叫作“打夜胡”（或“打野狐”）。早在春秋时期，“乡人傩”便已出现了，《论语·乡党》载：孔子一次遇到乡人行傩，他身穿朝服，恭敬地站立在庙之阼阶观看。但那时是否把行傩和乞讨结合起来，史籍中无明确记载。至迟在三国时期，已经有了借行傩以乞讨的风俗。《宣城记》（作者佚名）载：“洪矩，吴时作庐陵郡，载土船头，逐除人就矩乞，矩指船头云：‘无所载，土耳。’”《南史》中的一则史料，证明南北朝时期亦盛行此种风俗。该书《曹景宗传》云：“（景宗）为人嗜酒好乐，腊月，于宅中使人作邪呼逐除，遍往人家乞酒食。”景宗的做法虽然是出于游戏，但当时一定盛行沿门逐疫、乞讨酒食的风俗，他才会做这样的游戏。据梁宗懔《荆楚岁时记》所载：在南北朝的民间傩仪中，行傩者要佩戴胡公及金刚、力士面具。胡公是当时汉族对北方和西北少数民族的称呼，也泛指西域人。由于在逐除仪式中，行傩者要戴“胡公”面具，因此人们便把这种表演称为“打夜胡”。到了唐代，借驱傩行乞已成为贫丐者的一种谋生手段。李义山《杂纂》“酸寒”条便有“乞儿驱傩”的记载。两宋时期，贫丐者靠行傩“巡门乞钱”的情况更加普遍，这在孟元老《东京梦华录》和梁自牧《梦粱录》中均有记载，《梦粱录》“十二月”条云：“自入此月，街市有贫丐者三五人为一队，装神鬼、判官、钟馗、小妹等形，敲锣击鼓，沿门乞钱，俗呼为‘打夜胡’，亦驱傩之意也。”明清以降，中原和江南一带岁末年初的逐除人通常仍为贫丐，如清乾隆《绍兴府志》引《旧志》云：腊月，“丐人饰鬼容，执器杖，鸣锣鼓，沿门叫跳，谓之跳灶，盖亦古逐疫之意。”又云：“打夜胡，方言跳鬼。”可知当时“打夜胡”又谓之“跳灶”。随着沿门逐疫傩仪的发展，其宗教色彩逐渐淡化，而增加了娱乐色彩，有的地方在逐除时，将“跳鬼”改为唱“莲花落”“花鼓戏”之类，甚至改为舞狮，面具也由判官、钟馗之类的凶神改为和尚、土地之类的善神。民国《南川县志》载：每年正月初一至十五，驱疫用狮舞，“一人带和尚面壳前导，却行执帚，诱之入人家”。

新中国成立前贵州、四川一带盛行的“春官送福”，亦是“沿门逐疫”的变异形式之一，只是其逐疫的成分已比较少，而主要改为“纳吉”了。每年岁末年初，头戴官帽，面戴春官面具的贫丐者（或民间艺人），挨家挨户送去春联、门神、历书、年画，同时唱一些开财门贺新春的吉祥颂词，主人家则以钱米酒食相谢。地戏演出中的“开财门”仪式，内涵与春官送福颇为相似，亦是由古代“沿门逐疫”发展、衍变而来。

三、镇宅吞口面具的渊源和衍变

吞口是一种用于悬挂的面具，因其放置的地点不同而分为镇墓吞口和镇宅吞口两类，镇墓吞口悬挂于墓室四壁或棺木之上，功用是护卫陵墓的主人，使其不受鬼魅精怪侵扰。古人认为人死亡后，各种鬼魅精怪常侵入墓穴惊扰死者，甚至“食其肝脑”，于是便在陵墓中置放形象凶猛狰狞的吞口面具，以使鬼魅精怪见而逃之，不能加害死者，其功用与镇墓兽和武士俑类似。我国已知的早期镇墓吞口，有河南浚县及北京房山西周墓出土的青铜镇墓吞口、湖南溆浦及常德汉代墓出土的滑石吞口等，汉代以后，随着镇墓兽、武士俑的盛行，镇墓吞口逐渐消失了，只在少数地方尚有这样的习俗。

图 9-3 吞口

镇宅吞口悬挂于人家的门楣之上，功用是厌胜辟邪，使妖魔精怪不敢侵犯家宅，以保主人家清吉平安，这与旧时人们在门上张贴门神的动机如出一辙。由于镇宅吞口多用木制，又悬挂于门外，每日遭受日晒雨淋，风吹霜打，不易保存下来，因此早期的镇宅吞口已不多见。镇宅吞口最早出现于何时已难确考，估计不会晚于汉代。四川渠县燕家楼东汉沈君石阙正反两面，分别刻有一怪兽头像，造型与今天流传于川、黔一带的镇宅吞口相似，推测它是从民间镇宅吞口衍变而来——古代石阙建筑往往模仿阳宅的式样，死人世界是活人世界的摹本。宋人陈元靓《岁时广记》中的下列这段文字，是古代文献对镇宅吞口的最早记录：“除日作面具，或作鬼神，或作儿女形；或施于门楣；驱傩者以蔽其面；或小儿以为戏。”可见当时镇宅吞口与驱傩面具、儿童面具一样盛行。宋代以后，中原地区已经少有镇宅吞口流传，而这种习俗却传播到边陲地区（尤以云、贵、川为最），一直保存到今天。究其原因，当与门神画的盛行紧密相关。

自先秦以来，中原地区就有在门上贴门神以避凶纳吉的习俗，现知最早形之于图画的司门之神为神荼、郁垒。《山海经》曰：“沧海之中，有度朔之山，百鬼所出入也。上有二神人，一曰神荼，一曰郁垒，主阅领百鬼，害恶之鬼，执以苇索而以食虎。于是黄帝乃作礼，以时驱之，立大桃人，门户画神荼、郁垒与虎，悬苇索，以御凶魅。”后来司门之主神在唐代一变而为钟馗，宋代变为镇殿将军，明清以后，则多为秦叔宝和尉迟恭。钟馗是民间传说中捉鬼、斩鬼、食鬼的大神；镇殿将军是宋代宫廷傩仪中的主要神祇，秦叔宝、尉迟恭是唐代的名将，他们或形象威猛，或武艺精湛，或法力高强，将其作为守门之神，妖魔鬼怪自然要见而丧胆，退避三舍。早期的门神是民间手工绘制的，费工费时，价格不菲，一般人家难以承受，不如悬挂吞口简便、经济。宋代以后，随着印刷术的发明和推广，出现了印刷的门神，印刷的门神价格低廉，普通百姓也能购买，加以门神的形象生动、色彩鲜艳，张贴方便，每年都可更换，从而推动了新年在门上张贴门神习俗的普及。所以在中原地区自宋代以后，在门楣悬挂吞口的习俗便日渐衰落了。而在云、贵、川等边陲省份（特别是在少数民族地区），山高地僻，交通不畅，商品经济不发达，购买门神画既费钱又不方便，不如因地制宜，用圆木、葫芦等材质制作吞口以镇鬼驱邪，更加经济简便，所以这种习俗一直保存至今。

四、狮舞面具的渊源和衍变

狮舞是一种面具与假形装扮并用的拟兽舞蹈，狮子出产在非洲和西亚各国，我国本土并没有狮子，汉武帝时，张骞打通西域的交通，狮子始传入中国。汉武帝和汉章帝时，西域安息等国都曾派使者送来狮子。由于狮子形象威猛，民间将其视为威武祥瑞的象征而加以崇拜。至迟在三国时期，狮子的形象已进入民间乐舞，《后汉书·礼乐志》载：汉乐府有“常从象人四人”。三国时期魏人孟康注云：“象人，若今戏虾鱼师（狮）子者也。”南北朝时，在盛大的佛事活动中常把狮子置于游行队伍前面作为导引。《洛阳伽蓝记》载：“长秋寺……作六牙白象负释迦在虚空中……四月四日此象常出。辟邪、狮子导引其前；吞刀、吐火、腾骧一面；彩幢、上索，诡谲不常；奇伎异服，冠于都市。”此时的宫廷乐舞中，亦常有狮子出现，萧梁时周舍为宫廷乐舞《上云乐》所作新辞云：“西方老胡，厥名文康……凤凰是老胡家鸡，狮子是老胡家狗。”但南北朝时期，无论在佛事活动还是在宫廷乐舞中，狮子都是作为杂技或舞队出现的，到了唐代，才发展为艺术性、观赏性很强的狮子舞。

唐代的狮舞种类很多，其中有从高丽传入的《舞罗狛》，有从罗马传入的《苇藉狮子》，有作猛狮模样的《苏芳菲》，有单人手玩狮子头的《乱团旋》等，但最流行最精彩的要数《五方狮子舞》，亦即《太平乐》。《旧唐书·音乐志》详细描述了其来历、装扮和演出情况：“师子鸷兽，出于西南夷天竺、师子等国，缀毛为之，人居其中，像其俯仰驯狎之容，二人持绳秉拂为习弄之状。五师子各放其方色，百四十人歌《太平乐》，舞以足，持绳者服饰作昆仑象。”

图 9-4　变人戏的舞狮面具

据此可知，《五方狮子舞》中狮子是由人蒙着一张带毛的“狮皮”扮演，狮头可能是木雕的，也可能用纸浆竹篾等材料制作。弄狮人（持绳者）是否佩戴面具，文中未作交代，只说“服饰作昆仑象”。“昆仑”是唐时人们对黑人的称谓。隋唐时期从中国传入日本的伎乐中，有木制昆仑面具。故“服饰作昆仑象”一语可能含有佩戴昆仑面具之意。唐代诗人白居易《凉州伎》一诗，明确描写当时的“凉州狮子”弄狮人是佩戴面具的，诗云：“西凉伎，假面胡人假狮子。刻木为头丝作尾，金镀眼睛银作齿。奋迅毛衣摆双耳，如从流沙来万里……”唐代另一诗人元稹亦作有《西凉伎》诗，其中有“狮子摇光毛彩竖，胡腾醉舞筋骨柔”之句。唐代以后，狮舞逐渐传播到全国，现在我国各省差不多都有狮舞，只是弄狮人已由昆仑衍变为大头和尚和孙悟空等角色。

贵州的狮舞通常在春节、元宵等传统节日出现，一些少数民族的传统节日，如苗族的四月八，布依族的六月六，亦往往有狮舞表演。彝族亚傩戏“撮泰吉”中也有狮舞，据当地村民说，是近代才植入的。

第十章 贵州少数民族面具的开发和利用

贵州少数民族面具文化，本质上是封建农业经济的产物，它的成长、繁荣和衰落，与封建农业经济的兴衰息息相关，保持着高度一致。在贵州这片神奇的土地上，面具文化已流传了成百上千年，伴随着旧有的政治制度和封建经济的崩溃瓦解，它已完成了历史所赋予的任务。今天，在现代化和全球化浪潮的猛烈冲击下，贵州少数民族面具文化正在迅疾地走向衰落，我们虽然为之感到惋惜甚至痛心，却无法改变这一严峻的事实。但是，衰落并不等于消亡，也不意味着从此它将失去生存的空间。固然，贵州少数民族面具发展的黄金时代已经一去不复返了，但由于它本身所蕴含的深厚文化内涵，使它处于边缘状态时，仍有可能通过不断地调适与嬗变，在现代化和全球化的文化背景中拓展出属于自己的一片天地。事实证明，只要我们对贵州少数民族面具文化实行保护与开发并重的政策，就可以发掘出它潜在的巨大价值，为社会主义的两个文明建设服务。这种价值既包括文化层面的，也包括经济层面的，二者紧密联系，不可分割。

第一节 文化层面的开发和利用

贵州少数民族面具文化系由中国面具文化与贵州少数民族文化共同孕育而成。作为中国面具文化的一个分支，它蕴含着多学科的文化学术价值；作为贵州少数民族文化的有机组成部分，它是研究贵州世居民族不可或缺的重要方面。贵州少数民族面具文化身上所具有的双重基因，为其文化开发提供了多维的视角和广阔的可能性。改革开放以来，国内外专家学者和有关单位部门，在这方面做了大量工作，取得了显著成绩。这些工作可以概括为以下几个方面。

一、学术研究

学术研究是从文化层面和经济层面开发贵州少数民族面具的前提条件。如果把贵州少数民族面具文化比作一座宝库，那么学术研究便是开启这座宝库的钥匙；没有钥匙，宝库的门将永远紧闭，人们便不能欣赏到里面所藏的奇珍异宝。

贵州少数民族面具文化进入学者们的研究视野，始于20世纪80年代前期，较早涉足于此的学者有何平、邓光华、高伦、万斗云、谢振东、沈福馨、余开荧、罗星耀、朱盛良、赵焜等，他们在1980年至1984年间，先后发表了一批有关傩戏、地戏及其面具的调查报告和学术论文。虽然这些成果今天看来尚嫌单薄，但它们犹如报春的燕子，预告着百花争艳的春天即将来临。1985年以后，有更多的学者加入研究傩戏、地戏、变人戏及其面具的行列中来，其中岐从文、李子和、罗受伯、庹修明、杨光勋、段洪翔、柯琳、顾朴光、潘朝霖、皇甫重庆、张坦、李云飞、李渝、徐新建、潘年英、汪泉恩等，都先后发表了有影响的论文。与此同时，一批研究傩戏、地戏、变人戏及其面具的著作亦相继问世，其中《贵州地戏简史》（高伦著，1985年11月）、《贵州思南傩坛戏概观》（邓光华著，1986年12月）、《贵州傩戏》（高伦著，1987年4月）、《傩戏论文选》（庹修明、顾朴光、潘朝霖编，1987年10月）、《安顺地戏》（沈福馨著，1989年5月）、《中国傩文化论文选》（顾朴光、庹修明、罗廷华、刘振国编，1989年10月）、《傩·傩戏·傩文化》（王恒富主编，1989年10月）、《贵州傩戏面具艺术》（皇甫重庆等编，1989年10月）等，是最早的一批成果。

进入90年代以后，贵州学者对傩文化暨面具文化的研究更是形成了热潮。据不完全统计，20世纪90年代至今，共发表学术论文300余篇，出版专著、编著20多部，这些论著分别从民族学、民俗学、宗教学、戏剧学、美术学、音乐学的角度，对贵州少数民族面具及其所依托的傩堂戏、地戏、变人戏进行了深入的研究，无论深度还是广度都较80年代有了一个飞跃，其中影响较大的著作有（按出版时间顺序排列）《傩戏·傩文化》（庹修明著，1990年6月）、《中国傩文化研究》（李子和著，1991年4月）、《傩戏面具艺术》（顾朴光、潘朝霖、庹修明、孔燕君编，1991年11月）、《中国傩戏调查报告》（顾朴光、潘朝霖、柏果成编，1993年2月）、《德江傩堂戏》（李华林主编，1993年5月）、《思南傩堂戏》（卢朝栋主编，1993年6月）、《傩与艺术宗教》（邓光华著，1993年10月）、《中国面具史》（顾朴光著，1996年1月）、《傩坛仪式音乐研究》（邓光华著，1996年2月）、《中国傩戏傩文化》（庹修明、姜尚礼编，1997年12月）、《中国民间面具》（顾朴光编，1998年1月）等。

值得特别一提的是，贵州学者对贵州傩文化暨面具文化的发掘与研究，引起了国内外学者的广泛关注，他们纷纷前来贵州考察，发表和出版了一批论著，扩大了贵州少数民族面具文化的知名度。这里仅对外国和台湾学者的研究工作作一简介。最早来贵州考察傩文化暨面具文化的外国学者有神奈川大学教授广田律子、日本杏林大学教授伊藤清司、日本昭和女子大学教授后藤淑等，他们于1988年至1989年间多次来到贵州，在贵州民族学院学者的陪同下，赴德江、道真、沿河、安顺、威宁等县考察傩堂戏、地戏、变人戏及其面具，回国后撰写和发表了一批调查报告和学术论文。1991年4月，由后藤淑、广田律子主编，中、日学者共同撰文的《贵州少数民族的假面剧》一书在东京木耳社出版，这是国外出版的第一部研究贵州傩文化暨面具文化的著作，在学术界产生了很大影响。1990年和1991年，日本东京大学教授田仲一成、日本学习院大学教授诹访春雄、日本东京大学副教授大木康等，在贵州民族学院学者的陪同下，赴德江、岑巩、织金、安顺等地考察傩堂戏、地戏及其面具。1993年3月，由田仲一成主编的《东亚农村祭祀戏剧比较研究》一书在日本出版，书中刊载了多篇研究贵州傩文化暨面具文化的论文，由中、日学者分别撰写。1993年3月，田仲一成教授在东京大学出版社出版了《中国巫系演剧研究》一书，书中用很大篇幅介绍了贵州的傩文化暨面具文化。1997年3月，广田律子教授在日本玉川大学出版社出版了《中国的假面与祭仪》一书，书中亦用较大篇幅介绍了贵州的傩文化暨面具文化。1999年至2000年，日本早稻田大学演剧博物馆研究员稻叶明子，早稻田大学教授伊藤洋、稻耕一郎、副教授森由利亚，千叶大学副教授桥本裕之等，在贵州民族学院、安顺地区博物馆、道真县民宗委的学者和干部陪同下，考察了贵州安顺、平坝、湄潭、遵义、道真等地的傩文化暨面具文化，考察成果集结为《假面·傀儡·假面剧——中国民间的仪礼与艺能》一书，于1999年11月在日本出版。除了以上所列，还有日本、韩国、英国、美国、德国、法国、澳大利亚、加拿大的大批学者到贵州考察傩文化暨面具文化，限于篇幅，兹不一一介绍。

台湾学者对贵州傩文化暨面具文化的发掘与研究，成绩突出者首推台湾清华大学教授王秋桂。早在20世纪80年代末，王秋桂教授就开始关注大陆的傩文化暨面具文化研究，并在他担任总编辑的刊物《民俗曲艺》上，刊发过不少有关贵州傩文化暨面具文化的文章。90年代初期和中期，他作为蒋经国国际学术交流基金会资助项目“中国地方戏与仪式之研究”的主持人，依靠大陆学者，在全国十几个省区对中国地方戏及仪式进行了广泛的田野考察。考察成果后来汇集成“民俗曲艺丛书”共70余种，先后在台湾台北出版。其中有8种分别由王秋桂教授及贵州民族学院、贵州省文联、贵州省文化厅、岑巩县文化局的学者主持和撰稿，均为研究贵州傩文化暨面具文化的项目。参与这些项目的学者有王秋桂、庹修明、杨启孝、杨兰、刘锋、杨廷硕、杨正伟、沈福馨、帅学剑、谢振东、晏晓明等。王秋桂参与主持的项目共有4个，它们是《贵州安顺地戏调查报告》《贵州省晴隆县中营镇新光村硝洞苗族庆坛调查报告》《贵州省德江县稳坪乡黄土村土家族冲寿傩调查报告》《贵州省岑巩县平庄乡仡佬族傩坛过职仪式调查报告》。这些项目有不少内容都涉及贵州少数民族面具文化。

二、演出和展览

在国内外举行傩堂戏和地戏演出，举办贵州傩戏面具（包括傩堂戏面具、地戏面具和变人戏面具）展览，是从文化层面开发贵州少数民族面具的重要途径。通过此类活动，可以使国内外人民充分认识贵州面具文化（特别是贵州少数民族面具文化）的深厚文化内涵，感受到它的巨大艺术魅力，于娱乐和观赏中产生社会效益。

1986年秋天，法国首都巴黎举行第十五届秋季艺术节。该艺术节由法国文化部、外交部和巴黎政府资助，每年集中介绍一个国家的表演艺术。1986年被定为“中国年”，当年被邀请赴巴黎演出的中国艺术有安顺地戏、上海越剧、江苏昆曲、苏州评弹等。这是地戏及其面具首次走出国门。担任这次出访演出任务的是安顺县蔡官乡地戏团，演出期间，还举办了地戏面具展览，在展出的250面地戏面具中，既有屯堡人村寨的面具，也有布依族村寨的面具。9月24日下午，安顺地戏面具展览在巴黎市中区郭安博物馆隆重开幕，在展出的40余天中，观众达7000余人次。法国文化部前部长、秋季艺术节主席米歇尔先生在开幕式上看了展览后，评价道："这个展览很好，中国民间艺术极丰富，有强烈的民族特点，我相信，通过这次展览，一定会进一步增强法中两国艺术的交流和发展。"郭安博物馆馆长、法国著名汉学家班巴诺先生在回答记者提问为什么要邀请地戏脸子来巴黎展出时说："因为贵州地戏和地戏脸子，有其浓郁的中国民族风格和别具一格的艺术造型特点，是中国古老的传统艺术形式，为让法国人民与艺术家欣赏地戏和地戏脸子的精美艺术，使法中两国的艺术得到更好的交流并促进其发展，我们不仅邀请地戏到巴黎表演，同时也邀请地戏脸子来巴黎展出。"

地戏面具展览开幕半个多月后，10月13日，安顺地戏首演式在巴黎波郁弗斯剧场举行，法国文化界、艺术界、新闻界、外交界的知名人士和专家学者、记者500多人出席了首演仪式。首场演出的剧目是《薛丁山征西》中的一个片段《三擒三放》。精彩的演出征服了包括法国在内的西欧各国的广大观众。《欧洲时报》《巴黎日报》等有影响的报刊纷纷发表评论，赞扬地戏演出是"今天能在巴黎看到的最激动人心的剧目之一"。法国文化部前部长米歇尔先生评价道："像这样高水平的民间艺术，欧洲没有。你们将它保留得这样完整，真了不起！"由于演出和展览的成功，在巴黎秋季表演艺术节结束后，蔡官地戏团及面具展览又受到邀请，赴西班牙首都参加第二届马德里艺术节。在那里的演出和展览也获得了巨大成功。①

图10-1　地戏在巴黎演出

① 参见沈福馨：《安顺地戏》，贵州人民出版社1989年版，第71-73页。

继1986年安顺地戏及地戏面具赴法国和西班牙演出、展览之后，地戏及地戏面具又多次赴日本、韩国、台湾等地演出和展览。与此同时，傩堂戏及傩堂戏面具也开始走出国门，引起世人的关注。1993年10月，铜仁傩文化博物馆受我国文化部外联局委托，复制了两套傩堂戏面具共48面，送往中国驻西欧和北美20多个国家的大使馆，进行巡回展出，深受欧美各国人民的好评。2002年8月，应日本有关部门邀请，受我国文化部派遣，铜仁傩文化博物馆傩戏表演团一行8人参加“2002新潟亚洲文化节”，先后在日本新潟市、上越市、新井市演出3次，观众达3万多人次，使日本人民领略了贵州黔东傩堂戏的风采。

与上述的国外演出、展览相较，国内举行的地戏、傩堂戏、变人戏演出和面具展览次数更多、规模更大，影响亦更加广泛。1986年11月，贵州民族学院民研所和德江县民委联合在贵阳召开“土家族傩堂戏学术讨论会”。会上由德江县土家族巫师魏观跃、张全辽等表演了十几个傩堂戏正戏和插戏节目，并进行了录像。这是傩堂戏首次赴省城贵阳进行观摩演出，引起了不小的轰动，而更大的轰动还在后面。1987年11月27日至12月6日，由贵州省民族事务委员会和贵州民族学院联合举办的“贵州民族民间傩戏面具展览”在北京中国美术馆隆重展出。这是新中国建国以来第一次在首都举办的面具展览，共展出贵州土家族、仡佬族、布依族、苗族、彝族、汉族的面具300余面，品类包括傩堂戏面具、地戏面具、变人戏面具、镇宅吞口面具。展览期间，还在展览大厅中播放了傩堂戏、地戏和变人戏的演出录像。这次展览在首都艺术界、学术界引起了强烈反响，曹禺、钟敬文、王朝闻、冯其庸、吕骥、吴晓邦、曲六乙、李超、华君武、黄永玉、张仃、潘絜兹、张紫晨、陶阳等知名人士参观展览后，或题词，或吟诗，或撰写文章，或发表观后感言，给予了很高评价。中国戏剧大

图10-2　曹禺、钟敬文在观看贵州傩戏面具展览

师曹禺惊叹道："奇迹，这是中国的又一个奇迹，中国的奇迹不但有长城，还有傩戏及其面具。看了这个展览，我感到中国的戏剧史要重新改写。"中国著名漫画家华君武题词曰："贵州傩戏面具是伟大的民间艺术，看后深感民间艺人非凡的创造力。"北京大学教授、中国民间文艺家协会副主席张紫晨的题词是："傩戏面具艺术震撼人心，实为艺术之精华，民族之瑰宝，亦为吾中华民族之骄傲。"中国红学会会长、中国艺术研究院副院长冯其庸的题词是："戏剧艺术之源"；中国音乐家协会名誉主席、著名音乐家吕骥的题词是："中国艺术史的宝库"。中国民俗学泰斗、北京师范大学教授钟敬文不但为展览题了词，而且还撰写了一篇名为《贵州傩戏面具的展览研究与保存》的文章在报刊上发表，文中写道："最近一段时间，许多人在饶有兴味地谈论中国美术馆展出的一批'中国戏剧活化石'，这就是贵州民族民间傩戏面具展览，它打开了生活在现代都市社会的人们的眼界，启动着民俗、戏剧和宗教等多种人文科学研究者们的思路，也为如何办好各类民俗博物馆提出了有意义的课题……"钟敬文先生在文中还对如何研究和保存贵州傩戏面具提出了具体意见，并"期待着贵州的傩文化研究放射一颗卫星"，其一片拳拳之心，溢于言表。"贵州民族民间傩戏面具展览"在京展出10天，观众达4万余人次，不少专家、学者反复参观了几次，意犹未尽。《人民日报》《北京日报》《文艺报》《中国文化报》《中国美术报》、香港《大公报》、中央电视台、北京电视台等30多家媒体对展览做了报道和评介。展出期间，由中国戏剧家协会、中国少数民族戏剧协会、文化部民族文化工作委员会、国家民委文化司、中国艺术研究院、北京师范大学、中国民俗学会等单位组织了三次高层次的学术研讨会，专家、学者们就贵州傩文化暨面具文化的渊源、分类、功用、文化内涵、制作工艺等问题，展开了深入的讨论。毫不夸张地说，这次展览是中国面具文化发展史上的重大事件，它使几千年来被封建士大夫视为"末技""小道"的面具堂堂正正地登上了艺术的最高殿堂，引起了学术界、艺术界的极大关注，由此翻开了贵州少数民族面具文化研究的崭新篇章。

一石激起千层浪，"贵州民族民间傩戏面具展览"产生的巨大轰动效应，在贵州乃至全国掀起了一股"傩文化热"和"面具热"。1988年11月下旬，贵州省文化厅和贵州省戏剧家协会联合在贵阳举办了"贵州傩艺术形态展"。为了使观众对傩艺术形态有一个全面的了解，展品中不但有各种品类的傩戏面具，也有傩堂戏的服饰、神案、道具、乐器、唱本等。展览期间还召开了"贵州傩文化学术研讨会"，来自全国十多个省市的近百名学者齐聚一堂，就傩文化暨面具文化研究各抒己见。鉴于全国的傩文化研究已渐成气候，而研究队伍却十分零散的事实，出席研讨会的代表们经过充分酝酿，决定成立中国傩戏学研究会，以对全国的傩文化研究进行协调和领导。

中国傩戏学研究会成立以后，贵州傩文化暨面具文化的开发研究迈上了一个新的台阶。当年12月，铜仁地区文化局在石阡县举办"铜仁地区傩艺术展览"，共展出各个县提供的傩堂戏面具173面、神案115幅、道具142件。同月，贵州省文联和安顺地区文联在安顺市召开了"地戏学术研讨会"，来自省内外的40余名学者参加了研讨会，代表们就地戏的性质、源流、声腔、面具等展开了深入的讨论，会后出版了

《安顺地戏论文集》，共收录与会者提供的16篇学术论文。1989年2月，安顺县文化局、安顺县文联组织举办了全县地戏调演，共有17个村寨的地戏队参加比赛演出，另有18个村寨的地戏队进行了表演演出，会上评出了一、二、三等奖各若干名。这次调演历时3天，约有10万人次观看了演出，在安顺市引起巨大轰动。1990年5月14日至6月6日，应中国红楼梦学会、中国艺术研究院和北京大观园邀请，“铜仁地区傩文化展览”在北京大观园展出，共有20余万人次参观了展览，其中包括几百名专家学者和近千名外国游客。1991年9月至11月，应香港中旅集团和深圳中国民俗文化村邀请，铜仁地区傩文化艺术团赴深圳展演，反响十分强烈。国务院总理李鹏、副总理田纪云、全国人大常委会副委员长姬鹏飞、全国政协副主席钱伟长以及中央一些部门的领导、港澳台的知名人士和大量国外游客观看了展演。深圳电视台、香港亚洲电视台、香港翡翠电视台做了专门报道。① 类似的展览和演出还有很多，难以一一列举。

贵州少数民族面具的文化开发，从20世纪80年代初期算起，迄今已有20多个年头，所取得的成绩是显著的、有目共睹的。它使一向“养在深闺人未识”的贵州少数民族面具文化走出了封闭的大山，走出了国门，汇入了世界文化大潮，引起国内外人民的极大关注。而今当人们提起中国的面具文化，首先便会想到贵州少数民族面具文化。这是贵州各级政府部门和高校、科研单位共同努力的结果，是贵州一大批专家学者辛勤劳动的结果。但也应清醒地看到，贵州少数民族面具的文化开发工作仅仅才开始，所取得的成绩与其所蕴含的深厚文化内涵还不相称，还有大量工作有待人们去策划，去实施，去完成。下面是我们的几点设想。

1. 建立贵州民族民间面具博物馆

为了更好地收藏、展示贵州少数民族面具，为了给广大观众和专家学者欣赏、研究贵州少数民族面具文化提供方便，有必要建立一个省级面具博物馆。贵州是我国古旧面具遗存最多的省区之一，也是我国面具品类最丰富的省区之一，据初步调查，现在散落在民间的建国以前的古旧面具约有数千面之多，其中主要是傩堂戏面具和地戏面具。这些面具大多保存在各地的傩堂戏班子和地戏班子中，至今仍被作为演出道具而经常使用。其次是保存在省、地、县一级的博物馆和有关部门，例如贵州省博物馆、铜仁傩文化博物馆、平坝县天台山地戏博物馆、德江县民宗委、思南县文管所都收藏了数量不等的古旧面具。此外，尚有一些古旧面具为民间艺术爱好者个人收藏。这种状况很不利于对现存古旧面具进行妥善、科学的收藏和保管，因为：第一，我省现存的古旧面具基本上都是木质的，极易因风化、虫蛀、火烧、水渍、日晒而受到损毁，上述戏班、单位和个人，一般都不具备收藏、保管古旧面具所必须具备的条件（如防蛀、防裂、防潮、防盗等），即使像贵州省博物馆这样条件较好的单位，也因其收藏的古旧面具很少，而难以对之进行妥善、科学的收藏和保管。第二，自20世纪80年代中期以来，随着人们对面具艺术价值和文化价值认识的加深，以及文物古

① 参见贵州省铜仁傩文化博物馆编：《傩文化文集》，1993年内部出版。

董交易的日渐兴旺，古旧面具成了国内外收藏家争相收藏的珍品；一些文物商贩也因有利可图，到民间大量收购古旧面具，有的甚至与农村中某些不法分子内外勾结，盗卖傩堂戏班和地戏班子中的古旧面具。有鉴于此，建立一个专业的、设备较好的面具博物馆，将流散在民间和收藏在基层单位的古旧面具集中起来，进行妥善、科学的收藏和保管，便成了当务之急。这是一件事关继承和发扬传统民族文化的大事，必须尽快落实，否则，少则十几年，多则几十年，现存大多数古旧面具将因自然和人为因素的作用而遭受不可挽回的损失。

建立贵州民族民间面具博物馆，最大的困难在于筹措经费和征集面具，但二者相较，后者困难更大一些。经费筹措可采取政府投入、公办民助、民办公助、民间集资等多种形式。一个占地两亩左右，拥有二三百平方米展厅以及若干个保管室、研究室、办公室的小型专业博物馆，造价不会太高，只要认识到位，完全有可能在短期内筹足这笔经费。面具征集应针对不同情况采取不同的措施：第一，对于目前尚在傩堂戏戏班和地戏戏班中使用的古旧面具，可派专人分赴各地，对戏班成员讲明道理，然后用复制的新面具换取该戏班的旧面具，必要时再补助一些钱。这种以新换旧的做法过去曾有过先例，事实证明是可行的。第二，对于地、县基层单位收藏的古旧面具，可由省政府牵头，文化厅、民宗委出面，做好协调工作，采取调拨、购买、租借等方式，将其集中到贵州民族民间面具博物馆收藏。只要晓之以理，并辅之必要的行政、经济措施，各基层单位当会支持这一做法。即使不能征集到全部藏品，征集一部分具有代表性的藏品是完全可能的。第三，对于私人收藏的古旧面具，可采取购买、租借等方式加以征集。

贵州民族民间面具博物馆的藏品，应坚持精品路线，不必盲目追求数量，有 300 面至 500 面即可。在保证质量的前提下，藏品应尽可能兼顾到不同品类、不同地域、不同民族和不同角色。藏品自应以古旧面具为主，但现当代的一些名家，如黄炳荣、王树清、胡永发、胡永辉等的作品，亦可适当收藏，以资进行比较。应把收藏、展览、研究结合起来：收藏是基础，没有高质量的藏品，就谈不上展览和研究；展览是手段，只有通过展览，才能使藏品被广大群众欣赏，并为专家学者的研究工作提供便利，从而发挥出社会效益；研究是根本，一个博物馆办得好与坏，很大程度取决于能否出高水平的研究成果，缺乏研究能力的博物馆，其存在价值颇值得怀疑，只配称为收藏馆或陈列所。

2. 编著出版《贵州少数民族面具志》

为了更好地继承和发扬贵州少数民族面具文化，有必要编写一部《贵州少数民族面具志》，这是一项基础性的工作，是深入研究贵州少数民族面具文化的前提条件。贵州少数民族面具文化极为丰富多彩，博大精深，改革开放以来，省内、省外、国外的专家学者虽然对之作了不少发掘、研究工作，但受到主客观条件的限制，一些基本情况尚没有摸清，比如：贵州现在究竟有多少古旧面具遗存？它们具体分布在哪个戏班和村寨，或由哪个单位或个人收藏？这些面具分别是什么角色，用于什么剧目或活动？它们的质料、年代、族属、作者？如此等等，恐怕谁也说不出一个哪怕非常粗略的答案。而这些基本情况不搞清楚，研究的深度和广度便会大受影响。本来早在1988年1月，钟敬文先生在参观了“贵州民族民间傩戏面具展览”之后，就不顾年高体衰，满含深情地撰写和发表了《贵州傩戏面具的展览、研究与保存》一文，他在文中提出：希望贵州的同志们“鼓足剩勇，继续深入民间搜集面具，尽可能多收，收全”，并对这些面具配以详细说明，逐个绘出图谱，“力争早些写成一部有科学价值的傩戏面具志”。钟老的建议虽然是针对贵州傩戏面具而言的，但同样适用于贵州少数民族面具，可惜钟老的远见卓识未能受到应有的重视，更未得到具体落实。现在距钟老文章发表的时间已十七年，这期间又有不少古旧面具因自然和人为的因素而遭到损毁，也有的流散到了省外甚至海外。今天撰写《贵州少数民族面具志》的条件，已远不如十七年前，如再不抓紧时间撰写，以后恐怕会更加困难。

撰写《贵州少数民族面具志》，首先要对现存的古旧面具进行一次彻底的普查，这是一项浩大的工程，靠个人的力量是难以完成的，必须依靠集体的力量。最好由文化厅、民宗委等单位联合发起，组织若干个包括专家、学者和基层文化、民族工作者在内的调查小组，花上一两年时间在全省进行一次拉网式的调查，对流散在民间的或保存在单位的每一个古旧面具，逐个地进行拍照、录像和记录。记录的内容包括面具的品类、角色、质料、年代、尺寸、造型、用途、收藏者（戏班、单位或个人），以及该面具的来历（师父传承、用钱购买、愿主捐赠）和有关的背景资料等。以上各项，有的比较清楚，很容易记录，有的记录则比较困难。例如质料，木、铜、布、纸，固然一目了然，但同为木货，是白杨、丁木、柳木、松木、柏木……就很难区分了，须聘请有经验的木工帮助鉴定。又如年代，个别面具背面写有制作、购买或捐赠的时间，这比较好办（但仍须辨别真伪），但大部分面具都没有年代记录，一般只能根据面具的造型风格、残朽程度和保存者的口碑作大体推断。其中造型风格是最可靠的依据，残朽程度和保存者的口碑只能作为参考。因为一个时代的艺术品，总是凝聚着那个时代特定的审美意识和文化内涵，被烙上鲜明的时代印记，要想作伪非常困难。就面具而论，明末至清代中期的作品，一般尺寸较小，纹饰简洁，造型古朴大气；清末和民国时期的作品，尺寸较大，纹饰繁缛，造型精致写实，二者风格差别很大，鉴定时若再参考同时代的雕塑和绘画作品，就不容易弄错了。而面具的残朽程度，不但取决于该面具年代的长短，而且取决于它的木质（硬木还是泡木）和保管、使用情况，故只能作为鉴定年代的参考。至于面具主人的口碑，则不可不信，也不可尽信。在现实生活中，一些人为了达到某种目的，往往把自己收藏之物说得很古老，甚至添油加醋，编造出一些故事。这种事虽不普遍，但却时有发生。因此对面具主人的口碑，要认真分析，区别对待。

在掌握大量第一手资料后，便可着手编撰《贵州少数民族面具志》了。编撰时可以以面具品类为纲，以民族或地域为目，务必把民国以前的古旧面具尽可能详尽地搜罗在内，新中国成立后有代表性的面具也可适当选入。书中既应有对各个品类、各个地域、各个民族的面具的综述，又应有对每个具体面具的详细介绍，并附以照片。文字介绍除须标明该面具的品类、角色、质料、族属、年代、尺寸、制作者（只有少数面具能弄清制作者)、收藏者(戏班、单位或个人)、现藏地等基本情况外，还须用较大篇幅说明该面具的用途。对于在民俗活动中使用的面具，需介绍该民俗活动的起源、传说、流传地域和民族、整个活动的过程等；对于在傩堂戏或地戏中使用的面具，需介绍该面具用于何种剧目，以及该剧目的故事情节。有的剧目同时流传于不同地域和民族中，其情节往往同中有异，应真实地将这种差异记录下来，以资进行比较。对于那些能够弄清制作者的面具，应尽可能地附上制作者的生平小传，但对制作者的鉴定一定要慎重，如无十分把握，最好空缺。

第二节　经济层面的开发和利用

面具的经济价值在古代便受到人们的重视，据南宋周去非《岭外代答》和范成大《桂海虞衡志》记载，当时桂林人善制戏面，穷极工巧，佳者“一枚或值万钱”。陆游《老学庵笔记》亦说：“至今桂府作此者皆致富，天下及外夷皆不能及。”可见早在千余年前，制作和售卖面具便成了人们用以致富的一种手段。明清以迄民国，贵州不少民间艺人均以制作、售卖面具为业，其间曾涌现出雷德生、张云财、陈尚禄、齐二、胡开清、吴少怀、罗建章等著名的面具艺人。新中国成立以后，在一段相当长的时间里，傩堂戏和地戏被认为是封建迷信而遭到查禁，面具制作因此呈现出凋零之势。改革开放以来，随着傩堂戏、地戏的解禁，旅游业的蓬勃发展，以及民间收藏热的兴起，人们重新发现了面具巨大的经济价值，对之进行了多方位的开发和利用。

面具作为人类物质文化和精神文化相结合的产物，不但具有多重的实用价值，而且具有很高的观赏价值和收藏价值。西方一些国家收藏面具已有几百年的历史，人们把它置于案头或挂在墙上，作为一种艺术品(或工艺品)来把玩观赏。在我国，面具走入平常百姓家则是近20年的事，最初一些爱好民间艺术品的收藏家把它作为一种工艺品加以收藏，后来一般百姓也纷纷购买面具用以辟邪纳吉和装饰居室。早在20世纪80年代初期，贵州已有人看到了面具的艺术价值和文化价值，开始到民间收集傩堂戏面具和地戏面具，但那只是个别现象，面具的售价当时也比较低，一个古旧面具，一般仅卖二三十元，新刻的面具仅十余元一个。1987年底“贵州民族民间傩戏面具展览”在北京中国美术馆展出，展览期间有人组织了一批傩堂戏面具和地戏面具在展厅中销售，结果市场反应异常热烈，带去的上百面面具很快就销售一空，且每个面具售价高达七八十元。自那以后，民间艺人开始改变长期以来只为傩堂戏和地戏班子制作面具的做法，而把面具推向广阔的市场，特别是旅游市场，使之从一种用于巫术、舞蹈、戏剧和民俗活动的化装道具，变成了一种工艺品和旅游纪念品。

所谓工艺品，指具有较高艺术价值、主要供人们观赏把玩的人工制品；所谓旅游纪念品，指能引起旅游者对旅游生活的回忆，或用以馈赠亲友的旅游商品。面具本身固有的性质，使它集工艺品和旅游纪念品于一身，成为旅游市场中深受人们喜爱的一

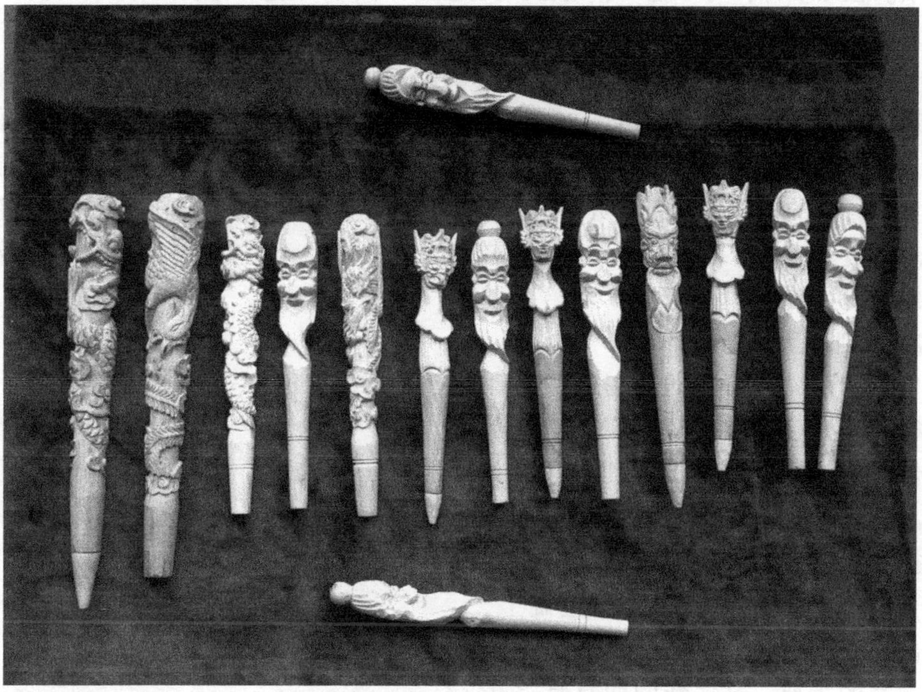

图 10-3 地戏的面具工艺品

种产品。面具被推向市场后，在产销方式、形制造型、制作工艺上，都发生了巨大的变化。

1. 产销方式的变化

贵州面具数百年来，都是以个人或家庭为单位自产自销，民间艺人或者受聘前往戏班、村寨制作面具，或者在家中承接戏班、村寨的订货，至于价格，则根据面具的角色、尺寸、木质、做工等由双方商定。这种传统的产销方式今天已很难适应市场经济的需要，于是出现了三种新的产销方式。第一种是民间艺人按照中间商的订单制作面具，然后由中间商把面具卖给旅游景点的商店、摊贩或旅游者。这种方式的优点是：民间艺人只管生产，不管销售，不但省却了许多麻烦，而且可提高面具产量，缺点是其间相当一部分利润落入了中间商的腰包。第二种是应北京、深圳、上海、贵阳等地一些单位的聘请，前往制作面具，一般按月拿工资，管吃管住管路费，工资分固定工资和计件工资两种，每月能拿 800 元至 1500 元。这种方式的优点是工资较高，且比较固定，缺点是离家在外，不能兼搞农业，而面具艺人大多是农民，农忙时务农，农闲时才刻面具。第三种是建立股份公司或独资公司，安顺市刘官乡周官屯的“大明屯堡文化艺术开发公司”是其中的代表。该公司成立于 2000 年，总投资 200 万元，最初实行股份制，后来其他股东先后退出，现由胡科伟独资经营。公司共有员工 80 余人，内有雕匠 56 人，其余为管理、设计、财会、销售人员，由胡科伟担任公司经理。该公司以制作、销售木雕制品为主，也兼营艺术装潢、地戏演出等，实行多种经营。木雕制品包括面具、傩柱、傩根雕、傩面笔筒、仿古家具等，其中以面具为第一大宗。粗略统计，每年生产、销售面具达五六千面，这些面具有的为公司内部的雕匠制作，也有的系从村里其他雕匠那里收购而来。产品主要销往上海、北京、深圳、贵阳等城市，以及美国、日本、韩国、加拿大、澳大利亚、新加坡等国家和台湾、香港等地区。近几年每年利润均在50万元以上，公司将其积累起来，以作扩大再生产之用。这种方式的优点是能集中资金、人才、资源优势，把研发、生产、销售结合起来，实行科学的管理。事实证明，这种产销方式符合市场经济的规律，具有旺盛的生命力。但由于成立公司各方面条件要求较高，因此像“大明屯堡文化艺术开发公司”这样的企业目前尚不多见。

2. 形制造型的变化

贵州少数民族面具的形制造型几百年来很少发生变化，表现出惊人的稳定性。但自从面具被推向市场，成为一种工艺品和旅游纪念品之后，这种稳定性便被打破了。为了占有市场，增加经济收入，民间艺人在传统面具的基础上，开发出许多新的面具品类，以满足不同层次顾客的需要。这些新的面具品类在形制上或造型上与传统面具迥然不同，是传统面具在当代社会的发展和嬗变。现在市场上最常见的面具暨类面具产品有傩面、傩柱、傩根雕、小型面饰、傩面笔筒等。傩面既非傩堂戏面具也非地戏面具，而是综合二者的特点，并借鉴省外、国外面具的表现手法，而创造出来的一种新的面具品类。其造型神秘、怪诞、古朴、粗犷，皱鼻突眼，阔嘴利牙，极尽变形夸张之能事；色彩单一、深沉，一般为黑色或棕黑色。由于此类面具主要用作装饰，而不供演出之用，因此尺寸没有定规，大者高可超过2米，小者只有巴掌般大小。傩柱是用圆雕、浮雕、镂空雕等手法，在一根高2—3米的圆木上雕满面具，数量从十余个到数十个不等，远远看云，类似北美洲、大洋洲土著民族的图腾柱。傩柱一般放置在宾馆、饭店、居室中作为装饰，现在有的地戏班子亦在演出场地放置傩柱以增加演出气氛。傩根雕是把根雕艺术与面具艺术结合起来，根据树根的长势和造型，在上面雕刻龙凤花纹和面具图像，傩根雕大小不一，小的高两三尺，重十几斤，多为居室的摆设；大的高数米，重数吨，多陈列在公共场所。小

图10-4 工艺面具柱

型面饰比核桃略大，多为地戏面具造型，一般不着色，只用桐油或清漆薄薄刷一遍，保持木料原色。人们将其佩戴在胸前用以驱邪纳吉，类似于护身符。傩面笔筒是在笔筒上刻以面具图像，既可作为书案上的陈设品，又可在笔筒中插放文具，兼有装饰与实用的功能。类似的物品尚有傩面花瓶、傩面画筒等。除此之外，一些民间艺人还开发出面具簸箕画、面具蜡染布等，用于室内装饰。总之，现在面具暨类面具产品的形制、造型和品类，在传统面具的基础上有了很大发展，这是面具走向市场特别是旅游市场所带来的必然结果。

3. 制作工艺的变化

贵州少数民族面具大量进入市场后，在制作工艺上也发生了许多变化，与传统的面具相较，作为工艺品或旅游纪念品的面具，在制作方法和使用原料等方面，都能打破成规，大胆创新。导致这种变化的原因有二：

一是出于艺术表现的需要，前面说的傩面即是一例。傩面的造型特点是神秘、怪诞、古朴、粗犷，具有强烈的视觉冲击力，民间艺人在制作傩面时，出于艺术表现的考虑，往往先将傩面的毛胚投入火中烧，或用烧红的铁钳烙。经过烧、烙的傩面有一种特殊的肌理效果，与傩面的造型特点十分吻合，相得益彰。又如市场上出售的面具中，有一种吞口面具，是悬挂于门户用于驱邪镇鬼的。传统的吞口面具大多用彩色油漆着色，然后再涂一层光油，这种工艺费时费工，又容易褪色。因此现在民间艺人多改用丙烯颜料为吞口面具上色，不但工序比较简便，而且鲜艳美观，不易褪色，得到顾客的喜爱和市场的肯定。再如傩柱、傩根雕、傩面笔筒、傩面花瓶、傩面画筒等品类，因系在圆木上进行雕刻，传统的浅浮雕、镂空雕技法已不够用，民间艺人便根据艺术表现的需要，采用圆雕、透雕、车、钻等新技法，以达到立体、透空的效果，而制作工具也在传统工具的基础上增加了许多种类，如铣床、车刀、电钻等。

二是出于降低成本的考虑。面具进入市场后，就变成了一种商品，而商品必须考虑成本，这是市场经济的规律，面具也不能例外。这里的“成本”既包括原料的成本，也包括时间的成本。先以前者论之，在基本保证面具质量的前提下，什么原料价格便宜，民间艺人便使用什么原料，这已是一条不成文的规则。例如过去民间艺人在制作傩面、傩柱、傩根雕时，先用棕色或黑色的油漆或广告色涂一层底色，再在其上罩一层清漆或桐油，不但费时费工，而且造价较贵。后来他们发现用廉价的棕色或黑色皮鞋油作为代用品，也能取得不错的艺术

图 10–5　德江的清代傩面仿品

效果，于是现在一般均改用皮鞋油为傩面、傩柱、傩根雕上色了。又如前面所说用丙烯颜料为吞口面具着色，除了可以使吞口鲜艳美观外，也考虑了成本的因素。再以后者论之，过去民间艺人制作一个地戏面具少则三至五天，多则十天半月，盖因那时对每一道工序都精工细作，一丝不苟，其中头盔的装饰层，有的竟多达四层。而现在市场上出售的地戏面具，做工普遍比较粗糙，头盔的装饰层有的只有两层，这样的地戏面具一天便能制作一至两个。至于傩面，所需时间更短，一个熟练的民间艺人一天可以制作三四面之多。当然，现在也有一些面具及类面具产品，做工相当精致考究，但这样的产品一般需要定做，而价格则要比一般产品高出好几倍。在面具的价格中，时间和原料一样，也被计入了成本。

面具被作为一种工艺品和旅游纪念品推向市场，迄今只有20多年，但已取得了可观的经济效益，许多面具艺人（他们大多为农民，农忙时务农，农闲时制作面具）因制售面具而脱贫致富，过上了小康生活。这里且以安顺县黄腊乡禄宝村布依族艺人柏永刚、罗贵义为例。柏永刚今年60岁，自幼喜欢用木头刻人、鸟、狗、马等玩具，“文革”结束不久，受本村罗林苏的影响，开始学刻面具，由于他聪明好学，不久就掌握了制作面具的全部技艺。那时许多地方都恢复了傩堂戏和地戏演出，急需添置一批面具，于是纷纷向柏永刚定购，安顺、黔东、黔东南一些县的地戏、傩堂戏班使用的面具，有许多是柏永刚刻的。后来为了适应市场的需要，柏永刚也常常刻傩面、傩柱、傩根雕等。1989年，他受著名画家韩美林邀请，到北京刻面具和傩柱，每月领800元工钱；1995年深圳民俗村开馆，他去刻了一个月面具和傩柱，得了3000元。柏永刚还到贵阳、南宁、武汉等地刻过面具、傩柱和神像，其作品曾参加过全国第24届工艺美术作品展览会。20多年来，柏永刚共刻过1000多个面具，上百件傩柱、神像和傩根雕。各类作品售价不等，地戏面具过去最贵卖到100多元一面，现在30元左右一面；傩堂戏面具和傩面价格较低，根据尺寸和质量，多则五六十元，少则一二十元一面；傩柱、神像、傩根雕价格起伏较大，最高可卖一两千元，最低也要一百多元。历年来柏永刚因制售面具暨类面具产品，总共收入多少钱，他自己没有做过精确统计，粗略计算，当不少于七八万元，除去四分之一的成本（购买木料、颜料、马尾、人发等），纯利润大约在6万元左右，他的生活状况因此得到了很大改善。近年来柏永刚因视力下降，体力也差了，已很少刻面具，而以刻茶木根雕为主，每年可收入三四千元。他家承包的两亩多责任田，过去租给别人种，现在收了回来，一年打的粮食足够吃两年，加上刻面具和根雕的收入，日子过得有滋有味。罗贵义今年68岁，1982年开始刻面具，主要靠自学。学成后每天能刻一两个面具，主要刻傩面，地戏面具刻得很少。20世纪90年代罗贵义曾到北京圆明园刻面具，包吃包住包来回车费，每月1500元工资。后来回到家中自刻自销，平均每年收入五六千元。他嫁姑娘花了七八千元，娶媳妇花了一万多元，全靠刻面具赚的钱。1994年他卖面具收入了万把块钱，加上历年积蓄，盖了两层楼房，每层5间，100平方米，两层共200平方米。现在罗贵义和老婆、儿子、媳妇、孙孙住在一起，成为村中的殷实户。

如果说柏永刚和罗贵义是个人制售面具发家的代表，那么安顺市刘官乡周官屯则是集体制售面具致富的典型。周官屯位于安顺市东南50公里处，现有416户1760人。周官屯很早就以制作面具闻名遐迩，清代和民国时期，涌现过胡开清、胡志厢、胡朝佐、胡少南、胡继先、胡玉文等著名面具艺人。建国初期，胡氏面具艺人的代表为胡永辉和胡永发。过去胡氏的雕刻技艺只许家传，严禁外传，到了20世纪六七十年代，这种情况有所松动，开始由胡姓传给秦、周、金三姓，这三姓的著名面具艺人有秦朝安、周祖本、金国华等。改革开放以来，由于面具的需求激增，面具艺人接了大量定货却忙不过来，于是大量招收徒弟充作助手，胡氏祖宗立下的传内不传外的规矩被彻底打破了。现在周官屯的416户中，有226户256人以制售面具为业，其中大部分为屯堡人，但也不乏苗族和布依族艺人。他们大多农忙时下田干活，农闲时制作面具，平均每年制作面具的时间为4—6个月。面具成品大部分由“大明屯堡文化艺术开发公司”收购，也有的卖给旅游商店或民间艺术爱好者。面具按品类、尺寸和质量论价，一般30厘米高的地戏面具卖60—80元，有胡须的卖100—120元；傩面30厘米高的卖15元，50厘米高的卖20—25元。少数精工制作的面具售价要高得多，例如胡科伟雕刻的一面龙鼻地戏面具金兀术，高120厘米，宽80厘米，卖了6800元，他雕刻的一根高2米的地戏面具柱，卖了3800元。平均计算，周官屯的面具艺人每户每年收入在6000元至8000元，最高的达 万多元。初步统计，自改革开放以来，周官屯销往国内外的面具，大约在二三十万件左右，销售总收入不下3000万元，对于西部地区贫困的山村，这是一个相当可观的数字。

图10-6　布依族面具艺人柏永刚

贵州面具的经济开发虽然取得了很大成绩，但也存在一些不容忽视的问题，主要表现为：其一，一些民间艺人制作面具只重数量不重质量，销售面具则互相杀价，恶性竞争；其二，几乎所有的民间艺人都只顾埋头制作面具，而不懂得对之进行必要的包装。这些都导致面具的售价不断走低，严重损害了民间艺人的经济利益。例如20世纪80年代，一面30厘米高的傩面售价为七八十元，现在已跌到了十几元，同样尺寸的地戏面具，售价也降低了大约三分之一。有鉴于此，笔者提出以下意见，这对于提高面具生产的经济效益，也许将不无帮助。

第一，面具生产应实行精品战略，以质量取胜，而不是以数量取胜。实行精品战略可在材质、作者、包装等方面做文章。（1）材质。过去面具多以白杨、丁木、柳木、柏木等普通树材为原料，盖因那时面具的购买者均为农村的戏班，财力有限，故民间艺人不得不选用成本较低的树材。现在面具的购买者大部分为旅游者和民间艺术爱好者，其次为博物馆、宾馆、酒楼、商场，他们购买面具主要考虑的是质量而非价格，因此可选用贵重的榉木、梨木、黄杨木甚至红木作为原料，精心制作一些高端产品，这样不仅可以大幅提高价格，也会受到买家的欢迎。(2) 作者。面具自古以来都不兴标明作者，过去面具由戏班定购，村民们不仅知道它的作者，而且总是依据作者的名气来付酬。现在面具销往国内外，买家一般都不知道面具的作者，致使一个刚出道的艺人与一个面具名家制作的面具，在价格上几乎没有什么差别，这是很不正常的。观诸其他工艺品，如紫砂壶、鼻烟壶、瓷板画等，一件名家之作，较之无名艺人之作，价格通常要高几十倍甚至上百倍。面具也可仿效以上工艺品的做法，在产品上（最好为面具背面）刻上或烙上作者的姓名，对于一些名家之作，还可出具品质保证书，这样便可拉开价格的档次。(3) 包装。民间艺人历来不讲究面具的包装，出售时多以废报纸或塑料袋随便包裹一下，这样既显得寒酸又严重影响价格。建议对一些名家精心制作的高端产品，用纸板锦盒或有机玻璃盒对之进行包装，并印刷精美的说明书放在盒内，详细介绍该面具的品类、角色、功用、产地、作者、材质、工艺等。俗话说“好马还须配好鞍”，精工的面具配以精美的包装，售价自可倍增矣。

图 10-7　大明屯堡文化艺术开发公司开发的面具产品

第二，面具销售应实行统一定价，避免互相杀价，恶性竞争。现在一些民间艺人销售面具大多采取各自为战，薄利多销的策略，一面面具除去成本，只能赚十几元甚至几元钱，这既不利于面具市场的繁荣和发展，也不利于面具艺人增加收入。须知，面具不是一般的商品，而是艺术性很强的工艺品；面具艺人的劳动不是低级的简单劳动，而是高级的复杂劳动。笔者曾考察过日本、泰国、韩国的面具价格，一面面具折合人民币少则两三百元，多则五六百元甚至上千元。贵州的面具无论文化内涵还是制作工艺，都不低于日本、泰国、韩国的面具，但售价往往只有前者的几分之一，这是很不正常的。当然，面具作为一种商品，其价格最终决定于市场这只无形之手，但市场是可以进行调控的，对面具销售实行统一定价便是一种调控手段。现在面具价格低迷和混乱的主要原因是民间艺人各自为战，无序竞争，抓住了这个症结，便可对症下药，改变面具价格持续走低的状况。在这方面，周官屯的“大明屯堡文化艺术开发公司”的经验可资借鉴。20 世纪 80 年代和 90 年代，周官屯民间艺人所生产的面具暨类面具产品，基本上皆为自产自销，不但需为寻找买家浪费许多时间，而且产品售价也时高时低，很不稳定。2000 年“大明屯堡文化艺术开发公司”成立以后，每年都用大量资金从周官屯民间艺人那里收购面具暨类面具产品，按品类、规格、质量付给报酬，由于价格比较公道，民间艺人都愿意将产品卖给该公司。而该公司一方面在浙江义乌小商品市场设立销售窗口，更多的交易则通过网上进行，实行统一定价，优质优价，从而保证了价格的坚挺和稳定。现在“大明屯堡文化艺术开发公司”每年销售面具暨类面具产品一万余件，利润在 50 万元以上，平均每件产品的利润在 50 元左右，远远高于个体民间艺人所赚取的利润。平坝县天龙镇和德江县城关镇也有类似的面具产销机构，但规模较小，运作亦不很正常。

第三，谈一谈贵州少数民族面具申报世界或国家级非物质文化遗产代表作的问题。联合国教科文组织对非物质文化遗产曾做过界定，但各个国家根据各自的国情，对之有不同的定义，在我国，它指“各族人民世代传承的、与群众生活密切相关的各种传统文化表现形式（如民俗活动、表演艺术、传统知识和技能，以及与之相关的器具、实物、手工制品等）和文化空间”（《国务院办公厅关于加强我国非物质文化遗产保护工作的意见》附件一）。

为了应对非物质文化遗产濒危的紧急状态，加强非物质文化遗产的保护工作，联合国教科文组织在 1989 年公布了《保护民间文化和传统文化的建议案》；2003 年 10 月联合国教科文组织第三十二届大会通过了《保护非物质文化遗产公约》。2004 年 8 月 28 日，我国第十届全国人大常委会批准加入该公约。2005 年 3 月 26 日，国务院办公厅颁发了国办发〔2005〕18 号文件，即《关于加强我国非物质文化遗产保护工作的意见》。根据这一文件的精神，2005 年 6 月 8 日，文化部颁布了《关于申报第一批国家级非物质文化遗产代表作的通知》，指出：“2005 年我国将建立第一批国家级非物质文化遗产代表作名录，为建立我国非物质文化遗产代表作名录体系打下基础。”现在，贵州省已建立了保护非物质文化遗产专家委员会，并由文化厅主持，开展我省申报第一批国家级非物质文化遗产代表作的工作。2005 年 7 月上旬，文化厅已组织有关专家，从全省各地上报的 168 个推荐项目中，筛选出一批有竞争力的项目，威宁彝族“撮泰吉”、德江县傩堂戏和安顺地戏均名列其中。此外，德江县正与江西省有关单位合作，拟将江西傩舞和德江傩堂戏联合申报世界非物质文化遗产代表作。

应当说，无论威宁“撮泰吉”、安顺地戏还是德江傩堂戏，都是我国珍贵的文化资源，它们世代传承，与群众生活密切相关，是历史发展的见证，具有丰富的文化内涵和杰出的历史、文化、科学价值以及代表性，完全符合国家颁布的《国家级非物质文化遗产代表作申报评定暂行办法》所规定的6条评审标准，即：(1)具有展现中华民族创造力的杰出价值；(2)扎根于相关社区的文化传统，世代相传，具有鲜明的地方特色；(3)具有促进中华民族文化认同、增强社会凝聚力、增进民族团结和社会稳定的作用，是文化交流的重要纽带；(4)出色地运用传统工艺和技能，体现出高超的水平；(5)具有见证中华民族活的文化传统的独特价值；(6)对维系中华民族的文化传统具有重要意义，同时因社会变革或缺乏保护措施而面临消失的危险。

我们相信，威宁“撮泰吉”、安顺地戏和德江傩堂戏，必将被列入国家级甚至世界非物质文化遗产代表作，届时贵州少数民族面具文化，将会同它们的载体一起，被更多的人们关注和了解；贵州少数民族面具的开发和利用，亦会随之迈上一个新的台阶。①

---

① 本书初稿完成不久，2005年12月31日，有关部门公布了我国第一批501项国家非物质文化遗产推荐名单，该名单是从全国31个省、区、市申报的1315个项目中筛选出来的。变人戏、地戏、傩堂戏均名列推荐名单之中。2006年6月，有关部门正式公布了我国“第一批国家级非物质遗产名录”518项，其中包括贵州的变人戏、地戏和傩堂戏。

参考书目

《贵州通史》编委会：《贵州通史》，当代中国出版社 2000 年版。

周春元等主编：《贵州古代史》，贵州人民出版社 1982 年版。

《布依族简史》编写组：《布依族简史》，贵州人民出版社 1984 年版。

《侗族简史》编写组：《侗族简史》，贵州民族出版社 1985 年版。

伍光岳著：《百越源流史》，江西教育出版社 1989 年版。

列维-斯特劳斯：《面具的奥秘》，上海文艺出版社 1992 年版。

洪加智主编：《关索戏志》，文化艺术出版社 1992 年版。

贵州省德江县民族宗教事务局编：《傩韵——贵州德江傩堂戏》，贵州民族出版社 2003 年版。

李华林主编：《德江傩堂戏》，贵州民族出版社 1993 年版。

卢朝栋主编：《思南傩堂戏》，贵州民族出版社 1993 年版。

高伦著：《贵州地戏简史》，贵州人民出版社 1985 年版。

邓光华著：《贵州思南傩坛戏概观》，内部出版，1986 年。

高伦著：《贵州傩戏》，贵州人民出版社 1987 年版。

贵州省民族事务委员会文教处主编：《中国傩文化论文选》，贵州民族出版社 1989 年版。

沈福馨著：《安顺地戏》，贵州人民出版社 1989 年版。

王恒富主编：《傩·傩戏·傩文化》，文化艺术出版社 1989 年版。

李子和著：《中国傩文化研究》，贵州人民出版社 1991 年版。

顾朴光、潘朝霖、柏果成编：《中国傩戏调查报告》，贵州人民出版社 1993 年版。

邓光华著：《傩与艺术宗教》，中国文联出版社 1993 年版。

顾朴光著：《中国面具史》，贵州民族出版社 1996 年版。

胡天成主编：《民间祭礼与仪式戏剧》，贵州民族出版社 1999 年版。

余大喜编著：《中国傩神谱》，广西民族出版社 2000 年版。

杨学芹、安琪著：《民间美术概论》，北京工艺美术出版社 1994 年版。

（本部分图片摄影为顾朴光、吴秋林、潘朝霖）

吴秋林文集

第六卷

居都仡佬族文化研究

（部分章节）

序 言

夏 明

六枝特区是一个自然资源丰富的地方，也是一个少数民族聚居，民族文化资源极为丰富的地方。据知，在六枝的苗族支系约有十个；有不同文化表现的布依族文化区域有三个；这里还是历史上彝族文化的边缘地区，彝族的文化遗存丰富。在居都一带的仡佬族，其文化形态更为古老，是贵州省最古老的世居民族，也是世界上最有名的中国仡佬族文化研究点……

如此丰富的民族文化，是需要我们倍加呵护和认真研究解读的，六枝特区民族与宗教事务局和贵州民族学院民族文化学院联合推动的“贵州西部民族文化研究文丛”，就是这样极有成效的、值得赞赏的行为。他们在2007年推出了《“蒙恰”苗人文化研究》之后，2008年又推出了《月亮河流域布依族文化研究》，在今年，他们又有新的贡献，即文丛的2009年本：《居都仡佬族文化研究》。三年间，一年上一个台阶，文丛的研究力度一年比一年大，影响力也一年比一年大，其成果也一年比一年厚重。

《居都仡佬族文化研究》是在吴秋林先生1996年出版的《居都——一个仡佬族文化社区的叙述》基础上的深化性质的研究，据学术界认为，它有两个方面的“深化”：一是从更为深入的角度和更为广泛的面上来审视和研究居都，其理论认知更为深刻；二是明确的确立了中国仡佬族文化研究的居都核心地位。也许学术界不一定完全同意这一判定，但从我们地方民族文化的研究和民族文化资源的开发上，我们特区是非常赞赏这一努力的。实际上也是非常有成效的，最近的居都仡佬族吃新节拟被推举申请为全国非物质文化遗产名录，就是一例。

2009年，是我们国家发生许多深刻变化的一年，其中中央提倡的对民族文化的深化性的研究，也是这样的变化之一，六枝特区民族与宗教事务局和贵州民族学院民族文化学院在“贵州西部民族文化研究文丛”的继续推进，亦非常符合中央的这一变化，我们应予大力支持。

是为序！

2009年9月14日

笔者说明

在十多年前，我多次进入居都，作了一系列的文化人类学、民族学的考察和研究，有了一个称为《居都——一个仡佬族文化社区的叙述》的成果。一晃十多年，居都已经成为国际、国内研究中国仡佬族文化研究的热点，在之后，有许多学者和研究者进入了居都，开展了多学科、多层次的调查和研究。这不是一种自我的虚饰，而根本在于居都的仡佬族人和文化作为贵州山区百濮族群的最具有文化内涵性、标志性的存在，这种存在在贵州省几近“孤本”，也就是说，其本身的重要性吸引了学界的目光。

今天，我们在当地有关机构的支持下，又开展了以《居都仡佬族文化研究》为题的深入调查和研究，原有的《居都——一个仡佬族文化社区的叙述》自然是一个基础，在这个基础上，我们向仡佬族语言文化、民间文学，以及周边仡佬族文化社区调查进行了延伸，而原来的部分也会补充许多新的材料和展开新的研究。把这一次的调查和研究确定为《居都仡佬族文化研究》，也是有意义的，它既是一个调查研究的限制词，也是对居都仡佬族文化的一种张扬。我们以为，居都仡佬族一定可以包含百濮族群最本质性的文化表现。

居都仡佬族文化也当然不是仅仅限于居都的文化表述，它至少包含了当地一个比较大的范围内的仡佬族人的文化。

把居都作为一个文化人类学、民族学的研究考察对象，似乎有两个方面的意义：一是对某一个特定地域文化的关照；二是对贵州土地上最古老民族之一的仡佬族文化的范例的剖析。然而实际上的意义并非仅此而已。如此近距离的、深入的、力求完备的文化人类学、民族学考察，对某一个“文化细胞”的探究和分析，本身就有一定的意义。另外，对贵州民族文化现象从理论上、方法上的描述和论述努力，也是其中重要的方面。

此书的论述和叙述，基本是围绕着这些内容来进行的。

多重的背景是论述居都的重要方面。通过它们，我们才能把居都的意义凸现出来。居都的概况、地理环境、人文生态等，相关着现代居都的生存；她的早期历史的推想和判断，又决定着今天居都人的族源、族属，以及人种的来源和人的性质、概况，还有将同时展现那个时代民族文化的生动的背景。

探究她的信仰和描述其信仰中的种种民族文化的机制，寻找她与遥远的历史文化的关联，亦很有意义。居都的仡佬族在民族节日的表述中，以“祭山、祭树”为大，以“杀牛吃新”为大。他们的这些祭祀与其他地方的仡佬族的祭祀有许多相同之处，也有许多不同之处；“相同”之处当显示他们共同的源流，“相异”的地方则有地域的、宗属的、分支的、迁徙的，以及古代分工上的诸多因素。在居都，我们还看到分氏族（现表现为分姓氏）祭祀的行为。统一的社区性的祭祀活动在这里并不存在，让人们认同的东西只是祭祀的日期和方式，并且每一个姓氏的祭祀细节都被这一姓氏的人看重。这似乎是更为古老的事象表现，它显示了事象的古老和来源的久远。同时，也显示了居都仡佬族人共同体构成的复杂性。

在居都，一般意义上的祖先崇拜系统不存在，鬼神的崇拜系统也不存在。现行的一般理解应该存在的崇拜现象，与居都崇拜现象相比，两者的距离太远。我们长期以来一直认为民族文化应该是这个样子的认识，与实际的样子有相当的差距。在居都，他们称呼我们呼之为山神（应该是我们自行理解的）的东西叫“坡头”；他们以灶为大，呼灶为“灶老者”，并不称为“灶神”。

居都的仡佬族也像汉族一样过春节，但却不知道“守岁”为何物；过春节也具一定的外形，但一点也不难看出，他们情感上似乎更看重自己民族的“年”，他们称之为“小年”。“小年”，也许并不是他们对自己这个民族节日的称呼，而是相对汉族的春节而来的称呼。

他们的丧俗和婚俗多少年来一直受到汉族丧俗和婚俗的影响，方式、方法都有许多改变，但一些古老的观念却一直保持着，如新郎新娘不拜堂，不对拜，只在灶边对“灶老者”拜拜就行了；丧葬上有蛋卜穴地、上山不丢买路钱等习俗。

居都仡佬族婚姻的内部结构事象也很惊人。一贯至今的族内婚（这里的“族内婚”指的是民族内部的族别婚姻，更准确地讲是中国20世纪50年代“民族识别”后的族别婚姻，与“血族婚姻”有很大区别。），稍有改变的近亲婚，这是居都婚姻结构的主调，溯源而上的历史已很难估量，但现今存在的形态应该很古老。

居都仡佬族的语言一直在流失和保存之间斗争着，至今还保存着相对独立完整的有特色的母语，并且是现今生活中的第一母语，或者说跟汉语这一语言形成两个并存的母语。他们在村内外“自己人”面前都是说自己的母语——仡佬语，在与外界交流时又用的是自己的第二母语——汉语。他们的思维首先受第一母语的影响，然后也受汉语的影响。这

居都背后的花赖大山

里包括思想内容和行为方式两方面的影响。

他们的仡佬语言的存在与他们的婚姻密切相关，语言为他们提供了婚姻的联系和基础，而族内婚几乎又是居都至今完整地保存着自己的母语的一个至关重要的因素。

居都仡佬族的服饰文化几近消失，但民间文学却有比较鲜明的表现，其中不但包含了许多古老的文化和观念信息，也在一定程度上表现了居都仡佬人的审美情趣。

居都是仡佬族范畴内的事象，但居都并不是仡佬族本身；它与仡佬族有着深刻的联系，但在表现上又与其他地区有较大的区别。仡佬族之于居都有什么意义？居都之于仡佬族又有什么意义呢？居都在地域上正好处于历史上的牂牁江流域，此流域人们普遍认为是历史上赫然有名的夜郎国的中心地带。从现今的考察来看，居都并没能从地理历史或历史地理上承袭点什么下来。但仡佬人是夜郎人的后裔，至少是重要后裔之一，又是为历史所承认的。从某种意义上而言，居都仡佬族的文化已不能完整地表现她原有文化的全部信息，许多重要的文化要素已经消失，已经为其他的文化要素所替代。很明显，居都仡佬族的文化已呈严重的不完整性，是一种文化“残片”式的存在。那么，在居都与地理历史似联系非联系的状况中，这一文化“残片”是从什么地方和在什么情况下“漂”到此处，又是如何保存至今的呢？

居都仡佬族的文化在平淡中有神秘，在不以为然的对视中，它却睁着那双来自悠远历史的眼睛。

就总体上而言，居都仡佬族的文化事象具有多重的边缘文化的性质，她在一次又一次的文化整合中几乎都处在一种文化的边缘与另一种文化的边缘的结合中。比如现今的居都仡佬族文化，是一种经过整合的仡佬族的边缘性质的文化，可她又处于与汉族的文化边缘的接合部。

从文化潮流的角度而言，一定环境中的主导文化的意义已经丧失，但居都人独具风貌的文化仍然存在，她能带给我们许多东西。人类文化作为一个整体而言，她似乎没有一个“值”的概念（因为值的本身也是一种人们建立在物的功利上的概念文化表现），但作为生活在某种文化形态中的人本身，他却有来自“物”的，即物质生活的质量和精神生活质量方面的“值”的判断，而文化的存在实在又从许多方面决定了上述东西。另外，一个在物的质量上和精神的质量上已趋于完整和精致的民族，对某种过去东西的回首又是必然的。因为他们明白，只有明白地、正确地叙述过去，她的进步才是可能的。

笔者说明

由于此书是在1996年出版的《居都》一书之上的增写，故此书的第一章、第二章、第三章、第七章与《居都》一书的相关章节内容基本相同，故此处只留下此书的部分章节。

特此说明！

第四章　居都仡佬族语言文化

语言是文化的载体和标志，亦是文化的重要组成部分，并且它在纯粹的语言研究中还有自己的独特地位。一般而言，我们可以从语言的表现中来看文化，也可以从文化中来看语言，“居都仡佬族语言文化”这一章实际上就是这样的产物。对于居都仡佬族的研究，最先就是从语言开始的，最早的是贵州省的张济民先生，最近又有李锦芳先生。这些前辈已经把仡佬族的语言研究发展到了一个很高的阶段，故我们后来者只能从一些“末节”来推进居都仡佬族的语言文化研究了。

在这一章中有龙海燕博士的居都仡佬族语言运用研究，以及居都仡佬族语言与大狗场仡佬族语言比较研究，还有原来《居都》一书中从文化角度对居都语言的探讨，等等。

第一节　居都仡佬族语言调查

关于居都的概况在前面的章节中已经有了比较明确的概述，但在时间的流逝中，又有了一些新的情况出现和变化，故我们这里仍然有一些关于居都情况的叙述。对居都的语言调查我们是2009年的4月展开的，5月我们又在平坝县的大狗场进行了相关的调查。

居都村隶属贵州省六盘水市六枝特区箐口乡，位于特区西部与水城县交界的崇山峻岭之中。目前（2009年4月间）全村居户有325户，人口1625人。其辖区包括居都大寨、松林寨、旧寨、岭岗寨、丫口寨、坡头寨、田坝头寨等7个自然村寨，是一个本族语言、文化保存较好的仡佬族人口聚居村。

我们此次调查的主要目的地是居都大寨。该寨位于一座高山的半腰上，这里刚好是陡峭山坡的一个小小的缓冲带。它背靠陡坡，三面环山，前临深谷，深谷呈V字形，地势险峻，谷底有一小河流过。寨子对面也有同样的村落。山与山之间、寨与寨之间的走动是很困难的。村民赖以生存的田地呈阶梯状、层次分明地分布在各个险峻的陡坡上，除了坡度达90度、完全无法耕作的石山外，村民的足迹几乎达到每一寸土地，哪怕是位于陡坡顶端、挨近悬崖绝壁、令人战战兢兢不敢俯视的土地。所谓的“土地”，实际上大多是岩石风化后的残留物。由于地势陡峭、位置偏僻，长期以来这里交通极为不便，同外界的联系非常困难。据村民们介绍，只在五六年前在前六盘水市委领导易胜金同志的关怀下，这里才解决了公路、吃水和供电的问题，所以这位市委领导同志在居都大寨的口碑非常好。

居都大寨现有住户 125 户，人口 600 余人，由 4 个村民小组组成。住户姓氏有李、石、黄、杨、苏、沙、高、陈、张、罗、朱等 11 个姓。其中李姓人口最多，其他人口比较多的姓氏有沙姓、黄姓、杨姓。我们对居都小学 116 个家庭住址在居都大寨的仡佬族学生的姓氏做过统计，这些数据大抵能反映居都大寨各个姓氏的人口状况。

居都小学 116 个居都大寨籍学生的姓氏情况

姓氏	李	苏	张	沙	黄	杨	高	石	陈	罗	朱
人数（人）	60	4	4	16	10	9	3	1	4	3	2
百分比（%）	51.72	3.45	3.45	13.79	8.62	7.76	2.59	0.86	3.45	2.59	1.72

李姓由于人口多，而且内部并不都同宗，所以特定的李姓之间是可以“开亲”（当地汉话，意即通婚）的。在我们走访的多个家庭中，同姓开亲、寨内通婚是很常见的。

据老人们讲，本族祖辈来此地居住已不知有多少年了，或许有几百上千年吧。老人们只知寨边的神树，是他们自小就有的。由于居都大寨处在一个相对封闭的山腰上，交通极为不便，自古与外界交往甚少，只是到了近 10 年间，随着观念的转变、文化水平的提高、交通条件的改善，人们才开始广泛接触外面的世界。由于本寨长期以来只准许族内通婚（事实上由于地理位置的限制，大抵也只能实行族内、寨内通婚），只是近年来越来越多的年轻小伙子到外地打工，结识外族甚至外省姑娘，本寨才有了外族、外地媳妇。本寨仡佬语仍然保存完好，是村民日常交际最主要的言语工具。它不仅保存完好，而且与安顺市平坝县高峰镇大狗场的仡佬语相比，在时间层次上还要显得古老一些。

平坝大狗场的概况参见第八章。

第二节 居都[1]、大狗场两地仡佬语的比较[2]研究

（一）语音比较

1. 声母方面

居都仡佬语有 47 个声母：

p	ts	t	tɕ	k	q
ph	tsh	th	tɕh	kh	qh
b	dz	d	dʑ	g	
m		n	ȵ	ŋ	
pl[3]			j		
phl		l			
f	s		ɕ	x	h
v	z		ʑ	ɣ	
m̥		n̥	ȵ̊	ŋ̊	
ml			ʔj		
bl		ʔl	ʔʑ		ʔ
(pz)		ɬ	ʔȵ		

大狗场仡佬语有 33 个声母：

p	t		k	q
ph	th		kh	qh
mp	nt		ŋk	ɴq
pl	ts	tɕ		
	tsh	tɕh		
mpl	nts	ȵtɕ		
	l			
m	n	ȵ	ŋ	
f	s	ɕ	x	h
v	z	ʑ		

① 指居都大寨。下同。

② 比较所用的语言材料主要来自：（1）李锦芳等著：《西南地区濒危语言调查研究》，中央民族大学出版社 2006 年版；（2）张济民著：《仡佬语研究》，贵州民族出版社 1993 年版。

③ 见李锦芳等著：《西南地区濒危语言调查研究》，原文作 ph，实际应为 pl，第 104 页。

两地声母的主要相同之处有：

（1）从发音部位上看，两地都有双唇音、唇齿音、舌尖前音、舌尖中音、舌面前音、舌面后音、小舌音。

（2）清塞音、塞擦音都有送气、不送气之分。如：p 和 ph；t 和 th；k 和 kh；q 和 qh；ts 和 tsh；tɕ 和 tɕh。

（3）两地都有浊鼻音声母 m、n、ȵ、ŋ。

（4）擦音声母大多有清浊之分，如：f 和 v；s 和 z；ɕ 和 ʑ。

（5）两地都有复辅音声母 pl。

两地声母的主要不同之处有：

（1）两地仡佬语声母数量相差悬殊。居都有 47 个声母，大狗场只有 33 个声母，比居都少 14 个声母。

（2）大狗场鼻冠音声母十分丰富，如 mp、nt、ŋk、ɴq、mpl、nts、ȵtɕ。而居都鼻冠音声母很少，只有一个 ml。

（3）居都仡佬语塞音、塞擦音声母不仅有送气、不送气之分，还有清浊之分，如：p 和 b；t 和 d；k 和 g；ts 和 dz；tɕ 和 dʑ；pl 和 bl。而大狗场的塞音、塞擦音声母只有送气、不送气之分，没有清浊对立。

（4）居都仡佬语舌尖边音有清浊之分，如：l 与 ɬ。大狗场只有浊音 l，没有清音 ɬ。居都舌面后擦音声母也有清浊之分，如 ɣ 和 x。大狗场只有清音 x，没有浊音 ɣ。

（5）居都仡佬语鼻音声母有清浊之分，如：m 和 m̥；n 和 n̥；ȵ 和 ȵ̊；ŋ 和 ŋ̊。大狗场只有浊鼻音、没有清化鼻音。

（6）居都仡佬语有喉塞音声母和一整套带先喉塞音声母，如：ʔ、ʔj、ʔl、ʔʑ、ʔȵ。而大狗场没有喉塞音声母和带先喉塞音的声母。

（7）由双唇塞音或鼻音同边音或擦音构成的复辅音，在居都种类较多，有 pl、phl、ml、bl、pz。而大狗场的复辅音种类很少，只有 pl 和 mpl 两个。

（8）大狗场有由 3 个辅音连缀而成的复辅音，如 mpl。居都没有这种类型的复辅音声母。

从居都声母的数量、清浊以及复辅音声母、带先喉塞声母的种类来看，居都声母的时间层次应该远早于大狗场声母。

2. 韵母方面

居都仡佬语有 40 个韵母：

i（ɿ）	e	ə	a	ɑ	o	u	ɯ
ia	ei	ai				ui	
iu		əu	au	ɑu		ue	
iɯ		əɯ	aɯ	ɑɯ		ua	
iau						uɑ	
iɑɯ							

iaɯ							
in	en	ən	an	ɑn	uan	ɯn	
uɑn							
iɑŋ		əŋ	aŋ	ɑŋ		uŋ	ɯŋ

大狗场仡佬语有 33 个韵母：

i（ɿ）	e	ə	a	ɑ	ɔ	u	
iɔ	ei		ai			ui	
		əɯ				ue	
iu		əu	au			ua	
iau						uei	uai
in	en	ən	an	ɑn	un		
iaŋ	eŋ	aŋ	ɑŋ	ɔŋ	uŋ	uaŋ	

两地仡佬语韵母的主要相同之处有：

（1）从韵母的结构来看，两地韵母系统都由单元音韵母、二合元音韵母、三合元音韵母、鼻韵母组成；都没有入声韵，没有塞音韵尾。

（2）从韵头的类别来看，两地韵母系统都有开口呼韵母、齐齿呼韵母、合口呼韵母，都没有撮口呼韵母。

（3）从音位的角度看，两地含低元音的韵母大多有前后之分。如：a 和 ɑ；an 和 ɑn；aŋ 和 ɑŋ。

（4）元音音位中，两地都存在高元音、半高元音、低元音之间的对立。如前元音：/i/、/e/、/a/；如后元音：/u/、/o/（/ɔ/）、/ɑ/。央元音 ə 都能单独作韵母。两地仡佬语元音音位的分布格局在舌位图上显得很对称：

i		u
e		o（ɔ）
	ə	
a		ɑ

（5）两地的鼻音韵尾都只有两个：n 和 ŋ；没有双唇鼻韵尾 m。

（6）两地都有 3 个元音韵尾：i、u、ɯ，2 个元音韵头：i、u。

两地韵母的主要不同之处有：

（1）居都仡佬语韵母比大狗场要复杂。居都有 40 个韵母，大狗场只有 33 个韵母。

（2）居都单元音 ɯ 可以单独作韵母，大狗场没有这种单韵母。

（3）元音 ɯ 作韵尾，在居都很常见，如：əɯ、aɯ、ɑɯ、iɑɯ、iaɯ。而大狗场只见于韵母 əɯ。

（4）前、后低元音形成对立的韵母，在居都很普遍，还见于 au 和 ɑu；aɯ 和 ɑɯ；ua 和 uɑ；iaɯ 和 iɑɯ；uan 和 uɑn。而这些前后对立的韵母，在大狗场并不构成对立，或只出现其中一个韵母，或对立的两个韵母都不存在。

（5）居都韵母存在 ə 和 ɯ 的系统对立，如：ə 和 ɯ；ən 和 ɯn；əŋ 和 ɯŋ。大狗场不存在这种对立。

从韵母的总量、单元音音位的数量、前后低元音对立及 ɯ 韵尾出现的频率来看，居都仡佬语韵母的时间层次应该在大狗场之前。

3. 声调方面

居都仡佬语有 4 个单音节声调，连读中还有零声调。单音节声调中，有两个平调，一个高平，一个中平；另有一个中升调，一个中降调。举例如下：

调型	调值	例词					
高平	55	ɬu⁵⁵ 腰	ɕe⁵⁵ 挖	du⁵⁵ 数	plei⁵⁵plei⁵⁵ 酸	tɑŋ⁵⁵ 插	ʔu⁵⁵ 肉
中平	33	lai³³ 使用	tuŋ³³ 断	lɑn³³ 偷	n̥ɑŋ³³ 浸	kɑŋ³³ 像	ja³³ 哑
中升	35	lai³⁵ 癫痫	ja³⁵ 错	ma³⁵ 果子	juŋ³⁵ 车（水）	kɑŋ³⁵ 锁	ŋ̥a³⁵ 上腭
中降	31	qe³¹ 鸡	ze³¹ 漆	ble³¹ 鸭子	li³¹ 沉淀	tsho³¹ 能	ŋ̥a³¹ 沙子

大狗场仡佬语有 5 个单音节声调。包括两个平调：一个高平，一个中平；另有一个低升调，一个中降调，一个低降调。举例如下：

调型	调值	例词					
高平	55	ɔ⁵⁵ 肉	ve⁵⁵ 大簸箕	ɕian⁵⁵ 挑选	liaŋ⁵⁵ 梁	mplei⁵⁵ 闭	ləɯ⁵⁵ 哭
中平	33	a³³ 杯子	mpa³³ 猪	an³³ 住	pen³³ 死	ŋkau³³ 娶	pai³³ 火
中降	31	tuŋ³¹ 痒	plai³¹ 骂	lai³¹ 寻找	ta³¹ 倒塌	mpu³¹ 雾	mu³¹ 你
低降	21	pen²¹ 虹	lei²¹ 看守	ta²¹ 读	me²¹ 羊	lai²¹ 穿	ntuŋ²¹ 鸟
低升	13	i¹³ 鸭子	tu¹³ 地	ɕi¹³ 干净	phau¹³ 飞	ɑ¹³ 呻吟	ȵaŋ¹³ 腻

从声调的数量来看，大狗场的声调比居都要略复杂一些。居都的 55、33、31 调，在大狗场也都存在，但大狗场没有 35 调，大狗场的 21、13 调又是居都所没有的。因此，从声调的演变速度来看，大狗场声调的时间层次似乎比居都要略早。这与两地声母、韵母系统所反映出来的时间层次的先后刚好相反。这一现象也许是语言内部诸要素发展不平衡所造成的。

（二）词汇比较

总的来看，居都、大狗场两地仡佬语在词汇特征方面的共同点要远多于不同点。经过比较，我们认为两地仡佬语在词汇特征方面的共同点主要有以下几个：

（1）两地仡佬语的词汇都是分析型的，无词形变化。

（2）名词前头都可带前加成分。

（3）词的附加成分一旦进入合成词或句子，往往脱落。

（4）合成词都有修饰式、并列式、主谓式、动宾式等几种结构。

（5）合成词中，修饰式合成词的数量占绝对优势。

（6）修饰式合成词含正偏式和偏正式两种类型。其中正偏式是本族语的固有形式，偏正式是从汉语中引进来的。

（7）两地仡佬语都有相当数量的拟声词，且多为名词。

（8）语素大部分是单音节的。

（9）两地仡佬语都有一定数量的叠音词。

两地仡佬语在词汇特征方面的不同点主要有：

（1）居都单音节词的数量不如多音节词多，因为居都仡佬语词头的构词能力很强。名词、形容词、动词很多都有词头。名词带词头如：

以 ma^{0} 为词头：

ma^{0}gu^{55}：蚂蚁　ma^{0}ja^{31}gu^{31}：螳螂　ma^{0}ȵ̥i^{55}hu^{33}：瓢虫　ma^{0}bu^{55}bu^{55}：蛾子

以 qə^{0} 为词头：

qə^{0}nei^{31}：筛子　qə^{0}laŋ^{31}：蔬菜　qə^{0}suŋ^{31}：头发　qə^{0}çe^{33}：肠子

以 vu^{0} 为词头：

vu^{0}qo^{31}：角落　vu^{0}no^{55}：鸟　vu^{0}tau^{35}：土　vu^{0}juŋ^{31}：力气

以 la^{0} 为词头：

la^{0}lu^{31}：太阳　la^{0}qəɯ^{33}：盆子　la^{0}gaŋ^{33}：秋千　la^{0}ŋei^{31}：猫

以 lə^{0} 为词头：

lə^{0}plaŋ^{31}：梦　lə^{0}plo^{33}：疮　lə^{0}dʐʅ^{31}：芦笙　lə^{0}dʐaŋ^{31}qaɯ^{33}：凳子

形容词带词头如：

以 qə^{0} 为词头：

qə^{0}lan^{31}：黑　qə^{0}lu^{55}：贵　qə^{0}den^{33}：浅　qə^{0}tɕaŋ^{33}：弯

以 vu^{0} 为词头：

vu^{0}ʔa^{35}：便宜

以 lə^{0} 为词头：

lə^{0}gaŋ^{35}：圆　lə^{0}phaɯ^{35}：倒　lə^{0}qəɯ^{35}：冷

动词带词头如：

以 qə^{0} 为词头：

qə^{0}pi^{31}：瞒　qə^{0}ʔlan^{33}：滚　qə^{0}dʐəu^{33}：颠簸　qə^{0}nan^{33}：淹

以 vu^{0} 为词头：

vu^{0}ʔla^{35}：脱　vu^{0}de^{35}：闪　vu^{0}xa^{31}：张嘴　vu^{0}ja^{35}：伸

以 lə^{0} 为词头：

lə^{0}xəɯ^{35}：露　lə^{0}vei^{35}：招（手）　lə^{0}xɯ^{31}：等候　lə^{0}sʅ^{31}：拧

而大狗场除去部分名词外，动词、形容词、量词、数词等词类绝大多数都是单音节词。因为大狗场词头的构词能力不强，动词、形容词均不带词头，只有部分名词带有词头。如（例词中加有横线的语素为词头）：

mɒ^{21}tɕhi^{55}：蝇子　mɒ^{21}tsɑŋ^{13}pu^{55}：蝉　mɒ^{33}lɛ^{55}：太阳　mɒ^{33}tsu^{42}：月亮

pɯ^{55}zɑu^{55}：龙家　pɯ^{55}mei^{21}：李家　lei^{21}len^{55}：曾孙　lei^{21}qɑ^{33}：鸽子

xɑn^{13}mpə^{21}：厨师　xɑn^{13}tɛ^{33}：木匠　lɒ^{13}pho^{33}：肩膀　lɒ^{13}ni^{55}：本钱

lɑ^{55}plei^{33}：去年　lɑ^{55}sen^{33}：昨天　lu^{55}qɯ^{33}：前面　lu^{55}plei^{55}：外面

qə^{33}ɴquŋ^{13}：疙瘩　qə^{33}ə^{33}：岩头

（2）居都仡佬语虽然词头的构词能力很强，但在数量上却比大狗场要少。居都只有 5 个词头：ma^{0}、qə^{0}、vu^{0}、la^{0}、lə^{0}，而大狗场共有 9 个词头：mɒ^{21}、mɒ^{33}、pɯ^{55}、lei^{21}、xɑn^{13}、lɒ^{13}、lɑ^{55}、lu^{55}、qə^{33}。

（3）大狗场、居都虽然都有一定数量的叠音词，但是叠音之后新词所属的词类，两地有所不同。大狗场的叠音词可以是原名词、动词、形容词、量词的重叠形式，但是重叠之后构成的新词则绝大多数是名词，只有极少数为形容词。如：

kɛ^{33} 房（名词）/kɛ^{33}kɛ^{33} 弯曲（形容词）　pɛ^{33} 火（名词）/pɛ^{33}pɛ^{33} 种子（名词）

sɯ^{55} 亲戚（名词）/sɯ^{55}sɯ^{55} 东西（名词）　sɛ^{33} 编织（动词）/sɛ^{33}sɛ^{33} 一会儿（名词）

qhaŋ^{55} 凑拢（动词）/qhaŋ^{55}qhaŋ^{55} 盖子（名词）　tsei^{33} 段（量词）/tsei^{33}tsei^{33} 关节（名词）

sau^{33} 穷（形容词）/sau^{33}sau^{33} 坑、洞（名词）　kɛ^{55} 荨麻（名词）/kɛ^{55}kɛ^{55} 叔父（名词）

而在居都仡佬语里，叠音词可以是名词，也可以是形容词或动词。如：

lui^{31} 天上（名词）/lui^{31}lui^{31} 天（名词）　mlɯ^{33} 纸（名词）/mlɯ^{33}mlɯ^{33}（名词）

qɑŋ^{31} 冲（动词）/qɑŋ^{31}qɑŋ^{31} 冲刷、淹没（动词）　tuŋ^{31} 抢夺（动词）/tuŋ^{31}tuŋ^{31} 抢夺（动词）

quŋ^{31} 重（形容词）/quŋ^{31}quŋ^{31} 重重（形容词）　ko^{55} 轻（形容词）/ko^{55}ko^{55}（形容词）

（三）语法比较

语言的语法规则包括组合规则和聚合规则。语言内部方言、土语之间的语法差异涉及方方面面。我们择其要者，对居都和大狗场仡佬语的语法规则做了比较。

居都、大狗场两地仡佬语在语法方面的共同点主要有：

（1）量词都十分丰富。

（2）词序和虚词是表达语法意义的主要手段。

（3）词与词之间的组合关系都包含修饰、主谓、动宾、联合、补充关系。其中修饰关系是最常见的组合形式。

（4）词、词组、句子在组合结构上具有一致性。

（5）句子成分的基本次序都是：主语+谓语+宾语。

（6）形容词做修饰语时，一般放在中心语后面。

（7）指示代词做修饰语时，必须放在中心语后面。

（8）形容词大多有生动表达式。其办法主要是通过谐声重叠，即增生的重叠音节同原形容词相比，并非完全同音，只是声母相同。这种生动式与原形容词相比，在表达效果上能起到强调作用，使描述更为生动、形象。

以居都为例：

qo^{33} 快（走得快）→qa^{33}qo^{33} 快快状

gi^{33} 好→ga^{33}gi^{33} 好好状

duŋ^{35} 咸→duŋ^{35}da^{35} 咸咸状

khɯn^{35} 香→khɯn^{35}kha^{35} 香喷喷

plei^{33}plei^{33} 酸→pla^{31}pla^{31}plei^{33}plei^{33} 酸叽叽

ko^{35}ko^{35} 轻→ka^{31}ka^{31}ko^{35}ko^{35} 轻飘飘

以大狗场为例：

zu^{13} 白→zu^{13}zen^{55} 白卡卡

tin^{55} 甜→tin^{55}ti^{33} 甜蜜蜜

zuɑ^{21} 酸→zuɑ^{21}zen^{55} 酸溜溜

ȵtɕu^{21} 软→ȵtɕu^{21}ȵtɕɑ^{55} 软绵绵

（9）居都和大狗场都有少量动词有生动表达式。其方法也多是利用谐声重叠。与原动词相比，动词生动表达式的词义在程度上有所加深，描述显得更加生动、形象。

以居都为例：

fe^{35} 吹→fe^{35}fa^{35} 吹呼呼

qə^{0}tɕu^{31} 缩→qə^{0}tɕu^{31}qə^{0}tɕa^{55} 缩微微

ɬei^{31}ɬei^{31} 流→ɬei^{31}ɬei^{31}ɬa^{31}ɬa^{31} 流哗哗

以大狗场为例：

ȵu^{21} 哭→ȵu^{21}ȵu^{42} 哭泣泣　　sɑ^{33} 笑→sɑ^{33}sei^{13} 笑眯眯

（10）两地仡佬语的否定表达式，既有否定副词单独断后使用的现象，也有由两个否定副词组成固定结构进行双重否定的现象。

否定副词单独断后使用现象，以居都为例：

pei^{31}pei^{31}　ma^{35}　tsho^{55}　qə^{31}li^{31}　vo^{33}（果核没有被吞下）
核果　着　吞　不

nəɯ^{35}　dʑau^{55}　tha^{31}　ȵi^{35}　tsəu^{35}　tsho^{31}　qə^{0}tsai^{35}　vo^{35}
嘛　个　塔　这　就　被　砌　不
（这座塔就没被砌起来）

以大狗场为例：

su^{33}u^{42}　sen^{33}　ni^{21}　lɑ^{55}　ə^{42}（她今天不睡）
她　日　这　睡　不

sɿ^{33}　mɒ^{21}　thɑu^{55}　nu^{42}　ȵɒ^{55}　ə^{42}（那只船不小）
一　只　船　那　小　不

两个否定副词组成固定结构进行双重否定的否定句，以居都为例：

qen^{31}　ŋe^{35}lɑŋ^{33}　di^{55}to^{31}　ȵi^{35}　ma^{33}　phei^{35}　vo^{33}（我们这本地姜不辣）
姜　本地　我们　这　不　辣　不

tɕe^{31}tɕe^{31} ɕin^{31} mɯ^{31} qa^{33} ka^{31} maɯ^{55} o^{33}（姐姐说："你吃饭了没有？"）

姐姐 说 你 还没 吃 饭 不

以大狗场为例：

su^{33}mu^{21} tsɿ^{55} tɕɑu^{55}suɑ^{13} mpə^{21} ə^{42}［你不要抛撒（浪费）粮食］

你 别 抛撒 粮 不

ɑ^{33} lei^{21} ni^{21} tsɿ^{55} ŋuŋ^{55} ə^{42}（这孩子别闹）

（发语词）孩 这 勿 闹 不

（11）两地仡佬语都有一些没有具体词汇意义的音节置于句首，作为谈话的开始，称为发语词。

居都、大狗场两地仡佬语在语法方面的不同点主要有：

（1）居都、大狗场仡佬语里形容词大多有生动表达式，其办法都主要采取谐声重叠的方式。但是，居都形容词的生动表达式还可以采取同音重叠的方式。具有这种生动表达式的形容词，目前只见于双音节形容词，方法是重叠前一个音节。如：

pla^{31}de^{35} 红→pla^{31}pla^{31}de^{35} 红彤彤

tin^{33}ȵi^{33} 黄→tin^{31}tin^{33}ȵi^{33} 黄澄澄

pa^{31}ʔɑɯ^{35} 白→pa^{31}pa^{31}ʔɑɯ^{35} 白茫茫

tse^{35}luŋ^{33} 黑（脸黑）→tse^{31}tse^{35}luŋ^{33} 黑黝黝

这种形容词生动表达方式在大狗场没有发现。

（2）居都仡佬语的否定式可以通过动词的变调来实现。这类动词多为判断动词和能愿动词。动词为降调时表肯定，动词为中平或高平调时表否定。而在大狗场仡佬语和其他仡佬语方言点都没有这种语法现象。

（3）居都仡佬语里，指示代词"这""那"，既可做修饰语，也可做主语、宾语。而大狗场的指示词"这""那"，只能做修饰语，不能做主语和宾语。另外，居都的远指代词"那"，可分三个层级：ai^{35}"那（近）"、bɯ^{35}"那（稍远）"、bai^{35}"那（最远）"。大狗场的远指代词"那"，内部不再分层级。

（4）大狗场几乎所有的量词都可以重叠，重叠之后表示"每"的意思，能起到加重语气或强调某一行为的作用。重叠的量词还可以做主语。这种用法同汉语一致。而居都的量词都不能重叠。居都表达"每"的意思，用 dʑi^{35}dʑi^{31} 或 be^{31}（二者有分工，决不能混淆）。

第三节 居都仡佬语的使用状况[①]研究

语言是社会的语言，是人的语言。特定社会、特定人群所处的自然环境和社会环

① 因恐涉及被调查人的隐私，所以我们一律隐去被调查人的名，只保留姓。

境都必然会对语言的生存和发展产生巨大影响。和语言生存相关的自然因素大致包括地理位置、地形地貌、交通状况等；和语言生存相关的社会因素大致包括经济水平、经济方式、民族关系、民族心理、文化水平、婚姻状况、学校教育、语言政策、居住环境、定居时间、语言影响等诸多方面。这些自然因素、社会因素都必然影响言语社团的语言能力、语言态度，并最终决定语言的生存状况和发展趋势。我们在文章的开头简单介绍过居都大寨的自然环境。下文中我们随机抽取10个家庭来作为观测点，主要考察每个家庭成员的年龄、职业、文化程度、语言能力、语言态度、使用不同语言的场合、婚姻状况以及各个因素之间的内在联系，有的我们还注意考察他们的生平、思想、观点；另外，我们还对居都小学学生的族籍、语言能力、语言态度、学习情况以及该小学的双语教学方式、课堂教学状况、师资情况等做了调查。目的主要是想了解居都仡佬语的生存状况，并对它的现状作出合理的解释，对其未来的发展趋势作出预测。

个案一

家庭身份	姓名	年龄	文化程度	职业	语言能力	语言态度	使用语言的场合	备　注
爷爷	李××	49	未上过学	现在贵阳打工	具备双语能力。仡佬语、汉语都说得好。	更愿意说仡佬语。	在家说仡佬语、在外说汉语。	
奶奶	李××	45	未上过学	在家务农	基本具备双语能力。但仡佬语水平要高于汉语水平。有些汉语说不来。	更愿意说仡佬语。	平时在家都说仡佬语。	十多岁时才学会说汉语。
儿子	李××	25	初中	外出务工	具备双语能力。仡佬语、汉语都说得好。	更愿意说仡佬语。	在家说仡佬语，出外打工说汉语。	上学前后慢慢学会汉语。
儿媳	李××	20	小学	现在家务农	具备双语能力。	喜欢说仡佬语，也喜欢说汉语。	在家说仡佬语，遇外人说汉语。	进学校后才学会汉语。
孙子	李××	未满周岁			家人先教他说仡佬语。			家人认为小孩进学堂后，自然能学会汉语。

个案二

家庭身份	姓名	年龄	文化程度	职业	语言能力	语言态度	使用语言的场合	备　注
爸爸	李××	43	小学	外出打工	具备双语能力。仡佬语、汉语都说得好。	更愿意说仡佬语。	在家说仡佬语、外出说汉语。	

续表

家庭身份	姓名	年龄	文化程度	职业	语言能力	语言态度	使用语言的场合	备　注
妈妈	李××	41	小学	在家务农	基本具备双语能力。仡佬语水平要高于汉语水平。	更愿意说仡佬语。	平时在家都说仡佬语。	
大女儿	朱××	18	初二在读	学生	具备双语能力。	更愿意说仡佬语。	在家说仡佬语，在学校说汉语。	入学前不会说汉语。
二女儿	朱××	17	初一	学生	具备双语能力。自己觉得仡佬语说得更好。	比较喜欢说仡佬语。	在家同父母说仡佬语，在学校与同学、老师说汉语。	入学前不会说汉语。
儿子	朱××	12	小学四年级	学生	具备双语能力。	更喜欢说仡佬语。	在家同父母说仡佬语，在学校同老师说汉语。	入学前不会说汉语。
三女儿	朱××	4	还未入学		不会说汉语。			父母认为长大了自然会讲汉语的。

说明：据个案二家庭介绍，家长未曾有意识地教孩子们学习汉语，但随着年龄的增长，孩子们在入学前也能听懂某些汉语，“不影响”入学后的学习。孩子们在入学前学习汉语的主要途径是通过观看电视节目。

个案三

家庭身份	姓名	年龄	文化程度	职业	语言能力	语言态度	使用语言的场合	备　注
爸爸	李××	43	小学	在家务农，从未外出打工	具备双语能力。	更愿意说仡佬语。	在家说仡佬语、赶场或遇外人说汉语。	
妈妈	罗××	46	未上过学	在家务农	基本具备双语能力。仡佬语水平高于汉语水平。	更愿意说仡佬语。	平时在家一般说仡佬语，偶尔也讲汉语。	
大女儿	李××	20	小学	务农	具备双语能力。	仡佬语、汉语都喜欢说。	在夫家说汉语，回娘家说仡佬语。	夫家是汉族

续表

家庭身份	姓名	年龄	文化程度	职业	语言能力	语言态度	使用语言的场合	备注
儿子	李××	15	初一	学生	具备双语能力。自己觉得仡佬语说得更好。	比较喜欢说仡佬语。	在家同父母说仡佬语，在学校与同学、老师说汉语。	
二女儿	李××	12	小学三年级	学生	具备双语能力，但仡佬语说得更好。	更喜欢说仡佬语。	在家同父母说仡佬语，在学校同老师说汉语。	
三女儿	李××	8	小学一年级	学生	基本具备双语能力，但仡佬语说得更好。	更喜欢说仡佬语。	在家同父母说仡佬语，在学校和同学说仡佬语、同老师说汉语。	

说明：据个案三家庭介绍，本寨只有少数媳妇是汉族，也只有少数姑娘嫁到汉族。本家庭父母在主观意识上并不喜欢找汉族女婿，也不喜欢娶汉族儿媳。

个案四

家庭身份	姓名	年龄	文化程度	职业	语言能力	语言态度	使用语言的场合	备注
爸爸	石××	63	中专	小学退休教师	具备双语能力。	仡佬语、汉语都喜欢说。	逢本族人说仡佬语，工作期间多说汉语。	教学中曾用仡佬语辅助教学。
妈妈	李××	63	小学	在家务农。做过赤脚医生	具备双语能力。汉语水平与仡佬语水平相当。	仡佬语、汉语都喜欢说。	逢本族人说仡佬语，逢汉人说汉语。	会唱仡佬族民歌。
大儿子	石××	34	初中	在广东打工	具备双语能力。	更喜欢说仡佬语。	在家说仡佬语，外出务工说汉语。	入学前能听懂一些汉语。
二儿子	石××	29	初中	在家务农，曾替父亲代过课	具备双语能力。	更喜欢说仡佬语。	逢本族人说仡佬语，逢汉人说汉语。	入学前能听懂一些汉语。
三儿子	石×	26	本科	在北京工作	具备双语能力。汉语说得很好。	仡佬语、汉语都喜欢说。	日常都说汉语，回老家说仡佬语。	入学前能听懂一些汉语。

续表

家庭身份	姓名	年龄	文化程度	职业	语言能力	语言态度	使用语言的场合	备　注
四儿子	石×	25	初中	在广东打工	具备双语能力。	仡佬语、汉语都喜欢说。	在家说仡佬语，外出务工说汉语。	入学前能听懂一些汉语。
五儿子	石×	22	初中	在家务农	具备双语能力。	仡佬语、汉语都喜欢说。	逢本族人说仡佬语，逢汉人说汉语。	入学前能听懂一些汉语。
女儿	石×	19	高中	学生	具备双语能力。	仡佬语、汉语都喜欢说。	在家同父母说仡佬语，在学校与同学、老师说汉语。	入学前能听懂一些汉语。

说明：据个案四家庭的五儿子石×介绍，他本人想娶外族姑娘，觉得找同族的姑娘不好。如果今后有了孩子，希望孩子仡佬语、汉语一起学会。他的父母并不刻意教他们兄妹说汉语，但因为父亲是个教师，经常与汉人打交道，所以他们兄妹比别的家庭的孩子接触、学会汉语要早一些、快一些。本家庭成员在没有汉人在场的情况下都说仡佬语。他同时介绍，本寨年纪大的人还能用仡佬语唱民歌，年纪小的就不会唱了。

个案五

家庭身份	姓名	年龄	文化程度	职业	语言能力	语言态度	使用语言的场合	备　注
爸爸	黄××	35	小学	外出打工	具备双语能力。	仡佬语、汉语都喜欢说。	逢本族人说仡佬语，外出务工说汉语。	
妈妈	李×	28	小学	在家务农	具备双语能力。	不喜欢说汉语。	逢本族人说仡佬语，逢汉人说汉语。	上学之前就会讲汉语。
大儿子	黄×	9	小学二年级	学生	具备双语能力。	比较喜欢说仡佬语。	在家说仡佬语，在学校同汉族同学和老师说汉语，同本族同学说仡佬语。	
二儿子	黄××	7	小学一年级	学生	基本具备双语能力。	更喜欢说仡佬语。	在家说仡佬语，在学校同汉族同学和老师说汉语，同本族同学说仡佬语。	

续表

家庭身份	姓名	年龄	文化程度	职业	语言能力	语言态度	使用语言的场合	备　注
三儿子	黄×	2			不会说汉语，正在学仡佬语。			父母认为不需教汉语，长大了自然会说的。

个案六

家庭身份	姓名	年龄	文化程度	职业	语言能力	语言态度	使用语言的场合	备　注
爸爸	杨××	42	小学一年级	在家务农，曾外出打工	具备双语能力。	仡佬语、汉语都喜欢说。	逢本族人说仡佬语，逢汉人说汉语。	15岁左右才学会汉语。后来外出打工时间长了，汉语就说得越来越好。
妈妈	苏××	40	小学	在家务农	勉强具备双语能力。汉语讲得不太好，难以听懂。	不喜欢说汉语。	只在特殊场合非说汉语不可时才说汉语。	
大女儿	杨××	17	初中	学生	具备双语能力。自己觉得汉话与仡佬语说得一样好。	仡佬语、汉语都喜欢说。	在家说仡佬语，在学校同汉族同学和老师说汉语，同本族同学说仡佬语。	入学前能听懂一些汉语。
大儿子	杨××	15	小学六年级	学生	具备双语能力。	更喜欢说仡佬语。	在家说仡佬语，在学校同汉族同学和老师说汉语，同本族同学说仡佬语。	入学前能听懂一些汉语。
二女儿	杨××	7	小学二年级	学生	具备双语能力。但仡佬语说得更好。	更喜欢说仡佬语。	在家说仡佬语，在学校同汉族同学和老师说汉语，同本族同学说仡佬语。	入学前能听懂一些汉语。

续表

家庭身份	姓名	年龄	文化程度	职业	语言能力	语言态度	使用语言的场合	备注
二儿子	杨×	3	还未入学		能说一些仡佬语了。汉语不会说，能听懂一点。			父母认为不需教汉语，长大了自然会说的。

说明：据个案六家庭介绍，孩子们从小能听懂一些汉语，这同祖母是汉人有关系。

个案七

对李×的采访

李×：男，35岁，仡佬族。第一语言为仡佬语，具备双语能力。读到小学二年级就因经济条件不得不辍学。现暂时闲居在家，曾去广东、河北、河南等地打工9年，可能过不久还要出去务工。原因是家里没有赚钱的机会，只能靠买竹子织点篾货创收。本寨不论男人女人、老年人青年人都能织篾货，手艺世代相传。织好的篾货，逢赶场（六天一场），走2小时路程拿到堕却乡去卖。居都大寨离所属的箐口乡因马路还没修通，路程太远，所以本寨人不去本乡赶场。每逢赶场，一天能卖100块钱就算多的了。所以年轻人逐渐失去织篾货赚钱的兴趣。

李×有3个孩子，最先学会的语言都是仡佬语。为了今后读书方便，他曾有意识地教孩子说汉语，觉得家庭教育应该同学校教育结合起来。据他介绍，本寨没有不会说汉语的，只是有些老人汉语说得不太好。由于现在的年轻人可以同其他民族开亲，比如就有四川、云南、湖北、浙江等地的姑娘嫁过来，所以寨子里说汉语的时机比以往多了些。但这些嫁进来的外族、外地媳妇现在也能听懂、会说一些仡佬语了。这种同外族通婚的做法，十年前是不被老人们容许的，但近十年来年轻人已经可以自由恋爱了。

在回答“仡佬语能否一直传承下去”的问题时，他坚定地说“仡佬语能永远生存下去”。理由有二：(1) 仡佬语是祖传下来的，如果不一代一代传下去，就对不起祖先。虽然我们也讲汉语，但本民族语言是不会忘的。(2) 我们仡佬族已经在这里生存几千年了，是“古老族”，这么多年都没有消失，所以今后也不会消失。(3) 虽然有从四川、云南等地方嫁进来的媳妇，但她们都会跟着夫家学会仡佬语的。生的小孩也一定会说仡佬语的。

其父李××，65岁，仡佬族。第一语言为仡佬语。据说很早就会说汉语。其母郑××，65岁，是从六盘水市附近嫁进来的汉人。至今不大会说仡佬语，只是能听懂一部分。家人之间、邻里之间都同她说汉语。因为她是汉人，所以儿女、孙子学汉语就学得比别的小孩要快一些。

李×有2个哥哥，1个弟弟，3个妹妹。第一语言均为仡佬语。大哥上过小学，二哥和弟弟读到初中，大妹和小妹均未上过学，第二个妹妹上过小学，后病故。

个案八

对李××的采访

李××：男，46 岁，仡佬族。现任居都村民兵营长。读过小学。第一语言为仡佬语，具备双语能力。

其父李××，86 岁，具备双语能力。因年少时上过私塾，后又当过乡长，所以汉语还说得比较好。平时在家均说仡佬语，只有在有外来客人或赶场时，才说汉语。

其妻陈××，45 岁，仡佬族。娘家在本村松林寨。第一语言为仡佬语。上过小学，具备双语能力，仡佬语水平要高于汉语水平。现在贵阳市打工。

被调查人李××，共生育 4 个孩子，3 个女儿，1 个儿子，第二个女儿因病亡故。大女儿现年 22 岁，母语为仡佬语，具备双语能力。上过小学，现已出嫁，生有 1 个孩子，1 岁大。夫家在贵定县，为布依族。据说夫家以说汉话为主。李××告诉我们，他马上要把外孙接过来，要教他说仡佬语。第三个女儿今年 13 岁，母语为仡佬语。现在居都小学念四年级，具备双语能力，但仡佬语表达能力要高于汉语表达能力。她在入学前就已学会一些汉语。学习汉语的途径主要有三：一是家长有意教过，二是跟电视学，三是遇到说汉语的亲戚来到家中，也跟着学。儿子今年 11 岁，也在居都小学念四年级，具备双语能力。母语为仡佬语，但本族语表达能力要高于汉语表达能力。平时在家都说仡佬语。

谈到仡佬族的来历，他说，仡佬族是上天派下来开荒辟草的。但是，最初先人们种下的粮食却不能成熟。天上的玉皇说，必须每年阴历八月杀牛祭天、杀马祭地，粮食才会成熟。这也就是“吃新节”的来历。

当我们问道：为什么居都的居民普遍文化水平不高？他这样解释：(1) 居都居民普遍经济贫困、负担重，家长往往供不起孩子上学。现在国家免除了义务教育学费，情况有所好转。(2) 老一辈父母一般不要求孩子读书。现在年轻的父母对读书重要性的认识已有进步。(3) 学校历来教学条件差、教学质量不高、教学管理不善，也导致学生们无心读书。现在教学条件已有较大改善。

当我们问道：居都仡佬语会不会消亡？他认为居都仡佬语不会消亡。原因是：(1) 居都寨人人都会说仡佬语，平时讲话一律都讲仡佬语。平时在家，如果只有仡佬族人在场，谁如果说汉语，是要被责骂的。(2) 寨子里有云南、四川、湖北等外省外族姑娘嫁到居都，不到三个月就满口仡佬语。(3) 县委县政府、县民宗局都曾表示要搞双语教学。他本人希望教仡佬族学生的老师们最好要懂仡佬语；希望仡佬族学生读中专、大学时也都应该讲仡佬语。

个案九

对李××的采访

李××，76 岁，仡佬族。未上过学。曾担任村民小组组长。母语为仡佬语，具备双语能力。大约八九岁时开始接触汉语，到 10 岁左右就说得清楚了。平时在家里都说仡佬语，包括同小孩说话；赶场时，碰到仡佬族人说仡佬语，碰到汉族、彝族、布依族、苗族人说汉语。平常以编篾货作为主要收入来源。据他说，仡佬族在这个村寨居住恐怕已有上千年的历史了。村头的风水树还在他小时候就已经是参天大树了。他也认为仡佬族是从天上下来的。只是最初下来的时候，不会煮熟食；不会造房子，住岩洞；不会制衣服、穿衣服；就像野人一样。

其妻苏××，74岁，仡佬族。未上过学。娘家就在本寨。具备双语能力。母语为仡佬语，仡佬语水平要高于汉语水平，但是汉语也说得好。平常的主要劳动也是编篾货。

两位老人共生育6个孩子，4个儿子，2个女儿。6个孩子都会编篾货。

大儿子今年54岁，现在本村煤窑上班。高中文化，曾在居都小学做过几年民办教师。仡佬语、汉语都说得好。平时在家都说仡佬语。妻子姓石，仡佬族。共生育3个孩子，老大、老二是儿子，老三是女儿。老大初中毕业后到深圳打工；老二读过小学五年级，现在浙江打工；老三读过小学三年级，现嫁到水城县。3个孩子都会说仡佬语。

大女儿今年50岁，读过小学一年级，远嫁山东，丈夫是汉族人；生有3个孩子，都不会说仡佬语。

二女儿今年47岁，读过小学一年级，嫁到本村旧寨，夫家也是仡佬族。生有5个孩子，都会说仡佬语。

二儿子今年35岁，现在贵阳打工，上过小学三年级。妻子姓杨，仡佬族。共生有4个孩子，老大是儿子，老二、老三、老四都是女儿。老大高中没有毕业就到贵阳打工去了；老二正在读初中；老三在读小学五年级；老四在读小学三年级。4个孩子都会说仡佬语。

三儿子今年33岁，现在浙江打工，念过初中，仡佬语、汉语都说得好。妻子姓江，是水城仡佬族，会说仡佬语。生有一个女孩，刚满3岁，会说一些仡佬语了，基本上不懂汉语。

四儿子今年27岁，未婚。现在浙江打工。上过小学六年级。关于婚姻，父亲说随他自己找，不干涉他。

个案十
对李××的采访

李××，38岁，仡佬族。现任居都村村主任。上过初中。具备双语能力，仡佬语、汉语都说得好。

其父李××，75岁，仡佬族。具备双语能力。身体不太好，没学会编篾货。

其母李××，70岁，本寨仡佬族。会编篾货。具备双语能力。担任过妇联主任，汉语说得较好。

其妻李××，35岁，本寨仡佬族，读过小学一年级。具备双语能力，但汉语说得不太清晰。生有2个男孩，都具备双语能力，但仡佬语是其常用语言，说得比汉语要好。老大10岁，在读小学三年级；老二8岁，在读小学一年级。

个案十一
对居都小学的走访

居都小学现有学生199人，其中少数民族籍学生187人，汉族学生12人。少数民族学生中仡佬族学生181人，苗族学生6人。仡佬族学生占全校学生总数的91%。教师7人，其中在编教师5人，代课教师2人；汉族教师4人，彝族教师1人，仡佬族教师2人。2名仡佬族教师为代课教师，会仡佬语、汉语两种语言。该小学是一所初级小学，共有4个年级（一至四年级）、5个班。一年级2个班，其他各年级都只有1个班。

1. 对民汉双语教学开展情况的了解

据该校教师介绍，一年级学生必须用双语（汉语、仡佬语）进行教学，到了二年级，学生基本上听得懂汉语，就不必使用双语教学了。何为双语教学？老师们向我们介绍，因为学生们绝大多数都是仡佬族学生，从小学习仡佬语，平常只使用仡佬语，汉语表达能力非常薄弱，有的甚至完全听不懂汉语，所以一年级教师必须使用双语才能进行教学，否则授课无法进行；所以双语教学就是在用汉语讲授汉文教材时，中间夹杂一些仡佬语予以辅助、解释。一年级学生刚入校时，课堂教学中仡佬语占的比重很大，后来才慢慢地降下来，到了第二个学期，还必须使用仡佬语做辅助，但它所占的比重已大大降低，汉语讲授的比例相应地就大大提高了。正因为一年级课堂教学的特殊情况，所以居都小学只好聘请两位本地仡佬族村民临时代课。

笔者听了居都小学一年级代课教师苏老师两堂课：一年级第二个学期的语文课和数学课，以亲身感受该校民汉双语教学的特点。

语文课课堂进程如下：

一、拼音写字

xiǎo shí	yù pán	dà mǐ	jiào shì
小 时	玉 盘	大 米	教 室
hēi bǎn	zhuō zi	hé liú	shā mò
黑 板	桌 子	河 流	沙 漠

二、写出同偏旁的字

河：江、沙、海、消　　识：话、语、证、许

烧：炒、炸、烤、炉　　草：落、萝、薄、菌

三、组词、造句

书：看书、我喜欢看书。　　雪：下雪、今天下大雪。

图：地图、我正在看地图。　　回：回家、他想回家。

作业：

一、照样子组词语

玉（玉盘）=（玉米）

古（　　）=（　　）

作（　　）=（　　）

二、写出带有下列偏旁的字
提：
他：

数学课课堂进程如下：
一、整拾数 + 一位数
1. 什么数是整拾数？
整拾数：10、20、30、40、50、60、70、80、90（二位数，末尾有零）
2. 什么数是一位数？
1、2、3、4、5、6、7、8、9（一位数）
3. 整拾数 + 一位数

10+5=15	20+2=22	30+4=34	40+6=46
50+6=56	90+8=98	70+4=74	80+5=85

二、按数的顺序填数

10	20	—	—	50	60	—	—	90	—

作业：
一、按数的顺序填数

—	50	51	—	—	54

35	40		—		

二、计算

60+1=	30+6=	82−2=	75−5=

在两堂课中，笔者觉得教师使用仡佬语的比例大约占到30%。使用仡佬语的环节和时机大致是这样的：

（1）每个教学进程的标题，如“拼音写字”“写出同偏旁的字”“组词、造句”“照样子组词语”“写出带有下列偏旁的字”“整拾数”“一位数”“按数的顺序填数”等，教师都会用仡佬语来做解释；只有像“计算”这样的标题，学生能听懂汉语或能理解字面意思，教师才没有用仡佬语做解释。

（2）教学中出现的一些新概念、新词语必须用仡佬语做解释，比如“玉米”“末尾有零”等。

（3）课堂中对个别学生进行辅导时，遇仡佬族学生都使用仡佬语。

（4）一般性的、教师估计学生接受难度不大的内容，都会尽力使用汉语，如感觉学生没有反应或面带难色，会使用仡佬语做解释。

（5）课堂中的一些常用语，如“懂不懂？”“会不会写？”等，也使用仡佬语，这大概是出于随机。

据教师反映，学生们底子较弱，学习效果不够好；一般仡佬族学生胆子较小，不愿在课堂上发言，接受较缓慢（可能由于语言上的障碍，进而影响思维的速度、反应的速度），而汉族学生则胆大些，接受和反应方面要快些，两个民族学生的学习效果存在差距；相关教师从未参加过民汉双语教学的培训或进修，对课堂双语教学的具体操作，由教师根据实际情况自行把握。

2. 对双语教学师资的了解

居都小学有两位教师能够运用双语（仡佬语、汉语）进行教学，一位是苏老师，一位是李老师。这两位教师都来自本地仡佬族，仡佬语是其母语。由于学校教学工作需要，聘请他们临时代课，专教一年级。

苏老师，今年50岁，高中文化，毕业于六枝特区第二中学。1980年9月至1985年7月，在居都小学担任民办教师；1985年9月至1998年7月，在六坡小学担任民办教师；1999年9月至2001年7月，在倮哪小学担任代课教师；2003年9月至2004年7月，在居都小学担任代课教师；2007年9月至今，在居都小学担任代课教师。每月工资500元，寒暑假没有工资。据说由于中途停了三年没有代课，因而教龄不够，所以至今没有转为正式教师。虽然有改善待遇、转正的愿望，但仍表示只要学校需要，即便不改善待遇、不转正，也愿意一直代下去。

李老师，今年20岁，初中毕业后曾就读特区县城的一所职业中学，中途停学。学校对其实行浮动工资，学生考得好，每月500元，考得不好，每月400元。虽然觉得临时代课的工作不稳定，但仍表示如果学校需要，也会代下去。

3. 对学生语言能力、语言态度的调查

我们以三年级班为代表来考察学生的语言能力和语言态度。

三年级班共有34人，其中男生18人，女生16人。学生年龄最小的10岁，年龄最大的13岁。仡佬族学生31人，苗族学生3人。3个苗族学生都会说苗语，不会说仡佬语。31个仡佬族学生中有9人不会说仡佬语，有的表示能听懂一些，有的完全听不懂，这些学生来自居都村的丫口寨、旧寨、松林寨、坡头寨；其余22人都来自居都大寨，能熟练运用仡佬语。22人中，所有的学生都认为自己说仡佬语比说汉语说得更好，除一个学生说更喜欢说汉语外，其他学生都表示更愿意说仡佬语。这22人中有5人在上学之前不会说汉语。

22人中入学前就会说汉语的17个学生，有1人表示是跟姑妈学的汉语，有5人表示是跟爸爸学的，有4人表示是跟妈妈学的，有2人表示是跟表哥学的，有5人表示是跟爸爸妈妈两人学的。5个入学前不会说汉语的学生，认为自己的汉语是跟老师学的。

第四节　濒危语言

从总体上看，仡佬语已经算得上是一种典型的濒危语言了。据估计目前操仡佬语的人大约只有五六千人。但是居都大寨的仡佬语却仍然坚挺着，具有顽强的生命力，我们目前还看不到它有明显的走向消亡的趋势。联系我们走访10个家庭、走访居都小学所获得的材料，并联系居都大寨的自然环境，我们有了一些思考：

（1）居都大寨的仡佬语具有如此强大的生命力，是有理由的，这得益于它所处的自然环境和社会环境。

居都大寨位于六枝特区西部与水城县交界的崇山峻岭之中，这里地理位置偏僻，地势险峻，自古交通极为不便，信息闭塞，与外界联系几乎处于阻隔状态，居住环境十分恶劣。这种自然条件使得本寨仡佬语很难受到外来语言的强力影响。

特定的自然环境必然会对社会环境产生影响。一个身居偏僻山区，为群山环绕，交通极为不便、信息被阻隔的村寨，其经济水平往往是低下的，经济方式往往是自给自足的小农经济。据我们调查，长期以来居都寨居民主要的经济活动就是编篾货，然后逢场赶集拿去出售。这种经济生活清贫而安闲，使村民们世代局限在狭小的区域内，固守着自己的传统、文化、语言。自给自足的小农经济、稀疏而简单的经济活动在客观上显然对仡佬语的生存起到了保护作用。

居都仡佬族是一个民族认同意识、民族自尊心、主人翁精神、文化保护意识很强的群体。他们长期以来实行族内通婚，甚至寨内通婚（据我们调查的情况，后者还是主要的婚姻形式），这体现了仡佬族强烈的民族认同感。他们了解本民族的历史，知道自己是贵州这块土地最早的居民之一。他们认为自己是“古老先人、地盘业主”，是上天指派下来开荒辟草的；所以本民族的语言必须要保存下去，并且对此深信不疑。据我们调查，村民们普遍要求自己的后代学好仡佬语、使用仡佬语；有的甚至要求自己的外孙也要学习仡佬语。这些民族意识和心理无疑有助于本族语的保存。

通婚自古就是人口流动的特殊形式。人口的流动必然带动不同文化、不同语言、不同习俗的接触、影响和碰撞。居都仡佬族长期以来实行族内通婚、寨内通婚，这种婚姻状况有效地阻隔了外来文化、外来语言的冲击，保持住了本寨仡佬语生存环境的单纯性，使得一代又一代仡佬族人只能传承唯一的交际工具——仡佬语。

据我们调查，老一代居都居民几乎都没有接受过学校教育，中青年一代未上过学的不在少数，有上学经历的绝大多数也只是念过小学，一般小学未毕业就停学了，念过初中或能完成初中学业的人不多；只是到了近几年，念初中的人才有所增加，但一般也念不到高中，目前全寨只有3个在读高中生。接受学校教育，意味着必然要接触、学习汉语，要接受新的思想、新的观念，因此汉语水平会迅速得以提高，传统的思想、意识、观念也会受到冲击。反之，如果没有接受学校教育或接受教育层次不高，意味着汉语表达能力必然会停滞在一定的水平上，很难超越本族语表达能力，而语言能力是制约语言态度、语言选择的重要因素。正因为如此，所以居都村民都认为自己的本族语水平更高，都更愿意使用本族语，这和他们的文化程度、受教育的层次是有关联的。另外，未接受学校教育或接受学校教育时间不长，传统的固有的思想、观念受到的冲击就少，思想、行为的连续性和继承性就强。当然，我们并非要贬低学校教育、拒绝进步，但是居都仡佬族人的文化程度、受学校教育现实状况在一定程度上促进了本族语的传承，却是事实。

新中国成立后，党和国家实行民族平等政策，我国《宪法》规定“各民族都有使用和发展自己的语言文字的自由”。建国初期，国家就组织相关研究机构和高校对少数民族语言进行普查，此后又有不少研究单位、个人深入少数民族地区做调查。各少数民族语言受到前所未有的重视。国家语言政策的支持是我国各少数民族语言生存和发展的根本保证，而各种各样的语言调查活动又是对国家语言政策的具体实践。各种语言调查活动除了单纯学术方面的意义外，更主要的是在少数民族地区起到了宣传作用，增强了少数民族人民群众的民族自豪感，唤醒了他们保护本民族语言的意识。这些调查研究活动在一定程度上也会引起地方职能部门对民族语言、文化的重视和保护。在我们调查期间，村民们自豪地向我们介绍了历次在居都的调查活动；并且还向我们交代了地方职能部门的保护措施和调查原则。所以，居都村民有强烈的语言保护意识和国家的民族政策、语言政策及诸多学术调查活动是分不开的。

从一个大的区域来看，居都仡佬族是同汉族、苗族、布依族、彝族等民族杂居在一起的，但是以村寨为单位来看，居都仡佬族又是世代聚居的。这种“大杂居”格局下的“小聚居”，在一定程度上有利于民族语言的生存和发展。

据居都村民介绍，本寨仡佬族已经在当地居住了上千年（待考）。一个民族长期在某一区域定居，它的民族认同感自然就会强，内部成员之间的关系就会密切，主人翁精神自然就会强烈；所以长期的定居也会对民族语言起到保护作用。

（2）居都仡佬语的生存仍然有潜在的危机。

居都大寨现有 125 户居民，600 余人，整个居都村的总人口也不过是 1625 人（包含部分嫁进来的外族妇女）。这样的人口数量要想长期保存本族语，是有困难的。况且从我们在居都小学调查到的情况看，本村已有好几个寨子的小孩已不大会说仡佬语了，汉语已成为他们主要的交际工具。

随着我国改革开放政策的深入，近十来年居都的经济方式已悄然发生变化。越来越多的年轻一代不再固守乡土、仅靠编篾货获取收入，而是选择远离故土、以打工为生，足迹遍及省内省外、南方北方，有的甚至常年在外谋生。这些在外打工的青年人汉语水平往往会随之迅速提高。据我们调查，不论男人、女人，只要有一定打工经历，本人或家人都会介绍说他们的汉语说得很流利，说得跟仡佬语一样好。多年的打工生活也会开阔打工者的视野，使其逐渐接受新的思想、新的观念、新的文化，使得“传统”和“现代”在他们的头脑里发生激烈碰撞，过去的一些观念、意识有可能会改变。虽然说居都仡佬族人的民族认同感、文化保护意识很强，但随着汉语表达能力的提高、频繁地使用汉语、思想观念的转变，他们的语言态度势必会潜移默化地有所变化，势必会潜移默化地引导他们对自己下一代语言能力、语言态度上的要求。据我们调查，凡是在外打过工的人往往更能意识到学校教育、文化知识对一个人的重要性，因而他们都会更有意识地在学前教小孩学习汉语，以便为日后的学校教育打下基础。现代居都儿童掌握汉语的时间都较过去有所提前，就是明证。

经济方式的悄然变化，必然引发传统婚姻方式的变革。长期以来，居都仡佬族都墨守族内通婚、寨内通婚的传统，寨老及自己的父母也不允许青年人同外族通婚。随着打工热潮的兴起，青年人的生活圈子打开了，交往的人越来越多了，可供选择的婚姻对象也越来越多了。他们不愿再固守传统、由父母包办婚姻，开始了自由恋爱、自主婚姻。据我们调查，寨老和父母已不再干涉、也无法干涉年轻人的婚姻了。因而寨内外族，甚至外省的新媳妇从无到有，逐渐多起来。这种族际婚姻对本族语的保存是不利的。

我们以平坝县大狗场的调查材料来简要说明族际婚姻对本族语使用的影响。

总的来看，大狗场的仡佬族语言保存得完整没有居都。其原因涉及方方面面，我们不在此一一细述。我们想强调的是：近几十年来大狗场族际婚姻的盛行，是其本族语渐趋衰退的重要原因。据我们调查，在大狗场30—40岁这个年龄段的37个男性中，同本族姑娘开亲的只有5个人，同布依族姑娘开亲的有8个人，同苗族姑娘开亲的有4个人，同汉族姑娘开亲的有20个人。族际婚姻的比例达到86.5%。20岁左右的男性同外族开亲的比例更高，目前只有1个人同本族姑娘联姻。

个案十二
对何××的采访

何××，今年42岁，仡佬族，初中文化（初二）。父母都是仡佬族，已亡故。何××在入学之前只会说仡佬语，不会说汉语，入学后才开始学汉语，现感觉自己汉语也讲得好，但仡佬语水平要更高。

其妻王××，今年38岁，仡佬族，娘家就在本寨，读过小学一年级。到十一二岁才学会说一些汉语，后来随着年龄的增长与外人接触越来越多，稍后又到邻近的烟厂打工，汉语水平才逐渐提高，但自己感觉说仡佬语远比汉语说得好。

夫妻生有一儿一女。儿子今年16岁，因3岁时突发高烧，以致双目失明，现在安顺市聋哑学校念小学四年级。入学前不会说汉语，8岁时被特招到聋哑学校才慢慢学会汉语，现在能识盲文，用汉语与人交流也没有问题，但感觉仡佬语说得更好些。女儿今年14岁，正在念初中二年级。入学前只说仡佬语，父母虽然也教她汉语，但不愿意说，进学校后才慢慢学会汉语。

平时一家人在一起都用仡佬语交谈。

个案十三
对何××的采访

何××，今年39岁，高中文化，曾做过三年小学教师，现任大狗场村村主任。父母都是仡佬族，母亲娘家也在本寨。何××在上学之前略有汉语基础，母亲教过数数，大约到12岁时汉语水平达到同外界交流没有什么障碍的水平。平时同父母、同本寨人交流都用仡佬语；同爱人（苗族人）讲话一般说汉语（偶尔也说仡佬语，爱人能听懂一些，也会说一点）；同女儿说话一般说汉语，有时也讲仡佬语；同儿子说话都说汉语，因为儿子仡佬语说得不好；村委会内部会议都讲仡佬语，有上级领导（多半是汉族）或其他少数民族（苗族、布依族）成员在场都讲汉语。自己觉得讲仡佬语更自然，讲汉语不自然。

其妻秦××，今年38岁，没上过学，苗族。娘家在贵阳市花溪区马铃乡，会说苗语，但嫁到夫家后几乎不讲苗语（缺乏交流对象）。时间长了，虽然能听懂一些仡佬语，也会说一点，但是本寨人多半还是同她说汉语，说仡佬语彼此都觉得别扭。平常她同儿女说话都说汉语。

夫妻生有一儿一女。女儿今年19岁，初中文化，现在贵阳打工。由于母亲是苗族，平常只能用汉语与人交流，所以5岁左右就能用汉语交流了，但是仡佬语也说得好。平常同父母说话多说汉语，有时也说仡佬语。儿子今年16岁，初三在读，住校，每个月回家一趟。据父母介绍，儿子最先学会汉语，现在也更愿意说汉语；据说小时候还说仡佬语，现在反而不大会说了，但听得懂。平时同父母说话都说汉语，出外同本寨的伙伴玩耍，也多讲汉语。对其今后学不学仡佬语，父母认为顺其自然。

个案十二和个案十三两个家庭里父母、小孩的年龄都大致相同，很具可比性。个案十二家庭是一个地地道道的仡佬族家庭，没有外族成员。儿女在入学前都只会说仡佬语，不会说汉语，入学后才慢慢学会汉语，而且目前都觉得自己本族语水平高过汉语水平。家庭成员内部的交流一律都使用仡佬语。个案十三家庭因为有了一个外族（苗族）成员，因而单一使用本族语的语言环境随之被打破，使用汉语交际成为必需，汉语因此在村寨内部的交流中获得生存空间。在这一家庭里，儿女在入学前就已会说汉语了，其目前的汉语水平要么与本族语相当，要么远高于本族语水平。他们同父母的日常交流也以说汉语为主或完全使用汉语。所以，族际婚姻对本族语的影响是深远而巨大的。

（3）现代化进程、经济社会的发展能否同传统民族文化的传承与保护达到共赢？

从目前来看，现代化进程、经济社会的发展似乎很难与传统民族文化的传承、保护达到共赢。人类在推进现代化、迈入经济大潮的进程中似乎总是以传统民族文化的丧失、文化多样性的沦失为代价，而事实上传统民族文化保存得最好的地区，又总是现代化进程缓慢、经济发展水平极低的地区；反之，现代化进程迅速、经济发展水平很高的地区，又总是传统民族文化保存得不太好的地区。现代化进程、经济社会发展速度的快慢总是同传统民族文化保存完整与否成反比。似乎“鱼”和“熊掌”是永远不可兼得的。

但是，时代的发展、人类的理性告诉我们：人类应该把二者结合起来，做到共赢。人类既不需要贫困，也不愿丧失自己创造、积累下来的灿烂多姿的传统文明。针对少数民族语言尤其是濒危少数民族语言的保护，很多学者提出了很多很好的建议。我们结合自己的实际调查，简约表达三点感受：

第一，面对弱势语言、濒危语言的挽救和保护，我们不能轻易说“不能”。

有部分学者认为弱势语言的衰退、濒危语言的消亡是必然的趋势，语言学家是无能为力的，只能做好记录、描写工作作为文献，供子孙后代观瞻。弱势语言、濒危语言的消退，自有其深层次的、诸多方面的原因，要想扭转这种趋势，似乎是螳臂挡车，其难度可想而知。但语言学家肩负着特殊的使命，更应该同社会一道思考挽救和保护的措施，至少在态度上要试图去扭转它，不轻易说“不能”。

第二，弱势语言、濒危语言的保护必须在少数民族地区做好宣传工作，让广大的本族语使用者参与进来。

保护弱势语言、濒危语言的主体是广大的少数民族群众，没有他们的参与就谈不上保护。通过宣传，可以增强少数民族群众的民族自豪感，加强其对民族语言、文化的保护意识，提高自觉性。居都人的保护意识和文化自觉性、自信心给我们留下很深的印象，也给予我们以信心。

第三，学校教育应该承担更多的责任。

以居都小学为例，仡佬族学生占全校学生总数的91%，绝大多数学生汉语能力很弱，有的甚至完全不懂汉语。因而，在这样的学校实行仡佬语辅助教学是极为必要的，它有助于学生迅速掌握汉语汉文，提高学习效果。但我们认为这种教学模式对少数民族语言的传承和保护却并无多大帮助。原因有二：

第一，这种仡佬语辅助教学模式具有被动性和临时性。

学校的在编教师大多是汉族，在他们无法开展低年级教学工作的前提下，才被迫聘请两位仡佬族教师临时代课，而且在双语教学的开展上还缺乏科学化管理。这些都说明这种教学模式远没有规范化、制度化、科学化。

第二，这种教学模式本身就存在缺陷。

它的教学目的只是借助民族语言来学习汉语汉文，其目标瞄准的只是学生的汉语能力，并没有将民族语言作为目标语言进行学习，所以一旦学生有了一定的汉语基础，不需要借助民族语言来作辅助、做解释了，这种教学模式就会随之消失。因而，这种仡佬语辅助教学模式实际上只是特定条件下的权宜之计。我们认为所谓民汉双语教学，应该把民族语言作为目标语言来学习，应该让其登上大雅之堂，获得应有的地位，只有这样才会有民汉双语教学模式的持久性，才会充分发挥学校教育“指挥棒”的作用，才会激发学生学习、使用本族语的兴趣，最终真正达到传承、保护民族语言的目的。所以，像贵州这样一个有着自己特点的少数民族大省，如何在少数民族地区真正做好民汉双语教学工作，既迫在眉睫，又任重道远。

第五节　文化角度中的居都仡佬族语言

居都人是有自己的语言的，也正因为他们有语言，并且至今仍在日常生活中使用它，同时又形成了以居都为中心的这么个语言圈子，居都才在仡佬族人中有一种形象和强烈的文化的认同感。它以此才有了让外界知晓它的存在的可能性和它本身存在的意义。在纯粹的语言学的意义上，居都的语言已经有许多人从这个角度来关照它了，并且有了相当的成果。但把居都的语言也作为居都文化的一部分来看待时，它也能从文化学的事象上进入我们的视野，以此也能看到居都文化的一些方面。同时，居都的语言本身也包含了许多的文化事象，也能让我们从文化的角度观照居都语言时有所收获。

从这个角度，或者说不管从什么角度叙述居都语言，当然得了解居都语言的性质和状况。这方面，《仡佬语研究》的作者张济民先生在书中有较为详尽的叙述。他在书中认为："（仡佬人）从语言的角度看，大体可分为4个大的支系。以贵州仁怀县安良乡和晴隆县凉水乡为代表的一支自称为（哈给），以平坝县活龙乡和普定县双坑乡为代表的一支自称为（佬）或（告），以大方县普底乡和黔西县化石乡为代表的一支自称为（补尔），以六枝特区牛坡乡和镇宁县比贡为代表的一支自称为（多洛）。"①

这里的"六枝特区牛坡乡"是六枝特区还未撤区并乡前的称谓。现在的居都村归属于箐口乡，原来的牛坡乡已经撤销，但张济民先生在以上提到的六枝和牛坡等，实指今天的居都村。因为原来牛坡作为贵州省不多的几个仡佬族民族乡之一，其语言的中心也在居都。张济民来牛坡调查此地语言时，调查点也就在居都。

张济民先生的这段话是从语言角度对他们支系的分属，而居都也就是他们的代表或语言支撑点。在这一本40多万字的著作中，张济民先生把居都语言划为仡佬语的黔西南方言，与另外的三个仡佬语方言一起，形成仡佬语的总体。在《仡佬语研究》中，张济民先生对居都的语言是相当看重的，他的许多重要的语言学论述都引用居都的例字和例句，把居都语言完全视为黔西南方言的重要范例。

张济民先生在《仡佬语研究》中，还描述了仡佬语的使用现状，说完全使用母语的人不足一万人，而居都就是其中的一部分。他最后还论证，仡佬语属于汉藏语系仡拉语族仡羿语支中的仡佬语。

上述说明，居都语言在语言学上的意义是毋庸置疑的。那么，我们把居都的语言纳入文化学的视野时，又该如何来看待它呢？

语言是一种文化现象，居都的语言也不例外，并且作为文化部分的语言，在居都一直扮演着一个非常重要的角色。关于居都的形成，我在本书第一章中列举了几种可能性，但不管哪一种形成方式或多种方式共存，都少不了语言这个角色。在居都这样的"残片"式的文化形态中，祭祀和节日及一些习俗支撑了它作为一个民族存在的一半的天空。在失去了服饰、音乐、舞蹈等人文化和意识化程度很高的诸多事象后，居都的语言就完全支撑了它另一半的天空，并深刻地影响到居都的发展和未来。居都语言的内部结构不是我这里的话题，但它的形成和发展却与居都的其他文化事象相关，比如婚姻。它与居都婚姻的关系，我在前一章中已有一些叙述，即语言在某种程度上促进了居都族内婚的结构选择，而族内婚又在很大程度上促进和形成了今天的居都语言和态势。就某种意义而言，居都语言，在居都不是衰落，而是发展了（应该说是量的发展）。新中国成立初，居都的人口百余人，而现今已达500人。他们解放初全部说母语，现今仍然如此，也就是说说母语的人数40年间增加了5倍，这似乎与张济民先生描述的仡佬语普遍衰落的大现象不相符。对这种语言的衰落，张济民先

① 见《仡佬语研究》，贵州民族出版社1993年版。

生于后描述了以下五种原因。

（1）在漫长的历史阶段，统治者实行民族歧视和民族压迫政策，认为少数民族语言是“土语蛮音”，横加干涉和禁止，更没有创制文字的可能性。致使民族语言得不到认定、丰富和发展。如新中国成立前国民党政权就实行这种政策。连民族成分都不予承认，当然更谈不上发展少数民族的语言文字了。

（2）商品经济的发展，人民群众为了生产、生活的需要，必然要进行市场交易，只操自己的母语，一是对方听不懂，二是词汇不够用，只能借助在市场上能通用的语言作为交际工具。在这种形势下，只有掌握汉语（或其他当地主体民族的语言），才能解决问题。这样，母语使用的范围就无形中受到限制。直到今日，镇宁、关岭、贞丰等地一些仡佬族赶场，时而用汉语进行交际，时而用布依语进行交际，对象不同，使用的交际工具也不同。

（3）由于长期与汉族杂居，汉族的文化对仡佬族有深远的影响。群众从亲身实践中体会到学习和掌握汉语汉文的重要性。今天汉语已成为仡佬族群众的第二母语，① 成年人中几乎没有不懂汉语的。由于有了共同的语言，在技术交流、社会交往和文化活动等方面都增加了互相学习、互相了解的机会，大大增强了民族间团结友好的关系。

（4）不同民族间的通婚，是母语衰落的重要原因之一。不少民族中的实例证明，凡是这类家庭，想要保持在家族中用母语交际，要有两个条件；一是进来的媳妇已经掌握了夫家的语言，二是原来不会，二三年后掌握了夫家的语言。如果不是这样，那么，家庭内部不得不在更多的时候使用第三种语言。即：既非夫家语，也非妻家语，一般说来，非汉语莫属。这样的家庭如在第三代又娶了另一个外族的媳妇，这时使用夫家原来语言的机会势必更少。这样，母语在这个家庭中也就基本上解体了。比如安顺弯子寨仡佬族近几十年娶汉、苗、布依族媳妇的有 50 多家。在这些家庭中，外族媳妇没有一人能完全掌握仡佬语。这个村子母语的使用范围迅速缩小，这是重要的原因之一。

（5）由于受汉语影响，仡佬语内部结构发生了一些显著的变化。在此略举数则。一是在语音上有由繁变简的趋势，一些难发的复辅音变得好发了。……二是修饰关系的改变。……三是否定副词和领属性的后定语前置。这一变化改变了仡佬语固有的语法结构特征。……正因为……（部分）仡佬语有了这样大的变化，而它衰落的速度也相对地加快了。……②

张济民先生在这里描述了仡佬语衰落的五个方面的原因，对居都的语言情况而

---

① 有人认为在贵州少数民族中不存在“双母语”的情况，认为双母语的情况只出现在两种不同语言男女结合的后代身上。这是一种肤浅僵化的看法。人所共知，所谓双母语的特征，是同时具备和接受两种语言的思维方式；先学习了一种语言，具有了这一种语言的思维定式后，再去学习另外一种语言就不具备双母语的条件。这样的界定是正确的。贵州少数民族，特别是拥有自己语言的民族，许多群体确实是第二种情况，是有了自己语言的思维定式之后，根据需要才去学习汉语的。但是，有的少数民族是从一开始就注意对自己民族语言和汉语的学习，一开始就注进了这两种语言的思维方式。居都及附近的仡佬族人就如是。我以为他对“第二母语”的看法是很准确的，以我对民族语言状况的观察，我支持张济民先生的观点。应该说，贵州少数民族语言的状况是多种多样的。

② 见《仡佬语研究》，贵州民族出版社 1993 版，第 9-11 页。

言，是很有意义的。

从第一个原因上来看，所叙述的历史是事实，居都新中国成立前就有过这样的经历。整个过程是这样的：新中国成立前有一个叫杨凯的仡佬族人，他家与一个姓宋的汉族土豪结亲后，这个姓宋的汉族土豪就不准仡佬人在他家里说仡佬语，进而又扩展到禁止在他的势力范围内说仡佬语，还杀过在他家里说仡佬语的仡佬人。宋姓土豪的理由就是“土语蛮音”难听得很，不准讲。为此，宋姓土豪与以居都为中心的仡佬族就发生了直接的冲突，最后发展成了武装对抗。居都附近的仡佬族寨子迫于压力，都先后屈服了，但居都一直坚持对抗。为此，宋姓土豪曾武装围攻居都，居都人全部躲进土堡与之武装对抗，成功地挡住了宋姓的武装进攻，前后整整打了七天，最后以宋姓武装退走而告终。现在居都有一点年纪的人都能复述这次为语言而战的经历，并以此而自豪。如今古堡的遗迹尚存。这，也相应地抵消了第一种衰落因素对居都语言的影响，因为他们成功地抗击了这方面的压迫。

第二个方面的原因在居都的表现与其他地方不一样。交际的重要性也使居都人接受了汉语，但居都人除了汉语外，并没有接受任何一种其他民族语言作为他们的现实生活的交际语言来使用。这是我亲眼所见的。居都村的李发旺，1995年时65岁，是村中的活跃人物和“文化”人物。在居都隔沟相望的彝族寨子社勒，有他的称兄道弟的朋友，但我与他去社勒时，李发旺也只能用汉语与社勒的彝哥们交谈，不会说彝语，情形与我差不多。很明显，他不学彝语，居都的绝大多数人也不学彝语。这，也在一定程度上避免了其他语言对居都语言的冲击。

第三个方面的原因在居都也是例外。居都人大多都会说汉语，可以说汉语是他们的第二母语。他们可能在大的环境上算是杂居，但居都却保持了良好的小聚居状况。在居都现今基本没有纯粹的外民族的住户，因而居都始终保持着自己的相对独立的语言交流社区。而同时在倮那就出现了张济民先生所说的那种情况。倮那距居都一个山丫口，约3.5公里，仡佬族的人数也不少，近400人，但倮那同时居住的有一半的汉族人，故而，倮那的仡佬族语言消失得较快。在这方面可以这样说，汉语在居都是重要的，但居都自己的语言更重要。

第四个方面的原因对居都是没有影响的。居都以严格的族内婚完全截断了因为通婚而带来的外来语言对居都语言的冲击。可以说，居都的语言根本没有这方面的忧虑。

第五个原因是其他语言对仡佬语内部结构的影响。这方面的影响在居都肯定是存在的，对居都语言的改变似乎也是较大的，但好像它并没有从根本上影响居都的语言生存。

我不否认张济民先生对仡佬族语言逐渐衰落的五个方面原因的分析，它在贵州广大的仡佬族地区具有普遍的意义。现实中是有许多仡佬族地区就因为以上的某一个，或某几个方面的原因，正在逐渐或迅速地消失自己的语言。但我认为这在居都应该是个例外，它历史地使用了居都在语言方面的智慧，巧妙地有远见地预先截断了这种使用范围已经很小的语言种类衰落的路子。我不知道这是谁的杰作，或者是居于什么样的启示，但这样的事实应该让列举出这五个仡佬语衰落原因的张济民先生惊异。也许居都语言最终不能在仡佬语中有什么太大的作为，但它表现出来的民族语言精神值得敬佩。

居都人正是因为如此小心地保护自己的语言，才造就了自己的相当强烈的语言氛围。在居都的人群中，不会“打话”的只有几人，他们多为他族在他地成人后，由于婚姻等原因进入居都的。比如80岁的老人宋国才、上门招亲的张某等等就是，但是他们大都听得懂“打话”的内容，交流是不成问题的。至于那些进入居都的并能认真对待居都语言，有学习愿望的“新人”，最多两年也就能熟练流畅地使用居都语言了。这方面，新嫁进来的在娘家根本不讲或不知怎么讲仡佬语言的外地仡佬族女人，可以说表现得最为突出。她们作为民族的一员，进了这个“语言的熔炉”，几个月或半年就能完全掌握居都语言了。至于在居都出生和在居都成长起来的居都人，不会“打话”是不可能的。

应该说，居都人对他们的语言的感情是其他的族人难以比拟的。在居都，外出工作、学习的人也不少，时间有长有短，长的几年，短的几个月，出门在外时是没有机会使用仡佬语的，要在不得已中长期使用汉语，有明显的压抑感。他们有时会为了“语言”而回家，回到家里，对“家的语言”有一种亲切感，心里会很舒展。在我接触的外出工作又回到居都的人中，这种强烈情感是能够体会的，并因此而让人感动。这样的情感在如此狭小有限的天地里能培养到这样的程度，是难能可贵的。

在居都，居都人对周围村寨的族人有一种自豪感，或者说傲气。这不是由于富裕，不是由于地位高上，而是由于语言。

应该承认，在居都语言得到有限进展的时候，它周围的语言态势却有很大的变化。在新中国成立前和新中国成立初，倮那、旧寨、松林、岭岗等地的仡佬族语言的使用是非常普遍的，人们在语言上的自尊和自信是较强的，但现今情况却有了较大的变化。以上这些地方的年轻人，仡佬语的讲说能力已有很大下降，不如上一辈人那么流畅和丰富了；最重要的是，现今的年轻人对民族语言的认识已经很模糊，对语言的重要性普遍缺乏认识。在这些地方，张济民先生所说的那几个原因，正在发生着不同程度的作用，正在不断地侵蚀他们的语言。这方面，在松林要好一些。似乎松林的仡佬人根基要厚实一些，语言的基础也要好一些。这样的情况会如何发展？有没有一个极限？会不会无限制地发展？这些目前还没有比较确切的结论，但有一点可以肯定，语言的变化，得与它当时当地的人文的和自然的生态环境相适应。

这种于居都周围的语言衰退，对居都的语言生存自然是一种很大的威胁和压力。居都的语言可能因此而受到很大的影响，但反过来说，如果居都语言在文化意义上具备一种“被激活”的机制，那么，它可能从内部迸发出一定的活力，以牺牲某一些成分和要素为代价，“顽强”地保存它的语言。我以为这于居都是可能的，数百年的族内婚，已经说明了它有这样的自我调节机制。这么多年来，它“顽强”地避免了与其他少数民族的通婚，也尽力地避免但极有限地与汉族通婚。这有文化的因素，但更有语言的因素。在猴子田，我看到这样的事例，这里有数户仡佬人，他们在户数和人数上都不能与同村的布依人抗衡。几十年过去，由于交流、婚姻等原因，现只有三位老人能讲仡佬语了，连40岁左右的中年人均已丧失了自己的母语，但对布依语他们反而还能说一些。这种杂处和杂居，很大程度上可以由婚姻轻而易举地造成，并不可逆转，居都人从本能上就认识到了这一点。另外，在与汉族通婚的事象上，这也是居都人在保存语言上的智慧表现。汉语是各山区少数民族交流的中间语言，居都人也需要，汉语的到来，并不影响居都的双重语言的语言状况。如果再有限地吸收式地与汉族通婚，那么，汉语对居都民族的语言并没有什么大的冲击，多年来居都与汉族通婚的实践，也证明了这一点。

我们以上所述的大都是居都语言的保存话题，居都人于此有聪明的表现，但这始终都是外在的。众所周知，一个民族语言的存在，最重要的是与它的内在需要直接相关。居都语言在形成居都人文化的固有特色上，是有特殊贡献的，特别是在形成居都人一定的思维方式，并与其文化相适应方面更是如此。一个种族的外部世界是客观存在的，但认识和把握它的方式又是多种多样的，即客观存在为一，而把握方式的选择却有多种可能性，但在方式上有一点不变，也就是这种把握方式直接受语言思维方式的影响。比如在居都的语言中，居都人把太阳呼为“那陆”，同时又叫“鲁乌”，把太阳落山说成是“鲁乌多榜”，直译就是：“太阳落洞里了。”从这里不难看出，居都人的先民一定对山洞有很深的印象，并认为太阳是住在某一个山洞里，把太阳的起落描述成太阳从一个洞里出来，又落到另一个洞里去了。又比如，汽车、火车、飞机是新的事物，居都人为了称呼和把握它们，就把它们按自己的语言方式分称为：汽车——“屋里革”、火车——“革笔”、飞机——“革斗雷”。“革”在居都语言中是汉语的“鸡”的意思，而“屋里”是一种有很多只脚在地上跑的虫子，二者合起来直译为“像多脚虫子一样在地上跑的鸡”。“笔”是汉语火的意思，“革笔”直译为“有火的鸡”。“斗雷”为汉语天上、天空的意思，“革斗雷”直译为“天上的鸡”。且不说这里面包含的其他因素和内涵，就语言的思维方式影响人对周围客观世界的把握方式这一点上，以上例子已经很说明问题了。可以说，正是居都的语言决定了居都人把握客观世界的方式。这些东西会深刻地影响居都人的观念、行为和日常生活，而日常的现实生活又会反过来影响居都的语言。这就是居都人对于居都语言的内在需求动因。此外，实际生活中的居都人在一般的应用功利上也需要居都语言。这里有一个例子很能说明问题。在居都的调查中，无意间我得到这样一段歌谣，它叫“通风报信歌”：

lui^{31}lui^{31} qə^{0}lan^{31} ga^{31} ȵi^{31} do^{1}
天 黑 吆 牛 来
pu^{31}dəɯ^{35} qə^{0}ʔlan^{31} ʔaŋ^{31} ʦhu^{35} the^{13}
四面 路 有 人 围
di^{33}do^{31} pɯ^{31}pɯ^{31} la^{35}ʔlan^{31} pi^{53}
我们 找 小 路 走
di^{33}do^{31} ma^{33} to^{35} təɯ^{35}mi^{31} o^{55}
我们 不 落 手 人家

（汉语意译）
黑来娃娃赶牛回，
四条路子有人围；
宁可绕条小路走，
好汉不受眼前亏。

这首歌的用途，居都人自述是为了“防匪”，大概是新中国成立前匪患严重时期，或更早时期的产物。居都人说，如果你在某个地方发现了土匪，如果喊话，不管用什么话喊都容易让土匪们觉察。这时你就得像唱山歌一样，用本民族的语言唱“通风报信歌”，就决不会让土匪发觉了。

的确，伪装在一般山歌中的“报信歌”是很隐蔽有效的。这证明了一种在一定范围内使用的语言，对外隐藏一些不能外传或不好外传的东西，从而起到保护自己的作用，是十分有效的。居都语言的实际应用这是一例。另外，我在居都的田野作业中深深感到，在有我在场的时候，如果他们不愿我听到他们谈话的内容，立即就会从汉语转向自己的民族语言。这一点，当事人是直言不讳地承认的。从这里，我们不难看出，居都人保护他们的语言，而语言也在很大的程度上保护居都人。确实，一个人的相貌、衣服等都可以伪装，而语言的伪装却是很难的，并且很易被对方识破。

居都语言的现状是一种民族群体智慧的结果，它的外部文化现象表现是充分的，但它的内部是否也有与其他语言相适应的机制呢？这方面，涉及两种学科，贸然进入是不明智的。但从一些现象看，我以为这样的适应机制是有的。比如在居都的语言中有这样一个现象，即居都的姓氏是可以用居都仡佬语也就是“打话”来说的，可名字就不行了。李姓居都仡佬语称为“玛久”；沙姓称为“啊”；黄姓称为“抵你”；张姓称为“豹个惹”；周姓称为“嘎走”；朱姓称为“莫欧”；高姓称为“欲”；石姓称为“无呕”；杨姓称为“默厄默”；王姓称为“玛有”等。名字一般就没有居都仡佬语的称呼和叫法。如此人叫“德贵”的汉语名字，居都仡佬语就不会有关于“德贵”这个名字的另外的发音，也发“德贵”音。故在居都用居都仡佬语喊人、招呼人一般只呼姓，或把居都仡佬语的姓与汉语的名结合起来称呼。比如要喊“黄德贵”这个人的名字，就得喊“抵你德贵”。这种现象是如何形成的可能一时说不清楚，但这种仡佬语与汉语巧妙结合的现象，应该是居都语言的适应机制的表现之一。

说到姓名，居都的语言中还有一个现象值得注意，即居都的人名现象。从以上得知，居都人的名字是借用汉语而形成的，它的语言已经失去对居都人名字的关照，即居都人名字的词汇和发音全部由汉语来承担了。为什么会出现如此的情况呢？对比而言，苗、彝、布依等族的人，他们在拥有汉族名字的同时，也拥有一个民族语言叫法的名字，而居都的仡佬族人就没有。也许这方面各族的历史遭际都是一样的，即与汉族的交流，接受汉族统治者的“编户”等等，各民族的人口从汉人们认为的“化外”归来，进入“归化”过程的第一关，就是要有一个能与汉族交流的名字，得以汉语的习惯来称呼“归化”者，如此的“赐姓”“随姓”“领姓”、自己相应“呼姓”等等事象也就相应产生了。可以在某种程度上说，一些民族的各人的姓名，是很早时从汉族、汉语那里得来的、学来的，只是在苗、彝、布依等民族语言中没有放弃对族人名字的关照，而居都的仡佬语放弃了。

以这种来源的名字，在居都又引出了另一个人名现象，即居都人名字的大量重复，这方面，尤以居都女人的名字重复现象为最多。在居都调查的115例婚姻中，据统计（这些女人名字中间的字为“字辈”，一个“字辈”的不能算重复，故以最后一个字来统计）；115个女人中，叫“珍”的17例；21“秀”的14例；叫“英”的13例，叫“凤”和“芬”的各12例；叫“美”的11例；叫“香”的8例；在1至3例的还有“菊”“兰”等12个名。115个女人总共使用名字的字数为19个字，每6.05个人才拥有一个字，即如果把这些名字平均分配，有6个人都是叫的同一个名字。在统计中，重复10次以上的字有6个，总计为7例，占115例的69%，可以说，居都女人的名字基本上是由这六七个字组成的。这说明一个什么问题呢？一是可能人们对女人的名字并不看重，取名时父母并不上心，随意性大，有个“珍”呀，“美”呀的就行；二是汉族语言作为名字的字眼进入居都语言的并不多，故而词汇相对贫乏，不敷使用。这些大概是造成居都女人名字重复的一般现象，也许还有居都人对于来自汉语的入名词汇缺乏理解和灵活应用的能力等，也是原因之一。进而，还有没有居都人对汉语名字词汇的内在的抑制呢？或者说，自己的语言已经挤占了人们生活的相对大的空间，对汉语名字词汇的容纳的空间较小，到使用时又拿不出更多供取名用的词汇来。可以说，在语言的使用上，居都语言对包括汉语在内的语言都是比较警惕的。

对仡佬语言，张济民先生的评价是：“仡佬语的发展经历了从濮人语—僚人语—仡佬语的三个历史阶段。今天的仡佬语具有完整的语音系统、丰富的各类词汇以及有表现力的语法结构。它已成为一种有特色的、独立的民族语言。”①

这个评价是很高的，但张济民先生并没有对此语言与文化和发展相适应的事象提出自己的意见。这可能不是一个语言学家的任务，但居都语言却实实在在地面临这样的问题。语言是思维的工具，工具自然是被人操作的，但语言这种特殊的工具反作用于人的机能却是任何人不能否认和忽视的。它实际上在很大程度上制约着人的能力和行为。居都语言中的这种制约人的能力更为明显，因为它的生存条件与其他语言很不相同。说到底，这里重要的是从文化学的角度来对居都语言是否能适应其环境的文化和发展下定论。这很难，但很有必要。在任何语言中，语音、词汇、语法等等都是很重要的，但其中有一个东西更重要，就是语言中表现的综合、抽象、归纳的能力。一个自然民族的语言可以在表形表意上很生动、鲜明、富于个性，但如果没有抽象、综合、归纳的动因，它就不可能拥有新的组合能力，没有语言本身前进的动力，以此而形成的思维方法、方式也就不会有活力和生命力。因此，这样的语言尽管完整和富于

① 《仡佬语研究》，贵州民族出版社1993年版，第7页。

个性特色，但它却没有前进到现今语言的一般状况的能力。这里，我还可以多说几句，即创造这样的“文化基因”动因的角色应该是哲学家，或古代的“玄想者”，或天才的作家和艺术家，以及古代的民间“艺人”等。正是这些“角色”带来的动因，才使语言拥有抽象、综合、归纳的能力，进而影响使用这种语言种属群体的思维方式和能力，反过来又增强语言的“玄想”。这是非常有意义的文化哲学思考难题，可惜不是这里的主要话题。

回到居都语言的话题。居都语言的历史上有没有这样的“创造动因”，以及运动的过程呢？没有答案！那居都语言现今这方面的能力如何呢？我对此做了些观察和思考。在居都的语言中，对具体事物的表达是没有什么难题的。具体的名词，只要是他们生活圈子中能够接触的事物的名词，他们都有；即便是新的具体的东西出现时，他们也有创造新名词的能力；并且在一些自然组合而成另一形态事物时，他们也有能力综合各自组合前的词意，组合成新的名词。但是，在另一些词汇面前，他们就显得无能为力了。这些词就是一般的描述思维活动的抽象名词，比如“主义”“思维”“思想”“倾向”“逻辑”等。这些词在他们的语言词汇中是没有的。我所说的没有是彻底的，即对应的、类似的词汇也没有。

在居都，我找到一个有类似中专文化水平的人——沙庭文，专门与他谈关于“思想”等词汇的居都语言的表达。他说，以上所列举的词汇居都仡佬语中都没有，也没有类似的词意，只有“思想”还有个说法，叫“谋昂头女”。在居都语中，“谋”是“你”的意思，“昂”是“有”的意思，“头女”是“想”的意思，合起来直译为“你有想的了”，而且这个“头女”是不能单独使用的，说的时候一定得带上“谋”，即“谋头女”，不能“头女”（它有些像汉语的及物动词），只能是“你想”，不能是“想”。另外，我又问他，“有文化知识”这个短句在居都语中有相应的词语表达没有？他也说有，叫“瘦熟轮”。“瘦”是“认识”“知道”的意思，“熟”是“书本”“字”的意思，“轮”是“深”的意思，合起来直译为“认识书本很深”。

“思想”在居都语中被说成了“你有想的了”，“有文化知识”被说成了“认识书本很深”。怎样看待这两个例子呢？我与之交谈的对象是居都的文化水平较高者，他不但是地道的居都人，读过许多书，并在外工作了多年，按理，他是完全能够理解“思想”和“有知识文化”这两个词和短句的基本含义的，但我一“逼”他用居都语表达它们时，就成了以上这么个样子。如果把“思想”理解表达为“你有想的了”，那它与“思想”的距离有多远，读者想想就知道了。“有知识文化”被理解表达为“认识书本很深”，也是很滑稽的。对此，我认为有当事人极力“编造”的行为，但也反映居都语言只善于直观具体的表达，不善于抽象、关联综合式的表达。

以上是居都语言涉及思维方式和内在文化构筑上的叙述，它的状况如何自然直接影响语言本身和它所依存的文化整体。就整个仡佬语的现状而言，张济民先生描述为以下四种类型：

1. 完全会说母语

各地区掌握母语程度的人与其年龄成正比例。即年纪越大的人，掌握得越全面。从地区来看，也不尽相同。如六枝、关岭、黔西、大方、平坝、安顺、普定等地使用母语的人多一些，织金、仁怀、遵义等地则要少一些；从一个村寨来看，有的村寨只有中老年人会讲，如晴隆凉水山背后村和隆林摩基大水井村等，有的村寨大人小孩都会讲，如平坝大狗场村、关岭麻凹村和六枝居都村等，属于这一类型的人目前估计不会超过万人。

2. 部分会说母语

这一类型有两种情况：大部分是中青年，他们从小只学会了部分母语，及长很快地掌握了汉语，有的还认为民族语“土气”，不愿学，也不愿讲；其次是部分嫁到仡佬族的外族妇女，有些人经过环境的磨炼，掌握了夫家的语言，有的则终生只学会一部分词。不少数量的中、小学学生也属于这种情况。属于这一类型的人估计在万人以上。

3. 只记住少量单词

这种人已不能联词造句。日常生活只能用第二母语进行交际。清镇、遵义、黔西一些地方就属于这类情况。……属于这一类型的人估计有两千左右。（此处“两千”疑为“两万”）

4. 只能用第二母语进行交际

属于这一类型的人数最多，也可分为两种情况：一种是1980年以后反本归源的仡佬族，人数在30万左右；另一种是1982年人口普查时5万多人中的一部分。[①]

就这样的一种民族语言状况，应该说是没有任何理由乐观的。为此，张济民先生从面上和语言学的角度，分析提出了仡佬语衰落的几个方面的原因。他的见解应该说是正确的，仡佬语衰落的外在表现确实如此，但是，他没能深入到语言的文化深层次的结构中去。居都语言几乎特例于张济民先生的那几个原因之外。从以上诸例子已不难看出，居都语言虽然有效地防范了表层的外部性语言的侵蚀和损害，维持和有限地发展了自己，但它仍不能摆脱自身生存的内在危机。语言与文化发展的适应机制如何，会从根本上影响语言的终极生存。这一点我以为是对张济民先生对于仡佬语衰落原因分析的有意义的补充。

怎样来解决居都语言的内在危机呢？立即见效的答案可能我永远没有，解决的办法只能从自身的某种努力开始。话说回来，居都语言的内在危机的存在似乎不会，至少目前不会影响居都语言的存在。原因很简单，这种危机是很久以前就存在的。居都语言之所以有今天的状况，是因为内外条件的具备。目前这些东西并没有明显地遭到毁灭性的破坏，这种语言还有它自身的生存空间，并能够维持很长的时间。至于居都在今后的某种现在难以准确描述的情景中，命运如何？我们就不得而知。

在有仡佬语的大背景下，有了居都语，是因为有了居都人才有了居都语。居都人为自己的语言付出了代价，他们的语言会永存。

---

① 见《仡佬语研究》，贵州民族出版社1993年版，第8页。

第六节　字音材料

为了让读者对居都仡佬族语词汇有个大致的了解，并免除翻检之劳，我们从李锦芳等著《西南地区濒危语言调查研究》中摘录出100个核心词汇的读音（个别词汇未找到相对应的读音，只能空着）和部分常用词汇读音。

核心词汇读音：

我 i^{55}	你 mɯ^{31}	我们 ti^{55} to^{31}
这 ȵi^{35}	那 ai^{35}/bɯ^{35}/bai^{35}	谁 kan^{55} na^{55}
什么 vu^{31} tɕi^{55}	不（来）ma^{55}（do^{31}）ɯo^{55}	全部
许多 le^{31}	一 tsɿ^{55}	二 səu^{31}/ŋɯ^{31}
大 dzuŋ^{31}	长 lui^{33}	小 dai^{35} dai^{55}/pe^{31} pe^{35}
女（人）ma^{55} ʔlo^{55}	男（人）pau^{55} ʔlo^{55}	人 qə^{0} ts hu^{35}
鱼 vu^{31} liu^{31}	鸟 vu^{31} no^{35}	狗 m̥ɯ^{31}
虱子 ma^{55}vu^{31}dzuŋ^{31}	树 tin^{31}	种子 pei^{31}
叶子 dʑi^{31}dʑi^{31}tin^{31}	根儿 tsu^{31}tsu^{31}	树皮 vu^{31}qu^{35}tin^{31}
皮肤 vu^{31}gu^{35}	肉 ʔu^{55}la^{0}səɯ^{31}	血 pla^{35}
骨头 qə^{0}de^{35}	脂肪——	蛋 qə^{0}tuŋ^{31}
角儿 vu^{31}ta^{35}	尾巴 qə^{0}tsei^{35}	毛 qə^{0}mei^{35}
头发 qə^{0}suŋ^{31}	头 tei^{31}ʔlei^{31}	耳朵 pa^{35}vei^{31}
眼睛 vu^{31}təɯ^{31}	鼻子 te^{31}ŋe^{35}	嘴 vu^{31}tso^{35}
牙齿 plaŋ^{31}	舌头 dəɯ^{35}mau^{31}/mau^{31}	名字 qə^{0}num^{31}
爪子 pa^{35}ko^{35}	脚 pa^{35}ko^{35}	膝盖 tu^{31}qu^{35}
手 pa^{35}mi^{31}	肚子 vu^{31}ɬaŋ^{31}	脖子 taŋ^{31}ʔlaŋ^{31}
乳房 dzə^{33}/nai^{31}ni^{35}	心 dei^{31}ɬei^{31}	肝 te^{35}
喝 zan^{55}	吃 ka^{31}	咬 tsaŋ^{55}
看见 m̥an^{31}n̥ei^{35}	听 ȵu^{35}huŋ^{31}	知道 səɯ^{31}
睡 ŋu^{35}	死 plan^{31}	杀 plan^{31}
游泳 gei^{31}gei^{31}xɯŋ^{33}	飞 phau^{31}phəu^{35}	走 pi^{31}
来 do^{31}	躺 ŋu^{35}	坐 qaɯ^{33}
站 lo^{35}dzɿ^{31}	给 fei^{31}/na^{35}	说 ɕin^{31}
太阳 dʑau^{33}la^{35}lu^{31}	月亮 dʑau^{33}ɯ^{33}dʑi^{33}	星星 dʑau^{33}duŋ^{31}dai^{33}
水 ɯŋ^{55}	雨 man^{31}	石头 əɯ^{33}
沙子 ŋ̊a^{31}	地 lu^{35}	云 qə^{0}pu^{55}
烟 xei^{31}pi^{31}	火 pi^{31}	灰 tu^{35}

燃 pi^{31}plan^{33}	路 ma^{55}qə^{0}ʔlan^{31}	山 qə^{0}dʑo^{31}
红 pla^{31}de^{35}	绿 lu^{31}	黄 tin^{33}ȵi^{33}
白 pa^{31}au^{35}	黑 tse^{35}luŋ^{33}	夜 ma^{33}dʑu^{31}vei^{31}
热 qə^{0}den^{31}	冷 lə^{0}qəɯ^{35}	满 tɕi^{35}
新 mi^{31}	好 gi^{55}	干 kɯ^{35}
圆 qə^{0}num^{31}		

部分常用词汇读音：

天 lui^{31}lui^{31}	虹 tu^{55}ple^{55}	乌云 qə^{0}pu^{55}tse^{35}luŋ^{33}
雷 lui^{31}qə^{0}tuŋ^{31}	风 vu^{31}juŋ^{31}	雪 ma^{33}qə^{33}nei^{33}
冰 laɯ^{31}qaɯ^{35}	雹子 mAn^{31}pa^{31}au^{35}	雨 mɑn^{31}
霜 qə^{0}mle^{31}	雾 qə^{0}pu^{55}	露 ɯŋ^{55}qə^{0}mle^{31}
土山 dʑau^{33}qə^{0}dʑo^{31}tau^{35}	山顶 dei^{31}ʔle^{35}qə^{0}dʑo^{31}	山谷 ga^{31}
山坳口 ga^{31}qe^{35}qə^{0}dʑo^{31}	悬崖 ple^{31}ple^{31}	窟窿 baŋ^{31}
坑 baŋ^{31}baŋ^{31}	海 bai^{55}xɯŋ^{55}	河 xɯŋ^{55}
或者 xa^{31}sɿ^{35}	溪 dəɯ^{31}xɯŋ^{55}	河岸 den^{31}xɯŋ^{55}
池塘 mlaŋ^{31}mlaŋ^{31}ɯŋ^{55}	沟；水渠 dəɯ^{35}tshəɯ^{31}	小水沟 la^{35}pe^{55}tshəɯ^{31}
波浪 ɯŋ^{31}qə^{0}bai^{55}	漩涡 ɯŋ^{31}lue^{55}lue^{55}	水泡 phau^{35}phau^{35}ɯŋ^{55}
水井 baŋ^{35}ɯŋ^{55}	泉 ləɯ^{31}ləɯ^{31}ɯŋ^{55}	稀泥 vu^{31}tau^{35}qə^{0}i^{35}
尘土 pe^{35}m̥ɯ^{35}	干土 vu^{31}tau^{35}kɯ^{35}	水田 baŋ^{55}
田埂 den^{31}baŋ^{35}	荒地 lu^{35}zu^{31}	平地 lu^{35}phin^{31}
金子 sɿ^{35}	银子 phlɯ^{35}	铜 gei^{31}
铁 ʔjaŋ^{55}	钢 kaŋ^{55}	煤 tɑŋ^{35}lɑŋ^{31}
火药 qə^{0}tsɿ^{31}phau^{35}	火炭（燃着的）qə^{0}ləu^{35}pi^{31}	炭 than^{35}
火苗 blɑŋ^{55}blɑŋ^{55}pi^{31}	火种 pei^{31}pi^{31}	锅底烟 lo^{31}mo^{35}khe^{35}
上面 po^{55}o^{33}	下面 pa^{35}dʑo^{33}；pa^{35}qə^{0}tsei^{31}	外面 pa^{35}dʑi^{33}
前面 pa^{35}qɑi^{33}	后面 pa^{35}ʔlan^{33}	里面 pa^{35}ʔlaŋ^{33}
家里 pa^{35}ʔlɑŋ^{33}ʔlei^{31}	房前 pa^{35}qɑi^{33}ʔlei^{31}	房后 pa^{35}ʔlan^{33}ʔlei^{31}
对面 pa^{35}bai^{31}	右面 pa^{35}ʔai^{33}	左面 pa^{35}ȵin^{35}
旁边 den^{31}mi^{35}	路边 den^{31}qə^{0}ʔlan^{31}	附近 ta^{35}qə^{0}luŋ^{33}
周围 luɛ^{55}luɛ^{55}	地方 bu^{31}thu^{55}	本地 ŋe^{35}lɑŋ^{33}
角落 vu^{31}qo^{31}	界限 qə^{0}təɯ^{35}	古代；从前 ta^{35}ce^{35}；cin^{35}bəɯ^{35}
以后 pan^{35}ʔlan^{33}	现在 cin^{35}ȵi^{35}	过去 cin^{35}bəɯ^{35}
世（世代）tshɑi^{35}	平时 tɑŋ^{35}a^{33}dʑi^{31}vuŋ^{31}	热天 lui^{31}qə^{0}den^{31}
冷天 lui^{31}qə^{0}ji^{35}	年，岁 plei^{31}	今年 plei^{31}ȵi^{35}
明年 plei^{31}lan^{31}	去年 tshɯn^{31}ȵian^{31}	前年 tshɯn^{31}qaɯ^{31}
大前年 tshɯn^{31}ʔlu^{35}qaɯ^{31}	后年 plei^{31}ʔlu^{31}lan^{31}	往年 a^{55}dʑi^{31}plei^{31}
春节 ka^{35}ma^{55}xei^{31}	吃新节 ka^{31}dəu^{31}	月，月份 vu^{31}dʑi^{31}

正月 duŋ^{31}vu^{31}dʑi^{31}vi^{31}lei^{35}	二月 duŋ^{31}vu^{31}dʑi^{31}səɯ^{31}	三月 duŋ^{31}vu^{31}dʑi^{31}pu^{31}
四月 duŋ^{31}vu^{31}dʑi^{31}pu^{31}	五月 duŋ^{31}vu^{31}dʑi^{31}mlɯ^{31}	六月 duŋ^{31}vu^{31}dʑi^{31}tchiu^{31}
七月 duŋ^{31}vu^{31}dʑi^{31}xən^{31}	八月 duŋ^{31}vu^{31}dʑi^{31}he^{31}	九月 duŋ^{31}vu^{31}dʑi^{31}kɯ^{31}
十月 duŋ^{31}vu^{31}dʑi^{31}ʦhən^{33}	十一月 ʦhei$^{33 55}$ʦɿ^{55}vu^{31}dʑi^{31}	十二月 ʦhei$^{33 55}$səɯ^{31}vu^{31}dʑi^{31}
上月 vu^{31}dʑi^{31}qɑi^{33}	下月 vu^{31}dʑi^{31}ʔlan^{33}	天，日 vuŋ^{31}
今天 a^{35}vuŋ^{31}ȵi^{35}	昨天 a^{35}thuŋ^{33}vuŋ^{33}（^{31}）	前天 a^{35}thuŋ^{31}vuŋ^{31}
大前天 a^{35}thuŋ^{33}luŋ^{35}vuŋ^{31}	明天 ȵi^{31}lo^{35}	后天 san^{31}ȵi^{35}
大后天 ʔlu^{33}ȵi^{35}	白天 ma^{55}ʥu^{31}vuŋ^{33}	黎明 lui^{31}thin^{31}
早晨 ʔʑi^{31}nəɯ^{31}	傍晚 ɯ^{35}qə^{0}lɑn^{31}	晚上 ʥu^{33}vei^{31}
半夜 təu^{35}tci^{33}	中午 ka^{31}qa^{55}lu^{55}	上午 ka^{31}mi^{35}
下午 ɯ^{35}ka^{31}lɑn^{31}	牛 ȵi^{31}lo^{35}	黄牛 ȵi^{31}pla^{31}de^{35}
水牛 ȵi^{31}ɯŋ^{55}	马 vu^{0}ȵuŋ^{55}	羊 me^{33}me^{33}
山羊 pɑu^{55}me^{33}me^{33}	绵羊 ma^{55}mei^{33}mei^{33}	猪 m̥o^{31}
公猪 pɑu^{55}m̥o^{31}	母猪 ma^{55}m̥o^{31}	猫 la^{35}ŋei^{31}
野兽 pi^{31}qə^{0}ʥo^{31}	老虎 pɑu^{55}di^{31}	熊 ʥa^{33}
猴子 ma^{33}ʥa^{33}	鹿 ta^{55}	野猪 qɛ^{31}zu^{55}
野猫 qu^{33}	黄鼠狼 laŋ^{31}mɑŋ^{31}	老鼠 tiau^{55}su^{55}
竹鼠 ʔei^{33}	鸡 qɛ^{31}	公鸡 pɑu^{55}qɛ^{31}
野鸡 qe^{31}zu^{55}	鸭子 ble^{31}	鹅 ŋc^{55}
雁 ŋan^{35}	鸽子 vu^{31}qo^{31}	老鹰 qə^{0}lu^{55}
猫头鹰 ma^{55}hu^{33}hu^{33}	鹧鸪 ʦu^{31}tci^{31}	斑鸠 qen^{31}qen^{31}
布谷鸟 kui^{31}kui^{31}jɑŋ^{31}	喜鹊 tcin^{55}lia^{33}	乌鸦 ma^{31}a^{35}
八哥 pa^{31}ə^{33}	麻雀 vu^{31}no^{35}	燕子 biau^{33}biau^{33}
龙 dəɯ^{35}ʥaŋ^{31}	蜥蜴 ŋɯ^{31}ma^{33}o^{35}	蛇 dəɯ^{35}ŋɯ^{31}
蟒蛇 ŋɯ^{31}ʔa^{55}ʥuŋ^{31}	黑蛇 ŋɯ^{31}ʦe^{35}luŋ^{33}	虫 vu^{31}ȵi^{35}
蝴蝶 dəɯ^{31}ŋan^{55}ji^{31}	蛾子 ma^{55}bu^{55}bu^{55}	蜻蜓 gu^{33}ka^{35}lui^{31}
蜘蛛 ʦe^{31}ʦu^{33}	萤火虫 vu^{31}ȵi^{35}pi^{31}	蚂蚁 ma^{55}gu^{55}
白蚁 man^{31}pa^{31}au^{35}	蝉 lan^{55}lan^{55}ʑi^{31}	螳螂 ma^{55}ja^{31}gu^{33}
马蜂 ma^{55}haŋ^{31}	黄蜂 ʦei^{31}ʦei^{31}	苍蝇 pei^{31}zo^{31}
牛虻 qə^{0}ʑu^{55}ȵi^{31}	蚊子 ma^{55}qə^{0}ʑu^{35}	蚜虫 vu^{31}ȵi^{35}ʦɿ^{31}
木蛀虫 vu^{31}ȵi^{35}tin^{31}	米蛀虫 vu^{31}ȵi^{35}ʦɿ^{55}plei^{33}	毛毛虫 lai^{35}mɑu^{31}ʦhuŋ^{33}
臭虫 me^{35}pla^{31}de^{35}	蜗牛 ʦei^{31}ʦei^{31}pa^{31}au^{35}	蛆 vu^{31}ȵi^{35}qe^{33}
蛔虫 qə^{0}tci^{33}	跳蚤 ma^{55}mie^{55}	蚯蚓 ŋɯ^{31}qə^{0}tci^{33}
虾 la^{35}ʦu^{33}（^{31}） hɯŋ^{33}	螺蛳 ʦei^{31}ʦei^{31}	螃蟹 phaŋ^{31}hai^{55}
翅膀 lui13lui^{31}	鸡冠 vu^{31}ȵe^{31}qe^{31}	花 hu^{55}o^{31}
果子 ma^{35}	葡萄 ma^{35}pla^{35}	桃子 ma^{35}plɑŋ^{31}
酸梅 ma^{35}fuŋ^{33}zu^{55}	柿子 ma^{35}ʦe^{35}	李子 ma^{35}tcɯ^{31}

梨 ma^{35}daɯ^{35}
甘蔗 tse^{35}kan^{33}
草 ȵu^{35}
青苔 tchin^{33}thai^{33}
竹笋 ȵi^{55}
秧 aɯ^{35}
谷种 pei^{31}tci^{31}
麦子 ʥaŋ^{31}
豆子 vu^{55}tai^{55}
茄子 ku^{55}tse^{31}
葱 qə^{0}sei^{35}
辣椒 qhɯ^{35}
黄瓜 vu^{31}tci^{31}
葫芦 me^{35}vu^{31}liu^{31}
头顶 le^{31}ce^{31}
脸 vu^{31}luɯ^{35}
鼻孔 bɑŋ^{31}te^{31}ŋe^{35}
喉咙 tɑŋ^{31}ʔlɑŋ^{31}
肚脐 dʐo^{31}dʐo^{31}
手掌 plo^{55}mi^{31}
眼泪 ɯŋ^{33}（^{55}）ʔʐaɯ^{33}
祖父 a^{33}be^{31}bɯŋ^{33}
父亲 a^{33}ba^{33}a^{33}mi^{33}
夫妇 pɑu^{55}mi^{55}
可可 a^{33}vai^{33}
弟媳 mi^{33}ʥi^{55}
妹妹 a^{33}an^{33}
儿媳 vu^{31}le^{31}
子女 mu^{33}la^{35}
孙女 la^{35}ʔli^{31}
伯母 mi^{33}sɯn^{33}
侄儿 la^{35}zan^{35}
舅父 a^{33}phɯ^{55}
外孙 la^{35}ʔli^{31}
岳父 a^{33}ba^{33}
主人 qə^{0}lue^{35}ʔlei^{31}
平辈 tsɿ^{33}tshe^{35}

枇杷 ma^{35}vu^{31}qo^{35}
向日葵 lu^{33}vu^{33}
木耳 vei^{31}tin^{31}
棉花 hu^{55}o^{31}
庄稼 mlɯ^{35}
穗儿 qo^{31}qo^{31}tci^{31}
稻草 kuŋ^{31}
高粱 qə^{0}ʐu^{55}ȵi^{31}
花生 vu^{55}tai^{55}hu^{55}o^{31}
白菜 qə^{0}ləɯ^{31}pa^{31}au^{35}
蒜 qə^{0}sei^{35}dɑŋ^{35}
花椒 vu^{31}tci^{35}
红薯 wɑŋ3
萝卜 ɯŋ$^{33 55}$phei^{35}
额头 vu^{31}ʔɑŋ^{31}
眉毛 mi^{55}təɯ^{31}
胡子 ŋo^{33}tshai^{31}
肩膀 qu^{55}plɑŋ^{31}
腰 ʔu^{55}
手指 kei^{31}mi^{31}
口水 ɯŋ^{55}qəɯ^{31}
祖母 a^{33}ja^{33}
母亲 a^{33}mi^{33}
丈夫 la^{31}bɑ，^{31}
嫂了 ma^{55}i^{55}
姐姐 a^{33}pin^{33}
妹夫 jan^{33}jian^{33}la^{35}jau^{33}
女儿 la^{35}tsau^{33}
子孙 la^{35}ʔli^{31}la^{35}ʔlan^{31}
曾孙 la^{35}ʔlan^{31}
叔父 a^{33}dai^{33}
外祖父 be^{31}ʔɑɯ^{35}
舅母 a^{33}tsɯŋ^{33}
公公 a^{33}ba^{33}
岳母 a^{33}mi^{33}
客人 qha^{35}
晚辈 tshe^{35}a^{35}dai^{55}dai^{55}

石榴 ma^{35}plei^{33}plei^{33}
烟 mei^{35}təɯ^{31}dʑi^{31}dʑi^{31}
菌子 ʔləɯ^{31}
竹子 ʔʐɯ^{35}
稻谷 tci^{31}
谷粒 duŋ^{31}duŋ^{31}tci^{31}
玉米 ji^{31}mi^{55}；ma^{0}qe^{35}
小米 tshai^{31}
蔬菜 qə^{0}lɑŋ^{31}
西红柿 ma^{35}plei^{33}
姜 qen^{31}
瓜 me^{35}
芋头 lu^{55}zuŋ^{55}
身体 vu^{31}suŋ^{31}
辫子 plei^{31}qə^{0}suŋ^{31}
睫毛 mi^{55}təɯ^{31}
下巴 dʐau^{55}qɯ^{35}
脊背 tɑŋ^{35}kɑŋ^{33}
胳膊 qə^{0}təɯ^{31}mi^{31}
肠子 qə^{0}ce^{33}
汗 luŋ^{35}
父母 a^{33}ba^{33}
后母 mi^{55}ʔlan^{31}
妻子 li^{33}mi^{33}
弟弟 la^{35}jau^{33}
姐夫 a^{33}vai^{33}
儿子 la^{35}sai^{33}
女婿 la^{35}ŋo^{33}
孙子 la^{35}ʔli^{31}
伯父 ba^{33}sɯn^{33}
叔母 mi^{33}dai^{33}
外祖母 ja^{31}ʔɑɯ^{35}
外甥 la^{35}zaɯ^{35}
婆婆 a^{33}mi^{33}
亲戚 qha^{35}
长辈 tshe^{35}a^{35}ʔʐɯ^{55}
老翁 ŋai^{31}ʔʐɯ^{33}

老太太 ja^{31}ŋəɯ^{31}
新娘 ma^{31}(^{55})qə^{0}ʦhu^{35}mi^{31}
儿童 la^{35}ʔle^{35}
孤儿 la^{35}plaŋ^{33}
木匠 ke^{35}tin^{31}
官 ba^{31}
厨房 su^{31}tu^{35}
菜园 qə^{0}vei^{31}
瓦 vu^{31}taɯ^{35}
衣服 lə^{33}bɯ^{55}
裤子 ko^{31}qə^{0}cu^{55}
鞋 tchi^{31}ȵi^{35}
被子 bəɯ^{31}bəɯ^{55}
枕头 ŋei^{31}ʔlei^{35}
碗 san^{35}san^{33}
柴 lo^{31}mo^{35}
脸盆 la^{0}qəɯ^{33}ja^{35}təɯ^{31}
桌子 lə^{0}ʥaŋ^{31}maɯ^{35}
梯子 ma^{55}qə^{0}ʔlei^{31}
箱子 dʐaɯ^{33}təɯ^{31}
箩筐 ta^{35}
镜子 ma^{55}ni^{31}tchi^{55}
扇子 san^{35}ʦɿ^{31}
针 vu^{31}lei^{35}
绳子 dəɯ^{35}sa^{35}
蜡烛 la^{31}
竹竿 laŋ^{31}ʔʐɯ^{35}
钥匙 ma^{31}jo^{31}sɿ^{33}
牛绳 sa^{35}ȵi^{31}
炮 daŋ^{55}ʥuŋ^{31}
耙 ma^{55}kai^{35}
织布机 qe^{31}
凿子 dəɯ^{35}qə^{0}ʥaŋ^{31}
木屑 qe^{35}tin^{31}
墨 me^{31}
信 vu^{31}ja^{35}
山歌 ʐi^{31}a^{33}qə^{0}ʦo^{31}

老人 ŋai^{31}ʔʐɯ^{33}
媒人 laɯ^{55}ʔʐɯ^{55}
双生子 suaŋ^{35}pa^{35}
先生、老师 ke^{35}su^{31}
猎人 ʔlu^{35}pi^{31}qə^{0}ʥo^{31}
兵 qə^{35}tcaŋ^{33}
灶 ŋen^{31}ʦuŋ^{33}
门 ma^{55}pin^{55}hɯ^{31}
砖 ʦuan^{33}
背心 tu^{33}ze^{31}
裙子 vei^{31}zei^{35}
袜子 lə^{33}luŋ^{31}
毯子 ju^{31}a^{35}qhu^{31}
帽子 qə^{33}lɯ^{35}
筷子 qə^{0}dʐau^{33}
杯子 la^{35}pei^{33}pei^{33}
桶 blaŋ^{31}ko^{35}
凳子 lə^{0}ʥaŋ^{31}a^{35}qaɯ^{33}
床 ma^{55}thu^{55}
柴刀 ma^{55}qa^{35}plo^{55}
扫帚 so^{31}zo^{35}
毛巾 pha^{35}ʦɿ^{31}
伞 la^{31}xau^{35}sa^{55}
线 vu^{31}ja^{35}
火柴 jaŋ^{31}ho^{31}
棍子 la^{35}ʥu^{35}
秤 ma^{55}qe^{35}
漏斗 ʦha^{31}ʦɿ^{31}
弓 nu^{33}
枪 daŋ^{55}
锄头 ma^{55}du^{31}
斧头 ma^{55}la^{31}qɯn^{31}
磨刀石 dʐau^{33}zəu^{31}
笔 qə^{0}ʦei^{35}qə^{0}de^{33}
字 vu^{31}təɯ^{31}su^{31}
尺子 ma^{55}qʗ^{0}za^{35}
舞蹈 qə^{0}ʥɯ^{33}ko^{35}

新郎 pau$^{31\ 55}$qə^{0}ʦhu^{35}mi^{31}
婴儿 la^{35}ŋa^{31}
寡妇 ma^{55}plaŋ^{33}
朋友 qə^{0}de^{55}
乞丐 sa^{35}nəu^{35}
家，房子 pa^{35}ʔlei^{31}
厕所 haŋ^{55}qe^{55}
石灰 no^{55}
砖墙 vu^{31}dəu^{31}
袖子 mi^{31}qaɯ^{35}
围裙 vei^{31}zei^{35}
布 səɯ^{31}
席子 plaŋ^{55}
头巾 ʔjɯ^{55}tei^{35}
炒锅 khe^{35}
缸 kaŋ^{33}
刀 qə^{0}ʥuŋ^{35}
椅子 ji^{31}ʦɿ^{31}
柜子 dʐaɯ^{33}ji^{31}
纺车 ma^{55}ləɯ^{31}ʦhu^{31}sei^{35}
麻袋 ma^{55}qə^{0}pu^{55}lia^{35}
梳子 ma^{55}sei^{31}ʔlei^{35}
肥皂 fei^{31}ʦau^{35}
剪子 khai^{33}sɯ^{31}
灯 pi^{31}mlaŋ^{31}
拐杖 la^{35}ʥu^{35}
锁 ma^{31}so^{31}
鞭子 le^{31}dʐi^{35}
箭 tcian^{35}
犁 ma^{55}laŋ^{31}vaŋ^{31}
扁担 wa^{31}dəɯ^{55}
刨子 phei^{35}pau^{35}
木头 tin^{31}
纸 mlɯ^{31}mlɯ^{31}
书 phai^{35}su^{31}
歌 ʐi^{31}
国 kue^{31}tcia^{33}

中国 ʦuŋ^{35}kue^{31}
村 təɯ^{31}lɯ^{35}
城 baɯ^{31}dɯn^{31}
神仙 plei^{31}
鬼 mlɯ^{31}
妖怪 mal^{31}
魂魄 lə^{0}ŋəɯ^{31}
庙 bai^{35}
坟墓 dʑau^{55}tɑŋ^{33}
棺材 ʣəu^{31}tin^{31}
香 mu^{35}khɯn^{35}
爆竹 qə^{0}te^{33}vu^{33}ȵuŋ^{33}
生日 plei^{31}
病 qə^{0}ze^{33}
伤口 qə^{0}lai^{35}
疤 qə^{0}lai^{35}qə^{0}plo^{33}
疮 lə^{0}plo^{33}
脓 huŋ^{35}
药 qə^{0}ʦɿ^{31}
东西 dəu^{35}gu^{33}
粮食 tca^{31}
米 ʦɿ^{35}plei^{33}；maɯ^{33}gu^{33}
糯米 ʦɿ^{35}plei^{33}tci^{31}lu^{33}
饭 maɯ^{33}
锅巴 maɯ^{33}plan^{33}
早饭 ka^{31}maɯ^{33}tuŋ^{35}
午饭 ka^{31}mi^{35}
晚饭 ka^{31}zo^{31}
粥 maɯ^{33}tuŋ^{35}
面粉 pe^{35}tca^{31}
面条 pe^{35}tca^{31}
粑粑 qə^{0}ȵa^{31}
粽子 qə^{0}ȵa^{31}
汤圆 qə^{0}luŋ^{35}ʔjaŋ^{33}
菜 qə^{0}lɑŋ^{31}
汤 ɯŋ^{33}ɯŋ^{35}tai^{33}
牛肉 ʔu^{55}ȵi^{31}
猪肉 ʔu^{55}m̥o^{31}
腊肉 ʔu^{55}phei^{31}phei^{35}
肥肉 ʔu^{55}qə^{0}dəɯ^{33}
瘦肉 na^{31}u^{55}
油 mlɑŋ^{31}
盐 qə^{0}ȵɯ^{31}
酒 pləɯ^{31}
糖 ʔɯŋ^{33}səu^{35}
豆腐 vu^{31}tai^{31}pa^{31}ʔɑɯ^{35}
茶 ʑi^{31}tin^{31}
烟 mei^{35}təɯ^{31}
阳光 la^{35}ʔlu^{31}
荫 da^{31}ŋə^{35}lɑŋ^{33}
影子 la^{55}ɯŋ^{33}ɯŋ^{33}
壳儿 qə^{0}ʔlɯ^{31}
裂缝儿 bei^{33}sen^{31}
脚印 qə^{0}lai^{35}ko^{35}
脚步 khɯn^{31}ko^{35}
话 duŋ^{31}cin^{31}la^{55}pe^{55}duŋ^{31}
声音 qə^{0}zaŋ^{33}
回声 da^{31}aɯ^{31}
梦 lə^{0}plɑŋ^{31}
梦话 duŋ^{31}lə^{0}plɑŋ^{31}
姓 vu^{31}ja^{35}
命，命运 dʑi^{31}liɑŋ^{35}
性命 xei^{31}juŋ^{31}
事情 a^{31}nuŋ^{31}
坏事 nuŋ^{31}a^{35}bla^{35}
道理 nuŋ^{31}a^{35}gi^{33}
脾气 luŋ^{31}
胆量 ʔei^{33}sɯn^{33}
力气 vu^{31}juŋ^{31}
头（起端） ʔȵɯ^{35}qəɯ^{31}
末尾 pɑn^{35}lɑn^{33}
天亮 lui^{31}thin^{31}
啨 lui^{31}sɯ^{35}
阴 jin^{33}
吹 fe^{35}
流 ʔei^{31}ʔei^{31}
溅 qə^{0}bai^{33}
冲 ti^{55}ti^{55}
淹 qə^{0}nɑn^{33}
浮 phiau^{33}
沉 do^{35}
陷 li^{31}
转动 qə^{0}lɑn^{33}
撞 phɑŋ^{35}
倒 du^{35}
爆炸 lu^{31}juŋ^{31}
发芽 ʑaɯ^{35}ʔɑɯ^{35}
开花 vu^{31}ha^{31}
结果 qə^{0}dɑn^{55}
成熟 huŋ^{35}
有 ɑŋ^{31}
没有 ɑŋ^{33}o^{55}
去 vu^{33}
回 van^{31}
回来 van^{31}do^{31}
回去 van^{31}vu^{33}
出 vu^{31}
出来 do^{31}dʑi^{33}
出去 vu^{31}dʑi^{33}
进 pa^{35}
进来 do^{31}m̥əɯ^{55}ʣei^{31}
进去 vu^{33}ʔlɑŋ^{33}
上（山） a^{33}
上来 do^{31}ʔo^{55}
上去 vu^{33}zu^{55}
下（山） do^{31}ʦei^{31}
下来 do^{31}dʑo^{55}
下去 vu^{31}ʦei^{31}
到 tɑ^{31}
愿意 mlan^{31}
敢 kei^{31}

记得 qə^{0}tin^{35}pɯ^{35}
高兴 dʑɑɯ^{31}
相信 dʑɑɯ^{31}
馋 ʦhan^{31}
恨 qɯn^{31}
怕 vu^{31}ləu^{31}
痛苦 qe^{33}dei^{31}ʔei^{33}
灰心 ɑŋ^{31}dei^{31}ʔei^{33}
可惜 kho^{31}ci^{31}
假装 ʦuaŋ^{33}da^{31}
咳嗽 qə^{0}zɑɯ^{35}
喘 xei^{31}qhɑŋ^{33}
受伤 saŋ^{33}
娶 gɯ^{35}
扫墓 liɑŋ^{33}liɑŋ^{31}tɑŋ^{33}
磕头 qə^{0}ʣu^{35}tei^{31}ʔlei^{35}
笑 qə^{0}səɯ^{31}
同 plai^{55}plai^{55}
吩咐 ʣei^{35}duŋ^{31}
唱歌 da^{31}ʐi^{31}
骗 tchi^{33}
打架 na^{35}le^{35}
呼吸 dzʅ^{35}
吞咽 qə^{0}li^{31}
打呵欠 da^{33}ha^{31}
漱口 suan^{35}
瞪眼 ku^{55}vu^{31}təɯ^{31}
流泪 ʔei^{31}ʔei^{31}ɯŋ^{55}iu^{55}
休息 ji^{31}khɯn^{31}
住 qɑɯ^{33}
等候 lə^{0}xɯ^{31}
钻 qə^{0}mlə^{55}
经过 pi^{31}
打滚 phin^{35}
挨 pa^{31}pa^{31}
替 qə^{0}lai^{35}
遇见，相碰 tɑn^{33}ko^{35}
忘记 n̥aŋ^{55}mei^{35}
痛快 xaɯ^{31}qaɯ^{31}
怀疑 huai^{31}ȵi^{31}
舍得 mlan^{31}
生气 pi^{31}lɯ^{31}lɯ^{35}
害羞 qə^{0}li^{31}
反悔 la^{31}phɑu^{35}ʔei^{33}
担心 ʔei^{31}dai^{33}
忍耐 ləɯ^{31}xəɯ^{31}
生病 jaɯ^{35}da^{31}qə^{0}ze^{33}
呕吐 qə^{0}ta^{35}
呻吟 zan^{33}
发疯 vu^{31}
过年 ka^{35}xei^{31}
抬头 bla^{35}tei^{31}ʔlei^{35}
回头 van^{31}lan^{33}
大哭 li^{35}ʦa^{31}sʅ^{31}
答 da^{31}ə^{31}mi^{35}
告诉 cin^{31}
劝 tchian^{35}
瞒 qə^{0}pi^{31}
骂 pa^{31}pɑɯ^{35}
尝 sɑŋ^{31}
含 qə^{0}kuŋ^{31}
打鼾 zi^{33}ŋa^{35}
看 qe^{0}ʔəɯ^{35}；qə^{0}m̥an^{31}
眨眼 qə^{0}ple^{33}vu^{31}təɯ^{31}
听见 ȵu^{35}luŋ^{31}n̥ei^{35}
睡着 ŋu^{35}n̥ei^{35}
在 ɑŋ^{31}
躲 qə^{0}pi^{31}
纳凉 qə^{0}pi^{31}ŋe^{35}lɑŋ^{33}
玩耍 ʦəɯ^{35}zəɯ^{31}
趴 qə^{0}mlɯ^{31}
请 dʑin^{35}
托 dʑin^{35}
见面 qa^{31}
疼爱 gəɯ^{31}
嫉妒 vu^{31}təu^{31}pla^{31}de^{35}
想，思考 dəɯ^{31}
嫌 thɑn^{31}
恐吓 qə^{0}dɑɯ^{33}
发愁 qhɑŋ^{33}
后悔 ɑŋ^{31}qɑŋ^{33}
可怜 qə^{0}ze^{35}ʔei^{33}
撒娇 ȵa^{33}
发抖 qə^{0}ʣəu^{33}
头晕 lue^{35}(^{55})luɛ^{31}(^{55})
眼花 vu^{31}təu^{33}nua^{55}
嫁 qə^{0}ʣei^{31}
过节 ko^{35}tce^{31}tchi^{35}
低头 ȵi^{31}kɯ^{35}
转脸 van^{31}vu^{31}liɯ^{35}
谈天 fe^{35}vu^{31}ʦo^{35}
准许 mlan^{31}
喊 la^{33}xa^{33}ʔlai^{55}
哄 ga^{31}fe^{35}
吵架 pa^{31}pɑɯ^{33}ko^{35}
读 du^{55}su^{31}
嚼 lə^{0}qe^{35}
舔 ʔli^{35}
打喷嚏 qə^{0}ʦhei^{35}
睁眼 vu^{31}ha^{31}vu^{31}təɯ^{31}
闭眼 ʔe^{35}vu^{31}təɯ^{31}
闻 mu^{35}
做梦 la^{31}plɑŋ^{31}
停 ʐi^{31}
爬行 qə^{0}mlɯ^{35}
过 gei^{31}gei^{31}
跌倒 du^{35}
靠 khɑu^{35}
帮助 pɑŋ^{55}
探访 qə^{0}ʔəɯ^{35}
分别 fei^{31}ko^{35}

陪伴 da^{31}ʦhu^{35}
跟踪 lɑn^{35}lɑn^{31}
摸黑 li^{31}li^{31}
驱赶 de^{55}de^{55}
带头 hu^{33}
骑 ȵ̥uŋ^{55}ȵ̥uŋ^{55}vu^{35}ȵuŋ^{55}
挑选 ʔei^{31}ʔei^{35}
隔开 fei^{31}ko^{35}
泡 n̥aŋ^{33}
收到 qə^{0}sɯ^{31}
逃 lua^{31}kɯ^{31}
跪 qə^{0}ʥu^{35}
赶集 ga^{31}khai^{35}
涨价 ʣʅ^{31}
赔偿 khaŋ^{55}
输 sɯ^{31}ʔlei^{35}
打仗 na^{35}ʣʅ^{35}
后来 pan^{35}lɑn^{33}
怎么样 caŋ^{33}ɑŋ^{31}da^{31}

绕 zɑu^{35}
教 qə^{0}ʦʅ^{31}
遗失 to^{35}
栏 the^{31}the^{35}
扛 ble^{35}
引诱 ma^{33}
得到 pɯ^{35}
洗澡 qə^{0}ja^{35}
堆积 da^{31}
跳 qə^{0}ʥɯ^{35}
跑 qə^{0}plei^{35}
修理 ʔəɯ^{35}
买 ʦei^{31}
跌价 jaŋ^{55}
节省 qə^{0}ȵi^{35}
使用 lai^{33}
守卫 səu^{35}
或者 xa^{31}sʅ^{35}

欺负 qə^{0}nan^{33}
学 co^{31}
寻找 pɯ^{31}pɯ^{31}
佩带 pu^{33}
挑 ble^{35}
打猎 ʔlɯ^{35}pi^{31}
打赌 tu^{55}
晾 lɑŋ^{35}
压 qə^{0}nan^{33}
踩 qə^{0}ȵa^{35}
退 ʥei^{31}
挖 kei^{31}kei^{35};ŋɑɯ^{35};ce^{55}
卖 vei^{31}
吃亏 saŋ^{35}tɑŋ^{35}
赢 qə^{0}ȵiu^{31}
感谢 da^{31}kha^{35}
开头 ʦho^{33}
跨 gei^{31}gei^{31}

第五章　居都人的观念和符号、工艺和生存智慧

第一节　观念和符号

（参见《居都》一书，此处略。）

第二节　居都人的工艺和生存智慧

人类的生存现象是自然中的一种特殊现象，他们不同于一般的动物，他们能在最一般的“趋利避害”原则中生发出许多智慧的花朵。应该说人的生存意义是广泛的，但我们在叙述居都人的生存智慧时，也只能是其中关于物的，而关于精神的更广阔领域的生存则不是这里的话题。另外，叙述居都人于物的方面的生存智慧也不可能是全面的，也只能就其能进入我们视野的、我们能观察和作出判断的东西进行叙述。

谈生存和智慧自然与其生存的环境分不开，环境可以说在很大程度上决定了人的智慧的产生、决定形式和内容。居都人的环境我们在前面的章节中已有一定的叙述。居都人作为一个古老民族的后代，在严峻的人文、自然环境中顽强地生存至今，这本身就表现出最大的智慧了。

居都最早的村民进入这深山密林中的第一个难题当是立寨的点的选择。按中国人的自然风水观念，这是关系种群生存的大事。居都人好像并没有这样的考虑，但他们无意中却体现了另一个规则。居都的村寨是在一个大山的半山腰的台地上，我最初也以为这是无意的，或者只是为了“躲避”中的选择，但后来我发现，情况并不是我所想象的，它的意义也是深刻的。在一般人的居住地的选择中，最少得有两样东西：

一是可供获得基本生存物资的可耕地或其他可换取粮食等物品的资源；二是要有一定的洁净的饮水源。在居都这个地方，这两项条件最好的地方是在山沟的平地上；但是，恰恰在这样的沟边平地上，却没有一个村寨。他们的村寨全建在半山腰。这是为什么呢？表面性的答案有，如为了防匪，但这不是最关键的，我以为最关键的是瘴气。在很久以前，山里的人烟稀少，森林是原始的。原始森林中的山沟里有大量的年代久远的腐烂植物，散发着能致病的大量有害气体，这些气体一般都比空气重，大量积存和弥漫在低凹的山沟里。如果人们住在这样的山沟边，对人畜的健康都将是有害的。另外，山沟里的洪水和陡峭的山体的落石、滑动的土和泥石流都是威胁生存的因素。还有，在人的心理上，山形的起势也有一定的压力，在沟里就有一种“失势”的感觉，而上升到山腰台地，人的心理上就会得到一种“控势”或“领势”趋形的安慰，会舒展开自己的心境。

居都人就是这样选择了自己的立寨点，与山乡的其他人一样，于此表现了一种生存的智慧，并作为一种方式在贵州山区普遍存在。如今，由于森林植被的大量消失，沟中腐朽植物早已无存，即产生瘴气的条件消失，但人们多年的生活方式已经形成，仍是住在半山腰的多。居都人是这样选择的，其他民族的人也是这样选择的，他们在同一种地理环境中就表现了此事象的趋同性。这种选择源于何时何人已经不可能有明确的答案了，但在总体的时间上应该是较早的。它在时间的长河中形成这样的选择，尔后又凝成一种经验，再成为一种智慧，再在人的规则中固定为一种形式。因此，它在自然的旧有环境改变后其形式也不会改变。这种生存智慧在某一时期会十分成熟和有用，但凝固为形式之后，其“有用”的效应哪怕下降许多，它也表示为一种历史惯性继续向前。居都人的村寨现今已如是，山沟水边的瘴气早已消失，山上的水也越来越少，但仍没有谁改变现有的状况。表面上一般化、无序化的居都村的村址，包含了他们生存中的智慧。在历史上，此地给居都人带来了许多利益，但随着时间推移，环境的变化，又带来了它的负面的意义。

以上是对居都人在住地选择上的片段式的叙述。在生产上他们也表现了这样的意义。居都人的生产性质、生产方式状况我们毋庸赘叙，他们有自己的一整套的与山区客观实际相吻合的东西。在这些事象中，相关的事物是他们的一种只有五寸长的小铧口。这种小铧口是他们族人用自制的铁铸造的。从纯生产的意义上讲，它不过是一种生产工具，但就文化学的角度而言，与它相关联的东西是较多的，它同样也包含了人的生存上的智慧。这样的铧口与别的铧口不一样，一般的平地用的铧口大多是较长、较宽的，区别很大。这种区别似乎来源于各自的背景。居都人和他们的大多数族人，大都住在山上，耕地都在山坡上，大多是坡地，地块也零碎较小，并且其中还有许多石头。这种小铧口在这样的土地上犁地，既轻巧又灵便，如果用宽大的铧口，在这样的土地上是犁不动的。另外，我看到的居都人喂养的都是黄牛。这种黄牛体形很小，走路像山羊一样灵便，但它的体力就比水牛或其他地方体形大的黄牛的体力要小得多，但用它们来拉这五寸的小铧口也就正好。在居都人的山区上、下，进、出不了个大力大的牛，因而也就有了与小黄牛相适应的五寸铧口，而山区的耕地有这样的黄牛、这样的铧口也就够了。从这里看，一个小小的不起眼的五寸铧口，实则是一种生存智慧的表现，是居都的族人们经过无数年代凝结的智慧的结晶。也就是这个铧口，打开了居都人生存的另一道门，让居都人的物质生产的条件有了一次跃进。如果说居都人在选择自己村寨的事象是一种趋利避害的生存立足点，那这铧口表现的就是让居都人在生存的物质保障上更为充分。

“衣、食、住、行”，不知是因为顺口还是根深蒂固的观念，把“衣”排在了最前面。“衣”在人的生存中的重要性是不容否定的。因为公认的人类的第一次的觉醒，就是从摘取树叶挡住羞处开始的。居都人的“衣”自然也是如此，并在此方面也有较为深远和广泛的内容。在人们从遮羞、御寒等动机中获得“衣”的意义之后，衣这一事象就广泛地影响着人的诸方面，并让女性从中展示了她们的才华，成为人文化的一个重要的部分。居都人的“衣”也是如此表现的，尽管它作为民族服装的事象已经消失。在居都，我们已经看不到居都人原来的服饰了。他们全部着汉装，但关于他们的祖先在这方面的生存智慧表现，还有许多记忆和实物。在十年前，我们还在居都看到过一块彩色斜纹人字花布。此布是杨守亮（时年 66 岁）家里保存的，这块布长 1.98 米，宽 0.39 米。这是解放前，约 1940 年前后的家庭手工产品，至今已有 50 多年的历史了。

此布的原料为一种叫水麻柳的灌木，把这种灌木的皮刮下来，泡在水里，一直要把树皮外层的黑皮泡烂，再捞出，经不断捶揉洗涤，最后得到的纤维柔软洁白，把这些木质纤维捻成线，在非常简单的织布架上就可以织布了。如果全用原色的线织出的就是白色的布料；如果把一些线用染料染成各种颜色，分布在一定的经、纬线上，织出的也就是不同颜色、不同花样的布料。据居都村的老人回忆，这类花布最常见的有四种花，是狼鸡花、盘芝花、通海花、人宇花等，而现今我们只在十多年前拍的照片上见到人字花花布的实物，真正的实物，笔者在居都调查期间已经无处可寻了。据说，四种花中人字花最普遍，比前三种花都好织一些。1940 年以前，人们还会织人字花的花布，现在什么也不会了，失传了，至于前三种花是什么时候失传的也就不得而知了。

居都人的纺织历史也许从今天就得划上一个沉甸甸的记号了。但从这块花布中我们不难看出，这块花布的历史是比较久远的。先从他们选择的原料来看，是树木原料——水麻柳。人类在改善自己衣着条件的历史中，最先用的是天然有一定弹性的或可以织成网格的东西，如树叶，后来是兽皮，再后来是动物的毛，再后来是禾本植物的纤维，如棉花、麻等，与此同时还有昆虫的分泌物，如蚕丝等。用木本植物的纤维的织物为衣着的记载是绝少的，但居都人的祖先就是这样的种群。各种纤维的出现，直接影响纺织工艺的产生和发展。其他种群的人们或民族利用各种纤维的出现，把纺织工艺推进了一大步，而居都人却从祖先那里接过古老得不能再古老的织布架（如前面图片），一直把它摇到才过去不久的时间里。

居都人祖先使用的木质纤维是特别的，与之相适应的织布架也是特别的。这种织布架由 6 根木棍组成。织布的经过是这样的；织者坐在木凳、石头、草墩或随便什么地方，用长 35 厘米左右的 4 根木棍上下贴排于肚腹前面，其中两根裹线，两根裹布，用脚蹬近 70 厘米长的木棍一根紧绷经线，用手持一根长 35 厘米左右的细木棍穿喂纬线，交织成布。这种织布架子，只要背上架子，带上线，在任何地方都可以开始织布。黄道婆的织布机已经很古老了，但不管怎么说她都有一个木架子，把织布的东西固定在木架子上，俨然也是一架机子，但居都人祖先的“织布机”连个木架子都没有。可以说，没有哪一个民族的“织布机”有它这么古老，这么简单。严格地说，它还算不上是织布机，而是织布机的雏形之一。就是这样的东西，居都人的祖先却一直使用到 60 年前，并且居然用这样的架子，织出了如此漂亮的布料。这简直是一个奇迹。在查访中，我得知，新中国成立前的许多地方，还有数量不少的这样的织布架。许多村民的服装衣料来源就靠这样古老而简陋的织布架织就。这几乎让人难以相信，如此简陋的织布架，就得撑起一个种群的纺织工艺，并让一个种群的人从中得到“温暖”，这又是何等的奇迹。它的出现和存在到 60 年前的历史可以让全世界的人惊奇。这时候，世界正在科学技术的导引下，日新月异地发展着……

就在这样的条件下，居都人的祖先仍发展了自己的纺织工艺。以上所叙述的 4 种花布，就是他们纺织工艺的集中表现。这里面的文化含义和表现的生存智慧是多方面的。也许居都人的祖先在布幅花色上还不止这些，但如此简陋的工具能开出这样的“花朵”也可以说是够鲜艳的了。从这段布料看，存放了 40 余年的土花布料还能保持这样的色彩，说明他们在染料上的智慧表现也不会太落后。从这块布的色调和形式看，其调式并不粗俗，应该说还有一股清逸之气。从这里不难看出，居都人潜在的审美情趣决不会太低。

在居都人的“衣”上，我们实际上只看到了他们的“布”，并没有看到过早先存在过的衣。但是，有一个道理似乎很简单，有什么样的布，也就有什么样的衣。按照这个推理，居都人先民的衣最典型或最通常的式样肯定是根据这样的布幅来缝制的，并且不会太多地剪去布幅中的布料，也不会有太多的缝纫针脚。因为这样的布料所凝结的劳动太多，也太珍贵了，为了某种式样而剪去某一块，是不符合他们基本的生活精神和规则的，故只有用简洁的式样，把最多的布料留在做成的衣服上。根据这样的原则，居都人先民的服装必然就是以前后两大块的衣料组合。这正好与现今仡佬人记忆中的他们祖先的服装——套头衫相吻合。这种服装今天根据历史记载复原后，就是这样的窄幅布，前后各一，然后从中挖一个头能穿过的洞，从头套下，无袖，手臂下处把从脖子处垂下的前后两幅布连接起来。这就是套头衫。我想，居都人先民的服装就是以此为基调的，也许，他们连从中挖洞的布料都舍不得挖去，而是两块头上本来就有凹处的布连缀在一起的，腋下的连接大概是用布带子系上。以前面那块 39 厘米的布幅来衡量，系紧了有 2.4 市尺（合 80 厘米）的腰身，松一点还可以随意，这都正好是人的正常身段。从这里，我们是不是还可以这样设想，这织布架的布幅宽度是不是正好就是为了这“套头衫”而设定的，如果是这样，那居都人的最普遍的服装就应该是这样的套头衫了。并且从这段布料的生产年代来推断，居都人先民的传统服装的完全消失，也只是近百年间的事情。

我们所说的“套头衫”在居都我们没有见到，但这样的“套头衫”我们于2009年在黔中平坝的大狗场村的仡佬族中，却看到了类似的实物。如下图：

平坝大狗场仡佬族的“套头衫”

据村民口述这样的“套头衫”，是大狗场仡佬族在1960年时制作的，在这之前他们也没有这样的“套头衫”。据说，他们原来是有这样的衣服的，在古代时就穿的这种衣服，但后来就不穿了。1960年时，是几个60多岁的老人根据回忆复原制作的，肯定是大狗场妇女原来的服饰。我们以为，这就是真正的具有仡佬族文化内涵的仡佬族服饰。在以前的关于仡佬族服饰的论述中，一般以为仡佬族服饰是消失了的事物，但实际上我们在大狗场这样的仡佬族村寨中，还是能看到一些仡佬族服饰的真正遗存的。因为我们不能说大狗场的仡佬族服饰就是仡佬族人的完整服饰，但至少是仡佬族服饰的真实记忆。

以上只是在一定的实物和历史记忆上的推论，不可能完全表述居都人在“衣”上应该拥有的许多东西。我以为在历史中，居都人先民的衣饰应该是很丰富的，但可惜历史早已淹没了这一切。不过，我们在居都的搜寻中，还有幸见到了它的花背扇上的绣花图案。图底是水红色的，图中有一个方框，方框内有一簇向心的有规则的叶形装饰，框外有对称的图案，角上有两对典型的叶形物，叶中是一个抽象的人形，方框四边正中的是两对半抽象的人字图案。角上的两对图案除表现中间的人形外，还表现一种树叶，加上中间的树叶图形，构成一个以植物为摹本的图案，与居都人过去的生存环境基本相吻合，证明居都人和居都的祖先们对树上的树叶有很深的审美印象。另外的两对人字图案，很富于抽象意义的美感，但又有一些具象的实在感觉，尤其是它变形的意味很准确，很有味儿。这方面的意义如何，可能让人一时也说不清楚，但这些图案与居都人的古老文化积淀有关。

还有，图案中的人字图案是可以与现实中的生殖意味和象征联系起来的。背扇是背小孩的，如此功用下把图案与生殖力量的象征联系起来是最正常不过的事情。这里，我们得注意，图案上的绣花是残缺的，少一只脚。据知，在居都做背扇得请两老健在、儿孙满堂的人家做，人字花不能绣完，寓意其后代子孙发达，不断有人来继续绣这人字花。

居都仡佬人的枕头花

居都仡佬人的帐饰

这样的东西现在居都还有一些人户有，但大多数人家已经不用它了，它也是正处于消失中的东西。

在2009年，我们在居都调查时，又看到一些用于枕头和帐饰上的绣花，如图。

在表现居都人的生存智慧中，我以为能看见的最广泛最有影响的应该是他们的竹、竹的工艺、竹的人的相互依存的关系。

在居都周围的山坳和山坡上，生长着一棚棚的青翠欲滴的竹子。这不但使居都村的背景妩媚明丽，还在很大的程度上维护着居都人的生存。在居都，几乎每一个男女都会竹编织手艺。居都的成年男女，只要有稍许的空闲时间，谁都会拿起篾刀蹲在地上行云流水般地做起篾活来。你如果在居都的各家各户走动，最醒目的就是做篾活的人和未用的竹料，以及做好的竹器。一根竹子从竹林中砍倒运回来后，人们手中的篾刀就在它身上上下翻动不一会儿，做竹器的筋衬和薄薄的篾条就会魔术般地出现在地上。这人再往地上一蹲，哗啦哗啦一阵篾声响，不久就会有一件成形的竹器在他手下诞生。居都人所做的竹器多为大路货的农村常用器具，有席子、背篓、簸箕等，很少有精细的竹器出现，工艺性质的竹器就更未见到了。

在居都，除了土地、房子之外，竹是跟居都人最密切相关的东西。很早的时候，在居住、日用、生产等方面，凡是能用得上竹的地方，都有竹和竹制品的身影。他们居室的墙体是用竹做的，他们的许多生产用具是用竹做的，他们许多生活用具也是竹做的。如果竹具有麻或树木纤维那样的柔软性，居都人也会用它来做成衣服的。如前面的背扇图片，那是一个背幼儿的背扇，外面是棉麻的织品，中间一般有一个布壳的硬衬，可居都人把竹子做成了这样的硬衬塞了进去，同样得到了硬衬的效果。这似乎代表一种趋向，竹在居都人的生存上有许多可取的方面。当居都的人均土地越来越少的时候，竹就更成了他们生存的一种需要了，因为居都人的大部分经济收入源于竹子。每个赶场天，从居都出去赶场的人，背上的都是各种各样的竹制品。他们在场上把竹器卖掉以后，再换回粮食及其他副食品和日用品，穿的、用的，还有生产工具。在 1995 年时，这几乎是居都人与外界对话和交流的凭借，他们除了对竹的加工外，基本没有另外的副业，也绝少另外的收入。据估计，每户居都人每年 80% 的现金收入都来源于竹的加工。因此，你在居都看到差不多每个成年人都在闲暇之时拿起篾刀做篾活。这种情景很早就存在了。只是在过去田地多人口少时，这竹编不如现今那么重要而已。这样的情况现今有了一些变化，许多居都人出去做工了，因此打工的收入也成了他们收入的重要组成部分，竹制品的收入在总收入中的比例大幅度下降。

居都人的竹林

居都人的竹器中，产量最大的要算竹席。竹席主要是野外施工盖工棚用的，需求量很大。居都人在编织竹席的过程中，为了获得最大的利益，把篾刀运用到了最佳的状态。我在居都见到，他们有的人能从一块竹子上硬剖出九片篾条来，而一般的只能剖出五至六片。这样的篾条打出来的竹席非常轻薄。但由于居都的剖竹能手的技艺，还能让外人感觉不到它的变化。我以为，这就是居都人生存智慧的一种表现。它如果继续发展，就会演化出另外意义上的文化事物来，比如超乎寻常的技艺，以及对技艺的传说和叙述，等等。

居都人的祖先与竹的关系是有许多神奇的传说的，今天的居都人也与这里的竹紧密地联系在一起，这其间有没有什么关联，我们将在后面的论述中展开。现今的居都人对竹没有传说中的信仰和崇拜事象，但他们与竹的关系仍然是微妙的。对于居都遍山的竹，外来的人总会说出现今最时兴的一个词——开发，但居都人却并不以为然。他们与竹似乎有一种天然和谐的关系，他们的头脑中并没有很想打破这种关系的内在动因。下面有两个事例可以说明这一点。

沙庭文，男，时年 49 岁。他是这个村的现任村主任。他先随修湘黔铁路的民工外出工作，后来又回到堕却乡卫生所工作。前几年因撤区并乡回到村里，在村里设一个卫生室，不久又贷款置办了一套粮食机械加工粮食，使机器的声音第一次打破这山村的宁静。他是居都村一个见多识广、最有开拓精神的人，竹的加工开发也是我与他的话题之一。他也同样认识到：竹的开发不引进机械光靠手工是不行的，没有它也就形不成一定的生产规模，也就自然形不成商品的优势。他为此去考察过竹的加工机械。他可以说是第一个想到，或者说唯一想到此事的人，但他说，竹加工的机械在半成品的加工上就过不了关，如做竹席的篾条，机械加工就只能剖出手工半数的篾条来，故这样的加工机械引进也就作罢了。

这样的加工是居都人不能容忍的，这里不光是效益上的不能容忍，更主要的是一种文化上的不能容忍。也就是说，它会带来一种破坏他们与竹的天然和谐，破坏一种生存智慧平衡的力量。沙庭文也许并不这样看，但他仍然预感到这种东西的存在，也同时认识到他面对的竹加工机械还没有足够的力量与这种东西相抗衡，即它在许多方面还赶不上手工的加工工艺，只有解放人的意义。再进一步说，居都人一时还并不需要这个意义上的解放。

居都人制作竹器

从这个例子我们不难看出，“与竹为伴”是一种生存智慧的同时，还是一种生存方式。这方面，下一个例子的表现可能更为详尽。

李发旺，简况略。他在居都村也是一个篾活能手。在我进入居都村时，他正在忙他的篾活。我打断了他，他最初没有表示反对，但后来见我不断地占用他的时间，他就开始表示要我把对他的访问时间推后。因为他要在春节前做一批篾货，到市场上卖掉后，以便有钱置办一些年货过春节。我表示理解。中断我的访问之后，我以为他会在以篾货换钱上表现出最大的热情，但这种推想很快被推翻了。因为李发旺在卖掉了一些篾货，有了一定的钱，换取了一定的年货之后，立即就对篾货的加工失去了兴趣，并没有出现靠加工篾货积累财富的倾向，也就是说，李发旺从根本上并没有把此作为发展商品经济的一个途径。

我观察到这种现象后，再对照其他人家的情况，发现例子中的现象在居都是普遍的。居都人几乎人人都会利用竹编来卖钱，但似乎谁也不指望它能够商品化，靠它积累财富。因而他们像对待一口水井一样对待他们的竹子和手艺，口干的时候喝上几口，解渴了就满足了；天旱时决不希望它干枯，天下雨时它随势流走了也不可惜。在居都，我还发现了这样的一个现象，家家都做篾货，家家都是自己拿到市场上去出售。好像从没有谁想起，把村里的篾货收购起来，再拿到市场上去出售；或者谁在外面有了订货，再到村里来收购，集中卖出去，赚取商家应赚的钱。好像这村里只有手艺人，却没有一个商人。或许，即便是偶尔有那么一位出现，我以为村里的人还不习惯把东西卖给他，哪怕出高于市场的价也是如此。这也是对“水井现象”的注释。

这种对待一种工艺的心态是奇妙的，也是一种文化的充满智慧的存在，一种自我的内在的平衡。

为了另一个问题，我访问了李发旺以及居都的其他人。居都村人人做篾活，把大量的竹子在刀下剖成竹条，过量了、多了会不会影响居都周围竹林的正常生长。他们笑着说：实际上这些竹子大多数都不是砍自家的竹林，而是从外地买来的。后来我也看到了，许多竹子是从居都周围的村寨买来的。居都人用自己的竹子时是很珍惜的。如果竹子一时不够用，又来不及去买时，他们会砍用自己的竹子；或者某棚竹子发得太多，需要间伐时会砍自己的竹子。我像许多“外人”一样向李发旺提出，用竹子和自己的手艺致富的建议，可李发旺却淡淡地回答说：“舍不得！”

舍不得什么？你知道吗？

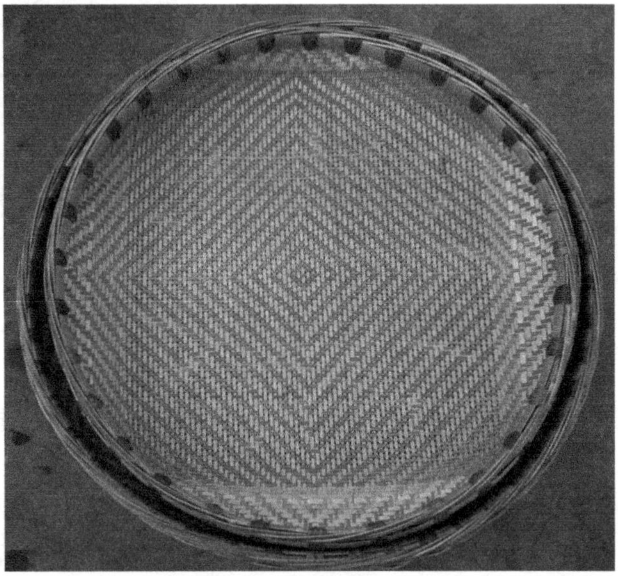

居都人的竹制品

这时，我突然从中醒悟过来。居都的竹和竹工艺，还有一个特殊的意义，即居都人的最后一个生存依靠。居都人在正常情况下决不会把它作为一种致富的手段，快速地消灭自己的竹林，而是要在最困难的时候，比如天灾、人祸等情况下，才会启用这最后的生存依靠。李发旺说“舍不得”，可能他一时也说不清楚舍不得什么。这里面表现的东西是何等的深沉，让人理解起来是何等的困难，居都人建立起这样的机制包含了居都人何等的智慧和机智，包含的文化财富是何等的丰富，只有这样的东西，一个种群的生存才能表现它的有机活力。这个事实表明，一个种群走向的不是明天，也不是后天，而是走向永远。我以为，这就是居都人在竹和竹工艺上给我们的最大启示。

当然，从这个意义上讲这样的机制不利于一时间的致富行为，但用最根本的东西去换取某个重要的东西，也绝不是一种明智的行为。可见，我们对山区的不富裕、贫穷，从文化的角度来理解它是深刻的。

以上，我们就五寸的小铧口、人字花布料、背扇、织布架，以及居都村址的选择等居都特有的事象来叙述了居都人的生存智慧，涉及的面是很宽的。但是，这些事象的叙述肯定不能把居都人这方面的内容全部包括。在居都这些富于特色的行为之外，居都人还在自己的生活、生产、交流、联络、传承等方面表现了他们生存上的机智和智慧。这些方方面面，也是居都生存智慧的重要组成部分。

第三节　“篾仡佬”和“打铁仡佬”

在前面的论述中，我们看到，工艺对于居都仡佬人的重要性。

在历史上，仡佬族人曾经有十数种的称呼，人们往往在某地仡佬族前面“冠”以某某仡佬的称呼，这种称呼的原因可能是多种多样的，但有一点可以认定，这个阶段的仡佬人已经处于极为分散的状态，有如今天的百数种不同状态的苗族。我以为，这样的状态是一个民族被“分割、打散”后在新的地理环境和人文环境中新的组合和再生，它也可以是一种民族文化状态，在一定程度上也能表现自己的民族文化传统和意义。但是，仡佬族并没有保持住这样的状态，在后来的历史中，这种状态的仡佬族文化再一次被打碎，使仡佬族人和他们的文化更为“零散”地再重新分布在新的环境中，面临新的整合。我们今天所面对的仡佬族文化，实际上就是这样的文化，所以，我们已经看不到历史上给我们描述的十数种称呼的仡佬人了，看到的只是更为“零散”的仡佬人和仡佬族文化，居都实际上就是这样的仡佬人。

历史上十数种仡佬族人和文化被“消散”的时间我以为在明代。在前面的论述中，我们看到明代仡佬人在历史上最后一次为自己的生存空间而战，但失败了。从这以后，十数种的仡佬人“时代”也就过去了，但是，我们的历史仍然记忆犹新，并且不知在何时，认为“披袍仡佬”是十数种仡佬中的“贵族”，居都人也有这样的自我认为，他们以为这样的称呼可以使其血统高贵云云。我们的一些外来者也这样推波助澜。

这个问题，我在 1995 年的调查和写作中基本没有论及，因为我理解这个问题的文化自尊心。但我多年来一直在思考这个问题，但我更希望的是更科学、更有说服力的论述，所以，在 2009 年 4 月，我们专门做了居都附近地区另一个仡佬族人的村寨调查，才有了今天这一节的论述。

这个地方叫“四方井”，属于另一个乡的一个村，这个村在历史上就是一个著名的村寨，以打制铁器而闻名于世，而打制铁器的人是一群仡佬人，因而被人称为“打铁仡佬”。

《四方井仡佬族文化调查》

调查时间：2009 年 4 月

调查地点：六枝特区中寨乡陇嘎村

讲述人：王吉明（男，仡佬族，现年 63 岁，在村里任支书多年，刚退休不久）、王崇高（男，仡佬族，现年 55 岁，祖辈都从事打铁业）、王珍荣（男，仡佬族，现年 41 岁，是王吉明的儿子，以前也在家打铁，打制的菜刀不计其数，一般都是以低价卖给紫云等县的老板。现在已经常不在家从事打铁和农业，而是和妻子在广东打工）、龙志仁（男，仡佬族，现年 41 岁，专门在家从事打铁职业，从事打铁业已经有 20 年左右了）、陈朝英（女，汉族，现年 81 岁，她十多岁的时候嫁与陇嘎寨的卢姓人家）等

采录人：杨春艳

一、四方井仡佬族地理和文化概况

这支被称为“打铁仡佬”的仡佬族居住在六枝特区中寨乡境内，具体的地点是在四方井办事处的陇嘎寨子，四方井位于中寨乡通往郎岱公路上的中间，从四方井办事处到陇嘎约有两公里的路程。这里交通条件现在算得上便利，往郎岱、中寨都比较方便。陇嘎寨是一个仡佬族寨子，全寨现有 102 户，总人口约 400 人。该寨主要的姓氏有王姓、张姓，据讲述人的介绍，这两个姓氏是陇嘎寨上最早的原住民，龙姓、杨姓、卢姓等是后来从别的地方搬至陇嘎改为仡佬族的。

陇嘎村貌

这里的仡佬族的婚俗、丧葬习俗都已经和汉族的趋同。有老人过世，一般要经过净身、开路、念经、择吉日下圹、外家拉来牲口献祭等程序。所不同的是要是男老人

过世的话，在开天门的时候要用苞谷秆做成简单的打铁工具拿到屋外去烧，代表这个男老人生前是会打铁手艺的。现在该寨有些女老人信佛，这些女老人过世的时候，就要请庙里信佛的妇女为其念经成佛。

婚姻较为自由。现在寨上男女双方都是仡佬族仅有几家。

四方井陇嘎仡佬族现今还祭山、祭树，寨后有自己的神树。祭祀的时间是每年农历的三月三。现在该寨的神树是20世纪70年代栽的桦槁树，以前神树的位置是一片林子，寨子里的人一般都不敢随意闯入，20世纪50年代大炼钢铁的时候，这片树林被洒志那边的一个劳改队砍光了。现在一般都是各家分别祭祀神树，届时带一只鸡到神树旁祭，把鸡在神树旁杀了，口念一些恳请神树保佑的话，把鸡拿回家回熟在堂屋里供，这样就可以了。

四方井陇嘎仡佬族的节日有：

正月十五：亮灯节

正月三十：过小年，打糍粑，烧猪脚

二月十五：老金会

三月三：祭山

清明节：孝子要给亡人上坟，亡人有几个儿子，坟上就应该有几个挂坟条，一般情况下，出嫁的女儿不回娘家为亡者上坟，但如果兄弟不在家或没有兄弟，女儿就必须回来上坟。

四月八：祭水口，到时带上糯米饭去供着，保佑庄稼好，避免田地崩塌。

五月五：端阳节

六月六 ：庆祝庄稼都种好，洗犁耙

七月十五：供老祖宗，烧包

八月中秋

九月重阳

九月十五：老金会，主要是供奉教会他们打铁技艺的老祖宗，老金会的神位在每家的堂屋神龛上供着。

十月初一：祭牛王菩萨

春节：烧猪头，居家团圆

四方井陇嘎仡佬族的节日比较杂，各种性质的节日都有，但九月十五的“老金会”比较独特，是他们的行业神灵。

四方井陇嘎仡佬族现今已经不会讲仡佬族语言。他们以前以打铁为生，几乎家家都从事打铁，现在寨子上的人也还都会打铁的技艺，但仍然还从事打铁的现在只有十多盘炉子了。

二、陇嘎寨现在还从事打铁的技艺人

一号炉（一般是每盘炉两个人）：

杨文喜，男，仡佬族，现年53岁，是一位退伍军人，从事打铁已经有十多年。

杨克三，男，仡佬族，现年28岁，是杨文喜的儿子，2003年毕业于贵州民族学院的中专部，之前经常外出打工，今年在家中，偶尔帮忙打铁，还不大会打复杂工序的铁器。

二号炉：

卢启元，男，仡佬族，现年50岁，专门在家从事打铁职业。

黄吉华，男，仡佬族，现年55岁，专门在家从事打铁职业。

三号炉：

龙志仁，男，仡佬族，现年41岁，专门在家从事打铁职业，从事打铁业已经有20年左右了。

王海福，男，仡佬族，现年38岁，专门在家从事打铁职业。

张吉昌，男，仡佬族，现年53岁，有时间的时候在龙家帮忙做小工。

四号炉：

卢启文，男，仡佬族，现年72岁，10多岁的时候开始打铁，是寨上现在从事打铁业年纪最大的一位老人。

卢凤德，男，仡佬族，现年36岁，其父是卢启文，祖辈都会打铁。

杨文德，男，仡佬族，现年48岁。

五号炉：

卢启友，男，仡佬族，现年42岁，在王争林家从事打铁业。

王争林，男，仡佬族，现年22岁，目前只会打镰刀这样的铁器。

六号炉：

杨文高，男，仡佬族，现年50岁，在他家现有三盘炉子，平常请寨子上的人来帮忙打铁，开工钱给他们，每天30多元。

王吉洪，男，仡佬族，现年46岁。

七号炉：

王崇高，男，仡佬族，现年55岁。

王吉福，男，仡佬族，现年24岁。

八号炉：

卢凤强男，仡佬族，现年45岁，从事打铁已经有20多年了。

卢家原来是从晴隆洞口搬来陇嘎的，是原先在晴隆时就会打铁的，现在龙姓人家在陇嘎已经有20多家。

杨家搬来陇嘎时不会打铁，来陇嘎跟寨上的人学了两辈人才学会的，原来的族别是晴隆的喇叭苗。现在杨家在陇嘎有20多户人家。

龙家是从四方井的打山坡搬来的，现在陇嘎寨已有三代人居住，打铁是与寨上的人学的，学了两辈人才学会，现在寨上的龙姓有两家人是汉族。

以上的技艺人都会制作各种各样的铁器，他们从小就在父辈的耳濡目染之下学会了打铁，可以说他们的技艺是祖辈代代相传的。前几年的时候，他们其中还带有徒弟，一般是其他寨子的人，但技艺都不精，只学会打制一两样东西就另起炉子了，现在寨上的年轻人从事打铁业的也不多，他们更情愿外出打工挣钱，觉得打铁是一门超常的体力活。问起他们的技术，寨上的人认为他们的技术都还差不多，只是从业时间的长短而已，从事打铁业久的，自然而然在技术上要更熟练一些。

现在寨上从事打铁业的主要分为三类：一类是有炉子有汽锤的人家，铁器产品都是自己制作，产品自己出售。第二类是有炉子无汽锤的人家，他们需要从市场上或本寨有汽锤的人家买来薅刀、镰刀等半成品，再进行加工，产品自己出售。第三类是既无炉子又无汽锤的人，他们专门给有汽锤的人家做小工，有汽锤的主人一天开日工钱给他们，不管产品的销往。

三、打铁所用工具

风箱：加速火力用，现在已被鼓风机取代。

胎子：打制铁器的转弯处。

镫：把烧红的铁块放在胎子上锻打。

大锤：打制稍大一点的铁块用。

小锤：打制小一点的铁块用。

印记：铁器上要印有每家的标记。

四方井陇嘎仡佬族在打铁

钳子：把铁块从火中夹出来。

宰子：去除打好的铁器边角，相当于刀的功能。

抱钳：从火堆中夹出打斧头的厚铁块。

踩子：打制镰刀时用来踩出其背筋。

冲子：打制斧头时用冲子留成斧头上端的孔。

铲子：铲煤到火中。

小钳：夹薄一点的铁片和铁块。

二钳：夹厚一些的铁块。

钢钎：打铁时的辅助性工具。

削刀：打好的铁器如镰刀、锄头等要磨口，使其锋利，现在削刀已被砂轮机取代。

四、铁器产品

薅刀：口宽 21 厘米，刀面长 17 厘米，把长 18.5 厘米

篾刀：刀面长 20 厘米，把长 10 厘米

弯刀：刀面长 24 厘米，把长 12 厘米

锄头：口宽 9.5 厘米，锄面长 28 厘米

草锄：口宽 17.5 厘米，锄面长 26 厘米

小镰刀：口宽 12.5 厘米，长 19 厘米

挖锄：口宽 10 厘米，锄面长 21 厘米，把长 20.5 厘米

大镰刀：口宽 16 厘米，长 22.5 厘米

斧头：口宽 9.5 厘米，长 14 厘米

洗凿：口宽 1.5 寸（1 寸≈3.33 厘米）

杀猪刀：刀面长 7 寸，把长 2 寸

石斧：口宽 1.5 寸

手锤：口宽 1.5 寸

刨口：宽 1.6 寸，长 3 寸

四分凿：宽 4 分（1 分≈0.33 厘米），长 7 寸

三分凿：宽 3 分，长 7 寸

六分凿：宽 6 分，长 7 寸

七分凿：宽 7 分，长 7 寸

槽刨：宽 4 分

槽夹刨：槽心宽 2 分

钱占：宽 5 分

圆凿：宽 5 分

钯齿：长 7 寸

基本上这里的打铁艺人都会制作各种各样的铁器，只要有式样，他们看了都能打出来。他们现在基本上分季节性打制各种农具。正、二月以打制锄头为主，三、四月以打制薅刀为主，五、六月以打制镰刀为主，八、九月主要打制小镰刀，十、冬、腊月以打制菜刀、斧头、瓢、铲子、弯刀等为主。

以前该寨交通不大便利的时候，打制铁器的原料和产品都需要人工挑进挑出。以前这里家家户户都打制铁器的时候，铁器产品在周围邻县都比较有名气，远销普安、水城、晴隆、望谟、镇宁等县。现在传统的手工艺铁器产品的市场受到冲击，他们打制的铁器一般都在乡场自产自销，例如赶中寨和郎岱的场，销售铁器产品。

五、部分铁器产品的制作工序

锄头的制作工序：

（1）八寸半长左右的铁块汽压成锄头面的毛坯，背宽三指的铁块可以汽压成制作锄头的笼子，要是手工打成锄头的面和笼子的话，需要四火，做笼子的铁块烧好后在蒸镫上凭个人技术弯好。

（2）打好两部分后把锄头的面和笼子放在火中一起烧，称为煮火，目的是把两部分连在一起。

(3) 两部分连在一起后，再在火里烧，打成锄头需要的宽度，打成这样需要三火。

(4) 这样就成锄头的毛坯了，再在锄头的锄面两面各打两火，锄头口也要打两火。

(5) 用磨石把锄头的口磨快，现在这一工序都已经被砂轮机代替。

(7) 锄头口用宰子把边宰齐。

(7) 磨好的锄头最后烧一次，溅水，锄头就做好，可以出售了。

镰刀的制作工序：

(1) 一斤左右的铁打成大镰刀，四火烧成镰刀坯子。

(2) 在铁块侧面的2/3处用宰子宰一个长口子，把钢放进去，增加镰刀口的锋利程度。

(3) 把铁块放进火里煮十多分钟，等烧化后，拿出来打，稍微呈镰刀状。

(4) 打成木梳状，镰刀把以下的部分要打成窄状，约七八分宽，一寸半长。

(5) 开始打镰刀的箍子，后角呈燕尾状，前角呈扇子状。

(6) 打成镰刀的箍子状。

(7) 把箍子的两边融在一起，这样镰刀的下端就可以套上一个木把。

(8) 弯成镰刀。

(9) 弯镰刀的尖尖处呈月亮状。

(10) 把镰刀的叶子打薄打宽。

(11) 把镰刀的叶子打薄打宽，留出背筋，开圆中间。

(12) 把镰刀的叶子部分开圆，用踩子踩出背筋。

(13) 把镰刀的叶子开平，宰口子。进一步用踩子踩好背筋，口子宰成月亮形的弯度。

(14) 开始整理镰刀的转弯处，主要是镰刀的颈和叶子不平，让颈和叶子平整、协调。

(15) 开始整理镰刀的尖尖处，把口子的样子填好，成镰刀。

(16) 磨镰刀的口子。

(17) 做好的镰刀放在火中烧红，溅水后镰刀就可以出售了。

打制好一把镰刀需要时间约50分钟，技术熟练的艺人一天可打制14个左右。

薅刀的制作工序：

(1) 现在都是买来薅刀的坯子，或有汽锤的人家先打好薅刀的坯子，要是人工打坯子的话，要五火才能打成，而且薅刀的刀面和把是用两块铁块打成的，之后煮一次火，把两部分连接起来。

(2) 烧毛坯的中间连接部，把其整理成厚薄、宽度适当的薄片。

(3) 烧红做薅刀把的部分，让其弯转过来，与薅刀面成45°以上的角。

(4) 薅刀的把部分做成能安锄头把的笼子，而且看起来要平整。

(5) 烧做成的笼子部分和锄头把与薅刀面的连接处。整理外表，使其看起来平整。

(6) 进一步打熔转过来的连接处。

(7) 烧红薅刀刀面的一边，整理外沿，主要目的是把毛坯整理得更加圆滑、平整。

(8) 烧红薅刀刀面的另一边，整理外沿，主要目的是把毛坯整理得更加圆滑、平整。

(9) 整理薅刀刀面的边缘。

(10) 整理薅刀刀面的另一边缘。

(11) 整理薅刀的边缘和刀面。

(12) 烧红薅刀的口子，用宰子宰去口子的边，让口子整齐。

(13) 烧薅刀的口子，打匀整。

(14) 最后一次全面整理薅刀的各部位。

(15) 在砂轮上磨平薅刀面的边缘处和口子。

(16) 在火中烧红口子，溅水后薅刀就可以进入市场了。

薅刀买来的半成品要8—12元，市场价是20—25元，除去人力，每把薅刀的利润是40%。

斧头的制作工序：

(1) 把整铁宰断，宰成约三斤重、两寸厚的铁块。

(2) 下成斧头的坯子。

(3) 先打斧头的头部，打成四印状。

(4) 把斧头的口子捻宽。

(5) 宰口合钢。

(6) 用冲子冲斧头的眼子，冲成斧头的眼子，最少需要三火。

(7) 用宰子把斧头眼子旁边宽的部分切除，让斧头表面平整。

(8) 把斧头的眼子用洗冲洗工整。

(9) 把斧头口子打工整，要求“四脉上线”。

(10) 在砂轮机上把斧头的口子砂好。

(12) 烧红斧头的口子处，溅水。

(12) 高温的铁块经过急剧的热冷交替，口子处会出现不工整的情况，再在砂轮机上砂一回，就可以出售了。

菜刀的制作工序：

(1) 宰铁一斤。

(2) 宰口合钢。

(3) 开锤捻成菜刀的初步模样。

(4) 开锤开宽。先开上部，后开下部，再开中间，形成菜刀叶子，再用平锤把刀的叶面打平整。

(5) 宰刀口。

(6) 打刀的刀箍，先用平锤打成刀把的式样，再用开锤开宽。

(7) 在胎子上裹刀把。

(8) 在砂轮上磨好口子。

(9) 把初步制作好的刀放在火中烧红，溅水。

(10) 把口子刨光，刨出口面，就可以出售了。

这个调查报告表明，四方井陇嘎仡佬族是一个自古以来就以某种工艺为生计的群体，除了一般意义上的民族文化表现之外，工艺文化就是他们特别的文化，四方井陇嘎仡佬族人确实也创造了属于自己的工艺文化，比如说“老金会”中对“老金”的信仰。能让一个工艺行业的神灵进入自己的信仰体系中，足以证明这一工艺技艺对他们生存的重要性。所以，外面的人们称其为“打铁仡佬”一点也不为过。

实际上，外面的人在历史上也是如此来称呼居都人的，他们称呼其为“篾仡佬”，或者称其为“垫席仡佬”，意思是他们是一群专门打垫席的仡佬族人，垫席是篾做的，他们不仅仅是打垫席，还做其他篾活，所以亦称为“篾仡佬”。居都人在竹编上的技艺，我们在前一节中已经有所叙述，其工艺也是可以收集出像四方井陇嘎仡佬族那样的报告来的。但是，居都仡佬族人中的竹编工艺比之四方井陇嘎仡佬族的铁工艺，在维系生计方面是不能相比的，对其文化的影响上，也是不可比的，在四方井陇嘎仡佬族的铁工艺那里，“老金”已经进入了信仰体系，而居都仡佬族中却没有这样深刻的东西。在居都，篾工艺只是居都仡佬族人生计的重要组成部分，而在四方井陇嘎仡佬族中，铁工艺则是其生计的主要部分。

不过，我们对比这两者的主要目的不是说明工艺文化在其文化中的重要性，而是要论述其族性和族源。

在仡佬族先民的历史上，有几件在汉族文献中有记载的历史对其影响巨大。一是汉代对夜郎王的镇压；二是后来的“十万濮人入川”；三是再后来的彝族先民的东进。与今天我们所说的仡佬族人关系直接的，我以为是后一个事件。在古代，前两个事件的出现，并没有带来大规模的移民，汉代小规模的移民表现在威宁的中水和赫章的可乐，但这两个点在历史中很快就消失了。真正带来大规模移民的是彝族先民。他们的东进，才在真正意义上与当地的土著争夺生存空间，而这种争夺最常见的就是族际战争。这些历史基本上都是被历史“淹没”了的，难以“推测”，我想说的是，四方井陇嘎仡佬族和居都的仡佬族人，很可能是古代那种“生存空间”争夺的遗存，因为具有游牧性质的彝族先民们，一般是不杀有手艺的敌人的……这就是我们对比研究“篾仡佬”和“打铁仡佬”的意义。

在今天彝族文化的分布上，六枝一线似乎为历史上水西彝族人势力的边沿地带，把有手艺的人“放置”在边沿地带，是顺理成章的事情，故我们以为，四方井陇嘎仡佬族和居都的仡佬族都是这样的点。如果这样的推测在历史上是事实，那这两者的历史渊源就比较古老了。事实上也是如此，在一些对比研究中，居都仡佬族的文化在形态上一般都要古老一些。

从这里而言，我们就不应该说居都的仡佬族人为“披袍仡佬”了，一是他们本身就是一种以工艺而著称的仡佬人；二是这样的观念在今天已经没有意义了。

不过，作为纯粹的工艺仡佬人在居都还不尽然，在居都人的生计中，竹工艺只是重要的补充，他们的生计主要在于农耕，他们在古代应该是以工艺的“名义”生存至今的，但实际的文化包容比之要大得多，在实际的文化表现中，居都也是如此。

第六章　居都仡佬族民间文学

居都仡佬族在民间文学方面有一定的表现，但这种表现在历史的长河中随着时间的流逝已经比较微弱了，但民间文学又能在幻想中留下一个民族深深的印迹，表现一个民族的思想和情感。故而，我们这里的以“居都仡佬族民间文学”为名的居都仡佬族民间文学实际上包含了这样的两个部分：一是居都仡佬族的民间文学，二是周边地区的仡佬族民间文学。前者的材料来源于中央民族大学李锦芳教授的语言调查材料中的歌谣和故事，后者为自20世纪以来在居都周边地区的仡佬族民间文学的收集整理成果。这种“展开”在一定程度上也能够反映居都的仡佬族民间文学的基本性质和意义，也是对居都仡佬族文化研究的丰富。

第一节　居都仡佬族民间文学

对居都的仡佬族民间文学我们实际上没有做专门的调查，但在中央民族大学李锦芳教授的语言调查中却有比较丰富的民间文学的资料。他们调查的主要目的是为了收集居都仡佬族的语言材料，而这些语言材料的基本形态有许多就是比较完备的民间文学。在他们的资料中，主要有歌谣、故事两部分。

歌谣有：《唱衣裳》《种田歌》《唱歌》《火麻歌》《烟杆歌》《吃新节祭祀歌》《编背篓》《打伞歌》《唱赶场》《哄儿歌》《叫魂》《酒席歌》《砍柴》《劳动歌》《铃铛歌》《龙头拐棍》《骑马歌》《上梁歌》《送信的歌》《相思》《我爱你》《小酒装小壶》等等，其涉及的面比较广，内容亦十分丰富。

唱衣裳

衣裳好看像小蛇，
花花绿绿像绸子，
到了那天好日子，
我们穿去会亲戚。

衣裳好看像黄鳝，
花花绿绿像缎子，
到了那天好日子，
我们穿给别人看。

种田歌

正月打田
二月泡田
三月撒秧
四月种田
五月种完
六月割田坎
七月长谷穗
八月去收割
九月收藏好

唱歌

唱歌要唱声合声，
跟姐要跟心合心。
声不合声枉自唱，
心不合心枉费心。

火麻歌

火麻凶，
活麻生到路边上，
前面后面没用处，
客到娘家它就凶。

烟杆歌

（一）

小小烟杆人意长，
那时买着九只羊。
人人说我是买贵，
贵贵买来等情郎。

（二）

小小烟杆人意勤，
那时买着九两银。
人人说我是买贵，
贵贵买来等情人。

吃新节祭祀歌

逢吃新又逢年节
我们仡佬族吃新要杀牛
要杀马祭祀地
要杀牛祭祀天
要请地来这里
要请天来地上
请你们两位来这里
我们有话对你说
叫你放雨来打田
叫你放雨来地上
要让谷线像高粱
要让苞谷像棒锤
我们来给你两位又讲好
要请王山来吃新
大王山来吃新
二王山来吃新
三王山来吃新
四王山来吃新
五王山来吃新
六王山来吃新
七王山来吃新
八王山来吃新
九王山来吃新
来呀吗来吃新
来呀吗来吃新
虎场天要杀牛
兔场天要杀马
龙场天要起早
要拿新水来敬献
新水谷线一起拿
今天要煮心牛子
牛心牛肉一起献
今天要吃新谷饭
要吃新谷饭
要吃新谷饭

编背篓

金竹打背篓，
背篓打好口难收。

白米好吃田难做，
细鱼好吃网难收。
金竹打背篓，
背篓打好口难缩。
白米好吃田难做，
细鱼好吃网难摸。

打伞歌

打伞望伞头，
伞把弯弯在手头。
郎是绒线姐是伞，
绒线揣在伞里头。

打伞望伞顶，
伞把弯弯在手柄。
郎是绒线姐是伞，
绒线揣由伞中间。

打伞望伞头，
伞把弯弯在手头。
郎是伞骨在中间，
姐是伞叶在外头。

打伞望伞顶，
伞把弯弯在手柄。
妹是伞叶在外头，
郎是伞骨在中间。

唱赶场

你打哪儿来?
我去赶了六枝场。
听得路边喳喳叫，
心想是我朋友喊，
谁知是只金竹鸟。

你打哪儿来?
我去赶了六枝场。
听得路边喳喳叫，
心想是我朋友喊，
谁知是只树叶雀。

哄儿歌

小娃娃，快呀快摇秋。
来，去，捞小虾。
去，来，捞螺丝。
捞得几多升?
捞得十三升。

舂碓，推磨。
小娃娃舂粮食吃。
小娃娃磨粮食吃。

叫魂

快回家小娃娃
快回家快来
滚倒里头田鸭背
滚倒里头地鸡背
滚倒仰来
滚倒伏来
快来挨爸你
快来挨妈你
家里热闹呢
家里热闹呢
不要和人家走亲戚啊
不要和人家走亲戚啊
人家丢你
人家弃你

注：这是一首叫魂令：小孩子失魂了，要为其举行叫魂仪式，念叫魂令。反复念唱，一呼三唤，召魂归来。

酒席歌

赶场赶上街，
要叫表妹吃晌午，
想吃什么买什么，
讲起价钱哥来开。

砍柴

崖上砍柴崖下滑，

一滑滑到画眉窝。
得罪画眉不下蛋，
得罪情姐不唱歌。

崖上砍柴崖下伸，
一伸伸到画眉窝。
得罪画眉不下蛋，
得罪情姐不作声。

劳动歌

男去做来女去做，
太阳红红他去做，
太阳红红他去收，
又有吃来又有穿。

男又笨来女又蠢，
太阳红红睡懒觉，
太阳红红床上睡，
一世人来要挨穷。

铃铛歌

嘿
你去吧
虫蚁来接你
你去吧
天狗来接你
你去吧
鸟雀来接你
你去吧
乌鸦来接你
你去吧
蛇来接你
你去吧
你爸妈来接你

注：老人过世，仡佬族要绕着棺材跳铃铛舞，唱铃铛歌。平时在村寨里不能念唱。

龙头拐棍

龙头拐棍四枝花
亲生儿子不如它
爬坡下坎可拄路
蹚水过河得它拉

骑马歌

骑马要骑四脚黑
跟姐要跟大角色
骑在马背又好看
背个污名也值得

上梁歌

四棵中柱口朝天
有棵金梁在中间
中间立起朝天柱
两边修起尖峒门

送信的歌

黑来娃娃赶牛回，
四条路子有人围；
宁可绕条小路走，
好汉不受眼前亏。

我爱你

我爱你，
爱你头发溜溜长，
爱你牙齿生牙瓣，
爱你谈话不伤郎。

相思

郎想妹来妹想郎，
二人想得面皮黄。
吃饭强于吃沙子，
吃菜强于吞药长。

郎想妹来妹想人，
二人想得面皮青。
吃饭强于吃沙子，
吃菜强于吞药根。

小酒装小壶

小酒装小壶，
小肉装小碗，
边吃边藏点，
藏点给小妹。

小壶装小酒，
小碗装小肉，
边吃边藏点，
藏点来给你。

故事有：《吃新节》《付赛金斗法》《公鸡》《老鼠》等。

吃新节

很久以前，我们仡佬族的祖先在天上吃仙桃贡果。仙桃贡果有十三种，但只能吃十二种，有一种不能吃。后来天上的人多了，天上的仙桃贡果不够吃了。玉皇想派仡佬族到地上来，他们不愿意。但后来吃了不能吃的仙桃贡果，他们就变得听话起来，愿意来地上。

于是玉皇打开南天门，马桑树直抵天，仡佬先人就顺着马桑树来到地上。那时没有谷种，每日靠吃野菜和野山药等艰难度日。盘古王看见了，就对玉皇说，地上的日子不好过。

玉帝说："好，送些谷种到地上去吧。"于是叫天狗给他们送谷种去。天狗翻江过河，身上和脚上的种子都被水冲走了，只留下尾巴上的谷种了。天狗抖动尾巴让谷种落到地上，人们把谷种收集起来到播种的季节才撒到地里。仡佬先人在黑洋大箐开荒劈草，风餐露宿，勤劳耕作，但由于谷种不太好，辛辛苦苦一年下来，粮食还是不够吃。于是他们派人去向盘古王询问个中缘由和解决办法。盘古王说："种植粮食，必须仰靠天地。粮食的丰收与天气息息相关，气候宜人，风调雨顺，粮食自然收成好；否则，颗粒难收，食不果腹；开荒辟草，会得罪地母娘娘，终年在地皮上反倒蹬踏，必须向她赔不是；所以你们要杀牛祭天、杀马祭地，粮食才会大丰收。"仡佬先民照做，来年果然大丰收。从此，仡佬族每年都要杀牛马祭祀天地。过节时首先要给天狗盛一些饭，然后给祖先供饭，最后我们一家大小才能吃。这就是"吃新节"。

付赛金斗法

古时候人们不会建房子，就到山上去砍树，割茅草依着山脚盖房遮风避雨。付赛金说这样的房子太不结实了，他要到天宫去找师父学建房子。后来他真的去了。在半路上遇到了他的姐姐，姐姐问他："你要去哪里？"他说："我要去李老君家学法。"姐姐说："你不要说去学法啦，就说去斗法。"到了李老君家后，李老君问："你来做什么的？"付赛金说："我来找你斗法。"李老君说："今天天黑了，明天再斗吧。"第二天李老君拿了一把斧头让他磨，要把斧头的刀背磨得和刀口一样锋利。付赛金磨了半天也没磨好。姐姐来了，问他在做什么。他说："李老君叫我把斧头背磨得和刀口一样锋利呢。"姐姐问付赛金吃饭了没有，他说还没有。姐姐就让他去吃饭自己来磨。姐姐发五雷火把斧头烧红后用铁锤把斧头背砸平，再拿去磨得像刀口一样锋利。付赛金拿去给李老君后，李老君问他还愿不愿意再斗法。付赛金说："斗！"李老君说："那明天再斗吧。"第三天李老君拿斧头指着一片树林说："把这片树林砍完。"可付赛金砍了半天才砍掉两棵。这时候姐姐又来了，姐姐问他："他今天叫你干什么？"付赛金说："他叫我把这片树林砍光。"姐姐说："你吃饭了没有？"付赛金说还没有。姐姐又叫他吃饭去，自己来帮他砍。付赛金走后，姐姐就开始扯茅草扎茅人，每棵树脚下都放了一个茅草人，很快这片树林就被砍完了。

付赛金到李老君家后，李老君问："砍完了？"付赛金说："砍完了。"李老君说："后生还要继续斗法吗？那就明天再斗吧。"第四天李老君让他去放火烧树，要把那些树全烧完。可是付赛金烧不着，姐姐又来了，问付赛金："你吃饭了吗？"付赛金说还没有，姐姐就又叫他去吃饭，然后自己用五雷火烧树，只听她大喝一声树就全烧完了。

到了李老君家后，李老君问："烧完了？"付赛金回答："烧完了。""还要斗法吗？还斗的话，明天把这一升高粱种子撒完后来我家。"后来付赛金把种子撒完了回到李老君家，准备第五天继续和李老君斗法。第五天李老君又拿个升子让他把撒掉的高粱种子一颗颗捡回来。这时候姐姐又来了，问付赛金在做什么，他说李老君让他把撒掉的高粱种子再捡回升子里。姐姐问他吃饭了没有，他说还没有，姐姐又让他先去吃饭，自己来帮他捡。他走后姐姐用团山法把鸟叫来捡高粱，让它们只准捡不准吃，捡一颗吐一颗。只有贪嘴的山喳把高粱种子吞进肚子里去了，姐姐就把山喳的嘴撕烂了，所以现在山喳的嘴是红色的。高粱很快就被捡起来送到李老君家了。李老君说："还斗法吗？要斗就明天吧。"第六天李老君拿了一件蓑衣给付赛金，让他披上到山上去睡觉。这时姐姐又来了，问付赛金这回李老君要他做什么。付赛金说："不对呀，我们不是在讲学法、斗法吗？他却叫我到山上来睡觉，他在山脚放火烧山。"姐姐说："你不用害怕，"然后拿了一小壶水给付赛金，"你拿这壶水在你睡觉的地方浇一圈。"李老君由山脚放火，大火呼呼的烧却没有烧到付赛金。付赛金和姐姐学了很多本领，后来回到大地上教会人们木匠和石匠的技术，还有巫婆、师父、端公、道士等其他行当也是付赛金教会大家的，一直流传到现在。

公鸡

古时候，每种动物都会说话。有一家人养了一只大公鸡。那天有一个客人来他们家，没有什么吃的，就商量着明天杀这只鸡吃。公鸡听到后早晨起来就跑掉了。跑到半路一只斑鸠问他："公鸡大哥，公鸡大哥，您去哪儿呀？"公鸡说："主人家来客人了，要杀了我招待客人呢。"斑鸠说："他要杀我吗？"公鸡说："杀！他还说斑鸠叫声狠，杀了一小碗呢。""那我也要走了。"

后来又遇到了鹌鹑。鹌鹑说："公鸡大哥，公鸡大哥，您去哪儿呀？"公鸡说："主人家来客人了，要杀了我招待客人呢。"鹌鹑又说："他要杀我吗？"公鸡说："杀！他还说鹌鹑尾巴短，杀来一大碗呢。""那我也要逃了。"

后来又遇到了兔子，兔子说："公鸡大哥，公鸡大哥，您去哪儿呀？"公鸡说："主人家来客人了，要杀了我招待客人呢。"兔子又说："他要杀我吗？"公又鸡说："杀！他还说兔子毛毛长，杀来有一锅呢。""那我也要走了。"

兔子带着他们到处跑，可跑来跑去找不到路了，最后带着他们跑回到自己的窝里去了。

老鼠

古时候，每种动物都会说话。但是他们当中只有老鼠会存粮过冬。到了冬天只有老鼠才有粮食吃，其他动物都没有。有一天，鹌鹑到山里去，看到在洞口里的老鼠还有粮食吃，就向老鼠借粮吃。鹌鹑说：小冬官，小冬官，借点粮食给我吃吧。老鼠就把粮食推到洞口给鹌鹑吃。

鹌鹑吃饱后咂着嘴摸着肚皮，让山喳看见了，山喳就问鹌鹑：你们到底在哪儿吃这么饱呢？

鹌鹑说是向小冬官借的。山喳也跑去了，但是他不叫小冬官，却叫小猫衔。老鼠当然不愿意借给他粮食。山喳就去告状，让一只老鼠去评评理，为什么借粮食给鹌鹑不借给山喳呢。老鼠就说：鹌鹑鹌鹑尾巴短，来到洞口叫冬官，家有闲粮借给他，六月谈话三中软。山喳山喳尾巴长，六月谈话三中强。

山喳就说：耗子耗子尾巴长，坐在家中吃闲粮，白天睡大觉，晚起咬衣裳。

人们说，这耗子太害人了，问山喳有几只，山喳说有五只，你带猫去抓吧。猫去了四脚各抓一只老鼠，嘴里含着一只，路上遇到一个人说：猫，你不留一只做种啊？猫笑笑，把嘴里的一只放了。虽然只留了一只，但现在的老鼠还是太多了。

以上的这些歌谣和故事，全部是出自居都人自己讲述和演唱的，是居都仡佬族民间文学最为核心的部分。

在这之前，对居都仡佬族的民间文学的搜集整理还有一些著名人士，比如六枝特区的叶正乾老人。叶正乾老人在很早的时候就开始搜集整理居都的仡佬族民间文学，有不少的作品，比如说前面我们在第二章中所引述的关于三月三的祭祀的一些文章。这些文章既有丰富的民族学价值，在民间文学上亦有很高的价值。它也是居都仡佬族民间文学的一个重要组成部分。

第二节　居都周边地区仡佬族民间文学

"居都周边地区仡佬族民间文学"实际上是整个黔中、黔西地区仡佬族民间文学的概念。在这个区域内，其仡佬族民间文学的表现非常丰富，按照基本的分类，大致有神话、传说、故事、歌谣、格言、俗语、谚语、歇后语等等。

一、神话

黔中、黔西地区仡佬族中流传的神话，是以故事的形式表现远古仡佬族先民对天地、万物生成和人类起源的认识和看法，是通过人们的幻想，用一种不自觉的艺术方式加工过的自然和社会形式。它反映了原始时代人们对世界起源、自然现象和社会生活的朴素认识和理解，表达了黔中地区仡佬族先民企图征服和支配自然界的美好愿望。

黔中、黔西地区仡佬族的神话篇幅一般都比较短小，内容也较单一、集中，易于记忆和流传。就目前掌握的资料看，黔中地仡佬族神话体系中尚无英雄神话，仅有解释自然或征服自然方面的神话。从内容上看，黔中、黔西地区仡佬族神话可以划分为以下三类：

第一类，反映天地形成、日月星辰运行为内容的神话。主要有《开天辟地》《天地、日月和气候》《制日月》《太阳和月亮》《公鸡叫太阳》等。

《开天辟地》，主要流传在安顺地区平坝县一带。传说很古的时候，世上是个黑洞洞，人们称为黑洞时代，做活路也都是摸着做，睡一觉瞌睡醒来，锄头把都生菌了。祝融公公就拿头去撞天，一下子撞破了西天；祝融的妹妹才炼石来补天；红君来补地，用四个大鳌鱼来顶天，天也不动，地也不翻了。（搜集人：王尚智、何再朝、何再康、罗懿群）

《天地、日月和气候》，主要流传在平坝县大狗场一带。讲述盘古王出世的时候，世上是黑洞洞的，一片漆黑，不分昼夜。金皋来立天立地，天有半边补不起，金皋的妹妹炼石来补青天。盘古王制出了太阳、月亮和星星，太阳老君来分气候。（搜集人：王尚智、何再康、罗懿群）

《制日月》，主要流传在平坝县大狗场一带。传说天地补好了，世上还是黑漆漆的。祝融的妹妹敖标来造日月。太阳婆婆胆子小，夜晚出来害怕，白天出来又害羞。敖标给她一包针，让她锥人的眼睛，就没有人敢看她了。月亮公公胆子大，夜晚出来漫天游。一个月当中，二十八或二十九，他们才相会一次。（搜集人：王尚智、何再朝、何再康、罗懿群）

《太阳和月亮》，主要流传在清镇一带。传说从前，太阳和月亮是两兄妹，月亮是哥哥，太阳是妹妹。他们家很穷，没有衣服裤子穿，不好意思出来。妹妹夜晚不敢出来，白天又害羞。哥哥想办法给妹妹一把火，亮闪闪的，人们不敢抬头看，这样，妹妹白天才敢出来。哥哥晚上出来，怕人看到，就羞答答地躲在桫椤树背后。这样，太阳月亮交替出来，才分出白天夜晚。（搜集人：潘年英、龙玉良、王弄玉、潘定智）

《公鸡叫太阳》，主要流传贵州省水城特区以及黔西、大方等县。传说从前，天上有七个太阳，七个月亮，它们一齐出来照着人间，晒得天下成了灾。

古辈流传下来有这样一首歌：

七个太阳一齐出，
七个月亮一齐照；
禾苗野草全枯焦，
树木山林像火燎；
大河小河全无水，
洞里的水干枯了；
飞禽走兽死无数，
男男女女死不少。

哪个对付这个火辣辣的太阳、热烘烘的月亮呢？人人焦急，个个发愁。大家你看我，我看你，都拿不出办法来。

阿膺，是个聪明能干的狠汉子。大家焦急发愁，他也着急。他找遍了九坡十箐，找到了一根很长很长的通天竹。他把长竹砍倒，剔掉丫枝，扛着竹竿，翻过几十座大山，爬到一座很高很高的大山上，又爬到一棵很高很高的大树上，操起竹竿朝着太阳、月亮打，他“呜——”地一竹竿打去，就“哐当”地落下一个太阳；又“呜——”地一竹竿打去，就“哐当”地又落下一个月亮……三打三下，不大一阵，他把六个太阳、六个月亮，打落到东洋大海里去了。

阿膺有心留下一个太阳和一个月亮，来照天下的山山水水、男男女女、禾苗庄稼、飞禽走兽，也就停手收起了竹竿。哪晓得，剩下的这个太阳和月亮，被吓坏了。它们悄悄地钻到阴山背后去躲了起来。

这一天，天底下又成了黑漆漆一片。人们像住在黑洞头，走路看不见，做事看不见，更无法再种庄稼……大家又焦急起来。想来想去，只有一条：把剩下的这个太阳和这个月亮请出来。

拿哪样去接太阳、月亮呢？

人们牵着一条又粗又壮的大牛，去接太阳、月亮。牛牵去了，太阳和月亮不肯出来。

人们又赶着一头又肥又壮的大羊，去接太阳、月亮。羊赶去了，太阳和月亮也不肯出来。

人们再赶着一头又肥又大的大猪，去接太阳、月亮。猪赶去了，太阳和月亮还是不肯出来。

后来，人们抱着大红公鸡，去接太阳、月亮，公鸡抱去了好久，不见太阳和月亮出来。公鸡急了，拍拍翅膀，勾下头，伸直脖子，“喔、喔、喔”地叫了起来，它一连叫了三遍，叫红了脸，叫红了脖子，连冠子也叫红了。它高昂的叫声，从这山传到那山，在山山岭岭回响。太阳听见到处都有鸡的呼唤，不好再躲，才从东边出口慢慢露出头来。它在天上从东到西走了一趟，都平安无事，月亮到晚上，才跟着走了出来。从此天底下又有了光明。

所以，直到现在，公鸡的脸、脖子、冠子都是红彤彤的。而且，每天拂晓它叫完三遍以后，太阳也就出来了。（执行整理：罗懿群）

第二类是自然万物生成的神话。主要有《巨人由禄》这则神话，它主要流传在黔西县松河一带。传说由禄的个子，高大无比。他死之后，圆圆的脑壳，变成了坡头；立立的头发，变成了大茅草；干干的耳朵，变成了树木；明亮的眼睛，变成了海子；空空的鼻子，变成了消水坑；龇咧的牙巴，变成了岩洞；尖尖的牙齿，变成了刺蓬；长擒擒的舌条，变成了起伏的小坡；稀稀的肋巴骨，变成了石岩；又肥又厚的肉，变成了泥巴；红殷殷的血，变成了马屁包；长长的肠子，变成了江河；弯曲的腿杆，变成了山弯；甩来甩去的尾巴，变成了篙枝；长长的腰杆，变成了大路……(搜集者：李道、赵德富、罗懿群等)

从这则神话中，我们可以看到，仡佬族关于地上万物生成的看法，是万物由由禄死后的身体变成的，身体不同的部位变成了不同的自然物。可见，这则神话具有了很朴素的唯物论倾向。

第三类是以人类起源为内容的神话。主要有《阿仰兄妹制人烟》《伏羲姊妹制人烟》《洪水朝天》等。

人，是从哪儿来？对这个永恒的命题，流传在贵州省黔西、织金县两县交界的六圭河畔和水城特区一带的《阿仰兄妹制人烟》是这样描述的：在很古以前，有一家人，这家人有三兄弟和一个妹妹。有一天，他们在山坡上劳动的时候，天神彻格下凡来告诉他们，很快就要发大洪水了，还给他们出主意设法躲避。但老大、老二却出言不逊得罪了天神彻格，他们按天神说的办法去做，结果死于洪水之中。只有老三和妹妹坐在杉木做成的木葫芦里没有被淹死。世上的人全都被洪水淹死了，老三和妹妹在天神的指示下结为夫妻，生下九个儿子，后来九个儿子分开坐，就分成了各种不同的民族。现在的苗族、彝族、仡佬族、布依族、侗家、侬家等等，就是那时候分下来的。从此地上就有了人烟。

与《阿仰兄妹制人烟》相类似的故事还有《伏羲姊妹制人烟》，它主要流传在水城特区一带。讲述的是从前有一家人，有四姊妹。他们到山上去挖荒地，从天亮挖到天黑，才转回家来。第二天早上再去接着挖，头一天挖的土饼，全部翻来复原了。四姊妹又重新再挖，一直挖到天黑才回家。等第三天早上去看，照样那些土饼又被翻来复原了，四姊妹都觉得奇怪，但又找不出是哪样原因，他们又重新挖了一天，不过，他们不回家了，全部在地边的草林间躲起来守着，看是怎么一回事。

他们守到半夜，一个老者来到他们挖的地头，挨个把他们挖过的土饼，翻转过来。四姊妹就上前去问："老人家，我们挖地很费力，好容易才挖得这么一点地，你为哪样要给我们翻过来？"

老者说："你们不要挖地啦，水要涨满天上了。"

大哥二哥认为这老者是乱说的，他们商量要打死这个老者；三兄弟和小妹妹就劝住两个哥哥："你们不要打他，要好好问个缘由。"

老者说："大水真的要来啦，你们不要挖地，要赶快种葫芦。"他随手拿了一些葫芦籽送给两个小的兄妹。说来也奇怪，那葫芦种种下以后，长得真快，三天就牵藤，五天就开花，七天就结果，又过几天，有一个葫芦有囤箩那么大。

有一天，老者又来对老大、老二说："洪水来了，你们两个坐进铁锅头，还要赶快拿一口铁锅来盖起，要不然，洪水满天你们就活不成了。"又说："你家小的两兄妹，要赶快把葫芦掏空，大水来了，赶快坐进葫芦里去，不然就逃不脱。"

果然这家兄弟都照着办了。三弟和妹妹刚坐进葫芦里，洪水就涨满天上去了。大哥二哥坐铁锅，沉到水底去了。

洪水淹了四十八天才消，坐葫芦的三弟和妹妹在水上漂了四十八天后，被挂在悬崖上，上不巴天，下不着地，无法下来。他们旁边有一个老鹰做了一个窝，还孵出了一只小崽。老鹰天天去找食物来喂小鹰，喂了好长时间，都长好大了，也不见会飞（其实是三弟和妹妹用线拴住了小鹰的脚）。有一天，老鹰问他们兄妹："我的崽崽都长的这样大了，怎么不会飞呢？"

两兄妹说："你如果能把我们两兄妹抱到地上去，我们就能使你的小崽崽飞起来。"

老鹰说："真的呀，那么我就把你们抱下岩脚去。"

两兄妹说："你飞下去抱一扇磨子我们看看，要是抱不起磨子，你就抱不起我们。"

老鹰飞到岩脚真的抱起一扇磨子飞来了，这一下，他们两兄妹说不出的高兴。老鹰抱着两兄妹飞到地上，小鹰的脚上的线已没有再拉着，它也就可以飞起来了。

后来盘古王分天地，叫他们两兄妹成婚，他们都不同意。后来经过盘古王一再催促，他们两次提出条件：一次是隔河丢针穿线；一次是高山滚磨相合，结果都成功了。推脱不掉，他们只好结婚。

两兄妹成婚以后，生下一个肉团，他们用刀割成小块，乱丢丢到桃树、李树、杨树、秋树……各种树上；丢到石头上，江河里。哪晓得，第二天一看都变成了人。后来，就依挂的树，丢的地方为姓，就有了陶、李、杨、邱、石、江、何等等的姓。

就这样，人间开始有了人烟。（搜集者：罗绍光、杨文亮，两人皆为仡佬族）

这类神话，不仅曲折地反映了远古时代的婚姻形式，而且还反映了仡佬族种姓的来由。

《洪水朝天》，几乎在仡佬族各地区皆广泛流传。讲述的是从前有个人生病了，一直医都医不好，听说只有雷公肉才能医，他就设计去捉雷公。那人捉住雷公后，关在铁笼里，就出去买盐巴回来再杀吃。那人走了，他的两个小孩，一个男孩，一个女孩，在铁笼边玩。雷公就骗他俩说要喝水，最后冲破铁笼，上天去了。逃走前，他对小孩说："过几天就要发洪水了，你们两兄妹拿这些种子种上，结出葫芦，你俩就坐在葫芦里。"两兄妹照着雷公的话去做，把种子种了，很快长出来，结了大葫芦。过几天，果然发大洪水了，把人都淹死了，只剩下兄妹坐在葫芦里没有被水淹死。水消后，兄妹结婚开始繁衍后代。（搜集者：潘定智）

这几类神话，都从不同的方面反映了仡佬族先民在求生存的生产活动中，与大自然发生着密切的联系，很早就对天地、日月星辰的产生及万物的形成和人类的起源进行探索。

二、传说

在黔中、黔西地区仡佬族民间文学的宝库中，流传的各种传说颇多。就内容而言，大致可以分为族称传说、英雄传说、山川地名传说和生活习俗传说。

1. 关于族称的传说。主要讲的是“仡佬”这一称呼的由来。这类传说主要有《为什么叫仡佬族》《彝仡佬的来历》等，这些传说，反映了仡佬族历史的一些族称演变以及与其他民族之间的交往情况。这类传说对研究仡佬族的族源有一定的参考价值。

《为什么叫仡佬族》，主要流传在关岭一带，传说以前我们仡家人做官的很多，办事情，审案子，都讲本民族话，别的民族听不懂。皇帝怕仡家的官讲本民族话办不好事情，就说：“不要他们当官了，把他们隔了。”这个“隔了”，就是隔开不要的意思，后来说成“仡佬”。此外，《为什么叫仡佬族》还有另外一种文本，说我们仡佬族给老人办斋，要用牛角倒酒，而且灵房设在堂屋的角落里，所以人们喊我们做“角老”，现在写成“仡佬”。仡家人对话，如果你说“我听到了”就讲“ngi a”，这个声音有点像水牛的叫声，所以叫我们做“水牛仡佬”。（记录人：潘定智）

《彝仡佬的来历》，主要流传在水城蟠龙、羊场坝一带。传说我们仡佬族的人很少，住在羊场坝这一支人，外族称我们叫大披袍仡佬，也有人称我们叫彝仡佬。彝仡佬是怎样来的呢？故事要从朱洪武调北征南那年说起。那时，我们这里是白洋大箐、黑洋大箐，到处是树林，茅草有一人多深。有一年过年的时候，我们这个仡佬寨到几十里以外的仡支仡佬寨去迎亲，花花轿前有唢呐和歌郎，花花轿后有送亲客、酒令婆和媒人，一路上吹吹打打，很热闹。忽然，山那边呵伙翻天的喊打老虎。大歌郎只好停下轿来，大家看打老虎，新娘也下轿跟着大家看热闹。这时，有一个彝族姑娘穿得新碌碌在路上打猪草，听见人们闹得很，也走到轿边看稀奇。闹腾一阵以后，大歌郎催大家快上路，抬轿的错把那个彝族姑娘当新娘推上轿，抬起就走，就这样，这个彝族姑娘就成了我们羊场坝这一支仡佬族的老祖婆。老祖公是仡佬族讲仡佬话，老祖婆是彝族讲彝家话，所以，羊场坝的仡佬话里有一股是彝话，外族人就称我们叫彝仡佬。（搜集人：张人卓）

2. 关于英雄的传说。主要有《晟打浦的传说》等。在这类传说中，仡佬族以骄傲的语调叙述了本民族中那些不畏强暴，敢于揭竿起义，反对官兵欺压的英雄。

《晟打浦的传说》，在安顺、平坝、镇宁、水城等仡佬族地区以及安顺附近各族人民中都有流传。讲述的是仡家英雄晟打浦的传说。由身世、立业、起义、失败4个部分组成。

其中《身世》章，讲打浦他们家，最初是住在遵义那边，后来为了生活，大约是从他老祖公那一辈，才从遵义迁到安顺的，后又迁到宁谷的阿棉寨，以后又迁到此地。打浦家原来家境很贫寒，祖辈全靠帮工卖力，割柴打草来养家活口。后来，由于祖坟风水好，到了打浦的爷爷那一辈，家境比以前好多了。一天，打浦的爷爷在田坝犁田，一抬头看见有人骑着高头大马朝着他家门口走去。生怕家人不会应酬，便亲自从田地里回来。可回到家，人马都没有看见，便问老奶奶，才知道那是他的儿媳妇要添孙孙的征兆。果然，过不了多久，二媳便降生一个小孙孙了，就是后来的晟打浦。打浦是个天生的奇人，他十多岁的时候，经常挑柴去街上卖，背后的人从远处一看，总认为是一挑刀枪杆子。有人断定说：打浦将来，肯定要成为一员武将。

《立业》章，讲打浦长大后，很会操持家务，他们家的生活愈发好转。但他对民族歧视、官府欺压百姓非常不满，但他又不想当官且那时上学当官也很难，他就只有从生产找出路，置点家业，免得受人欺负，也免得儿孙受苦。于是，他就开新田、筑水坝，另外，他还开客店、开榨房。目的是想发家，可是打浦却处处受到土豪和官府的压制。后来，他就改变主意，注意结交各方面的朋友，练习武功，来增强自己的实力。

《起义》章，讲的是清朝后期，越来越腐败，官府、土司和大财主勾结到一起，剥削百姓。加上连年的灾荒歉收，仡家人简直活不下去了。不少的人都外出逃灾躲难。可官府、土司和大财主照样加紧催粮逼租，打浦和他的朋友们，实在看不下去了，便互相约定，分头起事。他们最初是分散在各处抗租，打浦手下的几员战将也都很厉害。打浦他们起事以后，势力越来越大，惊动了各州府县的官府、土司和大财主，上面就调人来打他们。打浦他们敌不过，才退回孔其去。孔其大坡是一个飞凤形。打浦有一支犀牛角，他一吹，那个坡就会升腾起来。官兵每次进攻，眼看都要冲到眼前了，只听犀牛角一响，大坡就腾起来了，官军又被摔落在坡脚。所以，官军围了几个月，都拿不下来。

《失败》章，后来，来了一个老道给官军献计说："孔其大坡是一个飞凤形，只要把它的翅膀挖断，坡就飞不起来，阵就能破。"果然，官军在孔其大坡旁边挖了一条深沟，砍断了凤翅，坡就飞不起来了。眼看营盘已守不住，打浦叫大家埋藏了金银器物，赶紧撤走，他自己和几个随身弟兄留在后面，和官军战斗。最后，他才用两个簸箕夹在咯吱窝，架着簸箕云，带起几个随身弟兄，朝南飞去，落脚在一个很高的山上。官军又去包围了那座山，打浦带着几个弟兄，走进了一个石洞，官军围着那座山，清查了几个月，连他们的人影也没有找到。有一天，那座大山上有一个缸钵大的小洞，丢出几个秧把来，官军发现了，觉得很奇怪，但又无法去看个究竟，想来想去也没有想明白，最后才知道，原来打浦他们在山里头种庄稼了。领头的大将回去告诉朝廷，上面答复回来说："他都在里面种庄稼了，又无法进去，那就不消灭他们了。"于是，官军撤走了。有的人说，打浦失败以后，被官军抓去杀害了；有的则说，打浦失败以后，不愿死在敌人的手头，他自己吃孔雀毛拌饭死的。又过了好些年，有人要去把打浦他们住的那个洞敲开，希望能得到他们那时随身带去的金银，可用尽什么办法，石门都没有打开。后来，人们便端起猪头、豆腐，烧香点烛地去祝告，想把石门喊开。结果，里面回答说："要得石门开，除非打浦转世来！"直到现在，也没有谁能把那石门打开。(搜集人：杨登基、杨光明、王国璋、罗懿群等；罗懿群执笔汇总)

3. 关于山川地名传说。主要有《箱子岩》《无名宝》《绣花洞的故事》等。

《箱子岩》，主要流传在六枝特区新场。大概讲的是在起跟发脚的时候，光天野坝的箱子岩一带仅是黑漆漆的寡岩头。除了满坡满岭的金丝茅草外，就没有长过哪样管钱的五谷杂粮。

不知是哪年哪代吃香耙的时候，忽然从云南石林来了个好模好样的小伙子，他从石林走了九九八十一天，才拢到箱子岩。等到箱子岩时，便给迷路了，且又逢天黑的时候，他走得四肢无力，就走进一间见亮的土墙房子要水喝。那家有一个毛头小伙子，寨上人都叫他小石雄。他看见有人来要水喝，就烧水煮清米汤招呼客人。那客人喝了清米汤后，立马觉得轻脚快手了。他站起来，看到箱子岩荒瘠的样子，就想跟小石雄做邻居，一起共渡难关。

客人是个标致的小伙子，怎么会嫁给小石雄呢？原来，那客人是天上火龙星的幺姑娘，掌管人间煤炭的煤山仙女。因在云南石林的剑峰池洗火龙裙，被火龙星罚在人间走一万里，洒一万里煤，磨去她思凡之心，才准她重返天宫。为了避免惹出麻烦，煤山仙女便女扮男装，哪个晓得，来到箱子岩，忽然感到身子不爽快，加上乌烟瘴气一熏，便头重脚轻，寸步难移了。该是她要有一段美满姻缘给人间吧，凑巧碰上了这个勤快忠厚的小伙，她就不想回东天门去了。于是，她便嫁给了小石雄。从那天起，箱子岩的山越来越清秀，水也越淌越香甜。

说来也奇怪，凡是煤山仙女走过的地方，人们只要顺着她的脚印挖下去，就会挖出煤来。尤其是她居住的箱子岩，更是凝成块块，堆成堆堆。可惜，人是节节草，三穷三富不到老。正当煤山仙女在为人类造福，两口子过得甜蜜蜜的时候，包天大祸来了。

原来，煤山仙女下凡后，火龙星便叫牛头马面天天守在东天门，只要煤山仙女一上天，便立马回报。可是，一直不见仙女的消息，便叫千里眼踩起红云，到东天门外看看，千里眼朝普天下一望，只见彩云飘飘的箱子岩，五谷芳香，六畜兴旺。千里眼回去禀报火龙星，火龙星听了很生气，便派牛头马面来抓煤山仙女回去。牛头马面下凡到人间，怎么逮都逮不住仙女，他们生气了，就吹一口黑风来，四山八岭的草木便起了火，人们挖出来的煤也不见了。箱子岩又恢复了原来的样子。

黑风一过，牛头马面见半岩吊起一个金晃晃的箱子，晓得是煤山仙女留给人间的宝物。便朝箱子吹了一口臭气，那箱子立马变成了一块硬邦邦的石头，高高地吊起，再也开不来了。从此那煤山仙女留下的宝物，也无法取出来了。从那时起，石箱子一吊便是成千上万年，直到如今，箱子岩都挖不出煤来。可是，为了找到开启箱子的钥匙，箱子岩一带的人们，祖祖辈辈都在口朝黄土背朝天地劳动呢。（讲述人：旋少云、刘成学搜集整理）

4. 关于生活习俗传说。主要有《仡佬族成亲的习俗》《穿桶裙的来历》《仡佬族唢呐谱的来历》等等。这类传说反映了仡佬族一些生活习俗的起源及其来历。

《仡佬族成亲的习俗》，主要流传在大方一带。仡佬族成亲的风俗习惯，大致与各民族相同。但也有不同之处，在成亲那天，新郎家要派人到新娘家接亲，派的是男家妹夫，妹郎。去接的那天晚上在新娘家不能睡觉，等到半夜，娘家的父亲、兄弟等就用黑黑的煤烟，向接亲人的脸上抹去，抹得满脸漆黑，接亲人不得反抗，只能接受。脸黑得只见一双眼睛珠珠转。过后又不允许当夜洗去。到第二天也不能洗，一同与新娘到新郎家。来时也不得随便洗。要让新郎家派人抬洗脸水到新郎的家里的中柱脚去洗。脸盘和洗脸的毛巾是新的。洗后，新的脸盘和毛巾就送给他们，给他们作为纪念。(搜集人：陈静、胡孟雄整理)

《穿桶裙的来历》，流传在黔西、大方、织金一带。讲述的是仡佬族在古老时代，个个聪明能干，特别是妇女，比其他民族的男子都能干。有个妇女叫郭自英，她做早饭，把饭蒸起，才到百里外的瓢儿井去拿盐来做早饭，走起路就像飞一样。这事让在朝的罗秀英知道了，说这个民族太强盛了，特别是郭自英，名字和我的名字有点相同，共一个“英”字，本事又比我高，如不想法治治他们，他们以后要跟我争江山。罗秀英又想了几天几夜，想出一条计策。他叫手下的随从把自己的一节衣袖剪下来，让差役给郭自英等妇女送去，让他们照着做桶裙穿，说这样就更漂亮了。郭自英等照着做，穿起来还好看，大家都穿了。穿上裙子，干活就没有以前麻利了。后来，罗秀英又封上一句：“会后把你们这种隔了（仡佬）”。所以现在仡佬族住得很分散。(搜集人：罗懿群、李道、龙兴广、马峰玉、唐文新)

《仡佬族唢呐谱的来历》，流传在六盘水市猴场一带。讲的是在仡佬族一百多首不同曲调的唢呐谱中，有一类叫阴谱。它的来历是这样的：我们洞口这个地方，不但山洞多，而且阴河也多。在好多个山洞口都可以听到阴河里的流水声，非常好听，有的像敲锣，有的像打鼓，有的像吹箫筒。人们上山犁土，赶场过路，都喜欢在这些洞口边歇脚，一来凉快，二来听听阴河水的声音使人很舒服。时间长了，就有人用嘴巴学起洞里的河水声来。不知是哪朝哪代的老人就把这种声音编成唢呐谱，取名阴谱，一直流传到今天。你要是不相信，就请听听我们仡佬族唢呐匠吹的阴谱，硬是像阴洞里的流水声呢！(搜集人：张人卓)

仡佬族的传说内容广泛，涉及生活的诸多方面，可以说是仡佬族生活的百科全书。

三、故事

黔中、黔西地区仡佬族民间故事与该民族的社会生活有着密切的联系，就内容而言，可以分为爱情伦理故事、寓言和动植物故事、生活故事与机智人物的故事。

1. 爱情伦理故事，这是一种表现手法比较接近于神话的民间文学散文体裁，它借用许多离奇的情节，反映普通人传奇的遭遇，用以传达人物对真善美、假恶丑的爱憎，对美好生活尤其爱情的憧憬。主要有《龙王三小姐》《龙王和山太子》《蛇与七妹》《蛇大哥》《青蛙讨媳妇》《青蛙后生》《山森和水仙》等。其中以集爱情和伦理故事内容为一体的《青蛙后生》最具代表。

《青蛙后生》，主要流传在贵州清镇一带。讲从前有个人脚杆生疮，老是医不好。他说：“哪个帮我医好了，我把女儿嫁给他。”很多人去医都医不好。后来一只青蛙含着草药来给他敷，不久就全好了。青蛙就成天在堂屋里叫，意思是要娶他家姑娘。他看到是只青蛙，不愿把女儿嫁给他，但原已许愿，不能不讲信用。于是去说服女儿。开始女儿不愿嫁，他说多了女儿不得不同意。他对女儿说："青蛙来接你的时候，你骑马，他走路，你拿棒棒打他，打一棒，他跳一跳，他跳到哪里，你跟到哪里。姑娘照着做，青蛙就把她带进一个岩洞里。青蛙跳到洞里深处，等一会，出来一个漂亮的后生，姑娘问他是哪个？他才说，我就是青蛙，我把衣服脱了，就成这个样子了。姑娘很高兴，两人就成亲了。（搜集人：潘年英、龙玉良、王弄玉、潘定智）

2. 寓言和动植物故事，它们多以动植物为故事的主角，寓言通过动植物间的干系，说明生活中的某个哲理；而动植物故事则通过动植物间的纠葛，来反映它们之间的形状特性与习性来源。寓言主要有《醒悟的白菜》《毛呼呼借窝》等，动植物故事主要有《麦子和荞子》《水牛和大猫》《跳蚤、虾子和青蛙的自白》等。

《醒悟的白菜》，讲仡佬寨边有个白菜园，白菜园旁边长了一大蓬藿菜。白菜长大了，就被人砍去吃。藿菜呢，长得茂盛，也没有人去动它一下。于是，白菜悲哀了。一天，他问砍菜人："你们为什么总是拿我们白菜开刀？"砍菜人说："把你们煮起，很软和，很好吃。"白菜醒悟了，说："世上人总是欺善怕恶，欺软怕硬的。"白菜很想让自己的子孙变藿麻，免得被人砍。要是世上到处是藿麻，会是什么样子呢？（搜集人：胡孟雄）

《毛呼呼借窝》，主要流传在黔西、织金、水城特区一带的仡佬族地区。大概讲述的是毛呼呼很懒，自己不做窝，养了小崽崽只好到处去借窝放。它找到喜鹊、斑鸠、岩鹰，它们都不愿把窝借给它。后来铁鹞同意借窝给它，它便把小崽崽放在铁鹞的窝里。当毛呼呼出去找食回来，发现它的小崽崽已经被铁鹞啄吃了。这就是好吃懒做，不立家，不立志的"好下场"。（搜集人：罗懿群等）

《麦子和荞子》，讲述的是麦子笑荞子，看你多可怜，脚都冻红咯。荞子却说，我的脚虽说冻红了，是在屋里过年。你的脚再没冻红，却只能在外头过年。麦子恼羞成怒，给荞子三巴掌，打得它起了三个棱；荞子不服气，还它一棒，把麦子打了一个槽。（刘明远搜集整理）

《水牛和大猫》，水牛和大猫（老虎）争当大哥，谁也不服谁。最后，确定互相交战，谁赢了谁就是大哥。水牛晓得大猫的爪子凶，就下塘里滚了一身泥。大猫知道水牛的弯弯角厉害，忙扯了很多葛藤网在身上。双方准备好，就开战了。大猫抢先扑上去一抓，却抓得两爪稀泥巴，它赶忙退下来。水牛趁机一角顶来。虽说被葛藤网挂住了，但大猫周身网着葛藤，扳不脱，只好认输，甘愿称水牛为大哥。从此，大猫怕水牛，只咬黄牛。（刘明远搜集整理）

《跳蚤、虾子和青蛙的自白》，主要流传在大方地区。跳蚤说：我有皮无毛叫跳蚤，我一跳跳进红绫袄，我一个跟斗打去不见了。虾子二哥说：我有皮无毛叫吓公，我一步跳到海当中，我虽然不抵薛仁贵，也要挂帅去征东。青蛙老三说：我有皮无毛叫蛤蟆，我一步跳到田坎吓，我虽然不会读诗文，我一张嘴巴叫呱呱。（搜集人：罗懿群等）

3. 生活故事与机智人物的故事，这类故事多以人们的生活事象来表现善恶爱憎、尊老爱幼、舍己为人、互敬互让等与常人生活相关的所有内容。其中以《七生和仙女》最为典型。

《七生和仙女》，主要流传在普定县窝子寨一带。讲的是从前有个青年樵夫，名叫七生，天天上山打柴卖，供养一个年老的母亲。家里就只有他母子二人，相依为命。仙女见他勤劳忠厚，就下来帮助他。

一天，七生去砍柴，一只公鸡飞到他面前，七生怕砍着它，就到一边去砍，公鸡马上又飞到他面前。附近没有人家，哪里的公鸡呢？七生找不到公鸡的失主，就把公鸡抱回家来了。他把鸡放在门口，进屋里喊娘：

"娘，我得只公鸡来了，快烧开水我杀鸡给你吃。"

七生转身出门一看，公鸡不见了，只见一个非常漂亮的姑娘站在门口。七生问："你是哪家姑娘？到这里做哪样？"

"我是天上仙女，现在下方来和你成家。"

七生搞慌了："不，不，不，我家穷得很，没田没土，只靠我打柴卖来养活老母亲。这个苦你受不了！"

"不用愁，以后生活会好的。"

老母亲出来一看，好高兴啊！赶忙上前拉姑娘的手，请进家去了。

仙女会使法，家里需要什么东西，他用纸一剪，一吹，就得了。从此，七生每天出去开田种地，仙女在家服侍老母，操持家务，生活过得美好。

有一天，皇帝过路，看到仙女长得很漂亮，七魂掉了三魂，他三天三夜吃不下，睡不着，一心想把仙女抢到手。

他叫卫兵去把七生叫来。皇帝对七生说："我要同你赛马，要是你赛不赢，仙女就归我了。你回去准备，过三天就来比赛。"

七生回到家，成天愁眉苦脸，不晓得怎样才好。仙女问他有哪样事，他说："皇帝说他要同我赛马，我赛不赢，他就来把你抢去。叫我去哪里找马？就是找到了马，又怎样赛得赢皇帝呢？"

仙女笑了笑说："不用怕，你去砍几根竹了来我给你做匹马，你骑马去，比赛的时候，你让皇帝的马跑十丈你再骑马去追。"

仙女用竹篾扎成一匹马，用纸糊好，吹口气，纸马变成一匹活马。七生骑着去比赛。比赛快开始了，大家看到七生的马没有皇帝的马强壮，都为他担心。比赛开始，皇帝的马跑了，七生还按马不动，皇帝的马跑了十丈，七生才赶马去追，最后冲上前去了。

皇帝失败了，还不甘心。过几天，他又叫卫兵把七生叫来："过三天后，我要同你比赛划船，要是你输了，就去把你妻子给我送来。"

七生回家来，愁眉苦脸，仙女问他有哪样事。他把这事给仙女讲了以后，仙女笑了笑说："不用怕，你去房屋后面砍一节树来我帮你做只船，到时你去比赛，不会出哪样事的！"

仙女把船做好，七生就拿去比赛了。比赛的内容是从河这面划到对岸去。划到河中间，皇帝在划船时用船桨推七生的船，推不翻，皇帝的桨船却翻了。皇帝落水，卫士们赶忙去救，差点呜呼哀哉了。比赛结果，自然是七生得胜。

皇帝还是不甘心，又想出一个办法。他叫卫兵把七生喊去说："限你三天之内，奉献一件百鸟羽龙袍。要是得不到，就把你妻子送来。"

七生回家来，愁眉苦脸，仙女问他有哪样事。七生把皇帝说的讲一遍，仙女听了，笑了笑说："不用怕，你去买几张纸来，我自有办法。"七生买得纸来，仙女剪成各种各样的鸟，在堂屋一撒，百鸟齐飞。仙女把它们的皮都剥出来，做成了一件百鸟衣。仙女用针刺破自己的手指，滴了几滴血在百鸟衣上。做好了后，叫七生送去。皇帝穿上百鸟衣，正是高兴的时候，红光越来越强烈，最后变成大火，把皇帝烧死了。从此，七生和仙女过着平平安安的幸福日子。（搜集人：杨兴荣、潘定智）

四、歌谣

歌谣作为一种民间口头文学形式，在仡佬族中流传较为广泛。仡佬族人在自己的劳动生产、节日喜庆、恋爱交往、家庭婚姻、宗教活动等社会生活中，常常把自己的思想感情用歌谣的形式表达出来。仡佬族的歌谣形式多变，长短不一。长者可达千言，如丧葬仪式上唱的"叙事歌"；短则几句，如迎送客人的"礼仪歌"。仡佬族的歌谣涉及的生活面比较广，从内容上大致可以分为古歌、情歌、劳动歌、生活歌、仪式歌等。

1. 古歌

古歌，是黔中、黔西地区仡佬族民间口头文学中规模宏大的韵文体作品。内容主要有两个方面，一是其先民认识解释宇宙、世界万物的原始哲学观点；二是对民族远古历史文化及生产方式的叙述。仡佬族古歌的歌词很长，一般由巫师和民间歌手在重大的祭祀场合才唱。古歌的词句及顺序是固定的。仡佬族古歌又分为《祭山歌》《泡筒歌》《丧葬歌》三大部分，其中较有影响的古歌有《兄弟赶山》《兄妹成亲》《第四朝人》《泡筒歌》《别人间》等，它们从不同的方面反映了仡佬族关于人类来源、民族历史、民族习俗礼规等的内容。是研究仡佬族历史文化的重要经籍。

《兄妹成亲》，主要流传在安顺、普定、镇宁、关岭、水城等地区。讲述的是洪水朝天，人类全死了，伏羲兄妹躲在葫芦里，才得以逃生，为了传后代，兄妹俩只有以滚簸箕来决定是否在一起，果然簸箕不违天意，于是，兄妹俩就在一起了，从此世上就有了人烟。古歌这样唱道：

在远古一年里，倾盆大雨洪水起。
那时有对亲兄妹，他们名叫伏和羲，
哥哥叫阿伏，妹妹叫阿羲。
洪水来临时，兄妹二人无处躲，
钻进葫芦去藏身，刚把身体来藏好，
洪水猛涨齐天门。葫芦浮荡水面上，
飘呀，飘呀，飘。不知飘往哪方去？
飘到当抱洪水退，三月初三现陆地。

兄妹伸头往外看，世上没有一个人。
哥哥没有女相配，妹妹无男做伴侣。
兄妹为了传后代，他们各自出主意。
两人同想在一起，隔河丢簸箕来定，
簸箕相合成夫妻，簸箕不合违天意。
哥哥找来大簸箕，就往河的那边去，
妹妹找来大簸箕，站在河的这边等。
兄妹相对一起甩，飘来飘去合一起。
世上本来不绝人，兄妹成亲顺天意。
他们成亲一年整，生个孩子不像人。
没有嘴来没有眼，他的样子像瓜形。
阿伏看他形象丑，把他剁成肉块块。
桃李树上挂一块，皂角树上挂一丁。
石头上面挂得有，河坎旁边也在丢。
才把肉块来撒完，转身四处人烟起，
从此世上有人类，人多无姓难辨认，
随着物名来取姓，世上才有百姓人。
（引自《仡佬族古歌》，贵州省安顺地区民族事务委员会编）

《别人间》，主要流传在关岭、镇宁、晴隆等地仡佬族地区。是《丧葬歌》中的一首。仡佬族老人去世，要请“普菲”举行祭祀，唱丧葬歌。全歌分“敬终孝”“别人间”“祖宗引去”“问根由”“陪影身”“述鸡”“指路”7个部分。其中以《别人间》最为哀婉、感人。歌是如此唱的：

呗！撒咪撒咪，祭猪你享受了，
你享受了祭猪。要敬你一回酒了，
要敬你二次酒了。
你要离开儿子去，要离开侄子去，
要与女儿分离，要与侄女分离。
你一样不望，也不往哪样。
你只望着水，你就望着水。
一股淌上，一股淌下，
水不相连了。
你如水一样与儿女分开，
从此不能与儿女在一起。
从哪里分开？
从哪里分离？
从房间里分开，从房间里分离；

从家什分开，从锅边分离；
从火塘边分开，从灰堆旁分离；
从屋角分开，从屋角分离；
从家神分开，从家神分离；
从大门分开，从大门分离；
从鸡笼边分开，从鸡笼旁分离；
从猪圈分开，从羊圈分离；
从牛圈分开，从马厩分离；
从寨子里分开，从寨子里分离；
从寨边分开，从寨边分离。
我用金刀，我用银刀。
拿来划竹，拿来破竹，
划成八片，划成八条。
从此竹片不合拢了。
从此竹片不相连了。
你像竹条一样分开，
与儿子分离，与侄儿分离，
与媳妇分离，与侄媳妇分离，
与女儿分离，与侄女分离，
你还与大路分离，与路边岩石分离，
你要记清楚，你要记明白。
你与挑盐地分离，
与酿酒坊分离，与场坝分离，
与水井分离，与菜园分离，
与蒜地分离，与放牛场分离，
与放马场分离，与捡柴坡分离，
与割草坡分离，与山岩脚分离，
与山岩顶分离。
这些地方都要分开。
这些地方都要分离。
你要好好记清楚，
你要好好记明白。

（引自《仡佬族古歌》，贵州省安顺地区民族事务委员会编）

2. 情歌

情歌是黔中、黔西地区仡佬族民间文学中最富活力的部分。它是青年男女在谈情说爱时所唱的歌谣。风格清新朴实淳厚，比喻贴切生动，表述委婉、含蓄、庄重。仡佬族情歌多用汉语唱，有些唱词中保留部分仡佬语词汇，一般每首四句，常以山、树、花、水、竹、石、田等自然景物起兴，擅长寓情于景。对唱时，互相倾诉情怀，表现了真挚淳朴的爱情。

窈窕淑女，君子好逑。仡佬族青年尚未认识时，若男方相中了女方，就往往很主动地上前去搭讪：

隔河见妹洗衣衫，水冷洗衣几多难；心想前去帮妹洗，只恨水深无渡船。

女青年虽也中意男方，但为了试探对方是否真心，不免回唱奚落一翻：

见人就把哥喉亮，问哥脸烫不脸烫？你我从生面不熟，怎好开口把歌唱？

男方不甘示弱，继续唱道：

小妹好像一朵花，鲜花开放人人夸，心想伸手把花摘，又怕刺来把手扎。

女方不能再倔强下去了，便会很含蓄地回唱：

哥在那边把妹望，妹在这边心想郎，洗衣棒棒将手打，脸红心跳妹心慌。

男方可乐了，可仍念念不忘刚才被奚落的情景，便欲擒故纵地唱道：

大河无船哥踩水，山高无路哥攀岩，春风不吹花不开，妹不抬手哥不来。

女方娇嗔唱：

河里鱼儿一群群，双双对对水中戏；想要鱼儿成双对，又怕别人说是非。

于是，两人相识了，相识之后，互相表达爱慕之情，重诉往情、骂媒人直到山盟海誓、成为一家人为止：

男：世上鸳鸯无打单，红花绿叶紧相连；妹若真心把我爱，我请媒人到家来。

女：高山种荞不用肥，有心相交不用媒；有个媒人多张嘴，媒人嘴里多是非。

男：妹是山中一棵树，哥是喜鹊满天飞；喜鹊落在梅枝上，枪打箭射撵不去。

女：哥妹树下定终身，吞下秤砣铁了心；吃下竹竿不变卦，炖粑牛肉不返生。

男：情妹是哥好知音，鞋匠锥子要当针；要学辣椒红到底，莫做花椒黑了心。

女：有情哥哥你放心，莫从门缝来看人；妹是后园芭蕉树，年年换叶不换心。

相爱的情侣总是希望不要分离，然而每次见面总有分离时，他们只好依依惜别：

女：今朝哥妹要分开，好比涨水放木排；急水滩头被打散，不知何时再团圆。

男：哥要离去妹莫急，止住眼泪莫伤心。阿哥就像石磨子，转了一圈又回程。

女：花带织了三尺长，送给情哥系腰上；情哥莫嫌带子短，要知情意更久长。

男：离别拿出银手圈，送给情妹戴手上；手圈戴在妹的手，两颗心儿紧紧拴。

自从上次亭别后，饱受相思之苦的青年男女，便在情歌里，把那种急切的，细腻的，无奈的感情一一表现出来：

女：手纳鞋底出大门，身倚槐树望郎归；望眼欲穿人不见，麻线扯痛妹的心。

男：望妹望到斑竹林，恍惚妹靠竹林立；跑进竹林不见妹，斑竹枝枝留泪痕。

女：日思暮想好情哥，哥妹挽手梦中游；醒来不见哥哥面，眼泪湿透花枕头。

男：行也想来睡也想，朝思暮想恋断肠；分明离别才三天，仿佛更比三年长。

从此，男女双方海誓山盟，粉身碎骨，永不分离：

生爱死爱永不忘，雷打火烧又何妨？粉身碎骨双双走，登上天门见玉皇。
生也恋来死也恋，生死要恋数十年；生生死死在一起，同生共死永相连。
在生同你共双鞋，死后同你共灵牌；梁祝化蝶翩翩舞，哥妹生死笑开颜。
生不丢来死不丢，江边踱步志更酬；手拉着手同跳水，任它飘来任它流。

（以上情歌引自《仡佬族歌谣选》，贵州省仡佬学会、贵州民族出版社编，王国权搜集整理）

3. 劳动歌

劳动歌在仡佬族歌谣中，占有相当的比重。其中，不同种类的劳动，往往又有不同的劳动歌，如开荒歌、放牧歌、织布歌、栽秧歌等。这些劳动歌，有对劳动艰辛的叹息，有对劳动态度的褒贬，有对劳动经验的总结，有对劳动场景的反映。

其中《放牧歌》是这样唱的：

水牛长角弯又弯，帮着农家把田翻。抽它屁股三鞭子，它在田中奔得欢。
水牛尾巴细又长，帮着农家耕田庄。天上吼雷下大雨，它在田中更加忙。
黄牛长角尖又尖，犁地起来泥土翻。从早到晚它不歇，一天要犁几大弯。
黄牛水牛都是牛，犁田耕地顶大头。千把锄头万把镐，不顶牛身伸个腰。
黄牛水牛农家宝，庄户人家少不了。天上打雷下大雨，庄稼无牛空起早。
十月初一牛菩萨，忍勒之人要祭它。它是农户庄稼宝，耕田种地全靠它。
大家都把牛神祭，祭祀牛神牛肥壮。
姊妹上山去看牛，手拿牛鞭吹泡桐。泡桐声音满坡响，牛马羊群遍山游。

姊妹看牛看欢乐，吹起泡桐唱起歌。你吹我唱把歌对，对歌玩到日头落。
姊妹看牛真欢乐，又吹泡桐又唱歌。要吹水牛站着听，要吹黄牛立耳朵。
姊妹看牛遍山坡，遍山牛群遍山歌。泡桐声音穿山响，唱的歌声响云霄。
姊妹看牛真喜欢，手拿泡桐吹歌声。泡桐只有两个眼，一气吹到老天边。
姊妹看牛真快乐，手拿泡桐吹唱歌。你一调来我一调，共吹唱到太阳落。
姊妹看牛跑遍坡，手拿泡桐脚爬坡。起早吹到早饭熟，午饭吹到太阳落。
吆起牛群回家转，姊妹明天再来乐。

（以上歌谣引自《仡佬族歌谣选》，贵州省仡佬学会、贵州民族出版社编）

4. 生活歌

流传在黔中、黔西地区仡佬族的生活歌主要有三种。第一种是叙述民族内各地区的地域环境和因之形成的起居、服饰、饮食习惯的民歌；第二种为节日、习俗内容的歌；第三种为苦歌。其中以苦歌的内容最为丰富，除了叙述干旱、水涝给人们带来的苦难外，大量是以孤儿、寡妇、长工等为主角，描述悲苦景况的歌，它与情歌一样，以大量动人的比拟来感人。它是仡佬族历史上受阶级压迫和民族压迫的控诉，也是仡佬族过去苦难生活的记录。有一首苦歌是这样唱的：

仡佬住在石旮旯，种田种地来养家。男子出门卖手艺，女子在家纺棉花。
石旯住的仡佬人，一年四季忙不停。又种田来又种地，年年盼望好收成。
仡佬住在大石山，靠它吃来靠它穿，要将石头盖房子，烧成石灰卖外边。
仡佬住的是石坡，三块石头撑个锅。住房要用石头盖，苞谷种在石窝窝。
从前阿仡住石山，没有吃来没有穿。簸箕无粮高挂起，黄棕拿来当衣穿。
从前阿仡住石坡，三块石头撑口锅。有了柴来又无米，月婆没有米汤喝。
从前阿仡住石山，又愁吃来又愁穿。簸箕放起扬尘吊，甑子散在灶门边。
从前阿仡住石山，没有吃来没有穿。一年到头有活干，大年三十无晚餐。
阿仡住的是石山，冬天没有衣裳穿。豆杆灰中烧洋芋，一家老小围火边。
阿仡住的叉叉房，夜装月亮日装阳。十冬腊月狂风起，一家老小围火塘。
阿仡住的茅草屋，望见太阳月亮出。寒冬腊月狂风起，一家老小不出屋。
阿仡住的茅草房，不挡风来不遮阳，十冬腊月寒风起，一家老小不立房。
阿仡住在石山坡，丹沙珠宝有许多。财主吃得肥又胖，阿仡滴水不进锅。
阿仡住在石山坡，金银铜铁有许多。金银用来交政府，铜铁阿仡留做锅。
阿仡住在大石山，又种地来又炼丹。财主要我交租子，丹砂收去贡大官。
阿仡住在大石山，除了大石就是天。天干外边去背水，下雨又把土地淹。
阿仡住在山里头，土地小块不用牛。天干外边去背水，下雨水涨涨地头。
阿仡住在山里边，出门走路弯又弯。五黄六月无人问，秋收财主进了山。
阿仡住在石山脚，五黄六月无人说。秋收财主进到家，不是捉鸡定抓鹅。
说阿仡，讲阿仡，阿仡穷得了不得。苞谷稀饭蘸辣子，每年还要借租子。
阿仡过的苦日子，财主把我活害死。记得那年谷不出，一斗还了三斗六。

阿仡那年被水淹，没有吃来没有穿。欠了老板的租子，年年还债还不完。

（以上歌谣引自《仡佬族歌谣选》，贵州省仡佬学会、贵州民族出版社编，刘天文搜集整理）

除苦歌外，以节日、习俗为内容的“吃新祭祖”歌在仡佬族生活歌中也占有相当的比重。杀牛吃新，对居都人来说，是一个与祭山同等重要的节日和祭祀活动。吃新节时，首先要采新熟谷来祭祖先。表现在歌里是这样唱的：

各家老老小小们，
大家听我说分明，
今天是个好时辰，
吹起泡筒要吃新，
各人准备出门去，
采收新谷祭祖神。
兄弟们来姐妹们，
各人准备快起身，
出了家门田地去，
采新回来敬祖神。
小田收三吊，
大田收三升；
小地收三碗，
大地收三斤；
小坡小冲一石三，
大坡大弯三石一；
旮旮旯旯要收到，
田边地角要收齐。
老的年迈走不动，
留在家中做准备，
碓窝筛子准备好，
采新回来少费心。
男男女女都要去，
齐心协力去采新，
男的拿镰刀口袋，
女的背箩拿撮箕，
快去采新祭祖先，
忍勒有寨九十九，
村村寨寨住忍勒，
四方八面忍勒住，

百里千里居忍勒。
比贡背后案桌坡，
年年采新多热乐；
采到普里和麻园，
东边采到鸡窝寨，
西边采抵四棱碑；
北面采到分水山，
南面采抵扁担山；
高处采到古老岩，
低处采到古老沟，
旮旮旯旯要采到，
冲冲凹凹要采周。
小的还小挑不动，
大的就去帮助背。
果珠在家耐心等，
收新拿来交与你，
做熟请你敬祖先。
一敬天神忍哈佤，
二敬土地神，
三敬老祖先，
四敬米天神，
祖先神灵要敬好，
明年才会有吃的，
祖先神灵敬过了，
大家热闹来吃新。
去采新时看地界，
一年一次才记清。
二采新来二看界，
祖祖辈辈传至今。

（以上采新歌引自《仡佬族歌谣选》，贵州省仡佬学会、贵州民族出版社编）

5. 仪式歌

这是黔中、黔西地区仡佬族起房造屋、婚嫁酒庆、孩子降生满月、迎客送礼、丧葬礼仪所唱的歌。这类歌谣大多是问候性、祝福性的。

在仡佬族仪式歌中，以哭嫁歌最为丰富精彩。“哭嫁歌”是抒发即将出嫁的姑娘离别亲人时依依不舍而又略带怨恨、惶恐的复杂心情。“哭嫁歌”一般由“插花”“拜祖宗”“辞爹娘”“别哥嫂”“哭姐妹”“梳头”“赞匠人”“谢乡亲”“哭媒人”“哭接亲”“叙起程”十一部分组成。“哭嫁歌”要求较高，所唱内容要恰到好处，吐词要清晰流畅，腔调要抑扬顿挫。故仡佬族姑娘们从小就要练习学唱哭嫁歌。一人出嫁，全村，甚至邻寨女孩均要仔细听唱，将词、曲、礼规记熟、记准。

“哭嫁歌”先由新娘的母亲开唱，主要内容是叮咛女儿到婆家后言行举止应注意的事项等等：

你对公婆要孝敬，夫妻之间要重情。族中叔伯要尊敬，还有六亲和四邻。
妯娌弟妹要和睦，说话轻言莫大声。勤俭持家人称赞，贤惠媳妇远扬名。

母亲启哭后，由新娘唱，从插花，拜祖宗，然后按照亲疏长幼的顺序，新娘要把自己的亲人一一唱到，具体如下：

《插花》：“正月插花有粘油，插对狮子滚绣球。二月插花天又长，插对金鸡配凤凰。三月插花三月三，插对飞蛾绕牡丹。四月插花正立夏，插对蜻蜓绕林下……”

一直唱到腊月，主要叙述十二月插花的艰辛以及春心萌动、对爱情的向往。
《拜祖宗》，历尽年复一年的插花，终于出嫁了，出嫁前，需拜祖宗，唱：

走进堂屋抬头望，祖宗供在香火前。两支大蜡红亮亮，六封伏包一炉香。
树有根来水有源，烧香烧纸供祖先。我今堂前来跪下，世代永远祭祀它。
身上花裙一身新，穿起来拜祖宗们。一拜爹妈养我大，二拜祖宗保安身。
三拜众亲来陪伴，四拜天地请神灵，拜别爹来拜别娘，爹娘深情难报答。
一棵树子青又青，老鸦还有反哺情。一棵青藤牢有牢，羊儿还有跪乳恩。
香纸烧在屋中堂，孝敬爹妈永不忘。

拜祖宗，主要是感谢祖宗、神灵庇佑，感谢亲人养育之恩，并省身铭记。
《辞爹妈》，主要感谢爹娘的养育，以及即将出嫁的难舍之情：

漫天毛雨泥稀稀，留恋妈来留恋爹。扯棵鲜花墙上栽，女儿今天口难开。
阳雀开声很好听，女儿开声泪悲哀。叫声爹爹要宽怀，鲜花总是往外开。
只怪女儿命生错，妈费心来爹花钱。阳雀难离爹妈怀，女儿难离爹妈怀。
月亮弯弯照瓦房，两手抱住我的娘。爹娘养我费尽心，不想现在要分身。
父母恩情儿难报，细细想起好伤心。你儿年幼不懂事，许多事情得靠双亲。
爹妈面前儿跪下，要请爹妈多宽心，声泪俱下心沉重，永远不忘爹娘情。

《别哥嫂》，在别兄嫂时，主要回忆未出嫁前与兄一起劳动的场景，以及感谢嫂嫂传授女红等技能的恩情，歌是这样唱的：

……

落叶白果满天飞，和睦姐妹不同堆。分离爹妈他家去，离别哥嫂好伤心。是兄是弟共一堂，阳雀开口桂桂阳，我的嫂子多贤良。

教我穿针又引线，教我插花绣衣裳。教我待人讲礼貌，教我手艺十二行。妹妹分别从今起，嫂嫂恩情永不忘。

《哭姐妹》，主要回忆了姐妹之间未嫁之前，一同相处，围炉夜话的温馨场景以及记述了婚后，姐妹不得不“是姐是妹各一方”的痛楚：

白羊开花满天飞，我们姐妹难同堆。苞谷背包慢慢黄，好耍姐妹不长久。
桂花开花花又香，姐妹终究要离乡。黄瓜熟了黄又黄，姐妹情深意又长。
吃了柑子要剥皮，好耍姐妹要分离。

《梳头》，讲述的出嫁前夜三更，起身梳头时，巧逢窗外雀鸣，由此而产生诸多的回忆和遐想，反映了女子内心的矛盾之情。

阳雀树上叫喳喳，明天女儿去别家。鸡叫三更心更愁，拿起梳子来梳头。
……
爹妈养我十八载，长大要去别人家。我若是个儿子娃，愿挨爹妈过一生。
想起亲生我的妈，不养爹妈好寒心。爹妈要从宽处想，莫把女儿记上心。
生来是姑娘命，服侍婆家老一双。

《赞匠人》，主要描述女子“淡出尘，理云鬓”出嫁打扮时，以物思人，忽然想起对匠人手艺的赞美。

请来木匠打嫁匣，木匠来把木料看。推刨推得平平展，墨线弹得四周清。
斧头砍起月亮架，崩锄崩起梭子形，四面八方请木匠，人人说他手艺高。

《谢乡亲》，妆已成，即将嫁，顾乡亲，忙里忙外；心头不免几分惆怅和感慨。

油菜开花遍地黄，全得亲友来帮忙。白天帮忙做饭菜，夜晚熬到通天亮。
……
你们功劳实在大，牢记心间永不忘。

《哭媒人》，快出嫁，为人妇；念昔日，我的好情郎。纵有父母命，却奈何，媒妁之言？错，错，错，恨！恨！恨！

蚕豆开花倒结果，媒人想吃猪脑壳。花言巧语弄是非，东家添油西家吹。
嚼起牙巴吹一阵，乱点鸳鸯害人家。管它牡丹对漆树，管它甜梨对花椒。
乌鸦说成金凤凰，耗子说成好羔羊。大蒜说成好桔子，苦李说成时仙桃。
说得葫芦沉下水，说得石板水上漂。林中麻雀哄出窝，骗了我爹骗我妈。
说谎媒人挨刀剐，人家有个好女子。诓吃诓喝去哄她，来到我家说谎话，花言巧语骗我家。
她左手提着一把面，右手拄棵老麻麻。一瘸一拐来我家，硬要我爹妈来打发。

说他家田地无其数，说他家房子几豪华。说他家儿子长得好，漂漂亮亮人人夸。

后来暗中去访问，原来是脚瘸脸又麻。找一碗来吃一碗，穷得烧锅无米下。

坐的是间叉叉房，猪毛鸡种无一双。这时本想把口改，好女不嫁二夫郎。

错听媒人一句话，害我一辈苦当家。奉劝世间姐妹们，不要轻听媒人话。

《哭接亲》，真的要走了，那接亲的队伍就在门外，亲人们，请留步。表达了不舍离去的愁绪。

昨天接亲人进了房，我今天难舍爹和娘。昨天来接今天走，叫我怎样舍得我爹娘。

唢呐是个催命鬼，接亲人是个活阎王。堂屋当中辞祖宗，难忘爹娘和弟兄。

扶我从堂屋中走，女儿伤心哭断肠。哭声众亲情义重，深情厚谊我难忘。

三亲六戚我少陪，过了三天我来会。

《叙起程》，别了爹娘，别了兄弟，别了众亲友，起程了，实在不忍回顾。反映了姑娘肝断愁肠的情绪。

一把筷子十二双，拿给哥哥买田庄。上头买齐云南省，下头买齐北京城。

我的爹呀我的娘，拉钱借米盘进房。如今我是姑娘命，盘钱费米送出门。

我的爹呀我的娘，我去无钱无米粮。你们来时只喊坐，无钱无米无脸面。

哥哥送妹要到屋，不要送到半路转回头。从前你领我长大，如今身离心还留。

含起眼泪分离去，哥哥情义记心头。

（以上哭嫁歌引自《仡佬族歌谣选》，贵州省仡佬学会、贵州民族出版社编）

此外，黔中、黔西地区仡佬族的歌谣除了以上几种类型之外，还有酒歌、山歌、儿歌等等。

酒歌是每逢至亲好友来访，或在节日或婚礼的筵席上，好客的仡佬人总要以歌助酒兴，以酒展歌情。酒歌多采用对唱形式，主方起唱，客方接唱，如此轮番。内容多是双方相互赞美，表示欢喜之情。

《新年敬酒歌》是这样唱的：

新年美酒香喷喷，
桌上美酒敬谁人？
金杯银碗斟满酒，
我挨一挨二敬亲人。

第一碗美酒敬给谁？
敬给地盘业主老先人。

古老先人我们祖，
开拓疆土太辛苦。
创造家业有千万，
留下家业万万千。
子孙后代用不完，
古老先人请喝酒，
你们在天之灵，
将我们多多保佑。

第二碗美酒敬给谁？
敬给我们的父母和公婆。
高堂上是父母和公婆，
美酒先请四位老人喝。
养儿养女老人多辛苦，
为吃为穿老人受奔波。
满堂儿女多缘分，
人老心宽慢慢过。
儿女长大要孝敬，
请四位老人把酒喝。

第三碗美酒敬给谁？
敬给舅爷舅妈姑妈姑爹。
舅爷舅妈好辛苦，
姑爹姑妈多操心。
孝敬父母操家务，
勤勤恳恳过生活。
学习你们多勤快，
学习你们多孝心。
要学你们那样过日子，
要学你们平易对待人。
你们的好事难学尽，
请把这碗美酒喝。

最后一碗敬给谁？
我们同辈老小一起喝。
喝下美酒就吃饭，
团团圆圆过新年。

（引自《仡佬族歌谣选》，贵州省仡佬学会、贵州民族出版社编）

山歌是野外砍柴、放牛、犁地、耙地时，即兴而唱的歌。这反映了仡佬族是一个好歌唱的民族。

儿歌是向儿童讲述故事，传授知识等。

总之，黔中、黔西地区仡佬族歌谣，往往以口头形式世代相传。其形式多样，内容庞杂，构思相当巧妙和完美，对人生离乡、美好愿望的追求，对英雄人物的赞美，对邪恶势力的鞭挞。语言朴实而优美，嘲讽诙谐，表现得淋漓尽致，深为广大仡佬族人们所喜。对仡佬族人民以至其他各族人民均有一定的教育意义，具有很高的文学价值，同样在民族学、民俗学方面，也是极为珍贵的资料。因而，历经千百年来，始终流传不衰，地域十分广泛。

这些居都周边地区的仡佬族民间文学丰富多彩，是这个地区民族文化的重要遗存之一，它在彰显自己民族民间文学辉煌的同时，也映射出了居都仡佬族人民间文学的深厚背景。

第三节　仡佬族民间文学的文化价值

每一种文化都有其独创性和充分的价值，不同文化的传统和价值体系是无法比较的，文化价值没有共同的一般等价物。因此，我们在探讨仡佬族民间文学在文化上的价值时，只能是从主位上出发而作出的一个笼统的说法，或者说暂时的断定，在实际中它的文化价值可能是多方面的。

我们以为，仡佬族民间文学的文化价值可以通过以下几个方面来认识：一是仡佬族民间文学反映在观念文化上的价值，二是仡佬族民间文学反映在历史文化上的价值，三是仡佬族民间文学反映在古老习俗上的价值，四是仡佬族民间文学反映在精神文化领域上的价值，等等。

一、仡佬族民间文学反映在观念文化上的价值

在仡佬族民间文学中，反映其观念文化上的价值最为广泛，几乎在神话、传说、民间故事、歌谣等诸多文学作品的篇章都有呈现。尤其在神话和故事里表现得最为突出。它们有对自然现象观念的表现，有对生死观念的表现，有对善恶褒贬观念的表现，等等。

1. 对自然现象观念的表现

在《开天辟地》这一神话中，仡佬族先民认为，很古的时候，世上是个黑洞洞，人们称为黑洞时代，做活路也都是摸着做，睡一觉瞌睡醒来，锄头把都生菌了。祝融公公就拿头去撞天，一下子撞破了西天；祝融的妹妹才炼石来补天；红君来补地，用四个大鳌鱼来顶天，天也不动，地也不翻了。在《天地、日月和气候》中讲述盘古王出世的时候，世上事也是黑洞洞的，一片漆黑，不分昼夜。金皋来立天立地，天有

半边补不齐，金皋的妹妹炼石来补青天。盘古王制出了太阳、月亮和星星，太阳老君来分气候。在《制日月》里，传说天地补好了，世上也还是黑漆漆的。

他们多次提到了一个“黑洞”的概念。仡佬族先民认为，人世间，最原初的存在状态是“黑漆漆的”，他们称之为“黑洞时代”。很显然，这是对“黑夜”的一种想象并加以物化表达出来。这里面包含了仡佬人对自然现象的古老观念的“思考”。原初时期，人们生活在没有火，间断性有光的时代，他们不能在恶劣的环境下抵制毒蛇猛兽的攻击，尤其在没有光，又没有火的晚上，这种情况极其险恶。于是，在他们的脑海中便极易形成一种对漆黑现象的恐惧。人们对光和热的化身——月亮和太阳，也就在《开天辟地》《天地、日月和气候》《制日月》等这些神话中是那样的急切盼望起来。这表面上似乎是对黑暗到光明的企盼以及对恶劣自然环境的反应，实际上却蕴含了对“生存”的思考。在“漆黑”的环境里，要想使族群得以延续，就不得不需“太阳”“月亮”等光热的出现。这不能不说是他们生境状态使然，至少在很大的程度上就是这样。所以说，养成“黑洞”这一古老观念是仡佬族先民原初生境的折射以及对生存调适的结果。

当然，仡佬族的“黑洞”自然现象观念，又不是独一无二的，与它相类似的观念在其他各少数民族也有呈现。诸如同为南方少数民族的苗族，它们养成的是“云雾”的古老观念，认为云雾生最早，云雾算最老，即认为天和地是云雾生的。而对北方民族尤其西北各族，在解释物种起源、山川、河流等民间文学中，又多形成“冰雪”的古老观念。

2. 对生死观念的表现

在仡佬族民间文学中，对生死观念的表现主要体现在《别人间》这首歌谣里。它是《丧葬歌》中的一首。仡佬族老人去世，一般要请祭师举行祭祀，唱丧葬歌。主要唱的内容是逝者与生前所相处的人、事、物一一分离的表述。这种分离，不是强制的，而是无奈的；不是暂时的，而是永久的；但这种分离，又不是一般意义上的永久死去，只是互不见面的分离而“活”在不同的两个时空里。于是，这样的死，便具有了哲学的遐想，甚至已经不再畏惧了。一个仡佬人，他要离开儿子去，要离开侄子去，要与女儿分离，要与侄女分离。他只望着水，他就望着水……这是何等坦然？如果如哈姆雷特那样对生和死仍旧充满了困惑，那么是生还是死，对于仡佬族人来说已不再是一个思考的问题了。这又是何等的洒脱？完全是仡佬族人式的对生命的超凡感悟和认识。

你要离开儿子去，要离开侄子去，
要与女儿分离，要与侄女分离。
你一样不望，也不往哪样。
你只望着水，你就望着水。
……
从房间里分开，从房间里分离；
从家什分开，从锅边分离；

从火塘边分开，从灰堆旁分离；
从屋角分开，从屋角分离；
从家神分开，从家神分离；
从大门分开，从大门分离；
从鸡笼边分开，从鸡笼旁分离；
从猪圈分开，从羊圈分离；
从牛圈分开，从马厩分离；
从寨子里分开，从寨子里分离；
从寨边分开，从寨边分离。
……
与儿子分离，与侄儿分离，
与媳妇分离，与侄媳妇分离，
与女儿分离，与侄女分离，
你还与大路分离，与路边岩石分离，
你要记清楚，你要记明白。
你与挑盐地分离，
与酿酒坊分离，与场坝分离，
与水井分离，与菜园分离，
与蒜地分离，与放牛场分离，
与放马场分离，与捡柴坡分离，
与割草坡分离，与山岩脚分离，
与山岩顶分离。
这些地方都要分开。
这些地方都要分离。
你要好好记清楚，
你要好好记明白。

但为什么“分离”得如此面面俱到，为什么又“只望着水，就望着水”，又为什么“要好好记清楚、记明白”。这让我们倍感疑惑。这如此坦然的生死观念背后，或许又是有一个更为深刻的隐喻。我们认为，除了生死观念之外，这肯定还影射着仡佬族族源迁徙、回归祖先等历史文化的印迹。可以说，没有哪一首歌谣像《别人间》那样把“分离”诠释得如此详细了，从亲人到六畜，从居处到生活过的每一个地方，无一不与之一一分离。

3. 对善恶褒贬观念的表现

除了以上两种观念表现外，仡佬族民间文学在观念文化上的表现还体现在其善恶褒贬观念上，对于善恶褒贬观念的表现，仡佬族民间文学里也比较多。

在《阿仰兄妹制人烟》中是这样描述的：在很古以前，有一家人，这家人有三兄弟和一个妹妹。有一天，他们在山坡上劳动的时候，天神彻格下凡来告诉他们，很快就要发大洪水了，还给他们出主意设法躲避。但老大、老二却出言不逊得罪了天神彻格，他们按天神说的办法去做，结果死于洪水之中。只有老三和妹妹坐在杉木做成的木葫芦里没有被淹死。与《阿仰兄妹制人烟》相类似的故事还有《伏羲姊妹制人烟》，讲述的是从前有一家人，有四姊妹。有一天，老者告诉他们要发洪水，大哥二哥不停并且得罪了老者，后来，果然发大水了，这家兄弟都照着办了。三弟和妹妹刚坐进葫芦里，洪水就涨满天上去了。大哥二哥坐铁锅，沉到水底去了。

读完这两则故事，我们很容易记起三哥和小妹听话，所以才得以活了下来的简单理由。从此，我们也知道了“善良，听话”才于己有益。掩卷而思，我们是否又在疑惑：大哥二哥，刚开始时不信长者的话，后来为什么就信了呢？这似乎不大符合逻辑上的推论。如果以善代表长者，那么一个“善者”竟因为一句话或者对方的不敬而设计将对方置于死地。这与“洪水”这样的灾难又有什么区别？这就是仡佬族人甚至其他各兄弟民族都乐道的善恶褒贬观念，正是这样的观念，才突现了它的特色。

此外，体现善恶褒贬观念的故事还有《七生和仙女》，讲的是从前有个青年樵夫，名叫七生，天天上山打柴卖，供养一个年老的母亲。家里就只有他母子二人，相依为命。仙女见他勤劳忠厚，就下来帮助他并且嫁给他。后来被皇帝发现了，皇帝为了霸占仙女，就出来百般刁难七生，仙女急中生智，一起对付皇帝。最后把皇帝烧死了。从此，七生和仙女过着平平安安的幸福日子。

这类故事，多取材于幻想或者生活故事，通过人与神的婚姻遭遇，鞭挞丑恶行为与恶势力，反映惩恶扬善的道德思想，表现了善有善报、恶有恶报的伦理观念。

二、仡佬族民间文学反映在历史文化上的价值

在仡佬族民间文学中，反映其历史文化上的价值也是很多的。比如有《伏羲姊妹制人烟》《四曹人》《为哪样叫仡佬族》《彝仡佬的来历》《晟打浦的传说》《兄弟赶山》等等。

在《伏羲姊妹制人烟》神话中，表面上讲述的是人类起源以及反映原始婚姻状态的内容，但神话又说道：“盘古王来分天地后，叫伏羲兄妹成婚来制人烟，他们都不同意。后来经过盘古王一再催促，他们两次提出条件：一次是隔河丢针穿线；一次是高山滚磨相合，结果都成功了。推脱不掉，他们只好结婚。两兄妹成婚以后，生下一个肉团，他们用刀割成小块，乱丢丢到桃树、李树、杨树、秋树……各种树上；丢到石头上，江河里。哪晓得，第二天一看都变成了人。后来，就依挂的树，丢的地方为姓，就有了陶、李、杨、邱、石、江、何等等的姓。”实际上这也折射了仡佬族历史上姓氏命名的由来。

《四曹人》，仡佬族的先民们认为，世上本来没有人烟，后来有了人烟，那是经过几次的兴衰，才发展到今天这个样。人类出现，曾经历过不同性质的三朝：第一朝人是用泥巴捏制而成，后来被大风吹化了；第二朝人是用草编扎而成，结果被天火烧没了；第三朝人是天上的星宿下凡变成的，他们的后人又被滔天洪水吞没了，只剩下一对兄妹，奉天神之意婚配，才繁衍出了今天世间的人类。

仡佬族人在叙述洪水时，明确地说在洪水淹没第三朝人前，已经发生了“风吹一朝人”“火烧二朝人”等与洪水同等的灾难。如此惊人的说法怎么来解释呢？难道洪水之前，仡佬族历史曾有过文明的痕迹？另外，仡佬族先民认为人类的出现刚好历经“四朝”，与其历史上西抵氐羌民族，东为苗瑶民族，北临汉民族，南倚百越民族的地理环境是否有联系，是否是在这四大族群的政治挤压下呈现在文学上的表述？“夹缝里生存”的命运，多少应该折射出历史的影子。这一点在另外的章节已有展开，在此不必赘述。

在《为什么叫仡佬族》这些族称传说中，传说以前仡家人做官的很多，办事情，审案子，都讲本民族话，别的民族听不懂。皇帝怕仡家的官讲本民族话办不好事情，就说：“不要他们当官了，把他们隔了。”这个“隔了”，就是“隔开不要”的意思，后来说成“仡佬”。这则传说，可能是后人望文生义或者附会的结果。但从这些传说尤其“隔了”二字，却可以感受到封建王朝对少数民族地区的影响。

早在元、明至清代雍正年间，中央王朝为加强对西南及南方民族的统治，一方面在这些民族地区建立如内地的行省机构，同时又根据各民族的实际情况，推行有别于内地的“土司制度”。朝廷一方面分封各族首领为土司，以统治各族；另一方面又直接派流官以控制土司，实行土流并治。但随着社会的发展，土司制度的腐朽性和落后性不断暴露出来，至清雍正年间，朝廷开始实行改土归流。即废除少数民族的世袭土官，改由封建中央王朝直接委派的定期轮换的流官，推行完全如内地一样的地方制度。而处在西南地区的仡佬族人难免陷入封建统治之内。因此，单就传说木身，“隔了”应该是“改土归流”推行的一种借口。也是封建王朝在少数民族地区留下的一个历史权术的印痕。

《彝仡佬的来历》传说仡佬族人原来很少，有一年过年的时候，仡佬人去几十里以外的其他仡佬寨去迎亲，花花轿前有唢呐和歌郎，花花轿后有送亲客、酒令婆和媒人，一路上吹吹打打，很热闹。忽然，山那边呵伙翻天的喊打老虎。大歌郎和新娘都下轿跟着大家看热闹。这时，有一个彝族姑娘穿得新碌碌在路上打猪草，听见人们闹得很，也走到轿边看稀奇。闹腾一阵以后，大歌郎催大家快上路，抬轿的错把那个彝族姑娘当新娘推上轿，抬起就走，就这样，这个彝族姑娘就成了这支仡佬族的老祖婆。老祖公是仡佬族讲仡佬话，老祖婆是彝族讲彝家话，所以，外族人就称他们为彝仡佬。且不说这个传说的滑稽性，单就传说中为看打虎，姑娘和新娘两者之间的偶然转换，便耐人寻味。这传说背后，反映了彝族人与仡佬族人两者联姻的历史事实。不管是通过什么方式，战争也罢，掠夺也吧，还是如上述“传说”那般纯属巧合。民族间的交往却是一个不争的事实。

《晟打浦的传说》讲述的是仡家英雄晟打浦从出生、立业、起义到失败的传说。但从中却可以反映出仡佬族人在清朝时期的一些生活状态以及反抗官府斗争的动因。如“那一天冬天，打浦对大家说：‘百姓种了一年庄稼，连自己的肚皮都装不饱，还拿哪样去交租?!朝廷嫌我们上的皇粮少，我们干脆就不上，怕哪样!?朝廷有千军万马，我们有千里长箐，万里岭岗!’于是，他们在各处组织修屯、筑墙。”从这短短的文字，便能迅速地捕捉到当时仡佬族人反抗的历史信息。

当然，就目前掌握的资料看，仡佬族民间文学，不管是神话还是传说等内容都尚无英雄的出现。如上述的晟打浦，这一英雄形象也只是局部地区的。这也许是与仡佬族先民没有建立稳定的政权，且于夜郎失势后，族群散离而长期处于劣势有关。

总之，在仡佬族民间文学中，反映在历史文化价值的文学是很多的。通过这些神话、故事、传说、歌谣等民间文学，我们甚至可以窥见它承载的更多、更久远的历史信息。

三、仡佬族民间文学反映在古老习俗上的价值

风俗习惯作为民族社会心理的表现形式，是一种重要的文化现象。作为民族文化生活的组成部分。它指的是一个特定民族在衣食住行、生产劳动、婚姻、丧葬、节庆、礼仪等方面的风尚和习俗。它直接反应并影响了一个时代的民族精神和生活面貌。仡佬族习俗也是一样，它是仡佬族先民世代传承下来的文化表象。随着时代的演变，一些古老的习俗现今仅保存在民间的口述传播中。

在仡佬族民间文学中，表现其古老习俗文化的有《阿仰兄妹制人烟》《伏羲姊妹制人烟》《仡佬族成亲的习俗》《穿桶裙的来历》《仡佬族唢呐谱的来历》《兄弟赶山》《吃新祭祖》等等。

在《阿仰兄妹制人烟》《伏羲姊妹制人烟》这类神话，表面上讲述的是洪水滔天后，全世界的人死光了，兄妹俩结婚繁衍后代的故事。但稍微把之与别的民族的洪水神话相比较，便不难看出它们惊人的雷同，几乎在所有南方少数民族的人类起源故事里，都是兄妹结婚的范例。

在人类婚姻文化史上，人类先是实行集团内群婚，然后才是集团外群婚。而在集团内群婚阶段，所实行的是血缘婚，与之对应的家庭形式即是血缘家庭。这就意味着，同一辈的男女既互为兄弟姊妹，也互为夫妻。它较原先祖先和子孙之间，双亲和子女之间的婚配形式，有了历史的进步。而这两则神话，就是对远古时代的仡佬族先民曾经流行过的婚姻制度——血缘婚的曲折反映。

在《仡佬族成亲的习俗》《穿桶裙的来历》《仡佬族唢呐谱的来历》这类传说中，主要反映了仡佬族成亲、衣着、歌舞等一些生活习俗的起源及其来历。至于为什么要实行那样的仪式？我们以为，其间应该蕴含着更为深刻的象征。当然，这样的仪式也并不是不变的。如在《仡佬族成亲的习俗》里，“去接亲的人，那天晚上在新娘家不能睡觉，等到半夜，娘家的父亲、兄弟等就用黑黑的煤烟，向接亲人的脸上抹去，抹得满脸漆黑，接亲人不得反抗，只能接受。”随着现代社会各种文化的渗入，在现代居都人的社会里，在“新娘家不能睡觉，等到半夜”的习俗应该是有所改变了，拿“煤灰抹脸”，也应该考虑到是否有“煤”这一客观存在。但是，也正因为这样的“变”，才愈发突显出仡佬族人习俗的古老来。反映在人们的口述相传中，也便成了“以前我们怎样怎样，而现在却这样这样”对比式的感叹。

一个民族，其文化的核心应该是她的祭祀、信仰，而信仰文化又是通过一系列的

祭祀性质仪式组成的。仡佬族人也不例外。在居都的祭祀活动中，一年当中最早的是三月份祭山神，祭山时都是男子参加，大都为全寨活动，但因不同地方，祭山的时间、形式、礼仪上也略有差异。但为什么要祭山且选择在三月三祭呢？此习俗反映在民间文学《兄弟赶山》上是这样的：

……
不幸累死在高山。敖伟得知这桩事，
下到凡间查根源，由来已经查清楚，
九人死得真壮烈。敖伟不追他们罪，
还令留下这些山，他们赶山献生命，
从此当抱才有山。敖伟表彰其功绩，
生前他们管地盘，死后追封为山神。
敖伟追封时，恰是三月三。
敖伟封了代代传，从古至今才祭山。
从古至今代代传，每年三月要祭山，
哥哥是在初二祭，弟弟是在前一天，
祭了山神得保佑，寨寨老幼得平安。
生前兄弟管地盘，死后追封为山神，
人生地盘不用买，死后不用买路钱。

至此，从这些表述中，便很清楚地了解到仡佬族人为什么选择在三月祭山的缘由。此外，从《祭山神》里还能更多地窥见此古老习俗的一二。

我们初一请三回，
担心你们听不准，
初二又来请三回，
又怕你们出了门，
今天最后请三回，
三天总共请九回。
为何三天请九回？
是怕你们来不齐。

这是对祭山时每天请三回，三天请九回的古老习俗的表述及其解释。

此外，吃新祭祖这一古老习俗在仡佬族民间文学中也有一定的描述。杀牛吃新，对居都人来说，是一个与祭山同等重要的节日和祭祀活动。吃新节时，首先要采新熟谷来祭祖先。但敬时，却又明确地分列前后顺序，反映了仡佬族人古老的习俗观念。

做熟请你敬祖先。
一敬天神忍哈佤，

二敬土地神，
三敬老祖先，
四敬米天神，
祖先神灵要敬好，
明年才会有吃的。

四、仡佬族民间文学反映在精神文化领域上的价值

在仡佬族民间文学中，反映在精神文化领域上的价值主要表现在其民族精神层面上。而这种精神又体现在《兄弟赶山》中。

《兄弟赶山》主要讲述的是九兄弟奉命赶山以填深海，途中，由于老者的使计，最后赶山不成，累死高山的故事。但为什么要赶山来填深海呢？对于仡佬族这样一个苦难的民族，在历史的发展中，深受来自外界诸多阶级的压迫。为求生存，一定要塑造一种民族精神来支撑自己生活的信念。于是，“九兄弟”的形象便在民间的口述里得以相传开来，仡佬族人也自然地把自己那种不屈精神寄托在“九兄弟”的形象中。

一气之下把酒端，各人痛饮一碗酒，
以酒壮胆再骑山，凭着酒兴奋力赶，
不幸累死在高山。敖伟得知这桩事，
下到凡间查根源，由来已经查清楚，
九人死得真壮烈。敖伟不追他们罪，
还令留下这些山，他们赶山献生命，
从此当抱才有山。敖伟表彰其功绩，
生前他们管地盘，死后追封为山神。
（见《兄弟赶山》）

奉命赶山，以填深海；一气之下，痛饮烈酒；仗酒骑山，累死山头。这样的表述是何等的气势，仡佬族人用自己的方式传递着他们的不朽传奇。这也是他们文化里的精神财富。

第四节　仡佬族民间文学的文学艺术价值

如前所述，在长期的历史发展过程中，汉族由于人口多，地处中原，文化比较发达，其所创造的文学作品也由于数量大，质量高，影响深远而在中华民族共同的文学宝库中占据了突出的地位。但是，汉族以外的其他各少数民族，也都有其悠久而光辉的历史，他们创造出来的文学作品，同样在数量、质量等诸多方面与汉族文学相提并

论，少数民族以其特殊的民族风格和民族气质所体现出来的民族文学特点，显示了特有的艺术魅力。

但由于仡佬族历史上无文字传播的特点，致使其反映在民间文学的文本上，只能以汉语作为载体。因此，我们在讨论到它的文学艺术价值时，多少会带有话语霸权的因子，或者自觉或不自觉地把它放进整个中国文学史背景中去，然后才去解析仡佬族民间文学的文学艺术价值。

我们认为，仡佬族民间文学在文学艺术上的价值，可以体现在以下几个方面：一是奇特的文学意象特征；二是平铺直叙的艺术手法；三是独特的审美情感；等等。

一、奇特的文学意象特征

意象作为一个文学理论术语，第一个提出来的是刘勰，指的是一切悟彻人生的艺术家能运用笔墨描写想象中的景象。以后，我国的一些文艺理论家在使用这一术语时，虽不断丰富其内涵，但基本上还是沿袭了刘勰的意思。意象概念，广泛应用于多门学科，主要有心理意象、内心形象、泛化形象、观念意象以及高级形态的审美意象等四种含义。而在仡佬族文学意象中，则主要体现在心理意象、泛化形象和观念意象三个方面。下面我们就仡佬族文学里的“黑洞、鸡、竹”三个意象来进行讨论。

1. “黑洞”与心理意象

在我国各民族的文学作品中，由于创作主体在历史、生境、观念等各种因素的不同，使得其文学上的意象也不尽相同。

在西北、东北及整个北方地区各族，由于纬度高且处于高寒地带，在不少民族民间文学里，常带有草原和瀚海的风采。在这里，冰天雪地和漫天风沙等自然现象被赋予了人的灵魂，它们被人们不自觉地加工成神奇的形象，大多以“冰川、风沙、雪妖”等文学意象出现在其民间文学中。如哈萨克族的《伽萨甘创业》神话，说创世主迦萨甘用自身的光和热创造了太阳和月亮。于是，大地上有了人类和万物，呈现出勃勃生机、繁荣昌盛的景象。但嫉妒光明的恶魔“黑暗”，不甘寂寞，时常出来兴风作浪，残害人类。从此，太阳和月亮一对恋人，分居两地。由于战斗激烈、频繁，致使太阳和月亮没有聚首的机会。他们流下了相思的泪水，化作了雨和雪。他们的泪水引起了迦萨甘的同情，他拿起自己的弓箭，射退了恶魔。又如裕固族的《莫拉》，讲述的是在远古时代，每到严寒的冬季，凶恶的雪妖，便携带着凛冽的北风，飘飞的大雪，横行大地，肆虐人间。有个聪颖过人、勇敢无比的孩子莫拉骑上宝马，带上神弓，跋山涉水，历尽艰险，战胜重重困难，最后烧死了雪妖。

这些意象，不过是恶劣的自然现象的化身。但正因为这些化身，作为一种奇特的文学意象特色而呈现在各民族的文学作品上，尽显了本民族的艺术魅力。

与仡佬族同属南方地区的苗族、瑶族、壮族，其文学意象也多以“云雾、混沌”出现。他们认为，云雾生最早，云雾算最老，即认为天和地是云雾生的，或者说人类最原初的状态是混沌一片的。

在汉族的典籍中，这样的文学意象也大有存在。比如“桃花源”这一意象，虽然被赋予了人们诸多的幻想，但作为那样一片宁静的乐土，它的出现，与和平、美好、安逸、幸福、和谐、理想，完全等同起来。几千年来，一直为世人尤其文人所向往。

而在仡佬族民间文学中，尤其在一些神话、传说中多次提到"黑洞"这个意象，仡佬族先民认为，人类最初的存在状态是"黑漆漆的"，他们称之为"黑洞时代"。那"黑洞"又是怎么一个意象呢？很显然，这是仡佬族人在探索自然的基础上形成的在脑际中的一种感性形象认识。与别的民族的文学意象不同，仡佬族人由于生存环境的独特或差异，从而在心理上引发的对历史居住地域的模糊记忆，它综合了以上各少数民族"冰川、风沙、雪妖、云雾、混沌"等文学意象的感性形象和汉族如"桃花源"这样的理性形象，即在感性和理性两个方面上达成了一致，完美融合。因而，具有很独特的民族性。

2. "鸡"与泛化形象

在仡佬族的民间文学中，还多次运用到"鸡"这一个文学意象。

对于"鸡"这个意象，几乎在所有南方少数民族的射日月神话、传说里都有提及，但他们在提及时皆是在解释日月运行的自然现象基础上，间接地说明"鸡"的自然特征。如瑶族的《格怀射日月》便是其一。它以生动的笔墨，展现神性格怀射日月的经过和无畏的气概："……太阳和月亮都不敢露头，天黑沉下去了，格怀等得非常焦急。这时，有只公鸡跑来和格怀讲话：'如果你给我一碗酒，一把米，一个头冠，我就请太阳和月亮升上来。格怀答应了，公鸡吃饱了，公鸡喝醉了，公鸡头上戴冠了，于是对着东方蹄三声，太阳和月亮出来了。"

仡佬族的射日神话也大致一样，讲阿膺去射日，把太阳月亮吓得不敢出来了。天底下又成了漆黑一片。人们抱着大红公鸡去接太阳、月亮，公鸡抱去了好久，不见太阳和月亮出来。公鸡急了，拍拍翅膀，勾下头，伸直脖子，"喔、喔、喔"地叫了起来，它一连叫了三遍，叫红了脸，叫红了脖子，连冠子也叫红了。它高昂的叫声，从这山传到那山，在山山岭岭回响。太阳听见到处都有鸡的呼唤，不好再躲，才从东边出口慢慢露出头来。它在天上从东到西走了一趟，都平安无事，月亮到晚上，才跟着走了出来。从此天底下又有了光明。所以，直到现在，公鸡的脸、脖子、冠子都是红彤彤的。而且，每天拂晓它叫完三遍以后，太阳也就出来了。

关于像这样解释天象的神话，除居都以外的其他民族地区都有流传。仅以太阳和月亮的神话来说，便有各种不同的版本。"公鸡叫太阳"在其他邻居民族中也是流传的，他们有许许多多相似之处。而在仡佬族地区，尤其居都，却独具特色，在他们的祭祀词中仍旧保存着。也因此，"公鸡"在他们的社会生活中，也扮演了很重要的角色。反映在居都语言"革"（"鸡"在居都语言中叫作"革"）上，如汽车、火车、飞机等新事物，居都人按自己的语言方式分称为：汽车—屋里革、火车—革笔、飞机—革斗雷。此外，祭山要用鸡，卦卜中多用鸡卦，等等。可见，"鸡"不仅仅作为一种文学意象存在于仡佬族的民间文学中，而且还作为一种特定的意象"泛化"于仡佬族人生活的方方面面。

3. “竹”与观念意象

竹，在我国古代的典籍里，因为其巨大的生命力和潜能以及神秘的内蕴与象征，一度让人们以正直、高洁、坚韧、清幽淡远等品格去崇拜、去理解。或于竹前月下饮酒作诗，或与竹影清风共享隐逸乐趣。

特别在魏晋南北朝时期，中国文人与“竹”的默契融合，使得他们在自然山水中“托身所得”。自然山水不仅是他们欣赏的对象，而且还成为他们慰藉和精神生活的一部分。因此，才有“宁可食无肉，不可使居无竹”的佳句来。《世说新语》是这样记载的：

> 王子猷尝暂寄人空宅住，便令种竹。或问：“暂住何烦尔？”王啸咏良久，直指竹曰：“何可一日无此君！”（《任诞》）

他借住空宅，令人种竹，这是“把玩‘现在’，在刹那的限量的生活里以求极量的丰富和充实，不为着将来或过去而放弃现在的价值的体味和创造”。

与王子猷同样好竹的还有清代画家郑板桥，他对自己的居室设计是：“十笏茅斋，一方天井，修竹数竿，石笋数尺。”以追求达到“风中雨中有声，日中月中有影，诗中酒中有情，闲中闷中有伴”的效果。与宋隐士林逋以鹤为子、以梅为妻那般，画家把竹当作了他的伴侣，从而与竹为一。

而在仡佬族的民间文学中，对“竹”这个文学意象也多有提及。仡佬族人的祖先与竹的关系有许多神奇的传说，今天在这里的仡佬人与竹也紧密地联系在一起。在居都的地域上、生活上、工艺上几乎都看到有关竹的影子。他们居室的墙体是竹做的，他们的生产用具也是竹做的……

如果说先实用而后审美，这是审美的朴素规律。那么就实用而言，现存于居都的生活用具比如竹席已经得以体现。但在居都中我们却发现，虽然现今的人们对竹已没有传说中的信仰和崇拜了，但他们与竹的关系却很微妙，像李发旺们，他们对“用竹子和自己的手艺致富的建设”，回答却是淡淡的“舍不得”。这颇有“宁可食无肉，不可使居无竹”味道，但他们又不像王子猷那样“及时享乐”，“把玩‘现在’，在刹那的限量的生活里以求极量的丰富和充实，不为着将来或过去而放弃现在的价值的体味和创造”。而与之相反，而是放弃现有的享乐，以求将来的价值。这是一种仡佬族式对竹的观念意象。

从美学的角度看，仡佬族人对竹这一文学意象，似乎对“致用”适可而止，放弃或者说忽略了“比德”，而直接达到“畅神”阶段，即竹本身的存在与欣赏者完美和谐或者竹的美使欣赏者心旷神怡。从而与竹等自然山水为一，达到心灵和自然景色融为一体的愉悦境界。这不能不说又是一种“与竹为伴”的生存智慧。

二、平白朴实的艺术手法

仡佬族民间文学，其文学艺术手法在中国文学里，虽然没有其他民族的文学，尤其汉文学那样丰富。体裁也永远不如唐诗、宋词、元曲、明清小说那般多样。但它那独特的平铺直叙手法及其朴实的辞藻描述却颇具特色。

比如在《七生和仙女》这样的故事中，一般都以“从前有个×××”作为开始，然后开始叙述主人公的成长，如果以时间来叙述，也一定会交代第一天主人公干了什么什么，第二天又干什么什么，或者第一年怎样怎样，第二年又怎样怎样……完全是同样的模式，其间没有什么大的起伏，没有那种荡气回肠或者错落的美感。但是，却因为这样的叙述手法，使故事犹如打开画卷一般，一点一点地呈现在你的眼前，层层深入，一环紧扣一环。又犹如一条小溪一般，从一个小小的源头，越来越大，最后，融入一条大江中去。看毕，不觉让人会心一笑。那种很天真烂漫的想法，跃然于故事之间。人的心情，也因那样平白朴实或者说平铺直叙而得以释怀。不必为繁华红尘的喧嚣所困扰，蒙蒙如烟然。

此外，反映在辞藻上，仡佬族民间文学的用词也极尽朴实，它不会如“想当年，金戈铁马，气吞万里如虎”那般豪迈，也不如“花落水流红，闲情万种，无语怨东风”那般婉约；也不如“抟扶摇而上者九万里”或者“自信人生二百年，会当击水三千里”那般气势，亦不如“窥见死尸，胸腹具破，中心无肝。而脸上却绝无哀乐之状，蒙蒙如烟然”那样隐晦、生涩。而只是以一种很平常的，很朴实的语言传达本身所蕴含的意义。

在此，我们以陶渊明丧歌《拟挽歌辞》（荒草何茫茫，白杨亦萧萧。严霜九月中，送我出远郊。四面无人居，高坟正樵峣。马为仰天鸣，风为自萧条。幽室一已闭，千年不复朝。千年不复朝，贤达无奈何。向来相送人，各自还其家。亲戚或余悲，他人亦已歌。死去何所道，托体同山阿。”来与仡佬族丧歌《别人间》做个比较。

同样是对一个逝者的送别，在《拟挽歌辞》中一开始就从荒草、白杨、严霜、高坟、骏马、寒风等文字意象入手，去营造一种悲凉的气氛。而在《别人间》里，却从与亲人的一一诉别开始流露：

你要离开儿子去，要离开侄子去，
要与女儿分离，要与侄女分离。
你一样不望，也不往哪样。
你只望着水，你就望着水。
一股淌上，一股淌下，
水不相连了。
你如水一样与儿女分开，
从此不能与儿女在一起。

它不似汉文献里那样在辞藻上凸显哀婉、凄凉，而是用一些很朴实不过的语言，通过一系列的对话形式，描写与儿子、侄子、女儿、侄女等亲人一一分离，从而以平凡的亲情感人。

此外，在《拟挽歌辞》里，对于“相送人”，作者欲通过人物的思想、感情、动作等三个方面，以华丽的辞藻去陈述死者“千年不复朝，贤达无奈何”“死去何所道，托体同山阿”的坦然，但却因词藻的过于华丽、反复强调而不自觉地流露出一种对人世间的无比留恋。与之相反，在《别人间》里，只通过逝者与生前所相处的人、事、物一一分离的表述。一字一句地从很普通的家里、屋外的事象，面面俱到。

但从这些很朴素的文字背后，我们亦能感受到《别人间》里所蕴含的那种“轻轻”悲痛与凄凉。死和由死而产生的悲戚，也因这朴实，往往变得娇小、柔弱、温顺，总有那么一点女性的因素在其中。它是不会反抗的，似乎总是表现爱与欢乐，不知不觉中已经唤起了我们的怜悯。当然，这怜悯不是一种纯真的快乐体现，如天真无邪的儿童的微笑或春光里烂漫绽放的花朵那般。而是一种深沉的哀伤，如深秋的霜叶，在风的舞动下摇摇欲坠。人的惋惜感，也因此而越来越明显。这是仡佬族民间文学的高明之处——用一种很低沉的、平白朴实的语言，却能表达无尽的意蕴。

这是一种用朴实语言表达的很仡佬族人式的对生命的超凡感悟和认识。

三、荒诞的审美情感

我们讨论仡佬族民间文学审美情感的荒诞性，并不是对其审美观念的贬低或者否定，而是就其民间文学里所呈现出来的特色的一种主位表述。在仡佬族民间文学中，审美情感的荒诞性主要体现在《伏羲姊妹制人烟》和《兄弟赶山》两篇作品中。

《伏羲姊妹制人烟》，讲述的是从前有一家人，有四姊妹。有一天，老者告诉他们要发洪水，大哥、二哥不听老者言并且还得罪了老者，后来，果然发大水了，这家兄弟都照着老者的话去办。三弟和妹妹刚坐进葫芦里，洪水就涨满天上去了。大哥、二哥坐铁锅，沉到水底去了。

读完这则故事后，我们都会产生这么个疑惑：大哥、二哥，刚开始时不听信老者的话，后来为什么那么容易就信了呢？这似乎不大符合逻辑上的推论，违背一般的常理。其次，还有一个问题：如果老者代表着“善”，那么这样一个“善者”在善恶之间的转换（对四兄妹的态度），让人难以接受、明白。难道竟因为对方的一句话或者不敬而设计将对方置于死地。这样，他与“洪水”又有什么区别？这就是仡佬族人乃至其他各兄弟民族都有的审美情感上的荒诞性，但正是这样的观念，才突现了仡佬族民间文学的魅力特点。

《兄弟赶山》，主要讲述的是九兄弟奉天命赶山以填深海，途中，由于老者的使计，最后赶山不成，累死高山的故事。

> 一天敖伟又传令：要把海洋来填平，
> 九人先往东南去，然后再往西北行，
> 大小山坡都赶走，汪洋大海都填平。
> ……
> 先往东南去，再往西北行，
> 每人用绳缚个坡，手扬神鞭坡上骑。
> 前面山坡无数座，好像牛羊一大群，

有的山坡像狮子，有的山坡像虎形，
奇形怪状样样有，越看越觉很稀奇。
……
一气之下把酒端，各人痛饮一碗酒，
以酒壮胆再骑山，凭着酒兴奋力赶，
不幸累死在高山。

但九兄弟为什么要赶山来填深海呢？从作品里可以看出，是奉天神敖伟之命。那敖伟又居于什么原因才令九兄弟去赶山填海呢？如果如以前所述，对于仡佬族这样一个苦难的民族，在历史的发展中，深受来自外界诸多阶级的压迫，为求生存，就一定要塑造一种民族精神来支撑自己。于是，“九兄弟”的形象便在民间的口述里得以相传开来，仡佬族人也自然地把自己不屈的精神寄托在“九兄弟”的形象之中。那么，“赶山填海”便成了仡佬族人一种不屈的精神象征。反映在审美情趣上，这是一种很怪诞的审美现象。

一个民族，尤其在历史失势过或者苦难的民族。为了在文化上完成重构，精神上压倒竞争对手，就必须培养本族群成员的荣誉感和认同感，以增强宗族和群体的凝聚力。而要达到这个目的，对于祖先形象的塑造或自身血统高贵的强调，是方便而又必需的。但像仡佬族人这样对祖先赶山填海形象的塑造，却完全脱离了常人的想象范围，甚至陷入怪诞。这又是为什么呢？

对于填海、赶山如此荒诞离奇的故事，在仡佬族以外的其他民族文学也有表达，《精卫填海》和《愚公移山》就是代表。

《精卫填海》：发鸠之山，其上多柘木，有鸟焉，其状如乌，文首，白喙，赤足，名曰‘精卫’，其鸣自詨。是炎帝之少女，名曰女娃。女娃游于东海，溺而不返，故为精卫，常衔西山之木石，以堙于东海。”

《愚公移山》：“北山愚公，率子子孙孙，欲移太行、王屋二山，投诸渤海之尾。操蛇之神闻之，惧其不已也，告之于帝。帝感其诚，命夸娥氏二子负二山一厝朔东，一厝朔南。自此，冀之南，汉之阴，无陇断焉。”

但精卫“常衔西山之木石，以堙于东海”，是因为溺于东海，而凭一己之力的复仇行为，如此一柔弱女性形象引起人们的同情，且极富浪漫主义色彩；愚公移太行、王屋“投诸于渤海之尾”，也因为太行、王屋二山之阻挡。而九兄弟赶山以填深海，却是奉天神敖伟之命，中计之后，怕“若是山坡赶不走，性命一定难保全，敖伟之令违抗了，追究下来还了得！思来想去无是处”，最后才“一气之下把酒端，各人痛饮一碗酒，以酒壮胆再骑山，凭着酒兴奋力赶，不幸累死在高山”。

因此，仡佬族民间文学里这种审美情感的荒诞性，又与《精卫填海》《愚公移山》不同。仡佬族民间文学的荒诞，不是故事的需要而给予虚构，而是基于本族群的需要而对祖先形象的再塑造，或者说基于一定的时代背景下仡佬族人对来自外部压力所作出的无奈抉择。换句话说，仡佬族民间文学审美情感的荒诞性，是仡佬族人在社会历史的进程中调适的结果。

第八章　居都仡佬族比较研究

在这一章中，我们选取了三个视角，一是居都仡佬族祭山的比较研究；二是居都仡佬族与普定新寨仡佬族之比较；三是居都仡佬族与平坝大狗场仡佬族之比较。如果说前面章节的研究是从内部对居都仡佬文化的研究，那这里的研究就是一种从外部对居都仡佬族文化的研究。

比较文化的研究是最能展示文化关联性的，并且也最容易从文化的关联性中看到文化的意义，我们在此展开这几个点，意义也在于此。

第一节　居都仡佬族祭山的比较研究

居都仡佬族祭山的比较研究，主要在隆林仡佬族和镇宁比弓仡佬族之间来进行，也兼及了其他相关的祭山事象。

隆林仡佬族是指广西壮族自治区隆林县的仡佬族，这支仡佬族是在两百年前(也许不到两百年)，直接由六枝迁徙到广西隆林定居的。这里有一系列的文化证据支持这种说法：一是在六枝当地有一个口述的历史，说在不久以前，一个当地的地主武装与居住于此的仡佬族人为“吃新节”的事情发生了冲突，仡佬族人被打死了十多人，而且官家并不在意此事。后来又说，这支仡佬族人一夜之间就不见了……。二是我们在隆林调查时，隆林的仡佬族人说他们是从贵州迁徙过来的，具体的地点就是六枝。后来，他们也有人来过六枝。三是其文化事象的表明他们与六枝的仡佬族有比较密切的关系。

在广西隆林的仡佬族，于1995年调查时，他们的人口约6000余人，现今可能更多一些。广西隆林的仡佬族在广西隆林县少数民族中人口不算多，但文化影响力却比较大，是当地的重要的少数民族。由于它与六枝有直接的族源关系，我们可以在对比性的研究中，看到许多关于仡佬族文化的东西，以深化我们对居都仡佬族文化的理解。

镇宁比弓仡佬族我们了解不多，我们只能以其祭山与我们的对比研究关联起来。

在居都仡佬族中，其祭祀的主体之一就是祭山，我们先从祭山的角度来展开居都仡佬族与隆林仡佬族、镇宁比弓仡佬族文化的对比研究。

广西隆林仡佬族的祭树是这样描述的：

广西隆林仡佬族“拜树节”

农历八月十五日，是隆林县仡佬族人民传统节日——拜树节。

仡佬族的人拜树，并不拜所有的树，而只拜青冈树。在隆林，青冈树之所以成为仡佬族所拜的祖宗树，同历史上这个民族的迁徙有关。仡佬族有首民歌唱道：

云南下来一条河，这里流来那里落。仡佬古时无住址，贵州漂流广西落。

相传，古代居住在贵州省安顺等地的仡佬族人民向广西的隆林迁徙时，由仡佬族的“大房”（辈分最高者）带着祖公祖婆的香炉和灵位先走，经过的道路都用树叶打上记号，为后边来的本族人做路标。

“大房”边走边观察各地的山山水水，想找个可以开发的好地方定居下来，建立家园，繁衍后代，使仡佬族兴旺起来。他走了一山又一山，过了一村又一村，也不知走了多少日子，终于找到了一个心爱的地方。那里四周山青树绿，“草有九拃长，树有九拃高”，烧荒能种地，挖坝可造田，畜牧有水草。这就是广西的隆林。于是，他决定在这里定居下来。

居住在隆林的人们，热情地接待了仡佬族的开发者。没有房子，就腾出自己的半间住房让客人住。“大房”十分感激。然而，当他看到主人家堂屋里的祖宗神位时，不禁发愁了：自己带来的祖宗灵位安置在哪里？要是同主人家的安在一起，又不合风俗。“大房”一时想不出办法，便闷闷不乐地走出寨子。

“大房”快到寨口时，看到两株青冈树青葱挺拔，直指蓝天，他不由得停步观察起来。“大房”边看边自言自语：好青冈！它们那坚硬、粗大的躯干，暴风雨也刮不倒；那茂密的枝叶，夏天的烈日也晒不透。它那威武、坚毅和顽强不屈的气魄，使“大房”越看越喜爱，越看越感动，情不自禁地放声高歌起来：

青冈树呵青冈树，根深叶茂好荫凉。

遮得太阳遮得雨，仡佬灵位有地方！

山歌一唱，心里亮堂。“大房”立即找来刀斧，在这两棵青冈树上各开了一个洞，分别把祖公、祖婆的灵位安置在树洞里。从此，代代相传，隆林境内的仡佬族人民，就拜青冈树为自己的祖宗树。

拜树节为什么定在八月十五日呢？这也是有原因的。原来，“大房”最先来到隆林后，以为随后迁徙的仡佬族人会沿着他设下的路标找到他的。谁知，那些用树叶做成的路标，很快就被牲畜吃光了。后面来的人看不见路标，就分头四处去找寻，找不到“大房”的人们纷纷自己择地定居下来。过了很久，散居在隆林各地的仡佬族人才知道“大房”定居的地点。为了便于集中纪念祖宗，全族讨论后，定在每年的农历八月十五为集中日，到时都来祭祀祖宗树。

祭祀祖宗树的前几天，仡佬族就杀牛聚餐。除本族人参加外，还邀请附近寨子的各族人民来会餐。会餐只吃牛下水及其他酒菜，留下牛心到八月十五用以祭祀祖宗树。牛肉则按会餐人数平分。

祭祀祖宗树时，由“大房”主祭。先将两只半斤重的小公鸡扭断脖子，扯下翅膀，与鸡脚以及牛心等一起作为祭品。祭祖公树用一只鸡头、鸡的左翅膀和脚，祭祖婆树也用一只鸡头，加上鸡的右翅膀和脚，均用红纸包好，然后分别送进祖公、祖婆的树洞里，再用纸钱封好树洞。随后，由“大房”向祖宗树下跪祈祷、敬酒，接着就是鸣炮会餐。祭祀完毕，就将牛心分给本族中各户的“大房”，有多少位“大房”，牛心就切成多少片，每房一片。①

此“描述”见载于《仡佬族文学资料汇编》，由杭维光整理。这是距离居都很远的仡佬族的祭树。

在近一些的镇宁的比弓、茅草寨的祭树描述又是另外一个样子。

比弓、茅草寨的仡佬族神树节

每年三月三，在我们比弓、茅草寨的仡佬族就要聚拢来，杀猪宰鸡，烧香烧纸，在后山上的神树前祭供一番，这就叫过神树节。

为哪样要过神树节呢？

里头还有个名堂哩。

在老辈人以前，我们这一带是黑乎乎的深山老箐林。

有一年不知道从哪里惹来野火，满山遍岭是一片火海。这一仗火又猛又大，石头被烧烂九层皮，泉水河水被烧干，鸟雀野兽，来不及逃脱的成了疙兜桩，有些烧得不见渣渣壳。人们四散逃命。东坡山头有户人家，男人出去救火，也被烧死了。只剩下一个“月子婆”在家。因为月子婆不能出门，特别是风火撩起的时候，更不能东走西撞。如不是这样，就会引来风火神的不满，就会招来大灾星。

眼看火苗子越来越向她家扫来，这月子婆心慌了，抱起刚满三天的婴儿冲出了那间茅草房。她家门前有棵手腕粗的香樟树，在一人高的地方有节三岔丫巴树，那妇人把婴儿卡在丫巴树上，赶进家去搬东西。这时一阵大风，一砣火鸹子（火焰）飞落下来，封住了门。那妇人在被火封住的屋里，大哭大喊：“救命啰！救命啰！”

在这山高坡又陡的地方，人烟很稀少，加上这场野火很凶，人们逃的逃、死的死。哪有人来搭救哟！她死得惨啰！

说来也算那娃娃有救星，他不仅没有死，反而还睡得香哩。大家觉得稀奇古怪，这一大片两三人合抱的大树都被烧成火炭，咋这棵小香樟树没有被烧，反而还绿荫荫的立在寨岩脚下，没受到一星半点的火燎。据说是那妇人的惨叫声惊动了天神菩萨。观音老母晓得这惨叫声是婴儿的母亲的哭喊声，立马派来了水神菩萨暗中保护这婴儿。

后来，不晓得是从哪儿走来一位六十多岁的老太太，她也背着一个刚满三天的小女孩路过这里，听见有“哇哇”的哭喊声，她就把这婴儿收养了。老太太很善良，

---

① 见贵州民族学院编印的《仡佬族文学资料汇编》。

在这里挖地种庄稼，找些野果或磨豆浆喂养他们兄妹俩。一日三餐，三日九餐，他们逐渐长大了。老太太已经八十多岁了，满头白发。她见着他们有些情投意合，心里暗暗自喜。她就把他们相爱的事挑明了："我八十老太，一生命苦，无儿无女。有了你们在身边……你们该料理个人的事了。"

兄妹俩好像做了一场梦，抱着老太太问明是咋一回事。她就指着门前那棵树干已有盆口大的香樟树说："你们的父母都被一场野火烧死了。他们在灵中说：'你们俩长大后结为夫妻。'他们就高兴了。那时，你们是得同样的一棵香樟树救了命。"白发老太太同他们生活了二十多年，把这番话说完就不见了。兄妹俩觉得奇怪，就到处找，可是找来找去，连影子都不见了。他们以为她躲进大树里去了，找来斧头就砍，从天麻麻亮就砍起，砍到太阳落了，白发老太太在哪里？第二天，又回来砍，却见原来的斧口子复原了，木渣渣也不见了，只见树脚下有一点血。兄妹俩不敢砍了。以为白发老太太已成神。其实，她就是天仙观音老母的妹妹水仙菩萨。

从那以后，他们兄妹俩就结为夫妻，在这棵神树下过着幸福的生活。

白发老太太不见的那一天，正是农历三月三。人们为了纪念她，这天就要杀猪宰鸡来祭供。供时，还要砍些树上的木渣渣来作为祭供品。大家吃到木渣祭供品了，就把这个来历一直传到今天。不晓得对不对，反正，据老人说，祭神树节的来历是这样的①。

把这两个所谓的祭树与居都的祭山、祭树相比，它们之间的差距是何等之大。广西隆林的祭树，实际上是浓缩了他们原来民族的好几个节日和事象内容，而成了今天变异的或经整合后的文化事象，跟原来的祭树已大相径庭，从根本意义和形式都完全变了。其中，把祭祖宗的意义从中凸现了，原来地域上的文化含义由于地域的改变而消失了。确实，迁徙而新立足的种群，"祖宗""根由"是它文化诸事象排列中必然排头的事象。这方面，我们参照一下苗族的情况，就很清楚了。苗族是一个公认的陷入大迁徙中的民族，因此它的祖宗崇拜也就是最重要的。反过来，我们是不是可以这样认为，土生土长、没有什么太大迁徙的种群，相应的崇祖事象就不可能是它自身文化中最重要的事象。这样，对居都人种群的认识就更明晰了。在居都人的文化事象中，崇祖是较次要的事象，祭山、祭树、请坡头、请灶老者、请天、请地，最后才是请祖，并且请祖最多请到五辈以下，五辈以上也就概而略之。这如果与苗族相比，简直是不可想象的。从这里我们可以肯定地说，居都人历史上绝没有大的越出既有历史地理环境的迁徙，与地缘文化的关系是很密切的。

话说回来，广西隆林的祭树，也表现了一定的与贵州仡佬族，特别是安顺、六枝祭树的相似性，如牛心、用鸡、树类选择、某些形式、大房主持人等等，但总体上的差异是很大的。

说到比弓、茅草寨的祭树，它们的差异性就更大。它几乎是另外意义上的东西，而且发生时间也是很晚的。我以为是受其他民族事象的影响，而在一定地理环境中发

---

① 见贵州民族学院编印的《仡佬族文学资料汇编》，这个传说的搜集记录者为雷柏华、何再康。

生的新的文化事象。这与居都的祭山、祭树的可比性就很小了，因而，它几乎只有一个表面相同名称而已。

贵州现今仡佬族的主要聚居区的道真、务川两县，在县志的概况中，以及相应的民间传说故事中，都没有仡佬族祭山、祭树的记载和传说，只有少许文字介绍这两县的苗族的祭山活动。

在贵州，山、树是每个民族都离不开的事物，但贵州的大多数民族却并不祭山、祭树。据《贵州少数民族节日大观》记载，苗族的节日74个，布依族的节日34个，侗族的节日21个，水族的节日7个，仡佬族的节日11个，土家族的节日6个，彝族的节日12个，瑶族的节日4个，回族的节日2个，毛南族的节日2个，其他的节日12个。在如此众多的节日中，只有彝族的节日中有与居都人大致相同的祭山、祭树活动。但纳雍县文化馆记录的“三月三彝族祭山节”，明显与居都人的祭山、祭树不是一回事。只有水城县文化局史洪滔记录的“彝族祭山林节”与居都人的祭祀方式大致相同。

祭山林是彝族的一个传统节日。彝族大多居住在高山地区，村寨周围都有高山。彝家认为，天气的好坏，人畜的安康，都与山林有关。为了风调雨顺，人丁兴旺，山林应受到祭奠，于是，就有了祭山林节。祭山林，彝语叫“米舍把”，时间在农历二月的第一个龙场天。

水城彝族祭山林

祭山林，大多以村寨为单位。祭山林的树是由白幕先生和村寨里的长者选定的，要求为林中古老高大之树。祭山林这天，每户男人提一壶酒，带一碗苞谷面或米、半斤钱纸、一把香上山。女人不能上山。人到了树下后，先在树下用树枝、茅草做一个小房子，放一碗苞谷面或米，上面放一个鸡蛋作为供品。接着搞“打杵塘”，就是在离小房子一两尺处，搭一个类似门一样的架子，门下放一些干草、木渣之类的东西，将三砣拳头大小的石头放在火里烧红，置于干草木渣上，再取马桑树的枝条覆盖在上边，然后在上面浇一碗清水，水浇下后白气蒸腾。三项工作完毕，祭祀开始。首先，人们拿着纸钱、香、酒和面依次经过打杵塘。彝家认为，这样做可以去掉身上的邪气，使食物更干净，吃了以后不会生病，接着，便是白幕先生祈祷，乞求神树保佑。祈祷约半个小时，开始杀鸡或其他牲口，杀前用酒奠，杀的血滴在树前的供碗里。然后把牲口肉煮熟，切六片分别装在两只碗里，再倒两杯酒，盛两碗饭，一齐放在树下供神树。这时，白幕先生又祈祷，随后，参加祭山林的人依次在树前奠酒，烧纸和香，跪着磕头，白幕先生则在一边念名字，念到一个上来一个。供完，最后在树边挖一个洞，一尺见方，把供品埋入洞内，用一块石板压住，再将小房子拆掉放在石板上，这样祭祀活动完毕。

做完这一切大家聚餐，之前要看鸡卦，是鸡腿肉上的左右两条筋，看筋上的肉粒多少，在左在右，以预测今年年成好坏。此卦最后由白幕先生和一个长者各吃一条。餐毕，下山回家。

(笔者作了相应整理)①

---

① 见《贵州少数民族节日大观》，贵州民族出版社1991年版。

从这个个例来看，彝族的这一事象，也是受居都或其他仡佬族的祭树事象影响而来的。在这里，祭山、祭树成了“祭山林”，鸡卦的骨头成了腿肉上的筋……并加进了香、纸、“打杵塘”驱邪等一系列自己种群原有的东西。这样的情况在陇嘎的箐苗那里也有，前面的个例中已有这方面的叙述。

从仡佬族内部及相邻民族此事象的情况，我们不难看出，这样的事象大致有一个地域范围，即黔西北一带是祭山、祭树事象的主要发生地或中心地带。那么，谁又是这种祭祀的主要继承者呢？我以为是以居都为核心的这一群仡佬族人，并包括安顺附近的一批仡佬族人。对比中我们不难看出，彝族的这个祭山（有很多彝族群落并不祭山、祭树），虽形式上与居都的祭山有许多相似之处，但变形很大，该强调的事象它忽略了，不该强调的又因切合了他民族的情况被强调了。陇嘎箐苗的情况也是如此，也明显受到苗族一些事象的影响。广西隆林、镇宁比弓等地的祭山，在很大程度上已名不副实。普定的同类事象也被淡化了。至于遵义平家寨，如果不是与普定有渊源关系，那它的真实性和具体内容就值得怀疑。

为什么会产生这样的现象呢？在《夜郎史稿》上有这样一段文字：

> 葛僚　唐时今四川宜宾一带称戎州，今泸州一带称泸州。
>
> 《新唐书·南蛮传下》说：“戎泸间有葛僚，居依山谷林箐。”戎、泸两州南连今贵州西部的赫章、毕节、大方及云南东北部的威信、镇雄、彝良、昭通、大关一带。此之“葛僚”，为古牂牁郡西北平夷县及其边缘地区的夜郎后裔。“葛”字，《说文解字》卷一草部谓：“葛，络络，草也。从草，曷声。”他们被称作“葛僚”，就是因为生活在山谷林箐的草莽之间①。

此书在这里叙述的是秦汉以后的牂牁郡夜郎后裔情况，而“葛僚”正是他所叙述的“诸僚”中的一种。“居依山谷林箐”正是居都等族人的真实写照，居都人及有祭山、祭树、祭箐等文化事象的种群正好就在以上的几个地区。另外，居都人的有关祭祀中，就有所谓金丝茅草等事物出现。这似乎也不是凭空而来的，它们之间可能有一定的联系。

在这样的地理环境中，山、树、箐林对人们的重要性是不言而喻的，不管是什么人，只要置身于其中就难免把崇敬献给这“生之父母”。在居都周围的文化事象访查中，其对面寨子社勒是彝族人。他们自述祖先最初到达此地时，夜间只能待在树上，这样才能躲过野兽的袭击，得以生存下来。对此，他们还有一个传说，说最后是树神露出了真面目，才把野兽吓跑，来这里居住的彝族人才最终安居下来。这样的情形在箐苗中也是如此。长角苗是外人对他们的称呼，他们一直自称为“箐苗”，可见林箐对他们的影响至深。

上述两个例子是两个与居都完全不同的民族，一个是彝族，一个是苗族。他们虽然都拥有自己的民族文化，但处于这样的生态环境中，仍相应地于此有所表现。当

① 《夜郎史稿》，贵州人民出版社1990年版，第183页。

然，这也可能有文化的相互渗透和融合的因素，但二者并不矛盾，因为地域和文化常常是关联和依存的。这个地域环境对其他民族的影响如斯，那么对被称为“葛僚”后裔的仡佬族人的表现又会如何呢？他们于此环境中，除了把祭山、祭树等祭祀表现得更接近本质之外，还能有什么表现呢？我以为居都人就是这样的人，或者说是他们后裔中的一部分。在以上居都人的祭山、祭树与其他民族相同事象的比较中，我们不难看出，居都人的这方面事象最接近自然的真实，而处于它附近的相同祭祀，以及从这里迁徙到广西隆林的仡佬人的祭祀，都或多或少有了变化。还有，居都人的地域与历史上的“西堡”相近，有诸多的关联，但据居都人自述，他们的祖先过去年代的纳粮地方却并不在西堡方向的某地，而是在西北面的大定府。这说明，居都人与西堡有关，同时又与《新唐书》中描述的“葛僚”关联。这里，还可以从仡佬族称谓出现的年代来看。在史籍上明确地出现“仡佬”记载的字样是在宋朝，故一般学者认为仡佬族的形成也就在这一时期，而《新唐书》关于“葛僚”的记载年代正好稍早于它。这好像不是巧合，似乎他们之间有一定的联系。如果这个推想成立，那居都人在祭祀中表现的东西就具有了另一种更新的意义，即居都这一支仡佬族所传承和保留的许多东西，比之其他支系的仡佬族，就更古老和直接，变化更少。这一点，我们在仡佬族民间传说、故事的比较上就可看出。黔北一带的民间传说、故事明显受汉文化的影响，人文色彩很重；而居都人的民间传说、故事则自然古朴，大都是口碑中的原生状态，只是在从仡佬语言到汉语的转化中有了些变化。在居都人的传说、故事中，即便是与汉人相同的传说，也是用自己的语言形式和思维来表达，汉语的文化遮蔽不多。

另外，从语言的方言区分布也可以得到这方面的证据。在张济民先生的《仡佬语研究》中，居都的语言被划为黔西南方言中的“六枝牛坡土语”。他说：“这个方言是仡佬语各方言中地域最大而又最分散的。地跨黔、桂、滇三省、区。在贵州的人口最多，主要分布在六盘水地区的六枝和水城。此外，普定县马场的下关和遵义县的尖山也有数量不多的人居住，在广西的居住在隆林县大水井一带；在云南的主要分布在文山壮族苗族自治州的麻栗坡和马关两县的一些村寨。原来说这种话的约有 12000 人。这个方言区又可分为 5 个土语（六枝牛坡土语、隆林摩基土语、麻栗坡县老寨土语、水城打铁寨土语、遵义尖山土语）”。

在这 5 个土语中，隆林、麻栗坡等可以肯定是从贵州西部因迁徙而扩散开来形成的，遵义尖山土语的性质大致也如此。留在原先语言发育区域内的大概就是六枝牛坡土语和水城打铁寨土语了。从这里，可看出有一个与“葛僚”对应的语言区存在，或者可能有一定的联系。这虽不确切，但从旁证明居都人的先民历史上与“葛僚”人的关联，也是有一定的道理的：于此，我们还能看到一个现象，即这个方言区正好与有祭山、祭树情况的区域大致相近。这不是巧合，它反映了这个支系的仡佬族的远古的内在联系。如此说来，居都的仡佬族人与其他的，如黔北等地的仡佬族人的来源是有差异的。这可以表明，居都人在地缘上与此地遥远过去的历史有较大的关联，它的衰落、退让、保存、发展等均发生在同一或相近的地域内，并没有发生过大的迁徙，并没有改变大的地理生态和人文生态环境。这已经在前面的祭祀崇尚性质中有所记叙。在古代，他们的祖先也许彻底失败了、逃亡了、退让了，但并没有像广西隆林和云南麻栗坡的仡佬族那样的大迁徙，只在本地或就近的某个山中又生存了下来，像一棵被折下的树枝一样，插在新的土壤里，又生根发芽了。这在文化上是很有意义的。民族的任何迁徙，对自身的原有的文化必然有大量的佚失，迁徙中的机械性佚失之后，在新的生态环境中又有一定的“适应性”佚失，这两方面发展到一定程度，就会发生民族文化质的变化，文化的意义在变化中就会与原来的文化相去很远。广西隆林和云南麻栗坡的仡佬族的迁徙，就是这样的例子，他们在迁徙中和生存适应中，丧失了很多原有的文化事象。以他们为例来反证居都的情形，那居都这一支仡佬族的文化保存，又是非常幸运的，同时也衬托出居都文化的可贵。

现在似乎可以这样来描述居都，居都人及与之相关的种群在历史上与《新唐书》上记叙的“葛僚”有较多的关联，并在现今的仡佬族中形成了独特的一支，而居都又是这一支人的一个比较典型的代表。

这里，又涉及仡佬族的支系问题。在居都等仡佬人的自述中，称自己有九支，即披袍、打牙、金毛（又叫剪毛）、锅圈、打铁、雅伊（又叫雅意）、红仡佬、花仡佬、水仡佬等。但在《永宁州志》卷十上记载：“仡佬有水仡佬、木仡佬、花仡佬、红仡佬、雅意仡佬、打铁仡佬、猪豕仡佬、锅圈仡佬、剪毛仡佬、披袍仡佬、打牙仡佬等十一种。”在《大定府志》卷十四却仅载：“披袍仡佬、打铁仡佬，打牙、锅圈、剪毛仡佬等五支。”

对仡佬族人的支系自称，我是从长期观照仡佬人文化的叶正乾老先生那里得知的，有较大的可靠性，但这可能是很久以前的事情了。随着一批老年人的去世，已很难有说得出这些支系真正名称的人。我在寻访中就没有得到这方面的消息。对于记载的仡佬族支系的情况，也同样在现今仡佬人的现实生活中很难找到明确的支系存在的证据了。在寻访中，我也常听一些仡佬人自称为某某仡佬，有一些自称是实在的，也有一定的道理，但他们往往自称披袍的多，称其他支系的少，明显有一种外在的暗示在影响他们，即认为披袍是贵族（就如彝族的黑彝、白彝之争一样），并没有内心的确定的自我认定。我以为，仡佬人的支系是在历史中被外力彻底打碎了的，如同其他的文化因素一样。在他们失败的大逃亡中，生存保种是最重要的，支系的瓦解在历史进程中是自然而然的。因为深藏于山中的“遗民”，几代人一过，那些支系都只好存在于他们的记忆中了。如此，我们现在来适当地辨明各个点上的仡佬人的支系渊源，是有一定意义的，但要生硬地像对苗族那样描述他们的支系的归属和存在是不现实的。

以上我们对居都人的祭祀、族源、支系等大的方面与仡佬族的关系进行了一定的论述，从中不难看出，研究居都文化对于研究仡佬族文化的重要性。因为居都的文化表现除了民族文化的一般意义之外，它还有自身的特定的意义。并且，它尤其是在保存这个民族的某些古老记忆，以及语言、观念和心理果实上的贡献是巨大的。在《大定府志》上对仡佬人有这样的描述：“家不奉祖先香火，惟知崇祀山林。”而居都人不就是现今仍然如是的一群人吗！

第二节　居都仡佬族与普定新寨仡佬族之比较

普定新寨是贵州省境内仡佬族文化比较浓厚的地区之一，它距离居都约百余公里，属于两个完全分割中的独立存在和发展的残片式文化。正因为如此，把这两者进行比较性研究，又会从另外一个角度使我们对居都的仡佬族文化有一个比较深刻的理解。2005 年 3 月，我们对普定县新寨仡佬族文化进行了一个调查，而且重点放在其祭祀信仰文化上。

普定新寨仡佬族祭山祭祀

时间：1985 年 4 月　2005 年 3 月

被采录人：穆茂权［新寨村，农民，仡佬族，时年 68 岁（现已故），王国权 1985 年采录］等。2005 年 3 月吴秋林、叶正乾等又到新寨村等地采录，并综合其他材料，形成此个案

采录人：王国权、吴秋林、叶正乾等

地点：普定县白岩镇新寨村

新寨村有 50 多户，全部为仡佬族，主要为王姓和付姓。周围有九个仡佬族寨子，新寨村（大哥，50 多户）、高羊村（老八，50 多户）属于白岩镇；下者嘎（老二，10 多户）、长冲（老三，25 户）、石板寨（老四，60 多户）、窝子（老五，50 多户）、小寨（老六，50 多户）、磕拖（老七，50 多户）、梭山（老九，40 多户）等七个村属于鸡场苗族仡佬族乡。这九个寨子是祖上的九兄弟分居而成。

普定县新寨片区的仡佬族每年的祭山就是在这九个仡佬族寨子的范围内举行。这九个寨子约有九百来户仡佬族人，人口在 4500 人左右，是一个典型的相对封闭的比较纯粹的仡佬族社区。每年的农历的三月三前后，这里的仡佬族人就要举行一年一度的祭山仪式。这是他们的信仰文化的核心文化表现。

新寨片区的祭山是以每个村为单位来举行的，时间上从总体上来说是农历三月三，但实际的祭山时间是三月初的第一个虎场天，故有时是三月三，有时是三月二、三月四不定。

每个寨子举行祭山时有自己的主持人，但这个主持人不是仡佬族祭师，二是类似于“管事人”的人。在举行祭山这天，各寨一定要等待新寨的祭山炮响之后才能开始祭山，因为新寨的仡佬族人是大哥的族人，长房为大。

每年祭山的祭品为：一头猪、一只雄鸡、一只未下蛋的母鸡、一小方块猪肉、一碗米饭、一壶酒，茶叶和花椒共五钱等作供品。这些祭品由主持人操办和准备，但费用是由全村人共同负担。

祭山由仡佬族的祭师主持，这个祭师仡佬语叫“果珠”，祭山时一般要两个祭师（果珠）。以上祭品由主持人准备，但果珠要自带十四个碗、十四双筷子、一只牛角和一个马勺等作为祭具。

在祭山的前三天，主持人要每天晚上提着灯笼用仡佬语高声呼请祖先三遍，初二或初三中午上山前再请三遍。

正式祭山这天，到祭山场后，果珠用桦叶树枝在山神前搭盖一小凉亭，用巴茅做一把扇，然后将所有供品、祭具等物摆在凉亭前。两个果珠向十个碗里斟酒之后，各持一只鸡，开始祭山。

参加祭山的人排队跪在山神前，果珠唱《祭山歌》。直到猪、鸡杀死交牲后，跪着的人才能起来。

交牲时，果珠呼神灵，祖先来享受祭品，然后用刀在鸡、猪头上示杀的样子，主持人接过刀把鸡、猪杀死。果珠将鸡、猪的血染在敬供的山神上，随即唱交牲歌。待主持人把猪、鸡整净，将生内脏及煮熟的猪头和鸡交给果珠。果珠将其摆在凉亭里供山神，再唱交牲歌。之后，主持人将猪、鸡内脏煮熟成汤分给参加祭山的人喝，每人一碗。待果珠向大家高喊一声：“戛务当美（喝汤之意）！”大家齐端汤喝。

接着送祖。果珠唱完送祖歌，将所有供品每样撒少许在山神前，随即放炮，祭山仪式结束，参加祭山的人就地共餐后，分散回家。

在祭山时，禁止成年妇女到场，禁说汉语，忌有孕妇和生孩子未满月的人家参加祭山。

在祭山时，果珠所唱念的“祭山歌”分为“三月三”和“祭山神”两个部分。“三月三”又分为两节，前面是讲“兄妹成亲”的古代神话，接下来是讲仡佬人所敬山神的来历。

内容如下：

《三月三》[《祭山歌》是普定一带仡佬族在每年农历三月初二或初三祭山时的唱词。歌词分为《三月三》和《祭山神》两部分，由窝子寨仡佬族果珠（即祭师）王云峰流传下来。他家还收藏有用汉文书写的仡佬族《三月三用书》和《供山用书》手抄本。王云峰老人去世后，本寨果珠王启富学会了《三月三》和《祭山神》唱词，并得到了汉文手抄本。这部《祭山歌》就是他提供的。汉文手抄本见附录。)

（一）兄妹成亲

在远古一年里，
倾盆大雨洪水起，
那时有对亲兄妹，
他们名叫伏和羲，
哥哥叫阿伏，
妹妹叫阿羲。
洪水来临时，
兄妹二人无处躲，
钻进葫芦去藏身，
刚把身体来藏好，
洪水猛涨齐天门。
葫芦浮荡水面上，
飘呀，飘呀，飘。
不知飘往哪方去？

飘到当抱[1]洪水退，
三月初三现陆地。
兄妹伸头往外看，
世上没有一个人。
哥哥没有女相配，
妹妹无男作伴侣。
兄妹为了传后代，
他们各自出主意。
两人同想在一起，
隔河丢簸箕来定，
簸箕相合成夫妻，
簸箕不合违天意。
哥哥找来大簸箕，
就往河的那边去，
妹妹找来大簸箕，
站在河的这边等。
兄妹相对一起甩，
飘去飘来合一起。
世上本来不绝人，
兄妹成亲顺天意。
他们成亲一年整，
生个孩子不像人。
没有嘴来没有眼，
他的样子像瓜形。
阿伏看他形象丑，
把他剁成肉块块，
桃李树上挂一块，
皂角树上挂一丁，
石头上面挂的有，
河坎旁边也在丢。
才把肉块来散完，
转身四处人烟起。
从此世上有人类，
人多无姓难辨认，
随着物名来取姓，
世上才有百姓人。

在祭山时讲万人的缘起之后，就是山神的来历。

（二）兄弟赶山

当抱原来无人烟，
开荒辟草是告佬[2]，
告佬出了九兄弟，
本是仙体凡人生。
要知他们是何名，
从大到小各有名：
老大叫阿把，
老二叫阿诺，
阿谷是老三，
阿尼是老四，
老五叫阿业，
老六叫阿佗，
阿卜是老七，
阿达是老八，
阿尤最小叫老九。
他们本领很超群，
能赶山来也会飞。
一天敖伟[3]传下令，
“人间事情要人管
地盘才能得平安，
兄弟九人要重用，
都要封为地盘官。”
地盘兄弟九人管，
世代相传在人间。
一天敖伟又传令：
“要把海洋来填平
九人先往东南去，
然后再往西北行，
大小山坡都赶走，

① 当抱：仡佬语音译，当，意为西，抱，意为南。当抱，即西南地方。
② 告佬：仡佬语音译，普定一带仡佬族的自称。
③ 仡佬语的天神。

汪洋大海都填平。
各领一根神鞭去，
加封山官各一回。
地坡由他九人管，
从古相传到如今。
九人领了敖伟令，
急急忙忙远方行。
先往东南去，
再往西北行，
每人用绳缚个坡，
手扬神鞭坡上骑。
前面山坡无数座，
好像牛羊一大群，
有的山坡像狮子，
有的山坡像虎形，
奇形怪状样样有，
越看越觉很稀奇。
有位老翁胆子大，
想把山坡来留住。
老翁主意已下定，
便向九人把话提：
“眼看天色快黑了，
今晚歇脚住一夜，
明早赶山再起程。”
九人难却老人意，
勉强留下歇一夜。
兄弟九人都已睡，
老翁赶紧造假鞭。
三更之前鞭造好，
三更鸡鸣去换鞭，
神鞭已被假鞭换，
烧了真鞭留假鞭。
天明九人把床起，
迅速跑去拿神鞭，
各人骑上各的山，
吆喝扬鞭使劲赶，
扬鞭挥打无数次，
山坡巍然不向前。
此时方知受了骗，
手中持的是假鞭，
神鞭早被假鞭换，
哪能赶动这些山。
兄弟九人气昏了，
心里难过口难言，
若是山坡赶不走，
性命一定难保全，
敖伟之令违抗了，
追究下来还得了！
思来想去无是处，
一气之下把酒端，
各人痛饮一碗酒，
以酒壮胆再骑山，
凭着酒兴奋力赶，
不幸累死在高山。
敖伟得知这桩事，
下到凡间查根源。
由来已经查清楚，
九人死得真壮烈。
敖伟不追他们罪，
还令留下这些山。
他们赶山献生命，
从此当抱才有山。
敖伟表彰其功绩：
生前他们管地盘，
死后追封为山神。
敖伟追封时，
恰是三月三。
敖伟封了代代传，
从古至今才祭山。
从古至今代代传，
每年三月要祭山，
哥哥是在初二祭，
弟弟是在前一天。
祭了山神得保佑，

寨寨老幼得平安。
生前兄弟管地盘，
死后追封为山神，
人生地盘不用买，
死后不用买路钱。

叙述完山神的来历，还要讲述仡佬人历史命运，这部分内容是在两本称为的《三月三用书》和《供山用书》的书中。这也是普定新寨仡佬人在祭山时要念唱的。

《三月三用书》和《供山用书》是《祭山歌》的历史传说部分，是仡佬族人用汉字书写的手抄本。写于何年，抄于何年，都没有记载。从所记的历史传说来看，只记到明洪武年间，清以后就没有记载了。由此分析，两书可能写于明代中后期。由于是手抄本，传抄中错漏较多。有繁体字，也有简化字，而无标点符号。抄本的其他内容，多处记有“中华国”，还有“中华国十七省……”“五种人回、汉、苗、蛮……”以及“大洋一元”等，根据这些推断，这本手抄本可能抄于民国初年。至于该书作者是谁，无从查考。为了便于阅读，我们对原文作了整理，加上标点符号。原文中的错别字改在（　）内，漏字加［　］里。个别地方还做了注释。）内容如下：

三月三用书

牂牁国，
夜郎国，
它是哪家国？
哪个朝代建？
建在哪一点？
哪家来建起？
哪家又来征？
牂牁国，
夜郎国，
两个同是一家国。
牂牁建在春秋时，
战国才建夜郎国。
牂牁先建起，
夜郎后建百十年。
都是建在西南地，
本是仡佬自己建。
楚国襄王抗秦时，
大派兵力进西南。
军过沅水①地，
就把夜郎灭。
洪武来登位，
大调北兵来征南。
西南仡佬被扫光，
又调北民来填南。

《供山用书》内容如下：

三月三（二）是供山，
（告）劳②受害真惨然。
楚国争锋（遣）战（帆），
他国之仇报父冤。
楚国争锋战火起，
派兵庄蹻来西南。

领兵沅水且兰③地，
来到西南（攻）且兰。
一心要把夜［郎］歼，
（告）劳由此便遭惨。

① 沅水：即沅江，在湖南境内，其上游为贵州清水江和舞阳河。
② 告劳：仡佬语音译，普定县仡佬族自称为告劳，与前文注“告佬”同。
③ 且兰：古国名，在今贵州福泉一带。

(告) 劳看透人间事，
不染红尘上高山。
夜郎王占夜郎 (关)，
扶正 (贬假) 保江山。
[楚将] 随兵来追赶，
前有 [大] 河在路边。
无奈便把船家喊，
就叫船家快渡船。
船小难渡人和马，
渡得马来人也难。
夜郎头见了这光景，
立誓不蒙这死冤。
一愿将刀 (旨) 意死，
二愿把箭封喉管。
发誓一起归阴府，
楚骂 (告) 劳功高折寿 (缘)。
楚王一时得 [了] 胜，
摆下一阵九里山。
楚王设下牢笼网，
害死仡佬万万千。
幸有老天开龙眼，
逃脱仡佬九 (汉)① 在，
仡佬九 (汉) 又发誓，
立志同心保江山。
好好守住西南地，
保住仡佬夜郎在。
夜郎辖地到处是，
仡佬 [住] 的真分散。
独山清平②来坐起，
独山都匀也坐参③。
马桑窝④地不用讲，
天柱桐梓也在连。
镇宁郎 (代) 随后坐，
黔中⑤过来一连 (片)。
唐尧至 (宋) 四千八，
元朝接位掌兵权。
元朝顺帝国运废，
天下大乱起灾烟。
到处都是刀兵起，
人民逃到美良川⑥。
上无扒来下无 (奔)，
丢家失业弃家园。
天下混乱无真主，
天差洪武定江山。
本是洪武来开赦，
调起北兵来征南。
西南仡佬被消光了，
又调北民来填南。
挽草做的标为界，
放火烧山标记完。
这样遭难无数次，
四处分散难团圆。
仡佬 [遭] 劫人减少，
余下无处把身安。
仡佬苦处无处诉，
离家分散各自迁。
又无城池并口岸，
也无集市和省垣。
各家自己找扎处，
有的人家往南迁。
先立普里来扎住，
然后又来建习安。
习安原为阿达卜⑦，

① 九汉：指赶山的九兄弟。
② 清平：今凯里市。
③ 坐参：普定地方汉话，在其中之意。
④ 马桑窝：遵义县平正乡仡佬族称遵义老城为马桑窝，至今花灯词还唱“遵义原叫马桑窝”。
⑤ 黔中：秦汉时期，今贵州东部称黔中。
⑥ 美良川：指美好的地方。
⑦ 阿达卜即安顺城。历史上称现在的安顺城为阿达卜。

[倒] 建[1]要传万万年。
才把刁安来建起，
接着又被赶分散。
无奈只得往北去，
一起向北往前走。
(上) 了大路各自走，
分散各立一坐山。

要以哪样坐地好，
以草有油为定点。
要选有草生油地，
要看地方宽不宽。
各自行走不多远，
路上草籽把衣连。
此草名叫粘草籽，
有草有油好地点。
阿把后代立地为雨那，
阿 (诺) 后代立地舀抄罗，
阿谷后代立地抹刀闩[2]，
阿尼后代立地达早正，
阿业后代立地为者戛，
阿仡后代立地告劳早[3]，
阿》后代立地为务又[4]，
阿达后代立地顺河叫梭筛[5]，
只有阿尤后代跑得快，
一心立地秘标岗。
立地处处有古界，
处处划定界分明。
下抵最低老古沟，
上抵最高老古岸。
古人来把界划定，
要望世代来相传。

之后祭山唱词才开始。这祭山词又分为表示虔诚、祈福、驱邪、除病、送祖等几个部分。

祭山神

(一) 虔诚

三月二到了，
三月三来了，
我们齐来敬山神!
敖伟天神，
列位山神，
地盘业主，
请来喝酒喽!
有去做事的，
做客做买卖的，
做工学艺的，
凡是外出不在家的，
都请转来喝酒喽!
今天好日好时辰，
我们虔诚来奉请，
请大家来喝酒喽!
我们初一请三回，
担心你们听不准，
初二又来请三回，
又怕你们出了门，
今天最后请三回，
三天总共请九回。
为何三天请九回?
是怕你们来不齐。
村村寨寨都约会，
就在这里等你们。
老领小来小扶老，
大家都来敬山神。
三月二，

① 倒建：普定地方汉话，倒建即重建之意。
② 抹刀闩，即抹刀扛。地名，在普定县窝子乡。
③ 告劳早，即倮倮坡。地名，在普定县窝子乡。
④ 务又，即务幼。地名，在普定县窝子乡。
⑤ 梭筛，即抹过依。地名，在普定县窝子乡。

三月三，
我们虔诚请祖先。
伯叔小伙儿孙们，
大家都来敬祖先。
我们买得肥猪来，
买得雄鸡仔鸡来，
全是拿来敬祖先。
今天样样为祖先，
扛上桌子扛上饭，
带上砧板带上刀，
拿着碗筷拿着瓢，
抬起酒坛抬起汤。
拿起锅盆装好菜，
拿来葫芦盛满酒。
样样齐备了，
寨邻老人都来了，
儿孙晚辈也来了，
全来敬供老祖先。
敖伟天神。
列位祖先，
地盘业主。
去做事的回来了，
去做买卖做客的回来了，
去做工学艺的回来了。
今天好日好时辰，
我们虔诚请你们。
请你们座席啦！
老辈坐上席，
小辈坐下席，
同辈坐两边，
大家同坐摆一天。
老小均请坐下来，
我们指名请你们：
阿把请坐下哟！
阿诺请坐下哟！
阿谷请坐下哟！
阿尼请坐下哟！
阿业请坐下哟！
阿仡请坐下哟！
阿卜请坐下哟！
阿达请坐下哟！
阿尤请坐下哟！
全部都请坐下来，
先请祖先喝热茶，
喝了热茶再吸烟，
把酒斟好请你们，
喝了酒后再吃饭，
喝足吃饱了，
再送纸钱给祖先，
点起火把照祖先。
敖伟天神，
列位祖先，
地盘业主。
现在我们地方好，
全靠你们的业绩。
坡是你们赶来的，
山是你们留下的。
你们开辟的地盘，
宽广抵天边。
我们享你们开的田地，
享你们开的大河，
享你们开的水渠，
享你们砌的城墙，
享你们建的仓房，
享你们修的瓦屋。
子孙后代用不完，
千秋万代不用买。
今天你们平安来，
吃了也要平安去。
来时大路平坦坦，
去时大路也宽阔。
房后左右都是路，
四方八面都可行，
天宽地宽随你走，

大田大坝由你行。
阿把要回雨那①去，
阿诺要回舀抄罗②，
阿谷要回抹刀扛③，
阿尼要回达早正④，
阿业要回者戛⑤去，
阿仡要回告佬早⑥，
阿卜要回务幼⑦去，
阿达要回抹过依⑧，
阿尤要回秘标岗⑨
我们是你们的子孙，
你们是我们的祖先。
每年的今天，
是很好的时辰，
我们杀猪修好棚⑩，
真心诚意敬你们。
今天过后各忙各，
七月吃新⑪重相约，
待到吃新节日时，
我们再来敬你们。

（二）祈求赐福

敖伟天神，
列位祖先，
地盘业主。
现在指名请你们，
雨那的阿把，
舀抄罗的阿诺，
抹刀扛的阿谷，
达早正的阿尼，
者戛的阿业，
告佬早的阿仡，
务幼的阿卜，
抹过依的阿达，
秘标岗的阿尤。
今天好日好时辰，
我们做饭等你们，
熬好浓茶等你们，
熬好盐茶等你们，
熬花椒茶等你们，
杀猪宰鸡鸭等你们，
提刀切肉等你们，
煮好美酒等你们，
备好碗筷等你们，
备好马勺牛角⑫等你们，
修好亭子等你们，
设好供桌等你们，
一切准备好等你们。
你们从青天上边来，
从日出的东方来，
从日落的西方来，
从山岩上来，
从树林中来，
从菜园里来，
来了请歇供桌上。
桌子板凳已安好，
请祖先们来喝茶，

① 雨那：指新寨，在普定县境内。
② 舀抄罗：指八钱地，在普定县境内。
③ 抹刀扛：指柯拖，在普定县境内。
④ 达早正：指窝子大屯坡，小神坡，在普定县境内。
⑤ 者戛：指下者戛，在普定县境内。
⑥ 告佬早：指保保坡，在普定县境内。
⑦ 务幼：指长冲，在普定县境内。
⑧ 抹过依：指梭篩，在普定县境内。
⑨ 秘标岗：指猫洞乡苦桃小寨，在普定县境内。以上这些地点仡佬族在三月初二或初三在这些地方祭山。
⑩ 祭山时搭的棚子。
⑪ 吃新是仡佬族的传统节日。每年农历七八月谷物成熟，仡佬族男女老幼要到田边地角采摘一些新熟谷物祭神祭祖。普定一带仡佬族是在七月第一个辰（龙）日进行。
⑫ 马勺：舀汤的用具；牛角：牛角制成的饮具。

请祖先们来吃饭，
请祖先们来喝酒，
两人同一壶，
三人共一碗。
你们喝了要赐福，
你们吃了要保佑。
保佑人人不生病，
保佑家家得平安。
保佑儿孙长成人，
保佑老年延年寿。
保佑儿孙多聪明，
保佑老辈常健康。
保佑子孙走好运，
保佑子孙有吃穿。
敖伟天神，
列位祖先，
地盘业主。
今天好日好时辰，
你们大家都来了，
茶也喝够了，
烟也吸过了，
酒也饮足了，
饭也吃饱了。
求你们多赐福，
求你们多保佑。
保佑风调雨顺，
保佑庄稼无虫害；
保佑寨邻无灾害，
保佑四季得平安，
保佑永远得安宁；
保佑子孙会耕田，
保佑子孙会种地；
保佑子孙尊敬老，
保佑子孙爱护小，
保佑子孙不欺天，
保佑子孙不侮地，
保佑姑娘会纺棉，
保佑姑娘会纺线，
保佑姑娘会捻麻，
保佑姑娘会织布，
保佑姑娘会裁衣，
保佑姑娘会缝补，
保佑姑娘会浆洗，
保佑姑娘会绣花，
保佑姑娘会制裙，
保佑姑娘会鞋袜，
保佑姑娘会锅灶，
保佑姑娘会糖茶，
保佑喂牛牛满圈，
保佑喂马马成帮，
保佑喂猪猪肥壮，
保佑养鸡鸡成群，
保佑养鸭鸭也肥。
样样托福保佑好，
样样托福保佑全。
敖伟天神，
列位祖先，
地盘业主。
现在指名请你们：
雨那的阿把，
舀抄罗的阿诺，
抹刀扛的阿谷，
达早正的阿尼，
者戛的阿业，
告佬早的阿仡，
务幼的阿卜，
抹过依的阿达，
秘标岗的阿尤。
今天好日好时辰，
今年是我们当头，
有这家那家参加，
都是伯叔兄弟们，
都是亲戚朋友们，
全是一寨一家人。

你们要保佑他们，
要留饭菜给他们，
要留清水给他们，
留金银给他们，
留田地给他们，
留子孙给他们，
留九个儿子给他们，
留五个姑娘给他们。

（三）驱邪

敖伟天神，
列位祖先，
地盘业主。
今天你们来喝酒，
请你们赶走妖和魔，
保佑清早不遇着蛇，
清早不遇蛇蜷缩，
清早不遇蛇拦路，
清早不遇蛇交配，
清早不遇蛇缠瓜，
清早无蛇跨大门，
清早无蛇爬板凳，
清早无蛇爬煤灶，
清早无蛇爬水缸，
清早无蛇爬供桌，
清早无蛇爬床铺，
清早无蛇爬房梁，
清早无蛇爬磨盘；
清早无蛇入牛圈，
清早无蛇进猪圈，
清早无蛇钻鸡笼，
清早无蛇爬房门。
凡是蛇虫来作怪，
你们都要驱除光。
敖伟天神，
列位祖先，
地盘业主。
三灾八难要带走，
那些迷人瞌睡的，
那些扒房梁的，
你们要帮赶出去，
使牯牛脱蹄壳的，
使母牛早产的，
使母猪翻儿的，
使母鸡赖抱①的，
使母鸡下软蛋的，
你们要帮赶出去。
有进家的野猫，
有窜家的耗子，
有来家的蚂蚁，
你们要帮赶出去。
一切妖魔邪恶，
你们要帮赶出去。

（四）除病

敖伟天神，
列位祖先，
地盘业主，
我们已请了三回。
今年是我们当头，
四十四家排一寨，
四十四寨编一街，
四十四街合一城。
今天你们都来齐，
要帮我们除疾病，
牛圈里的牛病，
马厩里的马病，
猪圈里的猪瘟，
鸡笼里的鸡瘟，
你们要帮撵出去；
那些粘在篱笆角的，
那些粘房檐脚的，

① 赖抱：母鸡生蛋满周期后，不给它蛋孵，它赖在窝里，俗称赖抱。

那些粘门上的，
那些粘窗子上的，
那些粘床铺上的，
那些粘席子上的，
你们要帮撵出去；
那些粘甑子的，
那些粘柜子的，
那些粘板凳的，
你们要帮撵出去；
那些粘头发上的，
那些粘额颅上的，
那些粘脸庞上的，
你们要帮撵出去；
那些粘手上的，
那些粘脚上的，
你们要帮撵出去；
那些粘帽子上的，
那些粘衣裤上的，
那些粘斗笠上的，
那些粘蓑衣上的，
那些粘鞋上的，
你们要帮撵出去；
有随来的摆子①，
有跟来的疾病，
你们要帮撵出去。
撵到天边去，
撵与太阳同落坡，
撵与月亮同栽根。
统统撵它去倒岩，
统统撵它去倒坑，
统统撵它去倒河，
统统撵它进河去，
不要留它在害人。

（五）送祖

敖伟天神，
列位祖先，
地盘业主。
这是初二祭的山，
这是初三祭的山，
初二来的初二去，
初三来的初三回。
你们好好来，
也要好好去，
你们从哪来，
也要哪里去。
田坝地坝随你走，
大路小道由你行，
箐林中也有路，
竹林中也有径。
竹林当中有树子，
树林当中有竹子。
大田角落有竹子，
大地坎边竹子生。
大路旁边有竹子，
小沟边上竹子生。
弯弯冲冲有竹子，
山头坡尾竹子生。
四面八方有竹子，
满山遍野竹子生。
每片竹子棵棵大，
每窝竹子棵棵高，
高竹会指路，
大竹会说话。
今天你们来饮酒，
竹子就在那里等。
它指你们把路过，
站在路后看你行。
大江大海不要过，
你们一一记在心。
没有哪样送你们，

① 摆子：即疟疾。

酒肉杂包给你们。
半节竹子作扁担，
半节竹子扶你行。
扁担拿来挑酒肉，
小小杂包用手提。
手扶竹杖慢慢走，
累了拄着竹杖歇。
回到家中先坐下，
再找地方放东西。
放好东西养精神，
不要慌忙做事情，
养好精神做大事，
要做的事定能成。
竹子扁担轻轻放，
竹子拐杖好好存。
走出走进全靠它，
它是告佬的竹王，
它是我们的先人。
出门做事它会讲，
出门做事它会说，
会讲会说是竹王，
我们世代敬供它。
竹王万世保佑我们，
告佬家家享太平。
敖伟天神，
列位祖先，
地盘业主。
有酒你们去做客，
逢场你们去赶场。
有活你们做，
有官你们当。
官家[1]的门不要进，
官家的人不要交，
官家的事不要问，
官家的饭不要吃。
各有各的大路，
各人的事各人做，
他做他的官，
你做你的官，
互不相干保平安。

在以上的“兄弟赶山”中，讲的是山神的来历，但古老的“告佬九兄弟”所分居的地方，在新寨这一片仡佬人地区中，都能有对应的寨名所属，因为以新寨为首的九个寨子，正好是祖上分居的九兄弟的后人。

对应如下：

老大叫阿把——新寨；
老二叫阿诺——窝子；
阿谷是老三——石板；
阿尼是老四——柯拖；
老五叫阿业——小寨；
老六叫阿仡——下者嘎；
阿卜是老七——长冲；
阿达是老八——高羊；
阿尤最小叫老九——梭山。

这是一个很有意思的意象。

新寨的“吃新”和“扫寨”中也有许多的祭祀内容，录其祭词如后：

吃新祭祖

（一）采新[2]

各家老老小小们，
大家听我说分明，
今天是个好时辰，
吹起泡筒要吃新，
各人准备出门去，
采收新谷祭祖神。

① 官家：指官府。
② 采新：是仡佬族吃新节日中的第一个活动项目。吃新节时，首先要采新熟谷物来祭祖先，这叫采新。

兄弟们来姐妹们，
各人准备快起身，
出了家门田地去，
采新回来敬祖神。
小田收三吊，
大田收三升，
小地收三碗，
大地收三斤，
小坡小冲一石三，
大坡大弯三石一，
旮旮旯旯要收到，
田边地角要收齐。
老的年迈走不动，
留在家中做准备，
碓窝筛子准备好，
采新回来少费心。
男男女女都要去，
齐心协力去采新，
男的拿镰刀口袋，
女的背箩拿撮箕，
快去采新祭祖先。
忍勒有寨九十九，
村村寨寨住忍勒，
四方八面忍勒住，
百里千里居忍勒。
比贡①背后案桌坡②，
年年采新多热乐，
忍勒坟地③开始采，
采到普里④和麻园⑤，
东边采到鸡窝寨⑥，
西边采抵四棱碑⑦，
北面采到分水山⑧，
南面采抵扁担山⑨，
高处采到古老岩，
低处采到古老沟，
旮旮旯旯要采到，
冲冲坳坳要采周。
小的还小挑不动，
大的就去帮助背。
果珠在家耐心等，
收新拿来交与你，
做熟请你敬祖先。
一敬天神忍哈佤，
二敬土地神，
三敬老祖先，
四敬米天神⑩，
祖先神灵要敬好，
明年才会有吃的，
祖先神灵敬过了，
大家热闹来吃新。
去采新时看地界，
一年一次才记清。
二采新来二看界，
祖祖辈辈传至今。

（二）祭祖⑪

合：米天公、米天婆，
你们为人间造新谷。

---

① 比贡，地名，在镇宁布依族苗族自治县境内。
② 案桌坡，地名，在镇宁布依族苗族自治县境内。
③ 忍勒坟地，地名，在镇宁布依族苗族自治县境内。
④ 普里，地名，在镇宁布依族苗族自治县境内。
⑤ 麻园，地名，在镇宁布依族苗族自治县境内。
⑥ 鸡窝寨，地名，在普定县境内。
⑦ 四棱碑，地名，在六枝特区境内。
⑧ 分水山，地名，在普定县境内。
⑨ 扁担山，地名，在镇宁布依族苗族自治县境内。
⑩ 米天神：指粮食神。
⑪ 祭祖由两个果珠主持。在房下的果珠称师父，又喻为谷根和谷蔸；在房上的果珠称徒弟，又喻为谷秆，谷叶和谷穗。祭祖时由师徒合唱和分唱。

你们使禾苗成箐林，
又让风调雨顺好年景。
儿子儿孙听分明，
地盘业主是忍勒，
万古千秋要牢记。
吹泡筒，打铜鼓，
吃新节日已来临。
自古吃新不忘祖，
年年吃新闹腾腾。
穿花裙、穿花鞋，
姐姐妹妹成双来。
吹泡筒、打铜鼓，
今年样样好收成，
男女老幼乐融融。
古老前人山神们，
今天我们敬你们。
满田满坝谷子熟，
满山满岭好收成。
谷子吊吊像金链，
颗颗谷子似黄金。
黄豆长成像扫帚，
豆角多得似芝麻。
高粱长成一大串，
穗穗压断高粱秆。
小米大得像绳索，
吊吊好像金砣砣。
今年庄稼样样好，
人人见了乐呵呵！
还有荞麦没有收，
春来也是好收成。
粮食就是命根子，
老小不能乱糟蹋。
古老前人山神们，
今天敬供你们了，
保佑来年好丰收。
保佑谷穗吊子大，
吊吊饱满像黄金，
保佑高粱吊子大，
吊吊饱满大又肥，
保佑黄豆满地坝，
棵棵长像扫帚形，
保佑无虫又无灾，
风调雨顺年景好。
今年吃新敬供了，
明年丰收接你们。

徒：米天公、米天婆，
你们为人间造新谷。
今年庄稼黄又黄。
师父叫我来上房。
我在房上如谷穗，
倒披蓑衣像谷叶，
我的腰杆像谷秆，
我的脑壳像谷吊，
我的头发如谷芒。
师父在下如谷蔸，
长出谷子绿油油，
师父在下如谷桩，
长出谷秧很粗壮，
师父房下如谷根，
我在房顶如谷穗，
我长得快长得好，
全靠谷根来营养。
上得房来上得梁，
年景好来多收粮。
一步两步上楼梯，
田里庄稼长成林；
两步三步上楼梯，
地里高粱真爱人，
三步四步上楼梯，
谷吊穗穗像黄金。

师：四步五步上楼梯，
一吊谷子有半斤，
五步六步上楼梯，

一吊高粱有半升，
六步七步上楼梯，
大田大坝铺黄金，
七步八步上楼梯，
家家粮食满屋堆，
八步九步上房顶，
家家户户有粮存。
米天公，米天婆，
你们为人间造新谷。
谷子叶片像菖蒲。
谷粒大得像黄豆。
祖先们，
神灵们，
十盘八碗敬你们，
鸡鸭猪羊备齐了，
样样都拿敬你们，
新米新豆成熟了，
样样采来敬你们。
祈求你们保佑好，
来年定有好收成。
一棵谷子长三吊，
一棵高粱长半升。
年年谷子堆满屋，
岁岁高粱挂满房。
家家收成好，
户户有余粮。

徒：米天公，米天婆，
你为人间造新谷。
我在人间长得好，
二月、三月我下地，
四月、五月我就长，
六月、七月长成林，
八月、九月遍地熟，
十月忙丰收，
冬月回家过寒冬，
过了腊月见春风。

师：拜向东方去，
徒：今年庄稼长得好。
合：今年粮食丰收了，
顺顺利利！
师：拜向南方去，
徒：明年庄稼长得好，
合：明年粮食丰收，
顺顺利利！
师：拜向西方去，
徒：明年年景好。
合：明年收成更好，
更顺顺利利！
师：拜向北方去，
徒：明年年景更加好。
合：明年收成更加好，
更加顺顺利利！
师：东南西北你要拜，
徒：四方八面我拜了。
到处都是我们的。

合：今年庄稼已成熟，
世间人们把我收。
世上宝贵我为贵，
人间少我活不成。
天庭忍哈佤保佑我，
忍勒祖先把我请，
我要快长快成熟，
家家户户不离我。

（三）祭神

七月八月要吃新，
忍勒要祭土地神。
土地神有八兄弟，
个个都会显神灵。
大哥坐在天门内，
叫他天官土地神；
二哥坐在天门口，
叫他天门土地神；

三哥坐在山关口，
叫他山关土地神；
四哥坐在桥头上，
叫他桥梁土地神；
五哥坐在龙头上，
叫他龙王土地神；
六哥坐在田坝中，
叫他秧苗土地神；
七哥坐在寨门口，
叫他寨门土地神；
只有八弟年纪小，
叫他家中土地神。
八个兄弟受封赐，
镇守四处忍勒地。
忍勒辈辈敬你们，
保佑年年有收益。
四盘八碗年年敬，
保佑忍勒得安宁。

（四）扫寨[①]

七月龙日八月蛇，
是我忍勒吃新节。
吃新祭祖要扫寨，
妖魔鬼怪全扫尽。
不干不净的扫出去，
丧生害命的扫出村，
这里不是安身处，
打到岔路去藏身。
三灾八难扫出去，
清静平安扫进村；
虫灾病害扫出去，
五谷丰登扫进村；
牛瘟马病扫出去，
六畜兴旺扫进村；
摆子百病扫出去，
安居乐业扫进村。
天瘟扫到天上去，
地瘟扫到地埃尘。
要是哪样扫不到，
神灵带去九霄云。
自从今天扫过后，
寨邻老幼得安宁。

在《普定新寨仡佬族祭山祭祀》中，我们看到，这是一个意象古老，但是又经过了一系列文化整合后的仡佬族祭祀信仰文化。并且，在文本的记录上，其祭祀词亦是经过了文人梳理、基本规范化了的乡间文本。

《普定新寨仡佬族祭山祭祀》有古歌类的《兄妹成婚》《兄弟赶山》；也有历史传说类的《三月三用书》和《供山用书》；还有完整的《祭山神》《吃新祭祖》等祭词。这《祭山神》祭词包括了虔诚、祈福、驱邪、除病、送祖等几个部分；《吃新祭祖》祭词包括采新、祭祖、祭神、扫寨等几个部分。

在这里，我们看到了普定新寨仡佬族完备的信仰文化体系，有了神性的传说，《兄妹成婚》解决了人的起源问题，《兄弟赶山》回答了世界是怎么来的，于是，普定新寨仡佬族的信仰体系就有了建立的文化基础了。随后是《三月三用书》和《供

① 扫寨：在吃新节后第一年正月或二月举行。扫寨需用雄鸡两只，母鸡一只，鸭一只，各色纸做的十二杆小旗和红白纸伞各一把，连同一碗水饭置于一把筛子内。扫寨时，祭师持长刀一把，巴茅杆一根，由上寨走到下寨每户人家，并不断地念道："火星灾难扫出去，金银财宝扫进来；妖魔鬼怪扫出去，人丁平安扫进来，凶气邪气扫出去，六畜兴旺扫进来……。"拿鸡鸭、抬筛子、吹泡筒的人跟随祭师后。走遍了每户人家，参加扫寨的人随同祭师走出寨子，将巴茅杆、筛子内的纸旗纸伞烧掉，水饭倒掉。带回鸡鸭杀后整净煮熟，全寨聚餐，扫寨结束。

山用书》中讲解的仡佬族人的历史，再就是《祭山神》和《吃新祭祖》的祭词了。对比而言，居都的三月三祭山和吃新祭祖就根本没有这样的东西，也没有普定新寨仡佬族的神性背景和神性概念。可以这样说，普定新寨仡佬族的古歌类的事物，是普定新寨仡佬族人在后来的历史中的文化想象，是利用汉族的神话传说建构自己民族神话传说的努力，当然，这也加进了自己的民族的文化想象。另外，赶山的神话也是借用的，这种赶山神话在贵州山区是一个普遍存在着的事物，但是普定新寨仡佬族人把它做了新的解读。并且利用这新的解读来为自己民族的信仰文化结构服务。

《三月三用书》和《供山用书》中的内容，更是汉族文献记载在普定新寨仡佬族人中的民间化的产物。这也是普定新寨仡佬族人解读自己历史的一种努力。

这些，都是我们在居都的文化中看不到的东西，是普定新寨仡佬族人在后来的历史中自己生发出来的东西。

在祭山和吃新这两个内容上，普定新寨仡佬族人也做了许多“工作”。

祭山神已经有了明确的过程和内容，虔诚、祈福、驱邪、除病、送祖等六个过程都有明确、固定的祭词，以及相应的仪式规范，而这些在居都都不是十分稳定的，祭词、仪式等等，都会在不同的时间和地点，以及不同的主持人中有不同的变化。在祭山的主持人上，普定新寨仡佬族人已经发展出了自己的“果珠”（祭师），而居都仍然是“长房主事人”。普定新寨仡佬族人的祭山已经具有了区域祭祀的性质，而居都还没有。普定新寨仡佬族人的祭山，已经是明确的祭山神概念，但居都仍然是喊“坡头”的概念。

在吃新祭祖上，其祭祀过程亦很明确，有采新、祭祖、祭神、扫寨等几个部分。在居都的吃新祭祖中，采新、祭祖是隆重的，但扫寨就不明显，只有转“灶老者”与此相似。不过，我以为普定新寨仡佬族人吃新祭祖中的扫寨是一种文化的借用，是从本地的其他民族的文化中“整合”而来的事物。并且，普定新寨仡佬族人在吃新祭祖中同样生发出了神的概念。

在这个调查报告中，我们还看到了仡佬族九支概念的“文化复原”，在普定新寨，确实是有九个村寨的分布，并且在一系列的祭词中都有对应的描述。为什么仡佬族人都要在不同的场合和地方要如此强调这个“九”的概念呢？在居都祭祖中的九个饭团，在普定新寨仡佬族人中的九个兄弟传说、九个村寨分布，以及在其传说中的对应关系，等等，都展现了“九”的意识。它有惊人的存在，但我们一时无法回答。

在普定新寨仡佬族人中，其语言亦是保持得比较完好的，但是，普定新寨仡佬族人受到汉族书面文化的影响较重，其信仰的祭词已经逐步书面化了，而且这个书面化是靠汉语来完成的。

对比两者来看，居都的仡佬族文化要古老得多，它在许多形态上并没有发生变化，而普定新寨仡佬族人的文化就发生了一系列的变化，并且改变了许多东西。但是，话说回来，这些改变是必然的，一个文化体的文化，包括信仰文化都会在历史的进程中发生变化，都会把自己的文化形态向更高一级的状态前进。普定新寨仡佬族文化往前走了，但是，居都的仡佬族文化却没有往前走多少。这两地的仡佬族文化的

"根"都很深，但普定新寨仡佬族人的区位使其获得了使自己文化形态发生变化的可能性，而居都就没有这样的区位。这是文化的幸运？还是其他？不知道！

第三节　居都仡佬族与平坝大狗场仡佬族之比较

平坝大狗场的仡佬族调查是在2009年的4月底进行的，在调查中我们希望这个个案的调查有助于我们在更广阔的地域内来比较研究居都仡佬族人的文化。我们在平坝大狗场的仡佬族文化调查进行得相对顺利，但其文化的意蕴并不如我们想象的那么丰富，不过，其许多方面的文化表现，还是让我们看到了一些珍贵的东西。

平坝大狗场仡佬族文化调查

调查时间：2009年4月29日—5月2日

调查地点：平坝大狗场村

讲述人：何在仁，现年78岁，鬼师（做鬼师已有24年），其父亲曾经也是鬼师，现在他的两个徒弟，都是本家族中的人，一个叫何在中，一个叫何厚朝（是其小儿子）。据何鬼师讲如果要拜师学艺，首先看的是人品，只要是忠厚老实的人来拜师，一般师父都会收下，徒弟学成出师必须有师父传给的法器和阴阳镜等物件。

记录整理：郎丽娜、杨春艳、吴秋林

一、概况

大狗场村由三个自然村组成，分别是大狗场、小狗场、上兴普，整个村共有228户，1028人，主要居住的民族有仡佬族、苗族和布依族。大狗场有128户，600多人口。全部都是仡佬族，有何、王、涂、李等姓氏，其中王姓人口最多，占到整个大狗场组的四分之三。

二、婚俗

大狗场仡佬族是平坝县边沿的一个仡佬族村寨，村寨后面、左面、右面都是高山，前面是一个山田坝，有一条小河在四坝中间从左至右流淌。整个村里有王、何、涂、李等杂姓人口居住，在1949年中华人民共和国成立之前，大狗场仡佬族婚俗，大多都还是年轻小伙和年轻姑娘在外隐蔽玩乐，后被人发觉后，一位中年人作为介绍人和男方之父母说明，请两个媒人去女方家求亲，其余仍是父母包办。只允许本民族通婚。即使青年男女双方自己玩乐，相互中意，对方不是仡佬族，也是不能联姻的。在那时，民族观念十分强。直到1949年中华人民共和国成立，在土地改革期间，"土改"工作大量宣传各民族平等的政策，至1965年之后，青年男女思想开放了很多，仡佬族的老年人也懂得各民族平等的道理，这样仡佬族和苗族、布依族、汉族的联姻，才越来越多了，至今如此。

以下是大狗场仡佬族的婚俗：

(1) 求亲

男方到女方家求亲，共有三次（古言：求亲三遍）。第一次，由男方家请两个媒人和一个介绍人（这叫三媒），在男方家拿两包糖一起去女方家求亲。三人到达女方家门口，喊开门，女方明知求亲的人来了，故意不开门。三个媒人耐心地接二连三地喊，女方家才开门。女方的父母一开门，就开言说道："你是高人贵客，有什么贵事来得这么晚?"介绍人开言就说："亲家，我们三人，天亮就来的，有贵事才进三宝殿，现在还不晚，还早呢。"女方之父母高兴地说："好，请贵客进家，请坐。"媒人在女方家坐下烤一会儿火之后，开言就说："亲家人，我们今天来是介绍你家姑娘和某某家男儿联姻，他们两个年龄相当。"当时，女方之父母答道："配不起，我们家很穷(这是客气的说法)。"介绍人就说："男方家不嫌穷和富。只要年轻人同心和睦，两亲家心一致。我劝你们是可以的。"媒人顺手从荷包拿出两包糖相劝于女方之母。女方之母也不好推辞，就说："我也同意，我和你们媒人说明，等姑娘父亲和姑娘在家齐，商量一下。"女方之母就把礼收下。女方家立即烧火做饭做菜，吃完晚饭后，两个媒人和那个介绍人一起返回男方家，男方说女方家已把糖收下。这说明她家同意了。

第二次求亲，媒人首先通知新娘家何日要来求亲（这个时间不需要请先生看日子，哪天都可以)。男方家要买十五斤猪肉、十二斤酒和十五包糖。男方把以上物品备齐了，就请内亲的伯、叔、伯妈、叔妈和媒人一起把备好的肉、糖用红纸包好，酒坛的口也用红纸盖好。把酒、肉、糖抬到女方家来求亲。男方的亲属和媒人在女方家要留宿一晚。到了晚上新娘家随便备点酒菜，请内亲的伯、叔、伯妈、叔妈陪同男方的伯、叔、伯妈、叔妈和三个媒人同桌就餐。在就餐中，新娘之父母和姑娘的伯叔、伯妈、叔妈阐明姑娘和某某家男孩要定为联姻关系，特请你们上前陪同客人吃饭、喝酒。当时新娘之母就把新郎家拿的礼拿来就说，他家也买不得哪样来，只是点糖，每人一人一包糖（此时，就是三媒六证)。

就餐后，双方的伯、叔、伯妈、叔妈和三个媒人坐在一起烤火，在烤火之中，媒人首先提出："今年新郎家要办喜酒，希望你们这方面多些原谅。"新娘的亲属推辞说道："这个小姑娘还不能跟你们回去，等两三年后再办可不可以?"另一个媒人再劝解说："男方家要求要办喜酒。"在谈论之中决定之后，新娘之亲属提出："要办喜酒可以，你们回去和男方家说明，娶亲要买衣服十二件，下装八件，手上戒指四对，手镯四对，蚊帐、被子、被套、布匹等物。若新娘要求过高，媒人又再相劝。决定之后，双方休息。第二天新娘家天不亮就起来做好菜、饭，就请三亲六戚陪同三媒六证。早餐结束，双方就坐下共同问好。等一两个钟头后，就吃午餐，午餐结束后新娘亲属送新郎亲属和媒人回去。新郎家第二次求亲就结束了。

第三次求亲，由男方家买六斤猪肉和两斤酒，媒人拿到新娘家说明，新郎家某年某月某日要办喜酒，要求新娘家之父母答复（办喜酒的日子由新郎家经济方便来决定，不请先生看日子)，如新娘之父母推迟，媒人在旁相劝，等新娘之父母同意新郎家办喜酒之后，才返回新郎家。第三次求亲结束。

(2) 办喜酒

在办喜酒时，开始新郎要把第二次求亲的礼物备齐（十五斤猪肉、十二斤酒和十五封糖)。再另准备两只公鸡、四十斤酒、十二斤猪腿、六斤猪肉和一把红伞。等礼物都备齐了，男方请两个童子娃娃（大约十三至十四岁)，另外，请六至八人把备齐的衣服、首饰、布匹等礼物用红纸包好后，再用箱、篮装好；两只公鸡用笼子装起，红纸盖于笼子口面上；猪腿和肉也用红纸包好。备齐之后媒人拿起一把红伞走在前面，两个童子娃娃抬起一坛酒，跟在媒人之后，另一个人提起两只公鸡跟在童子娃娃后面。其余的人提起猪腿、肉、衣服、首饰等礼物依次其后，由媒人带着往新娘家吃喜酒。一到新娘家门口，新娘家在门口摆起一张大桌。桌上摆起酒、肉、碗筷。拦住客人唱歌，互相对唱，这叫作“拦门酒”。拦门结束后，就往新娘家走去。媒人、抬酒的人和提公鸡的人来到新娘家门前。新娘家就安排人用桶装起水，拿水瓢舀水洒向媒人和抬酒的两个童子娃娃及提公鸡的人，使他们身上的衣服全都弄湿了。这时候媒人带起这些人赶快往新娘家堂屋走去，越快越好。若慢了，就会被水淋湿得越多。只有当这些人到达新娘家的堂屋后才禁止泼水。此时新娘的亲属就说：“亲家们，你们带的礼物十分厚重，累得你们汗水流，抬得汗流浃背，真是苦了你们了，快请坐。”十多分钟之后，新郎的亲属把各式礼物摆在新娘家的堂屋中间的大桌上（如衣服、鞋、首饰、猪腿、酒、香、烛等)。此后，新娘的父母，就请亲属三人，把男方送的礼物从头至尾点清，交给新娘。然后新娘家就请一位年高的老人燃香点烛，向桌面上的酒杯斟酒，宰鸡敬祖先，在敬祖时口中念道（翻译成汉语的意思是)：“天公神，地公神，×氏门中历代各位祖先，今天×家来吃喜酒，此家男儿××和你们×氏门中的小姑娘××定为夫妇，请祖先们保佑他们夫妇，活到一百二十岁。小姑娘去男方家发富，发贵，子孙发达，两人和睦一辈子，你们（指女方家）×氏门中也发富，发贵，发子发孙，今年大吉大利。客人来得迟，保佑他们去得也迟，骑马来，骑马去”。敬供完后就把男方送来的一只公鸡杀了。然后鸣炮结束。

当天在新娘家吃了一餐晚饭。到了晚上大约十一点至一点钟左右的时间，新娘家就叫厨官做好一席菜，另叫帮忙的人在堂屋中间摆起两张大方桌（古言，叫长桌)，长桌四面摆起板凳。桌上摆起碗筷，倒上酒，厨官把菜摆好。开始进行踩堂。在吃酒时媒公、媒婆用仡佬语唱谢女方的礼仪歌词。女方又唱欢送男方的歌词。

仡佬语翻译成汉语的意思是：

1. 新娘家亲属唱：今天高客贵人来，不得好的来招待，又无明灯照，又无火来烤，样样都没有，客人回去要瞒着。

2. 新郎的亲属唱：今天我们来，谢主家好恩待，堂屋明灯两边照，大火堂屋中间烤。谢主家好人意，主家人财大发达。

3. 新娘家亲属唱：今天高客贵人来，样样少来待，青菜摆满桌，辣椒四面有，辣子辣得客人汗滴，青菜卡在客人的牙缝里，样样少来待，回去不要留骂名。

4. 新郎的亲属唱：今天我们来，样样都有多，桌上有鸭肉、鹅肉、鸡肉摆满桌，又有猪腿摆满桌，吃的是糯米酒，好菜吃了几大碗，我们回去传大名。

新郎的亲属和新娘的亲属唱了一会以后，新娘家的父母把一只母鸡和一只公鸡装在一个笼里，请两人用一根棒抬起。另外，又拿来一个笼装一些破碗、破坛的碎片，请一个人背起，这时男方和女方各自的亲属及抬鸡的那两个人和背破碎片的那个人一齐在新娘家的堂屋围起大长桌。从右向左，用仡佬语边绕边唱。

回家（即是送客），翻译成汉语的意思是：

1. 新郎的亲属就唱：小小你养大，养大我接来，娶亲做哪样，娶来管好家务。

2. 新娘的亲属唱：小小我养大，养大你娶来，来到你家做哪样，来享受大田和大地。

3. 新郎家人唱：送客过金门，抬头望天色，云来要下雨，留你客人多在两天。

4. 新娘家人唱：我们过大门，今天天气晴，今天我们去，你家发子又发孙。

新娘家亲属送新郎家的亲属出大门到院坝时，

1. 由新郎的亲属先唱：亲家后园有蓬竹，长得高来长得好，我们喜爱才来娶，亲家今晚很欢喜，娶起当家作主，娶起子孙发达。

2. 新娘的亲属唱：我家后园竹千棵，其叶子不美又矮啊，亲家喜欢来娶去，娶去享受大田和大地。

在新娘家堂屋进行踩堂舞绕的转数不定，时间也没有一个规定，只是歌词多，绕的转数就多，时间就长。

踩堂完毕，媒人和那两个童子娃娃接新娘到男方家，随后新娘亲属和新郎亲属一起到男方家吃喜酒。新娘到新郎家时间不定，也不请先生看。这时新郎家准备好接新娘的物品（如糖果、饼、葵等物品），将其摆放在堂屋神主下面的大桌上，再在大桌上面放一斗谷子。将大桌前面铺垫好，等候新娘来拜堂。在新娘进屋前，就请一位年高的老人来迎接新娘进屋和新郎一起拜堂（这位年高的老人有、无文化不论，只要夫妇双全、儿孙满堂就可以）。新郎家还要准备一只公鸡和一个马鞍（这个马鞍是跨在新郎家门槛上的），等新娘进屋时要跨过马鞍进屋。这表示新娘是骑马来进亲的。这位年高的老人燃香点烛，手拿一只公鸡在堂屋等候。这时新娘打起红伞来到新郎家门口时，这位老人口念词语，迎接新娘进屋，仡佬语翻译成汉语的意思是：今天时辰好，新郎家接新人，新娘进金门坎，富贵百年享。念完后，这位老人拿起这只公鸡，在新娘头上绕一转。此时也要用仡佬语念，仡佬语翻译成汉语的意思是：主家新郎是接新人，邪神魔鬼我用扫帚扫出去，新人进家门。此时新人就进堂屋里。这位老人拿公鸡到门前，把鸡交给另一个人宰杀。新娘到堂屋，新郎就从新房出来和新娘互相行过点头礼节。然后这位老人就喊夫妇拜堂。此时新娘和新郎就跪在神主的大桌前面的新被子上。这位老人用仡佬语念，仡佬语翻译成汉语的意思是：今天好时辰，夫妇拜见祖先们，愿祖先们多保佑夫妻活到一百岁，新娘××，新郎××拜祖先，保佑夫妇得黄金，保佑子孙大发达，个个出来都做官。

仡佬族吃喜酒要吃三天，第一天，新郎家就请新娘亲属起来吃洗脸酒和洗脸饭，接着吃下马饭。这餐下马饭只请新娘的叔妈、伯妈这样的近亲参加，相应的要新郎的叔妈、伯妈来作陪。这餐下马饭在新郎的堂屋中间摆上三张大桌，用筲箕把肥肉盛在大桌上，尽吃肥肉，有酒和辣子面配着进餐。不吃辣子光肉就吃饱了，酒也不端。接着就是中餐和晚餐。这是第一天。

中席（第二天），三亲六戚及亲朋好友会面，庆祝新郎办喜酒。

三席（第三天），只是新娘和新郎各自的亲属及三媒六证之人就餐。早餐结束，就在新郎家的堂屋设起大长桌。在上面摆上碗筷，把酒杯斟满，端上好菜，接着就进餐。结束后接着就开始进行踩堂。

新郎家要准备一只猪腿，一块肉。还要包“早包”。首先预计新娘的亲属有多少，有多少亲属就包多少包（“早包”里包的都是肉，干豆腐等好菜）。把“早包”一包一包的装在口袋里，然后请年轻人将猪腿、方肉和口袋里的早包捆在一起，跟随男女双方的亲属围绕大长桌用仡佬语边唱边转，走的转数不论，时间也不定，实际上是男女双方亲属边转边互相抹花脸，欢聚一堂，此时，两个青年抬起猪腿、方肉，及口袋里装的早包，送到新娘家。这样踩堂就结束了，婚礼亦结束。

三、丧俗

当地办白事一般最长是七天。如果是男老人死了，孝子先象征性地为老人剃头，之后就请会剃头的人来帮老人剃头、刮胡子。如果是女老人死了，媳妇或姑娘给其梳头。用艾叶水给老人洗身上，若为男老人的话，孝子为其洗身上，若为女老人的话，就是媳妇或女儿为其洗身上。

给老人穿衣服有一定的讲究，女老人穿双（裤子一般是穿四件，衣服是穿六件）。男老人穿单（裤子穿三件，衣服穿五件）。

腰间系的腰带也有一定的讲究，例如某亡人在七十二岁时过世，就要在腰上系上七十二根青线或蓝线当系腰，还要按照父、母、天、地、年、月、日、时再系八根，最后要在腰上系八十根青丝（不论男女）。系腰带打的结也是有讲究的，男老人打结只能在右面或左面，女老人只能打结在前面（因为在世时是打在后面的）。发髻也要挽在前面（因为在世时发髻也是挽在后面的）。

在装老人前要在棺材里先垫上白纸，再垫上烧纸（富的人家就多垫一点）。男老人要垫单层（如垫七或九层），女老人要垫双层（如垫四或六层），然后再垫上一层白布，在亡人的头部要垫五六张烧纸做枕头。将老人抬进棺材时，要注意将亡人的鼻子、脚与棺材的中线一致。等把老人装好后，最后拿一块青布盖在其身上，七十岁以上的可用红布盖起。大姑娘买来鞋子或自己做。二姑娘买来帕子，再用白布缝上一双袜子（一人做一样），棺材里空余的缝隙要用米草扎成的把子塞紧，避免在抬动棺材时尸体晃动。亡人装入棺材还没盖棺时，先生要拿一杯酒，用烧纸蘸上酒，绕着棺材转几圈，口中还念念有词，“××亡魂关在八卦内，祖神在此，永无臭气”。最后将杯中的酒倒在神龛角落里。棺材是横梁摆放，大头朝内，小头朝外。

丧事最后一天要绕棺。整个细节分两部分。

第一部分：丧家把做熟的糯米饭交给祭祀师，然后，祭祀师把蒸熟的糯米饭分成两大碗（数量多少不定），内放酒药拌匀，灵前摆一张大方桌。桌子上面放一升插香米、两碗菜、一碗酒、一碗饭，敬供亡魂，要将一对猪腰子插在一棵或两棵棒棒上拿给亡人的女婿扛起，然后祭祀师就把丧家的儿子、姑娘、媳妇、女婿、亲属等喊来到灵堂等候，祭祀师首先烧香，烧纸，倒酒。用仡佬族的语言敬供亡魂。仡佬语翻译成汉语的意思是：今天天气好、时辰好，是好年、好月，你亡人，口含银子，手拿金子，你不说话了，你不见阳间的世界了，这时好儿子、好儿媳、好女、好孙子、三亲六戚在你亡魂灵前跪，做酒给你喝，你去了阴间酒坛发得好，阳间好儿、好女、三亲六戚也发达，发富，发贵，发子，发孙。发米满仓，发水满缸，发猪牛满圈，发马满槽，百年大吉利，万年大富昌。

敬供完毕，就把粮阴罐，和酒药拌匀的粑米饭，放在灵前，左右放两大碗干净水。这时祭祀师就喊孝子、孝妇、孝女、孝孙、三亲六戚一个一个地跪在灵前，先洗手，后用洗净的手抓三次粑米饭装在粮阴罐里，然后洗手磕头起立。一个一个轮流依次地装，最后大儿子，用一块红布盖在罐上，用一根桐竹子捆上五色布、五色线，插进红布盖好的粮阴罐里，用五色线和五色布把粮阴罐口上面扎好，此时祭祀师用仡佬语念。仡佬语翻译成汉语的意思是：左盘也有，右盘也多。阴间酒坛发得好，阳间孝家子孙发得多。装得有余有剩，孝家发达，金银满罐。

大孝子磕头起立，祭祀师把装余下的粑米饭交给大孝子，祭祀师用仡佬语念。仡佬语翻译成汉语的意思是：酒坛装得多，如今余下也多。酒坛阴间发得好，父（母）保佑你们全家发富，发贵，子孙满堂，全家老幼百年大吉利，千年大吉利，吃饭落肚，吃水落心，上山如虎，下海如龙。

念完后，祭祀师就把香点燃，每人发三炷香，就开始进行绕棺（绕棺时按男左女右进行，如父死从左向右绕三转；如母死，从右至左绕三转。这就是顺绕）。安排妥当，祭祀师就叫大孝子执杖在前，二孝子捧灵第二，三孝子捧插香的米第三。女婿扛起猪腰子跟在孝子后面。媳妇跟在女婿后，而孝女们跟在孝妇之后，孝孙和三亲六戚跟在孝女后面。此时祭祀师就在孝子前头带领在丧堂进行顺绕三转，祭祀师带领孝子绕到灵前就叫孝子跪下磕三个头才起立，以下一个个都要如此磕头。祭祀师在顺绕三转时，开始时就唱（用仡佬语唱）绕棺的歌词。（用仡佬语唱的歌词很长，但翻译成汉语大概是以下意思）：如父死，绕棺时喊（刀），如母死喊（月）[括号里是仡佬语，汉语是公（太）]。

公（太）去的天气，时辰好，保佑世间人，你去在好地方，世世代代子孙发富。

公（太）去的天气阴，保佑好子孙，你去坐在金银地，后代子孙强。

公（太）来，世间天气好，时辰好，你去天堂地府时，天气也好，时辰也好。

祝愿你保佑子孙大发达，一年四季大吉利。

第二部分：就在顺绕棺材三转结束后，祭祀师就喊孝子、孝妇、孝女、孝孙、孝婿，及三亲六戚转身送绕三转。此时祭祀师接过第三孝子所拿的插香的米将其放于灵前大桌上。在送绕时，绕到灵前就插一炷香，然后跪下磕三个头就起立，以下个个都如此，等到三炷香插在升子的米上完了以后，证明送绕三转结束。送绕时祭事师仍用仡佬语唱绕棺的歌词。送绕棺的歌词翻译成汉语的意思是：

1. 送公（太）过大门，捧马来接去，接去做什么，接去当大官。

2. 送公（太）过金银门，公（太）去坐金银大地各，金银大地是我们的，发金又发银。

3. 送公（太）过门楼，孝子、孝妇、孝女、众亲眼泪流。

4. 送公（太）过田坝，田坝五谷登，公（太）去得好，发五谷来满仓。

5. 送公（太）过山关口，望得眼泪流，公（太）你去了，再也不回头。

6. 吃了早饭，送公（太）走，走得山坡转，走得气喘，走得脚起泡，走得山石跳，走得河水流，踩得石头动，望得眼睛花。

7. 送公（太）升天去，你去做天神，你去管天下，赐风调雨均匀，你去坐天府，天下由你管，发钱发未来，发子发孙来，发牛发马来，发米满仓，发水满缸，发牛满圈，发马满槽，发子孙读书强，保佑子孙代代都做官。

送绕三转时，等到三炷香烧完。证明送绕三转结束。然后孝妇孝女和亲属妇女在灵旁大哭，绕棺完毕。

丧事最后一天时主事家的亲戚来敬孝亡魂，亡者的女婿来上祭时要用木棒插上一个猪腰子给亡人献祭。主事家煮好糯米饭，放在亡人灵前的两侧，所有亲戚来上祭时在棺前舀三碗糯米饭到粮阴罐里面，这样代表给亡人献祭，之后亡人的孝子也要这样做，只是大孝子除外，到最后由他把粮阴罐盖上红纸。

亡人上山时的路上不丢钱纸，下葬时要用一只跳井鸡，之后由先生说一些吉利的话，亡人就下葬了。之后逢年过节在家中堂屋为亡人献祭。

四、吃新节

这支仡佬族称自己为“披袍仡佬”，称他们是自古就居住在此地。据何在仁老人的讲述，大狗场仡佬族每家堂屋神龛上，写着“神圣一堂赏赐福，祖宗百代永流芳”这样的对联，而周边布依族、苗族家的堂屋神龛上就不是这样写的，以证明大狗场的仡佬族是世居在此的，而苗族和布依族是后搬来此地居住的。

吃新节是当地仡佬族祭祖的节日，每逢七月间，遇龙场天和狗场天过。例如初一是鼠场天，初五就是龙场天，十一就是狗场天，那这年的七月十一就过吃新节。一般的话都在七月的中旬过吃新节。到了七月中旬的龙场天和狗场天这个时候，五谷都熟了，就可以去采新了。

过吃新节的目的是为了纪念祖先开荒辟草的丰功伟绩，过吃新节一般花费比较大，所以在没有政府拨款组织的情况下，一般是每家自己过。首先要宰一只公鸡，然后去采新，要采三颗米苕、三颗豆、在锅上煮熟后，拴在三炷香上面，再把香插在神龛上，神龛下面摆放一张大桌，上面放糖果、饼、葵花等吃物，各家在自家祭（由自家人念）：“开荒辟草老哥哥，你们开山辟草，开河开天，子孙享受，今天好年，好月，好日，好时，全家男女老幼，保佑吃饭落肚，吃水落心，上山是虎，下海是龙，子子孙孙千年大吉，百年大利”之类的一些吉利的话。

这样祭完后，把祭祀的东西都掐上一点放在一个碗里，接着又念：“开荒辟草，老祖先，今天我们过吃新节，保佑这些娃娃们，做得发富发贵，子孙发达，今年七月间去，明年七月间来。不要望锅望碗。”然后把东西倒出去，就可以吃晚饭了。

在大狗场村的后山上有一棵神树，如果政府拨款来过吃新节，那么他们就会在神树那里宰猪，还要设个门牌，写副对联，设坛，祭祖先开荒辟草，先宰一只鸡，由鬼师吩咐青年男女去采新。将采来的米苔、稻谷、各种瓜果、葵花等，放在祭坛上，在神坛前和大桌上摆上猪头、猪尾巴、猪脚，还有二十四个碗，祭所有的祖先。将一只大公鸡拴在桌脚，开始祭祖，念词，最后大家一起把献牲煮好，大家一起吃。吃新节过完，三天后再去神树边祭，砍一根长竹子，上拴红布，再带上一只公鸡，寨上的人约着一起去祭神树。

在平坝大狗场仡佬族文化的个案中，我们看到了关于仡佬族文化别样的事物。在其婚姻习俗中，讲“三媒六证”，有踩堂的习俗，这个踩堂习俗可以说是独特的，应该只有此地的仡佬族人有，是特定的。但其送亲的进门有泼水的习俗，而这些习俗在布依族的婚礼中我们也能看到，应该就是相互影响的结果。与居都仡佬族人婚姻习俗相比，其形态上平坝大狗场仡佬族的婚姻习俗要更为新一些，但亦保持了一些特定的习俗，比如踩堂。

在其丧俗中，它的特定事物要多一些。绕棺在贵州山区许多民族丧祭中都有表现，但要女婿扛一猪的腰子绕棺却非常罕见。这个事象我们一时无法解释，但应该是有意义的。其丧俗与居都仡佬族的丧俗相比，受汉族丧祭影响更多。

吃新节是仡佬族最根本性的节日，这在平坝大狗场的仡佬族中亦有，但是，我们在平坝大狗场看到的吃新节，与居都的仡佬族吃新节相比，其文化意义和基本形态都有很大的差距，许多事象在大狗场都已经消失了。在大狗场的仡佬族吃新节中，“新”物多是一些象征性的新物，是一种只注重庆祝收获意义的节日了，像居都那样的吃新祭祀仪式基本没有。我们现今不知道这些事物是如何丢失的，但我们于此可以反观居都在吃新节文化上的古老意象。在平坝大狗场仡佬族的吃新节中，我们好像还看不到异地采新的事象，没有如居都的那种土地被外来占据的历史“文化伤痛”。那么，我们是不是可以这样来推测，这里的仡佬族是一真正的世居，即没有经过一定程度的迁徙，是古老濮人后代在黔中的遗存呢？也许！

在大狗场，我们还看到了一件被称为“套头衫”的大狗场仡佬族服饰。我们以为这是贵州省仡佬族服饰文化的最后遗存了。在以前，关于贵州省仡佬族有没有服饰的问题争论了很久，说有的人所举的例子基本没有说服力。我们原先基本倾向于贵州仡佬族没有了自己的服饰，但在大狗场的这件“套头衫”面前有些动摇了。这件“套头衫”是1962年的时候由大狗场的一些老年妇女根据自己的记忆复原制作的，在这之前，这里的仡佬族人已经基本着汉装了。1982年，大狗场的村民又根据1962年的服装制作了一批新的仡佬族服装，现在几乎家家都有这样的仡佬族服装。这种服装为女装，有上衣、裙子、“套头衫”、腰带等部分组成。上衣就是普通的汉式的传统上衣，裙子也是一般意义上的百褶裙，只有“套头衫”才真正是仡佬族人的。这件“套头衫”古意很浓，穿在身上，再系上腰带，犹如外披上一袍，于此我以为，大狗场的仡佬族称自己为披袍仡佬在服饰上是有根据的。

我们之所以说这样的“套头衫”是仡佬族的服饰遗存，理由有三：一是其服饰形态古老，其是在古老的服饰形态上有所发展，但古意犹存的事物；二是仡佬人的重要支系——披袍是在历史上真实存在过的，这样的衣服上身，披袍者也！三是我们在贵州所有具有服饰文化表现的民族中，还找不到有类似的服饰表现，其基本上不与其他民族服饰关联。只可惜的是，这只是一件披袍，其他的类似服饰安在，故只说是遗存。

把普定新寨仡佬族、平坝大狗场仡佬族文化表现与居都仡佬族文化进行简单比较，其目的还有，我们可以从其残片式文化分布的状态上看到一些更多的东西吗？我们以为有一些。

从分布上来看，平坝大狗场、普定新寨、居都，还有镇宁茅草寨均属于黔中地区，把这几个点联系起来看，它基本上就是古濮人的中心地带，在“十万濮人北上入川”，以及一系列的历史事件之后，这些“古老人”“国老人”的残片就散落在四处，依靠顽强的族内婚和语言，幸运地最后保存了几处文化点。在这些点上，族内婚、语言、吃新节等几个方面基本是一致的，都有完整的表现，但在另外的一些方面，却有许多不同的表现。

普定新寨的仡佬族似乎最初与祭祀关联最多，所以它在祭祀仪式的发展上最为完备，似乎可以称呼他们为“祭司仡佬”。平坝大狗场的仡佬族受外来的影响最大，但它保存了仡佬族人的披袍服饰遗存，文化也有一定的遗风，似乎可以称呼为“披袍仡佬”。居都的仡佬族在表面上可以称呼为“工艺仡佬”，但是，它把古老的仡佬族文化保存得最为完整，其意象最为古老，是古老的仡佬族文化最为丰厚的文化群体，像这样的文化群体，在仡佬族中已经极为罕见了。

参考书目

《贵州少数民族节日大观》，贵州民族出版社1991年版。

《夜郎史探》，贵州人民出版社1988年版。

朱俊明：《夜郎史稿》，贵州人民出版社1990年版。

《叶正乾诗文选》，六盘水市文联编印。

安顺地区民委编：《仡佬族古歌》，贵州民族出版社1991年版。

翁家烈：《仡佬族》，民族出版社1992年版。

《仡佬族简史》，贵州民族出版社1989年版。

张济民：《仡佬语研究》，贵州民族出版社1993年版。

《贵州考古四十年》，贵州民族出版社1993年版。

侯绍庄、史继忠、翁家烈：《贵州古代民族关系史》，贵州民族出版社1991年版。

潘定智等编：《仡佬族文学资料汇编》（传说集）。

O. V魏勒著，历频译：《性崇拜》（美），中国文联出版公司1988年版。

詹·乔·弗雷泽，徐育新等译：《金枝》，中国民间文艺出版社1987年版。

木·尼迪克特：《文化模式》。

布留尔：《原始思维》。

《六盘水市大事记》，贵州人民出版社1992年版。

《贵州通志》。

《贵州图经新志》。

《永宁州志》。

《大定府志》。

《崖州志》。

马文·哈里斯著，李培茱、高地译：《文化人类学》，东方出版社1988年版。

《民间文学资料》（第四十九集），中国民间文艺研究会贵州分会、贵州民族学院编印。

贵州省仡佬学会编：《仡佬族歌谣选》，贵州民族出版社2004年版。

后记和再后记

在民国三十八年（1949年）的深秋的一个下午，居都村的一个放牛娃看见一个背着行装的异邦女人，从对面大山上下来，然后又顺着山坡爬到居都这边来了，但她一靠近居都村，就钻进林子里不见了。第二天清晨，居都的人们又发现了在村边杨家房头露宿的她，但这时她已经收拾好行装，开始上路了。居都的人们看清她不像是中国人，她还带着手枪，她不进寨，一般也不问路，不沿山间的小路行进，而是靠指南针的方向顺山势而行。这天，她从居都出发，翻过了马脑壳山后，在倮那村外遇上了当时才14岁的石明光。她向石明光询问了附近村子的一些情况，走时，她送给石明光一双胶鞋……

这件事在居都村民中留下了深刻的印象，他们说起这件往事时，似乎还历历在目。

她叫鲍克兰，德国的女文化人类学家，村民们当时并不知道，她此行的目的是为了一次艰难而危险的文化人类学的考察……我作为一个后来者，踏在鲍克兰旧有的足迹上时，不禁感慨万端。在进入居都前，万万没想到会了解到此地文化人类学上的这件往事，没有想到会有一个勇敢而坚定的前辈走在我的前面。进入居都前，我并不知道我的考察会有什么结果，能否按预想的那样有所收获、有所进展，这扇“门”能否打开，怎么说心里也没底。但在鲍克兰的精神深深震撼了我时，对居都、对在居都的工作一点犹豫和畏难的感觉都没有了。现今，成书之际，感谢的第一人当是鲍克兰前辈。

此书在省内众多师友的关心下，是从1995年1月开始“工作”的。在工作中，得到了六枝特区文化馆的叶正乾老前辈的全力相助，是他亲自带领我到了居都村，安排好我的住处和接上相应关系；从堕却寨下汽车往居都要步行两个多小时。叶正乾先生已是60多岁的人了，我跟在他身后，看着他斑白的头发，心里酸酸的不知说什么好。另外，叶正乾先生对居都仡佬族的民间文学、风俗文化等早有关注和研究，他把研究资料毫不保留地全给了我。叶老对此书的帮助甚多，对他说“谢”字会显得太轻。可以说，在此书写作最艰难的关头，我害怕的是完不成此书会对不住他老人家。

在此书的田野作业中，得到六枝特区的李保芳、谭跃建和居都村的李发旺、沙庭文、苏新明等人的大力协助，在此深表谢意。

此书在写作过程中，翁家烈、刘天文、王良明、龙宇晓、吴立昇，以及广西隆林县民委都给予了多方面的帮助，在此一并表示感谢！

作者

1995年9月于贵阳

后记和再后记的意思是我们在《居都》的基础上写成了《居都仡佬族文化研究》一书，所有的感激依旧，并且在旧有的基础上增加了新的感激。首要的就是六枝特区民族与宗教事务局的刘庭和同志、刘安康同志，以及局属所有的工作人员，没有他们的帮助，我们也许就是一事无成的。当然，还有民族学院的所有支持我们的领导和师生，一并致与深深的谢意！

作者

2009年6月于贵阳

吴秋林文集

第六卷

“蒙恰”古歌研究

第一章 “蒙恰”古歌调查与概述

民族学、文化人类学的田野调查永远是“发现之旅”，每一次民族学、文化人类学的田野调查都会有“发现”的兴奋点出现，只要你认真地对待你脚下的土地和土地上站立的人。

2007年9月，我们接受了贵州省文化厅的委托，对六盘水市进行非物质文化遗产普查性调查。当我们于10月在六枝进行调查的时候，就面临了这样的“发现”。

文化是自在的，说“发现”是一种“自以为”的认识，但它肯定是一种新认知的表现，而这种新的认知也能是文化革新和进步的动力。我们在六枝“蒙恰”古歌的调查和研究中，就深切地体会到了这样的力量。

“蒙恰”古歌是因为拥有这些古歌的苗人自称为“蒙恰”而得名。“蒙恰”苗人是地处六枝特区新场乡的一个只有千余人小的苗族支系，是贵州西部苗族人数最少的一支。

第一节 “蒙恰”古歌的调查

在2007年9—10月，我们贵州民族学院的非物质文化遗产调查组，在六枝特区境内进行了一系列的常规性的调查。

在10月下旬的一天，我们一行四人来到一个叫苦李井的小村子，找到了一个叫杨德发的老人，据同行的王亮贤老师说，这个叫杨德发的老人是他们这一支系的苗族中唱古歌最多最全的人，而且能像他这样唱的人只有他了。我们把杨德发老人请到他家门口的竹林边坐下，希望能录制一些他所唱的古歌。这时，我心里有一种期待，即在贵州省的苗族古歌的收集整理和研究中，黔西北地区的苗族古歌资料最少，也很少有人关注，一是因为黔东南地区的苗族古歌太丰富了；二是一般人认为这样的古歌足以涵盖所有的苗族人的古歌了。但我一直认为这后一个情形可能是一个误区，认为黔西北苗族的古歌应该有自己的背景和自己的独特表现，不大可能被黔东南地区的苗族古歌所涵盖。但至今我们能见到的黔西北苗族古歌确实太少了。在苦李井，我们能不能有所收获，或者说“发现”呢？

说心里话，在开始演唱时我心里并不抱太大的希望，谁知这个叫杨德发的苗族老人一唱就是一天，唱到了下午还不能收场。在全部用苗族语言的演唱中，我一时还不好判断杨德发老人演唱的古歌内容的价值和意义，但我以为我们要接近那个期待了。因为一个民族数百年，甚至上千年在口头中积累下来的“文化演唱”不会像云一样一飘而过的。

这次的际遇使我们有了两个决定：一是对这个在此地只有千余人的“小支系”苗族展开更为全面的调查；二是尽快地翻译杨德发老人所演唱的古歌。

在苦李井村，我有两个没有想到：一是这一支系苗族人口为何这样少，只有几千人，而且在其他地方也并没有与他们同支系的苗族人存在，在新场乡，也只有数个村寨有他们支系的苗族，是一个名副其实的文化孤岛。二是没想到杨德发，这样一个基本没有受过学校教育的苗族人，会在自己的脑袋里保存了这么多对这一支系苗族文化至关重要的文化信息。

对杨德发老人所演唱的古歌的翻译很快就在六枝进行，而这一次的主角是王亮贤老师。王亮贤老师在六枝的新场乡工作，以前做过多年的中小学教师，是这一支苗族人中的文化人。

对“蒙恰”古歌的翻译进行得异常艰难，因为有许多苗语中的词汇是古苗语词汇，在现代的苗族生活情景中还不好找到对应的词汇来表现，与汉语的对应词汇也很难寻找。而且这样的翻译只能是直译，即用汉语的语言，用苗语的语言逻辑和语言组织把大概的意思记录下来，然后再想办法。我以前不太明白为什么在贵州省的许多民族语言翻译汉语会出现“直译”和“意译”这两种并行的文本，在这次实践中我才知道，没有“直译”这个中介，贵州少数民族语言翻译为汉语是很难实现的，因为多数少数民族的语言逻辑和语言组织跟汉语是完全不一样的，直接翻译几乎很难实现。我们在对“蒙恰”古歌的翻译中就出现了这样的问题。最先我们也是直接翻译，但根本进行不下去，最后也只有走直译—意译的老路。

直译是以王亮贤老师为主进行的，而后的意译是以吴秋林为主进行的，这是一个异常艰难的过程，但也是一个收获的过程。“蒙恰”古歌并没有像我们事前想象的那样，有许多开天辟地的神话与传说，但也有自己独特的表现。

于是，我们决定对拥有这样的古歌的自称为“蒙恰”的苗人文化进行一定的调查，对这支苗族的古歌进行抢救性的采录和进一步的调查与研究。这个想法得到贵州省非物质文化遗产中心的大力支持，使我们进一步的调查得以展开。在原有调查的基础上，我们展开了关于“蒙恰”苗族的基本的文化调查，以期对“蒙恰”古歌的文化生态背景有一个比较详细的了解和研究，以便对“梦恰”古歌有一个更好地解读。同时，我们还在这些古歌文本的基础上，进行一定的研究，对“蒙恰”古歌的文化价值和意义进行初步的探讨。

在2008年的11月，我们又组织了一个调查小组，深入到不都市等“蒙恰”苗人的村寨里进行了以古歌为主的补充性调查。从这次调查中我们得知，“蒙恰”古歌在“蒙恰”苗人中是一个被他们十分看重的事情，而且其古歌的资源也许比我们想象的要丰富，值得我们进一步的采录和研究。

第二节 “蒙恰”苗人的居住区域和分布

这支苗族自称为“蒙恰”。

“蒙”是苗族人总称，这在国际上被称为“HMONG”，在世界上，“HMONG”就是苗族总的称呼。“蒙”（“HMONG”）进入英语词汇，应该是印度支那战争之后的事情，即20世纪在越南、老挝、柬埔寨举行的那场战争中，居住在老挝的苗族人卷入了这场战争，战争过后，一大批老挝的苗族人成为难民，从而进入了美国，成为现今我们所说的“美国苗族”，并成为今天的美利坚合众国的国民。这样，“HMONG”就成为英语词汇中的苗族的表述。

新场乡长水沟村

现今在美国的这支苗族人，其早年就是从贵州省的黔西北地区迁徙到老挝去的苗族，与黔西北地区的苗族人有文化根底上的联系。

在美国的这支苗族自称为“蒙称”或“蒙正”，这支苗族据说在贵阳市的清镇市还有称为“蒙称”的苗族人。

在“蒙”的这个总称下，各个支系的苗族人更喜欢把自己称为“某蒙”。比如在六枝新场乡，以及纳雍一带的“歪梳苗”自称为“蒙撒”，在六枝梭嘎的“长角苗”自称为“梦冗”，以及附近地区的“小花苗”自称为“迷蒙憋”……每一个支系的苗族都在总的“蒙”的含义下面，标识自己支系的名称意义。这在“蒙恰”苗族人中也是这样来表现的。

“蒙恰”中的“蒙”无疑是其苗族总的标识名称，而“恰”在其苗族语言中是一个动词，即“逮”，与汉语的“拉”极为相近。据这支苗族人自己的解释，“恰”就是“逮”“拉”的意思，其词汇的起源是因其婚姻形式而来。在“蒙恰”苗人的婚姻习俗中，其女性的婚姻对象是通过“逮”或“拉”这种形式而来。通俗一些的解释，即婚姻对象的女性是可以“拉”来的，即“拉”回家来就可以成亲了。

这个“拉”亲行为有没有强制性，是不是一种“抢亲”习俗的另类表现，现今已经难于说清楚了，但“拉”亲这种婚姻形式已经成为这一支苗族区别于其他支系的“自以为是”的标识了。

这种标识的历史应该是很久远的事情，我们在其婚姻文化的论述中还要深入论述。

现在我们可以作这样的理解：即“蒙恰”苗人，是以“拉”亲形式表现其婚姻关系的苗族支系。

这是这支苗族人的自称。

在六枝等地，人们对这支苗族也是有他称的。人们习惯地称呼他们为“短角苗”。这是根据其妇女的头饰得来的他称。这支苗族的妇女做头饰时也要用一个大木梳，但这个大木梳在用头发缠绕好之后，只露出一个较短的木角来，故人们据此称他们为“短角苗”。这“短角苗”的称呼是相对而言的称呼，因为在六枝还有一支他称为“长角苗”的苗族支系，她们的木角是一个类似木梳的东西，有梳齿，但形状为牛角，比较长，梳好头饰后露出长长的木角，很是夸张，他们因此而得到“长角苗”的他称。“短角苗”就是与他们的存在对比而言的称呼，即他们在头饰上有相同之处，但露出的角相对而言比较短，即谓其为“短角苗”。但是，这只是外界对所谓“短角苗”的“描述”，实际上她们头上的所谓的“角”的说法并不准确。我们在下面这幅照片中可以看到，这是一个木梳延伸出来的木片，而没有角的形象和意味，只是一片弯曲的两边带把儿的木梳。

新场乡“蒙恰”苗人的头饰

这支苗族对于这个称呼并没有太多的反感，也没有太多的好感，似乎为一个中性的称赞，但对“蒙恰”这个称呼则是一个正统的完全认同的称呼，是自称。

在六枝，是各种苗族支系广泛分布的地方，至少有六七种苗族支系分布，在习惯性的他称中有“歪梳苗”“大花背苗”“长角苗”“四印苗”“小花苗”“喇叭苗”，包括我们所说的“短角苗”等等。在这些苗族支系中，“歪梳苗”“小花苗”“喇叭苗”这三种苗族支系的人口最多，基本上都是数万人成片分布，“大花背苗”“长角苗”“四印苗”虽然人口少一些，也是数千上万，而只有“蒙恰”苗人人口最少，只有千余人。

这千余人主要分布在以下几个村寨里。

六枝的新场乡有：

1. 不都市——18户；

2. 松坝——20户；

3. 小干河——20户；

4. 长水沟（属岩上村）——50户；

5. 小寨（属熊井村）——30户；

6. 岩口——6户（与汉族杂居）；

7. 大寨——10户；

8. 天马头、冲子田——6户；

9. 小田坝（属苦李井村）——20余户；

六枝的牛场乡有：

10. 上官——数十户。

以上的村寨的地名基本上是“自然村寨”的名字，而不是行政村寨的名字，俗称为“小地名”。

在这些个村寨里，总的户数在200户左右，估算也就是千余人，是六枝苗族支系中人口最少的一个苗族支系。还有，在“蒙恰”苗人老人们的叙述中，他们说“蒙恰”苗人就分布在这一块地方，其他地方没有见到过与这支苗族一样文化的苗族。据“蒙恰”苗人的老人们说，他们在此地的人口原来是很多的，由于在清代时参与了一次起义，后来就在这里“在不住”（方言：意为“待不下去了”），多数人就搬走了。是往西搬走的，具体“落脚”（方言：住在哪里）就不清楚了。

这是“口碑”的说法，但于此也只有口碑性质的历史表述了。不过，不管怎么说，“蒙恰”苗人在这里只有千余人口是现实存在的。

在此地，能数得出来有“蒙恰”苗人居住的村寨就以上10个寨子，但这些寨子并不是连成一片的村寨，而是呈关联性的点状分布在临近的地方。在这些“蒙恰”苗人的村寨之间，一般都有其他苗族，或者是其他民族的村寨分布。但它们的间隔并不远，数公里、十数公里，是点状分布，但这些点都是关联性的。

说他们是关联性的有两个理由：

一是他们的居住是典型的小聚居，十户人家、二十户人家也会聚居在一起形成一个相对独立的“蒙恰”苗人的村寨。在行政划分上可能会把他们划到某一个村，但一般都无法改变其小聚居的性质。这种小聚居是根底性的，在上列的十个寨子中，只有岩口的6户与汉族杂居。

新场乡“蒙恰”苗人的妇女服饰

二是婚姻是这种关联性的主要表现，也就是说，是婚姻关系把这些点状分布的“蒙恰”苗人“联结”为一个相同文化的文化共同体。从这个意义上来讲，这样的区域，也是一种民族文化区域的分布和表现形式。

应该说这种点状关联性质的文化区域分布，是一种超空间的文化分布结构。我以为这是一种文化分布区域形式的创造。但为什么他们要采取这样的形式呢？我以为与“蒙恰”苗人老人给我们讲的那个“故事”有关，即留在此地的“蒙恰”苗人应该有一种隐蔽性的存在，即我点状的分布在其他苗族人和其他民族的区域中，你外来者不可能在一个区域、一个标识下就把我们找到。这也是一种生存智慧的表现，但这不是智慧者的设计，而是自然生存的自觉选择。

我们也可以这样来“想象性”描述在“蒙恰”苗人的祖先面临大迁徙时，一小部分想留下来的“蒙恰”苗人的情形。他们没有随着众人迁徙，或者说一小部分“蒙恰”苗人由于种种其他原因没能随着众人迁徙而留了下来，这样的状态是很危险的，于是，他们“化入”了其他苗族或者其他民族的生存地中隐蔽了起来，后来又在新的聚居地之间建立了新的文化关联方式，形成了新的文化区域性联系，构建了新的“蒙恰”苗人的文化共同体。

“蒙恰”苗人的这种文化表现与我们现知的三种苗族的文化事物关系密切，一是“花场”；二是芦笙；三是服饰。

这种点状分布隐蔽性是很强的，但沟通就很困难，而“花场”就是沟通的最好的办法。它说明为什么贵州省西部的苗族人非常重视"花场"的文化功能和作用，其根本的原因就在于这种分布和地理生态环境。在"蒙恰"苗人中，原来也是有自己的"花场"的，但随着这种隐蔽要求的消失和交通的改善，"花场"事物存在的必要性就不大，也就自然而然地消失了。

后两种文化事物也与我们所说的文化、自然生态环境有关，但这些我们在后面还将叙述。

第三节 "蒙恰"苗人的丧祭和婚俗概况

一个只有千余人的民族文化共同体，在如此的文化和自然生态环境中保有了自己的文化是一个奇迹，但更让人惊奇的是，这些文化保有还是比较完整和颇具特色的。

一个文化共同体文化运行的核心是其信仰文化，而信仰文化又是通过一系列祭祀性质的仪式组成的，这在"蒙恰"苗人的文化运行中也不例外。像贵州省的大多数少数民族的信仰文化表现一样，"蒙恰"苗人的信仰文化也主要表现在其丧祭文化中，即"蒙恰"苗人通过丧葬仪式来表现自己的信仰文化。信仰的终极是我们要选择一个崇拜物，"蒙恰"苗人的崇拜对象无疑是祖先，这在丧葬祭祀中会有强烈的表现，但这个"蒙恰"苗人的祖先与我们汉族人所理解的祖先崇拜不同，他最终的崇拜对象形式不是一个具体的祖先人物，而是另外一种形式——鬼灵。

"蒙恰"苗人的丧祭也是从去世老人的最后一刻开始的，即"扶其落气"，子女在这一刻都要求在身边扶着老人，有谁扶得久谁的"福气"多的说法。

第一步是告知仪式。也就是放三排地炮，一排三响，三排九响。

第二步是净身装棺。对女性死者还要梳头，穿衣要穿棉质衣服，穿单不穿双，一般是五件或七件。棺木顺梁放置，大头朝厨房。

第三步是献饭。在棺木大头处放置一木桌，上放一个簸箕，男死者煮九撮米的饭，女煮七撮米的饭放在簸箕里，上放一只杀死回熟成形的鸡，破肚扣在饭上。用竹片为死者献饭。

第四步是请先生看期程（即下葬的日子）。

第五步是请鼓。

第六步是吊大鼓。

第七步是做一个叫"起兵"的仪式。

第八步是打鼓、吹芦笙、唱孝歌等。

第九步是起嘎房。

第十步是指路。

第十一步是转嘎房。

第十二步是打牛交牲。

第十三步是“开土”，即挖坟堂。

第十四步是上山入土。入土时把那簸箕饭放在棺木大头处，用酒在坟墓四周敬酒，意为买地。封土后在坟土上放三个竹筒，各装有水、米、苞谷面，男九撮，女七撮。

第十五步是送饭。第一天送到坟上，第二天送到嘎房……三天后就不送了。

丧葬仪式就基本结束。

但“蒙恰”苗人的丧祭真正结束是在约三天或二十五天后的“解簸簸”仪式之后。

做了“解簸簸”仪式之后，“蒙恰”苗人才真正送走了自己祖先的灵魂，在做梦时就不会再梦见祖先了。

这是“蒙恰”苗人表现自己信仰文化的主要仪式，此外，“蒙恰”苗人也在祭山、开财门等仪式中表现自己的信仰文化。

“蒙恰”苗人这些丧葬仪式至今仍然是活形态的事物，受外界的影响不大，只是与当地的其他苗族支系有许多相似之处。

如果说“蒙恰”苗人的丧葬等习俗是其观念和信仰的文化部分，那么“蒙恰”苗人的婚姻习俗等就是其日常生活中的文化部分。它围绕着种族的繁衍，生发了一系列的文化和习俗，使其日常生活变得与众不同和丰富多彩。

“蒙恰”苗人的婚姻习俗也有一系列的过程。首先是青年男女在花坡上的相识和相恋，然后才会进入婚姻习俗的仪轨。不过，跳花坡也是“蒙恰”苗人婚姻习俗的一个组成部分，但它的最基本的功能就是一个“婚姻配合”的空间。“蒙恰”苗人在原来交通信息十分闭塞的情况下，花场的这个功能发挥得比较完备，但现今的交通和信息交流的条件已经大变，在日常生活中青年男女的交际已经十分自然和平常，花场也就基本消失了。但青年男女的婚恋交际仍然是其婚姻的基础。

第一步是在青年男女相识相恋的基础上，父母亲就会说：“只要你们相互喜欢，我请人去通信。”也就是会按照祖先的婚姻习俗来启动一系列的仪式过程。这一步中，父母亲会请一个媒人去说亲。去说亲前要在家中先杀一只鸡，并把鸡卦由媒人带去女方家，即说亲的第一步就是“看鸡卦”。到女方家后，女方家也会杀一只鸡，拿出鸡卦与男方家媒人带来的鸡卦进行对比，如果鸡卦能对上，这婚姻大事就成了，如果鸡卦不好，这桩婚姻就作罢。

第二步，看鸡卦好了，就可以进行第二步讲财礼。以前的财礼就是讲牛，讲一头牛就行了，现在也是讲牛，但已经把牛折算成钱了。但牛的大小视男方家的经济条件而定。

第三步是送礼钱。一旦男方家往女方家送礼钱了，就表示男方家想要儿女结婚了。

第四步是看日子。即看好日子把它送到女方家，他们把这个日子叫“期程”。

第五步是接亲，要五个人去，一个新郎；一个押礼先生；两个伴郎；一个芦笙手。这个环节中有许多仪轨。

第六步是送亲。要女方的六个人送亲，这送亲的六个人要求其父母健在，不要有身孕，等等。

第七步是新娘进门时要做一个叫"拦喜神"的仪式。

新娘到来这一天晚上是在寨子上的别人家住，而不是在夫家住。新娘进门后，会有一系列的礼俗出现。

这样的的婚姻习俗在"蒙恰"苗人的地区是存在的，但已经有了许多方面的流失，也可以说"蒙恰"苗人中的婚姻不一定都按照这种方式来举行，在他们的年轻人中已经有了别样的选择了。或者说即便是按照这样的仪轨来举行婚礼，也不会像我们描述的那么严格了。

婚俗和丧俗是"蒙恰"苗人的习俗文化的主要构成，但在他们的日常生活中，也还有一系列的其他习俗文化存在，比如说一般礼俗、节日民俗等等，但其婚俗和丧俗应该是其习俗的主体。

第四节　"蒙恰"苗人的古歌概况

"蒙恰"苗人在贵州西部是一个人口最少的苗族支系，但在其民族文化中却有很丰富多彩的表现，其"古歌"就是这种表现之一。我们对"蒙恰"苗人的关注也是因为它的丰富多彩的古歌而来的。古歌是"蒙恰"苗人文化中最为亮丽的一个组成部分。

我们在"蒙恰"苗人中录制了33首古歌，这些古歌涉及的内容是方方面面的。

在这些古歌中，我们可以在表述的内容上做一个分类：

描述战争的有：《剑鬼和梭神》《大头蜂和大头蝎》

描述古代习俗的有：《男孩做"媳妇"》（讲古时，男娃娃嫁入女家，但因为女娃娃贪吃，所以改为女嫁男）

描述芦笙和鼓的来历的有：《传芦笙种和鼓种》

描述婚姻习俗的有：《说亲歌》《接亲歌》

描述死亡的有：《生死夫妻》《灵巧女和勤劳郎》《巧姑娘之死》《巧女死去不离织》

描述古老观念的有：《太阳姑娘和月亮小伙》《老虎"力宝"》

描述坚贞不屈的爱情故事的有：《绽蕾女和围镯郎》

描述逃婚男女的有：《逃婚男女》《"文女"和"礼仕管子奖"》

描述苦难婚姻的有：《姑娘做新娘》《姑娘嫁老汉》

描述孤儿孤女的有：《孤女孤儿歌》

歌颂勤劳的有：《无粮人家的儿女》

描述古代神话传说人物的有：《"留米"的神马》《巧女"接嘴雀"》《猴婆婆》

《“珠亚祖鲁”的骟牛和公马》《“谷晴苦磨”》

但其中讲苗族男女爱情的古歌最多，有《绽蕾女和围镯郎》《逃婚男女》《“文女”和“礼仕管子奖”》《姑娘做新娘》《姑娘嫁老汉》，还有《说亲歌》《接亲歌》等等。

在录制的33首“蒙恰”苗人的古歌中，经过合并和整理之后，我们得到25首完整的“蒙恰”苗人的古歌。这是一个非常大的收获，其中蕴含了“蒙恰”苗人的古代信仰价值观念，以及对世界的独特的认知方式。在这些认知中，几乎每一种生产和生活事物都有自己的解释，并且把它们神性化。在这些古歌中，亦蕴含了“蒙恰”苗人的丰富多彩的情感世界，爱情和苦难仍然是“蒙恰”苗人日常生活的两大主题。

“蒙恰”苗人古歌的采录现场

芦笙是苗族人记录历史的一种方式，“蒙恰”苗人也有芦笙，但他们似乎更注重于用古歌来记录和传述自己的历史，所以，“蒙恰”苗人历史上的人物也是其中的重要组成部分。

对于“蒙恰”苗人的古歌我们在后面还将展开专门的研究，它们的存在肯定能揭示“蒙恰”苗人文化的方方面面。

第二章 “蒙恰”古歌的国际音标记音文本

杨德发，苗族，六枝特区苦李井村农民，2007年10下旬演唱；2008年3月，贵州民族学院教师罗兴贵根据录像记音；2009年3月，贵州民族学院中国少数民族语言学硕士研究生黄丽媛录入。

1首至33首

1.（见意译文本的《1. 太阳姑娘和月亮小伙》）

ʑau^{24} qa^{43} tsi^{44} ku^{55}ʈaŋ^{55} qa^{44} tu33 ɴqe^{11} ʈaŋ^{24} lo^{11} pu^{11} ʐoŋ^{55}。
ʑau^{24} tu^{55} qe^{44} koŋ^{31} tsi^{11} ŋo^{24} ku^{55} ʈaŋ^{43} qa^{43} tu^{33} ɴqe^{11} ʈu^{24} lo^{11} pu^{11} ʐoŋ^{55}。
nto^{33} tu^{44} ntoŋ^{44} fa^{43} ki^{24}，
qa^{44} ko^{44} te^{24} mpleu^{13} ʈou^{44} qa^{44} ʐaŋ^{11} sa^{43}，
qa^{44} ŋtsi^{33} te^{24} mpleu^{13} ʈou^{44} qa^{44} ʐaŋ^{11} mi^{43} tei^{35}。

tɕau^{31} to^{11} qa^{44} ko^{44} te^{24}ʈau^{24} lau^{11} ntsa^{55} tsʻa^{43}，
tɕau^{31} to^{11} qa^{44} ntsi^{33} te^{24} ʈau^{24} lau^{11} tsi^{43} ʐe^{43} ntsei^{55}。
tsʻa^{43} qa^{31} te^{24} tsʻa^{43} ɴqa^{35} ʐa^{31}，
tɕu^{31} ntsai^{55} tse^{24} tsi^{44} qe^{44} qa^{31}。
ɳʈou^{24} ɬi^{44} ku^{55} tu^{44} a^{55} li^{24} mo^{11}，
ŋku^{31} n̥o^{43} ɴa^{44} le^{44} leu^{55} qaŋ^{43} ʈa^{31}。

ʑau^{24} qa^{43} tsi^{44} ku^{55}ʈaŋ^{55} qa^{44} tu^{33} ɴqe^{11} ʈaŋ^{24} lo^{11} pu^{11} ʐoŋ^{55}。
ʑau^{24} tu^{55} qe^{44} koŋ^{31} tsi^{11} no^{24} ku^{55} ʈaŋ^{43} qa^{43} tu^{33} ɴqe^{11} ʈu^{24}_lo^{11} pu^{11} ʐoŋ^{55}。
nto^{33} tu^{44} ntoŋ^{44} fa^{43} ki^{24}，
qa^{44} ko^{44} te^{24} mpleu^{13}ʈou^{44} qa^{44} ʐaŋ^{11} sa^{43}。
qa^{44} ntsi^{33} te^{24} mpleu^{13} ʈou^{44} qa^{44} ʐaŋ^{11} mi^{44} tei^{35}。

tɕau^{31} to^{11} qa^{44} ko^{44} te^{24} ʈau^{24} lau^{11} ntsa^{55} tsʻa^{55},
tɕau^{31} to^{11} qa^{44} ntsi^{33} te^{24} ʈau^{24} lau^{11} tsi^{43} ʐe^{43} ntsei^{55}。
tsʻa^{55} qa^{31} tsʻa^{55} ŋa^{55} ʐo^{11},
tɕu^{31} ntsei^{55} tse^{24} tsi^{44} qa^{44} qa^{31}。
ɳʈou^{24} ɬi^{44} ku^{55} tu^{44} a^{55} li^{24} ta^{31}.
ŋku^{31} n̥o^{43} a^{44} le^{44} ta^{31} ʅi^{24} nto^{31}。

ʑau^{24} ŋku^{31} n̥o^{43} ku^{43} tou^{44} qa^{44} pa^{22} tsoŋ^{24},
tɕau^{31}ɳʈu^{24} ɬi^{44} sai^{44} tou^{44} tsau^{31} ɬaŋ^{55} tsoŋ^{24},
ʑau^{24} ŋku^{31} n̥o^{43} sai^{55} tou^{44} tɕau^{55}ɳʈu^{24} ɬi^{44} a^{44} tsoŋ^{24}。
tɕau^{55}ɳʈou^{24} ɬi^{44} sai^{55} tou^{44} ŋku^{31} n̥o^{43} qa^{44} tɕa^{55}。
ma^{31} ta^{24} n̥o^{43} qo^{44} tɕeu^{31} ta^{31} tɕa^{24}。

ʑau^{24} ŋku^{31} n̥o^{43} ta^{31} tso^{24} ntso^{43},
ʑau^{24} ɳʈou^{24} ɬi^{44} mo^{11} tsi^{44} tsai^{24},
ʑau^{24} ŋku^{31} n̥o^{43} teu^{13} pleu1 ɳʈaŋ^{11} lo^{43} qaŋ^{43} nto^{31}。
tɕao^{55}ɳʈou^{24} ɬi^{44} ntsen^{55} plai^{44} ku^{43} teu^{44} ʅtaŋ^{11} a^{44} ŋsti^{44} lai^{55}。

ʑau^{24} ŋku^{31} n̥o^{43} ku^{43} ʈou^{44} qa^{44} tsoŋ^{24},
ʑau^{24} ɳʈu^{24} ɬi^{44} sai^{44} ʈou^{44} tsau^{31} ɬaŋ^{44} mpa^{44}
ʑau^{24} ŋku^{31} n̥o^{43} sai^{55} tou^{44} tɕau^{55}ɳʈou^{24} ɬi^{44} a^{44} ʈoŋ^{24}。
tɕau^{55}ɳʈou^{24} ɬi^{44} sai^{55} tou^{44} ŋku^{31} n̥o^{43} qa^{44} tɕa^{55}
ma^{31} ta^{24} n̥o^{43} au^{55} to^{11} tseu^{31} ta^{31} si^{55} tɕa^{24}。

ʑau^{24} ŋku^{31} n̥o^{43} ta^{31} tso^{24} ntso^{43},
ʑau^{24}ɳʈou^{24} ɬi^{44} m̥o^{11} tsi^{44} tsai^{24}
ʑau^{24} ŋku^{31} n̥o^{11} teu^{13} pleu^{11}ɳʈaŋ^{11} lo^{43} qaŋ^{55} nto^{31}。
tɕau^{55}ɳʈou^{24} ɬi^{44} ntsen^{55} plai^{44} ku^{43} teu^{43} ɳʈaŋ^{11} a^{44} ntsi^{33} lai^{55}。

ʑau^{24} ŋku^{31} n̥o^{43} ɳ̥tɕe^{44} ntao^{44} ʑi^{31} naŋ^{24} ntaŋ^{44} pi^{11}。
tɕau^{55}ɳʈou^{24} ɬi^{44} su^{33} qu^{31} a^{44} lei^{44} ntsen^{44} ʈaŋ^{11} pi^{55} te^{31} ɳʈaŋ^{11} lo^{43} ha^{55} po^{33} oŋ^{55}。
ʑau^{24} ŋku^{31} n̥o^{43} ɳ̥tɕe^{44} ntao^{44} ʑi^{31} naŋ^{24} ntaŋ^{44}ʈoŋ^{43}.
tɕau^{55}ɳʈou^{24} ɬi^{44} su^{33} lo^{43} a^{44} qu^{31} ntsen^{44} ʈaŋ^{11} pi^{55} te^{31} ɳʈaŋ^{11} lo^{43} ha^{55} po^{33} ŋa^{43}。

2.（见意译文本的《2. 男孩做“媳妇”》）
ʑau^{24} po^{31} qai^{43} lo^{11} pa^{24} o^{33} qei^{44}。
po^{24} o^{33} te^{33} a^{44} ʑa^{31},
ʑau^{24} tsu^{55} ʑa^{24} tsu^{31} lou^{11} mi^{31} i^{55} len^{31} ntsʻai^{33} ntseu^{13} ʈua^{55} tsu^{55} ʑa^{24}

tsu^{31} lou^{11} to^{11} ȵtɕe^{31} tlaŋ^{55} pu^{55} ʈa^{43} tse^{55}。
ma^{31} i^{55} tɕau^{55} ɳʈou^{24} tsaŋ^{44} teu^{44} ʈu^{44} su^{44}neŋ^{31} su^{44} ts'oŋ^{43}。
ʐau^{24} to^{11} qa^{44} tsi^{44}ɴqe^{11} lo^{11} a^{44} la^{24} a^{55} ȵaŋ^{43} ts'ei^{43}。
ʐau^{24} tɕau^{55}ɳʈou^{24} ɴqe^{11} lo^{11} a^{44} ȵaŋ^{43} ts 'ei^{43}。
tɕau^{55} ɳʈou^{24} ɴqa^{35} tu^{11} tsi^{55} py^{31} lo^{11} ɳʈo^{24} la^{24} lai^{33} ti^{43}。
ʐau^{24} qa^{44} tsi^{44}ɴqe^{11} lo^{11} a^{44} ȵaŋ^{43} ntso4。
ʐau^{24} tɕau^{55}ɳʈou^{24} ɴqe^{11} lo^{11} a^{44} ȵaŋ^{43} ntso^{43}
tɕau^{55}ɳʈou^{24} ɴqa^{35} to^{11} tsi^{55} py^{31} lo^{11} ɳʈo^{24} la^{24} lai^{33} ntso^{43}。
li^{31} tɕi^{44} tse^{24} li^{31} pu^{11} i^{55}。
ti^{43} tɕi^{44} tse^{24} ti^{43} pu^{11} ai^{55}。
li^{31} tɕi^{44} ʐa^{44} li^{31} lo^{11} ti^{43}。
ti^{43} tɕi^{44} ʐa^{44} ts'aŋ^{55} lo^{11} ʐai^{55}。
ʐau^{24} to^{11} qa^{55} tsi^{44}ɴqe^{11} lo^{11} a^{44} la^{24} a^{55} ȵaŋ^{43} ts'ei^{43},
ʐau^{4} tɕau^{55}ɳʈou^{24} ɴqe^{11} lo^{11}a^{44} la^{24} a^{55} ȵaŋ^{43} ts'ei^{43}。
tɕau^{55} ɳʈou^{24} ɴqa34 to^{11} tsi^{55} pu^{31} lo^{11} ɳʈo^{24} la^{24} lai^{31} ti^{43}。
ʐau^{24} qa^{44} tsi^{44} ɴqe^{11} lo^{11}a^{44} la^{24} ȵaŋ^{43} ntso^{43}。
ʐau^{24} tɕau^{55} ɳʈou^{24} ɴqe^{11} lo^{11}a^{44} la^{24} ȵaŋ^{43} ntso^{43}。
tɕau^{55}ɳʈou^{24} ɴqa^{35} to^{11} tsi^{55} py^{31} ɳʈo^{24} la^{24} lai^{33} so^{55}。
li^{31} tɕi^{44} tse^{24} li^{31} pu^{11} i^{55}。
ti^{43} tɕi^{44} tse^{24} ti^{43} pu^{11} ai^{55}。
li^{31} tɕi^{44} ʐa^{44} li^{31} lo^{11} ti^{43}。
ti^{43} tɕi^{44} ʐa^{43} ts'aŋ^{55} lo^{11} ʐai^{55}。

ʐau^{24} tɕao^{55} ɳʈou^{24} a^{44} noŋ^{24} sau^{43} tsa^{44} lau^{11} mo^{11}。
ʐau^{24} tɕau^{55}ɳʈou^{24} ma^{55} ntaŋ^{31} ʈou^{44} tɕau^{55} ɳʈou^{24} qa^{44} so^{44} mpaŋ^{55}。
ntu^{33} n̥oŋ^{55} tɕau^{31} ʈou^{44} tɕau^{33} ɳʈou^{24} su^{44} tla^{43}。
tɕau^{55}ɳʈou^{24} tsi^{44} n̥o^{43} m̥o^{11} lo^{11} tsi^{44} nts'ai^{44} maŋ^{43}。
tau^{55} lo^{11} tsi^{44} m̥au^{44} nto^{31} lo^{11} tsi^{44} nts'ai^{44} sa^{43}。
ʐau^{24} tɕau^{55}ɳʈou^{24} a^{44} ȵaŋ^{43} sau^{43} tsa^{44} lau^{11} mo^{11}。
tɕau^{55}ɳʈu^{24} tu^{33} ʈaŋ^{55} ntaŋ^{31} ku^{55} tu^{33} ɳʈu^{24} to^{11} mpaŋ^{43}。
ntu^{33} n̥o^{43} tou^{44} tɕau^{55} ɳʈu^{24} qa^{43} tla^{43}。
tɕau^{55} ɳʈou^{24} tsi^{44} n̥o^{43} m̥o^{11} lo^{11} tsi^{44} nts'ai^{44} naŋ^{43}。
tau^{55} lo^{11} tsi^{44} m̥ao^{44} nto^{31} lo^{11} tsi^{44} nts'ai^{44} tso^{55}。

ʐau^{24} tɕau^{55} ɳʈou^{24} a^{44} ȵaŋ^{43} sao^{43} tsa^{44} lao^{11} mo^{11},
ʐau^{24} tɕau^{55}ɳʈou^{24} mi^{44} a^{44} n̥ao^{44} saŋ^{44} tɕau^{55} ɳʈou^{24} a^{44} ʂo^{44}
tɕau^{55} ɳʈou^{24} a^{44} qa^{44} su^{11} tsi^{44} nao^{31}
ʐau^{24} tɕau^{55}ɳʈou^{24} tɕau^{55} tsi^{55} ma^{24} ɴqai^{31} saŋ^{44} tɕau^{55} ɳʈou^{24} ntsa^{24}

tɕau^{55}ɳʈou^{24} ŋo^{31} tsi^{44} koŋ^{24} la^{24} tsi^{44} ntsa^{24}
ʑau^{24} to^{11} qa^{44} tsi^{44} qoŋ^{44} ta^{31} mo^{11}ɳʈo^{24} ni^{11} sai^{43}
ʑau^{24} ŋku^{31} nts'ai^{33} ntseu^{13} qoŋ^{44} ta^{31} mo^{11} ɳʈo^{24} ni^{11} sai^{43}
ɑ^{44} li^{24} ha^{33} tou^{44} tɕau^{55} ɳʈou^{24} i^{55} nts'ai^{33} pa^{11} qai^{43}
ʑau^{24} to^{11} qa^{44} tsi^{44} nts'ou^{55} la^{24} ts'ai^{31} ɳʈao^{24} mpa^{44} ʑai^{24}
ʑau^{24} ŋku^{31} nt'sai^{33} ntseu^{13} nts'ou^{35} la^{24} ts'ai^{33} tau^{24} mpa^{44} ʑai^{24}
t'ou^{33} na^{55} te^{24} a^{44} le^{43} lo^{11} ɳʈ'ou^{44} ʑaŋ^{31} ts'oŋ ke^{43} ko^{11}
ni^{31} nts'ou^{55} tse^{24} a^{44} i^{55} len^{31} nts'ai^{33} ntseu^{13} tsoŋ^{24}

ʑau^{24} tɕau^{55}ɳʈou^{24} a^{44} ȵaŋ^{43} sao^{43} tsa^{44} lao^{11} mo^{11}
ʑau^{24} tɕau^{55}ɳʈou^{24} mi^{44} a^{44} n̥ao^{44} saŋ^{44} tɕau^{55} ɳʈou^{24} a^{44} ʂo^{44}
tɕau^{55}ɳʈou^{24} ŋo^{31} tsi^{44} koŋ^{24} la^{24} tsi^{44} nao^{31}
tɕau^{55}ɳʈou^{24} tsi^{55} ma^{24} ɴqai^{31} saŋ^{44} tɕau^{55} ɳʈou^{24} ntsa^{24}
tɕau^{55}ɳʈou^{24} ŋo^{31} tsi^{44} koŋ^{24} la^{24} tsi^{44} ntsa^{24}
ʑau^{24} tu^{11} qa^{44} tsi^{44} qoŋ^{44} ta^{31} ɳʈo^{24} ni^{11} sai^{43}
ʑau^{24} ŋku^{31} nts'ai^{33} ntseu^{13} qoŋ^{44} ta^{31} ɳʈo^{24} ni^{11} sai^{43}
a^{44} li^{24} ha^{33} tou^{33} tɕau^{55} ɳʈou^{24} i^{55} ts'ai^{33} pa^{13} qai^{44}
ʑau^{24} to^{11} qa^{44} tsi^{44} nts'ou^{55} la^{24} ts 'ai^{31} ʈao^{24} mpa^{44} nao^{31}
ʑau^{24} ŋku^{31} nts'ai^{33} ntseu^{13} nts 'ou^{55} la^{24} ts 'ai^{31} ʈau^{24} mpa^{44} nao^{31}
ʈ 'ou^{33} ŋa^{55} te^{24} a^{44} le^{43} nt'ou^{33} tou^{44} ʐaŋ^{31} ts'oŋ^{43} ke^{43} ko^{11}
ni^{31} nts'ou^{55} tse^{24} a^{44} i^{55} len^{31} nts'ai^{33} ntseu^{13} ntao^{31}

ma^{24} ȵa^{31} ma^{24} i^{55} pa^{24} ɬa^{55}
ma^{24} tle^{43} te^{24} ma^{24} to^{11} lau^{11} k'a^{43}
i^{43} tse^{55} ɳʈou^{24} ɳʈo^{24} tɕa^{43} ʐoŋ^{44} ɳʈou^{24} i^{43} tse^{55} hai^{33} a^{44} su^{33} i^{43} tse^{55} q'a^{44}
i^{43} tse^{55} ŋku^{31} nts'ai^{33} ntseu^{13} tsen^{31} ŋku^{31} lo^{11} sen^{43} ts'aŋ^{43}
ʑau^{24} ma^{24} ȵo^{31} ma^{24} i^{43} pa^{24} ɬa^{55}
ma^{24} tle^{43} te^{24} ma^{24} to^{11} lau^{11} k'a^{43}
i^{43} tse^{55}ɳʈou^{24} ɳʈo^{24} tɕa^{43} ʐoŋ^{44} ɳʈou^{24} i^{43} tse^{55} hai^{33} a^{44} su^{33} i^{43} tse^{55} q'a^{44}
i^{43} tse^{55} ŋku^{31} nts'ai^{33} ntseu^{13} tsen^{31} ŋku^{31} lo^{11} sen^{43} ts'en^{43}

3. （见意译文本的《3. 剑鬼和梭神》）

nto^{31} lou^{11} ti^{43} pu^{24} lou^{21}
ɳʈou^{24} tou^{44} ȵaŋ^{31} tɕou^{31} tɕiŋ^{43} tɕiŋ^{44} lau^{11} ȵau^{43}
ɳʈou^{24} tou^{44} tɕau^{55} tɕiŋ^{43} tɕiŋ^{44} lo^{43} tsoŋ^{24}
ʑau^{24} tɕau^{55} to^{43} no^{31} lau^{11} ʑau^{24} a^{44} n̥aŋ^{43} , pu^{55} lau^{11} ʑau^{24} a^{55} n̥aŋ^{55}
ȵao^{31} lau^{11} ʑau^{24} a^{55} n̥aŋ^{55} , pu^{44} lau^{11} ʑau^{24} n̥aŋ^{43} ki^{44} ɕoŋ^{44}
nto^{31} lou^{11} ti^{43} lou^{11}

ɳʈou^{24} tou^{44} ȵaŋ^{31} tɕou^{31} tɕiŋ^{43} tɕiŋ^{44} lo^{11} ȵau^{43}

ʑau^{24} nto^{31} hai^{33} ti^{43} tɕa^{55}

ɳʈou^{24} tou^{44} tɕau^{55} tɕiŋ^{43} tɕiŋ^{44} lo^{43} tsoŋ^{24}

ȵaŋ^{31} tɕou^{31} nao^{31} lau^{11} ʑau^{24} a^{55} n̥aŋ^{43}，pu^{44} lau^{11} ʐau^{24} a^{55} tɕi^{55}

nao^{31} lau^{11} ʑau^{24} a^{55} n̥aŋ^{55}，pu^{44} lau^{11} ʑau^{24} n̥aŋ^{44} ki^{44} ɕoŋ^{44}

ʑau^{24} ntaŋ^{31} tlaŋ^{43} lao^{11} mo^{11} tsao^{24} ntaŋ^{31} tlaŋ^{43} nta^{24} le^{31}

m̥o^{55} ntsoŋ^{24} lao^{11} mo^{11} tsao^{24} mo^{55} ntsoŋ^{24}ɳʈaŋ^{43} ʐao^{11}

ntaŋ^{31} tlaŋ^{43} tse^{24} tsi^{44} ʑoŋ^{24} ho^{55}

a^{44} le^{43} ho^{55} tou^{44} tse^{55} maŋ^{43} a^{43} ntsi^{24} tɕa^{31} lo^{43} a^{55} ʐe^{43}

mo^{55} ntsoŋ^{24} mo^{11} tsi^{44} tɕao^{24} nti^{13}

a^{44} le^{44} ȵtɕi^{24} tou^{44} tse^{55} maŋ^{43} a^{43} ntsi^{24} tu^{44} k'o^{43} haŋ^{55}

ʑau^{24} ntaŋ^{31} tlaŋ^{43} lau^{11} mo^{11} tsao^{24} ntaŋ^{31} tlaŋ^{43} nto^{21} tle^{31}

mo^{55} ntsoŋ^{24} la^{11} mo^{11} tsao^{24} mo^{55} ntsoŋ^{24} ɳʈaŋ^{43} nts'a^{55}

ʑau^{24} ntaŋ^{31} tlaŋ^{43} lau^{11} mo^{11} tsi^{44} tɕau^{24} nti^{24}

a^{44} le^{44} nti^{24} tou^{44} tse^{55} nto^{31} a^{55} ntsi^{24} ȵao^{43} tɕa^{31} lo^{43} qa^{44}ʈoŋ^{43}

ʑau^{24} ʑoŋ^{24} mo^{55} ntsoŋ^{24} lao^{11} mo^{11}ɳto^{24} nti^{24}

a^{44} le^{44} nti^{24} tou^{44} tse^{55} nto^{31} a^{55} ntsi^{24} ȵao^{43} lo^{43} q'ao^{55}

ʑau^{24} ntaŋ^{31} tlaŋ^{43} lao^{11} mo^{11} po^{55} ko^{31} po^{55}

mo^{55} ntsoŋ^{24} lau^{11} mo^{11} po^{55} ko^{31} li^{11} pu^{55}

to^{11} ntaŋ^{31} tlaŋ^{43}ɳʈo^{55} a^{44} ts'ei^{44}

mo^{55} ntsoŋ^{24}ɳʈo^{55} ts'ei^{44} nts'i^{55}，qa^{44} ntsi^{33} ʈi^{33} toŋ^{31} lei^{43}

ʑau^{24} ntaŋ^{31} tlaŋ^{43} lau^{11} mo^{11} po^{55} ko^{31} pu^{55}

mo^{55} ntsoŋ^{24} lau^{11} mo^{11} po^{55} ko^{31} li^{11} qa^{44}

to^{11} ntaŋ^{31} tlaŋ^{43}ɳʈo^{55} a^{44} ts'ei^{55}

mo^{55} ntsoŋ^{24}ɳʈo^{55} ts'ei^{55} nts'i^{55}，qa^{44} ntsi^{33} ʈi^{33} toŋ^{31} ntsa^{43}

ntaŋ^{31} tlaŋ^{43} lau^{11} mo^{11} po^{55} ko^{31} po^{55}

mo^{55} ntsoŋ^{24} lau^{11} mo^{11} po^{55} ko^{31} li^{11} pu^{55}

ʑau^{24} ntaŋ^{31} tlaŋ^{43}ɳʈo^{55} a^{44} ts'ei^{44}

mo^{55} ntsoŋ^{24}ɳʈo^{55} nts'ei^{44} nts'i^{55}

ʑoŋ^{24} ntaŋ^{31} tlaŋ^{43} lau^{11} nti^{24} tou^{44} tse^{55} a^{44} ntsi^{24}ʈou^{44} tɕa^{31} lo^{43} hou^{44} tao^{31}

ʑoŋ^{24} mo^{55} ntsoŋ^{24} lau^{11} nti^{24} tou^{44} tse^{55} nto^{31} a^{44} ntsi^{24}ʈou^{44} ti^{24} lo^{43} qa^{44} so^{44} ʈoŋ^{43}

ʑau^{24} ntaŋ^{31} tlaŋ^{43} ɳʈo^{55} qa^{44} ts'ei^{55}

mo^{55} ntsoŋ^{24}ɳʈo^{55} ts'ei^{55} nts'i^{44}

tɕau^{31} ntaŋ^{31} tlaŋ^{43} nti^{24} tou^{44} tse^{55} maŋ^{43} a^{44} ntsi^{24} ȵao^{43} tɕa^{31} lo^{43} hou^{55} tao^{31}

tɕau^{31} mo^{55} ntsoŋ^{24} tu^{24} tse^{55} maŋ^{43} qa^{44} ntsi^{24} ȵao^{24} tɕe^{31} qa^{44} so^{43} maŋ^{43} ʐao^{11} soŋ^{43}

4.（见意译文本的《4.“留米”的神马》）

tu^{11} ȵo^{31} ʦi^{44} ma^{31} tu^{43}，tu^{11} ȵo^{31} ȵao^{24} tla^{44}ʈu^{44} lao^{11} mo^{11} haŋ^{55}
to^{11} noŋ^{11} ʦi^{44} ma^{31} ʦaŋ^{44}，tu^{11} noŋ^{11} nao^{11} lau^{11} mo^{11}ɳʈoŋ^{11}.
ʑau^{11} to^{11} ȵo^{31} nao^{31} ʐu^{55} mau^{24}，to^{11} ȵo^{31} pu^{44} ti^{24} lo^{43} qa^{43} ʦa^{44}
ȵo^{31}ɳʈo^{24} to^{43} ʑau^{24} to^{43} ʨaŋ^{43}，to^{11} noŋ^{11} ɳʈo^{24} to^{43} mple^{55} mploŋ^{31} ʦi^{44} ploŋ^{24}
su^{33} li^{31} mi^{43} to^{11} qa^{44} ʦi^{55} noŋ^{11} qa^{44} ʨa^{44}
ʑau^{24} to^{11} ȵo^{31} ʦi^{44} ma^{31} to^{43} to^{11} ȵo^{31} nao^{24} tla^{44} ʈu^{44} lao^{11} mo^{11} haŋ^{55}
to^{11} noŋ^{11} ʦi^{44} ma^{31} ʦaŋ^{44} to^{11} noŋ^{11} nao^{24}ɳʈaŋ^{24} ti^{43}
ʑau^{24} ȵo^{31} lao^{11} nao^{31} ʐu^{55} mao^{24}，to^{11} ȵo^{31} pu^{44} ti^{24} lo^{43} qa^{44} ta^{55}
ȵo^{31}ɳʈo^{24} to^{43} ʑau^{24} to^{43} ʨaŋ^{43}，to^{11} noŋ^{11} ɳʈo^{24} to^{43} mple^{55} mploŋ^{31} ʦi^{44} mploŋ^{24}
su^{33} li^{31} mi^{43} to^{11} qa^{44} ʦi^{55} noŋ^{11} qa^{44} ʨa^{44}

ʑau^{21} li^{31} mi^{43} ʨai^{31} to^{11} qa^{44} ʨa^{44} noŋ^{11} qa^{44} ʦi^{55} lau^{11} mo^{11}
qa^{44}ʈou^{44} ɬao^{55} la^{31} i^{43} pa^{24}，a4 paŋ^{44} ʑau^{11} i^{43} plao^{24} ha^{43}
ʑau^{24} nto^{31} ti^{43} hai^{33} nʦʻai^{33} nto^{31} ʦi^{44} tu^{44}，a^{44} le^{43} ɴqa^{44} li^{31} mi^{43} ta^{31} mo^{11} ma^{43}
li^{31} mi^{43} ʨai^{31} to^{11} qa^{44} ʨa^{44} noŋ^{11} qa^{44} ʦi^{55} lau^{11} mo^{11}
qa^{44}ʈou^{44} ɬao^{55} la^{31} i^{43} pa^{24}，a^{44} paŋ^{44} ʑau^{24} i^{43} tla^{43} oŋ^{55}
ʑau^{24} nto^{31} ti^{43} hai^{33} nʦʻai^{33} nto^{31} ʦi^{44} tu^{24}，a^{44} le^{43} ɴqe^{44} li^{31} mi^{43} ta^{31} mo^{11} ma^{43}
ʑau^{24} li^{31} mi^{43} ʨai^{31} to^{11} qa^{44} ʦi^{55} noŋ^{11} lau^{11} mo^{11}
ȵʨe^{44} ntau^{44} pi^{43} to^{31} ʦeu^{13} ni^{31} lo^{11} pi^{43} lo^{43} tleu^{13}
i^{43} to^{31} ʑau^{11} to^{31} ɬo^{43}，li^{31} mi^{43} to^{11} qa^{44} ʦi^{55} noŋ^{11} ʦi^{44} nao^{31} nʦe^{55}
qei^{44} nʦe^{31} qei^{44} ma^{24} t si^{44} nao^{31} ʦu^{44}
li^{31} mi^{43} ʨai^{31} to^{11} qa^{44} ʦi^{55} noŋ^{11} ŋʨe^{44} tla^{44} pi41 nto^{31} tlo^{43} mo^{11}
nao^{31} taŋ^{11} qa^{44} ȵoŋ^{24} ʦu^{31} lou^{11} saŋ^{44} ɬaŋ^{55}
li^{31} mi^{43} ʨai^{31} to^{11} qa^{44} ʦi^{55} noŋ^{44} qa^{44} ʨa^{44} lau^{11} mo^{11}
ȵtle^{44} ntao^{44} pi^{43}ʈo^{31} ʦeu^{13} ni^{31} lo^{11} pe^{43} lo^{43} tleu^{13}
i^{43}ʈo^{31} ʑau^{11} ʈo^{31} tla^{55}，li^{31} mi^{43} to^{11} qa^{44} ʦi^{55} noŋ^{11} ʦi^{44} nao^{31} nʦe^{55}
qei^{44} nʦe^{31} qei^{44} ma^{24} ʦi^{44} nao^{31} n̥ao^{44}
li^{31} mi^{43} ʨai^{31} to^{11} qa^{44} ʦi^{55} noŋ^{11} ȵʨe^{44} tla^{44} pi^{11} nto^{31} tlo^{43} mo^{11}
nao^{31} taŋ^{11} qa^{44} ȵoŋ^{24} ʦu^{31} lou^{11} saŋ^{44} ɬaŋ^{55}
li^{31} mi^{43} ʨai^{31} to^{11} qa^{44} ʦi^{55} noŋ^{44} qa^{44} ʨa^{44} lau^{11} mo^{11}
tla^{44} ʦo^{31} ke^{55} ti^{24} ke^{55} ʦʻa^{55} ŋa^{13}
ʑau^{24} po^{31} qa^{44} noŋ^{24}ɴqe^{11} lo^{11} ɳʈeu^{55} ʐe^{11}
ʑau^{24} po^{31} qa^{44} noŋ^{24} ku^{55} ka^{43} ta^{31} pi^{11} lo^{11}
qa^{43} ʦi^{55} noŋ^{24} ku^{55} kʻou^{43} ta^{31} pi^{11} tla^{44}
a^{44} le^{43} ʦa^{33} tou^{44} nto^{31} ti^{43} noŋ^{24} to^{43} noŋ^{24} ki^{55} fa^{43}
li^{31} mi^{43} ʨai^{31} to^{11} qa^{44} ʦi^{55} noŋ^{11} qa^{44} ʨa^{44} lau^{11} mo^{11}

tla^{44} tso^{31} ke^{55} ti^{24} ke^{55} ts'a^{55} ŋa^{13}

ʑau^{11} to^{11} lo^{31} qa^{44} noŋ^{24} ɴqe^{11} lo^{11} a^{44} ʐe^{11}

qa^{43} tsi^{55} noŋ^{24} ku^{55} ka^{43} ta^{31} a^{55} pi^{11} lo^{11}

qa^{44} tsi^{55} noŋ^{24} ku^{55}k'ou^{43} ta^{31} a^{44} pi^{11} tso^{24}

a^{44} le^{43} tsa^{33} tou^{44} nto^{31} ti^{43} noŋ^{24} to^{43} noŋ^{24} ki^{55} ɕaŋ^{44}

5.（见意译文本的《5. 巧女“接嘴雀”》）

nto^{31} lou^{11} ti^{43} pu^{11} lou^{11}

ɳʈou^{24} tou^{44} ȵaŋ^{31} tɕou^{43} tɕiŋ^{44} tɕiŋ^{43} lo^{11} ȵao^{43}

nto^{31}ɳʈou^{31} hai^{33} ti^{43} ɳʈou^{24} tɕ'eu^{44}

ɳʈou^{24} tou^{44} to^{43} ɳʈou^{24} tɕiŋ^{44} tɕiŋ^{43} lo^{11} tsoŋ^{24}

tɕau^{55}ɳʈou^{24} nao^{31} tsi^{44} qaŋ^{43}, pu^{44} tsi^{44} tou^{24}

nao^{31} le^{44} ʑau^{24} a^{55} n̥aŋ^{43}, pu^{44} le^{44} ʑau^{24} n̥aŋ^{43} ki^{44} ɕoŋ^{44}

ʑau^{24} nto^{31}ɳʈou^{24} lo^{11} ti^{43} lou^{11}

ɳʈou^{24} tou^{44} ȵaŋ^{31} tɕou^{43} tɕiŋ^{44} tɕiŋ^{43} lao^{11} mo^{11} ȵau^{43}

tɕau^{55}ɳʈou^{24} nao^{31} la^{24} tsi^{44} qaŋ^{43}, pu^{44} tsi^{44} tou^{24}

nao^{31} le^{44} ʑau^{24} a^{55} n̥aŋ^{43}, pu^{44} le^{44} ʑau^{24} n̥aŋ^{43} ki^{44} ɕoŋ^{44}

tsi^{55} ni^{31} lo^{11} tsi^{55} tsi^{44} tou^{24}

tsi^{55} ni^{31} tsi^{55} ɕoŋ^{44} lo^{11} mple^{31} mple^{24} qa^{44} pl'ou^{43} sei^{55} tsi^{44} tou^{24}

tsi^{55} ni^{31} lo^{11} tsi^{55}ʈou^{44} li^{31}

li^{31} ti^{43} ntu^{31} taŋ^{11} lo^{43} fu^{55} pu^{11}, fu^{55} pu^{11} ntu^{31} taŋ^{11} fu^{55} lo^{43}

tsi^{55} ni^{31} lo^{11} ni^{31} i^{55}

tsi^{55} ɕoŋ^{44} lo^{11} ɕoŋ^{44} faŋ^{43}

tsi^{55} ni^{31} lo^{11} ti^{43} ntu^{31} taŋ^{11} lo^{43} fu^{55} pu^{11}

fu^{55} pu^{11} ntu^{31} taŋ^{11} lo^{43} fu^{55} ki^{55}

tsi^{55} ni^{31} lo^{11} ni^{31} i^{55}

tsi^{55} ɕoŋ^{44} lo^{11} ɕoŋ^{44} faŋ^{43}

tsi^{55} ni^{31} lo^{11} ni^{31} pu^{31} tseu^{24}

tse^{24} i^{43} sei^{43} lo^{11} lu^{31} i^{43} tɛu^{55}

tse^{24} i^{43} tɛu^{55} lo^{11} lu^{31} i^{43} taŋ^{55}

tsi^{55} ni^{31} lo^{11} ni^{31} i^{55}, tsi^{55} ɕoŋ^{44} lo^{11} ɕoŋ^{44} lo^{11} ɕoŋ^{44} faŋ^{43}

tsi^{55} ni^{31} lo^{11} ni^{31} pu^{31} tseu^{24}

tse^{24} i^{43} sei^{43} lo^{11} lu^{31} i^{43} tɛu^{55}

tse^{24} i^{43} tɛu^{55} lo^{11} lu^{31} i^{43} taŋ^{55}

tsi^{55} ni^{31} ni^{31} tɛu^{24}

tsi^{55} ɕoŋ^{44} lo^{11} ɕoŋ^{43} tleu^{44}

tsi^{55} ni^{31} lo^{11} ts'ai^{55} taŋ^{11} len^{31} ŋku^{31} ntseu^{13}

len^{31} ŋku^{31} tseu^{31} lo^{43} a^{55} tɕʻou^{55} tsʻai^{55}

ŋku^{31} tseu^{31} a^{44} le^{43} la^{44} tɕau^{55}ɳʈou^{24} ɴqa^{24}

ao^{43} len^{31} tsi^{55} to^{43}ɴqe^{11} lo^{11} ɳʈo^{24} la^{24} tsai^{33} ɴqe^{44}

tɕao^{55} to^{43} hai^{33} tsai^{33} i^{43} ntsi^{33}

tɕau^{55} tsi^{55} hai^{33} tsai^{33} qa^{44} laŋ^{24}

tɕau^{55} tu^{43} hai^{33} tsai^{33}ʈou^{44} sou^{44} le^{44} ʑaŋ^{31} tsʻi^{33}

tɕau^{55} tsi^{55} hai^{33} tsai^{33} tou^{44} sou^{44} qa^{44} ma^{24}ɳʈaŋ^{11}

ʑau^{24} tsi^{55} ni^{31} lo^{11} ni^{31} i^{55}

tsi^{55} ɕoŋ^{44} lo^{11} ɕoŋ^{44} faŋ^{43}

tsi^{55} ni^{31} lo^{11} len^{31} ŋku^{31} tseu^{31} a^{55} tɕʻou^{55} tsʻai^{43}

ŋku^{31} tseu^{31} a^{55} tɕʻou^{55} tsʻai^{43}

ŋku^{31} tseu^{31} la^{55} tɕau^{55}ɳʈou^{24} ɴqa^{24}

i^{43} ŋkeu^{13} tsi^{55} to^{43}ɴqe^{11} lo^{11} ɳʈo^{24} la^{24} tsai^{33} ɴqe^{44}

tɕau^{55} tu^{43} qʻo^{43} tsai^{33} i^{43} ntsi^{33}

tɕau^{55} tsi^{55} qʻo^{43} tsai^{33} qa^{44} laŋ^{24}

tɕau^{55} tu^{43} qʻo^{43} tsai^{33} ʈou^{44} sou^{44} ʑaŋ^{31} tsʻi^{33}

tɕau^{55} tsi^{55} qʻo^{43} tsai^{33} ʈou^{44} sou^{44} vaŋ^{31} t ʂe^{55}

tsi^{55} ni^{31} lo^{11} ni^{31} i^{55}

tsi^{55} ɕoŋ^{44} lo^{11} ɕoŋ^{44} faŋ^{43}

tsi^{55} ni^{31} lo^{11} ŋku^{31} tseu^{31} nao^{31} to^{11} ȵo^{31} lo^{11} tsi^{44} n̥ao^{44} tsu^{44}

tsi^{55} ɕoŋ^{44} lo^{11} tɕau^{55}ɳʈou^{24} ɴqa^{24} nao^{31} to^{11} noŋ^{11} la^{24} tsi^{44} po^{43} ke^{55} ma^{24}

tsi^{55} ni^{31} lo^{11} ni^{31} i^{55}

tsi^{55} ɕoŋ^{44} lo^{11} ɕoŋ^{44} tleu^{44}

tsi^{55} ni^{31} lo^{11} ŋku^{31} tseu^{31} nao^{31} to^{11} ȵo^{31} lo^{11} tsi^{44} n̥ao^{44} tsu^{44}

tsi^{55} ɕoŋ^{44} lo^{11} tɕau^{55} tseu^{31}ɴqa^{24} nao^{31} to^{11} noŋ^{11}lo^{24} tsi^{44} po^{43} ke^{55} pʻai^{55}

tsi^{55} ni^{31} lo^{11} ni^{31} i^{55}

tsi^{55} ɕoŋ^{44} lo^{44} ɕoŋ^{44} tleu^{44}

tsi^{55} ni^{31} lo^{11} ŋku^{31} tseu^{31} la^{44} tɕau^{55}ɳʈou^{24} ɴqa^{24}

i^{43} ŋkeu^{13} tsi^{55} to^{43}ɴqe^{11} lo^{11} ɳʈo^{24} la^{24} ntu^{33} ɬou^{44}

a^{43} le^{43} ntu^{33} tou^{44}ʈaŋ^{43} ɬou^{44} saŋ^{44} ŋku^{31} tseu^{31} ȵtɕeu^{33} tɕaŋ^{31} sa^{43}

tsi^{55} ni^{31} lo^{11} ni^{31} i^{55}

tsi^{55} ɕoŋ^{44} lo^{11} ɕoŋ^{44} faŋ^{43}

tsi^{55} ni^{31} lo^{11} ŋku^{31} tseu^{31} la^{44} tɕau^{55}ɳʈou^{24} ɴqa^{24}

i^{43} ŋkeu^{13} tsi^{55} to^{43}ɴqe^{11} lo^{11} ɳʈo^{24} la^{24} ntu^{33} ɬou^{44}

a^{43} le^{43} ntu^{33} tou^{44} ʈaŋ^{43} ɬou^{44} saŋ^{44} ŋku^{31} tseu^{31} ȵtɕeu^{33} tɕaŋ^{31} soŋ^{44}

tsi^{55} ni^{31} lo^{11} ni^{31} i^{55}

tsi^{55} ɕoŋ^{44} lo^{11} tsi^{55} faŋ^{43}

tsi^{55} ni^{31} lo^{11} ŋku^{31} tseu^{31} ȵtɛu^{33} tsu^{55} ŋo^{13}ʈou^{44} tsu^{55} tsa^{24}

mo^{11} ȵtɛu^{33} tsu^{55} mao^{44} tou^{44} tsu^{44} tsoŋ^{44}

tle^{31} si^{55} ʑi^{13} tseu^{13} qa^{44}ɳʈaŋ^{43}

ma^{43} ku^{55} tso^{24} ku^{13} si^{55} ʑi^{13} a^{55} noŋ^{11} ʐoŋ^{55} mo^{11} a^{44}

a^{44} ʐoŋ^{44} tso^{24} tse^{55}

ʑau^{24}ʈoŋ^{31} a^{55} ʑi^{13} ʑau^{24} len^{31} a^{55} po^{24} ʈou^{44}

ʈoŋ^{31} a^{55} nts'i^{44} ʑau^{21} a^{55} ȵaŋ^{43} ti^{43}

tsi^{55} ni^{31} lo^{11} ni^{31} i^{55}

tsi^{55} ɕoŋ^{44} lo^{11} ɕoŋ^{44} faŋ^{43}

tsi^{55} ni^{31} lo^{11} ŋku^{31} tseu^{31} ȵtɛu^{33} tɕaŋ^{31} sa^{43} tsi^{44} tɕa^{24} haŋ^{55}, ȵtɛu^{33} tɕaŋ^{31} soŋ^{44}

tsi^{44} tɕa^{24} loŋ^{55}

ŋku^{31} tseu^{31} mo^{11} ȵtɛu^{33} tsu^{55} ŋo^{13} tou^{44} tsu^{55} tsa^{24}, ȵtɕɛu^{33} tsu^{55} mao^{44} tou^{44} tsu^{55} tsoŋ^{55}

tle^{31} tsi^{44} noŋ^{55} tse^{24} tseu^{33}ɳʈaŋ^{43} ʐoŋ^{55}

tle^{31} si^{55} ʑi^{13} tseu^{33} qa^{44}ɳʈaŋ^{43}

ʑau^{24}ʈoŋ^{31} a^{55} ʑi^{13} ʑau^{24} len^{31} po^{24} tou^{44}

ʈoŋ^{31} a^{55} nts'i^{44} ʑau^{24} a^{44} ȵaŋ^{43} ti^{43}

tsi^{55} ni^{31} lo^{11} ni^{31} i^{55}

tsi^{55} ɕoŋ^{44} lo^{11} ɕoŋ^{44} faŋ^{43}

tsi^{55} ni^{31} lo^{11} ŋku^{31} tseu^{31} ts'ai^{43} taŋ^{11} tɕau^{55} to^{43}

to^{11} to^{43} mo^{11} tlai^{44} tou^{44} len^{31} mi^{44}

ts'ai^{43} taŋ^{11} len^{31} mi^{44} tse^{24} len^{31} mi^{44} mo^{11} tlai^{44} ʈou^{44} sou^{44} tsoŋ^{31} qa^{55} tseu^{13} ntsi^{33} toŋ^{31}

ʑau^{24} ŋku^{31} tseu^{31} ntsen^{55} tle^{31} ntsen^{55}ʈou^{44} qa^{44} noŋ^{11} ʐoŋ^{55}

ʑau^{24} tɕe^{31} lo^{11} a^{44} qa^{44} ntsoŋ^{44}

tsi^{55} ni^{31} lo^{11} ni^{31} i^{55}

tsi^{55} ɕoŋ^{44} lo^{11} ɕoŋ^{44} faŋ^{43}

tsi^{55} ni^{31} lo^{11} ŋku^{31} tseu^{31} ts'ai^{43} taŋ^{11} len^{31} to^{43}

len^{31} to^{43} mo^{11} tlai^{44} len^{31} mi^{44}

ts'ai^{43} taŋ^{11} len^{31} mi^{44}, len^{31} mi^{44} mo^{11} tlai^{44} ʈou^{44} tsoŋ^{31} qa^{44} ntsi^{33} ɬao^{43}

ʑau^{24} ŋku^{31} tseu^{31} ntsen^{55} tle^{31} ntsen^{55}ʈou^{44} qa^{44} noŋ^{11} ʐoŋ^{55}

tɕa^{31} lo^{11} a^{44} le^{43} a^{44} qa^{55} tsi^{24} so^{55}

tsi^{55} ni^{31} lo^{11} ni^{31} i^{55}

tsi^{55} ɕoŋ^{55} lo^{11} ɕoŋ^{44} faŋ^{43}

tsi^{55} ni^{31} lo^{11} ŋku^{31} tseu^{31} ts'ai^{43} taŋ^{11} len^{31} to^{43}

len^{31} to^{43} mo^{11} tlai^{44} len^{31} mi^{44}

ts'ai^{43} ʈaŋ^{11} len^{31} mi^{44}, len^{31} mi^{44} mo^{11} tlai^{44} ʈou^{44} tsoŋ^{31} qa^{44} ntsi^{33} ɬao^{43}

ʑau^{24} ŋku^{31} tseu^{31} ntsen^{55} tle^{31} ntsen^{55} ʈou^{44} qa^{44} noŋ^{11} ʐoŋ^{55}
tɕa^{31} lo^{11} a^{44} le^{43} a^{44} tou^{44} qa^{55} tsi^{24} so^{55}

ʑau^{24} noŋ^{24} tɕo^{44} lo^{44} qa^{31} lo^{11} noŋ^{24} tɕo^{44} lo^{44}
noŋ^{24} tɕo^{44} lo^{44} ʑaŋ^{44} ʈou^{44} qa^{44} ntsi^{33} maŋ^{31}
noŋ^{24} tɕo^{44} lo^{44} ʑa^{44} ɕi^{33} ŋku^{31} tseu^{31} ɴqe^{11} lo^{11} a^{44} ŋkaŋ^{31}
noŋ^{24} tɕo^{44} lo^{44} qa^{31} lo^{11} noŋ^{24} tɕo^{44} lo^{44}
noŋ^{24} tɕo^{44} lo^{44} ʑaŋ^{44} poŋ^{43} qa^{44} ntsi^{33} so^{43}
noŋ^{24} tɕo^{44} lo^{44} ʑa^{44} ɕi^{33} ɳʈou^{24} ɴqa^{24} ɴqe^{11} lo^{11} ɳʈo^{24} la^{24} lai^{31} ȵo^{31}
ɕoŋ^{44} na^{55}, ʑau^{24} ŋku^{31} tseu^{31} qa^{44} tou^{44} tɕau^{55} tseu^{31} tɕau^{55} ɴqe^{24}
i^{43} n̥o^{43} nao^{31} taŋ^{11} pi^{43} pla^{24} tsu^{55}
lo^{43} tɕa^{31} tlaŋ^{43} a^{44} le^{43} ma^{31} taŋ^{11} pi^{43} nti^{44} ta^{43}
noŋ^{24} tɕo^{44} lo^{44} qa^{31} lo^{11} noŋ^{24} tɕo^{44} lo^{44}
noŋ^{24} tɕo^{44} lo^{44} ʑaŋ^{44} ʈou^{44} qa^{44} ntsi^{33} ntoŋ^{44}
noŋ^{24} tɕo^{44} lo^{44} ʑa^{44} ɕi^{33} tɕau^{55} ɳʈou^{24} ɴqa^{24} ɴqe^{11} lo^{11} a^{44} qoŋ^{43} tɕao^{31} a^{44} loŋ^{44}
noŋ^{24} tɕo^{44} lo^{44} qa^{31} lo^{11} noŋ^{24} tɕo^{44} lo^{44}
noŋ^{24} tɕo^{44} lo^{44} ʑaŋ^{44} ʈou^{44} qa^{44} ntsi^{33} maŋ^{31}
noŋ^{24} tɕo^{44} lo^{44} ʑa^{44} ɕi^{33} ŋku^{31} tseu^{31} ɴqe^{11} lo^{11} a^{44} ŋkaŋ^{31}
ʑau^{24} to^{11} koŋ^{31} ʈi^{33} tou^{44} to^{11} ntsa^{11}
to^{11} ntsa^{11} qa^{43} ti^{33} tsi^{44} kʻi^{43} kʻi^{44}
ɕoŋ^{44} ŋa^{55} ŋku^{31} tseu^{31} qa^{44} tou^{44} tɕau^{55} tseu^{31} tɕao^{55} ɴqa^{24}
i^{43} n̥o^{43} nao^{31} taŋ^{11} pi^{43} pla^{24} tsu^{44}
ni^{11} tɕa^{31} tlaŋ^{43} a^{44} le^{43} ma^{31} taŋ^{11} pi^{43} le^{44} ʈu^{44}

6.（见意译文本的《6. 大头蜂和大头蝎》）

nto^{31} ɳʈou^{24} lo^{11} ti^{43} pu^{11} lou^{11}
ɳʈou^{24} tou^{44} i^{43} len^{31} qa^{44} po^{24} i^{55} tɕiŋ^{55} tɕiŋ^{43} lo^{11} ȵao^{43}
ɳʈo^{31} ɳʈou^{24} hai^{33} ʈou^{44} ti^{43} ɳʈou^{24} tɕʻeu^{44}
ɳʈou^{24} tou^{44} qa^{44} ȵoŋ^{24} ɬa^{44} tso^{31} ntsʻu^{43} tɕiŋ^{55} tɕiŋ^{43} lo^{43} tsoŋ^{24}
qa^{43} po^{24} i^{55} lo^{11} mo^{11} ma^{43} ta^{43} nta^{24} a^{44} mpo^{24} tɛu^{44}
tsi^{55} laŋ^{24} nto^{31} leu^{55} lau^{11} mo^{11} ȵao^{43} lo^{43} haŋ^{55} tsʻai^{33}
tsi^{55} pou^{43} qa^{44} po^{24} i^{55} lo^{43} sei^{43} le^{44} tɕaŋ^{11}
qa^{44} po^{24} i^{55} lo^{11} mo^{11} tsau^{44} ʈou^{44} pi^{43} tsʻei^{43} tou^{44} pa^{44} tsi^{55} mao^{24} ŋkeu^{31} ʑau^{24} qa^{43} po^{24} i^{55} qa^{43} to^{11} to^{43}
tsau^{44} ʈou^{44} pi^{43} tsʻei^{43} tou^{44} pa^{44} tsi^{55} mao^{24} tla^{55} ʑau^{24} qa^{43} po^{24} i^{55} qa^{43} to^{11} ntsʻai^{33}
nto^{31} ɳʈou^{24} lo^{11} ti^{43} pu^{11} lou^{11}
ɳʈou^{24} tou^{44} i^{43} len^{31} qa^{44} po^{24} i^{55} tɕiŋ^{55} tɕiŋ^{43} lo^{11} ȵau^{43}
ɳʈo^{31} ɳʈou^{24} hai^{33} ʈou^{44} ti^{43} ɳʈou^{24} tɕʻeu^{44}

ɳʈou^{24} tou^{44} qa^{44} ɲ̥oŋ^{24} ɬa^{44} tso^{31} ntsʻu^{43} tɕiŋ^{55} tɕiŋ^{43} lo^{43} tsoŋ^{24}

tsi^{55} pou^{43} qa^{44} ɲ̥oŋ^{24} ɬa^{44} tso^{31} ntsʻu^{43} lo^{43} sei^{43} le^{44} tɕaŋ^{11}

qa^{44} po^{24} i^{55} lo^{11} mo^{11} ʐoŋ^{24} ni^{11} ta^{43} maŋ^{31} a^{44} mpo^{24} teu^{44}

tsi^{55} laŋ^{24} nto^{31} leu^{55} lo^{11} mo^{11}ʈou^{44} haŋ^{55} ntoŋ^{44} ntsʻai^{33}

qa^{44} ɲ̥oŋ^{24} ɬa^{44} tso^{31} ntsʻu^{43} tsau^{44} tou^{44} pi^{43} tsʻei^{43} ʈou^{44} pa^{44} to^{11} tsi^{55} mao^{24} ŋkeu^{31} ʐau^{24} qa^{43} po^{21} i^{55} qa^{44} to^{11} to^{43}

tsau^{44} tou^{44} pi^{43} tsʻei^{43} ʈou^{44} pa^{44} to^{11} tsi^{55} mao^{24} tla^{55} ʐau^{24} qa^{43} po^{24} i^{55} qa^{43} to^{11} nts ʻai^{33}

tsi^{55} mao^{24} ŋkeu^{31} ʐaŋ^{44} plʻa^{55} lo^{11} mo^{11} ɳʈo^{24} la^{24} a^{44} kaŋ^{43}

tsi^{55} mao^{24} ŋkeu^{31} tou^{24}ʈou^{44} qa^{43} ntsi^{44} tse^{55} i^{43} len^{31} qʻei^{43} a^{55} li^{24} lo^{11} qaŋ^{43} vaŋ^{31}

tsi^{55} mau^{24} ŋkeu^{31} ʐaŋ^{44} plʻa^{55} lo^{11} mo^{11} ɳʈo^{24} la^{24} a^{44} tu^{24}

tsi^{55} mau^{24} ŋkeu^{31}tou^{24} tou^{44} qa^{43} ntsi^{24} i^{43} len^{31} qʻei^{43} qa^{43} oŋ^{55} ma^{43} n̥e^{43} lo^{11} tau^{44} q ʻau^{55} vaŋ^{31}

tu^{11} tsi^{44} tu^{11} tɕʻeu^{55} lo^{43} qʻao^{55} tse^{55}

a^{44} n̥e^{55} ntsa^{33} taŋ^{11} pi^{43} ntsa^{33}

ntau^{44} tse^{55} qa^{43} ntsi^{24} tɕa^{31} pʻau^{43} tsa^{43}

ʐau^{24} to^{11} toŋ^{55} tsi^{11} tse^{55} i^{43} koŋ^{43}

a^{44} le^{43} ntau^{44}ʈou^{44} qa^{44} ntsi^{24} tɕa^{31} pʻau^{43} li^{55}

ʐau^{24} tsi^{55} mau^{24} ŋkeu^{31} pau^{55} plʻa^{55} lo^{11} mo^{11} ɳʈo^{24} la^{24} a^{44} koŋ^{43}

tsi^{55} mau^{24} ŋkeu^{31}tou^{24} tou^{44} tse^{55} qa^{43} ntsi^{24} i^{43} len^{31} q ʻ ei^{44} qa^{43} lou^{11} tso^{24} qaŋ^{43} vaŋ^{31}

tsi^{55} mau^{24} ŋkeu^{31} ʐaŋ^{55} plʻa^{55} lo^{11} mo^{11} ɳʈo^{24} la^{24} a^{44} tu^{24}

tsi^{55} mau^{24} ŋkeu^{31}tou^{24} tou^{44} tse^{55} qa^{43} ntsi^{24} i^{43} len^{31} qʻei^{43} qa^{43} lou^{11} ma^{43} n̥e^{55} lo^{11} tau^{44} lo^{43} qʻau^{55} tse^{55}

tu^{11} tsi^{55} tu^{11} tɕʻeu^{55} lo^{43} qʻau^{55} tse^{55}

a^{43} n̥e^{55} ntsa^{33} taŋ^{11} pi^{43} ntsa^{33}

ntau^{44} tse^{55} qa^{44} ntsi^{24} tɕa^{31} pʻau^{43} tsa^{43}

a^{43} to^{11} toŋ^{55} tsi^{24} tse^{55} taŋ^{11} i^{43} koŋ^{43}

tau^{44} taŋ^{11} tse^{55} qa^{43} ntsi^{24} tɕa^{31} pʻau^{43} li^{55}

tsi^{55} mau^{24} ŋkeu^{31} ʐaŋ^{44} plʻa^{55} lo^{11} mo^{11} ɳʈo^{24} la^{24} a^{44} kaŋ^{43}

tsi^{55} mau^{24} ŋkeu^{31}tou^{24} tou^{44} tse^{55} qa^{43} ntsi^{24} i^{43} len^{31} q ʻ ei^{43} qa^{43} lou^{11} lo^{11} qaŋ^{43} vaŋ^{31}

tsi^{55} mau^{24} ŋkeu^{31} lo^{11}mo^{11} ɳʈo^{24} la^{24} a^{44} tu^{24}

tsi^{55} mau^{24} ŋkeu^{31}tou^{24} tou^{44} tse^{55} qa^{43} ntsi^{24} i^{43} len^{31} qʻei^{43} qa^{43} lou^{11} a^{44} n̥e^{43} tɕʻeu^{55} tla^{44} qʻau^{55} vaŋ^{31}

tu^{11} tsi^{55} tu^{11} tɕʻeu^{55} lo^{43} qʻau^{55} tse^{55}

a^{43} n̥e^{55} ntsa^{33} pi^{43} ntsa^{33}

tau^{44} taŋ^{11} tse^{55} qa^{43} ntsi^{24} tɕa^{31} pʻau^{43} tsa^{43}

tse^{44} taŋ^{11} pi^{43} tse^{44}

tse^{44} tau^{44} tse^{55} qa^{43} ntsi^{24} tɕa^{31} pʻau^{43} li^{55}

tsi^{55} mau^{24} ŋkeu^{31} ntaŋ^{43} nto^{31} ʐaŋ^{44} plʻa^{55} lo^{11} mo^{11}, a^{44} le^{43} ntse^{55} tou^{44} tse^{55} qa^{43} ntsi^{24} i^{44}

tsi^{55} mau^{24} ŋkeu^{31} ʐau^{44} plʻa^{55} lo^{11} mo^{11} ɳʈo^{24} la^{24} a^{44} kaŋ^{43}

tsi^{55} mau^{24} ŋkeu^{31} tou^{24} tou^{44} tse^{55} qa^{43} ntsi^{24} i^{43} to^{11} qa^{43} tsi^{55} noŋ^{11}

ao^{43} to^{11} ntsei^{55} ntsa^{55} au^{43} tao^{13}, i^{43} to^{11} ntsei^{55} ntsa^{55} to^{11} noŋ^{11} tsoŋ^{43}

ku^{55} ta^{31} mo^{11} qaŋ^{44} kou^{13} ao^{43} tɕʻi^{55}

ɴqe^{11} haŋ^{55} lo^{11} qoŋ^{44} kou^{13} ao^{43} ʈoŋ^{43}

tsi^{55} mau^{24} ŋkeu^{31} ʐaŋ^{44} plʻa^{55} ntaŋ^{44} nto^{31} sei^{43}

tsi^{55} mau^{24} ŋkeu^{31} tou^{24} tou^{44} tse^{55} qa^{43} ntsi^{24} i^{43} to^{11} ɕa^{33} ȵo^{31}

tsi^{55} mau^{24} ŋkeu^{31} ʐaŋ^{44} plʻa^{55} lo^{11} ɳʈo^{24} la^{24} a^{44} qoŋ^{43} a^{44} loŋ^{44}

tsi^{55} mau^{24} ŋkeu^{31} tou^{24} tou^{44} tse^{55} qa^{43} ntsi^{44} i^{43} to^{11} a^{44} ȵtɕai^{55} noŋ^{11}

ao^{43} to^{11} ntsei^{55} ntsa^{55} au^{43} tau^{13}, i^{43} to^{11} ntsei^{55} ntsa^{55} to^{11} noŋ^{11} tsoŋ^{43}

ku^{55} seu^{55} lo^{11} mo^{11} qoŋ^{44} kou^{13} ao^{43} tɕʻi^{55}

ku^{55} seu^{55} lo^{11} mo^{11} qoŋ^{44} kou^{13} ao^{43} toŋ^{43}

tse^{55} qa^{43} ntsi^{24} lo^{43} sei^{43} le^{11} tɕaŋ^{11}

tse^{55} qa^{43} ntsi^{24} ma^{43} pʻau^{43} teu^{44} ȵo^{31} ntsei^{55} ʈou^{44} fu^{44} tau^{31}

ma^{43} pʻau^{43} teu^{44} noŋ^{11} ntsei^{55} ʈou^{44} fu^{44} ʈoŋ^{43}

ʐa^{44} tau^{11} tsi^{55} mau^{24} ŋkeu^{31} lo^{11} tso^{24} tsi^{55} mau^{24} ŋkeu^{31} a^{44} le^{43} tou^{44} nao^{31}

tsi^{55} mao^{24} tla^{55} lo^{11} tso^{24} a^{44} le^{43} tou^{44} ʐoŋ^{24}

ʐau^{24} tse^{55} qa^{43} ntsi^{24} lo^{43} sei^{43} le^{44} tɕaŋ^{11}

tse^{55} qa^{44} ntsi^{24} ma^{43} pʻau^{43} teu^{44} ȵo^{31} ntsei^{55} ʈou^{44} fu^{44} tao^{31}

ʐa^{44} tau^{11} tsi^{55} mau^{24} ŋkeu^{31} lo^{11} tso^{24} tsi^{55} mau^{24} ŋkeu^{31} a^{44} le^{43} tou^{44} nao^{31}

tsi^{55} mau^{24} tla^{55} lo^{11} tso^{24} tsi^{55} mau^{24} tla^{55} a^{44} le^{43} tou^{44} ʐoŋ^{24}

tsi^{55} mau^{24} ŋkeu^{31} tsi^{44} saŋ^{55} ȵau^{43}

tsi^{55} mau^{24} ŋkeu^{31} tɕa^{21} la^{24} ȵao^{43} qa^{44} ty^{55} ʐau^{11}

tsi^{55} mau^{24} ŋkeu^{31} tsi^{44} saŋ^{55} tsoŋ^{24}

tsi^{55} mau^{24} ŋkeu^{31} tɕa^{24} la^{24} ȵao^{43} qa^{44} ty^{55} ʈoŋ^{43}

ʐa^{44} saŋ^{55} mo^{11} qa^{43} ty^{55} ʐau^{11}

tsi^{44} pou^{43} a^{44} tɕaŋ^{11} ȵtɕe^{44} ke^{55} mo^{11}

saŋ^{55} mo^{11} saŋ^{55} lo^{11} tsi^{44} pou^{44} a^{44} tɕaŋ^{11} a^{44}

a^{44} le^{43} mo^{11} lo^{43} qa^{43} ty^{44} laŋ^{24}

tɕau^{55} ɳʈou^{24} to^{11} to^{43} lo^{11} tou^{44} nao^{31}, to^{11} ɳʈou^{24} tsi^{44} ntsʻai^{44} tsi^{55} mao^{24} ŋkeu^{31}

tɕau^{55} ɳʈou^{24} ʐi^{24} ke^{55} ta^{31}, noŋ^{31} tsa^{33} tso^{31} mpa^{24} tsi^{44} tsa^{33} lo^{11}

mo^{11} noŋ^{11} qa^{43} tlo^{43} lo^{43} qa^{43} ty^{55} laŋ^{24}

tɕau^{55} sa^{55} a^{44} le^{43} ʐi^{31} ke^{55} lo^{11}

tsi^{55} mau^{24} ŋkeu^{31} tsi^{44} saŋ^{55} ȵau^{43}

tsi^{55} mau^{24} ŋkeu^{31} tɕa^{24} noŋ^{31} ȵao^{43} qa^{43} tau^{31} pi^{11} ʐau^{11} ȵao^{43}

tsi^{55} mau^{24} ŋkeu^{31} tsi^{44} saŋ^{55} tsoŋ^{24}

tsi^{55} mau^{24} ŋkeu^{31} tɕa^{21} noŋ^{31} ȵaŋ^{43} qa^{43} ty^{55} ʐau^{11} a^{44} tsoŋ^{24}

ʑa^{44} hai^{33} lo^{11} mo^{11} qa^{43} ty^{55} ʐau^{11} tau^{11}

haŋ^{55} ta^{24} lo^{11} tsi^{44} tɕʻai^{43}

ntoŋ^{44} ta^{24} lo^{11} tsi^{44} ɬai^{33}

to^{11} noŋ^{31} tsa^{33} tso^{31} mpa^{24} tsi^{44} tsa^{33} lo^{11} mo^{11} noŋ^{31} tlo^{43} qa^{43} ty^{55} laŋ^{24}

tɕau^{55}ɳʈou^{24} ntsen^{24} hai^{33} tsi^{55} mau^{24} ŋkeu^{31} tsi^{55} mau^{24} tla^{55} , tɕau^{55} ɳʈou^{24} to^{11} to^{11} tou^{44} nao^{31}

tɕau^{55}ɳʈou^{24} ʐi^{24} ke^{55} lo^{11}

to^{11} noŋ^{31} tsa^{33} tso^{31} mpa^{24} tsi^{44} tsa^{33} lo^{11} mo^{11} to^{11} noŋ^{31} tlo^{43} qa^{43} ty^{55} laŋ^{24} tɕʻeu^{44}

tɕau^{55}ɳʈou^{24} ntsen^{24} hai^{33} tsi^{55} mau^{24} ŋkeu^{31} tsi^{55} mau^{24} tla^{55} , tɕau^{55} ɳʈou^{24} sa^{43} to^{11} to^{11} tou^{44} nao^{31}

tɕau^{55}ɳʈou^{24} sa^{43} ʐi^{31} ke^{55} lo^{11}

ʑau^{24} tse^{55} qa^{43} ntsi^{24} lo^{43} sei^{43} a^{44} tɕaŋ^{11}

tse^{55} qa^{43} ntsi^{24} leu^{55} tsi^{55} mau^{24} ŋkeu^{31} la^{11} hai^{33} i^{43} tsoŋ^{31} qa^{43} tsa^{13} tou^{43} tsi^{44} ma^{31}

ɬai^{33} tsa^{13} la^{11} tsi^{44} tou^{44}

ʑa^{44} nto^{44} to^{31} po^{55}ʈoŋ^{43}

nto^{44} teu^{11} po^{55} tleu^{13}

nto^{44} to^{31} ni^{11} ta^{31} tso^{24} . ʑa^{44} tɛu^{11} ni^{11} ta^{31} nto^{44}

ʑau^{24} to^{11} qa^{44} tsi^{44} lo^{11} ʐo^{55} tou^{44} , ʑa^{44} qa^{44} ŋo^{13} tsu^{55} lo^{11} ʐo^{55} tou^{44}

ʑa^{44} qa^{44} tsi^{44} lo^{11} ʐo^{55} ti^{43} . ʑa^{44} sa^{43} ku^{55} ti^{31} to^{43} tou^{24} lo^{11} ʐo^{55} ti^{43}

ʑa^{44} ti^{43} noŋ^{31} lo^{11} tso^{24} . to^{43} tou^{24} sa^{43} lo^{11} ʑa^{44}ʈou^{55} teu^{11}

to^{43} tou^{24} sa^{43} ku^{55} ti^{31} lo^{11} ʑa^{44} tsau^{44} teu^{11}

ɬeu^{55} taŋ^{11} tsi^{55} mau^{24} ŋkeu^{31} ta^{24}ʈou^{44} qʻao^{55} tu^{24}

ɬeu^{55} taŋ^{11} tsi^{55} mau^{24} tla^{55} ta^{24}ʈou^{44} qʻao^{55} tsa^{44}

ʑa^{44} ɬeu^{55} tsi^{55} mau^{24} ŋkeu^{31} lo^{11} ta^{24} to^{44} n̥oŋ^{43}

ʑa^{44} ɬeu^{55} tsi^{55} mau^{24} tla^{55} lo^{11} ta^{24} to^{44} tsaŋ^{55}

ʑau^{24} tse^{55} qa^{43} ntsi^{24} lo^{43} sei^{43} le^{44} tɕaŋ^{11}

tse^{55} qa^{43} ntsi^{24} ɬeu^{55} tsi^{55} mau^{24} ŋkeu^{31} hai^{33} tsoŋ^{31} qa^{43} tsa^{13} tsi^{44} ma^{31}

ɬai^{33} tsa^{13} la^{11} tsi^{44} tou^{44}

ʑa^{44} nto^{44} to^{31} lo^{11} po^{55} tau^{31}

nto^{44} teu^{11} lo^{11} po^{55} tleu^{13}

nto^{44} to^{31} ni^{11} lo^{11} tso^{24} , ʑa^{44} nto^{44} tsa^{13} ni^{11} lo^{11} nto^{44}

ʑa^{44} to^{11} qa^{43} tsi^{44} lo^{11} ʐo^{55} tou^{44} , ʑa^{44} ŋo^{13} tsu^{55} lo^{11} ʐo^{55} tou^{44}

ʑa^{44} to^{11} qa^{43} ʦi^{44} lo^{11} ʐo^{55} ti^{43}，ʑa^{44} to^{43} tou^{24} sa^{43} ku^{55} ti^{31} ʐo^{55} ti^{43}
ʑau^{24} to^{11} noŋ^{43} lo^{11} ʦo^{24}，to^{43} tou^{24} ʐa^{44}ʈou^{55} teu^{11}
to^{11} tou^{24} sa^{43} ku^{55} ti^{31} ʑa^{44} ʦau^{44} teu^{11}
leu^{43} ʦi^{55} mau^{24} ŋkeu^{31} ta^{24}ʈou^{44} qʻao^{55} tu^{24}
leu^{43} ʦi^{55} mau^{24} tla^{55} ta^{24}ʈou^{44} qʻao^{55} ʑa^{24}
ʑa^{44} leu^{43} ʦi^{55} mau^{24} ŋkeu^{31} lo^{11} ta^{24} to^{44} n̥oŋ^{43}
ʑa^{44} ɬeu^{55} ʦi^{55} mao^{24} tla^{55} lo^{11} ta^{24} ti^{44} ʦʻa^{44}
ʦi^{55} mao^{24} ŋkeu^{31} lo^{43} ʦe^{55} ʑau^{24} ʦe^{55} ʦu^{55}
la^{31} taŋ^{11} lo^{43} qa^{43} ʦe^{55} tʻa^{43}
ʑau^{24} ʦe^{55} qa^{43} nʦi^{24} ʦe^{24} ʦi^{44} tou^{24} ʦi^{55} mau^{24} tla^{55}
tʻou^{33} ŋa^{55} ʦe^{11} ʦi^{55} mau^{24} tla^{55} a^{44} le^{44} ʑu^{44}
ʑau^{24} ʦe^{55} qa^{43} nʦi^{24} ʦe^{24} ʦi^{44} tou^{24} ʦi^{55} mau^{24} ŋkeu^{31}
tʻou^{33} ŋa^{55} ʦe^{11} ʦi^{55} mau^{24} ŋku^{31} a^{44} le^{44} soŋ^{43}
ʦi^{55} mau^{24} ŋkeu^{31} lo^{43} ʦe^{55} ʑau^{24} ʦe^{55} ʦu^{55}
la^{31} taŋ^{11} lo^{43} qa^{43} ʦe^{55} tʻa^{43}
ʑau^{24} ʦe^{55} qa^{43} nʦi^{24} ʦe^{24} ʦi^{44} tou^{24} ʦi^{55} mau^{24} tla^{55}
tʻou^{33} ŋa^{55} ʦi^{55} mau^{24} tla^{55} a^{44} le^{44} qei^{44} tla^{43}
noŋ^{11} ʐa^{31} hai^{33} noŋ^{11} ʐa^{31} lo^{43} ʐo^{24} ɬo^{43}
noŋ^{11} ʐa^{31} ti^{55} ʦi^{44} tou^{24} ʦi^{55} mau^{24} ŋkeu^{31} i^{43} ʦi^{44} ʈu^{44} le^{44} ʦi^{44} to^{43}
ʐa^{31} qa^{43} noŋ^{24} hai^{33} ʑa^{31} qa^{43} noŋ^{24} lo^{43} ʐo^{24} ɬo^{43}
ʐa^{31} noŋ^{11}ʈi^{33} ʦi^{44} tou^{24} i^{43} ŋa^{55} a^{44} ʦe^{44} qʻa^{43}
noŋ^{11} ʐa^{31}ʈi^{33} ʦi^{55} mao^{24} ŋkeu^{31} lo^{11} ʦao^{24} tao^{13} pi^{11}
ʨau^{55}ɳʈou^{24} tou^{44} ȵao^{31}，ʨao^{55} ɳʈou^{24} noŋ^{24} la^{24} hai^{33} leu^{55} ta^{24} ʦi^{55} mau^{24} ŋkeu^{31} ta^{24}
ʨau^{55}ɳʈou^{24} a^{44} le^{43} ʦao^{44} sei^{43} lo^{11} mo^{11} ɳʈou^{24} noŋ^{31} pʻai^{55}
noŋ^{11} ʐa^{31} hai^{33} noŋ^{11} ʑa^{31} lo^{43} ʐo^{11} ɬo^{43}
noŋ^{11} ʐa^{31} ti^{55} ʦi^{44} tou^{24} ʦi^{55} mau^{24} ŋkeu^{31} i^{44} ʦi^{44} tu^{44} le^{33} i^{44} ʦe^{55}
ʐa^{31} qa^{43} noŋ^{24} hai^{33} ʑa^{31} qa^{43} noŋ^{24} ʐo^{11} ɬo^{43}
ʐa^{31} noŋ^{24} ti^{33} ʦi^{44} tou^{24} ʦi^{55} mao^{24} ŋkeu^{31} qa^{44} ʦe^{43} ʦu^{55}
noŋ^{11} ʐa^{31}ʈi^{31} ʦi^{44} mao^{24} ŋkeu^{31} lo^{11} ʦo^{24} tao^{13} pi^{11}
ʨau^{55}ɳʈou^{24} tou^{44} nao^{33}，ʨau^{55} ɳʈou^{24} noŋ^{24} la^{24} leu^{55} ta^{24} ʦi^{55} mau^{24} ŋkeu^{31} ta^{24}
ʨau^{55}ɳʈou^{24} a^{44} le^{43} ʦau^{44} sei^{44} lo^{11} mo^{11} ɳʈo^{24} la^{24} mo^{11}
ʨau^{55}ɳʈou^{24} nʦen^{24} qa^{43} nʦi^{24} ʦe^{24} ɬeu^{43} ta^{24} ʦi^{55} mau^{24} ŋkeu^{31} ta^{24}
ʨau^{55}ɳʈou^{24} a^{44} le^{43} ʦau^{44} sei^{43} lo^{11} mo^{11} ɳʈo^{24} la^{24} mo^{11}

7.（见意译文本的《7. 传芦笙种和鼓种》）

nto^{31} lou^{11} ti^{43} pu^{11} lou^{11}

ɳʈou^{24} tou^{44} laŋ^{24} ʦi^{55} ʨaŋ^{11} ʨiŋ^{55} ʨiŋ^{43} lo^{11} ȵau^{43}

nto^{31}ɳʈou^{24} hai^{33} tou^{44} ɳʈou^{24} ti^{43} ʨ'eu^{44}

ɳʈou^{24} tou^{44} pu^{11} tiu^{43} laŋ^{24} ʦi^{55} ʨaŋ^{11} ʨiŋ^{55} ʨiŋ^{43} lo^{11} ʦoŋ^{24}

ʑa^{44}ɴqa^{44} to^{11} qa^{44} ʦi^{43} ɴqe^{11} lo^{11} ma^{43} n̥oŋ^{43} qoŋ^{31}

ʑa^{44} pu^{11} tiu^{43} laŋ^{24} ʦi^{55} ʨaŋ^{11}ɴqe^{11} lo^{11} ma^{43} n̥oŋ^{43} qoŋ^{31}

ʑau^{24} qa^{44} ʦi^{44}ɴqe^{11} lo^{11} ma^{43} n̥oŋ^{43} ɳʈa^{24}

ʑau^{24} pu^{11} tiu^{43} laŋ^{31} ʦi^{55} ʨaŋ^{11}ɴqe^{11} lo^{11} ma^{43} n̥oŋ^{43} ɳʈa^{24}

ma^{43} n̥oŋ^{43} qoŋ^{31} lo^{11} ku^{24} ni^{44} le^{11} le^{11}

nto^{31} ʦi^{24} ʑe^{11} tla^{44} ʦe^{55} ʦu^{31} qa^{43} ȵoŋ^{24}ʈou^{44} ti^{43} fu^{44} tle^{31}

ma^{43} n̥oŋ^{43} qoŋ^{31} lo^{11} ku^{24} ni^{44} le^{11} ʦu^{11}

nto^{31} ʦi^{24} ʑe^{11} tla^{44} ʦe^{55} ʦu^{31} qa^{43} ȵoŋ^{24}ʈou^{44} ti^{43} pu^{44} so^{43}

ʑau^{24}ʈ'eu^{55} qoŋ^{31} lo^{11} ʈ'eu^{55} ʦi^{44} ʈ 'oŋ^{43}

ʐau^{31}ɳʈa^{24} lo^{11} ʐau^{31} ʦi^{44} ʦ'ei^{44}

ʈ'eu^{55} qoŋ^{31} lo^{11} ʑa^{44} ʦi^{44} tou^{24} qaŋ^{43} nto^{31} ti^{43} i^{43} mpau^{43} qa^{44} ʦeu^{13} nʦi^{33} toŋ^{43}

ʦi^{13}ɳʈa^{24} lo^{11} ʑa^{44} ʦi^{44} tou^{24} qaŋ^{43} nto^{31} ti^{43} i^{43} pau^{43} qa^{44} ʦɛu^{44} ȵo^{31} lou^{11}

nto^{31} lou^{11} lo^{11} ti^{43} pu^{11} lou^{11}

ɳʈou^{24} tou^{44} laŋ^{24} ʦi^{55} ʨaŋ^{43} ʨiŋ^{55} ʨiŋ^{43} lo^{11} ȵau^{43}

nto^{31}ɳʈou^{24} hai^{33} ʈou^{44} ti^{43} ɳʈou^{24} lo^{43} ʨ'ɛu^{44}

ɳʈou^{24} tou^{44} pu^{11} tiu^{43} laŋ^{24} ʦi^{55} ʨaŋ^{43} ʨiŋ^{55} ʨiŋ^{43} lo^{44} ʦoŋ^{24}

ʑau^{44}ɴqa^{44} to^{11} qa^{43} ʦi^{44} ɴqe^{11} lo^{11} ma^{43} n̥oŋ^{43} qoŋ^{31}

ɴqa^{44} pu^{11} tiu^{43} laŋ^{24} ʦi^{55} ʨaŋ^{43} ɴqe^{11} lo^{11} ma^{43} n̥oŋ^{43} qoŋ^{31}

ʑau^{24} qa^{43} ʦi^{44}ɴqe^{11} lo^{11} ma^{43} n̥oŋ^{43} ɳʈa^{24}

ʑa^{44} pu^{11} tiu^{43} laŋ^{24} ʦi^{55} ʨaŋ^{43}ɴqe^{11} lo^{11} ma^{43} n̥oŋ^{43} ɳʈa^{24}

ma^{43} n̥oŋ^{43} qoŋ^{31} lo^{11} pu^{11} ni^{55} le^{33} lo^{31}

nto^{31} ʦi^{24} ʑe^{11} tla^{44} ʦe^{55} ʦu^{31} qa^{43} ȵoŋ^{24}ʈou^{44} ti^{43} fu^{44} tle^{31}

ma^{43} n̥oŋ^{43}ɳʈa^{24} lo^{11} pu^{11} ni^{55} le^{11} ʦu^{11}

nto^{31} ʦi^{13} ʑe^{11} tla^{44} ʦe^{55} ʦu^{31} qa^{43} lou^{11}ʈou^{44} ti^{43} fu^{44} sou^{43}

ʑau^{24}ʈ'eu^{55} qoŋ^{31} lo^{11} ʈ'ou^{55} ʦi^{44} ʈ'oŋ^{43}

ʐao^{31}ɳʈa^{24} lo^{11} ʐao^{31} ʦi^{44} ʦ'ei^{44}

ʈ'ou^{55} qoŋ^{31} lo^{11} ʑa^{44} ʦi^{44} tou^{24} qaŋ^{43} nto^{31} i^{43} mpau^{43} qa^{43} ʦeu^{13} nʦi^{33}

ʑau^{31}ɳʈa^{24} lo^{11} ʑa^{44} ʦi^{44} tou^{24} qaŋ^{43} nto^{31} i^{43} p'au^{43} qa^{43} tɛu^{44} ȵo^{31} tlo^{43}

ʑa^{44}ɴqa^{44} qa^{43} ʦi^{44} ɴqe^{11} lo^{11} sai^{55} qoŋ^{31}

ɴqa^{44} pu^{11} t'u^{43} laŋ^{24} ʦi^{55} ʨaŋ^{43} ɴqe^{11} lo^{11} sai^{55} qoŋ^{31}

sai^{55} tou^{44}ʈou^{44} mplai^{33} toŋ^{31} ʈou^{44} ʈou^{44} nti^{55}

sai^{55} i^{43} mplai^{33}ʈou^{44} nti^{55} qa^{44} lai^{55}

sai^{55} mplai^{33} toŋ^{31} lo^{11}ɳʈo^{24} toŋ^{31} a^{44} se^{44} ɕe^{44}

nti^{55} ti^{11} i^{43} ts'i^{11} lo^{11} qoŋ^{31} q'o^{55} ʈou^{44}
ʑau^{24}ɴqa^{44} qa^{43} tsi^{44} ɴqe^{11} lo^{11} sai^{55} qoŋ^{31}
ɴqa^{44} pu^{11} ʈ'u^{43} laŋ^{24} tsi^{55} tɕaŋ^{43} ɴqe^{11} lo^{11} sai^{55} qoŋ^{31}
sai^{55}ʈou^{44} mplai^{33} ʈou^{44} ʈou^{44} nti^{55}
sai^{55} i^{43} mplai^{33}ʈou^{44} nti^{55} qa^{43} nto^{24}
sai^{55} mplai^{33} toŋ^{31} lo^{11} tsai^{33}ʈou^{44} qoŋ^{31} a^{43} tɕe^{44}
nti^{55} ti^{11} i^{43} ts'i^{11} lo^{11} ɳʈo^{24} qoŋ^{31} q'o^{43} ʈou^{44}
ʑau^{24} to^{11} qoŋ^{31}ɳʈau^{55} naŋ^{31} ŋa^{11}
ɳʈa^{24} tlaŋ^{43} ɳʈau^{55} ntsa^{24}
to^{11} qoŋ^{11}ɳʈau^{55} naŋ^{31} ŋa^{11} lo ^{11} ɳʈo^{24} la^{24} tau^{11} noŋ^{31}
ɳʈa^{24} tlaŋ^{43} ɳʈau^{55} nto^{31} tsi^{44} ki^{24} ɳʈo^{24} la^{24} tau^{11} tsaŋ^{55}
ʑau^{11} to^{11} qoŋ^{31}ɳʈau^{55} nto^{31} tsi^{44} ki^{24}
ɳʈa^{24} tlaŋ^{43} ɳʈau^{55} ti^{43} tsi^{44} ka^{24}
to^{11} qoŋ^{31}ɳʈau5 nto^{31} tsi^{44} ki^{24} lo^{11} ɳʈo^{24} la^{24} tau^{11} tsaŋ^{55}
ɳʈa^{24} tlaŋ^{43} ɳʈau^{55} nto^{31} tsi^{44} ki^{24} lo^{11} la^{24} tau^{11} noŋ^{31} tau^{11} ŋo^{24}
ʑau^{24} to^{11} qoŋ^{31} saŋ^{44} ȵoŋ^{24}, ta^{24} ke^{55} lo^{11} mo^{11} ma^{31} t'ou^{33} saŋ^{55}
ʑau^{24}ɳʈa^{24} tlaŋ^{43} saŋ^{44} ȵoŋ^{24}, ta^{24} ke^{55} lo^{11} mo^{11} ma^{31} t'ou^{33} saŋ^{55}
ʑau^{24} to^{11} qoŋ^{31} saŋ^{44} ȵoŋ^{24}, ta^{24} ke^{55} lo^{11} mo^{11} tsi^{44} tou^{44}
tao^{55} ʐau^{31} tlai^{44}ʈou^{44} qa^{44} so^{43} tsaŋ^{44}
ʑau^{24}ɳʈa^{24} tlaŋ^{43} saŋ^{44} ȵoŋ^{24}, ta^{24} ke^{55} lo^{11} mo^{11} tsi^{44} tou^{44}
tau^{55} ʐau^{31} tlai^{44}ʈou^{44} qa^{43} ʐou^{11} tse^{55}
ʑau^{24} to^{11} qoŋ^{31} saŋ^{44} ȵoŋ^{24}, ta^{24} ke^{55} lo^{11} mo^{11} ma^{31} t'ou^{33} saŋ^{55}
ʑau^{11}ɳʈa^{24} tlaŋ^{43} saŋ^{44} ȵoŋ^{24}, ta^{24} ke^{55} lo^{11} mo^{11} ma^{31} t'ou^{33} saŋ^{55}
to^{11} qoŋ^{31} saŋ^{44} ȵoŋ^{24} ta^{24} ke^{55} lo^{11} mo^{11} tsi^{44} tou^{44}
ʈao^{55} ʐau^{31} tlai^{44} ʈou^{44} qa^{43} so^{43} qa^{43} tsaŋ^{44}
ɳʈa^{24} tlaŋ^{43} saŋ^{44} ȵoŋ^{24} ta^{24} ke^{55} lo^{11} mo^{11} tsi^{44} tou^{44}
ʈau^{55} ʐau^{31} tlai^{44} ʈou^{44} qa^{44} ʐou^{44} tse^{55}

8.（见意译文本的《8. 生死夫妻》）

ts'aŋ^{55} nto^{31} teu^{13} pleu^{11} kaŋ^{43} mple^{31} ɕo^{55} tsi^{11} le^{11} ta^{31} tso^{24} qa^{43} so^{43} tsa^{13}
to^{11} naŋ^{24} ʑi^{31} tsei^{11} ɕo^{55} tsi^{11} le^{11} ta^{31} tso^{24} qa^{43} so^{43} to^{31}
ma^{43} tou^{44} qa^{43} ntsi^{24} a^{44} qa^{43} pi^{11} sei^{55}
ɕi^{33} tou^{44} au^{43} len^{31} ŋku^{31} tseu^{31} lo^{11}ɳʈo^{24} la^{24} seu^{55} qa^{43} tla^{44}
a^{44} le^{43} ɕi^{33} tou^{44} i^{43} tɕau^{55}ɳʈou^{24} ɴqa^{24} lo^{11} ɳʈo^{24} la^{24} a^{44} taŋ^{11} ʑa^{31} a^{44} so^{44}
ts'aŋ^{55} nto^{31} teu^{13} pleu^{11} kaŋ^{43} mple^{31} ɕo^{55} tsi^{11} le^{11} ta^{31} tso^{24} qa^{44} so^{43} tsao^{55}
lo^{11} ȵaŋ^{24} ʑi^{11} tsei^{11} ɕo^{55} tsi^{11} le^{11} ta^{31} tso^{24} qa^{43} so^{43} to^{31}
ma^{43} tou^{44} qa^{43} ntsi^{24} len^{31} nts'ai^{33} a^{44} qa^{43} pi^{11} sei^{55}

çi^{33} tou^{44} au^{43} len^{31} ŋku^{31} tseu^{31} lo^{11} mo^{11} ɳʈo^{24} la^{24} seu^{55} qa^{43} tla^{55}

a^{44} le^{43} çi^{33} tou^{44} i^{43} tɕau^{55}ɳʈou^{24} ɴqa^{24} lo^{11} ɳʈo^{24} la^{24} ho^{44} taŋ^{11} qa^{44} so^{43} ŋku^{31}

ŋku^{31} tseu^{31} ta^{24} mo^{11} a^{44} qoŋ^{43} ȵau^{43} ke^{55} nti^{55}

ke^{55} ŋei^{55} ke^{55} tsʻai^{55} ki^{24}

ke^{55} lo^{44} tse^{24} ke^{55}ɴqaŋ^{31} ʈeu^{13}

ŋku^{31} tseu^{31} ta^{24} lo^{11} mo^{11} saŋ^{44} tso^{24} ke^{55} mau^{43} tsi^{44} saŋ^{44}ʈau^{55} lo^{11} tse^{55}

ɳʈou^{24} ɴqa^{24} ta^{24} lo^{11} mo^{11} saŋ^{44} tso^{24} ke^{55} mao^{43} tsi^{44} saŋ^{44} ʈau^{55} lo^{11} ɳʈo^{24} la^{24} a^{44} tsi^{31} a^{44} ŋkeu^{13}

ŋku^{31} tseu^{31} ta^{24} mo^{11} ȵtɕe^{44} qa^{43} ȵoŋ^{24} nto^{31} le^{44} nto^{31} ntai^{55} ȵtɕe^{44}

ɴqe^{11} qa^{44} ȵoŋ^{24} nto^{31} le^{44} nto^{31} ntai^{55} poŋ^{43}

ŋku^{31} tseu^{31} ta^{24} mo^{11} a^{44} le^{43} ta^{24} mo^{11} tɕau^{55}ɳʈou^{24} i^{43} ntso^{24} sei^{55}

ɳʈou^{24} ɴqa^{24} ta^{24} mo^{11} a^{44} le^{44} ta^{24} taŋ^{11} ŋku^{31} tseu^{31} i^{43} ntso^{24} ʈoŋ^{24}

ŋku^{31} tseu^{31} ta^{24} mo^{11} ȵtɕe^{44} qa^{44} ȵoŋ^{24} nto^{31} le^{44} nto^{31} ntai^{55} ȵtɕe^{44}

ɴqe^{11} qa^{43} ȵoŋ^{24} nto^{31} le^{44} nto^{31} ntai^{55} poŋ^{43}

ŋku^{31} tseu^{31} ta^{24} mo^{11} a^{44} le^{43} ta^{24} mo^{11} tɕau^{55}ɳʈou^{24} ɴqa^{24} i^{43} ntso^{24} sei^{55}

ɳʈou^{24} ɴqa^{24} ta^{24} mo^{11} a^{44} le^{43} ta^{24} mo^{11} ŋku^{31} tseu^{31} i^{43} ntso^{24} ŋkeu^{13}

ŋku^{31} tseu^{31} ta^{24} mo^{11} tɕʻa^{44} ɳʈo^{24} ni^{11} ȵao^{43}

ɳʈou^{2} ɴqa^{24} ta^{24} mo^{11} tɕʻa^{44} ɳʈo^{24} ni^{11} nti^{24}

ŋku^{31} tseu^{31} ta^{24} mo^{11} tse^{24}ɳʈou^{24} ntsi^{24} nto^{31} ti^{43} i^{43} tau^{13} tsaŋ^{31}

ɳʈou^{2} ɴqa^{24} ta^{24} mo^{11} tse^{24} ŋku^{31} tseu^{31} ntsi^{24} nto^{31} ti^{43} i^{43} tau^{13} tse^{55}

ŋku^{31} tseu^{31} ta^{24} mo^{11} tɕʻa^{55} ɳʈo^{24} ni^{11} ȵtɕai^{31} ȵau^{43}

ɳʈou^{24} ɴqa^{24} ta^{24} mo^{11} tɕʻa^{55} ɳʈo^{24} ni^{11} ȵtɕʻoŋ^{44}

ŋku^{31} tseu^{31}4 ta^{24} mo^{11} tse^{24}ɳʈou^{24} ɴqa^{24} ntsi^{24} nto^{31} ti^{43} i^{43} tau^{13} tsaŋ^{31}

ɳʈou^{2} ɴqa^{24} ta^{24} mo^{11} tse^{24} ŋku^{31} tseu^{31} ntsi^{24} nto^{31} ti^{43} i^{43} tau^{13} ȵtɕoŋ^{44}

ŋku^{31} tscu^{31} ta^{24} mo^{11} tsi^{44} kʻcu^{55} ɬai^{33}

ɳʈou^{2} ɴqa^{24} ta^{24} mo^{11} tsi^{44} kʻeu^{55} ɬo^{44}

tsi^{44} kʻeu^{55} ɬai^{33} ʐoŋ^{11} taŋ^{11} tsi^{44} kʻeu^{55} ɬo^{44}

tsi^{44} kʻeu^{55} ɬo^{44} lo^{11} mo^{11} ʈou^{44} ti^{24} o^{33}

teu^{13} len^{11} nto^{31} so^{43} tsʻei^{43} lo^{11} tso^{24} qa^{43} lou^{11} pa^{24} to^{44} n̥ao^{44} ɬaŋ^{55} ȵa^{24}

pi^{43} sa^{43}ɳʈau^{55} nto^{31} tsi^{35} ki^{24} ma^{44} te^{11} qʻei^{43} ʈaŋ^{11} qa^{43} ȵoŋ^{24} nto^{31} qa^{43} ʈoŋ^{31} tlo^{43}

ŋku^{31} tseu^{31} ta^{24} mo^{11} tsi^{44} kʻeu^{55} ɬai^{33}

ɳʈou^{2} ɴqa^{24} ta^{24} mo^{11} tsi^{44} kʻeu^{55} ɬo^{44}

tsi^{44} kʻeu^{55} ɬai^{33} ʐoŋ^{11} taŋ^{11} tsi^{44} kʻeu^{55} ɬo^{44}

tsi^{44} kʻeu^{55} ɬo^{44} lo^{11} mo^{11} ʈou^{44} ti^{24} o^{33}

ti^{24} len^{24} nto^{31} so^{43} tsʻei^{43} lo^{11} tso^{24} qa^{43} lou^{11} pa^{24} tou^{44} i^{43} vaŋ^{43} n̥ao^{44} ɬaŋ^{55} ȵa^{24}

pi^{43} sa^{43}ɳʈau^{55} nto^{31} tsi^{55} ki^{24} tsʻei^{33} te^{11} qʻei^{43} taŋ^{11} qa^{43} ȵoŋ2 nto^{31} qa^{43} ʈoŋ^{31} tlo^{43}

ŋku^{31} tseu^{31} ta^{24} mo^{11} tsi^{44} kʻeu^{55} ku^{24}

ɴqa^{55} tou^{44} tle^{31} tsa^{11} mpo^{44} tle^{31} tsa^{11} lo^{11} tso^{24} pi^{11} sou^{44} lo^{43} tleu^{13}
ku^{24} tou^{44} fa^{43} seŋ^{43} toŋ^{43} laŋ^{24}tsi^{44} tɕaŋ^{43} tsi^{44} kʻeu^{44} ɴqa^{55}
tse^{24} taŋ^{11} ntoŋ^{44} ɬo^{43} tseu^{13} sou^{44} lo^{43} tleu^{13}
ntoŋ maŋ^{31} ɬo^{43} tseu^{55}ɳʈaŋ^{11} o^{33}
ŋku^{31} tseu^{31} ta^{24} mo^{11} tse^{24} nto^{33} po^{43} ntsʻai^{33}
ɳʈou^{24} ɴqa^{24} ta^{24} mo^{11} a^{44} le^{43} tse^{24} voŋ^{13} tse^{24} pa^{55} po^{43} to^{43} ntsʻou^{55} sei^{43}
ŋku^{31} tseu^{31} ta^{24} mo^{11} sei^{55}ʈoŋ^{24} tsi^{44} kʻou^{55} ku^{24}
ku^{24} tou^{44} fa^{43} seŋ^{43} toŋ^{43} laŋ^{24} tsi^{55} tɕaŋ^{43} tsi^{55} kʻeu^{55} ɴqa^{55}
ɴqa^{55} tou^{44} ŋku^{31} tseu^{31} mpo^{44} qa^{44} tseu^{24} lo^{11} tso^{24} sou^{44} tleu^{13}
tse^{24} tou^{44} ntoŋ^{44} maŋ^{31} ɬo^{55} tseu^{13} ȵao^{43} sou^{44} tleu^{13}
ntoŋ^{44} maŋ^{31} to^{43} tseu^{55}ɳʈaŋ^{11} o^{33}
ŋku^{31} tseu^{31} ta^{24} mo^{11} tse^{24} nto^{33} po^{43} ntsʻai^{33}
ɳʈou^{24} ɴqa^{24} ta^{24} mo^{11} tse^{24} voŋ^{13} pa^{55} po^{43} to^{43} ntsʻou^{55} pleu^{55}

9.（见意译文本的《8. 生死夫妻》）

tsʻaŋ^{55} nto^{31} teu^{13} pleu^{11} kaŋ^{43} mple^{31} ɕo^{55} tsi^{55} le^{11} ta^{31} tso^{24} tsoŋ^{31} qa^{43} so^{43} tsa^{13}
lo^{11} naŋ^{11} ʑi^{31} tsei^{11} ɕo^{55} tsi^{11} le^{11} ta^{31} tso^{24} qa^{43} so^{43} tu^{31}
ma^{43} tou^{44} qa^{43} ntsi^{24} ntsʻai^{33} a^{44} qa^{43} pi^{11} sei^{55}
ɕi^{33} tou^{44} ao^{43} len^{31} ŋku^{31} tseu^{31} lo^{11}ɳʈo^{24} la^{24} seu^{55} qa^{43} tla^{44}
ɕi^{33} tou^{44} i^{43} len^{31}ɳʈou^{24} ɴqa^{24} lo^{11} mo^{11} ɳʈo^{24} la^{24} a^{44} taŋ^{11} ʑa^{31} a^{44} so^{44}
ŋku^{31} tseu^{31} ta^{24} mo^{11}
tsʻaŋ^{55} nto^{31} teu^{13} pleu^{11} kaŋ^{43} mple^{31} ɕo^{55} tsi^{11} le^{11} ta^{31} tso^{24} qa^{43} so^{43} sa^{43}
lo^{11} naŋ^{11} ʑi^{31} tsei^{11} ɕo^{55} tsi^{11} le^{11} ta^{31} tso^{24} qa^{43} so^{43} tu^{31}
ma^{43} tou^{44} qa^{43} ntsi^{24} ntsʻai^{33} a^{44} qa^{43} pi^{11} sei^{55}
a^{44} le^{43} ɕi^{33} tou^{44} ao^{43} len^{31} ŋku^{31} tseu^{31} lo^{11}ɳʈo^{24} la^{24} seu^{55} qa^{43} tla^{55}
a^{44} le^{43} ɕi^{33} tou^{44} i^{43} tɕau^{55}ɳʈou^{24} ɴqa^{24} lo^{11} ɳʈo^{24} la^{24} ho^{44} taŋ^{11} qa^{44} so^{43} ŋku^{31}
ŋku^{31} tseu^{31} ta^{24} lo^{11} mo^{11} ke^{55} nti^{55} ke^{55} tsʻai^{55} ki^{24}
ke^{55} lo^{44} ke^{55} ɴqaŋ^{31} ʈeu^{13}

ŋku^{31} tseu^{31} ta^{24} mo^{11} saŋ^{55} tso^{24} tso^{31} ke^{55} mao^{43} tsi^{44} saŋ^{55}ʈao^{55} lo^{11} tse^{55}
ɳʈou^{24} ɴqa^{24} ta^{24} lo^{11} mo^{11} saŋ^{55} tso^{24} tso^{31} ke^{55} ta^{24} tsi^{44} saŋ^{55} ʈao^{55} lo^{11} a^{44} i^{43} ntso^{24} noŋ^{31}
ŋku^{31} tseu^{31} ta^{24} mo^{11} a^{44} qoŋ^{43} tso^{24} ke^{55} nti^{55} ke^{55} tsʻai^{55} ki^{24}
ke^{55} lo^{44} ke^{55} ɴqaŋ^{31} ʈeu^{13}
ŋku^{31} tseu^{31} ta^{24} mo^{11} saŋ^{55} tso^{24} tso^{31} ke^{55} mao^{43} tsi^{44} saŋ^{55}ʈau^{55} lo^{11} tse^{55}
ɳʈou^{24} ɴqa^{24} ta^{24} mo^{11} saŋ^{55} tso^{24} tso^{31} ke^{55} ta^{24} tsi^{44} saŋ^{55} tau^{55} lo^{11} a^{44} tsi^{31} a^{44} ŋkeu^{13}
ŋku^{31} tseu^{31} ta^{24} mo^{11} ȵtɕe^{44} qa^{44} ȵoŋ^{24} nto^{31} ntai^{55} ȵtɕe^{44}

ɴqe11 qa43 ȵoŋ24 nto31 le44 nto31 ntai55 poŋ43
ŋku31 tseu31 ta24 mo11 a44 le44 tse24ɳʈou4 ɴqa24 i43 ntso24 sei55
ɳʈou24 ɴqa24 ta24 mo11 a44 le44 tse24 taŋ11 ŋku31 tseu31 i43 ntso24 ʈoŋ24
ŋku31 tseu31 ta24 mo11 1 a44 le44 ȵtɕe44 qa44 ȵoŋ24 nto31 le44 ntai55 nto31 ȵtɕe44
ɴqe11 qa43 ȵoŋ24 nto31 le44 nto31 ntai55 poŋ43
ŋku31 tseu31 ta24 mo11 a44 le44 ta24 mo11ɳʈou24 ɴqa24 i43 ntso24 sei55
ɳʈou24 ɴqa24 ta24 mo11 a44 le43 ta24 mo11 ŋku31 tseu31 i44 ntso24 ŋkeu13
ŋku31 tseu31 ta24 mo11 tɕʻa55 ɳʈo24 ni11 ȵao43
ɳʈou24 ɴqa24 ta24 mo11 tɕ ʻa55 ɳʈo24 ni11 nti24
ŋku31 tseu31 ta24 mo11 tse24ɳʈou24 ɴqa24 ntsi24 nto31 ti43 i43 tau13 tsaŋ31
ɳʈou24 ɴqa24 ta24 mo11 tse24 ŋku31 tseu31 ntsi24 nto31 ti43 i43 tau13 tse55
ŋku31 tseu31 ta24 mo11 tɕʻa55 ɳʈo24 ni11 ȵao43
ɳʈou24 ɴqa24 ta24 lo11 mo11 tɕʻa55 ɳʈo24 ni11 ȵtɕʻoŋ44
ŋku31 tseu31 ta24 mo11 tse24ɳʈou24 ɴqa24 ntsi24 nto31 ti43 i43 tau13 tsaŋ31
ɳʈou24 ɴqa24 ta24 mo11 tse24 ŋku31 tseu31 ntsi24 nto31 ti43 i43 tau13 ȵtɕoŋ44
ŋku31 tseu31 ta24 mo11 tɕʻa55 ɳʈo24 ni11 ȵtɕai55 ȵau43
ɳʈou24 ɴqa24 ta24 mo11 tɕʻa55 ɳʈo24 ni11 o44
ŋku31 tseu31 ta24 mo11 tse24 to43 ki55 ʐo55 la24 pa43 qa43ʈoŋ31
ɳʈou24 ɴqa24 ta24 mo11 tse24 to43 ki55 ʐo55 la24 qʻau55 tɕo43
ŋku31 tseu31 ta24 mo11 tɕʻa55 ɳʈo24 ni11 ȵau43
ɳʈou24 ɴqa24 ta24 mo11 tɕʻa55 ɳʈo24 ni11 tɕʻa55
ŋku31 tseu31 ta24 mo11 tse24 to43 ki55 ʐo55 la24 pa43 qa43ʈoŋ31
ɳʈou24 ɴqa24 ta24 mo11 tse24 to43 ki55 pa44 la24 qa43 ntsa55

ŋku31 tseu31 ta24 mo11 sei55ʈoŋ24 tsi44 kʻou55 ku24
ku24 tou44 fa43 seŋ33 toŋ24 laŋ24 tsi33 tɕaŋ43 tsi33 kʻou33 ɴqa33
ɴqa55 tou44 ŋku31 tseu31 mpo44 qa44 tseu24 ɴqe11 ti43 tou44 fu55 ʐu44 i43
ʐu43 i43 qa44 qa44 lei43 . mau24 ȵoŋ24 su33 ȵoŋ24 ntou44 qa43 ta43
kaŋ31 nto31 seu55 ntso55 qoŋ31ɳʈa24 ɳʈau55
sa43 ko43 ȵo31 sa43 ko43 ty24 tsi11 qeu13 ɕo44
ɕo44 nto31 tsi44 leu11 lo11 tso24 ŋku31 tseu31 qaŋ43 qa43 tsʻa55
ŋku31 tseu31 ta24 mo11 sei55ʈoŋ24 tsi44 kʻou55 ku24
ku24 tou44 fa43 seŋ55 toŋ13 laŋ24 tsi24 tɕaŋ43 tsi44 kʻou55 ɴqa55
ɴqa55 tou44 ŋku31 tseu31 mpo44 qa43 tseu24 ɴqe11 ti43 tou44 fu55 ʐu44 i43
ʐu43 i43 qa43 qa44 lei43ʻ mau24 tsi55 ȵoŋ24 a44 qa31 ntau44 po13 tseu24
kaŋ31 nto31 seu55 lo11 qoŋ31ɳʈa24 ɳʈao55
sa43 ko43 ȵo31 sa43 ko43 ty24 tsi11 qɛu13 ɕo44
ɕo44 nto31 tsi44 leu11 lo11 tso24 ŋku31 tseu31 qaŋ43 tsi11 ku44

10.（见意译文本的《9. 灵巧女和勤劳郎》）

ŋku^{31} tseu^{31} tsi^{44} ki^{24} ts'a^{55} nta^{24}

ɳʈou^{24} ɴqa^{31} tsi^{44} ki^{24} py^{31} ʐo^{55}

ŋku^{31} tseu^{33} ȵau^{43} t'ou^{33} nts'ai^{44} ntla^{24}

ma^{43} nta^{24} lo^{11} tsa^{33} nta^{24}

ɳʈou^{24} ɴqa^{24} ȵau^{43} t'ou^{33} nts'ai^{44} ts'ai^{43}

tɕe^{31} sei^{55} a^{44} soŋ^{43} mau^{24}'mau^{24} sei^{55} mau^{24} tlaŋ^{31} mau^{24} tsi^{44} ŋki^{24}

ɕoŋ^{44} ŋa^{55} poŋ^{43} tso^{24} ŋku^{31} tseu^{31} ɕoŋ^{44} plo^{31} ɕoŋ^{44} ta^{24}

a^{44} le^{43} poŋ^{43}ɳʈou^{24} ɴqa^{24} lo^{43} ɕoŋ^{44} to^{44} sei^{43}

ŋku^{31} tseu^{31} lo^{11} tsi^{44} ki^{24} ts'a^{55} nta^{24}

ɳʈou^{24} ɴqa^{31} ȵau^{43} lo^{11} tsi^{44} ki^{24} py^{31} ʐo^{55}

ŋku^{31} tseu^{31} ȵau^{43} t'ou^{33} nts'ai^{44} ntla^{24}

ma^{43} nta^{24} lo^{11} tsa^{33} nts'a^{55} nta^{24}

ɳʈou^{24} ɴqa^{24} ȵau^{43} t'ou^{33} nts'ai^{44} ts'ai^{43}

a^{44} tɕe^{31} mao^{44} lo^{11} tsi^{44} k'i^{43}

tɕe^{31} sei^{55} lo^{11} a^{44} soŋ^{43} mau^{24}

mau^{24} sei^{55} mau^{24} tlaŋ^{31} mau^{24} tsi^{44} ŋo^{24}

ɕoŋ^{44} ŋa^{55} poŋ^{43} ŋku^{31} tseu^{31} ɕoŋ^{44} plo^{31} ɕoŋ^{44} ta^{24}

a^{44} le^{43} poŋ^{43}ɳʈou^{24} ɴqa^{24} lo^{43} ɕoŋ^{44} to^{44} ʐo^{11}

ŋku^{31} tseu^{31} a^{44} tsoŋ^{24} po^{55} t'a^{55}

ɳʈou^{24} ɴqa^{24} ȵau^{43} a^{44} n̥au^{44} la^{31} lau^{43} py^{31}

teu^{13} pleu^{11} nto^{31} so^{43} ts'ai^{44} tso^{24}

ŋku^{31} tseu^{31}ʈ 'u^{55} tsoŋ^{24} qa^{43} lou^{11} po^{43} ɳʈou^{24} ɴqa^{24} n̥aŋ^{55}

pi^{43} sa^{43} ɳʈau^{55} nto^{31} tsi^{44} pl'a^{43}

ɳʈou^{24} ɴqa^{24} saŋ^{44} n̥au^{44} po^{43} ŋku^{31} tseu^{31} nao^{31}

ŋku^{31} tseu^{31} a^{44} tsoŋ^{24} lo^{11} po^{55} t'a^{55}

ɳʈou^{24} ɴqa^{24} ȵau^{43} a^{44} n̥au^{44} la^{31} fu^{44} tao^{31}

pi^{43} sa^{43}ɳʈau^{55} nto^{31} tsi^{44} pl'a^{43}

teu^{13} tseu^{24} lo^{11} nto^{31} so^{43} ts'ei^{43}

ŋku^{31} tseu^{31}ʈ 'u^{55} tsoŋ^{24} qa^{44} lou^{11} saŋ^{44} ɳʈou^{24} ɴqa^{24} n̥aŋ^{55}

ntou^{24}ɴqa^{24} ʈ 'ou^{55} n̥au^{44} qa^{43} lou^{11} saŋ^{44} ŋku^{31} tseu^{31} tsu^{31}

ŋku^{31} tseu^{31} ta^{24} mo^{11} sei^{55}ʈoŋ^{24} tsi^{44} tɕu^{11} ku^{24}

ku^{24} tou^{44} fa^{44} seŋ^{55} toŋ^{13} laŋ^{24} tsi^{55} tɕaŋ^{43} tsi^{44} tɕu^{11}ɴqa^{55}

ɴqa^{55} tou^{44} ŋku^{31} tseu^{31} mpo^{44} lo^{11} mo^{11} ȵtɕe^{44} tou^{44} ȵtɕe^{44} ntou^{44} qa^{43} loŋ^{24} tau^{31}

ȵtɕe^{44} qa^{43} loŋ^{24} tau^{31} tsao^{44} pau^{55} tau^{13} qaŋ^{43} mo^{11}

ŋku^{31} tseu^{31} ntsen^{55} tɕe^{44} pu^{44} ts'ai^{43} o^{33} qaŋ^{43} nto^{31}

ma^{31} taŋ^{11} pi^{43} to^{11} ke^{55} qa^{43} lu^{11} pa^{44} ta^{31} a^{44} i^{43} ʦi^{44}
ma^{31} i^{43} to^{11} pa^{44} ta^{31} i^{43} tɕaŋ^{13} qaŋ^{13} nto^{31}
ʐau^{24} ŋku^{31} ʦeu^{31} ɳʈou^{44} nto^{31} ʦi^{44} qou^{24} qʻo^{44} ta^{43}
nto^{31} ta^{24} ʦi^{44} ʦeu^{31} ɬo^{55} to^{43}
ti^{43} ta^{24} ʦi^{44} ʦeu^{31} ɬo^{55} ki^{55}
ma^{31} fu^{44} tau^{31} ɳau^{43} ʦe^{24} ni^{11} ʦeu^{31} ŋo^{21}
lo^{43} qa^{43} ʐe^{43} ɳau^{43} ʦe^{24} ni^{11} ʦeu^{31} ntlai^{33}

ŋku^{31} ʦeu^{31} ta^{24} mo^{11} sei^{55}ʈoŋ^{24} ʦi^{44} tɕu^{11} ku^{24}
ku^{24} tou^{44} fa^{43} seŋ^{55} toŋ^{43} laŋ^{24} ʦi^{55} tɕaŋ^{43} ʦi^{44} tɕu^{11}ɴqa^{55}
ɴqa^{55} tou^{44} ŋku^{31} ʦeu^{31} mpo^{44} lo^{11} mo^{11} ɳtɕe^{44} ntau^{44} qa^{43} loŋ^{24} tau^{31}
ɳtɕe^{44} qa^{43} loŋ^{24} tau^{31} ʦau^{44} pau^{55} tau^{13} qaŋ^{43} mo^{11}
ŋku^{31} ʦeu^{31} ntsen^{55} tɕe^{55} sai^{43} tɕe^{31} qaŋ^{43} nto^{31} tɕe^{31} o^{33}
ma^{31} taŋ^{11} pi^{43} to^{11} le^{55} qa^{43} lou^{11} pʻa^{44} ta^{31} a^{44} i^{43} ʦi^{44}
ma^{31} i^{43} to^{11} pʻa^{44} ta^{31} i^{43} tɕaŋ^{13} qaŋ^{43} nto^{31}
ŋku^{31} ʦeu^{31}ɳʈou^{44} nto^{31} ʦi^{44} qou^{24} qʻo^{43} ta^{43}
nto^{31} ta^{24} ʦi^{44} ʦeu^{31} ɬo^{55} to^{43}
ti^{43} ta^{24} ʦi^{44} ʦeu^{31} ɬo^{55} ki^{55}
ma^{31} fu^{55} tau^{31} ɳau^{43} ʦe^{24} ni^{11} ʦeu^{31} ŋo^{11}
lo^{43} qa^{43} ʦa^{44} ɳau^{43} ʦe^{24} ni^{11} ʦeu^{31} nti^{44}

11.（见意译文本的《10. 巧姑娘之死》）

ŋku^{31} ʦeu^{31} ta^{24} lo^{11} mu^{11} to^{11} ʦo^{55} ɬo^{43} nao^{31} taŋ^{11} to^{11} ʦo^{55} ʐu^{55}
tu^{11} ʦo^{55} ʐu^{55} ŋau^{31} taŋ^{11} la^{31} tlaŋ^{31}
ŋku^{31} ʦeu^{31} ta^{24} mo^{11} ʦi^{44} ʦʻa^{44} le^{31} lai^{44} ti^{43} tɕʻɛu^{44}
tɕau^{35}ɳʈu^{24} ɴqa^{24} ta^{24} lo^{11} mo^{11} ʦi^{44} ʦʻa^{44} qa^{43} ni^{13} le^{31} qaŋ^{43} ʈaŋ^{24}
ŋku^{31} ʦeu^{31} ta^{24} mo^{11} to^{11} ʦo^{55} ɬo^{44} nao^{31}ʈaŋ^{11} to^{11} ʦo^{55} ʐu^{55}
to^{11} ʦo^{55} ʐu^{55} ŋau^{31} taŋ^{11} la^{31} tlo^{43}
ŋku^{31} ʦeu^{31} ta^{24} mo^{11} ʦi^{44} ʦʻa^{44} le^{33} hai^{43} ti^{43} tɕʻeu^{44}
tɕau^{55}ɳʈu^{24} ɴqa^{24} ta^{24} mo^{11} ʦi^{44} ʦʻa^{44} qa^{43} ŋe^{13} le^{31} ɳau^{43} qaŋ^{43} nto^{31}
ŋku^{31} ʦeu^{31} ta^{24} mo^{11} ma^{43} tou^{44} ʦʻa^{55} ma^{31} si^{44} ʦa^{33} nʦʻa^{55} nta^{24}
ʦʻa^{55} nta^{24} si^{44} ti^{44} ʦo^{31} so^{55} tlo^{43}
ŋku^{31} ʦeu^{31} ta^{24} mo^{11} ta^{24}ʈu^{44} ɬi^{44} qa^{43} tla^{13}
tɕau^{35}ɳʈou^{24} ɴqa^{24} ta^{24} mo^{11} ta^{24} ʈu^{44} lo^{43} ɬi^{44} ʦo^{31} qoŋ^{43}
ŋku^{31} ʦeu^{31} ta^{24} mo^{11} ma^{44} tou^{44} ʦʻa^{55} ma^{33} ʦa^{33} nʦʻa^{55} nta^{24}
nʦʻa^{55} nta^{24} si^{44} ti^{44} lo^{43} qa^{43} koŋ^{43}
ŋku^{31} ʦeu^{31} ta^{24} mo^{11} ta^{24}ʈu^{44} lo^{43} ɬi^{44} qa^{43} tlai^{13}
tɕau^{55}ɳʈou^{24} ɴqa^{24} ta^{24} mo^{11} ta^{24} ʈu^{44} lo^{43} ɬi^{44} ʦo^{31} qoŋ^{43}

ŋku^{31} tseu^{31} ta^{24} mo^{11} sei^{55}ʈoŋ^{24} tsi^{44} tɕou^{55} ku^{24}

ku^{24} tou^{44} fa^{43} seŋ^{43} toŋ^{24} laŋ^{24} tsi^{55} tɕaŋ^{43} tsi^{44} kʻou^{44} ɴqa^{55}

ɴqa^{35} tou^{44} ŋku^{31} tseu^{31} mpo^{44} qa^{43} tseu^{24} lo^{11} mo^{11} tso^{24} tau^{31} ntsaŋ^{44} lo^{11} pu^{11} ti^{44} . pu^{11} ti^{44} ntsaŋ^{44} ʈou^{44} ɳʈaŋ^{11} ti^{43}

ŋku^{31} tseu^{31} ta^{24} mo^{11} qa^{43} tsi^{44} tsi^{44} ntsʻai^{44}

ntsʻai^{44} tso^{31} mpa^{24} ɳʈo^{24} ni^{11} mpo^{24} ʈu^{44} qu^{13}

ntsʻai^{44} tlai^{13} qa^{43} ʐe^{43} ɴqe^{44} nto^{31} lo^{11} mpo^{24} ni^{11} lo^{43} qa^{43} sei^{43}

ŋku^{31} tseu^{31} ta^{24} mo^{11} sei^{55}ʈoŋ^{24} tsi^{44} kʻou^{55} ku^{24}

ku^{24} tou^{44} fa^{44} seŋ^{43} toŋ^{43} laŋ^{24} tsi^{11} tɕaŋ^{43} tsi^{44} kʻou^{55} ɴqa^{55}

ɴqa^{55} tou^{44} ŋku^{31} tseu^{31} mpo^{44} qa^{44} tseu^{24} lo^{11} mo^{11} ɳʈaŋ^{11} ti^{43}

ŋku^{31} tseu^{31} ta^{24} mo^{11} tsi^{44} ntsʻai^{44} qa^{43} tsi^{44}

ntsʻai^{44} tso^{31} mpa^{24} mpo^{24} ni^{11} ʈu^{44} qou^{13}

ntsʻai^{44} tlai^{13} qa^{43} ʐe^{43} ɳtɕoŋ^{55} nto^{31} ɴqe^{44} poŋ^{43} lo^{11} ɳ̥a^{55} ni^{11} pleu^{55}

12.（见意译文本的《11. 猴婆婆》）

ʑau^{24} qa^{43} tsi^{44} ma^{31} taŋ^{11} plou^{43} tɕou^{13} ʑi^{13} to^{11} noŋ^{11}

ʑau^{24} se^{43} a^{44} ʑi^{13} ma^{31} taŋ^{11} plou^{43} tɕou^{13} ʑi^{13} to^{11} noŋ^{11}

ma^{31} i^{43} to^{11}ɳʈu^{24} a^{44} pu^{11} qa^{43} ta^{43}

ma^{31} i^{43} to^{11}ɳʈu^{24} a^{44} pu^{11} qa^{43} tlo^{43}

ma^{31} i^{43} to^{11} tle^{31} su^{33} qa^{43} ntsi^{24}ɳʈu^{24} lo^{11} ʑo^{11} se^{43} a^{43} ʑi^{13} qa^{43} ŋe^{13} le^{31} lo^{43} qaŋ^{43} nto^{31}

ʑau^{24} qa^{43} tsi^{44} ma^{31} taŋ^{11} plou^{43} tɕou^{13} ʑi^{13} to^{11} noŋ^{11}

ʑau^{24} se^{43} qa^{43} ʑi^{13} ma^{31} taŋ^{11} plou^{43} tɕou^{13} ʑi^{13} to^{11} noŋ^{11}

ma^{31} i^{43} to^{11}ɳʈu^{24} pu^{11} qa^{43} tlo^{43}

ma^{31} i^{43} to^{11}ɳʈu^{24} pu^{11} qa^{43} ta^{43}

ma^{31} i^{43} to^{11} tle^{31} su^{33} qa^{43} ntsi^{24}ɳʈu^{24} lo^{11} ʑo^{24} se^{43} a^{43} ʑi^{13} qa^{43} ŋe^{13} le^{13} qaŋ^{43} lo^{43} ɳʈaŋ^{11}

ʑau^{24} ɳ̥o^{31} ɬi^{44} tse^{24} noŋ^{11} ku^{13}

se^{43} a^{43} ʑi^{13}ɴqe^{11} lo^{11} ɳʈo^{24} la^{24} nao^{31} n̥au^{44} mple^{31} tsu^{44}

ʑau^{24} ɳ̥o^{31} ɬi^{44} lo^{11} noŋ^{11} ku^{13} m̥au^{44}

se^{43} a^{43} ʑi^{13}ɴqe^{11} lo^{11} ɳʈo^{24} la^{24} nao^{31} fu^{44} n̥ao^{44}

la^{24} ma^{31} ŋeŋ^{31} tau^{11} ŋeŋ^{31} lo^{11} nao^{31}

la^{24} ma^{31} tsaŋ^{55} tau^{11} tsaŋ^{55} lo^{11} ŋau^{31}

se^{43} a^{43} ʑi^{13} tsi^{44}ma^{31} ŋeŋ^{31}

se^{43} qa^{43} ʑi^{13} tau^{11} po^{11} lei^{43} lo^{11} ŋau^{31}

la^{24} ŋau^{31} taŋ^{11} la^{24} tseu^{31}ɴqo^{11}

po^{31} lei^{55} ŋau^{31} mo^{11} tsi^{44} tseu^{31}ɴqo^{11}

la^{24} nao^{31} mo^{11} la^{24} ma^{31} qa^{55}

po^{31} lei^{55} nao^{31} mo^{11} ʦi^{44} ma^{31} qa^{55}

ni^{11} nao^{31} mo^{11} mao^{43} ni^{11} qa^{43} ʨ'u^{55}

ni^{11} fu^{33} mo^{11} mau^{43} ni^{11} qa^{43} p'a^{44}

ni^{11} seu^{55} lo^{11} leu^{55}ʈu^{44} se^{43} a^{43} ʑi^{13} qa^{43} ʦe^{55} ʦu^{24}

se^{43} a^{43} ʑi^{13} ma^{31} ʨa^{31} to^{11} tle^{55} ti^{33} taŋ^{11} ʨa^{31} to^{11} qa^{43} ɬa^{55} ɬu^{55}

ma^{31} i^{43} to^{11} to^{11} ti^{33} to^{11} lau^{43} q'a^{43} tli^{13} pl'a^{55} lo^{11} mo^{11}

ma^{43} se^{43} a^{43} ʑi^{13} le^{44} lei^{43} po^{31} lo^{11} mo^{11} to^{13} ta^{24}

nao^{31} taŋ^{11} i^{43} ʨe^{24}, nʦa^{55} taŋ^{11} i^{43} saŋ^{43}

ʑau^{24} ȵo^{31} ɬi^{44} ʦe^{24} noŋ^{11} ku^{13}

se^{43} a^{43} ʑi^{13}ɴqe^{11} lo^{11} ɳʈo^{24} la^{24} nao^{31} ʦu^{44}

ʑau^{24} ȵo^{31} ɬi^{44} ʦe^{24} noŋ^{11} ku^{13} m̥au^{44}

se^{43} qa^{43} ʑi^{13}ɴqe^{11} lo^{11} ɳʈo^{24} la^{24} nao^{31} n̥au^{44}

la^{24} ma^{31} ŋeŋ^{31} ʦe^{24} tau^{11} ŋeŋ^{31} lo^{11} nao^{31}

la^{24} ma^{31} ʦaŋ^{55} ʦe^{24} tau^{11} ʦaŋ^{55} lo^{11} nao^{31}

se^{43} a^{43} ʑi^{13} ʦi^{44} ma^{31} ŋeŋ^{11} ʦaŋ^{55}

se^{43} a^{43} ʑi^{13} tau^{11} po^{31} le^{43} lo^{11}ɳʈo^{24} nao^{31}

la^{24} ŋau^{31} taŋ^{11} la^{24} ʦeu^{31}ɴqo^{11}

po^{31} le^{43} ŋau^{31} taŋ^{11} ni^{11} ʦi^{44} ʦeu^{31}ɴqo^{11}

la^{24} ŋau^{31} taŋ^{11} la^{24} ma^{31} qa^{55}

po^{31} le^{43} ŋau^{31} taŋ^{11} ni^{11} ʦi^{44} ma^{31} qa^{55}

ni^{11} ŋau^{31} taŋ^{11} mau^{43} ni^{11} qa^{43} ʨ'u^{55}

ni^{11} ŋau^{31} taŋ^{11} mau^{43} ni^{11} qa^{43} pa^{44}

ni^{11} seu^{55} lo^{11} leu^{55}ʈu^{44} se^{43} a^{43} ʑi^{13} qa^{44} ʦe^{55} ʦu^{24}

se^{43} a^{43} ʑi^{13} ma^{31} ʨa^{31} to^{11} tle^{55} ti^{33} taŋ^{11} ʨa^{31} to^{11} q'a^{43} ɬa^{44} ɬu^{55}

ma^{31} taŋ^{11} i^{43} to^{11} ti^{33} taŋ^{11} lau^{43} q'a^{43} nt'u^{44}

se^{43} a^{43} ʑi^{13} to^{11} tle^{55} ma^{43} po^{31} le^{55} to^{13} ta^{24}

ŋau^{31} taŋ^{11} i^{43} ʨe^{11}, nʦa^{55} taŋ^{11} i^{43} saŋ^{43}

ʑau^{24} qa^{43} ʦi^{44} ma^{31} taŋ^{11} ʨa^{31} len^{31} ku^{55} ti^{31}

ʑau^{24} se^{43} a^{43} ʑi^{13} ma^{31} taŋ^{11} ʨa^{31} len^{31} ku^{55} ti^{31}

ʦu^{11} nʦi^{11} ʨa^{31} n̥o^{43} ta^{44} taŋ^{11} ʨa^{31} to^{11} ʦi^{44} nʦa^{44} ȵo^{31}

ʦu^{11} nʦi^{11} ɕaŋ^{44} n̥o^{43} ta^{44} taŋ^{11} ɕaŋ^{44} to^{11} ʦi^{44} nʦa^{44} noŋ^{11}

a^{44} taŋ^{11} ʨa^{31} n̥o^{43} ɕaŋ^{44} m̥au^{44} ke^{55}ʈa^{24}

ɕaŋ^{44} ʑi^{13} n̥o^{43}ɳʈau^{55} ȵʨ'oŋ^{44} tla^{44} pei^{11} nto^{31} ʦe^{43} qa^{43} ȵoŋ^{24} nto^{31} ʦe^{55}

ʦe^{55} qa^{44} ȵoŋ^{24} q'o^{43} ta^{43} a^{44} ʨaŋ^{11} ȵʨ'oŋ^{55} taŋ^{11} la^{31} ŋa^{55}

qa^{43} ȵoŋ^{24} a^{44} le^{43} ʦau^{44} noŋ^{24} a^{43} lo^{11} ʦ'a^{31} k'aŋ^{13}

noŋ^{24} a^{43} ʦʻa^{31} ʦi^{44} tou^{24}, po^{43} to^{11} noŋ^{24} a^{43} i^{43} qa^{43} ŋkaŋ^{31}
ʦi^{31} ŋa^{55} to^{11} noŋ^{24} a^{43} a^{44} le^{43} tlo^{43}
ʦau^{44} to^{11} ʦi^{55} mau^{24} ʦʻei^{43} lo^{11} ʦʻei^{43}
ʦi^{55} ŋau^{24} ʦʻei^{43} ʦʻei^{43} ʦi^{44} tou^{24}
po^{43} ʦi^{55} mau^{24} ʦʻei^{43} i^{43} qa^{44} ŋkaŋ^{31} ʐe^{43} si^{44}
a^{44} ŋa^{55} ʦi^{55} mau^{24} ʦʻei^{43} a^{44} lei^{44} ʦai^{31}
ʦau^{44} ʦi^{55} mau^{24} nʦʻu^{55} ta^{31} mo^{11} nʦʻu^{55}
to^{11} ʦi^{55} mau^{24} nʦʻu^{55} pa^{55} qa^{43} lu^{11} ʦo^{24} po^{31} le^{43} a^{44} ke^{55} ta^{24} ʈou^{44} a^{44} qa^{43} ȵo^{31}
pei^{11} tau^{31} py^{55} ʦo^{24}ɳʈaŋ^{24} tu^{21}
sou^{44} fu^{33} py^{55} ʦo^{24} ao^{43} ʦʻai^{33} teu^{44}
ʨe^{31} o^{33} mpo^{24} ʨa^{31} ti^{43} ʦo^{31}
sou^{44} i^{44}ʈu^{44} ku^{13} nti^{44} mpa^{24}
te^{11} lo^{11} ʦi^{44} ȵau^{43} te^{11}, teu^{44} lo^{11} ʦi^{44} ȵau^{43} tou^{44}
plou^{43} ʑau^{24} plou^{43} ȵo^{31}
ʑau^{24} qa^{43} ʦi^{44} ma^{31} taŋ^{11} ʨa^{31} len^{31} ku^{55} ti^{31}
ʑau^{24} se^{43} a^{43} ʑi^{13} ma^{31} taŋ^{11} ʨa^{31} len^{31} ku^{55} ti^{31}
ʦu^{11} nʦi^{11} ʨa^{31} n̥o^{43} ta^{44}ʈaŋ^{11} ʨa^{31} to^{11} ʦi^{44} nʦa^{44} ȵo^{31}
ʦu^{11} nʦi^{11} ɕaŋ^{44} n̥o^{43} ta^{44} taŋ^{11} ɕaŋ^{44} to^{11} ʦi^{44} nʦa^{44} noŋ^{11}
a^{44} taŋ^{11} ʨa^{31} n̥o^{43} ɕaŋ^{44} m̥au^{44} ke^{55} ta^{24}
ɕaŋ^{44} ʑi^{13} n̥o^{43}ɳʈou^{55} ȵʨʻoŋ^{44} tla^{44} pei^{11} nto^{31} ʦe^{43} qa^{43} ȵoŋ^{24} ʦe^{55}
ʦe^{55} qa^{43} ȵoŋ^{24} qʻo^{43} ta^{43} a^{44} ʨaŋ^{11} ŋʨʻoŋ^{44} taŋ^{11} la^{31} ŋa^{55}
ʦe^{55} qa^{43} ȵoŋ^{24} a^{44} le^{44} ʦau^{44} noŋ^{24} a^{43} lo^{11} ʦʻa^{31} kʻaŋ^{13}
noŋ^{24} a^{43} ʦʻa^{31} ʦi^{44} tou^{24}, po^{43} to^{11} noŋ^{24} a^{43} i^{43} qa^{43} ŋkaŋ^{31}
a^{44} ŋa^{55} noŋ^{24} a^{43} a^{44} le^{43} tlo^{43}
ʦau^{44} to^{11} ʦi^{55} mau^{24} ʦʻei^{43} lo^{11} ʦʻei^{43}
ʦi^{55} mau^{24} ʦʻei^{43} ʦʻei^{43} ʦi^{44} tou^{24}
po^{43} ʦi^{55} mau^{24} ʦʻei^{43} i^{43} qa^{43} ŋkaŋ^{31} ʐe^{43} si^{43}
a^{44} ŋa^{55} ʦi^{55} mau^{24} ʦʻei^{43} a^{44} le^{43} ʦai^{31}
ʦau^{44} ʦi^{55} mao^{24} nʦʻu^{55} ta^{31} mo^{11} nʦʻu^{55}
to^{11} ʦi^{55} mau^{24} nʦʻu^{55} pa^{55} qa^{43} lu^{11} ʦo^{24} po^{31} le^{43} ke^{55} ta^{24} ʈu^{44} a^{43} qa^{44} ȵo^{31}
pei^{11} tau^{31} py^{55} ʦo^{24}ɳʈaŋ^{24} tu^{24}
sou^{44} fu^{44} py^{55} ʦo^{24} ao^{43} ʦʻai^{33} teu^{44}
ʨe^{31} o^{33} py^{55} ʨa^{31} nti^{43} ʦo^{31}
sou^{44} i^{44}ʈu^{44} ku^{13} nti^{43} mpa^{24}
te^{11} lo^{11} ʦi^{44} ȵau^{43} te^{11}, teu^{44} lo^{11} ʦi^{44} ȵau^{43} teu^{44}
plou^{43} ʑau^{24} plou^{43} ʦi^{55} nʦʻu^{55}
noŋ^{24} ʨo^{44} lo^{44} qa^{31} lo^{11} noŋ^{24} ʨo^{44} lo^{44}

noŋ^{24} tɕo^{44} lo^{44} ʑaŋ^{44} ȵau^{43} qa^{43} ntse^{33} maŋ^{31}
pi^{11} nto^{31} tsi^{44} tsau^{44} mau^{43} lo^{11} qa^{43}ʈi^{43} tsi^{44} ti^{24} ni^{31}
ɕaŋ^{44} ʑi^{13} ɬi^{44} tɕa^{44} tsi^{44} ts'a^{43} . qa^{43} mploŋ^{31} ntoŋ^{43} tsi^{44} ʐoŋ^{24}
ʐoŋ^{55} a^{44} ŋa^{55} tsi^{44} tsu^{24} kaŋ^{31}
noŋ^{24} tɕo^{44} lo^{44} qa^{31} lo^{11} noŋ^{24} tɕo^{44} lo^{44}
noŋ^{24} tɕo^{44} lo^{44} ʑaŋ^{44} poŋ^{43} qa^{43} ntse^{33} so^{43}
pi^{11} nto^{31} tsi^{44} tsau^{44} mau^{43} lo^{11} qa^{44}ʈi^{43} tsi^{44} ti^{24} ni^{31}
ɕaŋ^{44} ʑi^{13} ɬi^{44} tɕa^{44} tsi^{44} ts'a^{43} , qa^{43} mploŋ^{31} ntoŋ^{43} tsi^{44} ʐeŋ^{24}
ʐoŋ^{55} a^{44} ŋa^{55} tsi^{44} tsu^{24} ho^{43}
pi^{11} nto^{31} tsau^{44} mau^{43} lo^{11} la^{31} qa^{43} ȵtɕu^{31} t'oŋ^{43}
ta^{24} lo^{11} la^{31} qa^{43} ŋtɕu^{31} tɕai^{55}
ʑau^{24} tso^{31} mau^{43} ŋa^{55} tsi^{44} ma^{31} qa^{43} tsi^{44} pu^{43}
ʑau^{24} tso^{31} ke^{55} ta^{24} tsi^{44} ma^{31} qa^{43} tsi^{44} hai^{33}
pi^{11} nto^{31} tsau^{43} mau^{43} lo^{11} la^{43} qa^{43} ȵtɕu^{31} t'oŋ^{43}
ta^{24} lo^{11} la^{31} qa^{43} ȵtɕu^{31} keu^{13}
ʑau^{24} tso^{31} ke^{55} mau^{43} tsi^{55} ma^{31} qa^{43} tsi^{44} pu^{43}
tso^{31} ke^{55} ta^{24} tsi^{44} ma^{31} qa^{43} tsi^{44} hai^{33} leu^{13}

13.（见意译文本的《12. 巧女死去不离织》）

ʑau^{24} nts'a^{55} nts'u^{55} tɕa^{31} ntso^{24} ɳʈu^{55}
nts'u^{55} nts'a^{55} tɕa^{31} ntso^{24} ʈau^{24}
ŋku^{31} tseu^{31} ta^{24} mo^{11} pa^{24}ɳʈaŋ^{31} ʈu^{55} a^{44} qa^{43} lo^{43} pu^{44}
tɕau^{55}ɳʈou^{24} ɴqa^{24} ta^{24} mo^{11} pa^{24} tou^{44} lo^{43} lau^{43} p'a^{31} lo^{43} lau^{43} voŋ^{13} mu^{11}
ʑau^{24} nts'a^{55} nts'u^{55} tɕa^{31} ntso^{24} ɳʈu^{55}
nts'u^{55} nts'a^{55} tɕa^{31} ntso^{24} ʈau^{24}
ŋku^{31} tseu^{31} ta^{24} mo^{11} pa^{24}ɳʈaŋ^{31} tsoŋ^{24} a^{44} qa^{43} lo^{43} pu^{44}
tɕau^{55}ɳʈou^{24} ɴqa^{24} ta^{24} mo^{11} a^{44} le^{43} tse^{24} lo^{43} lau^{43} p'a^{31} lo^{43} lau^{43} voŋ^{13} ȵau^{43}
ŋku^{31} tseu^{31} ta^{24} mo^{11} sei^{55}ʈoŋ^{24} tsi^{44} tɕu^{11} ku^{24}
ts'a^{55} maŋ^{31} lo^{11} tsi^{44} tsa^{33} ts'a^{55} nta^{24}
ts'a^{55} nta^{24} si^{55} ti^{44} lo^{43} qaŋ^{43} koŋ^{43}
ŋku^{31} tseu^{31} ta^{24} mo^{11} ta^{24}ʈou^{44} lo^{43} ɬi^{44} tla^{24}
tɕau^{55}ɳʈou^{24} ɴqa^{24} ta^{24} mo^{11} ta^{24} ʈu^{44} ɬi^{44} tso^{31} qoŋ^{43}
ŋku^{31} tseu^{31} ta^{24} mo^{11} ma^{43} tou^{44} ts'a^{55} maŋ^{31} tsa^{33} ts'a^{55} nta^{24}
ts'a^{55} nta^{24} si^{44} ti^{44} tso^{31} so^{55} tlo^{43}
ŋkeu^{31} tseu^{31} ta^{24} mo^{11} ȵau^{43} lo^{43} ɬi^{44} qa^{43} tla^{24}
tɕau^{55}ɳʈou^{24} ɴqa^{24} ta^{24} mo^{11} ta^{24} ʈu^{44} ɬi^{44} o^{31} qoŋ^{43}
ŋku^{31} tseu^{31} ta^{24} mo^{11} tsi^{44}ɳʈou^{31} nta^{24}

tɕau55 ɳʈou24 ɴqa24 ta24 mo11 tsi44 ɳʈou31 ti43
ŋku31 tseu31 ta24 taŋ11 su33 soŋ44 ntaŋ31 ɳʈu31 taŋ11 lo43 qa43 tsa44
tɕau55 ɳʈou24 ɴqa24 ta24 mo11 su33 mo55 ɳʈu31 taŋ11 lo43 qa43 ʐe43
ŋku31 tseu31 ta24 mo11 tsi44 ɳʈou31 nto33
tɕau55 ɳʈou24 ɴqa24 ta24 taŋ11 tsi44 ɳʈu31 qoŋ43
ŋku31 tseu31 ta24 mu11 su33 ntaŋ31 m̥55 ɳʈou31 taŋ11 lo43 qa43 tsa44
tɕau55 ɳʈou24 ɴqa24 ta24 mo11 su33 mo55 ɳʈu31 taŋ11 lo43 qaŋ43 tʻoŋ43

14. po31 lou11 po31 ve55 vu13①

ve55 lou11 ve55 lo44 n̥e43
po31 lou11 ta24 mo11 su33 maŋ43 ɬi55 to11 qa43 lou11
qa43 ʑeu13 ta24 mo11 su33 su33 ve55 tau31 ɬi55 qa43 tsʻei43
po31 lu11 po31 ve55 vu13
ve55 lu11 ve55 lao44 ŋau44
po31 lu11 ta24 mo11 su33 maŋ43 ɬi44 to11 qa43 lu11
ʑeu13 lu11 ta24 mo11 su33 ve55 tau31 ɬi55 qa43 tsʻei43
po11 lu11 ta24 mo11 ma43 tsʻa43 ŋa31 si33 tsa33 ntsʻa55 nta24
tsʻa55 nta24 si33 ti33 lo43 qaŋ43 koŋ43
po31 lou11 ta24 mo11 ʈu44 ɬi44 qa43 tla24
ʑeu13 lu11 ta24 mo11 ʈu44 ɬi44 o33 qoŋ43
po31 lou11 ta24 mo11 ma43 tsʻa55 ŋa31 tsa33 tsʻa55 nta24
tsʻa55 nta24 ti44 ʈu44 tso31 so55 tlo43
po31 lou11 ta24 mo11 ʈu44 ɬi44 qa43 tla24
ʑeu13 lu11 ta24 mo11 ʈu44 ɬi44 o33 qoŋ43
po31 lou11 ta24 mo11 sei55 ʈoŋ24 tsi44 kʻou55 ku24
ku24 tou44 fa43 seŋ43 toŋ24 laŋ2 tsi55 tɕaŋ43 tsi44 kʻou55 ɴqa55
ɴqa55 tou44 po31 lu11 mpo44 qa43 tseu24 lo11 mo11 tso24 tso31 ntsaŋ44 le44 pu43 ke55
pu43 ke55 ntsaŋ44 ʈu44 ɳʈaŋ11 ti43
po31 lu11 ta24 mo11 tsi44 ntsʻai31 to11 qa43 tsi44
ntsʻai44 tso31 mpa24 si44 tsa33 lo11 mpo24 ȵtɕu31
ntsʻai44 qa44 tla13 ʐe43 ȵtɕʻoŋ55 nto31 ɴqe44 ɴqe11 lo11 ŋa55 taŋ11 ni11 qa43 sei43
po31 lu11 ta24 lo11 mo11 tsi44 tɕu11 ku24
ku24 tou44 fa43 seŋ43 toŋ24 laŋ24 tsi55 tɕaŋ43 tsi55 tɕu11 ɴqa55
ɴqa55 tou44 po31 lu11 mpo44 qa43 tseu24 lo11 mo11 tso24 tao31 ntsaŋ44 le44 pu43 ke55
pu43 ke55 ʈu44 ɳʈaŋ11 lo43 tleu13

① 凡是以第一句国际音标为小标题者，均是未翻译为汉语的记音文本。未翻译的原因多种，但在“记音文本”中保留，以便后人方便研究。笔者特此说明。

po^{31} lu^{11} ta^{11} mo^{11} tsi^{44} nts'ai^{44} to^{11} qa^{43} tsi^{44}

nts'ai^{44} tso^{31} mpa^{24} si^{33} tsa^{33} lo^{11} mpo^{24} ȵtɕu^{31}

nts'ai^{44} qa^{44} tlai^{13} ʐe^{43} ȵtɕ'oŋ^{44} nto^{31} ɴqe^{44} lo^{11} ŋa^{55} taŋ^{11} ni^{11} lo^{43} pleu^{55}

15. ŋku^{31} tseu^{31} ta^{24} mo^{11} nts'a^{55} nts'u^{55} tɕa^{31} ntso^{24} ɳʈu^{55}

nts'u^{55} nts'a^{55} tɕa^{31} ntso^{24} ʈau^{24}

ŋku^{31} tseu^{31} ta^{24} mo^{11} pa^{24}ʈaŋ^{31} tsoŋ^{24} a^{44} qa^{43} lo^{44} pu^{44}

tɕau^{55}ɳʈou^{24} ɴqa^{24} tseu^{31} ta^{24} mo^{11} tse^{24} tou^{44} lo^{43} lao^{43} p'a^{43} la^{43} voŋ^{13} tlai^{44} sou^{44} ntsaŋ^{55}

ŋku^{31} tseu^{31} ta^{24} mo^{11} nts'a^{55} nts'u^{55} tɕa^{31} ntso^{24} ɳʈu^{55}

nts'u^{55} nts'a^{55} tɕa^{31} ntso^{24} ku^{24}

ŋku^{31} tseu^{31} ta^{24} mo^{11} pa^{24}ʈaŋ^{31} tsoŋ^{24} a^{44} qa^{43} lo^{43} pu^{44}

tɕau^{55}ɳʈou^{24} ɴqa^{24} tseu^{31} ta^{24} mo^{11} a^{44} le^{43} pa^{24} tou^{44} p'a^{43} voŋ^{13} mo^{11}

ŋku^{31} tseu^{31} ta^{24} mo^{11} nao^{31} taŋ^{11} tsoŋ^{31} tsi^{55}ɴqe^{44} ɬeu^{55}

tɕau^{55}ɳʈou^{24} ɴqa^{24} tseu^{31} ta^{24} mo^{11} nao^{31} taŋ^{11} tsoŋ^{31} tsi^{55} tseŋ^{31} li^{24}

po^{31} lu^{11} ta^{24} mo^{11} fu^{33} tu^{44} taŋ^{11} ntsa^{55} tle^{31} tsi^{44} n̥ao^{43} tsu^{44}

ʐeu^{13} lu^{11} ta^{24} mo^{11} fu^{33} tu^{44} ntsa^{55} taŋ^{11} li^{44} tle^{31} tsi^{44} n̥ao^{44} ts'ei^{43}

po^{31} lu^{11} ta^{24} mo^{11} nao^{31} taŋ^{11} tsoŋ^{31} tsi^{55}ɴqe^{44} ɬeu^{55}

ʐeu^{13} lu^{11} ta^{24} mo^{11} nao^{31} taŋ^{11} tsoŋ^{31} tsi^{55} po^{24} tsu^{44} qa^{43} q'e^{43}

po^{31} lu^{11} ta^{24} mo^{11} fu^{33} tu^{44} ntsa^{55} taŋ^{11} li^{44} tle^{31} tsi^{44} n̥ao^{44} tsu^{44}

ʐeu^{13} lu^{11} ta^{24} mo^{11} fu^{33} tu^{44} ntsa^{55} taŋ^{11} li^{44} tle^{31} tsi^{44} n̥ao^{44}ɴq'e^{44}

po^{31} lu^{11} ta^{24} mo^{11} sei^{55}ʈoŋ^{24} tsi^{44} tɕu^{11} ku^{24}

ku^{24} tou^{44} fa^{43} seŋ^{55}ʈoŋ^{24} laŋ^{24} tsi^{55} tɕaŋ^{43} tsi^{44} tɕu^{11} ɴqa^{55}

ɴqa^{55} tou^{44} i^{43} len^{31} po^{31} lu^{11} mpo^{44} qa^{43} ntsu^{24} lo^{11} mo^{11} ʈu^{44} ɳʈaŋ^{11} ti^{43}

ma^{43} tu^{44} ʐu^{43} i^{55} tc^{24} ʐu^{55} i^{55}ɴqaŋ^{31} lci^{43}

mau^{24} tsi^{44} ȵoŋ^{24} qa^{43} su^{33} ŋa^{31} ta^{43} qa^{13} ta^{43}

kaŋ^{31} nto^{31} tsi^{44} ki^{24} ntso^{55} qoŋ^{31}ɳʈa^{24} ɳʈau^{55} tsi^{11} q'e^{44}

sa^{43} ko^{43} ȵo^{31} sa^{43} ko^{43} ty^{13} tsi^{11} qeu^{13} ɕo^{44}

ɕo^{44} nto^{31} tsi^{11} leu^{11} ȵtɕi^{24} ta^{31} po^{31} lu^{11} la^{11} lo42 qa^{44} a^{43} ts'a^{55}

po^{31} lu^{11} ta^{24} mo^{11} sei^{55}ʈoŋ^{24} tsi^{44} tɕu^{11} ku^{24}

ku^{24}ʈou^{44} fa^{43} seŋ^{43} toŋ^{24} laŋ^{24} tsi^{55} tɕaŋ^{43} tsi^{44} tɕu^{11} ɴqa^{55}

ɴqa^{55} tou^{44} i^{43} len^{31} po^{11} lu^{11} mpo^{44} qa^{44} ntsu^{24} lo^{11} mo^{11} ʈu^{44} qa^{43} ti^{43}

ma^{31} tou^{44} fu^{55} ʐu^{43} i^{43} ʐu^{43} i^{43}ɴqaŋ^{31} lei^{43}

mau^{24} tsi^{44} ȵoŋ^{24} qa^{43} su^{33} ŋa^{31} ta^{43} qa^{13} ta^{43}

kaŋ^{31} nto^{31} tsi^{44} ki^{24} ntso^{55} qoŋ^{31}ɳʈa^{24} ɳʈau^{55} tsi^{11} q'e^{55}

sa^{43} ko^{43} ȵo^{31} sa^{43} ko^{43} ty^{13} tsi^{11} qeu^{13} ɕo^{44}

ɕo^{44} tou^{44} nto^{31} tsi^{11} leu^{11} ta^{31} nti^{13} po^{31} lu^{11} lo3 qa^{43} tsi^{24} ku^{44}

16. nto^{31} ɳʈou^{24} ti^{43} pu^{11} lou^{11}

ntou^{24} tou^{44} pu^{11}ʈu^{55} laŋ^{24} tsi^{55} tɕaŋ^{11} tɕiŋ^{55} tɕiŋ^{43} lo^{11} ɲau^{43}

ɳʈo^{31} ɳʈou^{24} hai^{33} tou^{44} ɳʈou^{24} ti^{43} tɕʻeu^{44}

ɳʈou^{24} tou^{44} pu^{11} ʈu^{55} laŋ^{24} tsi^{55} tɕaŋ^{11} tɕiŋ^{55} tɕiŋ^{43} lo^{43} tɕoŋ^{24}

ʑa^{44}ɴqa^{55} to^{11} qa^{43} tsi^{44} ɴqe^{11} lo^{11} ma^{43} n̥oŋ^{55} qoŋ^{31}

ʑa^{44} pu^{11}ʈu^{55} laŋ^{24} tsi^{55} tɕaŋ^{11} ɴqe^{11} lo^{11} ma^{43} n̥oŋ^{43} qoŋ^{31}

ʑau^{24} qa^{43} tsi^{44}ɴqe^{11} lo^{11} ma^{43} n̥oŋ^{55} ɳʈa^{24}

ʑa^{44} pu^{11}ʈu^{55} laŋ^{24} tsi^{55} tɕaŋ^{11} ɴqe^{11} lo^{11} ma^{43} n̥oŋ^{43} ɳʈa^{24}

ma^{43} n̥oŋ^{43} qoŋ^{31} lo^{11} ku^{24} le^{11} le^{11}

nto^{31} ntsi^{24} ʑe^{11} tla^{44} tse^{55} tsu^{31} qa^{43} ɲoŋ^{24}ʈu^{44} ti^{43} fu^{44} tle^{31}

ma^{43} n̥oŋ^{55}ɳʈa^{24} lo^{11} pu^{11} ni^{55} le^{11} tsu^{11}

nto^{31} ntsi^{24} ʑe^{11} tla^{44} tse^{55} tsu^{31} qa^{43} ɲoŋ^{24}ʈu^{44} ti^{43} pu^{44} su^{55}

ʑau^{24}ʈʻeu^{55} qoŋ^{31} lo^{11} ʈʻeu^{55} tsi^{44} ʈʻoŋ^{43}

ʐao^{31}ɳʈa^{24} lo^{11} ʐau^{31} tsi^{44} tsʻei^{44}

ʈʻeu^{55} qoŋ^{31} lo^{11} ʑa^{44} tsi^{44} tou^{24} qaŋ^{43} nto^{31} ti^{43} i^{43} mpʻau^{43} qa^{43} tseu^{13} ntsi^{33} toŋ^{43}

tsi^{13}ɳʈa^{24} lo^{11} ʑa^{44} tsi^{44} tou^{24} qaŋ^{43} nto^{31} ti^{43} i^{43} pʻau^{43} qa^{43} teu^{44} ɲo^{31} lu^{11}

ŋku^{31} tseu^{31} ta^{24} mo^{11} sei^{55}ʈoŋ^{24} tsi^{44} tɕu^{11} ku^{24}

ku^{24} tou^{44} fa^{43} seŋ^{44}ʈoŋ^{24} laŋ^{24} tsi^{55} tɕaŋ^{43} tsi^{44} tɕu^{11} ɴqa^{55}

ɴqa^{55} tou^{44} ŋku^{31} tseu^{31} mpo^{44} qa^{43} tseu^{24} lo^{11} mo^{11}

ʑau^{24} qa^{43} tsi^{44}ɴqe^{11} lo^{11} ma^{43} n̥oŋ^{43} qoŋ^{31}

ʑau^{24} pu^{11}ʈu^{55} laŋ^{24} tsi^{55} toŋ^{24} tɕaŋ^{11} ɴqe^{11} lo^{11} ma^{43} n̥oŋ^{43} qoŋ^{31}

ʑau^{24} qa^{43} tsi^{44}ɴqe^{11} lo^{11} ma^{43} n̥oŋ^{55} ʅta^{24}

ʑau^{24} pu^{11}ʈu^{55} laŋ^{24} tsi^{55} toŋ^{24} tɕaŋ^{11} ɴqe^{11} lo^{11} ma^{43} n̥oŋ^{43} ɳʈa^{24}

ma^{43} n̥oŋ^{43} qoŋ^{31} lo^{11} pu^{11} ni^{44} le^{44} lo^{11}

nto^{31} ntsi^{24} ʑe^{11} tla^{44} qa^{44} ɲoŋ^{24} tse^{55}ʈu^{44} ti^{43} fu^{44} tle^{31}

ma^{43} n̥oŋ^{43} qoŋ^{31} lo^{11} ku^{24} ni^{55} le^{31} lo^{11}

nto^{31} ntsi^{24} ʑe^{11} tla^{44} tse^{55} tsu^{31} qa^{43} ɲoŋ^{24}ʈu^{44} ti^{43} pu^{44} su^{55}

ʑau^{24}ʈʻɛu^{55} qoŋ^{31} lo^{11} ʈʻɛu^{55} tsi^{44} ʈʻoŋ^{43}

ʐau^{31}ɳʈa^{24} lo^{11} ʐau^{31} tsi^{44} tsʻei^{44}

ʈʻɛu^{55} qoŋ^{31} lo^{11} ʑa^{44} tsi^{44} tou^{24} qaŋ^{43} nto^{31} ti^{43} i^{43} mpau^{55} qa^{43} tseu^{13} ntsi^{33}

ʐau^{31}ɳʈa^{24} lo^{11} ʑa^{44} tsi^{44} ʈou^{24} qaŋ^{43} nto^{31} ti^{43} i^{43} pʻau^{44} qa^{43} teu^{44} ɲo^{31} tle^{43}

ŋku^{31} tseu^{31} ta^{24} mo^{11}, ʑa^{44}ɴqa^{55} qa^{43} tsi^{44} ɴqe^{11} lo^{11} sai^{55} qoŋ^{31}

ʑau^{24} pu^{11}ʈu^{44} laŋ^{24} tsi^{55} tɕaŋ^{11} ɴqe^{11} lo^{11} ɳʈo^{24} ni^{11} sai^{55} qoŋ^{31}

sai^{55} tou^{44}ʈu^{44} mplai^{33} ʈu^{44} ʈu^{44} nti^{44}

sai^{55} i^{43} mplai^{33}ʈou^{44} nti^{44} qa^{43} lai^{55}

sai^{55} mplai^{33} toŋ^{31} lo^{11}ɳʈo^{24} ʈoŋ^{31} a^{44} se^{44} ɕe^{44}

nti^{44} ti^{11} i^{44} tsʻi^{11} lo^{11} qʻo^{43} tou^{44}
ŋku^{31} tseu^{31} ta^{24} mo^{11}, ɴqa^{55} qa^{43} tsi^{44} ɴqe^{11} lo^{11} ɳʈo^{24} ni^{11} sai^{55} qoŋ^{31}
ʐau^{24} pu^{11}ʈu^{55} laŋ^{24} tsi^{55} tɕaŋ^{11} ɴqe^{11} lo^{11} ɳʈo^{24} ni^{11} sai^{55} qoŋ^{31}
sai^{55}ʈou^{44} mplai^{33} ʈou^{44} ʈou^{44} nti^{44}
sai^{55} i^{43} mplai^{33} lo^{11}ʈou^{44} nti^{44} ʐu^{44}
tsa^{43} mplai^{33} toŋ^{31} lo^{11} tsai^{33}ʈou^{44} qoŋ^{31} a^{44} sa^{43}
nti^{44} ti^{11} i^{44} tsʻi^{11} lo^{11} ɳʈo^{24} qoŋ^{31} qʻo^{43} tou^{44}
ŋku^{31} tseu^{31} ta^{24} mo^{11} a^{44} qoŋ^{43}ʈou^{44} ke^{55} nti^{55} ke^{55} tsʻai^{55} ki^{24}
ke^{55} lo^{44} tse^{24} ke^{55}ɴqaŋ^{31} ɕoŋ^{43}
ŋku^{31} tseu^{31} ta^{24} mo^{11} saŋ^{55} tso^{24} tso^{31} ke^{55} ta^{24} tsi^{44} saŋ^{55}ʈau^{55} lo^{11} tse^{55}
tɕau^{55}ɳʈou^{24} ɴqa^{24} tseu^{31} ta^{24} mo^{11} saŋ^{55} tso^{24} tso^{31} ke^{55} ta^{24} tsi^{44} saŋ^{55} ʈau^{55} lo^{11} a^{44} i^{43} ntso^{24} noŋ^{31}
ŋku^{31} tseu^{31}ʈa^{24} lo^{11} mo^{11} a^{44} qoŋ^{43} ʈou^{44} ke^{55} nti^{55} ke^{55} tsʻai^{55} ki^{24}
ke^{55} lo^{44} ke^{55}ɴqaŋ^{31} ʈeu^{13}
ŋku^{31} tseu^{31}ʈa^{24} lo^{11} mo^{11} saŋ^{55} tso^{24} tso^{31} ke^{55} mao^{43} tsi^{44} saŋ^{55} ʈau^{55} lo^{11} tse^{55}
tɕau^{55}ɳʈou^{24} ɴqa^{24} tseu^{31} ta^{24} lo^{11}mo^{11} saŋ^{55} tso^{24} tso^{31} ke^{55} ta^{24} tsi^{44} saŋ^{55} ʈau^{55} lo^{11} a^{44} ntsi^{31} a^{44} ŋkeu^{13}

17. ŋku^{31} tseu^{31} ta^{24} mo^{11}, tso^{55} ɬo^{43} nao^{31}ʈaŋ^{11} tso^{55} ʐu^{44}
tso^{55} ʐu^{44} nao^{31} taŋ^{11} qa^{43} la^{31} tlaŋ^{31}
ŋku^{31} tseu^{31} ta^{24} mo^{11} tsi^{44} tsʻa^{44} le^{31} ti^{43} tɕʻeu^{44}
tɕau^{55}ɳʈou^{24} ɴqa^{24} tseu^{31} ta^{24} mo^{11} tsi^{44} tsʻa^{44} qa^{43} ŋe^{13} le^{31} qaŋ^{43} ɳʈaŋ^{11}
ʐau^{24} ŋku^{31} tseu^{31} ta^{24} mo^{11}, tso^{55} ɬo^{43} nao^{31} taŋ^{31} tso^{55} ʐu^{44}
tso^{55} ʐu^{44} ŋau^{31} taŋ^{11} qa^{43} la^{31} tlo^{43}
ŋku^{31} tseu^{31} ta^{24} mo^{11} tsi^{44} tsʻa^{44} le^{31} ti^{43} tɕʻcu^{44}
tɕau^{55}ɳʈou^{24} ɴqa^{24} tseu^{31} ta^{24} mo^{11} tsi^{44} tsʻa^{44} qa^{43} ŋe^{13} le^{31} ʈou^{44} qaŋ^{43} nto^{31}
ŋku^{31} tseu^{31}ʈa^{24} mo^{11} ma^{43} tou^{44} tsʻa^{55} maŋ^{31} lo^{11} tsa^{33} tsʻa^{55} nta^{24}
tsʻa^{55} nta^{24} lo^{11} ti^{44} lo^{44} fu^{55} koŋ^{43}
ŋku^{31} tseu^{31} ta^{24} mo^{11} ta^{24} ɲau^{43} lo^{43} ɬi^{44} qa^{43} tla^{24}
tɕau^{55}ɳʈou^{24} ɴqa^{24} tseu^{31} ta^{24} mo^{11} ta^{24} ʈou^{44} lo^{43} ɬi^{44} o^{33} qoŋ^{43}
ŋku^{31} tseu^{31} ta^{24} mo^{11} ma^{43} tou^{44} tsʻa^{55} maŋ^{31} lo^{11} tsa^{33} tsʻa^{55} nta^{24}
tsʻa^{55} nta^{24} ti^{44} tou^{44} tso^{31} so^{55} tlo^{43}
ŋku^{31} tseu^{31} ta^{24} mo^{11} ta^{24}ʈou^{44} ɬi^{44} qa^{43} tla^{24}
tɕau^{55}ɳʈou^{24} ɴqa^{24} tseu^{31} ta^{24} mo^{11} ta^{24} ʈou^{44} lo^{43} ɬi^{44} o^{33} qoŋ^{43}
ŋku^{31} tseu^{31} ta^{24} mo^{11} tɕʻa^{44} ɳʈo^{24} ni^{11} ɲau^{43}
tɕau^{55}ɳʈou^{24} ɴqa^{24} tseu^{31} ta^{24} mo^{11} tɕʻa^{44} nto^{24} ni^{11} tɕai^{55}
ŋku^{31} tseu^{31} ta^{24} mo^{11} tse^{24} ta^{24} ki^{55} a^{44} la^{24} pa^{43} qa^{43}ʈoŋ^{31}

tɕau^{55}ɳʈou^{24} ɴqa^{24} tseu^{31} ta^{24} mo^{11} tse^{24} ni^{11} to^{43} tɕaŋ^{31} ki^{55} a^{44} pa^{43} nto^{24} tɕo^{43}
ŋku^{31} tseu^{31} ta^{24} mo^{11} tɕʻa^{55} ɳʈo^{24} ni^{11} ɳau^{43}
tɕau^{55}ɳʈou^{24} ɴqa^{24} tseu^{31} ta^{24} mo^{11} ɳʈo^{24} ni^{11} tɕo^{11}
ŋku^{31} tseu^{31} ta^{24} mo^{11} tse^{24} to^{43} ki^{55} a^{44} la^{24} pa^{43} qa^{43}ʈoŋ^{31}
tɕau^{55}ɳʈou^{24} ɴqa^{24} tseu^{31} ta^{24} mo^{11} tse^{24} ni^{11} to^{43} tɕaŋ^{31} ki^{55} a^{44} la^{24} pa^{43} qa^{43} ntsaŋ^{55}

18. ŋku^{31} tseu^{31} ta^{24} mo^{11} ma^{43} tsʻa^{55} ma^{31} lo^{11} tsa^{33} tsʻa^{55} nta^{24}

tsʻa^{55} nta^{24} si^{44} ʈi^{44} lo^{43} qa^{43} koŋ^{43}
ŋku^{31} tseu^{31} ta^{24} mo^{11} ta^{21} ɳau^{43} ɬi^{44} qa^{44} tla^{13}
tɕau^{55}ɳʈou^{24} ɴqa^{24} tseu^{31} ta^{24} mo^{11} ta^{24} ʈou^{44} ɬi^{44} o^{33} qoŋ^{43}
ŋku^{31} tseu^{31} ta^{24} mo^{11} ma^{43} tsʻa^{55} maŋ^{31} lo^{11} tsa^{33} tsʻa^{55} nta^{24}
tsʻa^{55} nta^{24} si^{44} ti^{44} tso^{31} so^{55} tlo3
ŋku^{31} tseu^{31} ta^{24} mo^{11} ta^{24}ʈou^{44} ɬi^{44} qa^{43} tla^{13}
tɕau^{55}ɳʈou^{24} ɴqa^{24} tseu^{31} ta^{24} mo^{11} ta^{24} ʈou^{44} ɬi^{44} o^{31} qoŋ^{43}
ŋku^{31} tseu^{31} ta^{24} mo^{11} sei^{55}ʈoŋ^{24} tsi^{44} kʻou^{55} ku^{24}
ku^{24} tou^{44} fa^{44} seŋ^{43} toŋ^{24} laŋ^{24} tsi^{55} tɕaŋ^{43} tsi^{44} kʻou^{55} ɴqa^{55}
ɴqa^{55} tou^{44} ŋku^{31} tseu^{31} mpo^{44} qa^{43} tseu^{24} lo^{11} tso^{24} ɳʈaŋ^{11} ʈi^{43}
ma^{43} tou^{44} ʐu^{55} i^{55} lo^{11} ʐu^{55} i^{55} qa^{43}ɴqaŋ^{31} lei^{43}
ʐu^{55} i^{55} mau^{24} tsi^{44} ɳoŋ^{24} qa^{43} su^{33} ŋa^{31} ta^{43} qa^{13} ta^{43}
kaŋ^{31} nto^{31} tsi^{11} ki^{24} ntso^{55} qoŋ^{31}ɳʈa^{24} ɳʈau^{55} tsi^{11} qʻe^{44}

sa^{43} ko^{43} ɳo^{31} sa^{43} ko^{43} ty^{13} tsi^{11} qɛu^{13} ɕo^{44}
ɕo^{44} nto^{31} tsi^{44} leu^{11} lo^{11} tso^{24} ŋku^{31} tseu^{31} a^{43} qa^{43} tsʻa^{55}
ŋku^{31} tseu^{31} ta^{24} mo^{11} sei^{43}ʈoŋ^{24} tsi^{44} kʻou^{55} ku^{24}
ku^{24} tou^{44} fa^{44} seŋ^{55} toŋ^{24} laŋ^{24} tsi^{55} tɕaŋ^{43} tsi^{44} kʻou^{55} ɴqa^{55}
ɴqa^{55} tou^{44} ŋku^{31} tseu^{31} lo^{11} mpo^{44} qa^{43} tseu^{24} lo^{11} mo^{11} tso^{24} qa^{43} ɳʈaŋ^{43} ɳʈaŋ^{11}
ma^{43} tou^{44} fu^{33} ʐu^{55} i^{55} lo^{11} ʐu^{55} i^{55} qa^{43}ɴqaŋ^{31} lei^{43}ʻ ʐu^{55} i^{55} mau^{24} qa^{43} ɳoŋ^{24} ntau^{24} qa^{44} ta^{43}
kaŋ^{31} nto^{31} ki^{24} ntso^{55} qoŋ^{31}ɳʈa^{24} ɳʈau^{55} tsi^{11} qʻe^{44}
sa^{43} ko^{43} ɳo^{31} sa^{43} ko^{43} ty^{13} tsi^{11} qɛu^{13} ɕo^{44}
ɕo^{44} nto^{31} tsi^{44} leu^{11} lo^{11} tso^{24} ŋku^{31} tseu^{31} lo^{43} qa^{43} tsʻa^{55} kʻu^{44}
ŋku^{31} tseu^{31} ɳau^{43} tʻou^{33} a^{44} tsoŋ^{24} po^{55} tʻa^{55}
tɕau^{55}ɳʈou^{24} ɴqa^{24} tseu^{31} a^{44} n̥au^{44} lo^{11} la^{31} ʈao^{31}
nto^{31} so^{43} tsʻa^{43} lo^{11} , la^{24} ma^{31} ntsi^{31} ma^{31} ŋkeu^{13}
qa^{43} ʑeu^{24} ku^{55} voŋ^{13} , qa^{43} po^{31} ʐi^{55}ʈeu^{11}
ɕoŋ^{44} ŋa^{55} ŋkeu^{31} tseu^{31} pa^{24} vaŋ^{31} pa^{24} tse^{55} taŋ^{11}
ŋku^{31} tseu^{31}ɳʈʻai^{43} tsi^{44} ʈu^{24} qa^{43} tsi^{44} hai^{33} i^{43} lo^{43} ʐoŋ^{44}
ɕoŋ^{44} ŋa^{55} tɕau^{55}ɳʈou^{24} ɴqa^{24} tseu^{31} pa^{24} vaŋ^{31} tse^{55} taŋ^{11}

ʨau^{55}ɳʈou^{24} ɴqa^{24} tseu^{31} ɳʈʻa^{55} tsi^{44} ʈou^{24} ke^{55} saŋ^{55} laŋ^{24}
la^{24} ma^{31} ntsi^{31} ma^{31} ŋkeu^{13} , la^{24} hai^{33}ɴqe^{11} a^{44} qoŋ^{43}
ʨau^{55}ɳʈou^{24} ɴqa^{24} tseu^{31} pa^{24} vaŋ^{11} pa^{24} tse^{55} taŋ^{11}
ʨau^{55}ɳʈou^{24} ɴqa^{24} tseu^{31} ɳʈʻai^{55} tsi^{44} tou^{24} hai^{33} i^{43} lo^{43} pu^{55} ʐoŋ^{44}
ɕoŋ^{44} ȵa^{55} ŋku^{31} tseu^{31} pa^{24} vaŋ^{11} pa^{24} tse^{55} taŋ^{11}
ŋku^{31} tseu^{31}ɳʈʻai^{55} tsi^{44} tou^{24} to^{11} qa^{43} tsi^{44} hai^{33} tsi^{44} tou^{24} i^{43} lo^{43} lo^{11} ʐoŋ^{44}

19.（见意译文本的《13. “朱哑祝鲁”》）

to^{11} noŋ^{24}ɳʈa^{44} qa^{31} lo^{11} to^{11} noŋ^{24} ɳʈa^{44}
to^{11} noŋ^{31}ɳʈa^{44} qa^{43} ȵʨu^{31} li^{55}
ma^{31} ao^{43} ʨau^{55} mpeu^{24} to^{43}ɳʈou^{24} ȵau^{43} ke^{55} tli^{43}
ʨa^{44} tli^{43} ta^{31} tso^{24} li^{24}
ʑau^{24} ke^{55} qa^{43} lu^{11}ɳʈo^{24} la^{24} mpa^{31} qoŋ^{43}
ʑau^{24} lu^{11} ki^{55} a^{44} ŋa^{55} qʻe^{43} tou^{44} tsu^{55} ʑa^{13} tsu^{31} lu^{11} ʈoŋ^{31} vaŋ^{31} ȵe^{31}

to^{11} ȵoŋ^{24}ɳʈa^{44} qa^{31} lo^{11} to^{11} noŋ^{24} ɳʈa^{44}
to^{11} ȵoŋ^{31}ɳʈa^{44} qa^{43} ȵʨu^{31} tlo^{43}
ma^{31} au^{43} ʨau^{55} mpeu^{24} to^{43}ɳʈou^{24} ȵau^{43} ke^{55} tli^{43}
ʨa^{44} tli^{43} ta^{31} tso^{24} li^{24}
ʑau^{24} ke^{55} qa^{43} lu^{11}ɳʈo^{24} la^{24} mpa^{31} qoŋ^{43}
ʑau^{24} lu^{11} ki^{55} a^{44} ŋa^{55} qʻe^{43} tou^{44} tsu^{55} ʑa^{13} tsu^{31} lu^{11} lo^{43} qa^{43} ʈoŋ^{31} vaŋ^{31} ko^{43}
mpo^{31} ʑau^{24} to^{11} qa^{43} tsi^{44} mpo^{31}
mpo^{31} ʑau^{24} tsu^{55} ʑa^{13} tsu^{31} lu^{11} mpo^{31}
ntse^{55} ʑau^{24} to^{11} qa^{43} tsi^{44} ntse^{55}
ntse^{55} ʑau^{24} tsu^{55} ʑa^{13} tsu^{31} lu^{11} ntse^{55}

la^{24} hai^{33} tsu^{55} ʑa^{13} tsu^{31} lu^{11} ma^{31} i^{43} len^{31} ŋku^{31} ntsʻai^{33} ntseu^{13}
qa^{43} ntse^{31} tleu^{43} tsi^{11} veu^{11} su^{33} to^{11} ntse^{11} ŋo^{31}
ntse^{31} ha^{31} ma^{24} ʐa^{31} tsi^{44} teu^{24} su^{33} to^{11} ntse^{11} i^{55}

ʑau^{24} tsu^{55} ʑa^{13} tsu^{31} lu^{11} ma^{31} i^{43} len^{31} ŋku^{31} ntsʻai^{33} ntseu^{13}
qa^{43} ntse^{31} tle^{43} tsi^{11} veu^{11} su^{33} to^{11} ntse^{11} ŋo^{31}
ntse^{31} ha^{31} ma^{24} ʐa^{31} tsi^{44}ʈeu^{24} su^{33} to^{11} ntse^{11} a^{55}

ʑau^{24} to^{11} qa^{43} tsi^{44} ma^{31} taŋ^{11} to^{11} kʻu^{55} ʈʻa^{55} lo^{11} ɳʈo^{24} la^{24} ʨʻe^{43} tse^{55}
ʑau^{24} tsu^{55} ʑa^{13} tsu^{31} lu^{11} ma^{31} taŋ^{11} to^{11} kʻu^{55} ʈʻa^{55} ɳʈo^{24} la^{24} ʨʻe^{43} tse^{55}
ʑau^{24} to^{11} qa^{43} tsi^{44} ma^{31} kʻai^{33} lo^{11} ɳʈo^{24} la^{24} ɬai^{33} tlau^{24}
ʑau^{24} tsu^{55} ʑa^{13} tsu^{31} lu^{11} ma^{31} kʻai^{31} lo^{11} ɳʈo^{24} la^{24} ɬai^{33} tlau^{24}
la^{24} hai^{33} tsu^{55} ʑa^{13} tsu^{31} lu^{11} ȵau^{43} i^{44} ntau^{44} mpi^{44}

tsʻu43 ʈoŋ31 tse55 tsi24 va11 ʈu44 pei11 qa43 ʐa44 mpau24
ʑau24 to11 qa43 tsi44 ma31 taŋ11 kʻu55 ʈʻa55 lo11 ɳʈo24 la24 tɕʻe43 tse55
ʑau24 tsu55 ʑa13 tsu31 lu11 ma31 taŋ11 kʻu55 ʈʻa55 lo11 ɳʈo24 la24 tɕʻe43 tse55
ʑau24 to11 qa43 tsi44 ma31 kʻai31 lo11 ɳʈo24 la24 ɬai33 qei31
ʑau24 tsu55 ʑa13 tsu31 lu11 ma31 kʻai31 lo11 ɳʈo24 la24 ɬai33 qei31
la24 hai33 tsu55 ʑa13 tsu31 lu11 ȵau43 i44 ntau44 mpi44
tsʻu43 toŋ31 tse55 tsi11 va11 ʈu44 pei11 qa43 ʐa31 ʐi31

ʑau24 ʐoŋ44 tsu31 lo11 nao31 ʐoŋ44 n̥au44
ʐoŋ44 ntse11 nao31 ʐoŋ44 ka24
ʐoŋ44 tsu31 ʐoŋ44 tsi11 ko24 ta31 pei11 lo44 fu44 ʐau11
ʐoŋ44 ntse11 ŋo31 tɕau44 ntse11 ni13 qa43 ti33ʈi44 lai24 mplai11 ta31 ti24 lo43 qaŋ43 ʐe43 ntsa43

ʑau24 ʐoŋ44 tsu31 lo11 nao31 ʐoŋ44 n̥au44
ʐoŋ44 ntse11 lo11 nao31 ʐoŋ44 kaŋ43
ʐoŋ44 tsu31 ʐoŋ44 tsi11 ko24 ta31 pei11 lo44 fu43 ʐau11
ʐoŋ44 ntse11 ŋo31 tɕau44 ntse11 ni13 qa43 ti33ʈi44 lai24 mplai11 ta31 ti24 lo43 qaŋ43 ʐe43 ʐa43
qaŋ43 ʐao11 ni31 tɕa43 ɬa43, fu44 ʐau11 ntsʻou44 ntsʻou55
qaŋ43 ʐau11 tɕe33 taŋ11 i43 tsu13 tsi55 qou31 ŋkʻau43
fu44 ʐau11 tɕe33 taŋ11 i43 tsu13 lau43 pa43 ntoŋ44
qaŋ43 ʐau11 tɕa43 ɬa43, fu44 ʐau11 sa43 tɕe31
qaŋ43 ʐau11 ni31 tɕe33 taŋ11 i43 tsu13 tsi55 qou31 ŋkʻau43
fu44 ʐau11 tɕe33 taŋ11 i43 tsu13 lau43 pa43 toŋ31

20.（见意译文本的《14. 逃婚男女》）

ȵo31 tlaŋ31 nao31ʈu44 pʻaŋ43 ʐaŋ11 ntsʻaŋ43
tsi55 noŋ11 pu11 ŋa55 te24 ȵʈɕa44 pu11 ŋkʻau44 ʈu44 tsoŋ31 maŋ43 tɕaŋ43
ŋku31 faŋ44 faŋ44 lo11 mo11 tsi44 tou44 len31 ŋe13 i43 tli44 qo43 n̥au44 qa43 tse11 ŋau31
ɳʈou24 faŋ44 faŋ44 lo11 mo11 tsi44 ka24 ni11 tɕo31 ni11 la24 hai33 i43 lo43 qaŋ43
ȵo31 tlaŋ31 nao31ʈu44 pʻaŋ43 ʐaŋ11 ntsʻaŋ43
tsi55 noŋ11 pu11 ŋa55 te24 ȵʈɕa44 pu11 ȵʈɕa44 pu11 ŋkʻau44 ʈu44 tsoŋ31 maŋ43 soŋ44
ŋku31 faŋ44 faŋ44 lo11 mo11 tsi44 tou44 len31 ŋe13 i43 tli44 qo43 n̥ao44 qa43 tse11 ŋau31
ɳʈou24 faŋ44 faŋ44 lo11 mo11 tsi44 ka24 ni11 tɕo31 ni11 la24 hai33 i43 lo44 ʐoŋ44
ŋku31 faŋ44 lo11 mo11 pu44ʈu44 ni11 ŋe13 tsaŋ31 tsi55
ɳʈou24 faŋ44 lo11 mo11 pu44 ɳʈou24 faŋ44 tsi55 tse55 ʈau43
ŋku31 faŋ44 lo11 mo11 qʻe43 ʈu44 ni11 ŋe13 qa43 ʈoŋ31 tsi44 ka44 qʻe43

ɳʈou^{24} faŋ^{44} lo^{11} mo^{11} tsi^{44} ka^{24} ni^{11} tɕo^{31} ni^{11} la^{24} n̥ao^{43}

ŋku^{31} faŋ^{44} lo^{11} mo^{11} pu^{44}ʈu^{44} ni^{11} ŋe^{13} tsaŋ^{31} tsi^{55}

ɳʈu^{24} faŋ^{44} lo^{11} mo^{11} pu^{44} ʈu^{44} ni^{11} tsi^{55} tse^{55} ɳʈu^{24}

ŋku^{31} faŋ^{44} lo^{11} mo^{11} qʻe^{43} ʈu^{44} ni^{11} ŋe^{13} lo^{43} qa^{43} ʈoŋ^{31} tsi^{44} ka^{44} qʻe^{43}

ɳʈu^{24} faŋ^{44} lo^{11} mo^{11} tsi^{44} ka^{24} ni^{11} tɕo^{31} ni^{11} la^{24} pu^{43}

ŋku^{31} faŋ^{44} faŋ^{44} qaŋ^{43} tɕo^{43}

ɳʈu^{24} faŋ^{44} faŋ^{44} fu^{44} nto^{31}

ŋku^{31} faŋ^{44} faŋ^{44} qa^{43} tɕai^{55}

ɳʈu^{24} faŋ^{44} faŋ^{44} fu^{44} nto^{31} lo^{11} a^{44} tsi^{55} ntai^{55}

ʑau^{24} nto^{31} lo^{11} tsi^{44} ʑau^{24} ŋku^{31} faŋ^{44} sei^{43}

tlaŋ^{43} lu^{11} lo^{11} tsi^{44} ʑau^{24}ɳʈou^{24} faŋ^{44} pleu^{55}

ŋku^{31} faŋ^{44} ŋe^{13} po^{13} ŋku^{31} faŋ^{44} tsi^{44} po^{13} tau^{43} lo^{11}

ŋku^{31} faŋ^{44} ŋe^{13} a^{44} ȵtɕa^{55} mple^{31} ȵtɕa^{55} mplou^{13} pau^{43}ʈu^{44} su^{44} tsaŋ^{31}

ɳʈu^{24} faŋ^{44} tsi^{55} tau^{11} ɳʈu^{24} faŋ^{44} tsi^{44} po^{11} ʈau^{43} lo^{11}

ɳʈu^{24} faŋ^{44} tsi^{55} ntse^{24} ȵe^{31} tleu^{43} ntsʻe^{55} leu^{11} pau^{43} ʈu^{44} su^{44} ki^{43}

ŋku^{31} faŋ^{44} ŋe^{13} tau^{11} ŋku^{31} faŋ^{44} tsi^{44} po^{13} tau^{43} lo^{11}

ŋku^{31} faŋ^{44} ŋe^{13} a^{44} ȵtɕa^{55} mple^{31} ȵtɕa^{55} mplou^{13} pa^{24}ʈu^{24} mu^{43} ʐau^{11} tse^{55} tɕau^{55} ɬa^{33} tɕe^{55}

ɳʈu^{24} faŋ^{44} tsi^{55} tau^{11} ɳʈou^{24} faŋ^{44} tsi^{44} po^{13} ʈau^{55} lo^{11}

ɳʈu^{24} faŋ^{44} tsi^{55} ntso^{24} ȵe^{31} tleu^{43} ts ʻ e^{55} leu^{11} ma^{43} tou^{44} mu^{43} ʐau^{11} tse^{55} len^{31} ŋku^{31} ȵaŋ^{43}

ŋku^{31} faŋ^{44} faŋ^{44} qa^{43} tɕo^{43}

ɳʈu^{24} faŋ^{44} faŋ^{44} fu^{44} nto^{31}

ŋku^{31} faŋ^{44} faŋ^{44} qa^{43} tɕai^{55}

ɳʈu^{24} faŋ^{44} faŋ^{44} fu^{44} nto^{31} lo^{11} a^{44} tsi^{55} ntai^{55}

ʑau^{24} nto^{31} lu^{11} tsi^{44} ʑau^{24} ŋku^{31} faŋ^{44} sei^{43}

tlaŋ^{43} lu^{11} lo^{11} tsi^{44} ʑau^{24}ɳʈu^{24} faŋ^{44} pleu^{55}

ŋku^{31} faŋ^{44} ŋe^{13} tau^{11} ŋku^{31} faŋ^{44} tsi^{44} po^{13}ʈau^{43} lo^{11}

ŋku^{31} faŋ^{44} ŋe^{13} a^{44} ȵtɕa^{55} mple^{31} ȵtɕa^{55} mplou^{13} pau^{43}ʈu^{44} su^{44} tsaŋ^{31}

ɳʈu^{24} faŋ^{44} tsi^{55} tau^{11} ɳʈu^{24} faŋ^{43} tsi^{44} po^{13} ʈau^{43} lo^{11}

ɳʈu^{24} faŋ^{44} tsi^{55} nto^{24} ȵe^{31} tleu^{43} ntsʻe^{55} le^{11} pau^{43} ʈu^{44} su^{44} ki^{43}

ŋku^{31} faŋ^{44} ŋe^{13} tau^{11} ŋku^{31} faŋ^{44} tsi^{44} po^{13}ʈau^{43} lo^{11}

ŋku^{31} faŋ^{44} ŋe^{13} a^{44} ȵtɕa^{55} mple^{31} ȵtɕa^{55} mplou^{13} pa^{24} tou^{44} mu^{43} ʐau^{11} tse^{55} tɕau^{55} ɬa^{33} ke^{55}

ɳʈu^{24} faŋ^{44} tsi^{55} tau^{11} ɳʈu^{24} faŋ^{44} tsi^{44} po^{13} ʈau^{43} lo^{11}

ɳʈu^{24} faŋ^{44} tsi^{55} ntso^{24} ȵe^{31} tleu^{43} ntsʻe^{55} leu^{11} ma^{43} tou^{44} mu^{43} ʐau^{11} tse^{55} ŋku^{31} su^{43}

ŋku^{31} faŋ^{43} hai^{43} ntu^{24} faŋ^{44} tsi^{43} lo^{43} m̥au^{44} tsi^{44} po^{33} tsi^{55} po^{33} tsi^{55} tsa^{13} lo^{11} mo^{11}

ŋku^{31} faŋ^{44} ntau^{31} ke^{55} ntau^{31} tsi^{31}ɳʈu^{44} tau^{31} haŋ^{55}
tɕau^{55}ɳʈu^{24} faŋ^{43} ntau^{31} ke^{55} ntau^{31} tsi^{31} ɳʈu^{44} tleu^{13}
ŋku^{31} faŋ^{44} faŋ^{44} lo^{11} mo^{11} tsi^{44} tou^{24}
tsi^{44} ntsʻai^{44} qa^{43} tsi^{44} ntsʻai^{44} taŋ^{11} maŋ^{43} ɬaŋ^{55} ʐau^{31}
ɳʈu^{24} faŋ^{44} faŋ^{44} lo^{11} mo^{11} tsi^{44} ʈou^{24}
tsi^{44} ntsʻai^{44} to^{11} qa^{43} tsi^{44} ntsʻai^{44} taŋ^{11} maŋ^{43} ɬaŋ^{55} ʐeu^{13}
ŋku^{31} faŋ^{44} hai^{43}ɳʈou^{24} faŋ^{43} tsi^{43} lo^{43} m̥au^{44} tsi^{44} po^{33} tsi^{55} tsa^{13} lo^{11} mo^{11}
ŋku^{31} faŋ^{44} ntau^{31} ke^{44} ntau^{31} tsi^{31}ɳʈu^{44} tau^{31} haŋ^{55}
ɳʈou^{24} faŋ^{44} ntau^{31} ke^{44} ntau^{31} ɳʈou^{44} le^{44} ŋa^{43}
tsi^{44} ntsʻai^{44} to^{11} qa^{43} tsi^{44} ntsʻai^{33} taŋ^{11} maŋ^{43} ɬaŋ^{55} ʐau^{31}
ŋku^{31} faŋ^{44} faŋ^{44} lo^{11} mo^{11} tsi^{44} tou^{24}
tsi^{44} ntsʻai^{44} to^{11} qa^{43} tsi^{44} ntsʻai^{44} taŋ^{11} maŋ^{43} ɬaŋ^{55} tɕaŋ^{43}
ŋku^{31} faŋ^{43} ha^{43}ɳʈou^{24} faŋ^{44} tsi^{43} lo^{43} m̥au^{44} tsi^{44} po^{33} tsi^{55} tsa^{13} lo^{11} mo^{11}
ȵ̥tɕe^{44} taŋ^{11} lo^{43} ʐoŋ^{55} mo^{11} sou^{44} si^{43}
lo^{43} ʐoŋ^{55} mo^{11} sou^{44} si^{43} te^{24} su^{44}ɳʈaŋ^{11} haŋ^{55}
la^{24} tou^{44} ʐoŋ^{44} to^{43} tɕau^{31} ʐoŋ^{44}ʈoŋ^{24}
la^{24} qo^{43}ʈoŋ^{31} nti^{44} pu^{44} a^{44} ve^{31} ʈoŋ^{24} le^{44} ȵ̥tɕe^{44} ntlo^{43}
ŋku^{31} faŋ^{44} tou^{44} tsi^{55} to^{43} tɕau^{31} tsi^{55}ʈoŋ^{24}
a^{44} su^{33} i^{43} tau^{13} ntu^{33} qa^{43} maŋ^{31} tsi^{44} ma^{31} ŋkaŋ^{31}
ŋku^{31} faŋ^{43} ha^{43}ɳʈu^{24} faŋ^{44} tsi^{43} lo^{43} m̥au^{44} tsi^{44} po^{33} tsi^{55} tsa^{13} lo^{11} mo^{11}
ȵ̥tɕe^{44} taŋ^{11} lo^{43} ʐoŋ^{55} mo^{11} sou^{44} si^{43}

lo^{43} ʐoŋ^{55} mo^{11} sou^{44} si^{43} tse^{24} su^{44}ɳʈaŋ^{11} pi^{11}
la^{24} tou^{44} ʐoŋ^{44} to^{43} tɕau^{31} ʐoŋ^{44}ʈoŋ^{24}
la^{24} qo^{43}ʈoŋ^{31} nti^{44} pu^{44} a^{44} ve^{31} ʈoŋ^{24} le^{44} ȵ̥tɕe^{44} ntlo^{43}
ŋku^{31} faŋ^{44} tou^{44} tsi^{55} to^{43} tɕau^{31} tsi^{55}ʈoŋ^{24}
a^{44} su^{33} i^{43} tau^{13} ntu^{33} qa^{43} maŋ^{31} tsi^{44} ma^{31} tɕe^{43}

21. tɕa^{44} ta^{31} tɕa^{44} tsi^{44} ntsu^{24} ntsʻa^{55}

tɕa^{44} tsʻa^{43} tou^{44} mploŋ^{31} tɕe^{43} ntoŋ^{44} tsi^{24} ȵ̥oŋ^{24} ʈu^{44} tau^{13} i^{43}
ŋku^{31} faŋ^{44} faŋ^{44} lo^{11} mo^{11} tsi^{44}ʈu^{24}
ma^{43} ŋe^{13} le^{44} te^{31}ʈie^{43} qa^{43} maŋ^{31} pa^{24} a^{44} qa^{43} tsa^{24} lo^{11} ɳʈo^{24} la^{24} nti^{44} ɬi^{44}
ɳʈu^{24} faŋ^{44} faŋ^{43} lo^{11} mo^{11} tsi^{44} ʈu^{24}
ɳʈu^{24} faŋ^{44} ma^{43} ɳʈu^{24} faŋ^{44} tsi^{55} ntaŋ^{31} pa^{24} a^{44} qa^{43} tsa^{24} lo^{11} ɳʈo^{24} la^{24} nti^{44} tse^{43}
tɕa^{44} ta^{31} tɕa^{44} tsi^{44} ntsu^{24} ntsʻa^{55}
tɕa^{44} tsʻa^{43} tou^{44} mploŋ^{31} tɕe^{43} ntoŋ^{44} tsi^{24} ȵ̥oŋ^{24} ʈu^{44} tau^{13} ŋa^{43}
ŋku^{31} faŋ^{44} faŋ^{44} lo^{11} mo^{11} tsi^{44} tou^{24}
ma^{43} ni^{11} ŋe^{13} te^{13} tie^{43} qa^{43} maŋ^{31} pa^{24} a^{44} qa^{43} tsa^{24} lo^{11}ɳʈo^{24} la^{24} nti^{44} ɬi^{44}

ɳʈu^{24} faŋ^{44} faŋ^{44} lo^{11} mo^{11} tsi^{44} tu^{24}

ɳʈu^{24} faŋ^{44} ma^{43} ɳʈu^{24} faŋ^{44} tsi^{55} ntaŋ^{31} tlaŋ^{31} pa^{24} a^{44} qa^{43} tsa^{24} lo^{11} ɳʈo^{24} la^{24} nti^{44} n̥o^{43}

ŋku^{31} faŋ^{44} ŋku^{31} ŋau^{31} n̥a^{55}

ɳʈu^{24} faŋ^{44} ɳʈu^{24} nao^{31} ɴqe^{44}

ŋku^{31} faŋ^{43} faŋ^{43} lo^{11} mo^{11} faŋ^{44}ʈu^{44} ni^{11} ɲe^{13} te^{31} tie^{43} ti^{43} qa^{43} la^{31} lo^{11} ti^{43} qa^{43} p'a^{43}

ɳʈu^{24} faŋ^{44} faŋ^{44} tou^{44} ni^{11} tsi^{55} to^{11} ȵo^{31} qa^{43} tsai^{31}

ŋku^{31} faŋ^{44} ŋku^{31} ŋau^{31} n̥a^{55}

ɳʈu^{24} faŋ^{43} ɳʈu^{24} ŋau^{31} n̥oŋ^{43}

ŋku^{31} faŋ^{44} faŋ^{44} lo^{11} mo^{11} faŋ^{44}ʈu^{44} ni^{11} ɲe^{13} te^{31} tie^{43} ti^{43} qa^{43} la^{31} lo^{11} ti^{43} qa^{43} p'a^{43}

ɳʈu^{24} faŋ^{44} faŋ^{43} tou^{44} ni^{11} tsi^{55} to^{11} ȵo^{31} qa^{43} ɳʈu^{24}

ŋku^{31} faŋ^{44} ŋku^{31} ŋau^{31} n̥a^{55}

ɳʈu^{24} faŋ^{44} ɳʈu^{24} ŋau^{31} n̥oŋ^{43}

ŋku^{31} faŋ^{44} faŋ^{44} lo^{11} mu^{11} faŋ^{44}ʈu^{44} ni^{11} ɲe^{13} te^{31} tie^{43} ti^{43} qa^{43} la^{31} lo^{11} ti^{43} qa^{43} p'a^{43}

ɳʈu^{24} faŋ^{44} faŋ^{44} tou^{44} ni^{11} tsi^{55} lo^{43} tso^{44} n̥au^{44} a^{44} paŋ^{31} qoŋ^{43}

ŋku^{31} faŋ^{44} ŋku^{31} ŋau^{31} n̥a^{55}

ɳʈu^{24} faŋ^{44} ɳʈu^{24} ŋau^{31} mple^{31}

ŋku^{31} faŋ^{44} faŋ^{44} lo^{11} mo^{11} tsi^{44} tou^{24}, faŋ^{44} tu^{44} ni^{11} ɲe^{13} te^{31} tie^{43} i^{43} qa^{43} la^{31} lo^{11} ti^{43} qa^{43} p'a^{43}

ɳʈu^{24} faŋ^{44} faŋ^{44} lo^{11} mo^{11} tsi^{44} tou^{24}. faŋ^{44} ʈu^{44} ni^{11} tsi^{55} lo^{43} tso^{44} n̥au^{44} a^{44} paŋ^{31} mple^{31}

ŋku^{31} faŋ^{44} ha^{43}ɳʈu^{24} faŋ^{44} tsi^{44} lo^{43} m̥au^{44} tsi^{44} po^{33} tsi^{55} tsa^{31} lo^{11} mo^{11}

ŋku^{31} faŋ^{44} ntau^{31} ke^{55} ntau^{31}ɳʈu^{44} tau^{13} i^{43}

ɳʈu^{24} faŋ^{44} ntau^{31} ke^{55} ntau^{31} ɳʈu^{44} le^{43} o^{33}

ŋku^{31} faŋ^{44} faŋ^{44} lo^{11} mo^{11} tsi^{44} tu^{24}, ma^{43} ni^{11} ɲe^{13} te^{31} tie^{44} tsi^{44} ntsau^{31}

ɳʈu^{24} faŋ^{44} faŋ^{44} lo^{11} mo^{11} tsi^{44} tu^{24}, ma^{43} ni^{11} tsi^{55} ȵtɕe^{31} lau^{43} p'a^{31} ha^{43} lau^{43} voŋ^{13} p'o^{43}

ɳʈu^{24} faŋ^{44} ntau^{31} ke^{55} ntau^{31} ta^{31} ti^{24} lo^{43} tleu^{13}

ŋku^{31} faŋ^{44} faŋ^{44} lo^{11} mo^{11} tsi^{44} tou^{24}, ma^{43} ni^{11} ɲe^{13} te^{31} tie^{43} tsi^{44} ntsau^{31}

ɳʈu^{24} faŋ^{44} faŋ^{44} lo^{11} mo^{11} tsi^{44} tou^{24}, ma^{43} ni^{11} tsi^{55} ȵtɕe^{31} lau^{43} p'a^{31} ha^{43} ȵtɕe^{31} lau^{43} voŋ^{13} mpleu^{13}

22. ʑau^{24} tsu^{55} ʑa^{13} tsu^{31} lu^{11}Nqe^{11} lo^{11} ɳʈo^{24} la^{24} ts'o^{55} tse^{55}

tle^{31} tse^{55} tle^{31} si^{44} ȵtɕa^{11}

ʈoŋ^{24} tse^{55} ʈoŋ^{24} fa^{44} ki^{24}

ŋku^{31} tse^{55} ʑoŋ^{24} q'a^{44} ts'oŋ^{43} tɕau^{31} q'a^{44} ko^{24} lo^{43} tɕ'eu^{44} tsu^{55}

ɳʈu^{24} tse^{55} ma^{43} qa^{43} ntsi^{24} lo^{43} tɕ'eu^{44} ȵe^{31}

ʑau^{24} tsu^{55} ʑa^{13} tsu^{31} lu^{11}ɴqe^{11} lo^{11} ɳʈo^{24} la^{24} ts'o^{55} tse^{55}

tle^{31} tse^{55} tle^{31} si^{44} ȵtɕa^{11}

ʈoŋ^{24} tse^{55} ʈoŋ^{24} fa^{43} ʑo^{43}
ŋku^{31} tse^{55} ʑoŋ^{24} qʻa^{44} tsʻoŋ^{43} tɕau^{31} qʻa^{44} ko^{24} lo^{43} tɕʻeu^{44} tsu^{55}
ɳʈu^{24} tse^{55} ma^{43} qa^{43} ntsi^{24} lo^{43} tɕʻeu^{44} lo^{31} ko^{43}
ȵe^{31} ȵ̥a^{55} ȵe^{31} nta^{43} la^{55}，ko^{43} ȵ̥a^{55} ka^{43}ɳʈa^{43} ɬoŋ^{43}
ȵe^{31} tleu^{43} ntsʻe^{55} leu^{11} pu^{44} tsu^{55} ʑa^{13} tsu^{31} lu^{11} lo^{43} qaŋ^{43} tʻa^{44}
ʑau^{24} ʑa^{31} m̥au^{44} si^{44} ni^{44} tleu^{11} tsi^{44} ʑeu^{11} ta^{31} tsu^{55} ʑa^{13} tsu^{31} lu^{11} lo^{43} koŋ^{13} tsʻoŋ^{43}
ȵe^{31} ȵ̥a^{55} ȵe^{31} nta^{43} la^{55}
ko^{43} ȵ̥a^{55} ko^{43} tsi^{43} tɕu^{43}
ȵe^{31} tleu^{43} ntsʻe^{55} leu^{11} pu^{44} tsu^{55} ʑa^{13} tsu^{31} lu^{11} lo^{43} qa^{43} tʻa^{44}
ʑau^{24} ʑa^{31} m̥au^{44} si^{44} ni^{44} tleu^{11} tsi^{44} ʑeu^{11} ta^{31} tsu^{55} ʑa^{13} tsu^{31} lu^{11} lo^{43} koŋ^{13} tɕeu^{55}
ʐoŋ^{44} tsu^{31} ʐo^{24} ʐoŋ^{44} noŋ^{11}
noŋ^{11} tlʻi^{44} noŋ^{11} pi^{44} ʈo^{43}
ɴqai^{31} qaŋ^{43} ʑa^{44} ntse^{55} ʈu^{44}
tɕeu^{55} tleu^{44} qʻe^{44} lo^{11} tsu^{55} ʑa^{13} tsu^{31} lu^{11} lo^{43} qaŋ^{43} ho^{43}
noŋ^{11} tlʻi^{44} noŋ^{11} pi^{43} teu^{44}
ɴqai^{31} qaŋ^{43} ʑa^{44} ntse^{55} ʈu^{44}
tɕeu^{55} tleu^{44} qʻe^{44} lo^{11} tsu^{55} ʑa^{13} tsu^{31} lu^{11} lo^{43} qaŋ^{43} seu^{55}

23.（见意译文本的《15. 说亲歌》）
paŋ^{31} tsai^{31} pu^{44}ɳʈu^{44} ʈoŋ^{43}
sou^{44} qa^{44} ȵa^{44} a^{44} ȵtɕi^{24} nto^{31}
qʻa^{44} ta^{31} qʻa^{44} sai^{43} poŋ^{43}
qʻa^{44} ma^{43} tou^{44} qa^{43} po^{31} to^{11} qai^{43} ʈu^{44} ɳʈa^{43} ʈoŋ^{43}
qʻa^{44} ta^{31} qʻa^{44} sai^{43} tou^{44}
qʻa^{44} ta^{31} ma^{43} tou^{44} to^{11} qai^{43} qa^{43} lou^{44}
qʻa^{44} nao^{31} taŋ^{11} ɴqai^{31} qai^{43} keu^{44} taŋ^{11} lo^{43} fu^{44} ʑa^{44} sa^{43} mplai^{13}
ntsʻaŋ^{55} ntse^{44} ntsʻaŋ^{55} pu^{11} ɳʈu^{31}，mplai^{13} ntse^{44} mplai^{13} tsi^{44} ntsa^{43}
ntsʻaŋ^{55} ntse^{44} tɕe^{31} tɕaŋ^{11} po^{31} tɕa^{31} tsʻi^{43} tɕa^{43} fu^{44} ntoŋ^{31}
mplai^{13} ntse^{44} tse^{24} pu^{43} ni^{31} loŋ^{24} tsi^{43} tɕu^{13} tsʻi^{43} qa^{43} tɕa^{43} fu^{55} ko^{43}
qʻa^{44} ta^{31} qʻa^{44} sai^{43} poŋ^{43}
qʻa^{44} ma^{43} taŋ^{11} qa^{43} po^{31} to^{11} qai^{43} ȵau^{43} ɳʈa^{43} tɕoŋ^{31}
qʻa^{44} ta^{31} qʻa^{44} sai^{43} ʑai^{55}
qʻa^{44} ma^{43} to^{43} po^{31} ŋe^{13} lo^{43} mpa^{44} pu^{44} tɕai^{55}
qʻa^{44} nao^{31} taŋ^{11} ɴqai^{31} qai^{43} keu^{44} taŋ^{11} fu^{55} qai^{43} ʑa^{44} sa^{43} mplai^{13}
ntsʻaŋ^{55} ntse^{44} ntsʻaŋ^{55} pu^{11} ɳʈu^{31}，mplai^{13} ntse^{44} mplai^{13} tsi^{44} ʐa^{55}
ntsʻaŋ^{55} ntse^{44} tɕe^{31} taŋ^{11} po^{31} tɕa^{31} tsʻi^{43} tɕa^{43} fu^{44} ntoŋ^{31}
mplai^{13} ntse^{44} tse^{24} pu^{44} ni^{31} loŋ^{24} tsi^{43} tɕu^{13} tsʻi^{43} qa^{43} tɕa^{43} fu^{55} ko^{43}

ʐau^{24} to^{11} qa^{43} tsi^{44} tsau^{44} au^{43} tɕau^{55} tsi^{55} to^{43} qu^{44} ta^{31} mo^{11}ɳʈo^{24} la^{24}
leu^{55} len^{11}

ʐau^{24} tse^{55} tsu^{55}ɴqa^{55} au^{43} tɕau^{55} tsi^{55} to^{43} qu^{44} ta^{31} mo^{11} ɳʈo^{24} la^{24} leu^{55} len^{11}

ɕi^{31} tou^{44} tse^{55} tsu^{55} nts'ai^{33} ŋku^{31} ntseu^{13} lo^{11} tso^{24} tse^{55}

te^{11} qa^{43} lu^{11} ta^{43} tou^{44} te^{11} ko^{43} tou^{43}, lu^{31} ti^{43} qa^{43} ŋa^{55} ta^{43} tou^{44} lo^{43} ko^{43} tsi^{55}

te^{11} qa^{43} lu^{11} hai^{33} tou^{44} tsu^{55} tse^{55} tle^{31} lo^{11} saŋ^{44} tsu^{55} tse^{55} ʐo^{24} ȵtɕu^{31}

lu^{31} ti^{43} qa^{43} ŋa^{55} hai^{33} tsu^{31} mu^{43} lo^{43} nts'ai^{33} tle^{31} lo^{11} saŋ^{43} tsu^{31} mu^{43} loŋ^{24} ʐo^{24} lo^{44}

ʐau^{24} to^{11} qa^{43} tsi^{44} tsau^{44} au^{44} tɕau^{55} tsi^{55} to^{43} qu^{44} ta^{31} mo^{11}ɳʈo^{24} la^{24} leu^{55} len^{11}

ʐau^{24} tsu^{55} tse^{55} tsao^{44} au^{43} tɕau^{55} tsi^{55} to^{43} qu^{44} ta^{31} mo^{11}ɳʈo^{24} la^{24} leu^{55} len^{11}

te^{11} qa^{43} lu^{11} ta^{43} tou^{44} te^{11} ko^{43} tou^{43}, lu^{31} ti^{43} qa^{43} ŋa^{55} ta^{43} tou^{44} te^{11} ko^{43} tle^{43}

te^{11} qa^{43} lu^{11} hai^{33} tou^{44} tsu^{55} tse^{55} tle^{31} saŋ^{44} tsu^{55} tse^{55} ʐo^{24} ȵtɕu^{31}

lu^{31} ti^{43} qa^{43} ŋa^{55} hai^{33} mu^{43} loŋ^{24} tsu^{55} tse^{55} saŋ^{44}mu^{43} tsu^{55} ʐo^{24} n̥i^{55}

ʐau^{24} to^{11} qa^{43} tsi^{44} ma^{31} tle^{55} ntsoŋ^{31} lo^{11} tle^{55} ʑo^{55} tse^{55}

ʐau^{24} tse^{55} tsu^{55} ma^{31} tle^{55} ntsoŋ^{31} lo^{11} tle^{55} ʑo^{55} tse^{55}

tle^{55}ʈau^{55} lo^{11} ʈle^{55} tsau^{55} ɴqai^{31}

ɴqai^{31} qu^{44} ɴqai^{31} ti^{24} o^{33}

tsu^{55} tse^{55} ma^{31} i^{44} tsu^{13} wu^{55} tɕo^{31} qai^{43} tsi^{44} pleu^{55} ntau^{44} i^{43} tsu^{13} ʑoŋ^{44} qa^{43} ts'aŋ^{44}

a^{55} i^{43} tsu^{13} ntse^{55} tsi^{11} tlo^{43}

ʐau^{24} qa^{43} tsi^{44} ma^{31} tle^{55} ntsoŋ^{31} lo^{11} tle^{55} ʑo^{55} tse^{55}

tle^{55}ʈau^{55} lo^{11} ʈle^{55} tsau^{55} qai^{31}

ɴqai^{31} qu^{44} ɴqai^{31} ti^{24} lo^{43} tleu^{13}

tsu^{55} tse^{55} ma^{31} i^{43} tsu^{13} qai^{43} tsi^{11} plen^{55} ɬo^{44} i^{43} tsu^{13} ʑoŋ^{44} qa^{43} ts'aŋ^{43}

a^{44} i^{43} tsu^{13} ntse^{55}ʈeu^{13}

24.（见意译文本的《16. 姑娘做新娘》）

n̥o^{43} ta^{31} n̥o^{43} tso^{31} taŋ^{11} lo^{43} qaŋ^{43} nto^{31}

n̥o^{43} tɕi^{44} nti^{11}ʈou^{44} po^{31} qa^{43} ʐeu^{13} tse^{55} taŋ^{31} ɳʈaŋ^{11} ti^{43}

ŋku^{31} a^{44} ȵaŋ^{43} ts'ei^{43} sao^{43} tsa^{44} lo^{11} mo^{11}

tu^{43} tou^{44} ni^{11} po^{31} ni^{11} ʐeu^{11} tɕo^{11} ts'o^{55} nteu^{11}

ma^{31} qa^{43} ʑe^{43} la^{24} ko^{13} ɕi^{44} k'eu^{33} taŋ^{44}

n̥o^{43} ta^{31} n̥o^{43} tso^{31} taŋ^{11} lo^{43} qaŋ^{43} nto^{31}

n̥o^{43} tɕi^{44} nti^{11}ʈou^{44} po^{31} qa^{43} ʐeu^{13} tse^{55} taŋ^{31} ɳʈaŋ^{11} tleu^{13}

tu^{43} tou^{44} ni^{11} po^{31} ni^{11} ʐeu^{11} tɕo^{11} tɕ'o^{55} nteu^{11} leu^{11}

ma^{31} qa^{43} ʑe^{43} la^{24} ko^{13} ɕi^{44} k'eu^{33} taŋ^{44}

ŋku^{31} a^{44} ȵaŋ^{43} so^{43} tsa^{44} lo^{11} mu^{11}

ʈi^{31} tou^{44} pi^{43} t'oŋ^{43} ȵe^{31} lo^{11} pi^{43} tau^{13} t'i^{44} hai^{33} tou^{44} ku^{31} i^{55} ku^{31} nts'ei^{43} ɴqe^{11} lo^{11} q'ao^{55}
ʑe^{43}

ŋtku^{31} a^{44} ȵaŋ^{43} sao^{43} tsa^{44} lo^{11} mo^{11}

ti^{31} tou^{44} pi^{43} tʻoŋ^{43} ȵe^{31} lo^{11} pi^{43} tau^{13} tʻi^{44} hai^{33} tou^{44} ku^{31} i^{55} ku^{31} ntsʻei^{43} ɴqe^{11} lo^{11} q ʻau^{55} tɕaŋ^{43}

ŋku^{31} a^{44} ȵaŋ^{43} tsʻei^{43} sao^{43} tsa^{44} lo^{11} mo^{11}

mo^{11} la^{24} tsi^{44} ʑa^{44}， ʈau^{55} lo^{11} la^{24} tsi^{44} ɳʈu^{24} ʈau^{55} faŋ^{44}

ŋku^{31} a^{44} ȵaŋ^{43} tsʻei^{43} sao^{43} tsa^{44} lo^{11} mo^{11}

tou^{44} to^{11} ȵo^{31} ʑau^{24} to^{11} qa^{43}ɳʈo^{24} tle^{31}

tou^{44} to^{11} ʑaŋ^{31} tsʻi^{33} ʑau^{24} qa^{43} tsai^{31}

tseu^{31} ta^{44}， saŋ^{44} po^{43} ŋe^{13} tsi^{55} qa^{43} lu^{11} mo^{11} nao^{31}

tseu^{31} ȵtɕo^{44}． saŋ^{44} po^{43} ku^{55} ti^{31} ve^{55} ȵtɕu^{11} ȵe^{31} si^{44} tai^{43}

ŋku^{31} a^{44} ȵaŋ^{43} tsʻei^{43} sao^{43} tsa^{44} lo^{11} mo^{11}

tou^{44} to^{11} ȵo^{31} ȵau^{24} to^{11} qa^{43}ɳʈo^{24} tle^{31}

tou^{44} to^{11} ʑaŋ^{31} tsʻi^{33} ʑau^{24} qa^{43} tlo^{31}

tseu^{31} ta^{44}， saŋ^{44} po^{43} ne^{13} tsi^{55} qa^{43} lu^{11} mo^{11} nao^{31}

tseu^{31} ȵtɕo^{44}ʻsaŋ^{44} po^{43} ku^{55} ti^{31} ve^{55} ȵtɕu^{11} si^{44} po^{43}

ŋku^{31} a^{44} ȵaŋ^{43} tsʻei^{43} sau^{43} tsa^{44} lo^{11} mo^{11}

po^{43} to^{11} mpa^{44} ntsoŋ^{31} mpa^{44} tsi^{44} nao^{31} sa^{44}

ȵo^{31} ntso^{24} tsi^{24} ȵa^{24} tla^{44} tsʻa^{44} to^{11} ke^{55}

ŋku^{31} a^{44} ȵaŋ^{43} tsʻei^{43} sau^{43} tsa^{44} lo^{11} mo^{11}

mo^{11} la^{24} tsi^{44} ʑa^{44}， ʈau^{55} lo^{11} tsi^{44} nti^{24} ʈau^{55} ɬi^{43}

ŋku^{31} a^{44} ȵaŋ^{43} tsʻei^{43} sao^{43} tsa^{44} lo^{11} mo^{11}

po^{43} to^{11} mpa^{44} ntsoŋ^{31} mpa^{44} tsi^{44} nao^{31} sa^{44}

ȵo^{31} ntsoŋ^{24} tsi^{24} ȵa^{24} tla^{44} tsʻa^{44} lo^{43} qa^{43} mu^{43} ʐau^{11}

mo^{11} la^{24} tsi^{44} ʑa^{44}， ʈau^{55} lo^{11} la^{24} tsi^{44} ʈao^{55} faŋ^{55}

25. （见意译文本的《17. 接亲歌》）

qʻa^{44} ta^{31} qʻa^{44} tsi^{44} qʻo^{44} pi^{44} qʻo^{43} pu^{44} sei^{43} ȵao^{43} ɳʈaŋ^{11} tle^{31}

qʻa^{44} ta^{31} qʻa^{44} tsi^{44} qʻo^{44} ko^{55} qʻo^{43} qa^{43} ntsʻi^{44} ȵau^{43} qa^{43} nto^{24} tɕo^{43}

ʑa^{11} toŋ^{31} lo^{11}ɳʈo^{24} la^{24} ʈ ʻu^{55} oŋ^{43}， ʑa^{11} ɬou^{44} lo^{11} ɳʈo^{24} la^{24} ʑo^{24} te^{11}

ʑeu^{13} po^{31} koŋ^{43} tsʻa^{43} tse^{55} taŋ^{31} lo^{11} tau^{11} qʻa^{44} tsʻoŋ^{43}

plʻo^{55} taŋ^{31} tse^{55} lo^{11} tau^{11} noŋ^{24} li^{31} lo^{43} ʐe^{11}

qʻa^{44} ta^{31} qʻa^{44} tsi^{44} qʻo^{43} pi^{43} qʻo^{43} pu^{43} sei^{43} ȵau^{43} nto^{24} tle^{31}

qʻa^{44} ta^{31} qʻa^{44} tsi^{44} qʻo^{44} ko^{55} qʻo^{43} qa^{43} ntsʻi^{44} ȵao^{43} qa^{43} nto^{24} tɕo^{11}

ʑa^{11} toŋ^{31} lo^{11}ɳʈo^{24} la^{24} ʈʻu^{55} oŋ^{43}， ʑa^{11} ɬou^{44} lo^{11} ɳʈo^{24} la^{24} ʑo^{24} teu^{44}

ʑeu^{13} po^{31} koŋ^{43} tsʻa^{43} tse^{55} taŋ^{31} lo^{11} tau^{11} qʻa^{44} tsʻoŋ^{43}

plʻo^{55} taŋ^{31} tse^{55} lo^{11} tau^{11} noŋ^{24} li^{31} lo^{43} tɕʻɛu^{44}

qʻa^{44} ta^{31} tso^{24} tse^{55} tsʻai^{33} pi^{11} po^{43} to^{11} noŋ^{24} li^{31} tsi^{55} kai^{43} tsi^{55} ȵeŋ^{24} ɳʈe^{24}

qʻa^{44} ta^{31} ʦo^{24} ʦe^{55} ʦʻai^{33} tou^{24} po^{43} to^{11} noŋ^{24} li^{31} ʦi^{55} kai^{43} ʦi^{55} ȵeŋ^{24} tleu^{33}
qa^{43} qe^{44} ntsa^{43} pu^{11} ʦe^{11}, ʦi^{43} qe^{44}ɳʈou^{24} pu^{11} ɳʈu^{11}
m̥ao^{44} ŋa^{55} qʻa^{44} ta^{31} qʻa^{44} ʦʻo^{55} li^{31} ʨau^{31} ʦʻo^{55} nʦʻi^{44}
ɳʈo^{24} pi^{43} ŋe^{13} pi^{43} ʦi^{55} ntai^{55} ʦe^{31}
kaŋ^{31} nto^{31} ki^{24} nʦo^{55} lo^{11} o^{33} la^{11} o^{31} ʦʻo^{55} li^{31} ʦʻo^{55} nʦʻi^{44} ʑa^{44} ɳʈo^{24} qʻa^{44} ntai^{55} si^{55}
qʻa^{44} ta^{31} ʦo^{24} ʦe^{55} ʦʻai^{33} pi^{11} po^{43} to^{11} noŋ^{24} li^{31} ʦi^{55} kai^{43} ʦi^{55} ȵeŋ^{24} ɳʈe^{24}
qʻa^{44} ta^{31} ʦo^{24} ʦe^{55} ʦʻai^{33} tou^{24} po^{43} to^{11} noŋ^{24} li^{31} ʦi^{55} kai^{43} ʦi^{55} ȵeŋ^{24} tleu^{33}
m̥ao^{43} ŋa^{55} qʻa^{44} ta^{31} qʻa^{44} ʦʻo^{55} li^{31} ʨao^{31} ʦʻo^{55} nʦʻi^{44}
ɳʈo^{24} pi^{43} ŋe^{13} pi^{43} ʦi^{55} ntai^{55} ʦoŋ^{24}
qʻa^{44} ta^{31} ma^{43} qʻa^{44} tla^{43}, qʻa^{44} tʻu^{44} ma^{43} qʻa^{44} teu^{44}
qʻa^{44} ta^{31} tlou^{43} taŋ^{11} ni^{11} ʦi^{55} len^{31} qa^{43} lu^{11} sei^{43} pu^{11} ntsa^{43}
qʻa^{44} tʻu^{44} se^{43} tou^{44} ŋe^{13} loŋ^{24} ʑi^{44} ʦi^{55} vaŋ^{31} ʑi^{43} ʦi^{44} ɬeu^{43}
qʻa^{44} ta^{31} ʑa^{44} ma^{43} tla^{43}, qʻa^{44} tʻu^{44} ʑa^{44} ma^{43} te^{11}
qʻa^{44} ta^{31} tlou^{43} taŋ^{11} ni^{11} ʦi^{55} len^{31} qa^{43} lu^{11} sei^{43} pu^{11} ntsa^{43}
qʻa^{44} tʻu^{44} se^{43} tou^{44} ŋe^{31} loŋ^{24} ʑi^{44} ʦi^{55} vaŋ^{31} ʑi^{43} ʦi^{44} ɳʈu^{24}

26.（见意译文本的《18. 姑娘嫁老汉》）

noŋ^{24} ʨiŋ^{43} ʑaŋ^{44}ʈu^{44} su^{44} mploŋ^{31}
ʨiŋ^{43} a^{44} ʨa^{43} ʑaŋ^{44}ʈu^{44} su^{44} tsa^{44}
ʑau^{24} ŋku^{31} ŋe^{13} ʑo^{24} tou^{44} ŋku^{31} i^{43} len^{31} noŋ^{43}
ɴqa^{55} len^{31} ŋku^{31} ɴqe^{11} lo^{11} sai^{55} to^{43} ʨau^{31} sai^{55} ʈoŋ^{24}
sai^{55} tu^{44} mu^{43} ʐau^{11}ʈoŋ^{24} qa^{43} lu^{11} ʨau^{31} mu^{43} ʐoŋ^{55} ʈoŋ^{24} a^{44} ʈu^{44} fu^{33}

noŋ^{24} ʨiŋ^{43} ʑaŋ^{44}ʈu^{44} su^{44} mploŋ^{31}
ʨiŋ^{43} a^{44} ʨa^{43} ʑaŋ^{44}ʈu^{44} su^{44} ku^{24}
ʑau^{24} ŋku^{31} ŋe^{13} ʑo^{24} tou^{44} ŋku^{31} i^{43} len^{31} noŋ^{43}
ho^{44}ɴqe^{11} lo^{11} sai^{55} to^{43} ʨau^{31} sai^{55} ʈoŋ^{24}
sai^{55} tou^{44} mu^{43} ʐau^{11}ʈoŋ^{24} qa^{43} lu^{11} ʨau^{31} mu^{43} ʐoŋ^{55} ʈoŋ^{24} a^{44} ʈu^{44} sa^{43}

ʑau^{24} len^{31} ŋku^{31} ne^{13} ʑo^{24} tou^{44} ŋku^{31} i^{43} len^{31} noŋ^{43}
ho^{44} len^{31} ŋku^{31}ɴqe^{11} lo^{11} sai^{55} to^{43} ʨau^{31} sai^{55} ʈoŋ^{24}
sai^{55} tou^{44} mu^{43} ʐau^{11} toŋ^{24} qa^{43} lu^{11} ʨau^{31} mu^{43} ʐoŋ^{55}ʈoŋ^{24} qa^{44} ʈu^{44} to^{44}
len^{31} ŋku^{31} len^{31} qʻo^{44} ŋe^{13} ta^{43}
ʑo^{31} ŋe^{13}, ka^{24} ko^{35}ɴqe^{11} lo^{11} sai^{55} ʈoŋ^{24} ʨau^{31} sai^{55} to^{43}
a^{44} le^{43} sai^{55} tou^{44} mu^{43} ʐau^{11}ʈoŋ^{24} qa^{43} lu^{11} ʨau^{31} mu^{43} ʐoŋ^{55} ʈoŋ^{24} a^{44} ʈu^{44} fu^{33}
ni^{11} ŋe^{13} ha^{43} ni^{11} qʻo^{44} ta^{43}
ka^{55} to^{43} ʑau^{24} qa^{43} lo^{31} i^{43} si^{13} ʑau^{24} i^{43} ʦʻi^{43} ʈu^{44}
su^{33} taŋ^{11} ntsai^{44} mple^{31} naŋ^{24} lo^{11} a^{44} le^{44} mpa^{44} taŋ^{11} i^{43} kʻo^{43} ʦʻo^{43}

ʑau^{24} len^{31} ŋku^{31} ɲe^{13} ʑo^{24} tou^{44} ŋku^{31} i^{43} len^{31} noŋ^{43}
ho^{44} len^{31} ŋku^{31} ɴqe^{11} lo^{11} sai^{55} to^{43} tɕau^{31} sai^{55} toŋ^{24}
sai^{55} tou^{44} mu^{43} ʐau^{11} toŋ^{24} qa^{43} lu^{11} tɕau^{31} mu^{43} ʑoŋ^{55} toŋ^{24} qa^{44} tu^{44} to^{44}
len^{31} ŋku^{31} qʻo^{44} len^{31} ɲe^{13} ta^{43}
ʑo^{31} ɲe^{13}, ka^{24} ku^{35}ɴqe^{11} lo^{11} sai^{55} toŋ^{24} tɕau^{31} sai^{55} to^{43}
a^{44} le^{43} sai^{55} tou^{44} mu^{43} ʐau^{11} toŋ^{24} qa^{43} lu^{11} tɕau^{31} mu^{43} ʐoŋ^{55} toŋ^{24} a^{44} tu^{44} fu^{33}
ni^{11} ɲe^{13} ha^{43} ni^{11} qʻo^{44} ta^{43}
ka^{55} ta^{43} ʑau^{24} qa^{43} lo^{31} i^{43} si^{13} ʑau^{24} i^{43} tsʻi^{43} tu^{44}
su^{33} taŋ^{11} ntsai^{44} mple^{31} naŋ^{24} lo^{11} a^{44} le^{44} mpa^{44} taŋ^{11} i^{43} n̥aŋ^{43} tsʻo^{43}

ŋku^{31} ntsʻai^{33} nao^{31} taŋ^{11} qa^{43} lu^{11} ʈoŋ^{24} n̥au^{44}
pu^{44} tou^{44} qa^{43} lou^{11}ʈoŋ^{24} tsaŋ^{31}
tsaŋ^{31} lo^{11} ʑau23 tsaŋ^{31} tsʻo^{43}
qa^{43} lu^{11}ɳʈou^{24} lo^{43} sei^{43} so^{44} nto^{31} si^{44} mpao^{43}
ŋku^{31} a^{43} sei^{43}ɳʈu^{24} ʐo^{31} ʑeŋ^{11} ɳʈu^{24} tla^{44} tsʻa^{44} tso^{31} ke^{55}
ŋku^{31} ntsʻai^{33} nao^{31} taŋ^{11} qa^{43} lu^{11} ʈoŋ^{24} n̥au^{44}
pu^{44} tou^{44} qa^{43} lou^{11}ʈoŋ^{24} tseŋ^{44}
tseŋ^{44} lo^{11} ʑau^{24} tseŋ^{43} tau^{31} qa^{43} pi^{11}
qa^{43} lu^{11}ʈoŋ^{24} lo^{43} qa^{43} sei^{43} so^{55} nto^{31} si^{44} mpau^{44}
ŋku^{31} qa^{43} sei^{44}4ɳʈu^{24} ʐo^{31} ʐeŋ^{11} ɳʈu^{24} tla^{44} tsʻa^{44} tso^{31} kaŋ^{43}
ŋku^{31} mo^{11} a^{44} qoŋ^{43} ni^{11} tsi^{44} seu^{55} maŋ^{31}
a^{44} qʻa^{44} ni^{11} tsi^{44} seu^{55} nta^{24}
tsi^{44} mo^{11} tou^{31} tsi^{44} noŋ^{24} ɲe^{13} tsi^{55} la^{44}
mo^{11} la^{24} ti^{43} ʐe^{31} ti^{43} ʐau^{11} tsaŋ^{31} a^{43} ma^{24}
ŋku^{31} tsi^{44} a^{44} qoŋ^{43} tsi^{44} seu^{55} nta^{24}
a^{44} qʻa^{44} ni^{11} tsi^{44} seu^{55} maŋ^{31}
tsi^{55} mo^{11} tʻou^{33} ɲe^{13} tsi^{55} qa^{43} lu^{11} la^{44}
mo^{11} tʻou^{33} ti^{43} ʐe^{31} ti^{43} ʐau^{24} tsaŋ^{31}
ŋku^{31} su^{44} mo^{11} a^{44} qoŋ^{43} tsi^{44} kʻeu^{33} tɕu^{31} teu^{11}
mo^{11} a^{44} qʻa^{44} tsi^{44} kʻeu^{33} maŋ^{43}
ma^{31} i^{43} len^{31} ŋku^{31} su^{44} tli^{13} plʻa^{43} lo^{11} mo^{11}
a^{44} le^{44} ma^{31} i^{43} tɕau^{55} ɬa^{33} su^{44} ta^{31} mo^{11} tsu^{31}
ma^{31} i^{43} tɕau^{55} ɬa^{33} su^{44} tli^{13} plʻa^{44} lo^{11} mo^{11}
a^{44} le^{44} ma^{31} i^{43} len^{31} ŋku^{31} su^{44} ta^{31} mo^{11} tɕaŋ^{43}
ŋku^{31} su^{44} a^{44} qoŋ^{43} tsi^{44} ku^{55} teu^{11}
a^{44} qʻa^{44} ku^{55} tsi^{44} ku^{55} maŋ^{43}
ma^{31} i^{43} len^{31} ŋku^{31} su^{44} tli^{13} plʻa^{43} lo^{11} mo^{11}

a^{44} le^{44} ma^{31} i^{43} ʨau^{55} ɬa^{33} su^{44} ta^{31} mo^{11} ʦu^{31}

ma^{31} i^{43} ʨau^{55} ɬa^{33} su^{44} tli^{13} plʻa^{43} lo^{11} mo^{11}

a^{44} le^{44} ma^{31} i^{43} len^{31} ŋku^{31} su^{44} ta^{31} mo^{11} ʨaŋ^{43}

27.（见意译文本的《19.“珠亚祖鲁”的骗牛和公马》）

ʦu^{55} ʑa^{13} ʦu^{31} lu^{11} n̥aŋ^{55} ʦʻau^{44} ʦo^{31} su^{33} ʦʻau^{44} mpa^{24}

ʦʻau^{44} mpa^{24} mau^{24} si^{55} ȵoŋ^{24} su^{33} mploŋ^{31} ʈeu^{13}

ʦu^{55} ʑa^{13} ʦu^{31} lu^{11} ma^{31} ȵe^{31} ma^{31} ko^{43} ʦi^{44} tau^{11} la^{24}

ma^{24} i^{43} ŋkeu^{13} ʦi^{55} noŋ^{11} qa^{43} ŋa^{31} qa^{43} nʦe^{31} qe^{44} ʦi^{11} veu^{11} a^{44} i^{43} peu^{24}

ʦu^{55} ʑa^{13} ʦu^{31} lu^{11} n̥aŋ^{55} ʦʻau^{44} ʦo^{31} su^{33} ʦʻau^{44} mpa^{24}

ʦʻau^{44} mpa^{24} mau^{24} si^{44} ȵoŋ^{24} su^{31} mploŋ^{31} qʻe^{43}

ʦu^{55} ʑa^{13} ʦu^{31} lu^{11} ma^{31} ȵe^{31} ma^{31} ko^{43} ʦi^{44} tau^{11} la^{24}

ma^{24} i^{43} ŋkeu^{13} ʦi^{55} noŋ^{11} qa^{43} ŋa^{31} qa^{43} nʦe^{31} qe^{44} ʦi^{44} veu^{11} a^{44} i^{44} ŋkeu^{13}

ʑau^{24} to^{11} qa^{43} ʦi^{44} ɬai^{33} ʐu^{55}ʈu^{44} ʦu^{55} ʑa^{13} ʦu^{31} lu^{11} lau^{43} py^{31} nto^{24} ȵʨoŋ^{44}

ʑau^{24} ʦu^{55} ʑa^{13} ʦu^{31} lu^{11} ɬai^{33} ʐu^{55}ʈu^{44} to^{11} lau^{43} py^{31} nto^{24} ȵʨoŋ^{44}

ʑau^{24} to^{11} qa^{43} ʦi^{44} ntu^{44} ɬou^{44}ʈu^{44} ʦi^{44} noŋ^{11} qa^{43} ŋa^{43} lo^{55}

ʦu^{55} ʑa^{13} ʦu^{31} lu^{11} ntu^{44} ɬou^{44}ʈu^{44} ʦi^{55} noŋ^{11} qa^{43} ŋa^{43} lo^{55}

ɳʈa^{44} tlo^{43} ʨao^{31} ɳʈa^{44} tlou^{33} ʑau^{24} ʦi^{55} lau^{43} py^{31} pu^{43}

ʑau^{24} to^{11} qa^{43} ʦi^{44} ɬai^{33} ʐu^{55}ʈu^{44} ʦi^{55} lau^{43} py^{31} fu^{33} ȵʨoŋ^{44}

ʑau^{24} ʦu^{55} ʑa^{13} ʦu^{31} lu^{11} ɬai^{33} ʐu^{55}ʈu^{44} ʦi^{55} lau^{43} py^{31} fu^{33} ȵʨoŋ^{44}

ʑau^{24} to^{11} qa^{43} ʦi^{44} ntu^{44} ɬou^{44}ʈu^{44} ʦi^{55} noŋ^{11} qa^{43} ŋa^{55} ȵe^{11}

ʦu^{55} ʑa^{13} ʦu^{31} lu^{11} ntu^{44} ɬou^{44}ʈu^{44} ʦi^{55} noŋ^{11} qa^{43} ŋa^{55} ȵe^{11}

ke^{55} nte^{55} ʨau^{31} ke^{55} lo^{55} lo^{11} ʦi^{55} noŋ^{11} qa^{43} ŋa^{55} ʦo^{31} ʦo^{24} ʑa^{44} ȵʨo^{44}

ɳʈa^{44} tlo^{43} ʨau^{31} ɳʈa^{44} tlou^{33} ʑau^{24} ʦi^{55} lau^{43} py^{31} pu^{43}

ʦu^{55} ʑa^{13} ʦu^{31} lu^{11} keu^{44} ʦi^{55} lau^{43} py^{31}ʈu^{44} ɳʈa^{24} ti^{43}

keu^{44} ʦi^{55} noŋ^{11} qa^{55} ŋa^{55}ʈu^{44} ti^{24} tle^{31}

teu^{13} len^{11} nto^{31} so^{43} ʦʻe^{43} ʦo^{24}

lau^{43} py^{31} nto^{24} nto^{31} ʦi^{11} ŋo^{11}ʈi^{33} taŋ^{11} i^{43} ʦu^{13} lau^{11} qa^{43} ʨʻe^{43}

pe^{43} sa^{43}ɳʈau^{55} nto^{31} ʦi^{44} plʻa^{55} lo^{11} to^{11} ʦi^{55} noŋ^{11} qa^{43} ŋa^{55} ʈi^{33} taŋ^{11} i^{43} ʦu^{13} lau^{11} seu^{55} ȵe^{31}

ʦu^{55} ʑa^{13} ʦu^{31} lu^{11} keu^{44} py^{31} ȵo^{31}ʈu^{44} ɳʈa^{24} ti^{43}

keu^{44} ʦi^{55} noŋ^{11} qa^{43} ŋa^{55}ʈu^{44} ti^{24} o^{33}

teu^{13} len^{11} nto^{31} so^{43} ʦʻei^{43} lo^{11}

ʦi^{55} lau^{43} py^{31} nto^{24} nto^{31} ʦi^{44} ŋo^{24}ʈi^{33} taŋ^{11} i^{44} ʦu^{13} lau^{11} qa^{43} ʨʻe^{43}

pe^{43} sa^{43}ɳʈau^{55} nto^{31} ʦi^{44} plʻa^{55} lo^{11} to^{11} ʦi^{55} noŋ^{11} qa^{43} ŋa^{55} ʈi^{33} taŋ^{11} i^{43} ʦu^{13} lau^{11} seu^{55} ko^{43}

lau^{43} py^{31} pu^{44} i^{44} pa^{24} mploŋ^{31}

tsi^{55} noŋ^{11} qa^{43} ŋa^{55} pa^{24} i^{43} pa^{24} ɬa^{44}
lau^{43} py^{31} ɴqe^{11} plo^{31} taŋ^{11} ta^{24} taŋ^{11}
ta^{24} mo^{11} tsu^{55} ʑa^{13} tsu^{31} lu^{11} i^{43} tɕau^{55} to^{43} a^{44} qoŋ^{43}
tsi^{55} noŋ^{11} qa^{43} ŋa^{55} ɴqe^{11} plo^{31} ɴqe^{11} seu^{43} taŋ^{11}
seu^{43} taŋ^{11} tsu^{55} ʑa^{13} tsu^{31} lu^{11} i^{43} tɕau^{55} to^{43} a^{44} qʻa^{43}
lau^{43} py^{31} ȵo^{31} pu^{44} i^{43} pa^{24} mploŋ^{31}
tsi^{55} noŋ^{11} qa^{43} ŋa^{55} pu^{44} i^{43} pa^{24} li^{55}
lau^{43} py^{31} ȵo^{31} ɴqe^{11} plo^{31} ɴqe^{11} ta^{24} taŋ^{11}
ta^{24} mo^{11} tsu^{55} ʑa^{13} tsu^{31} lu^{11} i^{43} tɕau^{55} to^{43} a^{44} qoŋ^{43}
tsi^{55} noŋ^{11} qa^{43} ŋa^{55} ɴqe^{11} plo^{31} ɴqe^{11} seu^{43} taŋ^{11}
seu^{43} taŋ^{11} tsu^{55} ʑa^{13} tsu^{31} lu^{11} i^{43} tɕau^{55} to^{43} su^{44} ke^{55}

28.（见意译文本的《20. 老虎“力宝”》）
ʑau^{24} to^{11} qa^{43} tsi^{44} ɴqe^{11} lo^{11} ɳʈo^{24} la^{24} ku^{43} n̥oŋ^{55}
ʑau^{24} ȵi^{31} pau^{43} ɴqe^{11} lo^{11} ɳʈo^{24} la^{24} ku^{43} n̥oŋ^{55}
ku^{43} tou^{44} tseu^{31} si^{44} lo^{11} qa^{43} ko^{43} nto^{24}
ȵi^{31} pau^{43} ɴqe^{11} ntsoŋ^{31} tlaŋ^{43} tɕau^{31} ntsoŋ^{24} tso^{55}
ntsoŋ^{24} ʑa^{43} ntsoŋ^{31} tau^{11} tsi^{44} tsʻo^{43}
ʑau^{24} to^{11} qa^{43} tsi^{44} ɴqe^{11} lo^{11} ɳʈo^{24} la^{24} ku^{43} n̥oŋ^{55}
ʑau^{24} ȵi^{31} pau^{43} ɴqe^{11} lo^{11} ɳʈo^{24} la^{24} ku^{43} n̥oŋ^{55}
ku^{43} tou^{44} tseu^{31} si^{44} lo^{11} qa^{44} ko^{44} ntsʻa^{43}
ȵi^{31} pau^{43} ɴqe^{11} ntsoŋ^{31} tlaŋ^{43} ntsoŋ^{24} tso^{55}
ntsoŋ^{31} ʑa^{43} ntsoŋ^{31} ʑa^{43} tau^{11} tsi^{44} tsʻa^{43}
ȵi^{31} pau^{43} ʑo^{24} to^{43} ʑo^{24} ʈu^{44} su^{44} ʐe^{43}
ʑo^{24} ȵa^{55} tsi^{11} ȵa^{24} ʑo^{24} ʈu^{44} su^{44} tsa^{44}
ȵi^{31} pau^{43} ma^{31} to^{43} ʈi^{33} mpi^{44} ŋku^{31} fi^{55}
ma^{31} ntsʻai^{33} ʈi^{33} mpi^{44} a^{44} ŋku^{31} foŋ^{55}
ȵi^{31} pau^{43} ʑo^{24} to^{43} ʑo^{24} ʈu^{44} qa^{43} ʐe^{43}
ʑo^{24} ȵa^{55} tsi^{11} ȵa^{24} ʈu^{44} su^{44} ntoŋ^{44}
ȵi^{31} pa^{43} ma^{31} to^{43} mpi^{44} ʈi^{33} a^{44} ŋku^{31} fi^{55}
ma^{31} ntsʻai^{33} ʈi^{33} mpi^{44} a^{44} ŋku^{31} foŋ^{55}
qai^{43} qa^{44} qai^{43} tsi^{11} leu^{11}
ŋku^{31} foŋ^{55} seu^{55} lo^{11} li^{11} tou^{44} tɕo^{44} po^{31} li^{44} mi^{44} tɕo^{11} si^{44} tseu^{11} nteu^{11}
qai^{43} qa^{44} qai^{43} tsi^{43} ʑi^{55}
ŋku^{31} foŋ^{55} seu^{55} lo^{11} li^{11} tou^{44} tɕo^{44} po^{31} li^{44} mi^{44} tɕo^{11} si^{44} nteu^{11} ʈʻeu^{55}
kaŋ^{31} nto^{31} ntsi^{11} ntso^{55} ŋku^{31} foŋ^{55} ʈi^{33} tʻoŋ^{43} nto^{31} tsi^{11} nteu^{11} ʈu^{44} ɳʈaŋ^{11} tle^{31}
po^{13} tle^{31} ɬo^{43} tle^{31} tsi^{31} tla^{43} ʐe^{43}

ʐu^{43} so^{55} ɬo^{43} lo^{11} tsi^{31} qa^{43} tla^{43} tɕa^{43}

ŋku^{31} foŋ^{55} qa^{31} lo^{11} tsi^{44} li^{33} m̥au^{44}

sa^{43} lo^{11} tsi^{44} ntsu^{43} mpaŋ^{43}

ŋku^{31} foŋ^{55} hai^{33}

ma^{31} taŋ^{11} n̥o^{43} tu^{24}, ȵi^{31} pau^{43} noŋ^{31} tsi^{43} ŋau^{24}ɳʈo^{24} lo^{43} qaŋ^{43} qa^{43} tsa^{44} lo^{11}

a^{44} le^{44}ʈi^{33} taŋ^{11} ŋku^{33} foŋ^{55} tla^{44} nto^{44} tle^{31} tlaŋ^{31}

qai^{43} qa^{44} qai^{43} tsi^{11} leu^{11}

ŋku^{31} foŋ^{55} seu^{55} lo^{11} li^{11} tou^{44} tɕo^{44} po^{31} li^{44} mi^{44} tɕo^{11} si^{44} tseu^{11} nteu^{11}

kaŋ^{31} nto^{31} ki^{24} ntso^{55},

ŋku^{31} foŋ^{55}ʈi^{33} tʻoŋ^{43} nto^{31} tsi^{11} nteu^{11} ʈu^{44} ɳʈa^{24} tle^{31}

tle^{31} ɬo^{43} tle^{31} tsi^{31} tla^{43} ʐe^{43}

ʐu^{43} so^{55} ɬo^{43} lo^{11} tsi^{31} qa^{43} tla^{43} tɕa^{43}

ŋku^{31} foŋ^{55} qa^{31} lo^{11} tsi^{44} li^{33} m̥au^{44}

sa^{43} lo^{11} tsi^{44} ntsu^{43} te^{11}

ŋku^{31} foŋ^{55} hai^{33}

ma^{31} taŋ^{11} n̥o^{44} tu^{24}, ȵi^{31} pau^{43} noŋ^{31} tsi^{43} ŋau^{11}ɳʈo^{24} lo^{43} qaŋ^{43} qa^{43} tsa^{44} lo^{11}

a^{44} le^{44}ʈi^{33} taŋ^{11} ŋku^{31} foŋ^{55} tla^{44} nto^{44} tle^{31} li^{43}

ŋku^{31} foŋ^{55} lo^{11} mo^{11}ɳʈaŋ^{11} kaŋ^{43}

ȵi^{31} pau^{43} lo^{11} mo^{11}ɴqe^{11} ke^{55}

tɕe^{33} taŋ^{11} ŋku^{31} foŋ^{55} qa^{43} lo^{31} mpaŋ^{31}

tɕe^{33} taŋ^{11} ȵi^{31} pau^{43} qa^{43} lo^{31} te^{11}

ŋku^{31} foŋ5ɴqe^{11} mo^{11} ɳʈaŋ^{11} ke^{55}

ȵi^{31} pau^{43} lo^{11} mo^{11}ɳʈa^{11} lo^{43} tleu^{13}

tɕe^{33} taŋ^{11} ŋku^{31} foŋ^{55} qa^{43} lo^{31} mpaŋ^{43}

tɕe^{33} taŋ^{11} ȵi^{31} pau^{43} qa^{43} lo^{31} tɕu^{44}

ȵi^{31} pau^{31}ʈa^{44} tsi^{11} tsa^{11} la^{31} taŋ^{11} lo^{43} tsi^{44} tu^{55}

tsʻu^{31} ȵaŋ^{24} tsʻa^{55} taŋ^{11} la^{31} to^{11} ɴqo^{55} tu^{31}

lau^{11} tsi^{44} la^{31} to^{11} ȵo^{31}

hai^{33} tsi^{55} noŋ^{11} to^{13} ȵo^{31}

hai^{33} ȵi^{31} pau^{31} to^{13} ȵo^{31}

a^{44} le^{44} to^{13} tou^{44} to^{11} a^{43} ntsi^{24} tse^{55} i^{43} to^{11} ɕa^{33} ȵo^{31}

ȵi^{31} pau^{43} a^{44} le^{44} to^{13} tou^{44} tse^{55} qa^{43} ntsi^{24} i^{43} to^{11} qa^{43} ɳtɕai^{55} noŋ^{11}

tse^{55} qa^{43} ntsi^{24} lo^{43} sei^{43} le^{44} tɕaŋ^{11}

tse^{55} qa^{43} ntsi^{24}ɴqe^{11} lo^{11} ɳʈo^{24} ni^{11} ŋau^{31} ka^{43}

i^{43} n̥oŋ^{55} ntsʻo^{55} ʈu^{44} ȵi^{31} pau^{43} qa^{43} ty^{44}

i^{43} n̥oŋ^{55} ntsʻo^{55} ʈu^{44} ȵi^{31} pau^{43} ntsʻe^{55} sei^{43}

i^{43} n̥oŋ^{55} ntsʻo^{55} ʈu^{44} ȵi^{31} pau^{43} qa^{43} ty^{44}

i^{43} n̥oŋ^{55} ntsʻo^{55} ʈu^{44} ȵi^{31} pau^{43} ntsʻe^{55} pleu^{55}

ȵi^{31} pau^{43}ɳʈo^{24} nto^{31} si^{33} la^{55} lo^{11} tla^{44} ʈu^{44} nto^{31} qa^{44} nti^{24} tse^{55} pʻaŋ^{43} qa^{43} ʐaŋ^{11} ɬeu^{43}

ȵi^{31} pau^{43}ɴqai^{31} lu^{31} taŋ^{11}, ntsʻaŋ^{44} la^{11} lu^{31} tsʻa^{44}

ni^{11} ma^{31} tɕiŋ^{43} tsi^{11} naŋ^{43}

ni^{11} ntsʻaŋ^{55} sa^{44} a^{43} sa^{44}

ʑaŋ^{11} a^{43} tsʻaŋ^{44} ha^{31} ȵau^{43} ɳʈu^{44} ni^{31} tsi^{44} qu^{24}

tse^{55} pu^{11} li^{24} a^{44} to^{11} naŋ^{43}ɴqa^{55}

i^{43} lo^{44}ʈu^{44} tse^{55} qa^{43} ntsi^{24} tsi^{24} nto^{44} mpa^{43}

tse^{55} qa^{43} ntsi^{24} hai^{33}

tʻou^{33} ma^{31} i^{43} to^{11} qa^{43} lu^{11} ɳʈo^{24} la^{24} qʻo^{43}

tʻou^{33} ŋa^{55} tso^{31} tso^{24} ʑa4 ʈau^{55} lo^{11} qʻa^{43}

ȵi^{31} pau^{43}ʈa^{44} tsi^{11} tsa^{11} la^{31} ʈaŋ^{11} lo^{43} tsu^{44} tu^{55}

tsʻu^{31} ȵaŋ^{24} tsʻa^{55} taŋ^{11} la^{31} to^{11} ɴqo^{55} tu^{31}

lau^{11} tsi^{44} la^{31} to^{11} ȵo^{31} ko^{43}

hai^{33} tsi^{55} noŋ^{11} to^{13} ȵo^{31}

ʑa^{44} ȵi^{31} pau^{43} to^{13} tou^{44} ȵoŋ^{31}

a^{44} le^{44} to^{13} tou^{44} a^{43} ntsi^{24} i^{43} to^{11} ɕa^{33} ȵo^{31}

ȵi^{31} pau^{43} a^{44} le^{44} to^{13} tou^{44} tse^{55} qa^{43} ntsi^{24} i^{43} to^{11} qa^{43} ȵtɕai^{55} noŋ^{11}

tse^{55} qa^{43} ntsi^{24} lo^{43} sei^{43} le^{44} tɕaŋ^{11}

tse^{55} qa^{43} ntsi^{24}ɴqe^{11} lo^{11} ɳʈo^{24} ni^{11} nao^{31} ka^{43}

i^{43} n̥oŋ^{55} ntsʻoŋ^{55} ʈu^{44} ȵi^{31} pau^{43} qa^{43} ty^{44}

i^{43} n̥oŋ^{55} ntsʻoŋ^{55} ʈu^{44} ȵi^{31} pau^{43} ntsʻe^{55} sei^{43}

i^{43} n̥oŋ^{55} ntsʻoŋ^{55} ʈu^{44} ȵi^{31} pau^{43} qa^{43} ty^{44}

i^{43} n̥oŋ^{55} ntsʻoŋ^{55} ʈu^{44} ȵi^{31} pau^{43} ntsʻe^{55} pleu^{55}

Ki^{31} pau^{43}ɳʈo^{24} nto^{31} si^{43} la^{55} lo^{11} tla^{44} ʈu^{44} nto^{31} qa^{44} nti^{24} tse^{55} pʻaŋ^{43} qa^{43} ʐaŋ^{11} ɬeu^{43}

ȵi^{31} pau^{43}ɴqai^{31} lu^{31} taŋ^{11}, ntsʻaŋ^{55} la^{11} lu^{31} tsʻa^{44}

ni^{11} ma^{31} tɕiŋ^{43} tsi^{11} naŋ^{43}

ni^{11} tsʻaŋ^{44} sa^{44} a^{44} sa^{44} ʑaŋ^{11} a^{43} tsʻaŋ^{44} ha^{31} ȵau^{43} ɳʈu^{44} ni^{31} tsi^{44} qa^{24}

ntsen^{55} pu^{11} ni^{55} a^{44} i^{43} to^{11} ȵaŋ^{43} ku^{24}

i^{43} lo^{44} to^{13} tou^{44} qa^{43} ntsi^{24} qa^{43} ty^{44}

i^{43} lo^{44} to^{13} tou^{44} qa^{43} ntsi^{24} to^{44} mpaŋ^{43}

tse^{55} qa^{43} ntsi^{24} hai^{33}

tʻou^{33} ma^{31} i^{43} to^{11} qa^{43} lu^{11} ɳʈo^{24} la^{24} hai^{33} tla^{44}

tʻou^{33} ŋa^{55} tso^{31} tso^{24} ʑa^{44} ʈau^{43} lo^{11} qʻa^{43}

29.（见意译文本的《21. 绽蕾女和围镯郎》）

ʑau^{24} qa^{43} tsi^{44} n̥au^{44} nto^{31} ti^{43} qa^{43} lu^{11} qai^{43} qa^{44}

qa^{55} ȵe^{31} qu^{55} nto^{31} lo^{11} n̥au^{44} nto^{31} ti^{43} qa^{43} lu^{11} qai^{43} qa^{44}
ʑau^{24} naŋ^{11} kaŋ^{43} noŋ^{24} ɕi^{44} tsi^{11} ta^{31} tso^{24} lo^{43} qaŋ^{43} haŋ^{55} tle^{31} mpo^{24} ta^{24}
ʑau^{24} ŋku^{31} teu^{11} leu^{31} nti^{24} ɬo^{55} a^{44} nto^{24} nti^{44} a^{44} su^{33} i^{43} len^{31} ŋku^{31} kaŋ^{43} ʐa^{24}
qa^{43} li^{11} ɬa^{33} tsu^{31} si^{55} mplai^{33} ɬo^{55} a^{44} ntau^{44} nti^{13} su^{33} to^{11} ntsa^{24} ʑa^{31}
ʑau^{24} qa^{43} tsi^{44} n̥au^{44} nto^{31} ti^{43} qa^{43} lu^{11} qai^{43} qa^{44}
qa^{55} ȵe^{31} qu^{55} nto^{31} lo^{11} n̥au^{44} nto^{31} ti^{43} qa^{43} lu^{11} qai^{43} qa^{44}
ʑau^{24} naŋ^{11} kaŋ^{43} noŋ^{24} ɕi^{44} tsi^{11} ta^{31} tso^{24} lo^{43} qaŋ^{43} haŋ^{55} tle^{31} mpo^{24} ta^{24}
ʑau^{24} ŋku^{31} teu^{11} leu^{31} nti^{24} ɬo^{55} a^{44} nto^{24} nti^{44} a^{44} su^{33} i^{43} len^{31} ŋku^{31} kaŋ^{43} ʐa2
ŋku^{31} teu^{24} nti^{24} ha^{43} qa^{43} li^{11} ɬa^{33} tsi^{31} n̥o^{43} m̥au^{44} si^{55} po^{33} si^{55} ntsa^{24} lo^{11} mo^{11}
ŋku^{31} teu^{24} nti^{24} qʻeu^{55} so^{55} paŋ^{31} lo^{11} tso^{24} ɳʈaŋ^{24} tso^{31} si^{55} tso^{31}

qa^{43} li^{11} ɬa^{33} qʻeu^{55} so^{55} paŋ^{31} lo^{11} tso^{24} ɳʈaŋ^{24} tso^{31} si^{55} mpa^{24}
ŋku^{31} teu^{11} nti^{24} ha^{43} ɬa^{33} tseu^{31} ni^{44} mplai^{44} tsi^{31} n̥o^{43} m̥au^{44} si^{33} po^{33} si^{33} ntsa^{24} lo^{11} mo^{11}
tla^{44}ɳʈaŋ^{11} lo^{43} noŋ^{24} o^{33} noŋ^{24} qa^{43} pa^{55} ti^{43} ntaŋ^{11} lo^{43} tsu^{33} nto^{31}
ŋku^{31} teu^{11} nti^{24} ha^{43} ɬa^{33} tseu^{31} ni^{44} mplai^{44} tsi^{31} m̥^{43} m̥au^{44} si^{33} po^{33} si^{33} ntsa^{24} lo^{11} mo^{11}
ŋku^{31} teu^{11} nti^{24} qʻeu^{55} so^{55} paŋ^{31} lo^{11} tso^{24} ɳʈaŋ^{24} tso^{31} si^{55} tso^{31}
ɬa^{33} tseu^{31} ni^{44} mplai^{44} qʻeu^{55} so^{55} paŋ^{31} lo^{11} tso^{24} ɳʈaŋ^{11} tso^{31} si^{55} mpa^{24}
ŋku^{31} teu^{11} nti^{24} ha^{43} ɬa^{33} tseu^{31} ni^{44} mplai^{44} tsi^{31} n̥o^{43} m̥au^{44} si^{33} po^{33} si^{33} ntsa^{24} lo^{11} mo^{11}
tla^{44}ɳʈaŋ^{11} lo^{43} noŋ^{24} o^{33} noŋ^{24} qa^{43} pa^{55} ti^{43} ɳʈaŋ^{11} lo^{43} tsu^{33} ɬi^{44}
ʑau^{24} to^{11} qa^{43} tsi^{44} mpo^{24} tou^{44} tse^{55} maŋ^{43} qa^{43} ntsi^{24} tu^{11} ȵtɕu^{31} nto^{31} ma^{31} taŋ^{11} tɕa^{31} tla^{43}
qa^{43} so^{43} la^{31} ntso^{55}
qa^{43} ntse^{44} ntau^{44} tsi^{11} tla^{44} nto^{31} n̥o^{43} qai^{31}
qa^{43} ntse^{44} tla^{44} ŋku^{31} teu^{11} nti^{24} ha^{43} ɬa^{33} tseu^{31} ni^{44} mplai^{44} lo^{43} tɕʻeu^{44} nao^{31} so^{44}
qa^{43} ntse^{44} ntau^{44} tsi^{11} nti^{11} tla^{44} nto^{31} tlaŋ^{33} tlo^{43} lo^{43} tɕʻeu^{44} nao^{31} qai^{31}
ŋku^{31} teu^{11} nti^{24} ha^{43} ɬa^{33} tseu^{31} ni^{44} mplai^{44} tsi^{31} n̥o^{43} m̥au^{44} si^{33} po^{33} si^{33} ntsa^{24} lo^{11} mo^{11}
qa^{43} so^{43} lo^{31} ntso^{55}
qa^{43} ntse^{44} ntau^{44} nti^{11} tla^{44} nto^{31} n̥o^{43} qo^{43}
qa^{43} ntse^{44} tla^{44} ŋku^{31} teu^{11} nti^{24} ha^{43} ɬa^{33} tseu^{31} ni^{44} mplai^{44} lo^{43} tɕʻeu^{44} nao^{31} so^{44}
qa^{43} ntse^{44} ntau^{44} tsi^{11} nti^{11} tla^{44} nto^{31} tlaŋ^{55} tlo^{43} lo^{43} tɕʻeu^{44} nao^{31} qai^{31}

30. （见意译文本的《22. “谷晴苦磨”》）

ɳʈo^{24} nto^{31} nto^{24} pu^{11} lou^{11}
ɳʈo^{24} tou^{44} ȵaŋ^{43} tɕou^{43} tɕiŋ^{55} tɕiŋ^{43} lo^{11} ȵau^{43}
tou^{44} nto^{31} lo^{11} ti^{44} tsau^{44} ti^{43} lo^{11} tsau^{44} nto^{31} i^{43} ntaŋ^{44}
ʑau^{24} nti^{31} ti^{43} noŋ^{43} la^{24} tou^{44} mpi^{44} taŋ^{11}
qa^{43} ȵe^{31} qu^{44} nto^{31} lo^{11} tou^{44} mpi^{44} tsʻa^{44}

po^{24} tu^{24} lu^{11} ma^{31} to^{43} tsi^{44} tseu^{31} ʈi^{33} mpi^{44}

a^{44} le^{44} ti^{33} mpi^{44} a^{44} mple^{31} tsʻa^{44} kʻu^{55} li^{43}

ɳʈo^{24} nto^{31} ɳʈo^{24} pu^{11} lou^{11}

ɳʈo^{24} tou^{44} po^{24} toŋ^{24} ȵaŋ^{31} tɕou^{43} tɕiŋ^{55} tɕiŋ^{43} lo^{11} ȵau^{43}

nto^{31}ɳʈu^{24} hai^{33} ȵau^{43} ti^{43} ɳʈu^{24} tɕʻeu^{44}

a^{44} le^{44}ɳʈo^{24} tou^{44} i^{43} tɕau^{55} to^{43} ȵe^{24} lo^{11} ɳʈo^{24} la^{24} tsi^{44} ʐou^{55} tsaŋ^{43}

po^{31} toŋ^{43} lu^{11} ʑu^{24} ma^{31} to^{43} lo^{11} ȵau^{43} qa^{43} tɕʻou^{43} ɬu^{43}

ni^{11} ȵa^{55} tsa^{24} fu^{44} nti^{44} teu^{44} ʑau^{24} nti^{44} qa^{43} nto^{24}

ʑau^{24} nti^{31} ti^{43} noŋ^{43} la^{24} tou^{44} mpi^{44} taŋ^{11}

qa^{43} ȵe^{31} qu^{44} nto^{31} lo^{11} tou^{44} mpi^{44} tsʻa^{44}

a^{44} le^{44} ti^{33} mpi^{44} mple^{31} tsʻa^{44} ku^{43} li^{43}

ʑau^{24} to^{11} qa^{43} tsi^{44} ntsʻeu^{44} n̥au^{44} mple^{31} nao^{31}l

mple^{31} ntsa^{43} a^{44} le^{44} ntsʻeu^{44} n̥au^{44} mple^{31} ŋau^{31}

mple^{31} ntsa^{43} a^{44} le^{44} la^{31} tsau^{24} lo^{43} ʐoŋ^{55} tɕo^{43} ti^{43} fu^{44} ʐoŋ^{55}

to^{11} qa^{43} tsi^{44} ntsʻeu^{55} ɴqai^{31} lo^{11} noŋ^{24}

ʑau^{24} mple^{31} ntsa^{43} kʻu^{43} mo^{13} ntsʻeu^{55} la^{24} ɴqai^{31} noŋ^{24}

mple^{31} ntsa^{43} kʻu^{43} mo^{13} a^{44} le^{44} la^{31} tso^{24} lo^{43} tsa^{44} ti^{44} noŋ^{24} mple^{31} lo^{11} tɕo^{43} ti^{44} fu^{44} ʐoŋ^{55}

n̥o^{43} ta^{31} mple^{31} ntsa^{43} a^{44} qoŋ^{43}ɳʈaŋ^{24} tle^{31}

po^{13} tla^{33}ɴqe^{11} lo^{11} fu^{33} tla^{33} tle^{31}

ʑau^{24} mple^{31} ntsa^{43} nao^{31} taŋ^{11} lo^{43} qa^{43} tsi^{55} ʑa^{31}

tleu^{44} tsi^{11} qʻeu^{44} su^{33} lo^{43} tsi^{55} tsa^{44}

ni^{11} a^{44} le^{44} ma^{43} lo^{11} a^{44} kʻu^{43} ɬaŋ^{43}

tɕau^{31} kʻu^{43} ɬaŋ^{43} lo^{11} tɕi^{55} tɕi^{33} ȵtɕe^{44}

a^{44} le^{44} ȵtɕe^{44}ɳʈu^{44} noŋ^{11} ʐaŋ^{31} lo^{43} qa^{43} a^{43} tsa^{44}

ʑau^{24} to^{11} qa^{43} tsi^{44} ntsʻeu^{55} n̥au^{44} mple^{31} ŋau^{31}

mple^{31} ntsa^{43} ntsʻeu^{55} la^{24} n̥au^{44} mple^{31} mple^{31} nao^{31}

mple^{31} ntsa^{43} a^{44} le^{44} la^{31} tsau^{24} lo^{43} tɕo^{43} ti^{43} fu^{44} ʐoŋ^{55}

to^{11} qa^{43} tsi^{44} ntsʻeu^{55} ɴqai^{31} noŋ^{24}

ʑau^{24} mple^{31} ntsa^{43} ntsʻeu^{55} ɴqai^{31} noŋ^{24}

mple^{31} ntsa^{43} kʻu^{43} mo^{13} a^{44} le^{44} la^{31} tsa^{44} la^{31} ti^{44} noŋ^{24} mple^{31} lo^{11} tɕo^{31} ti^{43} fu^{44} ʐoŋ^{55}

n̥o^{43} ta^{31} mple^{31} ntsa^{43} a^{44} qoŋ^{43}ɳʈaŋ^{24} tle^{31}

po^{13} tla^{33}ɴqe^{11} lo^{11} fu^{33} tla^{33} tle^{31}

ʑau^{24} mple^{31} ntsa^{43} nao^{31} taŋ^{11} lo^{43} qa^{43} tsi^{55} ʑa^{31}

tleu^{44} tsi^{11} qʻeu^{55} su^{33} lo^{43} tsi^{55} tʻu^{55}

ni^{11} tsʻa^{44} ʑaŋ^{11} qa^{43} tsʻaŋ^{44} naŋ^{11} tɕau^{31} qa^{43} tsʻaŋ^{44} noŋ^{24} ha^{31} tsa^{13} ȵau^{43} ɳʈu^{44} li^{31}

n̥o^{43} ŋa^{55} noŋ^{11} ʐa^{31} lo^{11} qa^{43} tsa^{44}

teu^{13} len^{11} tso^{24} nto^{31} tsʻei^{43}
mple^{31} ntsa^{43} tsi^{11} tleu^{11} tla^{44} ŋa^{55} ta^{31}
pi^{43} sa^{43}ɳʈau^{55} nto^{31} tsi^{44} plʻa^{55} lo^{11}
mple^{31} ntsa^{43} kʻu^{43} mo^{13} tsi^{11} tleu^{11} tla^{44} ŋa^{55} ta^{31}
ʑau^{24} ɬo^{55} i^{43} mo^{11} sei^{43} lo^{11} ma^{31} pi^{43} nti^{44}
ʐu^{43} ʑau^{24} ʑu^{43} a^{43} so^{55} lo^{11} tsi^{44} tla^{44}ʈo^{24}
mple^{31} ntsa^{43} lo^{11} mo^{11} tɕa^{24} to^{11} la^{24} ʑau^{24} to^{43} ʑo^{24} ȵo^{31}
tu^{11} ʑu^{44} ʑau^{24} ʑo^{24} mpa^{44}
mo^{11} tɕa^{24} to^{43} la^{24} ʑau^{24} to^{43} ʑo^{24} ȵo^{31} lo^{11} tsi^{44} qʻo^{43}
mo^{11} tɕa^{24} to^{43} ʑu4 ʑo^{24} mpa^{44} ni^{11} tsi^{44} hai^{33}
n̥o^{43} ta^{31}
qoŋ^{31}ɳʈa^{24} ɳʈau^{55} ɳʈeŋ^{11} mple^{31} ntsa^{43} ŋe^{13} qa^{43} to^{11} ta^{31}
mple^{31} ntsa^{43} ŋe^{13} tau^{11} mple^{31} ntsa^{43} tsi^{44} po^{13}ʈau^{55} lo^{11}
mple^{31} ntsa^{43} ȵe^{13} a^{44} tou^{44} mple^{31} ntsa^{43} to^{11} qa^{43} pli^{24}ɳʈu^{24}
mple^{31} ntsa^{43} kʻu^{43} mo^{13} tau^{11} mple^{31} ntsa^{43} kʻu^{43} mo^{13} tsi^{44} po^{13} ʈau^{55} lo^{11}
mple^{31} ntsa^{43} kʻu^{43} mo^{13} tsi^{44} a^{44} tou^{44} mple^{31} ntsa^{43} kʻu^{43} mo^{13} qa^{43} pli^{24}
teu^{13} len^{11} nto^{31} so^{43} tsʻei^{43} tso^{24}
mple^{31} ntsa^{43} tsi^{11} tleu^{11} tla^{44} ŋa^{55} ta^{31}
pi^{43} sa^{43}ɳʈau^{55} nto^{31} tsi^{44} plʻa^{55} lo^{11}
mple^{31} ntsa^{43} kʻu^{43} mo^{13} tsi^{44} mo^{11} nto^{31} lou^{11} a^{44} ŋa^{55} lo^{11}
ni^{11} tsʻa^{44} ni^{11} sei^{55} i^{43} ʑaŋ^{11} tsʻaŋ^{44} naŋ^{11} tɕau^{31} tsʻaŋ^{44} noŋ^{24} ha^{31} tsa^{13} ȵau^{43} ɳʈu^{44} li^{31}
ʑau^{24} ɬo^{43} i^{43} mo^{11} sei^{43} lo^{11} ma^{31} pi^{43} nti^{44}
ʑu^{55} ʑau^{24} ʑu^{43} a^{43} so^{55} lo^{11} tsi^{44} tla^{44} nte^{44}
mple^{31} ntsa^{43} lo^{11} mo^{11} tɕa^{24} to^{43} la^{24} ʑau^{24} to^{11} ʑo^{24} ȵo^{31}
to^{11} ʑu^{44} ʑau^{24} to^{11} ʑou^{24} mpa^{44}
tɕa^{24} to^{11} ʑo^{24} ȵo^{31} lo^{11} tsi^{44} hai^{33}
tɕa^{24} to^{11} ʑo^{24} mpa^{44} lo^{11} tsi^{44} qʻo^{43}
n̥o^{43} ta^{31}
qoŋ^{31}ɳʈa^{24} ɳʈau^{55} mple^{31} ntsa^{43} ŋe^{13} qa^{43} to^{11} ta^{31}
mple^{31} ntsa^{43} ŋe^{13} po^{13} mple^{31} ntsa^{43} tsi^{44} po^{13}ʈau^{55} lo^{11}
mple^{31} ntsa^{43} ŋe^{13} a^{44} to^{44} mple^{31} ntsa^{43} qa^{43} pli^{24}ɳʈu^{24}
mple^{31} ntsa^{43} kʻu^{43} mo^{13} tsi^{55} tau^{11} mple^{31} ntsa^{43} kʻu^{43} mo^{13} tsi^{44} po^{13} ʈau^{55} lo^{11}
mple^{31} ntsa^{43} kʻu^{43} mo^{13} tsi^{55} a^{44} tou^{44} mple^{31} ntsa^{43} kʻu^{43} mo^{13} to^{11} qa^{43} pli^{24}

31.（见意译文本的《23. "文女"和"礼仕管子奖"》）

ntoŋ^{44} qa^{43} lo^{43} tsʻou^{55} tle^{31} tsa^{44}
tsʻou^{55} qa^{43} mpa^{24} ta^{31} tau^{13} ti^{43}

ʑau^{24} tɕau^{55} si^{44} toŋ^{31} si^{44} ȵtɕai^{13} ma^{43} to^{11}ʈaŋ^{31} tsʻo^{43} lo^{11} tsi^{44} tɕau^{31} tsʻo^{43}

tsʻo^{43} ŋo^{31} tsi^{44} ȵoŋ^{24} lo^{43} ʐau^{11} ɳʈo^{44}

tsʻo^{43} nto^{31} tsi^{44} qou^{24} lo^{11} ŋku^{31} ʈu^{24} su^{33} ntsʻe^{43} sei^{43}

ntoŋ^{44} qa^{43} lo^{43} tsʻou^{55} tle^{31} tsa^{44}

tsʻou^{55} qa^{43} mpa^{24} ta^{31} tau^{13} ti^{43}

ʑau^{24} tɕau^{55} si^{44} toŋ^{31} si^{44} ȵtɕai^{13} ma^{43} to^{11}ʈaŋ^{31} tsʻo^{43} lo^{11} tsi^{44} tɕau^{31} tsʻo^{43}

tsʻo^{43} ŋo^{31} tsi^{44} ȵoŋ^{24} lo^{43} ʑau^{11} ntʻa^{44}

tsʻo^{43} nto^{31} tsi^{44} qou^{24} lo^{11} ŋku^{31} ʈu^{24} su^{33} ntsʻe^{43} pleu^{55}

ŋku^{31} ti^{43} si^{44} ha^{43} tɕau^{55} si^{44} toŋ^{31} si^{44} ȵtɕa^{13} tsi^{31} n̥o^{43} m̥au^{44} tsi^{11} si^{33} po^{33} si^{33} ntsa^{24} lo^{11} mo^{11}

ŋku^{31} ti^{43} si^{44} faŋ^{44} lo^{11} mo^{11} n̥aŋ^{55} ni^{11} ŋe^{13} te^{31} tie^{43} plou^{43} tɕu^{13} ntso^{31}

tɕau^{55} si^{44} toŋ^{31} si^{44} tɕaŋ^{43} n̥aŋ^{55} ni^{11} tsi^{55} tsʻau^{44} ma^{31} plou^{43} tɕu^{13} qʻɛu^{55}

ŋku^{31} ti^{43} si^{44} faŋ^{44} lo^{11} mo^{11} pi^{43} ɕoŋ^{44} tɕiŋ^{13} taŋ^{11} ni^{11} tso^{31}

si^{44} toŋ^{31} si^{44} tɕaŋ^{43} faŋ^{44} lo^{11} mo^{11} pi^{43} ɕoŋ^{44} tɕiŋ^{13} taŋ^{11} ni^{11} tɕi^{44}

ŋku^{31} ti^{43} si^{44} ha^{43} si^{44} toŋ^{31} si^{44} tɕaŋ^{43} tsi^{31} lo^{43} m̥au^{44} si^{33} po^{33} si^{33} ntsa^{24} lo^{11} mo^{11}

ŋku^{31} ti^{43} si^{44} faŋ^{44} lo^{11} mo^{11} n̥aŋ^{55} ni^{11} ȵe^{13} te^{31} tie^{43} plou^{43} tɕu^{13} ntso^{31}

tɕau^{55} si^{44} toŋ^{31} si^{44} n̥aŋ^{55} ni^{11} tsi^{55} ts' au^{44} ma^{31} plou^{43} tɕu^{13} qʻɛu^{55}

ŋku^{31} ti^{43} si^{44} faŋ^{44} lo^{11} mo^{11} pi^{43} ɕoŋ^{44} tɕiŋ^{13} taŋ^{11} ni^{11} tso^{31}

si^{44} toŋ^{31} si^{44} tɕaŋ^{43} faŋ^{44} lo^{11} mo^{11} pi^{43} ɕoŋ^{44} tɕiŋ^{13} taŋ^{11} ni^{11} tɕi^{44}

ŋku^{31} ti^{43} si^{44} ha^{43} si^{44} toŋ^{31} si^{44} tɕaŋ^{43} tsi^{31} lo^{43} m̥au^{44} si^{33} po^{33} si^{33} ntsa^{24} lo^{11} mo^{11}

noŋ^{24} tsa^{44} qa^{31} lo^{11} noŋ^{24} tsa^{44}

tu^{11} noŋ^{24} tsa^{44} tso^{24}ʈou^{24} fa^{43} tsi^{55} lu^{31}

tle^{44} tou^{44} qa^{43} tsi^{55} lu^{31}ʈu^{44} ni^{11} hou^{33}

ŋku^{31} ti^{43} si^{44} nts' eu^{55} ʐaŋ^{31} tse^{55} lu^{55} qa^{43} tsi^{11} tsi^{44} tɕau^{33} saŋ^{55}

a^{44} le^{44} saŋ^{55} tɕau^{55} si^{44} toŋ^{31} si^{43} tɕaŋ^{43} tli^{44} lo^{11} tla^{44} tle^{31} ti^{24} lo^{43} nto^{44}

tɕau^{55} si^{44} toŋ^{31} si^{44} tɕaŋ^{43} nts'eu^{55} ʐaŋ^{31} tse^{55} lu^{55} qa^{43} tsi^{11} tsi^{44} tɕau^{31} saŋ^{55}

saŋ^{55} len^{31} ŋku^{31} ti^{43} si^{44} tla^{44} qa^{43} ntsa^{43} fa^{43}

ŋku^{31} ti^{43} si^{44} ha^{43} si^{55} tɕau^{55} toŋ^{31} si^{44} tɕaŋ^{43} tsi^{31} n̥o^{43} m̥au^{44} si^{33} po^{33} si^{33} ntsa^{24} lo^{11} mo^{11}

noŋ^{24} tsa^{44} qa^{31} lo^{11} noŋ^{24} tsa^{44}

to^{11} noŋ^{24} tsa^{44} tso^{24}ʈou^{24} fa^{43} tsi^{55} lu^{31}

tle^{44} tou^{44} qa^{43} tsi^{55} lu^{31}ʈu^{44} ni^{11} hou^{33}

ŋku^{31} ti^{43} si^{44} nts'eu^{55} ʐaŋ^{31} tse^{55} lu^{55} qa^{43} tsi^{11} tsi^{44} tɕau^{33} saŋ^{55}

a^{44} le^{44} saŋ^{55} tɕau^{55} si^{44} toŋ^{31} si^{43} tɕaŋ^{43} tli^{44} lo^{11} tla^{44} tle^{31} ti^{24} lo^{43} nto^{44}

tɕau^{55} si^{44} toŋ^{31} si^{44} tɕaŋ^{43} nts'eu^{55} ʐaŋ^{31} tse^{55} lu^{55} qa^{43} tsi^{11} tsi^{44} tɕau^{31} saŋ^{55}

saŋ^{55} len^{31} ŋku^{31} ti^{43} si^{44} tla^{44} qa^{43} ntsa^{43} fa^{43}

32.（见意译文本的《24. 孤女孤儿歌》）

nto^{31} mple^{44} mplen^{24} naŋ^{24} ʑa^{44} lo^{11}
ti^{43} mple^{44} mplen^{24} naŋ^{24} ʑa^{44} ta^{31}
ŋku^{31} nʦa^{24} ɲe^{13} ʦe^{24} ŋku^{31} nʦa^{24} a^{44} nʦa^{24} nʦo^{55}
tɕau^{55} ʦeu^{31} nʦa^{24} ʦi^{55} ʦe^{24} nʦa^{24} a^{44} nʦa^{24} ʑa^{31}
nto^{31} mple^{44} mplen^{24} naŋ^{24} ʑa^{44} lo^{11}
ti^{43} mple^{44} mplen^{24} tɕa^{43} ʑa^{44} tʻu^{55}
ŋku^{31} nʦa^{24} ɲe^{13} ʦe^{24} ŋku^{31} nʦa^{24} a^{44} nʦa^{24} nʦo^{55}
tɕau^{55} ʦeu^{31} nʦa^{24} ʦi^{55} ʦe^{24} nʦa^{24} a^{44} nʦa^{24} ʑu^{44}
ŋku^{31} nʦa^{24} ʑau^{24} a^{44} nʦa^{24} ʑu^{44}
tɕau^{55} nʦa^{24} a^{44} ʦi^{11} ȵa^{55} qai^{31}
ŋku^{31} nʦa^{24} ɬo^{55} lo^{11} nʦʻeu^{55} la^{24} tla^{55} qa^{43} ʦʻei^{43}
tɕau^{55} nʦa^{24} ɬo^{55} ke^{55} lo^{11} nʦʻeu^{55} la^{24} pla^{24} ɴqai^{31}
ʑau^{24} ŋku^{31} nʦa^{24} a^{44} nʦa^{24} nʦo^{55}
tɕau^{55} nʦa^{24} a^{44} nʦa^{24} ʑu^{44}
ŋku^{31} nʦa^{24} ɬo^{55} lo^{11} nʦʻeu^{55} la^{24} tla^{55} qa^{43} ʦoŋ^{24}
tɕau^{55} nʦa^{24} ɬo^{55} ke^{55} lo^{11} nʦʻeu^{55} la^{24} pla^{24} n̥au^{44} ʦu^{44}
la^{24} po^{43} la^{24} to^{43}ɴqai^{31} qa^{43} lo^{43}
la^{24} po^{43} ŋku^{31} ʦa^{24}ɴqai^{31} qa^{43} ʦʻaŋ^{44}
la^{24} po^{43} la^{24} to^{43} tɕau^{31} mo^{11} ȵao^{31} i^{43} n̥o^{43}
ŋku^{31} nʦa^{24} ʦi^{44} nʦa^{55} ma^{24} nao^{31} ao^{43} lo^{44} tɕau^{31} pau^{43} taŋ^{44}
la^{24} po^{43} la^{24} to^{43} nao^{31}ɴqai^{31} qa^{43} lo^{43}
la^{24} po^{43} ŋku^{31} nʦa^{24} ʦi^{44} nʦa^{55}ɴqai^{31} pu^{43} teu^{44}
la^{24} po^{43} la^{24} to^{43} tɕau^{31} mo^{11} ŋau^{31} i^{43} n̥o^{43}
ŋku^{31} nʦa^{24} ʦi^{44} nʦa^{55} ma^{24} ŋau^{31} ɬo^{43}
la^{24} po^{43} la^{24} to^{43} ta^{31}ɳʈaŋ^{11} lo^{44} vaŋ^{43} ȵtɕu^{44}
la^{24} po^{43} ŋku^{31} nʦa^{24} lo^{11}ɴqe^{11} lo^{43} vaŋ^{43} li^{55}
la^{24} to^{43} lo^{43} qa^{43} tɕʻu^{43} si^{55} maŋ^{43} ʑu^{44}
ŋku^{31} nʦa^{24} ʦi^{44} nʦa^{55} plaŋ^{43} a^{43} plaŋ^{43} ʑau^{24} qa^{43} plaŋ^{43} tle^{55}
la^{24} po^{43} la^{24} to^{43} ta^{31}ɴqe^{11} lo^{43} vaŋ^{43} ȵtɕu^{44}
la^{24} po^{43} ŋku^{31} nʦa^{24} n̥au^{44} ta^{31}ɴqe^{11} lo^{11} vaŋ^{43} tlo^{43}
la^{24} to^{43} qa^{43} tɕʻu^{43} si^{55} maŋ^{43} ʑu^{44}
ŋku^{31} nʦa^{24} ʦi^{44} nʦa^{44} plaŋ^{43} a^{43} plaŋ^{43} si^{55} maŋ^{43} ɬo^{43}
ŋku^{31} nʦa^{24}ɴqe^{11} lo^{11} tle^{44} ʐu^{43}
ʦe^{55} mu^{43} qa^{43} ʦe^{11} qʻa^{44} ŋku^{31} nʦa^{24} ʦo^{24} pʻaŋ^{43} ʐaŋ^{11} tu^{31}
tɕau^{55} nʦa^{24}ɴqe^{11} lo^{11} ʐi^{55} teu^{11}
ʦe^{55} m̥u^{43} qa^{43} ʦe^{11} qʻa^{44} tɕau^{55} nʦa^{24} ʦo^{24} pʻaŋ^{43} ʐaŋ^{11} tlou^{44}

ŋku^{31} ntsa^{24} mo^{11} taŋ^{11} i^{43} taŋ^{11} n̥o^{43}
ŋau^{31} lo^{11} ʐau^{24} tse^{55} mu^{43} qa^{43} tse^{11} tlu^{33} mpa^{44} qo^{43}
tɕau^{55} ntsa^{24} mo^{11} taŋ^{11} nto^{31} tsi^{11} i^{43} taŋ^{24} m̥au^{44}
ŋau^{31} lo^{11} ʐau^{24} tse^{55} mu^{43} qa^{43} tse^{11} tle^{55} mpa^{44} n̥au^{44}
ŋku^{31} ntsa^{24}ɴqe^{11} lo^{11} tle^{44} ʐu^{43}
tse^{55} mu^{43} qa^{43} tse^{11} qʻa^{44} ŋku^{31} ntsa^{24} tso^{24} pʻaŋ^{43} ʐaŋ^{11} tu^{31}
tɕau^{55} ntsa^{24}ɴqe^{11} lo^{11} ʐi^{55} teu^{11}

tse^{55} m̥u^{43} qa^{43} tse^{11} qʻa^{44} tɕau^{55} ntsa^{24} tso^{24} pʻaŋ^{43} ʐaŋ^{11} tlou^{44}
ŋku^{31} ntsa^{24} mo^{11} taŋ^{11} i^{43} taŋ^{11} n̥o^{43}
mau^{31} lo^{11} ʐau^{24} tse^{55} mu^{43} qa^{43} tse^{11} tlu^{33} mpa^{44} qo^{43}
tɕau^{55} ntsa^{24} mo^{11} taŋ^{11} nto^{31} tsi^{11} i^{43} taŋ^{24} m̥au^{44}
mau^{31} lo^{11} ʐau^{24} tse^{55} mu^{43} qa^{43} tse^{11} tle^{55} mpa^{44} n̥au^{44}
la^{24} ntsi^{11} la^{24} maŋ^{31} ti^{24} o^{33}
ŋku^{31} ntsa^{24} tsi^{44} kʻu^{55} la^{24} tsi^{44} kʻo^{43}
la^{24} ntsi^{11} la^{24} maŋ^{24} ti^{24} ŋa^{55}
ŋku^{31} ntsa^{24} tsi^{44} kʻu^{55} la^{24} tsi^{44} ma^{31} ti^{24} ŋa^{55}
ŋku^{31} ntsa^{24} a^{44} qoŋ^{43} mo^{11} tse^{55} qa^{43} mu^{43} tse^{11} ke^{55} tle^{43} tsi^{44} ȵoŋ^{55} lo^{11}
ŋku^{31} ntsa^{24} sei^{43} ʐau^{24} qa^{43} tsʻei^{43}, lo^{43} qa^{43} sei^{43} ɳʈu^{24} tsi^{44} ʑoŋ^{44}
a^{44} le^{44}ɴqaŋ^{44} ʈaŋ^{43} tsa^{55} tsa^{55} to^{44} ŋku^{31} ntsa^{24} nto^{33} ntu^{44} tsau^{44} su^{44} tsaŋ^{31}
ʐau^{24} ŋku^{31} ntsa^{24} a^{44} le^{44} ntse^{31} qeŋ^{44} ka^{44} ma^{24} a^{44} le^{44} si^{33} qeu^{13} lo^{11} li^{44} so^{55}

la^{24} ntsi^{11} tsi^{44} maŋ^{31} ti^{24} o^{33}
ŋku^{31} ntsa^{24} tsi^{44} kʻu^{55} la^{24} tsi^{44} ŋkʻo^{43}
la^{24} ntsi^{11} la^{24} maŋ^{31} ti^{24} ŋa^{55}
ŋku^{31} ntsa^{24} tsi^{44} kʻu^{55} la^{24} tsi^{44} ma^{31} ti^{24} ŋa^{55}
ŋku^{31} ntsa^{24} ma^{43} plʻou^{43} ma^{31} lo^{11} tɕe^{31} ntu^{33}. ma^{43} teu^{44} maŋ^{31} mo^{11} tɕe^{31} so^{55}
ŋku^{31} ntsa^{24} a^{44} qoŋ^{43} mo^{11} qa^{43} mu^{43} tse^{11} tsi^{44} ȵoŋ^{55} lo^{11}
a^{44} le^{44}ɴqa^{44} ʈaŋ^{43} tsa^{55} tsa^{55} to^{44} ŋku^{31} ntsa^{24} ntu^{33} ʈu^{44} su^{44} tɕo^{43}
ʐau^{24} ŋku^{31} ntsa^{24} a^{44} le^{44} ntse^{31} qeŋ^{44} ka^{44} ma^{24} a^{44} le^{44} si^{33} qeu^{13} lo^{11} li^{44} so^{55}

33.（见意译文本的《25. 无粮人家的儿女》）

noŋ^{24} tsi^{44} pi^{11} nte^{24} qe^{44} ȵau^{43} sou^{44} tle^{31}
pi^{11} noŋ^{24} tsi^{44} taŋ^{11}ʈu^{44} sou^{44} paŋ^{11} tle^{31}
mu^{43} tsʻai^{43} to^{43} ntsʻai^{44} tsʻai^{43}
mu^{44} su^{33} to^{43} ntsʻai^{44} su^{44}
noŋ^{24} tsi^{44} pi^{11} nte^{24} qe^{44} ȵau^{43} sou^{44} tle^{31}
pi^{11} noŋ^{24} tsi^{44} taŋ^{11}ʈu^{44} sou^{44} paŋ^{11} tle^{31}

mu^{43} ʦʻai^{43} to^{43} ntsʻai^{44} ʦʻai^{43}
mu^{43} su^{33} to^{43} ntsʻai^{44} su^{33}
mu^{43} ʦʻai^{43} to^{43} lo^{11} ntsʻeu^{55} tou^{44} qaŋ^{43} ʐau^{11} len^{31} qa^{43} lu^{11} i^{43} tli^{44} n̥au^{44} ŋau^{31}
mu^{44} su^{33} to^{43} ntsʻai^{44} su^{33}
mu^{44} su^{33} to^{43} ntsʻai^{44} ɴqʻe^{55}
mu^{43} ʦʻai^{43} ŋe^{13} qa^{43} lu^{11} a^{44} le^{44} hai^{33} ʈu^{44} mu^{43} ʦʻai^{43} to^{43} ta^{43}
ma^{31} ŋau^{31} ʦi^{44} ŋau^{31} , i^{43} mpau^{31} ku^{55} ti^{31} ve^{55} ȵtɕu^{11}
n̥o^{43} ŋa^{55} , la^{24}ɴqu^{33} la^{24} mu^{43} ʦʻei^{43} kʻu^{44} qa^{43} lu^{11} ʦi^{44} le^{11} lau^{13} ʐe^{31}
ma^{31} ŋau^{31} ʦi^{44} ŋau^{31} , i^{43} mpau^{24} ku^{55} ti^{31} ve^{11} ȵtɕu^{11} mo^{11}ɳʈo^{24} la^{24} ɴqu^{33} i3 n̥o^{43} kʻu^{44}
mu^{43} ʦʻa^{43} to^{43} ɳʈo^{24} mu^{43} ʦʻa^{43} ŋe^{13} qa^{43} lu^{11} hai^{33}
la^{24} ma^{31} ŋau^{31} la^{24} mo^{11} la^{24}
i^{43} mpau^{31} ku^{55} ti^{31} ve^{55} ȵtɕu^{11} ȵau^{43} ʦe^{55} hi^{44} i^{43} n̥o^{43} kʻu^{44}
ki^{24} ntso^{55} ʑa^{44} mo^{11} ntsʻeu^{55} ʈou^{44} qaŋ^{43} ʐau^{11} i^{43} tli^{55} n̥au^{44} ŋau^{31}
mu^{43} ʦʻai^{43} to^{43} ntsʻai^{44} ʦʻa^{43}

mu^{43} su^{33} to^{43} ntsʻai^{44} su^{33}
mu^{43} ʦʻai^{43} to^{43} ŋe^{13} qa^{43} lou^{11} ɳʈo^{24} mu^{43} ʦʻai^{43} to^{43} hai^{33}
n̥o^{43} ŋa^{55} ma^{31} ŋau^{31} ʦi^{44} nao^{31} , la^{24}ɴqu^{33} kʻu^{44} qa^{44} lu^{11}
i^{43} mpau^{24} ku^{55} ti^{31} mo^{11}ɳʈo^{24} la^{24} ɴqu^{33} i^{43} n̥o^{43}
mu^{43} ʦʻai^{43} to^{43} ɳʈo^{24} mu^{43} ʦʻai^{43} ŋe^{13} qa^{43} lu^{11} hai^{33}
la^{24} ma^{31} ŋau^{31} la^{24} mu^{11} la^{24}
i^{43} mpau^{24} ku^{55} ti^{31} ȵau^{43} ʦe^{55} hi^{43} i^{43} n̥o^{43} si^{43}
ki^{24} ntso^{55} mo^{11} ntsʻeu^{55} tou^{44} qaŋ^{43} ʐau^{11} ŋe^{13} lu^{11} i^{43} tli^{55} n̥au^{44} nao^{31}
mu^{43} ʦʻai^{43} to^{43} ntsʻai^{44} ʦʻa^{43}
mu^{43} ɵu^{33} to^{43} ntɵʻɑi^{44} ɵu^{33}
mu^{43} to^{43} ʦʻai^{43} ha^{31} ɕiŋ^{43} su^{13} ȵa^{13} ɳʈo^{24} la^{24} la^{31}
mu^{43} to^{43} ʦʻai^{43} ha^{31} ɕiŋ^{43} su^{13} ȵa^{13} ɳʈo^{24} la^{24} ȵtɕeu^{33}
tʻou^{33} ŋa^{55} , mu^{43} ʦʻai^{43} to^{43} ma^{31} nao^{31}
qaŋ^{43} ʐau^{11} ŋe^{13} qa^{43} lu^{11}ʈau^{55} lo^{11} po^{13} mu^{43} ʦʻai^{43} to^{43} ma^{31} nao^{31} taŋ^{11}
qaŋ^{43} ʐau^{11} ŋe^{13} qa^{43} lu^{11}ʈau^{55} lo^{11} qa^{31} su^{33} to^{11} qa^{43} ŋe^{13} ȵo^{31}
mu^{43} ʦʻai^{43} to^{43} ntsʻai^{44} ʦʻai^{43}
mu^{43} su^{33} to^{43} ntsʻai^{44} su^{33}
mu^{43} to^{43} ʦʻai^{43} ha^{31} ɕiŋ^{43} su^{13} ȵa^{13} ɳʈo^{24} la^{24} la^{31}
mu^{43} to^{43} ʦʻai^{43} ha^{31} ɕiŋ^{43} su^{13} ȵa^{13} ɳʈo^{24} la^{24} ȵtɕeu^{33}
tʻou^{33} ŋa^{55} , mu^{43} ʦʻai^{43} to^{43} ma^{31} nao^{31}
qaŋ^{43} ʑau^{11} ŋe^{13} qa^{43} lu^{11} tau^{55} lo^{11} po^{13} mu^{43} ʦʻai^{43} to^{43} ma^{31} nao^{31} taŋ^{11}
qaŋ^{43} ʐau^{11} ŋe^{13} qa^{43} lu^{11}ʈau^{55} lo^{11} ʦau^{44} sa^{43} qa^{31} su^{33} to^{11} qa^{43} ŋe^{13} ʦʻi^{33}

第三章 “蒙恰”古歌直译文本

在贵州省，苗族等少数民族语言的翻译，由于民族语言的特殊性，在把少数民族的语言记录下来之后，一般都要经过两个翻译过程，先是直译，而后根据直译的文字再进行意译，只有这样才能完成整个民族语言信息的转换。另外，这些直译的文本还包含了大量的民族文化的信息，本身就具有一定的价值。

直译文本在原始记录中为33首，我们在直译文本中没有把它冠名，只有一个序号，但在意译文本中我们根据内容作了一定的整理与合并，最后形成意译文本的古歌25首，这就与直译文本不对称，故我们在每一首直译文本的序号后面标明与意译文本的关联文字说明。并且，我们在直译文本中基本不做过多的注解，而把注解主要放在意译文本中。

1首至33首

1.（见意译文本的《1. 太阳姑娘和月亮小伙》）

是谁提把斧子从天上下来砍箐（原始茂密的森林），

是“嘟格贡子诺”（“嘟格”在苗语中意思为“葫芦蛋”，“贡子”为红色蚂蚱王，“诺”为小伙子）下来砍箐。

砍倒“冬发节种”（“冬发”在苗语中为“梧桐树”，“节种”为杉树，意思为高大的好树木）这些树，

根部倒在椰蕨坡，

树梢滚在芭茅丛。

树干用来造纺车，

树枝用来削纱棍（绕纱的棍子）。

纺车纺纱声声叫，
纱棍“枯榴”（“枯榴”为苗族古老的绕纱绕线用的工具，形状如平放的十字架）声声哀。
纺车越叫转越快，
纱棍“枯榴”鸣叫更惊人。

（绕线的小伙是月亮，
纺纱的姑娘是太阳。）
月亮小伙扛着慢慢走，
太阳姑娘随后来得迟。

是谁提把斧子从天上下来砍箐（原始茂密的森林），
是“嘟格贡子诺”（“嘟格”在苗语中意思为“葫芦蛋”，“贡子”为红色蚂蚱王，“诺”为小伙子）下来砍箐。
砍倒“冬发节种”（“冬发”在苗语中为“梧桐树”，“节种”为杉树，意思为高大的好树木）这些树，
根部倒在椰蕨坡，
树梢滚在芭茅丛。

树杆用来造纺车，
树枝用来削纱棍（绕纱的棍子）。
纺车纺纱声声叫，
纱棍“枯榴”（“枯榴”为苗族古老的绕纱绕线用的工具，形状如平放的十字架）声声哀。
纺车越叫转越快，
纱棍“枯榴”鸣叫更惊人。

（绕线的小伙是月亮，
纺纱的姑娘是太阳。）
月亮小伙扛着慢慢走，
太阳姑娘来得晚。

太阳姑娘背嫁妆，
月亮小伙披帕巾。
是太阳姑娘要选月亮小伙做丈夫，
月亮小伙选太阳姑娘裙角做把凭，
意想二人总有一天能相会。

可是太阳姑娘来不早，
月亮小伙赶不及。
太阳姑娘刚从东方天底露出来，
月亮小伙已翻比德坝地平。

太阳姑娘背嫁妆，
月亮小伙披帕巾。
是太阳姑娘要选月亮小伙做丈夫，
月亮小伙选太阳姑娘裙角做把凭，
意想二人总有一天能相会。

可是太阳姑娘来不早，
月亮小伙赶不及。
太阳姑娘刚从东方天底露出来，
月亮小伙已翻比德坝地边。

太阳姑娘爬到云南城半坡，
月亮小伙像蜗牛一样还没翻过大雾笼罩的比德坝。

太阳姑娘爬到云南城半山，
月亮小伙像蜗牛一样还没翻过大雾笼罩的比德坪。

2.（见意译文本的《2. 男孩做“媳妇”》）

鸡婆抱孵鸭婆蛋，
鸭婆忙碌把活干。
“珠亚祖鲁”（“珠亚祖鲁”苗语意为“达官显贵”）有一位掌握着鬼师的幺姑娘留在家中，
有一位男孩抬脚迈进人世入人亲。

鸡婆抱孵鸭婆蛋，
鸭婆忙碌把活干。
“珠亚祖鲁”有一位掌握着鬼师的幺姑娘留在家中，
有一位男孩抬脚迈进人世入人戚。

是谁下来给人家做亲娘，
是男孩下来给人家做亲娘。
男孩吼牯牛给人家犁地；
是谁下来给人家做早媳（新媳妇），
男孩下来给人家做早媳。
男孩吼牯牛给人家犁田。
田亮田得水，
地亮地得坝。
田亮要添新水，
地亮要太阳晒；
是谁下来给人家做新娘，

男孩下来给人家做新娘，
男孩吼牯牛给人家犁地；
是谁下来给人家做早媳，
男孩下来给人家做早媳。
男孩吼牯牛给人家犁田。
田亮田得水，
地亮地得坝。
田亮要添新水，
地亮要太阳晒。

男孩做媳妇顺崖来去，
男孩提剑搁在男孩手腕上，
打弩箭搁在男孩子腰上，
男孩子整天去来不怕彝，
晚上回来不怕汉。
男孩子做媳妇顺岩来去，
男孩提剑搁在男孩手腕上，
打弩箭搁在男孩子腰上，
男孩子去整天来不怕蛇，
晚上回来不怕虎。

男孩做媳妇顺崖来去，
男孩的娘做饭送男孩晌午，
男孩悄悄地不吃，
男孩爹买肉送男孩子下饭。
男孩子悄悄地没用肉下饭。
是谁跑来与他选（挑），
是幺妹跑来与他选（挑）。
才抢得男孩一只鸡腿；
是谁想得到人家的肥猪肉片吃，
是幺妹想得到人家的肥猪肉片；
这时才来串人亲礼爱，
爹娘想做一位姑娘的衣装。

男孩做媳妇顺崖来去，
男孩的娘做饭送男孩晌午，
男孩悄悄地不吃，
男孩爹砍肉送男孩子下饭。

男孩子悄悄地没用肉下饭。
是谁跑来与他选（挑），
是幺妹姑娘跑来与他选（挑）。
才抢得男孩的一只鸡腿；
是谁想人家的肥猪肉片吃，
是幺妹想人家的肥猪肉片；
这时才来致人亲礼爱，
爹娘想有位姑娘行走。

买牛买一抱索，
买狗买个撑筒，
一家男孩坐的静悄悄的一家客，
一家姑娘幺妹心直口快谈笑不止。
买牛买一抱索，
买狗买个撑筒，
一家男孩静坐不语像一家客，
一家姑娘幺妹心欢口笑一家亲。

3.（见意译文本的《3. 剑鬼和梭神》）
着天着荒老，
找到“娘九井津”来在。
天美讲在地美处，
找到男儿“井津”的装束，
那男儿吃的是袋装，睡的是身穿，
吃来的是袋装，睡的隔年袋。
着天着荒老，
找到“娘九井津”来在。
天美讲在地美处，
找到男儿“井津”的装束，
“娘九”吃的是袋装，睡的是身穿，
吃的是袋装，睡的隔年袋。
鬼剑来去到鬼剑边，
怪梭来去到怪梭寨中，
剑用剑妆不用磨，
才磨得红彝家的九个石头。
怪梭来去不，
才围得红彝家在深冲头；
剑魔来去到剑魔河边，

怪梭来去到怪梭林中，
用剑魔来去包抄围，
才围得这家天红彝困在红彝家九座山。
用怪梭来去参与围，
才围住这家天红彝困在深坑头；
剑魔来去漫山遍野，
怪梭来去遍野漫山。
剑魔浊清水，
怪梭浊清砂，梭尖镶红铜。
剑魔来去漫山遍野，
怪梭来去遍野漫山。
剑魔浊清水，
怪梭浊清砂，梭尖镶青铜。
剑魔来去漫山遍野，
怪梭来去遍野漫山。
剑魔浊清水，
怪梭浊清砂，
用剑魔来围住红彝家在九个山头上，
用怪梭来围住天彝家在彝葛寨山脚下；
剑魔来去漫山遍野，
怪梭来去遍野漫山。
剑魔浊清水，
怪梭浊清砂，
用剑魔来围住红彝家在九个山上，
用怪梭来围住天彝家在彝葛寨山根下。

4.（见意译文本的《4.“留米”的神马》）

牛无儿牛吃草到天桶湾，
马无亲马吃草到天桶坝，
是牛吃嫩草，牛睡对门岩脚，
牛同儿由儿牵拉，马同儿由儿梳理平滑，
像“留米”的雄马超风影；
牛无儿牛吃草到天桶湾，
马无亲马吃草到天桶地，
是牛来吃嫩草，牛睡对门塘脚，
牛同儿由儿牵引，马同儿由儿梳理平滑，
像“留米”的雄马超风怪。

“留米”骑着超风雄马来去，
脚腿有一抱粗，出气像团雾，
天地间说怕天散败，才喊“留米”来去拿；
“留米”骑着超风雄马来去，
脚腿有一抱粗，出气像团雾，
天地间说怕天散败，才喊“留米”来去捉。
“留米”骑着超风雄马来去，
爬上三阶突过三个过口。
一阶是大阶，“留米”的超风雄马悄悄不吃盐，
闭眉闭眼不吃饱，
“留米”的超风雄马才爬到顶上去。
吃到孙员外家的招待。
“留米”骑着超风雄马来去，
爬上三阶突过三个过口。
一阶是宽阶，“留米”的超风雄马悄悄不吃盐，
闭眉闭眼不吃饭，
“留米”的超风雄马才爬到顶上去。
吃到孙员外家的招待。
“留米”骑着超风雄马来去，
阶梯路光滑平顺。
是一个大雌鸟下地做窝，
是雌鸟扛虫子从山上来，
雄鸟扛刷条从坡上过，
才来接得天地间凡鸟的子孙后代的发展；
“留米”骑着超风雄马来去，
阶梯路光滑平顺。
是一个大雌鸟下地做窝，
雌鸟扛虫子从山上下，
雄鸟扛刷条从坡上到，
才来接得天地间凡鸟的子孙后代发展。

5.（见意译文本的《5. 巧女“接嘴雀”》）

着天着荒老，
着“娘九津井”来在。
天美讲在地美处，
着别男儿“津井”的衣装，
男儿吃不香，睡不得，
吃的是袋装，睡的是隔年袋；

着天看荒老，
着“娘九津井”来在。
男儿吃不香、睡不着，
吃的是袋装，睡的是隔袋；
荒年来荒在地，
荒年荒岁谷禾瘟壳不能熟。
荒年来荒在田，
田地离了桩根，桩根离了手节。
荒年来苦，
荒岁岁翻。
荒年来土地离了桩根，
桩根离了手肩。
荒年年苦，
荒岁岁翻。
荒年来来年不少留一升来烂了一斗，
留一斗来烂了一石。
荒年年苦，荒岁岁翻，
荒年来年不少，
留一升来烂一斗，
留一斗来烂一方；
荒年年破，
荒岁岁寒。
荒年饿了巧姑娘，
巧姑娘肚子饿，
巧姑娘才骂勤快郎，
父亲下和别人借债，
儿子说借点点，
父亲说两两。
儿子说用羊蓄抵，
父亲说用田坝抵。
荒年年苦，
荒岁岁翻。
试看来饿了巧姑娘，
巧姑娘肚子饿，
巧姑娘骂那勤快郎，
父子给别借债，
儿子说借点点，

父亲说借两两。
儿子说用羊蓄抵，
父亲说用房屋抵。
荒年年苦，
荒岁岁翻。
荒年来巧女吃了头头牛也不觉饱，
荒年来勤快郎吃完匹匹马也不知足。
荒年年苦，
荒岁岁寒。
荒年来巧女吃了头头牛也不觉饱，
荒年来勤快郎吃完匹匹马也不见路。
荒年年苦，
荒岁岁寒。
荒年来巧女骂勤快郎。
父子下给别人打铁锄，
才打得铁锄送给巧女挖蕨根。
荒年年苦，
荒岁岁翻。
荒年来巧女骂勤快郎。
父子下给别人打铁锄，
才打得铁锄送给巧女挖葛根。
荒年年苦，
荒岁岁翻。
荒年来巧女挖“朱诺”得“朱渣”，
去挖“朱猫”得“膛中”，
水不裹流箐中，
水漩涡流当中。
要扛来去哪里做？
拿扛到水漩涡漂马箐去做，
做好到家。
油桌是公婆的，
筋桌是媳妇的，
年荒年苦，
岁荒岁翻。
荒年来巧女挖蕨根不遇湾，挖葛根不遇屯。
巧女去挖“朱诺”得“朱渣”，挖“朱猫”得“朱中”。
水不裹流箐中，

水漩涡流当中。
油桌是公婆的，
筋桌是媳妇的。
荒年年苦，
荒岁岁翻。
荒年来巧女饿了儿子，
儿子去挂母亲，
饿了母亲，母亲去挂在滑竹尖上，
是巧女翻水翻在漂马水箐，
活来才刚刚做影子。
荒年年苦，
荒岁岁翻，
荒年来巧女饿了儿子，
儿子去挂母亲，
饿了母亲，母亲去挂在苦竹尖上，
是巧女翻水翻在漂马水箐，
活来才刚刚做细碎线。
荒年年苦，
荒岁岁翻，
荒年来巧女饿了儿子，
儿子去挂母亲，
饿了母亲，母亲去挂在苦竹尖上，
是巧女翻水翻在漂马水箐，
活来才刚刚做细碎线。

接嘴雀叫来接嘴雀叫，
接嘴雀飞落枫树尖，
接嘴雀要带巧女下凡做蓝靛。
接嘴雀叫来接嘴雀叫，
接嘴雀飞落枫树尖，
接嘴雀要带勤快男下凡和人家犁牛。
这年，是巧女嫁得勤快郎，
一天吃了三顿饱，
脖颈才有了三指厚；
接嘴雀叫来接嘴雀叫，
接嘴雀飞落枫树尖，
接嘴雀要带勤快男下凡做生产。
接嘴雀叫来接嘴雀叫，

接嘴雀飞落枫树枝，
接嘴雀要带巧女下凡做蓝靛。
是蚂蚱背着螳螂，
螳螂翅膀才不停地扇。
今年巧女嫁得勤快郎，
一天吃了三顿饱，
她的脖颈才有了三分色。

6. （见意译文本的《6. 大头蜂和大头蝎》）

着天着荒老，
找着一位苦难婆“津井”来在。
天美讲在地美处，
找到生象索“津井”衣妆。
苦难婆来去用麻布裙做盖皮，
“子郎”天赶来去在漆树湾，
到底苦难婆的心怎样，
苦难婆来去放出三千六百个大头蜂是苦难婆的个个儿，
放出三千六百个大头蝎是苦难婆的个个女；
着天着荒老，
找着一位苦难婆“津井”来在。
天美讲在地美处，
找到生象索“津井”衣妆。
到底象索的心怎样，
苦难婆来去用她的麻布裙做盖皮，
“子郎”天赶来去在滑树湾，
到底生象索的心怎样，
生象索放出三千六百个大头蜂是苦难婆的个个儿，
放出三千六百个大头蝎是苦难婆的个个女；
大蜂飞射出来去与人家做道，
大蜂找得夷蛮家一位开“阿里”来园子脚。
大蜂飞射出来去与人家做法，
大蜂找得夷蛮家一位开“阿翁”用牙来穿园洞。
拉拉扯扯来穿房洞，
那牙齿嚼了三嚼，
冒出夷蛮家九床草被。
那个“冬子”蜇一针，
才穿出夷蛮家九床芦席。
大蜂飞射出来去与人家做道，

大蜂找得夷蛮家一位开“阿鲁”到下园脚。
大蜂飞射出来去与人家做法，
这夷蛮家一位开“阿鲁”那牙齿穿过园洞，拉扯进房洞。
那牙齿嚼三嚼，
穿出夷蛮家九床草席。
那个“冬子”蜇一针，
射穿夷蛮家九床芦席。
大蜂飞射出来去与人家做道，
大蜂找得夷蛮家一位开“阿鲁”来那园脚。
大蜂巨蝎来去与人家做法，
大蜂找到这夷蛮家一位开“阿鲁”那牙齿穿过园洞，拉扯进房洞。
那牙齿嚼三嚼，
穿透夷蛮家九床草席。
那蜇动三动，
射穿夷蛮家九床跑。
大蜂半空飞射出去，才咬住那夷蛮家。
大蜂飞射出来去与人家做道，
大蜂找到这夷蛮家一匹大叫马，
两个叮住两端，一个叮住马鬃，
扛起来去跑十二跑，
下得湾来奔十二阶，
大蜂飞射出来半天高。
大蜂找着夷蛮家一个雌牛，
大蜂飞射出来与同干活，
大蜂找着夷蛮家一匹大雌马，
两个叮住两头，一个叮死马鬃，
提起来去跑十二跑，
扛起来去奔十二奔，
到底夷蛮家的心如何，
夷蛮家拿张牛皮来钉在山顶，
拿张马皮来钉在坡头。
要等大蜂来到大蜂才能得吃，
大蜂巨蝎来到才能得着。
到底夷蛮家的心如何，
夷蛮家拿张牛皮来钉在山顶，
拿张马皮来钉在坡头。
要等大蜂来到大蜂才能得吃，

大蜂巨蝎来到大蜂巨蝎才能得用。
大蜂不想在，
大蜂遇人在尾寨。
大蜂不想妆，
大蜂遇人在尾山。
要想去尾寨这边，
无法上路去。
想来想去无法，
只好去城尾巴，
丈夫的儿子得吃，丈夫还怕大蜂。
丈夫绕路来，人借绸缎不借借来。
去黑人城尾出。
汉才绕路行，
大蜂不想在，
大蜂遇人在高坡寨勉强在。
大蜂不想衣妆，
大蜂遇人在尾寨处着装。
要讲来去尾寨等，
湾死来不铲，
树死来不割，
人借绸缎不借来去黑人城尾处。
丈夫听信讲宏蜂巨蝎，丈夫的儿子得吃。
丈夫绕路来，
人借绸缎不借来去黑人城尾处。
丈夫听信讲宏蜂巨蝎，汉郎的儿子得吃。
汉郎绕路来，
到底夷蛮家心如何，
夷蛮家烧宏蜂的计划已下但说笆茅草丛都没有。
割草也不得，
要砍笆茅满山坡，
割柴满丫口。
砍笆茅他来到，要柴他来砍。
要谁来守得，要那官员来守得。
要谁来守地，要很汉家兄弟来守地。
那地人来到，很汉就要烧火，
很汉家兄弟急急忙忙将火放，
烧那大蜂死在窝洞，

烧那巨蝎死在岩洞。
要烧那大蜂来死绝种,
要烧那巨蝎来死绝世。
到底夷蛮家心如何,
夷蛮家烧大蜂的计划已下但笆茅丛全没有。
割草也不得,
要砍笆茅满山坡,
割柴满丫口。
砍笆茅他来到,要柴草他来砍。
要谁来守得,要那官员来守得。
要谁来守地,要很汉家兄弟来守地。
那地人来到,很汉就要烧火,
很汉家兄弟急急忙忙将火放,
烧那大蜂死在窝洞,
烧那巨蝎死在洞半山。
要烧那大蜂来死绝种,
要烧那巨蝎来死绝世。
那大蜂房子是官房,
那房子有塔那样粗,
那夷蛮家留不得巨蝎,
现在的蝎才很小;
过去夷蛮留不得宏蜂,
现在蜂才细身;
那大蜂房屋是官房,
那房屋有塔那样人,
过去夷蛮家留不得巨蝎,
现在的蝎才小;
过去夷蛮留不得大蜂,
现在蜂才细腰;
龙马说龙马的力气大,
龙马挨不住大蜂的蜇针插,
龙鸠说龙鸠的力气大,
龙鸠挨不住大蜂的一针蜇;
龙马背大蜂来到上方,
丈夫得吃,丈夫听信人家烧死大蜂死,
丈夫才放心急急忙忙来去与人行。
汉郎听信怕宏蜂,汉郎听信夷蛮烧死大蜂死,汉郎才放心来去与人走；
龙马说龙马的力气大，
龙马挨不住大蜂的蜇针插，
龙鸠说龙鸠的力气大，
龙鸠挨不住大蜂的千针戳；
龙马背大蜂来到上方，
丈夫得吃，丈夫听信人家烧死大蜂死，
丈夫才放心大胆的来去与人走。
汉郎听信夷蛮烧死大蜂死，
汉郎才放心大胆的来去与人行。

7.（见意译文本的《7. 传芦笙种和鼓种》）
着天着荒老，
找到“郎子奖津井”来在。
天美讲在地美处，
找到“卜丢郎子奖津井”断妆。
要叫谁下凡来传笙种，
要“卜丢郎子奖”下凡来传笙种，
要叫谁下凡来传鼓种，
要“卜丢郎子奖”下凡来传鼓种，
传笙种来“顾你勒勒”，
冷天冻地到生家地河头，
传鼓种来“顾你勒做”，
冷天冻地到生家地河尾，
是制笙来传曲，
蒙鼓来传舞，
制笙来要不了天地间一把滑竹节，
蒙鼓来要不了天地间一张老牛皮。

着天着荒老，
找到“郎子奖津井”来在。
天美讲在地美处，
找到“卜丢郎子奖津井”断妆。
叫谁下凡来传笙种，
叫“卜丢郎子奖”下凡来传笙种，
是谁下凡来传鼓种，
是“卜丢郎子奖”下凡来传鼓种，
传笙种来“顾你勒罗”，

冷天冻地到生家地河头，
传鼓种来“顾你勒做”，
冷天冻地到生家地头尾，
制笙来传曲，
蒙鼓来传舞，
制笙来要不了天地间一把滑竹节，
蒙鼓来要不了天地间一床老黑牛皮。
叫谁下凡来选笙，
叫“卜丢郎子奖”下凡来选笙，
选六片铜簧配六指，
选一片来配“阿赖”(意为拇指)，
选铜簧来配接笙竹做芦笙的发音片，
手指齐顺来同笙竹配讲。
叫谁下凡来选笙，
叫“卜丢郎子奖”下凡来选笙，
选六片来配六指，
选一片来配边指，
选铜簧来接笙竹(做芦笙的发音片)，
手指齐顺来同笙竹配讲。
芦笙响齐天，
鬼鼓应彻地，
吹响芦笙音韵回旋空间来与人家等人乐，
擂响了鬼鼓震动天空来与人家等亲人。
芦笙响齐天，
鬼鼓应彻地，
吹响芦笙音韵回旋空间来与人家等人乐，
擂响了鬼鼓震动天空来与人家等兄弟。
吹响芦笙送生，死路来去有时想，
擂动鬼鼓送生，死路来去有时念。
吹响芦笙送生，死路来去不得，
转人寨挂在墙头壁脚。
擂动鬼鼓送生，死路来去不得，
转人寨挂在房屋砥房梁上。
吹响芦笙送生，死路来去有时想，
擂动鬼鼓送生，死路来去有时念。
芦笙送生死路来去不得，
转人寨挂在屋头檐下。

擂动鬼鼓送生死路来去不得，
转人寨挂在房屋挑房柱上。

8.（见意译文本的《8. 生死夫妻》）

太阳出来稻虫欢快地来到草丛中，
下雨玉蚕欢快地来到笆茅丛里。
拿得蛮子女做高山妻，
带得两位巧女来去与人家站队。
才带得一位巧手勤郎来去与人家做完最后的活；
太阳出来稻虫欢快地来到草丛种，
下雨玉蚕欢快地来到笆茅丛里。
拿得蛮子女做高山妻，
带得两位巧女来去与人家站腰。
才带得一位巧手勤郎来去与人家唱完最后的歌；
巧女死去干活在长路，路长路后山，
路短路木杆，
巧女死去想到病路就不想转回家，
巧男勤郎死去想到病死路就不想转回与人成夫妻。
巧女死去干活在路长路后山，
路短路木杆，
巧女死去想到病路就不想转回家，
巧男勤郎死去想到病死路就不想转回与人成双对。
巧女死去上阎王的天梯爬，
下阎王的阶梯坠，
巧女死去才死去巧男勤郎一世妻，
巧男勤郎死去才死掉巧女一世夫。
巧女死去上阎王的天梯爬，
下阎王的阶梯落，
巧女死去才死去巧男勤郎一世双，
巧男勤郎死去才死掉巧女一世对。
巧女死去扯起和他缠，
巧男勤郎死去扯起和她纠。
巧女死去留下巧男勤郎冷天冻地一半床，
巧男勤郎死去留下巧女冷天冻地一半房。
巧女死去扯起和他轰，
巧男勤郎死去扯起和她烈。
巧女死去留下巧男勤郎冷天冻地一头床，
巧男勤郎死去留下巧女冷天冻地一头枕。

巧女死去不愁怕，
巧男死去不愁虚，
不愁怕用完不愁虚，
不愁虚放对门，
转眼新春到来老人手抱着阴阳饭，
转眼三声响彻天地阴阳手开启阎王黑门。
巧女死去不愁怕，
巧男勤郎死去不愁虚，
不愁怕用完不愁虚，
不愁虚放河对岸，
转眼新春到来老人手抱得一簸阴阳饭，
转眼三声响彻天地阴阳手开启阎王黑门。
巧女死去不愁顾，
顾得“发省洞郎子奖”不愁应，
应得巧女冒水冷来到上丫口，
丢下树在上丫口，
枫树深大遮地坝，
巧女死去留下织布机给女儿，
巧男勤郎死去才又留下犁耙郎儿满心。
巧女死去世夫妻不愁顾，
顾得“发省洞郎子奖”不愁应，
应得巧女冒水凉来到上丫口，
丢下枫树长在上丫口，
枫树深大遮地坝，
巧女死去留下织布机给女儿，
巧男勤郎死去才又留下犁耙郎儿满意。

9. （见意译文本的《8. 生死夫妻》）

太阳出来稻虫欢快地来到草丛中，
下雨玉蚕欢快地来到芭茅丛脚。
拿得夷蛮女做高山妻，
带得两位巧女来去与人家立身。
带得一位巧手勤郎来去与人家做完最后的活；
巧女死去，
太阳出来稻虫欢快地来到蕨丛中，
下雨玉蚕欢快地来到芭茅丛脚。
拿得夷蛮女做高山妻，
带得两位巧女来去与人家站腰。

才带得一位巧手勤郎来去与人家唱完最后的古歌；
巧女死去干活到路长路后坡，
路短路木杆，
巧女死去想到病路就不想转回家，
巧男勤郎死去想到病死路就不想转回做一世人。
巧女死去干活到路长路后坡，
路短路木杆，
巧女死去想到病路就不想转回家，
巧男勤郎死去想到病死路就不想转回做夫妻。
巧女死去上阎王的天梯爬，
下阎王的阶梯坠，
巧女死去才死去巧男勤郎一世妻，
巧男勤郎死去才死掉巧女一世夫。
巧女死去上阎王的天梯爬，
下阎王的阶梯坠，
巧女死去才死去巧男勤郎一世妻，
巧男勤郎死去才死掉巧女一世夫。
巧女死去扯起和他缠，
巧男勤郎死去扯起和她纠。
巧女死去留下巧男勤郎冷天冻地一头床，
巧男勤郎死去留下巧女冷天冻地一头房。
巧女死去扯起和他缠，
巧男勤郎死去扯起和她纠。
巧女死去留下巧男勤郎冷天冻地一头床，
巧男勤郎死去留下巧女冷天冻地一头枕。
巧女死去扯起和他轰，
巧男勤郎死去扯起和她烈。
巧女死去留下子女守别人门槛，
巧男勤郎死去留下子女围别人火塘。
巧女死去扯起和他缠，
巧男勤郎死去扯起和她纠。
巧女死去留下子女守别人门脚，
巧男勤郎死去留下子女围别人火炕。

巧女死去世夫妻不愁顾，
顾得“发省洞郎子奖”不愁应。
应得巧女来冒水凉到下地得苑苦菜，
苦菜秆红，苦菜嫩绿如玉，

清晨天亮笙管处处响，
拿老牛角、拿水牛角围着吼，
吼声震天来到巧女的“冈阿叉”(嘎房之意)
巧女死去世夫妻不愁顾，
顾得“发省洞郎子奖”不愁应。
应得巧女来冒水凉到下地得苑苦菜，
苦菜秆红，苦菜嫩绿如油，
清晨天亮笙管处处响，
拿黄牛角、拿水牛角围着吼，
吼声震天来到巧女的“冈子沟”(螺旋底之意)。

10. (见意译文本的《9. 灵巧女和勤劳郎》)
巧女不厌纺麻团，
巧男勤郎不厌牯牛守，
巧女在时怕破烂，
拿麻团来接纺团。
巧男勤郎在时怕饿，
做荞麦来病磨难。
荞熟麦麦，麦熟麦黄麦壳枯，
今年落到巧女的亡年死岁，
所以是巧男勤郎的忧愁年、断心年。
巧女在来不厌纺线团，
巧男勤郎在来不厌牯牛守，
巧女在时怕破烂，
拿麻团来接纺团。
巧男勤郎在时怕饿，
做荞麦来增加。
荞熟了麦再熟，
麦熟麦黄麦壳枯，
今年落到巧女的逝年死岁，
所以是巧男勤郎的忧愁年、丧气年。
巧女在做妆叫它满缸，
巧男勤郎在做饭有牯牛大，
转眼春天到，
巧女翻旧装送巧男勤郎穿，转眼间三声震天响，
巧男勤郎送饭给巧女吃；
巧女在做妆让它满缸，
巧男勤郎在做饭有山头大，

转眼春天到，
巧女翻旧装送巧男勤郎穿，
转眼间三声震天响，
巧男勤郎送陈饭给巧女喝；
巧女死去世夫妻不愁顾，
顾得“发省洞郎子奖”不愁应。
应得巧女来冒巧技来去爬屯坡，
爬这屯这坡放丢后面去，
巧女转身望向下边天脚，
有三条老路分开做一顺，
有一条散在旁边，
是巧女怨恨天地说，
天亡我不会怜儿，
地丧我不知悯女，
有山头在它总会转，
石头栽在岩头上它会脱。

巧女死去世夫妻不愁顾，
顾得“发省洞郎子奖”不愁应。
应得巧女来冒巧技来去爬屯坡，
爬这屯这坡放丢后面去，
巧女转身望向下边天脚，
有三条老路分开做一顺，
有一条散在旁边，
是巧女怨恨天地说，
天亡我不会怜儿，
地丧我不知悯亲，
有山头在它总会转，
石头栽在岩头上它会脱。

11.（见意译文本的《10. 巧姑娘之死》）

巧女死去喂大虎吃完那小虎，
小虎吃黄泥巴，
巧女死去不惜田与地方，
巧男勤郎死去不惜那大田在坝底，
巧女死去喂大虎吃完那小虎，
小虎吃黑泥巴，
巧女死去不惜田与地方，

巧男勤郎死去不惜那大田在天脚，
巧女死去拿得麻团来接线团，
线团翻在黑线上，
巧女死去死在冷淡道，
巧男勤郎死去死在嘈杂路。
巧女死去拿得麻团来接线团，
线团翻过针底，
巧女死去死在冷淡月，
巧男勤郎死去死在忙活月。
巧女死去世夫妻不愁顾，
顾得“发省洞郎子奖”不愁应。
应得巧女来冒巧技来去到坟老转老转，
巧女死去不怕什么，
怕绸缎给她盖背，
怕石馆盖震天价坠下压住胸膛。
巧女死去世夫妻不愁顾，
顾得“发省洞郎子奖”不愁应。
应得巧女来冒巧技来去到下坝心，
巧女死去不怕什么，
怕绸缎给她盖背，
怕石馆盖震天价坠下压住胸膛。

12. （见意译文本的《11. 猴婆婆》）
是谁有了四十八匹马，
是“射啊语”有四十八匹马。
有一匹花白红肩腮，
有一匹花白黑肩腮，
有一条河水像汉苗流来养“射啊语”那块在天底脚的大田。
是谁有了四十八匹马，
是“射啊语”有四十八匹马。
有一匹花白黑肩腮，
有一匹花白红肩腮，
有一条河水像汉苗流来养“射啊语”那块在大坝底的大田。
牛狗生二十日，
“射啊语”下来与人家吃米饭足，
牛狗生二十夜，
“射啊语”下来与人家吃头饭，
人家有亲接亲戚来吃，

人家有朋接朋友来吃。
“射啊语”无亲，
“射啊语”接猴婆婆来吃，
人家吃了能吸收，
猴婆婆吃了不吸收，
人家吃了有粪便排，
猴婆婆吃了无粪便排。
她吃了痛她肚，
她喝了痛她腹。
她起来泻在“射啊语”屋基脚，
“射啊语”有九条猎狗拴上九条链，
有一个拴个撑筒摆脱出去，
将猴婆婆咬死，
吃完一腿，嚼完一边。
牛狗生二十日，
“射啊语”下来与人家吃米饭足，
牛狗生二十夜，
“射啊语”下来与人家吃头饭，
人家有亲接亲戚来吃，
人家有朋接朋友来吃。
“射啊语”无亲，
“射啊语”接猴婆婆来吃，
人家吃了能吸收，
猴婆婆吃了不吸收，
人家吃了有粪便排，
猴婆婆吃了无粪便排。
她吃了痛她肚，
她喝了痛她腹。
她起来泻在“射啊语”屋基底，
“射啊语”有九条猎狗拴上九条链，
有一个拖根狗撑棒摆脱出去，
“射啊语”的这只狗将猴婆婆咬死，
吃完一腿，嚼完一半。

是谁有了九个兄弟，
是“射啊语”有九个兄弟。
缠绕九天宰了九个嫩稚牛，
缠绕七天宰了七个嫩稚马。

做了九天七夜丧路事。
七八天响彻上天阎王价，
阎王说为何天底下如此轰响，
阎王才放出鸦雀来调查，
鸦雀查不到，给鸦雀一把蓝靛，
从此，鸦雀才全身青。
放只喜鹊来查（清蚊来清），
（清蚊）清不明，给喜鹊（清蚊）一把蓝靛和石灰，
从此，清蚊才成为白花青的喜鹊。
放只象蚊来相，
象蚊迅速飞到为猴婆婆办丧路事的宰牛场底，
从上摸到下，
从头摸到脚，
底下盖有九层绸，
面上盖有九层锻。
手是毛毛手，脚是毛毛脚。
身上的毛是牛毛；
是谁有了九个兄弟，
是“射啊语”有九个兄弟。
缠绕九天宰了九个嫩稚牛，
缠绕七天宰了七个嫩稚马。
做了九天七夜丧路事。
七八天响彻上天阎王家，
阎王说为何天底下如此轰响，
阎工才放山鸦雀来调查，
鸦雀查不到，给鸦雀一把蓝靛，
从此，鸦雀才全身青。
放只清蚊来清，
清蚊清不明，给清蚊一把蓝靛和石灰，
从此，清蚊才成为白花青的喜鹊。
放只象蚊来相，
象蚊迅速飞到为猴婆婆办丧路事的宰牛场底，
从上摸到下，
从头摸到脚，
底下盖有九层绸，
面上盖有九层丝。
手是毛毛手，脚是毛毛脚。

身上的毛是象毛；
接嘴雀叫来接嘴雀脚，
接嘴雀飞在枫树梢，
上天不撒病种来天地间不拦人，
七八月风不吹，树叶不落，
树林不暗明。
接嘴雀叫来接嘴雀脚，
接嘴雀飞在枫树梢，
上天不撒病种来天地间不拦人，
七八月风不吹，树叶不落，
树林不昏清。
上天放病种来有桶口大，
死有背箩口粗，
是这条病路无人知道，
这条病路死路无人能说明。
上天放病种来有桶口大，
死有花箩口粗，
是这条病路无人能明白，
病路死亡路无人能道得清。

13.（见意译文本的《12. 巧女死去不离织》）
狮象九层膘，
象狮九层肥，
巧女死去抱定蜡染刺绣装个个睡，
巧男勤郎死去抱定耙犁去。
狮象九层膘，
象狮九层肥，
巧女死去抱定蜡染刺绣装个个睡，
巧男勤郎死去才留下耙犁在。
巧女死去世夫妻不愁顾，
麻团不接线团，
线团翻转对针头。
巧女死去死在冷淡月，
巧男勤郎死来去死在忙活月。
巧女死去拿得麻团来接线团，
线团转放在黑线棵。
巧女死去死在冷淡月，
巧男勤郎死来去死在忙活月。

巧女死去不离纱，
巧男死去不离地，
巧女死了就像弓箭离开了岩脚，
巧男勤郎死了就像窝蜂离开了石篷底，
巧女死去不离织，
巧男死去不离耕，
巧女死了就像弩梭离开了岩脚，
巧男勤郎死了就像窝蜂离开了桶底。

14. po^{31} lou^{11} po^{31} ve^{55} vu^{13}

婆老婆糊涂，
汉老汉掉牙，
婆老死去像山药藤换老，
汉老死去像山药藤换芽新。
婆老婆糊涂，
汉老汉佝腰，
婆老死去像山药藤换老，
汉老死去像山药藤换芽节，
婆老死去用麻团接线团，
线团翻转对针头。
婆老死去死在冷淡季，
汉老死去死在忙活月。
婆老死去用麻团接线团，
线团转放在黑线条。
婆老死去死在冷淡季，
汉老死去死在闹腾月。
婆老死去世夫妻不愁顾，
顾得“发省洞郎子奘”不愁应。
应得婆老冒巧技来去到坟坡才识路，
识路坟放地中，
婆老死去不怕什么，
怕绸缎相接来盖嘴，
怕石棺盖震天价坠下压住心窝。
婆老死去世夫妻不愁顾，
顾得“发省洞郎子奘”不愁应。
应得巧女来冒巧技来去到坟坡才识路，
识路坟放丫口。
巧女死去不怕什么，

怕绸缎相连盖住嘴，
怕石棺盖震天价坠下压住胸膛。

15. ŋku^{31} ʦeu^{31} ta^{24} mo^{11} nʦʻa^{55} nʦʻu^{55} ʨa^{31} nʦo^{24} ɳʈu^{55}
巧女死去狮象九层膘，
象狮九层肥，
巧女死去抱定蜡染刺绣妆个个睡，
巧男勤郎死去留得耙犁挂墙壁。
巧女死去狮象九层膘，
象狮九层壮，
巧女死去抱定蜡染刺绣妆个个睡，
巧男勤郎死去才抱得耙犁去。
巧女死去吃了窝链镯果，
巧男勤郎死去吃了窝红线果。
婆老死去喝了盆洗水不知饱，
汉老死去喝了水冲盆的水不觉饿。
婆老死去吃了窝链镯果，
汉老死去吃了窝亮稿刺果。
婆老死去喝了盆洗水不知饱，
汉老死去喝了冲盆洗水不觉馋。
婆老死去世夫妻不愁顾，
顾得“发省洞郎子奖”不愁应。
应得一位婆老冒巧技来去到地中，
拿得莵苦菜苦菜杆红，
嫩绿如玉，
清晨天刚亮笙管处处响，
数黄牛角、数水牛角围起吼，
吼声阵阵围到婆老的“刚啊叉”。
婆老死去世夫妻不愁顾，
顾得“发省洞郎子奖”不愁应。
应得一位婆老冒巧技来去到地中，
拿得莵苦菜苦菜杆红，
嫩绿如油，
清晨天刚亮笙管处处响，
数黄牛角、数水牛角围起吼，
吼声阵阵围到婆老的“刚子沟”。

16. nto^{31} ɳʈou^{24} ti^{43} pu^{11} lou^{11}

着天着荒老，
找到“卜丢郎子奖津井”来在。
天美讲在地美处，
找到“卜丢郎子奖津井”的这个妆。
要叫谁下凡来传笙种，
要“卜丢郎子奖”下凡来传笙种，
要叫谁下凡来传鼓种，
要“卜丢郎子奖”下凡来传鼓种，
传笙种来“顾你勒勒”，
巧女冷天冻地到生家地河头，
传鼓种来“顾你勒做”，
冷天冻地到生家地河尾，
是制笙来传曲，
蒙鼓来传舞，
制笙来要不了天地间一把滑竹节，
蒙鼓来要不了天地间一张老牛皮。
巧女死去世夫妻不愁顾，
顾得“发省洞郎子奖”不愁应。
应得巧女冒巧技来去。
要叫谁下凡来传笙种，
要“卜丢郎子奖”下凡来传笙种，
要叫谁下凡来传鼓种，
要“卜丢郎子奖”下凡来传鼓种，
传笙种来“顾你勒罗”，
冷天冻地到生家地河头，
传鼓种来“顾你勒罗”，
冷天冻地到生家地头尾，
是制笙来传曲，
蒙鼓来传舞，
制笙来要不了天地间一把滑竹节，
蒙鼓来要不了天地间一张黑牛皮。
巧女死去，叫谁下凡给她选芦笙，
是“卜丢郎子奖”下凡来给她选芦笙，
选六片来配六指，
选一片来配边指，
选铜簧来接笙竹（做芦笙的发音片），

手指齐顺来同笙竹配讲。
巧女死去，叫谁下凡给她选芦笙，
是“卜丢郎子奖”下凡来给她选芦笙，
选六片来配六指，
选一片来配短指，
剪铜簧来接笙竹（做芦笙的发音片），
手指齐顺来同笙竹配讲。
巧女死去干活到路长，路长路后坡，
路短路木杆，
巧女死去想到病路就不想转回家，
巧男勤郎死去想到病死路就不想转回做一世人。
巧女死去干活在路长路后山，
路短路竹竿，
巧女死去想到病路就不想转回家，
巧男勤郎死去想到病死路就不想转回与人成双对。

17. ŋku^{31} ʦeu^{31} ta^{24} mo^{11}，ʦo^{55} ɬo^{43} nao^{31}ʈaŋ^{11} ʦo^{55} ʑu^{44}

巧女死去，大虎吃完小虎，
小虎吃黄泥巴，
巧女死去不惜田与地方，
巧男勤郎死去不惜坝底的大田，
巧女死去，大虎吃完小虎，
小虎吃黑泥巴，
巧女死去不惜田与地方，
巧男勤郎死去不惜天底下的大田，
巧女死去拿得麻团来接线团，
线团转对针头，
巧女死去死在冷淡月，
巧男勤郎死去死在忙活月。
巧女死去拿纺麻来接纺线，
纺线转放黑线条。
巧女死去死在冷淡季，
巧男勤郎死去死在大忙季。
巧女死去扯起和他缠，
巧男勤郎死去扯起和她纠。
巧女死去留下子女作人门槛，
巧男勤郎死去留下儿根儿底围人火边。
巧女死去扯起和他缠，

巧男勤郎死去扯起和她纠。
巧女死去留下子女作人门槛，
巧男勤郎死去留下儿根儿底做人残垣断壁。

18. ŋku^{31} ʦeu^{31} ta^{24} mo^{11} ma^{43} ʦʻa^{55} ma^{31} lo^{11} ʦa^{33} ʦʻa^{55} nta^{24}

巧女死去拿麻纺来接纺线，
纺线转对针头。
巧女死去死在冷淡月，
巧男勤郎死去死在忙活月。
巧女死去拿麻纺来接线纺，
线纺转放黑线条。
巧女死去死在冷淡月，
巧男勤郎死去死在牛忙月。
巧女死去世夫妻不愁顾，
顾得“发省洞郎子奖”不愁应。
应得巧女来冒巧技来到地坝中，
拿得蔸苦菜菜杆红，
苦菜嫩绿如玉，
清晨天亮笙管处处响，
数黄牛角、数水牛角围着吼，
围着吼来到巧女的“冈阿叉”(嘎房之意)，
巧女死去世夫妻不愁顾，
顾得“发省洞郎子奖”不愁应。
应得巧女来冒巧技来去到地坝中，
拿得蔸苦菜菜杆红，苦菜嫩绿如油，
清晨大亮笙管处处响，
数黄牛角、数水牛角围着吼，
围着吼来到巧女的“冈子沟”(螺旋底之意)，
巧女在时做妆装满缸，
巧男勤郎在时做饭有山头大，
春天来到，人家有双有对，
男的扛犁，女的拾柴，
今年巧女罢家罢园掉，
巧女找不到给谁男谁女讲一句好。
巧男勤郎罢家罢园掉，
巧男勤郎找不到路商量，
人家有双有对，夫妻下地干活，
巧男勤郎罢家罢园掉，

巧男勤郎找不到路讲一句好，
今年巧女罢家罢园掉，
巧女找不到给谁男谁女讲一句好话。

19.（见意译文本的《13.“朱哑祝鲁”》）
惊鸟叫来惊鸟叫，
惊鸟的嘴角红，
有两位表弟花儿在远方，
慢慢来到了，
是老手和人家拍话，
是开荒阿郎才开得“朱哑祝鲁”的银园门。

惊鸟叫来惊鸟叫，
惊鸟的嘴角黑，
有两位表弟花儿在远方，
慢慢来到了，
是熟地和人家拍话，
是开荒阿郎才开得“朱哑祝鲁”的金园门。

“钵”了是谁“钵”，
“钵”了是“朱哑祝鲁”“钵”，
“盐”了是谁“盐”，
“盐”了是“朱哑祝鲁”“盐”。

人说“朱哑祝鲁”有一位幺姑娘，
耳朵轮清垂明像贵鱼，
耳眼闪闪亮像鱼贵，

“钵”来是谁“钵”，
“钵”来是“朱哑祝鲁”“钵”，
“扛”来是谁“扛”，
“扛”来是“朱哑祝鲁”“扛”。

“朱哑祝鲁”有一位幺姑娘，
耳朵轮清垂明像贵鱼，
耳眼闪闪亮像鱼贵，

是谁有扫帚来给人家扫屋，
是“朱哑祝鲁”有扫帚来给人家扫屋，
谁有哗口来给人割蒜，

是“朱哑祝鲁”有哗口来给人割蒜。
人说“朱哑祝鲁”在地方很出名，
立楼大厦建在宝山贵坪里。

是谁有扫帚来给人家扫屋，
是“朱哑祝鲁”有扫帚来给人家扫屋，
是谁有哗口来给人割蒜，
是“朱哑祝鲁”有哗口来给人割蒜。
人说“朱哑祝鲁”在地方很出名，
立楼大厦建在贵坪宝山中。

好贵族吃好饭，
好鱼吃好鱼，
好贵族好主事来到上寨首，
好鱼牛诱鱼母翅膀闪动来岩石底下。

好贵族吃好饭，
好鱼来吃好虫，
好贵族好主事来到上寨首，
好鱼牛诱鱼母尾巴摆动来对面岩石底边。
寨尾“聂价拉”，寨首乱哄哄，
寨尾递定一对螺丝“考”，
寨首递定一对“老巴”树，
寨尾“聂价拉”，寨首数荞“嗨”，
寨尾递定一对螺丝“考”，
寨首递定一对“老巴”铜。

20.（见意译文本的《14. 逃婚男女》）
黄牛来吃草在偏坡上，
叫马步料用眼睁圆望窝青藤。
离婚女来去不得母亲一勺凉饭吃，
离婚郎来去不准他的朋友讲句香。
黄牛来吃草在偏坡上，
叫马步料用眼睁圆望窝葛藤。
离婚女来去不得母亲一勺凉饭吃，
离婚郎来去不准他的朋友讲句好。
离婚女来去睡得母亲的对子床，
离婚郎来去睡得父亲的转角楼。
离婚女来去对母亲的门不敢开，

离婚郎来去不敢让亲朋好友听到。
离婚女来去睡得母亲的对子床,
离婚郎来去睡得父亲的花檐房。
离婚女来去对母亲的门不敢开,
离婚郎来去不敢让亲朋好友知情。
离婚女离灶底,
离婚郎离天头,
离婚女离背箩底,
离婚郎离天头来做“鬼”,
天意不是离婚女心,
鬼意不是离婚郎意。
离婚女娘等离婚女不见转来,
离婚女娘做糯米粑丢在床头。
离婚郎父等离婚郎不见转来,
离婚郎父砍银白晃晃丢在柜子头。
离婚女娘等离婚女不见转来,
离婚女娘做糯米粑抱得苗寨家小伙的身,
离婚郎父等离婚郎不见转来,
离婚郎父砍银白晃晃聘得苗家寨的那位新媳妇。
离婚女离灶底,
离婚郎离天头,
离婚女离背箩底,
离婚郎离天头来做“鬼”,
天意不是离婚女的心,
鬼意不是离婚郎的想。
离婚女娘等离婚女不见转来,
离婚女娘做糯米粑丢在床尾。
离婚郎父等离婚郎不见转来,
离婚郎父砍银白晃晃丢在柜子尾。
离婚女娘等离婚女不见转来,
离婚女娘做糯米粑抱得苗寨家那位过路小伙。
离婚郎父等离婚郎不见转来,
离婚郎父砍银白晃晃聘得苗家寨的那位原姑娘。
离婚女和离婚郎趁着夜晚隐蔽来去,
离婚女走路走背后湾子头那条路,
离婚郎走丫口背后那条路。
离婚女离来去走不起,

不怕个什么怕棵藤索绕，
离婚郎离来去走不起，
不怕个什么怕棵藤索捆。
离婚女和离婚郎趁着夜晚隐蔽来去，
离婚女走路走背后湾子头那条路，
离婚郎走丫口背后那条路。
离婚女离来去走不起，
不怕个什么怕棵藤索绕，
离婚郎离来去走不起，
不怕个什么怕棵藤索拉。
离婚女和离婚郎趁着夜晚隐蔽来去，
爬完箐往高处走，
从高处走下地坝心，
人家得好儿当好夫，
关门闭户睡稳觉。
离婚女得歹儿做歹夫，
好像一段麻皮布不染蓝靛。
离婚女和离婚郎趁着夜晚隐蔽来去，
爬完箐往高处走，
从高处走下地坝湾，
人家得好儿当好夫，
关门闭户睡稳觉。
离婚女得歹儿做歹夫，
好像一段麻皮布无蜡刺绣。

21. ʨa^{44} ta^{31} ʨa^{44} ʦi^{44} nʦu^{24} nʦʻa^{55}

风来风婆娑，
风吹杉叶摇摇晃晃在那头，
离婚女离来去走不了，
拿母亲的麻布裙抱住一抱来去与人家烤月。
离婚郎来去走不了，
拿父亲的剑抱一抱来去与人家烤年。
风来风婆娑，
风吹杉叶摇摇晃晃在那头，
离婚女离来去走不了，
拿母亲的麻布裙抱住一抱来去与人家烤月。
离婚郎来去走不了，
拿父亲的黄剑抱一抱来去与人家烤太阳。

离婚女吃穿女，
离婚郎吃价郎，
离婚女离倒母亲那条压箱底的麻布裙。
离婚郎离倒父亲的大花牛来（略债）。
离婚女吃穿女，
离婚郎吃种郎，
离婚女离倒母亲那条压柜底的麻布裙。
离婚郎离倒父亲的大花牛（略鲁）。
离婚女吃穿女，
离婚郎吃种郎，
离婚女离倒母亲那条压柜底的麻布裙。
离婚郎离倒父亲那甑活花饭（闹板工）。
离婚女吃穿女，
离婚郎吃稻郎，
离婚女离来去不了，离倒母亲那条压柜底的麻布裙。
离婚郎离来去不了，离倒父亲那甑稻花饭（闹板雷）。
离婚女和离婚郎趁着夜晚隐蔽来去，
离婚女走路走山背后那条，
离婚郎走路走山那边那条。
离婚女离来去不了，拿母亲那条麻布裙拉扯。
离婚郎离来去不了，拿父亲的耙和犁碰撞。
离婚女和离婚郎趁着夜晚隐蔽来去，
离婚女走路走湾背后那条，
离婚郎走路走丫口那边那条。
离婚女离来去不了，拿母亲那条麻布裙拉扯。
离婚郎离来去不了，拿父亲的耙和犁捶击。

22. ʐau^{24} tsu^{55} ʐa^{13} tsu^{31} lu^{11}Nqe^{11} lo^{11} ɳʈo^{24} la^{24} tsʻo^{55} tse^{55}
“珠亚祖鲁”下与人家造楼房，
水家水汹涌，
夫家夫枫杉，
女家将亲家用礼道那个官处，
夫家将夷蛮那个有银处。
“珠亚祖鲁”下与人家造楼房，
水家水汹涌，
夫家夫枫秧，
女家将亲家用礼道那个官处，
夫家将夷蛮那个称金处。

银重银窝窝，金重金在秤戥里，
银白净净睡“珠亚祖鲁”的缸底，
夜深人静来“珠亚祖鲁”那个待亲处，
夫家将夷蛮那个称金处。
银重银窝窝，
金重金相依，
银白净净睡“珠亚祖鲁”的缸底，
夜深人静来“珠亚祖鲁”那个办酒席处，
好员外养好马，
马跳马三步，
肉香是盐放，
酒味浓烈来“珠亚祖鲁”坛底，
好员外养好马，
马跳马三跨，
肉香是盐放，
酒味浓烈来“珠亚祖鲁”斛底。

23.（见意译文本的《15. 说亲歌》）
贼花睡坡后，
“锁金阿压”做游玩天。
客来客选落，
客拿得妇女的鸡在山中。
客来客选得，
客去拿在哪只鸡公。
客吃完鸡肉啃完鸡头腰数舌。
血尖血不混，舌尖舌不嚼，
血尖活完妇女九尺根桩世，
舌尖尖得大屯五十尺根桩金。
贼花睡坡后，
“锁金阿压”做游玩坝。
客来客选落，
客拿得妇女的鸡在笼中。
客来客选中，
客拿得妇女的猪首圈。
客吃完鸡肉啃完鸡头腰数舌。
血尖血不混，舌尖舌不绕，
血尖活完妇女九尺根桩世，
舌尖尖得大屯五十尺根桩金。

谁放两位儿娃跑来与人家“漏伦”，
是哪家官人放两位儿娃跑来与人“漏伦”，
带得官人家晚姑娘来到家，
老人手握住瓜把，那“卢爹阿拿”握住果把，
老人手舀官人家的水来漱官人家的嘴，
“卢爹阿拿”舀苗屯官家女水来送那苗屯官家漱口。
谁放两位儿娃跑来与人家“漏伦”，
是哪家官人放两位儿娃跑来与人“漏伦”，
带得旧家哪家晚姑娘来到家，
老人手握住瓜把，那“卢爹阿拿”握住果把，
老人手舀官人家的水送官人家漱口，
“卢爹阿拿”舀那苗屯官家女水来送那苗屯官家漱牙。
是谁有狗仙来狗守家，
是这官家有狗仙来狗守家，
狗转来狗撵猎，
猎物跑那边坡，
哪官家有一对好花鸡公生一对好鸡卦，
滑如玉做一对盐苦竹，
是谁有狗仙来狗守他家，
是这官家有狗仙来狗守家，
狗转来狗撵猎，
猎物跑那丫口，
那官家有一对好花鸡公生一对好骨头，
滑如玉做一对盐金竹。

24. （见意译文本的《16. 姑娘做新娘》）

太阳出来闪耀在天底下，
光明晃晃照亮公婆家的房档边来下地中，
姑娘做新娘顺崖来去，
舂得公婆的碓米振振荡荡，
有石泥沙仔细捡掉。
太阳出来闪耀在天底下，
光明晃晃照亮公婆家的房档边来下丫口，
姑娘做新娘顺崖来去，
舂得公婆的碓米振振荡荡，
有石泥沙仔细捡掉；
姑娘做新娘顺崖来去，
背得银桶三道箍来在下石旮旯舀清水，

姑娘做新娘顺崖来去，
去人家不要，转来不瞧转换，
姑娘做新娘顺崖来去，
背得银桶三道箍来在下坑坑舀清水，
姑娘做新娘顺崖来去，
去人家不要，转来不瞧转离（婚），
姑娘做新娘顺崖来去，
得个牛头浊水牛，
得个羊是花猫羊，
会杀，送给父母老人吃，
会想，送给弟兄寨邻分；
姑娘做新娘顺崖来去，
得牛头混水牛，
得羊是黑羊，
会杀，送给父母老人吃，
会思，送给弟兄寨邻受；
姑娘做新娘顺崖来去，
喂猪仙猪不吃糠，
怒气频频到四面八方。
姑娘做新娘顺崖来去，
去人家不要，转来不闻转换，
姑娘做新娘顺崖来去，
喂猪仙猪不吃糠，
怒气腾腾到八寨四乡。
姑娘做新娘顺崖来去，
去人家不要，转来不闻转离（婚人）。

25.（见意译文本的《17. 接亲歌》）
客来客不给我们讲知心在河边，
客来客不给我们讲米谷在碓边，
铜锅给人洗乏，铁锅给人淋手，
公婆吹房厢来等亲家客，
吹厢房来等田红雀处，
客来客不对我们讲知心在河边，
客来客不给我们讲米谷在碓边，
铜锅给人洗乏，铁锅给人淋脚，
公婆吹房厢来等亲家客，
吹厢房来等田红雀处，

客来到坡头房给个田雀“子改子连”撑，
客来到坡后房给个田雀“子改子连”凌，
蛋底蓝蓝的，蛋头圆墩墩的，
今晚客来客吹芋“叫”闹闹热热，
给我们的父母议彩钱，
明天早晨起来鸭吹芋闹闹热热要和客。
客来到坡头房给个田雀“子改子连”撑，
客来到坡后房给个田雀“子改子连”凌，
蛋底蓝蓝的，蛋头圆墩墩的，
今晚客来客吹芋“叫”闹闹热热，
给我们的父母议彩礼钱，
明天早晨起来鸭是鸭吹芋闹闹热热，
要和客人要衣妆。
客来拿客腰，客退拿客皮，
客来乱了爹娘老人良心，
客退见得大运随父圆烟烧，
客来拿客腰，客退拿客手，
客来乱了娘爹老人良心，
客退见得大运顺父圆满散。

26.（见意译文本的《18. 姑娘嫁老汉》）
雀京飞在叶上，
京眉飞在岩上，
这位姑娘的妈养得姑娘一人，
叫这位姑娘下选儿选夫，
选得苗寨老丈夫是苗箐男老头。

雀京飞在园叶上，
京眉飞在崖头，
这位姑娘的妈养得姑娘一人，
叫这位姑娘下选儿选夫，
选得苗寨老丈夫是苗箐男老汉。

这位姑娘的妈养她一人，
叫这位姑娘下选儿选夫，
选得苗寨老丈夫是苗寨男老断。
这位姑娘对妈说：
妈呀，叫我下选儿选夫，

才选得苗寨老丈夫是苗箐男老头。
姑娘妈对她说：
我儿是脚跟轻一世着，
像谷把雨水来才舍得一粒米。

姑娘妈养姑娘一人，
姑娘下选儿选夫，
才选得苗寨老丈夫是苗箐男老汉。
姑娘对妈说：
妈呀，你叫我下选儿选夫，
才选得苗老丈夫是苗箐的男老汉。
姑娘妈对她说：
我儿是脚跟轻一世着，
像谷把舍得一穗稗。

姑娘姑娘吃得老丈夫饭，
睡得老丈夫床，
床来是床偏，
老丈夫心里热乎乎的，
姑娘的心花花绿绿想各处玩，
姑娘来吃得老丈夫饭，
睡得老丈夫毡，
毡来是毡高山，
老丈夫心里热乎乎的。
姑娘的心花花绿绿想各条路。
姑娘去做活，不纺麻，
做客来不纺线。
不去时爹娘骂，
去时替寨愁，
替邻羞得恨不能死。
姑娘做活，纺麻，
做客来不纺线。
不去时爹娘老人骂，
去时，替寨愁，替羞。
旧姑娘做活不捡柴，
做客来不扯藤，
有了一位旧姑娘脱身来去，
就有一位旧小伙来去留。

有着一位旧小伙脱身来去，
就有一位旧姑娘来去拉。
旧姑娘做活不提棒，
做客不折藤。
有了一位旧姑娘脱身来去，
就有一位旧小伙来去留。
有着一位旧小伙脱身来去，
就有一位旧姑娘来去拉。

27.（见意译文本的《19.“珠亚祖鲁”的骟牛和公马》）
“珠亚祖鲁”穿绸衣像缎衣，
缎衣嫩绿如竹叶，
“珠亚祖鲁”有银有金不等伴，
买一对叫马耳朵立立的做一堆。
“珠亚祖鲁”穿绸衣像缎衣，
缎衣嫩油油像梧桐叶，
“珠亚祖鲁”有银有金不等伴，
买一对叫马耳朵立立的做一双。
是谁割菜放雄骟牛的头边，
谁打铁放叫马的“阿拿罗”，
“珠亚祖鲁”打铁放叫马的“阿拿罗”，
负担黑负担暗雄骟牛知道，
路长路短叫马自会记得。
谁割菜放雄骟牛的枕边，
是“珠亚祖鲁”割菜放雄骟牛的枕边，
谁打铁放叫马的“阿拿年”，
“珠亚祖鲁”打铁放叫马的“阿拿年”，
负担黑负担暗雄骟牛知道，
路长路短叫马自会明白。
“珠亚祖鲁”顾雄骟牛放家中，
顾叫马放“阿拿”放对门山。
转眼春天到，
雄骟牛静悄悄背完一对弯牛打角。
转眼三声震天价响叫马“阿拿”背完一对“老寿年”，
“珠亚祖鲁”顾雄骟牛放家中，
顾叫马放“阿拿”放对门坡。
转眼春天到，
“珠亚祖鲁”静悄悄背完一对弯牛打角。

转眼三声震天价响叫马“阿拿”背完一对“老寿哥”，
雄骟牛睡一抱叶，
叫马“阿拿”睡一抱索。
雄骟牛下亡下死了，
死了“珠亚祖鲁”一个小工，
叫马“阿拿”下消下灭了，
灭完了“珠亚祖鲁”一个儿做客。
雄骟牛睡一抱叶，
叫马“阿拿”睡一抱席。
雄骟牛下亡下死了，
死了“珠亚祖鲁”一个小工，
叫马“阿拿”下消下灭了，
灭完了“珠亚祖鲁”一位儿过路。

28. （见意译文本的《20. 老虎“力宝”》）

是谁下给人家做弩，
是“力宝”下给人家做弩，
摘得“走师”来根部温，
“力宝”下神鬼用神虎，
神呀神等“倒子撮”，
谁下给人家做弩，
“力宝”下给人家做弩，
摘得“走师”来根部潮，
“力宝”下神鬼神虎，
神呀神等“倒子差”。
“力宝”养儿养在石包脚，
“压子娘”养在石包旁。
“力宝”有儿开名叫帅郎，
有女就开名叫凤姑。
“力宝”养儿养在石包脚，
“压子娘”养在树上。
“力宝”有儿开名叫帅郎，
有女就开名叫凤姑。
鸡叫鸡伸脖，
凤姑起来理得高兴婆的米碓接米，
舂响阵阵，
鸡叫鸡伸脖，
凤姑起来理得高兴婆的米碓接米。

春响铎铎，
清晨天亮凤姑背桶急忙走到下水口，
见水大齐石腰，
告蕻菜长齐腰高，
凤女哭来不闲夜，
数来不及腕。
凤姑说：
有一天，“力宝”轰然而从那个岩脚来，
才能来背得凤姑走过黄河段。
鸡叫鸡伸脖，
凤姑起来理得高兴婆的米碓接米，
舂响阵阵，
鸡叫鸡伸脖，
凤姑起来理得高兴婆的米碓接米。
舂响铎铎，
清晨天亮了，
凤姑背桶急忙来到河边，
河涨齐石腰，
蕻菜长来齐腰高。
凤女哭来不闲夜，
数来不及手。
凤姑说：
有一天，“力宝”轰然而从那个岩脚来，
才来背得凤姑走过红河节。
凤姑来去下道，
“力宝”来去下路，
递了凤姑的肘腕，
递得“力宝”的肘手。
凤姑来去下道，
“力宝”来去下丫口，
递了凤姑的肘腕，
递得“力宝”的肘后跟。
“力宝”的嘴张开有屯箩大，
胡须红得像笆茅杆，
“子劳”大如牛角，
讲叫马的咬狠，
讲“力宝”的咬狠，

才咬得那夷蛮家的一头稚牛，
“力宝”才咬得那夷蛮家的一匹大叫马。
夷蛮家的心如何，
夷蛮下与它熬药，
一弩射中“力宝”尾巴，
一弩射中“力宝”胸膛。
一弩射中“力宝”尾巴，
一弩射中“力宝”腹心。
“力宝”连滚带爬滚到夷蛮家的珍珠末坡，
“力宝”的肉烂刮完，血也烂流尽，
它有精昂扬，
它骨血差一节，
在其中烂不倒。
精精神神做个蛇吼，
一口着夷蛮子的椎部，
夷蛮子说：
过去，它的一位老人与人说过，
现在仍然要来教训。
“力宝”的嘴张开有屯箩大，
胡须红得像笆茅杆粗，
“子劳”粗如像牛角，
讲叫马咬得凶，
要“力宝”咬得凶，
才咬得那夷蛮家的一头稚牛，
“力宝”才咬得那夷蛮家的一匹大稚马。
夷蛮家的心如何，
夷蛮家下与它熬药，
一弩射中“力宝”尾巴，
一弩射中“力宝”胸膛。
一弩射中“力宝”尾巴，
一弩射中“力宝”腹心。
“力宝”连滚带爬滚到夷蛮家的珍珠林坡，
“力宝”的肉烂刮完，血也烂流尽，
它精神扬扬，
骨血中有一节在烂刮中不倒。
转翻身做条水蛇，
一口着夷蛮子的尾椎，

一口咬住夷蛮的断腕,
夷蛮子说:
过去,有一位老人碓人说过,
现在仍然要转来回报。

29.(见意译文本的《21. 绽蕾女和围镯郎》)
是谁听到天地间的公鸡叫,
“阿年”跑天来听到天地间的公鸡叫。
是鼠虫鸟很恭维自愿地来到水湾底淹死。
绽蕾女长得闪闪耀眼出落如一位蜘蛛姑娘,
围镯郎潇潇洒洒长得像棵春竹芽。
是谁听到天地间的公鸡叫,
“阿年”跑天来听到天地间的公鸡叫。
是鼠虫鸟很恭维自愿地来到水湾底淹死。
绽蕾女长得闪闪耀眼出落如一位蜘蛛姑娘,
围镯郎潇潇洒洒长得像棵春竹笋。
绽蕾女和围镯郎趁夜色隐蔽来去,
绽蕾女包线来到下边绸子带,
围镯郎包线来到下边缎子带,
绽蕾女和围镯郎趁夜色隐蔽来去,
去下边那个鸟呀鸟蝙蝠地坝黑天。
绽蕾女和围镯郎趁夜色隐蔽来去,
绽蕾女包线来到下边绸子带,
围镯郎包线来到下边缎子带,
绽蕾女和围镯郎趁夜色隐蔽来去,
去下边那个鸟呀鸟蝙蝠地坝黑月。
谁盖得夷蛮的官司来有九抱腰,
是绽蕾女和围镯郎趁夜色隐蔽来去,
盖得夷蛮的官司来有九抱腰,
根部有早大,
梢部长高高到天日歪,
根部到绽蕾女和围镯郎的吃少午处,
梢部长高高到天霸黑鹰那吃鸡处。
绽蕾女和围镯郎趁夜色隐蔽来去,
盖得夷蛮家这官司来有九抱腰,
根部有早大,
梢部长高高到天日闭,
根部到绽蕾女和围镯郎的吃少午处,

梢部长高高到天霸黑鹰那吃鸡处。

30.（见意译文本的《22.“谷晴苦磨”》）

着天着荒老，
找到“娘九津井”来在。
得天来地衣地来放天一半，
天地间人都得名完了，
“阿年”跑天得名晚，
婆“动老眼”有儿来不会开名，
才开名叫“青稻苦磨”(苗语：门仓苦李)。
着天着荒老，
着得“婆洞娘九津井”来在。
天美讲在地美处，
才着得一位“东妮”做叫化儿和在人家不张。
婆“动老眼”有儿在膝头上，
又哭啼啼放脚指又是只边指。
天地间人都得名完了，
“阿年”跑天得名迟，
婆“动老眼”有儿来不会开名字，
才开名叫“青稻苦磨”(苗语：门仓苦李)。
谁想大米饭吃，
青稻才想大米饭吃。
青稻才铲岩铲青抵到它的坡地箐头。
谁想鸟肉啖，
是青苦磨想鸟肉啖，
青稻苦磨才铲岩铲青抵到鸟稻米坡地箐头。
太阳出来，青稻做工稻河边，
见熊下来与人喝熊水，
青稻来吃哑香果，
硬邦邦是岩果，
他才拿来做破帕，
用破帕来接自己爬。
才爬到龙马的岩脚。
谁想大米饭吃，
青稻想大米饭吃。
青稻才铲岩铲青抵到它的坡地箐头。
谁想鸟肉啖，
是青苦磨想鸟肉啖，

青稻苦磨才铲岩铲青抵到鸟稻来坡地箐头。
太阳出来，青稻做工稻河边，
见熊下来与人喝熊水，
青稻来吃哑香果，
硬邦邦如砂果。
它剩下一段鼠骨拿鸟骨来还在后田不倒，
今天，龙马来岩脚哟，
转眼春天到，
青稻急急走过来，
转眼三声震天价响，
青稻苦磨急急忙忙这样来。
长一去高而来三指，
菜是菜黑藁来不过膝。
青稻来去遇上少年是看牛娃，
遇上少女是放猪者。
走遇少年是看牛娃它不能讲，
遇上少儿放猪者它不能说。
太阳出来，
笙鼓响青稻妈个个来，
青稻妈等青稻不见转来，
青稻妈做了青稻的魂魄花，
青苦磨爹等青苦磨不见转来，
青苦磨爹做了青苦磨的魂。
转眼春天到，
青稻不知这样来，
转眼三声震天价响，
青稻苦磨不走荒老怎样来。
他剩他妻一段鼠骨拿鸟骨来还在后田，
他一去站而来三指，
菜是菜黑藁来不过长。
青稻来去遇上少年是看牛娃，
遇上少女是放猪者。
去遇上少年是看牛娃不能讲，
遇上少儿放猪者它不能说。
太阳出来，
笙鼓响青稻妈个个来，
青稻妈等青稻不见转来，

青稻妈做了青稻的魂魄花，
青苦磨爹等青苦磨不见转来，
青苦磨爹做了青苦磨的魂。

31.（见意译文本的《23.“文女”和“礼仕管子奖”》）
树个个喷岩泉，
起水泡来那头地，
那位“礼仕管子奖”拿管吹来不用吹，
吹轰轰烈烈那个寨散，
天摇摇欲坠在文女的胸腔。
树个个喷岩水，
起水泡来那头地，
那位“礼仕管子奖”拿管吹来不用吹，
吹轰轰烈烈那个寨子烦，
天摇摇欲放文女的心腹。
文女“丢仕”和那位“礼仕管子奖”趁夜色隐蔽来去，
文女“丢仕”逃婚来去穿她妈妈那条裙四十褶，
那位“礼仕管子奖”穿他父亲那件衣服来四十包，
文女“丢仕”逃婚来去三年仅“赶你作”，
“礼仕冻子奖”逃婚来去三年仅“赶你计阿喽”，
文女“丢仕”和那位“礼仕管子奖”趁夜色隐蔽来去，
文女“丢仕”逃婚来去穿她妈妈那条裙四十褶，
那位“礼仕管子奖”穿他父亲那件衣服来四十包，
文女“丢仕”逃婚来去三年“仅赶你作”，
“礼仕冻子奖”逃婚来去三年仅“赶你计”。
文女“丢仕”和那位“礼仕管子奖”趁夜色隐蔽来去，
岩雀叫来岩雀叫，
岩雀采到那窝臭烂果，
采得臭烂果给他尝，
文女“丢仕”念龙家伴“怒河子”不用想，
才想那位“礼仕冻子奖”才来去水雾落来段，
那位“礼仕冻子奖”念龙家伴“怒河子”不用想，
才想那位文女“丢失”划懂花个个。
文女“丢仕”和那位“礼仕冻子奖”趁夜色隐蔽来去，
岩雀叫来岩雀叫，
岩雀采到那窝臭烂果，
采得臭烂果给他尝，
文女“丢仕”念龙家伴“怒河子”不用想，

才想那位“礼仕冻子奖”才来去水雾落来段，
那位“礼仕冻子奖”念龙家伴“怒河子”不用想，
才想那位文女“丢失”划懂花个个。
文女“丢仕”和那位“礼仕冻子奖”趁夜色隐蔽来去，
岩雀叫来岩雀叫，
岩雀采到那窝臭烂果，
采得臭烂果给他尝，
文女“丢仕”念龙家伴“怒阿子”不用想，
才想那位“礼仕冻子奖”采来到水落不落冻，
那位“礼仕冻子奖”念龙家伴“怒阿子”不用想，
才想那位文女“丢失”采来“阿渣”划懂花个个。

32.（见意译文本的《24. 孤女孤儿歌》）
天平滑雨要下，
地平滑风要来，
孤女妈留孤女做孤独早，
哪位流浪孤的爹留孤做孤独芽。
天平滑雨要下，
地平滑风要退，
孤女妈留孤女做孤独早，
哪位流浪孤的爹留流浪孤做孤独小。
孤女是做孤独小，
哪位流浪孤做孤独芽。
孤女长大思人家身新妆，
那位流浪孤长大了思人家肉，
孤女做孤独早，
那位流浪孤做孤独小。
孤女长大思人家身新妆，
那位流浪孤长大了思人家顿饭饱，
人家给人家儿肉个个，
人家给孤独女肉骨头，
人家给人家儿女吃无天，
孤女不洗眼吃两口就丢掉。
人家给人家儿肉个个，
给孤独女不洗肉皮子，
人家儿女去吃天天，
孤女不洗眼吃不上。
人家给人家儿女饭来下个篾饭簸，

人家给孤独女饭来下个晾席簸。
人家的儿女肚子这么小，
孤女不洗肚子肚子是狗肚子，
人家给人家儿女饭来下个篾饭簸，
人家给孤独女饭来下个黑簸。
人家的儿女肚腹这么小，
孤女不洗肚子肚子怎么这样大。
孤女下掏菜，
冰冷家指孤女到笆茅坡，
流浪孤下打柴，
冰冷家指流浪孤到光坡。
孤女去到日偏西，
吃来是冰冷家的剩猪食。
流浪孤去到深更老半夜，
吃来是冰冷家的猪狗食。
孤女下掏菜，
冰冷家指孤女到笆茅坡，
流浪孤下打柴，
冰冷家指流浪孤到珍珠坡。
孤女去到日偏西，
吃来是冰冷家的猪狗剩。
流浪孤去到深更老半夜，
吃来是冰冷家的猪狗饭。
人纺人面对麻，
孤女独人提人家捆麻不顺，
人纺人这边麻，
孤女独人提人家捆麻不齐，
孤女独人做活去冰冷家路远不愿来，
孤儿妈是位新人心花不好，
才提起见到剪断孤女织布放架旁，
孤女独人留雾眼泪才不顾拢妆。

人纺人面对麻，
孤女独人提人家捆麻不好，
人纺人这边麻，
孤女独人提人家捆麻不直，
孤女独人捡麻壳去接织布，捡麻皮去接线头。
孤女独人做活去冰冷家路远不愿来，

孤儿娘是位新人，心花不好，
提起见到剪断孤女织布放架边，
是孤女独人留雾眼泪才不顾拢线。

33. (见意译文本的《25. 无粮人家的儿女》)

高坡鸟下蛋在水上，
鸟高坡下蛋在塘边，
饿人的儿女怕饿，
单薄人的儿女怕冷。
高坡鸟下蛋在水上，
鸟高坡下蛋在塘坎，
饿人的儿女怕渴，
单薄人的儿女怕风寒。
饥饿人儿女来瞅得后寨娘老人一勺饭吃。
饿人的儿女怕饿，
单薄人的儿女怕渴。
饿人娘老人才说得饿人儿说：
有吃无吃，一群兄弟姐妹，
今天，人家跳新人老场，很热闹，
有吃无吃，一群兄弟姐妹去和人家跳一场。
饿人儿女给饿人娘老人说：
人家有吃去人家的，
一班兄弟姐妹在家打一天草鞋，
明天要去瞅得后寨娘老人一勺饭吃。
饿人的儿女怕饿，
单薄人的儿女怕寒。
饿人娘老人给饿人儿说：
今天有吃无吃，人家跳新人老街，
一群兄弟姐妹去和人家跳一场。
饿人儿女给饿人娘老人说：
人家有吃去人家的，
一班兄弟姐妹在家打一天蓑衣，
明天要去瞅得后寨娘老人一勺饭。
饿人的儿女怕饿，
单薄人的儿女怕冷。
饿人儿才含辛茹苦与人家铲，
饿人儿才含辛茹苦与人家挖，
现在，饿人儿女得吃，

后寨娘老人转来看见饿人儿女有吃了，
后寨娘老人才转来放声哭像个老母牛。
饿人的儿女怕饿，
单薄人的儿女怕冷。
饿人儿才含辛茹苦与人家铲，
饿人儿才含辛茹苦与人家挖，
现在，饿人儿女得吃，
后寨娘老人转来看见饿人儿女有吃了，
后寨娘老人才转来放声哭像只老母羊。

第四章 "蒙恰"古歌意译文本

我们在前面说过，我们对"蒙恰"苗人的研究是因为我们对"蒙恰"古歌的"发现"，故而"蒙恰"苗人的古歌当是这次研究的重点。实际上我们也是这样做的，即我们对"蒙恰"苗人的文化研究就是从"蒙恰"古歌的翻译开始的。

在这次翻译中，我们产生了两个翻译文本，一个是直译文本，一个是意译文本。过程是：2007 年 10 月，由新场乡苦李井村的"蒙恰"古歌手杨德发演唱，用摄像机记录下来，尔后在六枝特区由新场乡的王亮贤（"蒙恰"苗人）老师翻译为一个直译文本，然后，再由吴秋林根据直译文本翻译为意译文本。

图为"蒙恰"古歌手杨德发在演唱中

在这些古歌文本中，我们能看到"蒙恰"苗人文化的方方面面。

1. 太阳姑娘和月亮小伙

是谁提把斧子从天上下来砍箐（原始茂密的森林），

是"嘟格贡子诺"（"嘟格"在苗语中意思为"葫芦蛋"，"贡子"为红色蚂蚱王，"诺"为小伙子）提把斧子从天上下来砍箐。

砍倒"冬发节种"（"冬发"在苗语中为"梧桐树"，"节种"为杉树，意思为高大的好树木）树。

根部倒在榔蕨（蕨，是一种贵州山区常见的植物。榔蕨坡，意即长满此种植物的山坡）坡，

树梢滚在芭茅（芭茅，茅草。芭茅山，意即长满此种茅草的山坡）山。

树干用来造纺纱架，
树枝用来削绕纱棍。
纺车纺纱声声叫，
纱棍“枯榴”（“枯榴”为苗族古老的绕纱绕线用的工具，形状如平放的十字架）声声哀。
纺车越叫转得越快，
纱棍“枯榴”哀叫更惊人。

（绕线的小伙是月亮，纺纱的姑娘是太阳。）（括号里的文字为翻译者后加，下同。）
月亮小伙扛着慢慢走，
太阳姑娘随后来得迟。

是谁提把斧子从天上下来砍箐，
是“嘟格贡子诺”提把斧子从天上下来砍箐。
砍倒“冬发节种”树，
根部倒在榔蕨林，
树梢滚在芭茅丛。

树干用来造纺纱架，
树枝用来削绕纱棍。
纺车纺纱声声叫，
纱棍“枯榴”声声哀。
纺车越叫转得越快，
纱棍“枯榴”鸣叫更惊人。

绕线的小伙是月亮，
纺纱的姑娘是太阳。
月亮小伙扛着慢慢走，
太阳姑娘来得晚。

太阳姑娘背嫁妆，
月亮小伙披巾帕。
是太阳姑娘要选月亮小伙做丈夫，
月亮小伙选太阳姑娘裙角做把凭（“把凭”为民间所说的答应婚姻的依据），
意想二人总有一天能相会。

太阳姑娘来得迟，
月亮小伙赶不及。
太阳姑娘刚从天底露出来，
月亮小伙翻过西边地平线。

太阳姑娘背嫁妆，
月亮小伙披巾帕。
是太阳姑娘要选月亮小伙做丈夫，
月亮小伙选太阳姑娘裙角做把凭，
意想二人总有一天能相会。

太阳姑娘来得迟，
月亮小伙赶不及。
太阳姑娘刚从天底露出来，
月亮小伙已翻过西边地平线。

太阳姑娘在田边地角做针线（做针线。方言，意为做衣服），
太阳姑娘爬到云南城半坡（去了西方很远的地方之意），
月亮小伙远在天边走不快。

太阳姑娘在草棚脚做针线。
太阳姑娘爬到云南城半坡，
月亮小伙远在天边走不快。

2. 男孩做“媳妇”

母鸡抱孵母鸭蛋，
母鸭忙碌把活干。
“珠亚祖鲁”留姑娘在家做鬼师，
有位男孩喜欢她。

母鸡抱孵母鸭蛋，
母鸭忙碌把活干。
“珠亚祖鲁”留姑娘在家做鬼师，
有位男孩爱上她。

是谁想给人家做“新娘”，
是男孩想给人家做“新娘”（古歌中是男孩“嫁”到女方家）。
是谁到姑娘家耙田，
男孩赶牯牛给姑娘家耙田。

是谁想给人家做“新娘”，
是男孩想给人家做“新娘”。
是谁到姑娘家犁地，
男孩赶牯牛给姑娘家犁地。

水汪汪的一片大田，
平展展的一块大地。
好田要有好水源，
好地要有好阳光。

是谁想给人家做“新娘”，
是男孩想给人家做“新娘”。
是谁到姑娘家耙田，
男孩赶牯牛给姑娘家耙田。

是谁想给人家做“新娘”，
是男孩想给人家做“新娘”。
是谁到姑娘家犁地，
男孩赶牯牛给姑娘家犁地。

水汪汪的一片大田，
平展展的一块大地。
好田要有好水源，
好地要有好阳光。

姑娘是水汪汪的一片大田，
姑娘是平展展的一块大地。
男孩是好水源，
男孩是好阳光。

是谁想给人家做“新娘”，
是男孩想给人家做“新娘”。
是谁做了姑娘的“新娘”？
是男孩做了姑娘的“新娘”。

做“媳妇”的男孩往姑娘家走去，
做“媳妇”的男孩从山崖下走来。

男孩手上提剑，
腰间挎弩。
走在白天的男孩不怕彝，
走在夜间的男孩不怕汉。

做“媳妇”的男孩往姑娘家走去，
做“媳妇”的男孩从山崖下走来。

男孩手上提剑，
腰间挎弩。
走在白天的男孩不怕蛇，
走在夜间的男孩不怕虎。

做“媳妇”的男孩往姑娘家走去，
做“媳妇”的男孩从山崖下走来。

男孩的娘做好饭让男孩路上吃，
男孩悄悄地不吃，
男孩的爹做好鸡肉、猪肉让男孩路上吃。
男孩悄悄地不吃。

是谁在路上跑来与他抢鸡肉吃？
是姑娘跑来与他抢鸡肉吃，
抢得男孩一只鸡腿。
是谁想得到人家的肥猪肉片吃，
是姑娘想得到人家的肥猪肉片。

姑娘抢鸡肉吃，
姑娘想猪肉吃，
人们才改变了人间的“人亲礼爱”（“人亲礼爱”意为“婚姻礼仪”），
爹娘才要给姑娘做嫁妆，
姑娘才开始到男孩家做新娘。

做“媳妇”的男孩往姑娘家走去，
做“媳妇”的男孩从山崖下走来。

男孩的娘做好饭让男孩路上吃，
男孩悄悄地不吃，
男孩的爹做好鸡肉、猪肉让男孩路上吃。
男孩子悄悄地不吃。

是谁在路上跑来与他抢鸡肉吃？
是姑娘跑来与他抢鸡肉吃，
抢得男孩一只鸡腿。
是谁想得到人家的肥猪肉片吃，
是姑娘想得到人家的肥猪肉片。

姑娘抢鸡腿吃，

姑娘想猪肉片吃，
人们才改变了人间的“人亲礼爱”，
姑娘的爹娘才要想有一位亲家，
姑娘才开始到男孩家做新娘。

买牛买一抱索（一抱索，意为牵牛的绳子），
买狗买个撑筒（撑筒，竹制的牵狗的工具），
做了新郎的男孩还有些羞怯，
做新娘的姑娘谈笑风生。

买牛买一抱索，
买狗买个撑筒，
做了新郎的男孩还有些羞涩，
做新娘的姑娘欢喜不已。

3. 剑鬼和梭神

天荒地老时，
神人“娘九津井”（“娘九津井”是苗语，是苗族传说中的神人）在大地上。
这个天神的故事，
在大地上流传。

神人“娘九津井”吃的是神袋（神袋有粮，取之不尽）粮，
神人“娘九津井”穿的是神衣（不会冷，不会热），
神衣如袋，从头套下，
一穿好多年。

天荒地老时，
神人“娘九津井”在大地上。
这个天神的传说，
在大地上流传。

神人“娘九津井”吃的是神袋粮，
神人“娘九津井”穿的是神衣，
从头套下是天神如袋的神衣，
一穿好多年。

神人“娘九津井”有两员神将，
一为剑鬼，
一称梭神。

剑鬼（是苗族传说中从天上下来的剑术很厉害的人）来到河边，
堵截彝蛮；
梭神（是苗族传说中从天上下来的武艺高强持梭标的人）来到寨中，
驱逐彝蛮。
剑鬼用锋利的剑，
把彝蛮家逼到九个石山上。
梭神用高强武艺，
把彝蛮家围在深沟里。

剑鬼来到渡口，
堵截夷蛮；
梭神来到林中，
驱逐彝蛮。
剑鬼用锋利的剑四处围追，
把彝蛮家围在九个山头上。
梭神用高强武艺遍地冲杀，
把彝蛮家堵在深坑里。

漫山遍野到处是剑鬼的英姿，
坡上坡下到处是梭神的身影。
剑鬼的队伍把江河的清水变成了浑水，
梭神的人马像坡上的砂子一样多。
剑鬼的红铜剑映红江水，
梭神的红铜梭在阳光下闪光。

漫山遍野到处是剑鬼的英姿，
坡上坡下到处是梭神的身影。
剑鬼的队伍把江河的清水变成了浑水，
梭神的人马像坡上的砂子一样多。
剑鬼的红铜剑映红江水，
梭神的红铜梭在阳光下闪光。
剑鬼用锋利的剑，
把彝蛮家逼到九个石山上。
梭神用高强武艺，
把彝蛮家围在深沟里。

漫山遍野到处是剑鬼的英姿，
坡上坡下到处是梭神的身影。
剑鬼的队伍把江河的清水变成了浑水，

梭神的人马像坡上的砂子一样多。
剑鬼的红铜剑映红江水。

梭神的红铜梭在阳光下闪光。
剑鬼用锋利的剑四处围追，
把彝蛮家围在九个山头上。
梭神用高强武艺遍地冲杀，
把彝蛮家堵在山下的深坑里。

4. “留米”的神马

牛无拘无束在天桶湾吃草，
马自由自在在天桶坝吃草，
牛吃饱嫩草，
睡在对门岩石脚。
牛与牛崽，小牛亲大牛，
马同马儿，小马舔大马。
大马毛光水滑，
如同“留米”(苗族的古代英雄) 那匹超风追影的雄马。

牛无拘无束在天桶湾吃草，
马自由自在在天桶坝吃草，
牛吃饱嫩草，
睡在对门水塘边。
牛与牛崽，小牛亲大牛，
马同马儿，小马舔大马。
大马膘肥体壮，
如同“留米”那匹超风追影的雄马。

“留米”骑着超风追影的雄马在天地间奔驰，
脚腿有一抱粗，出气像团雾，
天地间出了个要弄垮天地的怪物，
要“留米”骑着超风追影的雄马去捉拿。

“留米”骑着超风追影的雄马在天地间奔驰，
脚腿有一抱粗，出气像团雾，
天地间出了个要弄垮天地的妖魔，
要“留米”骑着超风追影的雄马去捉拿。

“留米”骑着超风追影的雄马在天地间奔驰，

爬上三个大坡，飞过三个丫口。
有个大坡最大，
“留米”骑着超风追影的雄马不吃人间的盐巴，
“留米”骑着超风追影的雄马不吃人间的马料，
“留米”骑着超风追影的雄马爬到天上。
吃到了天上的美味。

“留米”骑着超风追影的雄马在天地间奔驰，
爬上三个大坡，飞过三个丫口。
有个大坡最大，
“留米”骑着超风追影的雄马不吃人间的盐巴，
“留米”骑着超风追影的雄马不吃人间的马料，
“留米”骑着超风追影的雄马爬到天上。
吃到了天上的佳肴。

“留米”骑着超风追影的雄马在天地间奔驰，
大坡路上光滑平顺，
有一对大鸟从天上下来在坡地上做窝。
大母鸟扛虫子从山上来给小鸟喂食，
大公鸟扛树枝从山上来给小鸟建巢，
这才有了天地间凡鸟的子孙后代。

“留米”骑着超风追影的雄马在天地间奔驰，
大坡路上光滑平顺，
有一对大鸟从天上下来在坡地上做窝。
大母鸟扛虫子从山上来给小鸟喂食，
大公鸟扛树枝从山上来给小鸟建巢，
这才有了天地间凡鸟的后代子孙。

5. 巧女“接嘴雀”

天荒地老时，
神人“娘九津井”在大地上。
这个天神的故事，
在大地上流传。

荒年来到，
神人“娘九津井”的神袋无粮，
神人“娘九津井”的神衣会冷。

天荒地老时，
神人“娘九津井”在大地上。
这个天神的故事，
在大地上流传。

荒年来到，
神人“娘九津井”的神袋无粮，
神人“娘九津井”的神衣会冷。
地上的男儿吃不饱，
地上的男儿穿无衣。

荒年来到，
田里的谷禾不会成熟。
荒年来到，
地里一片荒芜。

荒年的年头苦，
荒岁的日子难。
荒年的土地寸草不生，
荒年的土地没了人烟。

荒年的年头苦，
荒岁的日子难。
荒年苦难何时到头，
留下种粮有一斗来烂一斗，
有一石来烂一石。

荒年的年头苦，
荒岁的日子难。
荒年苦难太难熬，
留下种粮有一箩来烂一箩，
有一筐来烂一筐。

荒年无希望，
荒岁年岁寒。
荒年来了，
心灵手巧的姑娘也挨饿，
巧姑娘肚子饿，
巧姑娘才骂勤快郎。

父子要与别人借债，
儿子说少借点，
父亲说多借些。
儿子说用山羊和毛羊抵债，
父亲说用田地抵债。

荒年无希望，
荒岁年岁寒。
荒年来了，
心灵手巧的姑娘也挨饿，
巧姑娘肚子饿，
巧姑娘才骂勤快郎。

父子要与别人借债，
儿子说少借点，
父亲说多借些。
儿子说用山羊和毛羊抵债，
父亲说用房屋抵债。

荒年的年头苦，
荒岁的日子难。
荒年中巧女吃了头牛也不觉得饱，
荒年里勤快郎吃了匹马也不知足。

荒年的年头苦，
荒岁的日子难。
荒年中巧女吃了头牛还要怪人，
荒年里勤快郎吃完匹马仍不讲理。

荒年的年头苦，
荒岁的日子难。
荒年里巧女饿了骂勤快郎，
骂得父子给人去打铁，
打得铁锄给巧女挖蕨根（蕨根含有淀粉，可食。）。

荒年的年头苦，
荒岁的日子难。
荒年里巧女饿了骂勤快郎，
骂得父子给人去打铁，
打得铁锄给巧女挖葛根（葛根亦是可食的块根植物）。

荒年的年头苦，
荒岁的运气背。
荒年巧女挖“朱诺”（一种可吃的植物）得“朱渣”（一种可吃的草，与“朱诺”类似，但比“朱诺”差），
去挖“朱茅”（一种可吃的植物）得“朱中”（一种可吃的植物，与“朱茅”类似，但比“朱茅”差），

水在山中流，
水在溪中淌。
挖来的野菜哪里洗？
山中水中洗。
洗好野菜回到家，
好吃好喝的公婆吃了，
残汤剩水是媳妇的。

荒年的年头苦，
荒岁的运气背。
巧女挖蕨根遇不见蕨根苗，
挖葛根找不到葛根藤，
挖“朱诺”得“朱渣”，
挖“朱茅”得“朱中”。

水在山中流，
水在溪中淌。
挖来的野菜哪里洗？
山中水中洗。
洗好野菜回到家，
干的公婆吃了，
汤水是媳妇的。

荒年的年头苦，
荒岁的日子难。
荒年里巧女的儿子饿了，
饿了儿子去找母亲，
母亲也饿，
饿了母亲没有找到。
无处可去的巧女在竹子尖上吊不死，
回身跳进漂马箐（地名）水中。
死了的巧女魂魄变成接嘴雀，

像影子一样飞上了天。

荒年的年头苦，
荒岁的日子难。
荒年里巧女的儿子饿了，
饿了儿子去找母亲，
母亲也饿，
饿了母亲没有找到。
无处可去的巧女在竹子尖上吊不死，
回身跳进漂马箐水中。
死了的巧女魂魄变成接嘴雀，
像精灵一样飞上了树。

接嘴雀叫来接嘴雀叫，
接嘴雀飞落枫树尖，
接嘴雀要变巧女下凡做蓝靛。

接嘴雀叫来接嘴雀叫，
接嘴雀飞落枫树尖，
接嘴雀要带勤快男下凡犁牛和耙田。

巧女嫁得勤快郎，
男耕女织好时光；
一天三顿吃饱饭，
巧女脸庞有红光。

接嘴雀叫来接嘴雀叫，
接嘴雀飞落枫树尖，
接嘴雀要变巧女下凡做蓝靛。

接嘴雀叫来接嘴雀叫，
接嘴雀飞落枫树尖，
接嘴雀要带勤快男下凡做生产。

巧女嫁得勤快郎，
男耕女织好时光；
一天三顿吃好饭，
巧女脸上放红光。

（注：在“蒙恰”苗人的民间故事中，有一个叫“孤儿”的民间故事就是“接嘴雀”古歌的背景。）

6. 大头蜂和大头蝎

天荒地老时，
有一位叫“苦婆津井”的神人来到人间。
这个天神的故事，
在大地上流传。

“苦婆津井”喜欢天王家的神人“象男津井”，
“苦婆津井”为“象男津井”做衣妆，
“苦婆津井”用麻布为“象男津井”做衣妆。

“象男津井”背负了“苦婆津井”，
“象男津井”派“子郎”（从天上下来的小伙）把“苦婆津井”赶到漆树湾（地名）。
“苦婆津井”心底悲苦怨恨，
放出三千六百个大头蜂，
放出三千六百个大头蝎。

天荒地老时，
有一位叫“苦婆津井”的神人来到人间。
这个天神的故事，
在大地上流传。

“苦婆津井”喜欢天王家的神人“象男津井”，
“苦婆津井”为“象男津井”做衣妆，
“苦婆津井”用麻布为“象男津井”做衣妆。

“象男津井”背负了“苦婆津井”，
“象男津井”派“子郎”把“苦婆津井”赶到滑树湾（地名）。
“苦婆津井”心底悲苦怨恨，
“象男津井”背负使“苦婆津井”放出三千六百个大头蜂，
“象男津井”背负使“苦婆津井”放出三千六百个大头蝎。

大头蜂飞出来去与人家打斗，
来到一位叫“开阿里”（人名）的夷蛮家的园子脚。
大头蜂飞出来去与人家作战，
来到一位叫“开阿翁”（人名）的夷蛮家的大门口。
在园子脚打得不可开交，
在大门口咬得七零八落。
大头蜂牙齿嚼了三嚼，

咬烂夷蛮家九床草被。
大头蜂蜇针蜇三针，
刺穿夷蛮家九床芦席。

大头蜂飞出来去与人家打斗，
来到一位叫“开阿鲁”(人名) 的夷蛮家的园子脚。
大头蜂飞出来去与人家作战，
来到一位叫“开阿嘟”(人名) 的夷蛮家的大门口。
在房门口打得不可开交，
在房子里咬得七零八落。
大头蜂牙齿嚼了三嚼，
咬烂夷蛮家九床草被。
大头蜂蜇针蜇三针，
刺穿夷蛮家九床芦席。

大头蜂飞出来去与人家打斗，
来到一位叫“开阿鲁”的夷蛮家的园子脚。
大头蜂飞出来去与人家作战，
来到一位叫“开阿嘟”的夷蛮家的大门口。
与夷蛮打得不可开交，
把夷蛮咬得七零八落。
大头蜂牙齿嚼三嚼，
咬烂夷蛮九床被。
大头蜂蜇针蜇三针，
刺穿夷蛮九层衣。
夷蛮打败四处逃，
大头蜂半空飞射去，
咬住夷蛮不松口。

大头蜂飞出来去与人家打斗，
夷蛮已败无处寻。
大头蜂找到夷蛮家的大公马，
两个咬住两头，一个咬住马鬃，
扛起来不费力，
跑起来不费劲。

大头蜂飞到半空中，
四处不见敌人。
大头蜂找着夷蛮家一匹大母马，

两个咬住两头，一个咬住马鬃，
扛起来不费力，
跑起来不费劲。

夷蛮家恨大头蜂咬牙切齿，
夷蛮家恨大头蜂食肉寝皮。
夷蛮家拿张毒牛皮来钉在山顶，
夷蛮家拿张毒马皮来钉在坡头。
等大头蜂来吃牛皮、穿牛皮，
等大头蜂来吃马皮、穿马皮。

夷蛮家恨大头蜂咬牙切齿，
夷蛮家恨大头蜂食肉寝皮。
夷蛮家拿张毒牛皮来钉在山顶，
夷蛮家拿张毒马皮来钉在坡头。
等大头蝎来吃牛皮、穿牛皮，
等大头蝎来吃马皮，穿马皮。

大头蜂不吃牛皮，不穿牛皮，
大头蜂不吃马皮，不穿马皮。
大头蝎不吃牛皮，不穿牛皮，
大头蝎不吃马皮，不穿马皮。
大头蜂想躲到山脚住，
想找人的衣服穿。
大头蜂想去山脚找不着道路，
无奈去住黑人城（地名）边。

黑人城人过去日子平平安安，
大头蜂一来怕得要死，
买衣料的人不敢进城，
卖衣料的人不敢离家。
进出黑人城要绕路而行，
谁都不敢靠近大头蜂。

大头蜂在黑人城找不着衣服穿，
大头蜂在黑人城不受欢迎。
大头蜂在黑人城边住不下去，
大头蜂只好到山上的寨子住，
到尾寨（地名）找衣服穿。

自从大头蜂来住后，
山上寨子往尾寨处就无人来往。

黑人城人过去日子平平安安，
大头蜂走了仍然害怕，
买衣料的人不敢进城，
卖衣料的人不敢离家。
进出黑人城要绕路而行，
城里的人不敢靠近大头蜂旧地。

黑人城人过去日子平平安安，
大头蜂走了仍然害怕，
买衣料的人不敢进城，
卖衣料的人不敢离家。
进出黑人城要绕路而行，
城外的人也不敢靠近大头蜂旧地。

夷蛮家恨大头蜂咬牙切齿，
夷蛮家恨大头蜂食肉寝皮。
夷蛮家想烧大头蜂，
却没有烧大头蜂的色茅草。
夷蛮家满山去割色茅草，
夷蛮家遍坡去砍柴。
草堆满山坡，
柴塞满丫口。

要谁来烧大头蜂，
要那官员烧大头蜂。
要谁来守住丫口，
要勇敢厉害的兄弟们来守丫口。

各方准备就绪，
勇敢厉害的兄弟们急忙放火，
烧得那大头蜂死在窝里，
烧那大头蝎死在岩洞。
要烧那大头蜂来死干净，
要烧那大头蝎来死光光。

夷蛮家恨大头蜂咬牙切齿，
夷蛮家恨大头蜂食肉寝皮。

夷蛮家想烧大头蜂，
却没有烧大头蜂的笆茅草。
夷蛮家满山去割笆茅草，
夷蛮家遍坡去砍柴。
草堆满山坡，
柴塞满丫口。

要谁来烧大头蜂，
要那官员烧大头蜂。
要谁来守住丫口，
要勇敢厉害的兄弟们来守丫口。

各方安排妥当，
勇敢厉害的兄弟们急忙放火，
烧得那大头蜂死在洞中，
烧那大头蝎死在窝里。
要烧那大头蜂来死绝种，
要烧那大头蝎来死绝世。

那大头蜂房子像官房的房子一样大，
那房子像宝塔那样粗。
那夷蛮家留不得大头蝎，
现在的蝎子才很小；
那夷蛮家留不得大头蜂，
现在蜂子才细身。

那大头蜂房子像官房的房子一样大，
那房子像宝塔那样粗。
过去夷蛮家留不得大头蝎，
现在的蝎才很小；
过去夷蛮家留不得大头蜂，
现在蜂才细腰。

过去的大头蜂大得了不得，
以前的大头蝎了不得的大。
龙马（传说中大神马）说龙马的力气大，
龙马也受不了大头蜂蜇一针，
龙鸠说龙鸠的力气大，
龙鸠也受不了大头蜂蜇一针。

人们听说烧死了大头蜂，
人们才敢相互来往，
黑人城人才敢走出城去，
城外的人才敢走进城来。

过去的大头蜂大得了不得，
以前的大头蝎了不得的大。
龙马（传说中大神马）说龙马的力气大，
龙马也受不了大头蜂蜇一针，
龙鸠（传说中一种大鸟）说龙鸠的力气大，
龙鸠也受不了大头蜂蜇一针。

人们听说烧死了大头蜂，
人们才放心相互来往，
黑人城人才放心走出城去，
城外的人才放心走进城来。

7. 传芦笙种和鼓种

天荒地老时，
神人“郎子奖津井”（天上来的传芦笙种和鼓种的使者）在大地上。
这个天神的故事，
在大地上流传。
神人“卜丢郎子奖津井”吃的是神袋（神袋有粮，取之不尽）粮，
神人“卜丢郎子奖津井”穿的是神衣（不会冷，不会热）。

是谁下凡来传笙种（芦笙种子，一种比喻），
是“卜丢（虚词，无词意）郎子奖津井”下凡来传笙种，
是谁下凡来传鼓种，
要“卜丢郎子奖津井”下凡来传鼓种。
传笙种来要传“顾你勒勒”（芦笙音），
冷天冻地传笙种到大地河流的上游。
传鼓种要传“顾你勒做”（鼓声音），
冷天冻地传鼓种到大地河流的下游。
制成芦笙要来传芦笙曲，
蒙成了鼓要来传鼓舞，
制成芦笙要不了天地间一把滑竹，
蒙成鼓来要不了天地间一张老黄牛皮。

天荒地老时，

神人“郎子奖津井”在大地上。
这个天神的故事，
在大地上流传。
神人“卜丢郎子奖津井”吃的是神袋粮，
神人“卜丢郎子奖津井”穿的是神衣。

是谁下凡来传笙种，
是“卜丢郎子奖津井”下凡来传笙种，
是谁下凡来传鼓种，
要“卜丢郎子奖津井”下凡来传鼓种。
传笙种来要传“顾你勒勒”(芦笙音)，
冷天冻地传笙种到大地河流的上游。
传鼓种要传“顾你勒做”，
冷天冻地传鼓种到大地河流的下游。
制成芦笙要来传芦笙曲，
蒙成了鼓要来传鼓舞，
制成芦笙要不了天地间一把滑竹，
蒙成鼓来要不了天地间一张老黑牛皮。

是谁下凡来制造芦笙，
是“卜丢郎子奖津井”下凡来制造芦笙。
造六片铜簧配六根手指，
造一片来配大拇指，
铜簧做成芦笙的发音片，
手指配合就会吹响芦笙。

是谁下凡来制造芦笙，
是“卜丢郎子奖津井”下凡来制造芦笙。
造六片铜簧配六根手指，
造一片来配大拇指，
铜簧做成芦笙的发音片，
手指配合好就能奏出芦笙曲。

芦笙响齐天，
鬼鼓应彻地，
吹响芦笙，音韵回旋空中主客同欢乐，
擂响鬼鼓，震动天空来怀念祖先亲人。

芦笙响齐天，

鬼鼓应彻地，
吹响芦笙，音韵回旋空中亲朋同欢乐，
擂响鬼鼓，震动天空来念想家人兄弟。

吹响芦笙为死者送行，表想念之情，
擂动鬼鼓为死者送行，表难忘之意。
吹响芦笙为死者送行，不得同去，
转回寨中把芦笙挂上墙壁。
擂动鬼鼓为死者送行，不得同行，
转回寨中把鬼鼓挂在房屋柱上。

吹响芦笙为死者送行，表想念之情，
擂动鬼鼓为死者送行，表难忘之意。
吹响芦笙为死者送行，不得同行，
转回寨中把芦笙竖在墙脚。
擂动鬼鼓为死者送行，不得同去，
转回寨中把鬼鼓挂在房屋梁上。

8. 生死夫妻

太阳出来稻虫欢快地来到草丛中，
下雨来玉蚕欢快地来到笆茅丛里。
抢得蛮子女做了高山苗的妻，
找得两位聪明伶俐的姑娘做伴娘，
还有一位机智灵巧的小伙去送亲。

太阳出来稻虫欢快地来到草丛中，
下雨来玉蚕欢快地来到笆茅丛里。
抢得蛮子女做了高山苗的妻，
有两位聪明伶俐的姑娘做伴娘，
有一位远近闻名的歌手来唱歌。

娇女好男，美好婚配，
生死无常。

聪明伶俐的姑娘死了就像外出干活没回家，
人生之路说长也长，
人生之路说短就短。
死了的姑娘想到生时病痛就不想转回，
死了的儿郎想到生时病痛就不想转来与人再成夫妻。

聪明伶俐的姑娘死了就像外出干活没回家，
人生之路说长也长，
人生之路说短就短。
死了的姑娘想到生时病痛就不想转回，
死了的儿郎想到生时病痛就不想转来与人再成双。

聪明伶俐的姑娘死了要爬上去天上的天梯，
聪明伶俐的姑娘死了不要从天梯落下来，
姑娘走了死去儿郎的今世妻，
儿郎走了死去姑娘今世夫。

聪明伶俐的姑娘死了要爬上去天上的天梯，
聪明伶俐的姑娘死了不要从天梯落下来，
姑娘走了死去儿郎的一世妻，
儿郎走了死去姑娘一世夫。

姑娘死去放不下儿郎情和爱，
儿郎死去放不下姑娘爱和情。
姑娘死去冷了儿郎半边床，
儿郎死去冷了姑娘半边房。

姑娘死去放不下儿郎情和爱，
儿郎死去放不下姑娘爱和情。
姑娘死去垮了儿郎半边床，
儿郎死去垮了姑娘半边房。

姑娘死去放不下儿郎情和爱，
儿郎死去放不下姑娘爱和情。
姑娘死去留下子女守别人家门槛，
儿郎死去留下子女围别人家火塘。

姑娘死去放不下儿郎情和爱，
儿郎死去放不下姑娘爱和情。
姑娘死去留下子女守别人家门脚，
儿郎死去留下子女围别人家火炕。

姑娘不怕死，
儿郎死不怕，
不怕死来死不怕，
就怕死后成孤魂，

就怕死后掉进阎王家黑洞门。

姑娘不怕死，
儿郎死不怕，
不怕死来死不怕，
就怕死后成孤魂，
就怕死后掉进阎王家黑门洞。

夫妻死了互相顾不上，
顺着芦笙和鼓声的指引走向远方。
死去的姑娘魂灵来地里寻得一蔸苦菜，
苦菜杆红，苦菜嫩绿如玉（有一个民间传说，一个女子认为地里的苦菜又嫩又鲜，很想吃，但这苦菜是牛吃的野菜。这女子对自己的丈夫说，她好想变成一头牛吃苦菜。他丈夫打断了她头上的木梳，她头上立即就长出了一对牛角，变成了一头母牛来吃地上的苦菜。这里的古歌指的就是这个传说）。
清晨天亮时芦笙、唢呐四处响起，
黄牛角声、水牛角声呜呜声呜，
人的吼声震天动地摇动姑娘的嘎房（贵州黔西北的彝族、苗族在为死者办丧祭时，都要用竹、木、草等为死者盖一个称为“嘎房”的灵房，以便祭祀亡灵）。

夫妻死了互相喊不应，
顺着芦笙和鼓声的指引走向远方。
死去的姑娘魂灵来地里寻得一蔸苦菜，
苦菜杆红，苦菜嫩绿如油。
清晨天亮时芦笙、唢呐四处响起，
黄牛角声、水牛角声呜呜声呜，
人的吼声摇天动地震动姑娘的嘎房。

夫妻死了互相顾不上，
顺着芦笙和鼓声的指引走向远方。
死去的姑娘跟着神灵走过丫口，
在丫口丢下枫树枝，
地上就有了枫树。
枫树长得又高又大，
遮盖了好宽一片地方。

姑娘死去留台织布架给女儿，
儿郎死去留下犁耙给孩儿。

夫妻死了互相喊不应，

顺着芦笙和鼓声的指引走向远方。
死去的姑娘跟着神灵走过丫口，
在丫口丢下枫树枝，
世上就有了枫树。
枫树长得又大又高，
遮盖了好宽一片地方。

姑娘死去留台纺纱架给女儿，
儿郎死去留下田地给孩儿。

9. 灵巧女和勤劳郎

灵巧女子喜欢纺麻，
勤劳的儿郎喜欢种地。
灵巧女子担忧无衣穿，
纺了麻团纺线团。

勤劳的儿郎担心挨饿，
种了荞麦种小麦。
种完荞麦灵巧女子被病折磨。
在荞麦成熟的时候，
灵巧女子像枯黄的麦秆一样死去。
今年是灵巧女子不幸的一年，
是勤劳儿郎的忧愁年、断心年。

灵巧女子喜欢纺麻，
勤劳的儿郎喜欢种地。
灵巧女子担忧无衣穿，
纺了麻团纺线团。

勤劳的儿郎担心挨饿，
种了荞麦种小麦。
在荞麦成熟的时候，
灵巧女子像枯黄的麦秆一样死去。
今年是灵巧女子不幸的一年，
是勤劳儿郎忧愁年、丧气年。

灵巧女子在世做了满屋的衣服，
勤劳儿郎收获了无数的粮食，
想到灵巧女子在世的春天里，

要给勤劳儿郎换装，
想起过去春天的时候，
勤劳儿郎送饭给灵巧女子的好时光。

灵巧女子在世做了一家的衣服，
勤劳儿郎的收获了如山的食粮，
想到灵巧女子在世的春天里，
要给勤劳儿郎换装，
想起过去春天的时候，
勤劳儿郎做好饭等灵巧女子的好时光。

灵巧女子死了顾不上，
顺着芦笙和鼓声的指引走向远方。
死去的灵巧女子跟着神灵爬上山坡，
爬过山坡，
灵巧女子转身望向天边。
天边有三条路排在一起（贵州黔西北的苗族死者的灵魂走向祖先的路上，一般都会遇上有三条路的路口，一般说左边的是汉族人的路，右边的是彝族人的路，只有中间的那条路是苗族人的路。古歌中讲的三条路即此），
有一条散在一边。
灵巧女子怨恨天地，
天让我死我不能怜儿，
地让我亡我不得悯女。
有山头在它总会转，
石头栽在岩头上它会脱。

灵巧女子死了顾不上，
顺着芦笙和鼓声的指引走向远方。
死去的灵巧女子跟着神灵爬上山坡，
爬过山坡，
灵巧女子转身望向天际。
天边有三条路排在一起，
有一条散在一边。
灵巧女子怨恨天地，
天亡我我不能怜儿，
地死我我不得悯女。
有山头在它总会转，
石头栽在岩头上它会脱。

10. 巧姑娘之死

巧姑娘死去后见到怪事，
“虎毒不食子”的大虎吃掉小虎，
小虎没吃的吃黄泥巴。
巧姑娘死去离开了她的田地和家乡，
勤儿郎死去离开了他耕作的地方。

巧姑娘死去后见到怪事，
“虎毒不食子”的大虎吃掉小虎，
小虎没吃的吃黑泥巴。
巧姑娘死去离开了她的田地和家乡，
勤儿郎死去离开了他劳动的地方。

巧姑娘死去，
麻团裹线团，
黑线白线乱成一团。

巧姑娘死在纺纱织布最忙的时候，
勤儿郎死在农忙季节。
巧姑娘死去，
麻团裹线团，
针线布片乱成一堆。

巧姑娘死在纺纱织布最忙的时候，
勤儿郎死在农忙季节。

夫妻死了互相顾不上，
顺着芦笙和鼓声的指引走向远方。
死去的巧姑娘跟着神灵走过荒坡。

巧姑娘死去不怕什么，
怕绸缎盖住她的嘴，
怕石棺盖轰的一声垮下来压住胸膛。

夫妻死了互相顾不上，
顺着芦笙和鼓声的指引走向远方。
死去的巧姑娘跟着神灵走过冷坝。

巧姑娘死去不怕什么，
怕绸缎盖住她的脸，

怕石棺盖轰的一声垮下来压住胸膛。

11. 猴婆婆

（有一个民间故事：说原来天上有一位仙女下凡，与水牯牛结为夫妻，过着幸福的生活。有一年过六月节，仙女回天上娘家过节。水牯牛听说上天放九只大鸟来人间吃人，不放心就上天去接仙女回家。在仙女家听丈母娘说九只吃人鸟吃了人后要到一个水塘里洗嘴巴，水牯牛就躲在水塘边，用弩射死了这吃人的九只大鸟。然后急忙回到丈母娘家，说他杀死了九只大鸟，带上仙女从天梯回人间。水牯牛由此犯了天条，上天抽掉他们下人间的天梯。这时，水牯牛离地面只有三步，仙女离地面有七步。水牯牛落下来落在人间，变成了人，仙女落在猴山变成了猴。

水牯牛开荒种地，秋天时在山上守庄稼，防止猴子、野猪等动物来糟蹋粮食。一次，来了一群猴子吃粮食，水牯牛赶走猴子，见一只猴子怎么赶都不走，并且向水牯牛招手。水牯牛觉得奇怪，走近一看，那猴子手上戴着水牯牛送给仙女的一只手镯，于是明白这只猴子就是他的妻子仙女。

水牯牛把仙女带回家重新相聚。这时，他们的女儿已经出嫁成家。后来，女儿听说母亲回来了，就来接母亲去她家过节。过节的时候，猴婆婆外出解手，女儿家的狗不知道这猴婆婆就是主人的母亲，以为她是只猴子，就把她咬死了。“射啊语”是她的女婿，古歌就是以这民间故事为背景来演唱的。）

是谁有四十八匹马？
是“射啊语”（以狩猎为生，远近闻名的人）有四十八匹马。
有一匹红肩红嘴的大白花马，
有一匹黑肩黑嘴的大白花马。
“射啊语”住的好地方，
有一条大河流过，
河两边是他家肥沃的大田。

是谁有四十八匹马？
是“射啊语”有四十八匹马。
有一匹红肩红嘴的大白花马，
有一匹黑肩黑嘴的大白花马。
“射啊语”住的好地方，
有一条大河流过，
河两边是他家肥沃的大地。

每逢过节的那一天，
“射啊语”也都要与大家一起过节。
每逢过节的那一夜，

"射啊语"也都要与大家一起吃酒吃肉。
有亲戚的人家和亲戚一起过节，
有朋友的人家和朋友相聚，
"射啊语"没有其他亲戚，
"射啊语"只接猴婆婆来过节。

过节有酒有肉，
别人吃了能消化，
猴婆婆吃了不吸收。
别人吃了有粪便排，
猴婆婆吃了胀肚。
猴婆婆吃了肚子痛，
猴婆婆喝了要拉肚。

半夜猴婆婆起来在"射啊语"屋基脚拉肚子。
"射啊语"有九条拴上链子的猎狗咬个不停，
另有一只用狗撑筒拴的狗挣脱出去，
将猴婆婆咬死。
吃完她的一条腿，咬烂了她半边身子。

每逢过节的那一天，
"射啊语"也都要与大家一起过节。
每逢过节的那一夜，
"射啊语"也都要与大家一起吃酒吃肉。
有亲戚的人家和亲戚一起过节，
有朋友的人家和朋友相聚，
"射啊语"没有其他亲戚，
"射啊语"只接猴婆婆来过节。

过节有酒有肉，
别人吃了能消化，
猴婆婆吃了不吸收。
别人吃了有粪便排，
猴婆婆吃了胀肚。
猴婆婆吃了肚子疼，
猴婆婆喝了要肚子拉。

半夜猴婆婆起来在"射啊语"屋基脚拉肚子。
"射啊语"有九条拴上链子的猎狗咬个不停，

另有一只用狗撑筒拴的狗挣脱出去，
将猴婆婆咬死。
吃完她的一条腿，咬坏了她半边身子。

是谁有九个兄弟，
是“射啊语”有九个兄弟。
九个兄弟九天为猴婆婆杀了九头牛，
九个兄弟七天为猴婆婆杀了七匹马。
做了九天七夜丧事。
九天七夜的热闹声惊动了天上，
天王问天底下何事如此轰响。
天王放出鸦雀来视察，
人们撒一把蓝靛给鸦雀，
从此，鸦雀才全身青，成为乌鸦。
派只大蓝蚊子来查看，
人们撒一把蓝靛和一把石灰给大蓝蚊子，
从此，大蓝蚊子才变成了白花青的喜鹊。
派只喜欢吸象血的细小蚊子来看，
吸象血的细小蚊子
一来就飞落在猴婆婆的身上，
从上摸到下，
从头摸到脚，
猴婆婆的身下垫有九层绸，
猴婆婆的身上盖有九层锻。
手上长毛，脚也有毛。
身上全是毛。

是谁有九个兄弟，
是“射啊语”有九个兄弟。
九个兄弟九天为猴婆婆杀了九头牛，
九个兄弟七天为猴婆婆杀了七匹马。
做了九天七夜丧事。
九天七夜的热闹声惊动了天上，
天王问天底下何事如此轰响。
天王放出鸦雀来视察，
人们撒一把蓝靛给鸦雀，
从此，鸦雀才全身青，成为乌鸦。
派只大蓝蚊子来查看，

人们撒一把蓝靛和一把石灰给大蓝蚊子，
从此，大蓝蚊子才变成了白花青的喜鹊。
派只喜欢吸象血的细小蚊子来看，
吸象血的细小蚊子
一来就飞落在猴婆婆的身上，
从上摸到下，
从头摸到脚，
猴婆婆的身下垫有九层锻，
猴婆婆的身上盖有九层绸。
手上长毛，脚也有毛。
身上全是毛。

接嘴雀叫来接嘴雀叫，
接嘴雀飞在枫树梢。
上天不撒下瘟病灾，
人间不会死人，
就像树上的树叶一样，
没有秋天的风吹它不会落。
人就像林木一样，
有春天，也有秋天。

接嘴雀叫来接嘴雀叫，
接嘴雀飞在枫树梢。
上天不撒下瘟病灾，
人间不会死人，
就像树上的树叶一样，
没有秋天的风吹它不会落。
人就像林木一样，
有夏天，也有冬天。

天上放瘟病来有桶口大，
死有背箩口粗，
人怎么生病无人知道，
人怎么死谁也说不清。

天上放瘟病来有桶口大，
死有背箩口粗，
人怎么生病无人明白，
人怎么死谁也道不明。

12. 巧女死去不离织

狮子再瘦也有九层膘，
大象再小也有九层肥，
灵巧女在生是个蜡染刺绣的能手，
灵巧女死了就无人能及，
勤儿郎在生是个种地好手，
勤儿郎死了就没有人赶上他。

狮子再瘦也有九层膘，
大象再小也有九层肥，
灵巧女在生是个蜡染刺绣的巧手，
灵巧女死了就无人能比，
勤儿郎在生是个种地高手，
勤儿郎死了就没有人能及他。

灵巧女死了夫妻互相顾不上，
麻团裹线团，
针线布片乱成一堆。

灵巧女死在纺纱织布最忙的时候，
勤儿郎死在农忙季节。
灵巧女死去，
麻团裹线团，
黑线白线乱成一团。

灵巧女死在纺纱织布最忙的时候，
勤儿郎死在农忙季节。

灵巧女死在纺纱的地方，
勤儿郎死在耕种土地的地方，
灵巧女死了就像弓箭离开了岩脚（这支苗族善于在岩脚等人迹罕见的地方设弩弓狩猎），
勤儿郎死了就像岩蜂离开了石缝底（比喻失去依靠）。

灵巧女死在织布的地方，
勤儿郎死在种庄稼的地方，
灵巧女死了就像弓箭离开了岩脚，
勤儿郎死了就像蜜蜂离开了蜂桶。

13. “朱哑祝鲁”

惊鸟（一种鸟）叫来惊鸟叫，
惊鸟的嘴角红，
有两位年轻的表弟，
像花儿一样从远方慢慢走来。
年轻的表弟来给人开荒种地，
是开荒人的劳动才开得“朱哑祝鲁”的银园门（比喻为财富之门）。

惊鸟（一种鸟）叫来惊鸟叫，
惊鸟的嘴角黑，
有两位年轻的表弟，
像花儿一样从远方慢慢走来。
年轻的表弟来给人开荒种地，
是开荒人的劳动才开得“朱哑祝鲁”的金园门（比喻为财富之门）。

是谁收留了两位表弟，
是“朱哑祝鲁”收留了两位表弟。
是谁为两位表弟开了门，
是“朱哑祝鲁”为两位表弟开了门。

“朱哑祝鲁”有一位幺姑娘，
耳眼闪闪，眉清目秀，
像条美人蕉。

是谁收留了两位表弟，
是“朱哑祝鲁”收留了两位表弟。
是谁为两位表弟开了门，
是“朱哑祝鲁”为两位表弟开了门。

“朱哑祝鲁”有一位幺姑娘，
耳眼闪闪，容光焕发，
像条美人焦。

是谁拿扫帚来给人家扫屋，
是“朱哑祝鲁”拿扫帚来给人家扫屋，
是谁拿铧口来给人开荒，
是“朱哑祝鲁”拿铧口来给人开荒。
“朱哑祝鲁”在地方很出名，
高楼大厦建在风水宝地上。

是谁拿扫帚来给人家扫屋，
是“朱哑祝鲁”拿扫帚来给人家扫屋，
是谁拿铧口来给人开荒，
是“朱哑祝鲁”拿铧口来给人开荒。
“朱哑祝鲁”在地方有名望，
高楼大厦建在吉祥福地中。

富贵的人很富有，
漂亮的鱼在好鱼塘。
有钱有势的人做地方首领，
就像大鱼做了鱼群的头领，
得意地游动在水中岩石脚。

富贵的人很富有，
漂亮的鱼游好水塘。
就像大鱼做了鱼群的头领，
自在地游动在水中岩石边。

富人住的寨首很热闹，
穷人住的寨尾很冷清。
寨尾做成一片小小银树叶，
寨首做成一棵大大金银树。

富人住的寨首很热闹，
穷人住的寨尾很冷清。
寨尾那得一片小银树叶，
寨首那出一棵大金银树。

14. 逃婚男女

黄牛想在坡上吃草，
公马想吃山上一窝青藤。
逃婚女回来不得母亲一勺凉饭吃，
逃婚郎得不到亲朋好友说句好。

黄牛想在坡上吃草，
公马想吃山上一窝青藤。
逃婚女回来不得母亲一瓢剩饭吃，
逃婚郎得不到亲朋好友赞扬声。

逃婚女回家只能睡母亲的床，
逃婚郎回来只有住父亲的房。
逃婚女回来不敢敲母亲家的门，
逃婚郎回来怕亲朋好友见到。

逃婚女回家只能睡母亲的床，
逃婚郎回来只有住父亲的房。
逃婚女回来不敢进母亲家，
逃婚郎回来不敢见亲友面。

逃婚女离开了锅灶，
逃婚郎做不成家的主人，
逃婚女背不成背箩，
逃婚郎干不成正事。
天意不会遂逃婚女的心意，
上天不会使逃婚郎顺心。

逃婚女娘久等不见逃婚女回来，
逃婚女娘在家做好糯米粑。
逃婚郎父久等逃婚郎不见回家，
逃婚郎父在家准备了白晃晃的银子。

逃婚女娘久等逃婚女不见回来，
逃婚女娘用糯米粑找得一个苗寨小伙，
逃婚郎父久等逃婚郎不见回来，
逃婚郎父用白晃晃的银子聘得苗家寨一位姑娘。

逃婚女离开了锅灶，
逃婚郎做不成家的主人，
逃婚女背不成背箩，
逃婚郎干不成正事。
天意不会遂逃婚女的心意，
上天不会使逃婚郎顺心。

逃婚女娘久等不见逃婚女回来，
逃婚女娘在家做好糯米粑。
逃婚郎父久等逃婚郎不见回家，
逃婚郎父在家准备了白晃晃的银子。

逃婚女娘久等逃婚女不见回来，

逃婚女娘用糯米粑找得一个苗寨过路的小伙，
逃婚郎父久等逃婚郎不见回来，
逃婚郎父用白晃晃的银子聘得苗家寨一位未婚的姑娘。

相好的逃婚女和逃婚郎，
只能悄悄来往。
逃婚女走山背后湾子那条路，
逃婚郎走丫口那条路。

逃婚女逃婚了不敢走大路，
只怕原丈夫拿藤索来捆，
逃婚郎逃婚了不敢走大路，
只怕棵藤索来捆绑。

相好的逃婚女和逃婚郎，
只能在黑夜里来往。
逃婚女走山背后湾子那条路，
逃婚郎走丫口那条路。

逃婚女逃婚了不敢走大路，
只怕原丈夫拿藤索来捆，
逃婚郎逃婚了不敢走大路，
只怕棵藤索来捆绑。

相好的逃婚女和逃婚郎，
只能在黑夜里悄悄来往。
他们钻箐林爬高坡，
翻山头下陡坡怕人看见。
人家得好儿当好夫，
关门闭户睡稳觉。
逃婚女得歹儿做歹夫，
好像一段没有染蓝靛的麻皮布。

相好的逃婚女和逃婚郎，
只能在黑夜里悄悄来往。
他们钻箐林爬高坡，
翻山头下陡坡怕人看见。
人家得好儿当好夫，
关门闭户睡稳觉。
逃婚女得歹儿做歹夫，

好像一段没有蜡染刺绣的麻皮布。

风吹过，
杉叶婆娑的身影。
逃婚女回家没有安身处，
穿着母亲的麻布裙与人家月下谈情说爱。
逃婚郎回家没有落脚处，
过年时拿着父亲的青剑去与人家谈情说爱。

风吹过，
杉叶婆娑的身影。
逃婚女回家没有安身处，
穿着母亲的麻布裙与人家月下谈情说爱。
逃婚郎回家没有落脚处，
在白天拿着父亲的黄剑去与人家谈情说爱。

逃婚女有吃穿才能逃婚，
逃婚郎有家底才敢逃婚，
逃婚女逃婚因为有母亲所做压箱底的麻布裙。
逃婚郎逃婚因为有父亲养有一头大花牛（上两句均指有再婚的“家底”）。

逃婚女有吃穿才能逃婚，
逃婚郎有家底才敢逃婚，
逃婚女逃婚因为有母亲所做压箱底的麻布衣。
逃婚郎逃婚因为有父亲养有一头大牯牛。

逃婚女有吃穿才能逃婚，
逃婚郎有家底才敢逃婚，
逃婚女逃婚因为有母亲做有许多衣裙。
逃婚郎逃婚因为父亲家有许多粮食。

逃婚女有吃穿才能逃婚，
逃婚郎有家底才敢逃婚，
逃婚女逃婚靠的是母亲做有衣裙许多。
逃婚郎逃婚靠的是父亲家有多多余粮。

相好的逃婚女和逃婚郎，
只能悄悄来往。
逃婚女走山背后湾子那条路，
逃婚郎走丫口那条路。

逃婚女回来无伴侣，
拉扯怪罪母亲的麻布裙（意思为衣裙做不好无人喜欢）。
逃婚郎回来无情人，
碰撞父亲的耙和犁生气。

相好的逃婚女和逃婚郎，
只能悄悄来往。
逃婚女走山背后湾子那条路，
逃婚郎走丫口那条路。

逃婚女回来无伴侣，
拿母亲的麻布裙来拉扯发火。
逃婚郎回来无情人，
把父亲的耙和犁来碰撞。

15. 说亲歌

好花藏山后，
好女在深闺。
“锁金阿压”（求婚后的小伙子名字）游玩时遇见好女，
媒人就来姑娘家说亲。
媒人说亲要姑娘家的鸡看鸡卦（“鸡卦”是用鸡的腿骨卜卦的方式。在贵州的黔西北地区非常普遍，多用其来预测婚姻的前途等），
姑娘家的鸡喂在山中。
媒人就来姑娘家说亲，
媒人杀姑娘家公鸡看卦。
媒人吃完鸡肉啃完鸡头，
再看鸡卦怎么说。
鸡卦一出，
好就是好，
成就是成，
说什么都没有用，
照鸡卦来定男女姻缘。

好花藏山后，
好女在深闺。
“锁金阿压”游玩时遇见好女，
媒人就来姑娘家说亲。
媒人说亲要姑娘家的鸡看鸡卦，

姑娘家的鸡关在鸡笼中。
媒人就来姑娘家说亲，
媒人杀姑娘家大公鸡看卦。
媒人吃完鸡肉啃完鸡头，
再看鸡卦怎么说。
鸡卦一出，
好就是好，
成就是成，
说什么都没有用，
照鸡卦来定男女姻缘。

是谁好狗来守家，
是姑娘家有好狗来守家。
好狗在坡上来狩猎，
追猎物追到那边坡。
那边坡姑娘家有一对好公鸡，
好公鸡有一对好鸡卦，
滑如玉如一对玉竹。

是谁好狗来守家，
是姑娘家有好狗来守家。
好狗在坡上来狩猎，
追猎物追到那边坡。
那边坡姑娘家有一对好公鸡，
好公鸡有一对好鸡卦，
滑如玉如一对金竹。

16. 姑娘做新娘

太阳出来闪耀在天底下，
光明晃晃照亮公婆家的房档边来下地中，
姑娘做新娘顺崖来去，
舂得公婆的碓米振振荡荡，
有石泥沙仔细捡掉。

太阳出来闪耀在天底下，
光明晃晃照亮公婆家的房档边来下丫口，
姑娘做新娘顺崖来去，
舂得公婆的碓米荡荡振振，

有石泥沙仔细捡掉。

姑娘做新娘顺崖来去，
背得银桶三道箍来在下石旮旯舀清水，
姑娘做新娘顺崖来去，
去人家不要，转来不瞧转换。

姑娘做新娘顺崖来去，
背得银桶三道箍来在下坑坑舀清水，
姑娘做新娘顺崖来去，
去人家不要，转来不瞧转离（婚）。

姑娘做新娘顺崖来去，
得个牛是头浊水牛，
得个羊是只花猫羊，
会杀，送给父母老人吃，
会想，送给弟兄寨邻分。

姑娘做新娘顺崖来去，
得牛头混水牛，
得羊是只黑毛羊，
会杀，送给父母老人吃，
会思，送给弟兄寨邻受。

姑娘做新娘顺崖来去，
喂猪仙猪不吃糠，
怒气频频到四面八方。

姑娘做新娘顺崖来去，
去人家不要，转来不闻转换，
姑娘做新娘顺崖来去，
喂猪仙猪不吃糠，
怒气腾腾到八寨四乡。

姑娘做新娘顺崖来去，
去人家不要，转来不闻转离（婚人）。

17. 接亲歌①

客来客不给我们讲知心在河边，

---

① 这首接亲歌是在接亲的时候所要唱的古歌，故许多词语都是老辈传下来的，其意义有不明之处，但自古如此，因而我们也没有作过度的翻译，基本上维持原来的样子。

客来客不给我们讲米谷在碓边，
铜锅给人洗乏，铁锅给人淋手，
公婆吹房厢来等亲家客，
吹厢房来等田红雀处。

客来客不对我们讲知心在河边，
客来客不给我们讲米谷在碓边，
铜锅给人洗乏，铁锅给人淋脚，
公婆吹房厢来等亲家客，
吹厢房来等田红雀处，
客来到坡头房给个田雀“子改子连”(田雀名）撑，
客来到坡后房给个田雀“子改子连”凌，
蛋底蓝蓝的，蛋头圆墩墩的，
今晚客来客吹芋“叫”(芋的声音）闹闹热热，
给我们的父母议彩钱，
明天早晨起来鸭吹芋闹闹热热要和客。
要和客人要腰带，
客来到坡头房给个田雀“子改子连”撑，
客来到坡后房给个田雀“子改子连”凌，
蛋底蓝蓝的，蛋头圆墩墩的，
今晚客来客吹芋“叫”闹闹热热，
给我们的父母议彩礼钱，
明天早晨起来鸭是鸭吹芋闹闹热热，
要和客人要衣妆。

客来拿客腰，客退拿客皮，
客来乱了爹娘老人良心，
客退见得大运随父园烟烧，
客来拿客腰，客退拿客手，
客来乱了娘爹老人良心，
客退见得大运顺父圆满散。

18. 姑娘嫁老汉①

雀京（鸟名）飞在树枝上，
京眉（鸟名）飞在岩石上，

① 在这个古歌后面，“蒙恰”苗人有一个民间故事为背景。说的是一个父亲把女儿嫁了一个老汉，女儿过得很不开心。这个父亲很内疚，在自己死后就变成了一条蛇把老汉咬死了，使女儿得以嫁到一个好青年家。于是这个父亲又变成了一只老虎在女儿家四周来守护她，但他的女婿不知道那是他岳父，就把他射死了。

这位姑娘的妈养得一个姑娘。
姑娘的妈为姑娘选夫，
选了一个苗寨的老头为夫。

雀京飞在树枝上，
京眉飞在岩石上，
这位姑娘的妈养得一个姑娘。
姑娘的妈为姑娘选夫，
选了一个苗寨的老汉为夫。

这位姑娘的妈养得一个姑娘。
姑娘的妈为姑娘选夫，
选了一个苗寨的干老汉为夫。
这位姑娘对妈说：
妈呀，你为我选夫，
为何选了个苗寨的干老汉为夫。
姑娘妈对姑娘说：
我儿你的命不好，
就像一把干谷把没有几颗米。

这位姑娘的妈养得一个姑娘。
姑娘的妈为姑娘选夫，
选了一个苗寨的干老汉为夫。
这位姑娘对妈说：
妈呀，你为我选夫，
为何选了个苗寨的干老汉为夫。
姑娘妈对姑娘说：
我儿你的命不好，
就像一把干谷把只有一穗稗子。

姑娘只好嫁给干老汉为妻，
来吃老丈夫的饭，
睡老丈夫的床。
老丈夫的饭无味，
老丈夫的床偏。
老丈夫心里热，
姑娘心里冷，
姑娘无心，
只想花花绿绿各处玩。

姑娘只好嫁给干老汉为妻，
来吃老丈夫的饭，
睡得老丈夫毡。
老丈夫的饭无味，
老丈夫的毡是高山。
老丈夫心里热，
姑娘心里冷，
姑娘无心，
只想花花绿绿各条路。

姑娘在闲时不纺麻，
做客时不纺线。
不去干老汉处爹娘骂，
去了寨子里众人笑话她，
让她无脸见人，
生不如死。

姑娘在闲时不纺麻，
做客时不纺线。
不去干老汉处爹娘骂，
去了寨子里众人羞辱她，
让她羞愧，
生不如死。

姑娘上山归来不捡柴，
做客来归来不扯藤。
嫁干老汉的姑娘逃婚回来，
遇见一位逃婚小伙来留她。
有一位逃婚小伙逃婚回来，
就有一位逃婚姑娘来拉；
有一位逃婚姑娘逃婚回来，
就有一位逃婚小伙来留。

姑娘上山归来不捡棒，
做客来归来不割草。
嫁干老汉的姑娘逃婚回来，
遇见一位逃婚小伙来留她。
有一位逃婚小伙逃婚回来，
就有一位逃婚姑娘来拉；

有一位逃婚姑娘逃婚回来，
就有一位逃婚小伙来留。

19. “珠亚祖鲁”的骟牛和公马

“珠亚祖鲁”穿绸穿缎，
色彩艳丽，
“珠亚祖鲁”有银有金，
金山银山，
“珠亚祖鲁”买了一双宝马，
有精有神。

“珠亚祖鲁”穿绸穿缎，
色彩艳丽，
“珠亚祖鲁”有银有金，
金山银山，
“珠亚祖鲁”买了一双宝马，
精神抖擞。

是谁割菜放在骟牛的嘴边，
是“珠亚祖鲁”割菜放在骟牛的嘴边，
是谁给大公马钉马掌，
是“珠亚祖鲁”给大公马钉马掌。
犁地轻重只有骟牛知道，
路长路短只有公马记得。

是谁割菜放在骟牛的嘴边，
是“珠亚祖鲁”割菜放在骟牛的嘴边，
是谁给大公马钉马掌，
是“珠亚祖鲁”给大公马钉马掌。
犁地轻重只有骟牛知晓，
路长路短只有公马明白。

农闲时“珠亚祖鲁”的骟牛在家中，
公马吃草在对门山。
转眼春天到，
骟牛又悄然下田犁地，
春雷一响，
公马又背鞍驮东西。

农闲时"珠亚祖鲁"的骟牛在家里，
公马吃草在对门坡。
转眼春天到，
骟牛又悄然下田犁地，
春雷一响，
公马又背鞍驮东西。

骟牛在一抱树叶上睡觉，
公马被绳索拴着睡觉。
骟牛累死了，
如死了"珠亚祖鲁"一个小工，
公马累死了，
如死了"珠亚祖鲁"的早死儿。

骟牛在一抱树叶上睡觉，
公马被绳索拴着睡觉。
骟牛累死了，
如死了"珠亚祖鲁"一个帮工，
公马累死了，
如死了"珠亚祖鲁"的过路儿。

20. 老虎"力宝"

是谁把猎人的弩拿开？
是"力宝"把猎人的弩拿开，
让走兽顺利通过，
"力宝"是一只通人性的虎，
"力宝"是一只聪明的虎。

是谁把猎人的弩拿开？
是"力宝"把猎人的弩拿开，
让群兽安全通过，
"力宝"是一只通人性的虎，
"力宝"是一只机灵的虎。

"力宝"养儿养在石包脚，
"力宝"养女养在石包旁。
"力宝"虎儿名叫"帅郎"，
"力宝"虎女名叫"凤姑"。

"力宝"虎儿养在石包脚，
"力宝"虎女养在石包旁。
"力宝"养儿名叫"帅郎"，
"力宝"养女名叫"凤姑"。

"力宝"摘弩惹火烧身，
"力宝"摘弩得罪猎人，
"力宝"的对门上出现了弩箭，
"力宝"的山脚出现了刀枪。

"力宝"养儿丢在石包脚，
"力宝"养女丢在石包旁。
"力宝"养儿后走远方，
丢下虎儿好可怜。

鸡叫三更时，
凤姑起来为箐苗婆冲碓。
鸡叫半夜时，
凤姑起来为箐苗婆冲米碓。

天一亮凤姑就去背水，
见水深齐腰，
苦蕖有腰高。
凤女哭了一夜，
诉不完的苦情。
凤姑说：
希望有一天，"力宝"突然从那个岩石上下来，
才能把凤姑救出苦海。

鸡叫三更时，
凤姑起来为箐苗婆冲碓。
鸡叫半夜时，
凤姑起来为箐苗婆冲米碓。

天一亮凤姑就去背水，
见水深齐腰，
苦蕖有腰高。
凤姑哭了一夜，
诉不完的苦情。
凤姑说：

希望有一天，“力宝”突然从那个岩石上下来，
才能结束凤姑的苦难。

一天凤姑在去干活的路上，
遇见了“力宝”，
“力宝”，牵着凤姑的手，
离开了山寨。
一天凤姑在去干活的路上，
遇见了“力宝”，
“力宝”，牵着凤姑的手，
凤姑跟在“力宝”身后。

“力宝”的嘴张开有屯箩大，
胡须红红像笆茅杆（很粗的草杆），
牙齿大如牛角，
人们说公马咬得凶，
“力宝”咬得更凶。
“力宝”咬死了夷蛮家的一头小牛，
“力宝”咬死了夷蛮家的一匹大公马。

夷蛮家的心恨死“力宝”，
夷蛮家给“力宝”下毒药。
一弩射中“力宝”尾巴，
一弩射中“力宝”胸膛，
一弩射中“力宝”尾巴，
一弩射中“力宝”腹心，
“力宝”死在夷蛮家的珍珠米坡（地名）。
“力宝”的肉烂完，血流尽，
精神还在，
骨血有一节不烂。
一节不烂骨血变成了一条蛇，
一条精精神神怒吼的蛇。
一口咬着夷蛮子的胸部。
夷蛮子说：
过去，有一位老人说过，
虎死了精魂也要回来报仇。

“力宝”的嘴张开有屯箩大，
胡须红红像笆茅杆，

牙齿大如牛角，
人们说公马咬得凶，
“力宝”咬得更凶。
“力宝”咬死了夷蛮家的一头小牛，
“力宝”咬死了夷蛮家的一匹大公马。

夷蛮家的心恨死“力宝”，
夷蛮家给“力宝”下毒药。
一弩射中“力宝”尾巴，
一弩射中“力宝”胸膛，
一弩射中“力宝”尾巴，
一弩射中“力宝”腹心，
“力宝”死在夷蛮家的珍珠米坡（地名）。
“力宝”的肉烂完，血流尽，
精神还在，
骨血有一节不烂。
一节不烂骨血变成了一条蛇，
一条精精神神怒吼的蛇。
一口咬断夷蛮子的屁股。
夷蛮子说：
过去，有一位老人说过，
虎死了精魂也要回来报仇。

21. 绽蕾女和围镯郎

是谁听到天地间的公鸡叫，
是“阿年”（天上的雷神）听到天地间的公鸡叫。
公鸡一叫，
老鼠、虫子、鸟儿都自己跑到水湾底（地名）水中被淹死。
绽蕾女容光焕发出落成一位美丽姑娘，
围镯郎潇潇洒洒长得像棵挺拔的春竹。

是谁听到天地间的公鸡叫，
是“阿年”听到天地间的公鸡叫。
公鸡一叫，
老鼠、虫子、鸟儿都自己跑到水湾底水中被淹死。
绽蕾女容光焕发长成一位美丽姑娘，
围镯郎潇潇洒洒生得像棵挺拔的春竹。

绽蕾女和围镯郎暗中相恋，
相会时绽蕾女穿着美丽衣裳，
相会时围镯郎穿着气派衣装。
绽蕾女和围镯郎暗中相恋，
像蝙蝠一样在黑夜相会，
像鸟一样四处游荡。

绽蕾女和围镯郎暗中相恋，
相会时绽蕾女穿着漂亮衣妆，
相会时围镯郎穿着潇洒衣装。
绽蕾女和围镯郎暗中相恋，
像蝙蝠一样在黑夜相会，
像鸟一样四处游荡。

绽蕾女和围镯郎的暗中相恋，
惹恼了夷蛮官家。
夷蛮家发誓要打这场官司，
绽蕾女和围镯郎连夜悄悄逃走，
使得夷蛮家的官司没有打处。

绽蕾女和围镯郎的暗中相恋，
惹恼了夷蛮官家。
夷蛮家发誓要打这场官司，
绽蕾女和围镯郎连夜悄悄逃走，
使得夷蛮家的官司打不起来。

22. “谷晴苦磨”

天荒地老时，
有一位叫“娘九津井”的神人来到人间。
这个天神的故事，
在大地上流传。
天地诞生以来，
人间的人有了名字，
雷神的名字得到最晚。
叫“动老眼”的女人有儿不会取名字，
才乱取名叫“谷晴苦磨”。

天荒地老时，
有一位叫“娘九津井”的神人来到人间。

这个天神的故事，
在大地上流传。
天地诞生以来，
人间的人有了名字，
雷神的名字得到最迟。
叫“动老眼”的女人有女不会取名字，
才乱取名叫“谷晴苦磨”。

谁想吃大米饭，
“谷晴苦磨”想大米饭吃。
想吃大米饭的“谷晴苦磨”才去开荒，
才铲地铲到坡地箐头。

谁想吃鸟肉，
是“谷晴苦磨”想鸟肉吃，
想吃鸟肉的“谷晴苦磨”才去种稻米来诱鸟，
才种稻米诱鸟到坡地箐头。

太阳出来，“谷晴苦磨”在河边做工，
见熊在河边喝水。
“谷晴苦磨”不敢在河边喝水，
逃到山上来吃哑香果（一种野果名字）。
哑香果长在岩石上，
“谷晴苦磨”吃不到哑香果。
“谷晴苦磨”用头帕做绳子，
才爬上岩石上，
才爬到龙马的岩脚（龙马为神马，“龙马的岩脚”指神马出入的地方）。
哑香果是毒果，
吃了毒果的“谷晴苦磨”再没有回来。

谁想吃大米饭，
“谷晴苦磨”想大米饭吃。
想吃大米饭的“谷晴苦磨”才去开荒，
才铲地铲到坡地箐头。

谁想吃鸟肉，
是“谷晴苦磨”想鸟肉吃，
想吃鸟肉的“谷晴苦磨”才去种稻米来诱鸟，
才种稻米诱鸟到箐头坡地。

太阳出来，“谷晴苦磨”在河边做工，
看熊在河边喝水。
“谷晴苦磨”不敢在河边喝水，
逃到山上来吃哑香果。
哑香果长在岩石上，
“谷晴苦磨”吃不到哑香果。
“谷晴苦磨”用头帕做绳子，
才爬上岩石上，
才爬到龙马的岩下。
哑香果是毒果，
吃了毒果的“谷晴苦磨”一去不归。

春天来了，
“谷晴苦磨”的魂魄急忙走过，
春天来了，
“谷晴苦磨”的魂魄急忙走来。
春天的万物生长，
不觉间像黑蘘菜长过膝盖。
“谷晴苦磨”遇见少年是看牛娃，
“谷晴苦磨”遇上少女是放猪崽。
遇见看牛娃的“谷晴苦磨”不能讲，
遇上放猪崽的“谷晴苦磨”不能说。

太阳出来笙鼓响，
“谷晴苦磨”妈和亲戚聚拢来，
“谷晴苦磨”妈久等“谷晴苦磨”不回，
“谷晴苦磨”妈做了“谷晴苦磨”的魂魄花。
“谷晴苦磨”爹久等“谷晴苦磨”不归，
“谷晴苦磨”爹做“谷晴苦磨”的魂。

春天来了，
“谷晴苦磨”的魂魄急忙走过，
春天来了，
“谷晴苦磨”的魂魄急忙走来。
春天的万物生长，
不觉间像黑蘘菜长过膝盖。
“谷晴苦磨”看见少年是看牛娃，
“谷晴苦磨”看到少女是放猪崽。

遇见看牛娃的“谷晴苦磨”讲不出，
遇上放猪崽的“谷晴苦磨”说不得。

太阳出来笙鼓响，
“谷晴苦磨”妈和亲戚聚拢来，
“谷晴苦磨”妈久等“谷晴苦磨”不回，
“谷晴苦磨”妈做了“谷晴苦磨”的魂魄花。
“谷晴苦磨”爹久等“谷晴苦磨”不归，
“谷晴苦磨”爹做“谷晴苦磨”的魂。

23.“文女”和“礼仕管子奖”

怪树上有眼喷泉，
喷出了一地水泡，
叫“礼仕管子奖”（人名）男儿拿乐管来吹，
乐管声响遍寨子，
使一个叫“文女”的姑娘陶醉其中。

怪树上有眼喷泉，
喷出了一地水泡，
叫“礼仕管子奖”男儿拿乐管来吹，
乐管声响遍寨子，
使一个叫“文女”的姑娘深深陶醉。

岩雀（一种鸟）叫来岩雀叫，
岩雀踩到那窝丈子蒙（一种野果）。
“文女”和“礼仕管子奖”暗中相恋来往。
“文女”想念“礼仕管子奖”，
想起“礼仕管子奖”给她买的那匹绸缎。
“礼仕管子奖”想念“文女”，
想起“文女”送给他的花帕。

岩雀叫来岩雀叫，
岩雀踩到那窝丈子蒙。
“文女”和“礼仕管子奖”暗中相恋来往。
“文女”思念“礼仕管子奖”，
想到“礼仕管子奖”给她买的那匹绸缎。
“礼仕管子奖”思念“文女”，
想到“文女”送给他的花帕。

“文女”和“礼仕管子奖”暗中相恋来往，
两人相约逃婚。
“文女”逃婚穿走她妈妈的衣裙，
“礼仕管子奖”逃婚穿走他父亲那件衣服，
“文女”逃婚三年还是原来的衣装，
“礼仕管子奖”逃婚三年仍然是以前的衣装。

“文女”和“礼仕管子奖”暗中相恋来往，
两人相约逃婚。
“文女”逃婚穿走她妈妈的衣裙，
“礼仕管子奖”逃婚穿走他父亲那件衣服，
“文女”三年逃婚后还是原来的衣装，
“礼仕管子奖”三年逃婚后仍然是以前的衣装。

24. 孤女孤儿歌

天平滑雨要下，
地平滑风要来，
做孤女的妈妈死得早，
做孤儿的爹爹去得快。

天平滑雨要下，
地平滑风要来，
做孤女的妈妈死得早，
做孤儿的爹爹去得快。

孤女很小就是孤女，
孤儿做孤儿时还是根“嫩芽”。
孤女长大想穿新衣，
孤儿长大想吃顿肉，

孤女很小就是孤女，
孤儿做孤儿时还是根“嫩芽”。
孤女长大想穿一身新衣，
孤儿长大想吃顿饱饭，

有妈的儿女吃大肉，
孤儿孤女啃骨头。
有妈的儿女天天有东西吃，
孤儿孤女一天吃不上几口。

有家的儿女吃大肉，
孤儿孤女啃骨头。
有家的儿女天天有，
孤儿孤女天天无。

有家的儿女吃好饭，
孤儿孤女吃粗粮。
有家的儿女不想吃，
孤儿孤女吃不饱。

有家的儿女吃细粮，
孤儿孤女吃粗饭。
有家的儿女不想吃，
孤儿孤女吃不饱。

孤女出去采野菜，
人家指孤女到笆茅坡（意为不长野菜的地方），
孤儿出去打柴，
人家指孤儿到光坡（无柴的坡）。

采不到野菜孤女日偏西才回来，
吃的是人家的剩猪食。
孤儿打不到柴深更半夜才回来，
吃来是人家的猪狗食。

孤女出去采野菜，
人家要孤女到笆茅坡，
孤儿出去打柴，
人家要孤儿到光坡。

采不到野菜孤女日偏西才归，
吃的是人家的剩猪食。
孤儿打不到柴深更半夜才归，
吃来是人家的猪狗食。

孤女纺麻得不到好麻，
人家给的麻理不顺，
人家给的麻捆不齐。
孤女用乱麻理起纺线，
孤女用别人的线头织布，

孤女伤心外出做工不愿回来。
孤女后妈心肠不好，
剪断孤女织好的布丢在织布架旁，
孤女见状不停地流泪。

孤女纺麻全是差麻，
人家给的麻理不顺，
人家给的麻捆不齐。
孤女拿乱麻理起纺线，
孤女拿别人的线头织布，
孤女伤心外出做工不愿回来。
孤女后妈心肠不好，
剪断孤女织好的布丢在织布架旁，
孤女见状不停地流泪。

25. 无粮人家的儿女

高坡鸟下蛋在水上，
高坡鸟下蛋在塘边，
无粮的人家儿女怕饿，
缺衣的人家儿女怕冷。
饥饿的儿女，
要得后寨老人一勺饭。

高坡鸟下蛋在水上，
高坡鸟下蛋在塘边，
无粮的人家儿女怕饥，
单衣的人家儿女怕寒。
饥饿的儿女，
要得后寨老人一勺饭。

无粮的人家儿女怕饿，
缺衣的人家儿女怕冷。
今天是跳花场的日子，
有人说，
一群兄弟姐妹，
有吃无吃，凑个热闹。
无粮人家儿女说，
人家有吃去人家的，

一班兄弟姐妹在家打一天草鞋，
好明天拿去与后寨老人换勺饭吃。

无粮的人家儿女怕饿，
缺衣的人家儿女怕冷。
今天是跳花场的日子，
有人说，
一群兄弟姐妹，
有吃无吃，凑个热闹。
无粮人家儿女说，
人家有吃去人家的，
一班兄弟姐妹在家打一天蓑衣，
好明天拿去与后寨老人换勺饭吃。

无粮的人家儿女怕饿，
缺衣的人家儿女怕冷。
无粮的人家儿女才含辛茹苦开荒，
无粮的人家儿女才百般勤劳种地。
现在，
无粮的人家儿女有粮食吃了，
缺衣的人家儿女有衣服穿了。

后寨老人家因懒惰要挨饿了，
后寨老人家因懒惰要无衣穿了，
后寨老人家看见他们有吃有穿，
后寨老人家放声哭得像个老母牛。

无粮的人家儿女怕饿，
缺衣的人家儿女怕冷。
无粮的人家儿女才含辛茹苦开荒，
无粮的人家儿女才百般勤劳种地。
现在，
无粮的人家儿女有粮食吃了，
缺衣的人家儿女有衣服穿了。

后寨老人家因懒惰要挨饿了，
后寨老人家因懒惰要无衣穿了，
后寨老人家看见他们有吃有穿，
后寨老人家放声哭得像个老母羊。

第五章 “蒙恰”古歌研究

苗族是一个自古以来就没有文字的民族，虽然在20世纪有三个方向的文化力量为苗族人“制造”了所谓的文字，但由于种种原因，都没有形成一种能在全民族民间都使用的文字，其“制造”的文字最后只能在某些特定的范围内使用。所以，在某种意义上来说，苗族仍然是一个没有文字的民族。在没有文字的民族中，其口传性质的文化和文学就比较发达，比如说苗族文化和文学中的“古歌”就是。在贵州，苗族人的古歌，尤其是黔东南和黔东地区的苗族古歌极其丰富多彩，有多个方面的意义，在收集整理和研究上也有许多方面的成果。但在黔西北的苗族中，其古歌就很少有人关注，在其收集整理上的成果不多，研究更少。但是，在黔西北的苗族这类文化却在民族民间有比较丰富的存在，我们这里所面对的“蒙恰”苗人的古歌，就是这样的事物。

“蒙恰”苗人在贵州西部是一个人口最少的苗族支系，但其“古歌”却很丰富，表现苗族人的一些事象也非常古老，这与他们的民族存在实际情况很不相称。因此，这样的古歌可能显得更为珍贵。

我们在2007年冬天录制了“蒙恰”苗人的33首古歌，在此基础上，我们整理出了25首“蒙恰”苗人的古歌，这些古歌涉及的内容是方方面面的。

第一节 “蒙恰”古歌的内容

在“蒙恰”苗人的古歌的意译部分中，我们一共整理翻译了其中25首古歌。

在《太阳姑娘和月亮小伙》中，讲的是太阳姑娘和月亮小伙的神话式的爱情，他们相爱了，但是却无法相见，在太阳姑娘起来的时候，月亮小伙却在天边撵不上自己心爱的人儿。这里包含了一种爱情永远无望的悲情，也有对太阳和月亮自然现象的人文理解。

《男孩做“媳妇”》这首古歌讲的是在古代的时候，男娃娃是要嫁入女方家的，但因为女娃娃贪吃，所以后来才改为女嫁男。这是“蒙恰”苗人对古代以女为主婚姻，向以男为主婚姻转变过程的理解。虽然古歌中讲的是因为女的贪吃才导致这种婚姻的改变，但从中透露出的生产方式的改变，导致食物获取的方式向体力型转变的影像。这也是古代存在过“男嫁女”习俗的一种信息表现。

《剑鬼和梭神》讲述的是一个“蒙恰”苗人战神的故事，讲的是两个以兵器为名字的战神的战争故事，这里的战争故事有苗族人的原始战争的影像在其中，也有近代史上战争的印迹。原始战争的影像是比较虚无缥缈的，只有红铜兵器和兵器战神名字还可以理解一些影像的意义，但近代史上战争的印迹确是有迹可寻的。在我们的采录中，当地的苗族人就告诉我们，他们的祖先在“捻军”起义的时候参加过的军事行动，或者说支持过“捻军”，因此在后来受到了镇压，其族人大部分西去，他们只是一些由于种种原因残留下来的“蒙恰”人。如果这个说法成立，《剑鬼和梭神》也表示了这些战争的影像。

《“留米”的神马》歌颂的是一个叫“留米”的苗族古代英雄的一匹神马。以歌颂他的马来曲折地歌颂马的主人。歌颂神马和神人的同时，还引出了神鸟。说天下的鸟都是神鸟的后代，那么，天下的马也是神马的后代，同样，苗族人也是神人“留米”的后代……这是一篇神化自己祖先的古歌。

《巧女“接嘴雀”》说的是在神人“娘九津井”的时代，人们遇上了大饥荒，连种子都没有了。在人间有一个聪明能干的女子也没有办法使一家吃饱肚子。女子去借贷，去挖野生植物来充饥也不行，最后连野菜也没有挖处，在家里有点吃的都让公婆吃了，自己只吃点汤水。“荒年里巧女的儿子饿了，饿了儿子去找母亲，母亲也饿，饿了母亲没有找处。”只好跳进水里自杀了。自杀了的巧女变成了一只接嘴雀。“死了的巧女魂魄变成接嘴雀，像影子一样飞上了天。”最后说这只接嘴雀又变成了一个巧女，靠自己与男人的勤劳，终于使自己吃饱穿暖，过上了好日子。

《大头蜂和大头蝎》讲的是有一位叫“苦婆津井”的神人来到人间。喜欢上天王家的神人“象男津井”，但最后神人“象男津井”背负了她，于是她心生怨恨，向世间派出了巨蜂和巨蝎这两种大害虫，“放出三千六百个大头蜂，放出三千六百个大头蝎。”专门攻击天王夷蛮家的庄园，最后把夷蛮家的人都打败了，只好扛起夷蛮家的大马走了。夷蛮家下毒来毒它们，没毒到。这些巨蜂和巨蝎想到人间来找衣服穿，把人们吓得要死。最后，夷蛮人用火来烧它们，才把它们烧死了。把这些巨蜂巨蝎烧死之后，世界上就只有细小的蜂和细小的蝎子了。

《传芦笙种和鼓种》讲的是一个叫“卜丢郎子奖津井”的神人下凡来传笙种和鼓种的故事。“是谁下凡来传笙种，是‘卜丢郎子奖津井’下凡来传笙种，是谁下凡来传鼓种，要‘卜丢郎子奖津井’下凡来传鼓种。”并且说，“传笙种来要传‘顾你勒诺’（芦笙音），冷天冻地传笙种到大地河流的上游。传鼓种要传‘顾你勒做’（鼓声音），冷天冻地传鼓种到大地河流的下游。”同时还传下了如何做芦笙的技艺，说“造六片铜簧配六根手指”，并且说明，芦笙是为生者造的，鼓是为死者造的。“芦笙响齐天，鬼鼓应彻地，吹响芦笙，音韵回旋空中主客同欢乐，擂响鬼鼓，震动天空来怀念祖先亲人。”

《生死夫妻》用苗族人特有的方式表达了夫妻之间的生死关系，说女的死了男的半边床就不见了，死了男的女的半边房就不见了。死了的男女互相顾不上，只苦了儿女成了可怜的孤儿。但是，这样的痛苦仍然敌不过生时人间的病痛，想到人间的病痛也就不想回到人间了。人死了，男女要留些东西给儿女。“姑娘死去留台纺纱架给女儿，儿郎死去留下田地给孩儿。”另外，死去的男女还要为苗族人有所顾恋。“夫妻死了互相顾不上，顺着芦笙和鼓声的指引走向远方。死去的姑娘跟着神灵走过丫口，在丫口丢下枫树枝，地上就有了枫树。枫树长得又高又大，遮盖了好宽一片地方。”

《灵巧女和勤劳郎》讲的是一对好夫妻的情感。这里，“蒙恰”苗人好夫妻的标准是“灵巧女和勤劳郎”，但是，这“灵巧女子像枯黄的麦秆一样死去”，所以，“今年是灵巧女子不幸的一年，是勤劳儿郎的忧愁年、丧气年”。灵巧女死了，一家人的衣服没有人做了，儿女成了没有可怜的孤儿，而回想起与灵巧女在一起生活的日子多么美好，希望我们的日子什么时候会好起来，就像“有山头在它总会转，石头栽在岩头上它会脱”，好日子它总会来的。

《巧姑娘之死》讲的是男女死得不是时候，“巧姑娘死在纺纱织布最忙的时候，勤儿郎死在农忙季节”。死了的人就谁也顾不上谁了，但是，死了的人还有自己担心害怕的事情，一是害怕被绸缎盖住了嘴，二是害怕石头的棺盖垮下压住胸膛。

《猴婆婆》这首古歌是在一则凄美古怪的民间故事上形成的，也可说是以一则“猴婆婆”的民间故事为背景而演绎出来的故事。（“猴婆婆”的故事参见《猴婆婆》古歌的说明。）《猴婆婆》古歌说的是猴婆婆有一个女儿，嫁了一个远近闻名的猎人，“是谁有四十八匹马？是‘射啊语’有四十八匹马。”说“射啊语”因为没有什么亲人，就把猴婆婆接来过节。过节的时候，让猴婆婆吃了许多好东西，但是猴婆婆吃了不消化，反而拉肚子，后来到屋基脚去拉肚子，这个“射啊语”有许多打猎的狗，以为猴婆婆只是一只猴子，有一只狗挣脱了枷锁，把猴婆婆咬死了。这个“射啊语”有九个兄弟，就为猴婆婆办了隆重的丧事。“九个兄弟九天为猴婆婆杀了九头牛，九个兄弟七天为猴婆婆杀了七匹马。做了九天七夜丧事。九天七夜的热闹声惊动了天上。”于是，天上就派了“鸦雀”“大蓝蚊子”“细小蚊子”来查看天底下何事如此轰响。“天王放出鸦雀来视察，人们撒一把蓝靛给鸦雀，从此，鸦雀才全身青，成为乌鸦。派只大蓝蚊子来查看，人们撒一把蓝靛和一把石灰给大蓝蚊子，从此，大蓝蚊子才变成了白花青的喜鹊。”最后是派了细小蚊子才把情况搞清楚。这首古歌还哀叹了上天把死和瘟疫放到人间，人死像树上的叶子到季节就会落下，有了瘟疫，人们也不知道是为什么死的。“天上放瘟病来有桶口大，死有背箩口粗，人怎么生病无人明白，人怎么死谁也道不明。”

《巧女死去不离织》这首古歌内容与《灵巧女和勤劳郎》基本相似，但强调的是他们都死在人们最需要他们的地方和最需要他们的时候，意思是他们是最不该死的人啊！

《“朱哑祝鲁”》朱哑祝鲁的苗语意思是有钱有势的人，古歌讲的就是朱哑祝鲁这个人如何有钱有能力，住的地方如何之好，家里的人如何漂亮。说这种富贵的人如

“富贵的人很富有，漂亮的鱼游好水塘。就像大鱼做了鱼群的头领，自在地游动在水中岩石边。”而发出这样的感叹：“富人住的寨首很热闹，穷人住的寨尾很冷清。寨尾做成一片小小银树叶，寨首做成一棵大大金银树。”

《逃婚男女》说的是走向逃婚道路，但逃婚又不成功的男女的不幸命运。“逃婚女回家只能睡母亲的床，逃婚郎回来只有住父亲的房。逃婚女回来不敢敲母亲家的门，逃婚郎回来怕亲朋好友见到。”这首古歌表明，整个的“蒙恰”苗人社会对逃婚这种婚姻形式的不认可和反对的态度。并且描述了逃婚男女的悲惨遭遇。“逃婚女回来无伴侣，拿母亲的麻布裙来拉扯发火。逃婚郎回来无情人，把父亲的耙和犁来碰撞。”

《说亲歌》是“蒙恰”苗人用古歌的形式讲述说亲的过程和意义。并讲鸡卦定男女姻缘的事情，所以要有一对好公鸡才会有一个好的鸡卦、好的姻缘。

《姑娘做新娘》讲的是一位做了新娘的姑娘在公婆家勤勤恳恳操持家务，但仍然时运不济，被男人家不要，退了回来，只好重新嫁人。“姑娘做新娘顺崖来去，背得银桶三道箍来在下坑坑舀清水，姑娘做新娘顺崖来去，去人家不要，转来不瞧转离(婚)。”

《接亲歌》是一首“蒙恰”苗人在接亲时唱的古歌，许多词语是古老的词语，没有过多的翻译。但它的意思基本上就是讲接亲时的情形，包括要腰带，要衣妆，讲礼钱，等等。

《姑娘嫁老汉》讲的是一个姑娘嫁了一个老汉，心里不开心、不平静的故事。最后逃婚回来，马上就有小伙子来留她做妻子，似乎很同情因为嫁了老汉的姑娘，这与“蒙恰”苗人极不赞成逃婚形成鲜明对比。在古歌里，这位姑娘的命运很不好，“姑娘在闲时不纺麻，做客时不纺线。不去干老汉处爹娘骂，去了寨子里众人羞辱她，让她羞愧，生不如死。”在这个古歌后面，“蒙恰”苗人有一个民间故事为背景。说的是一个父亲把女儿嫁了一个老汉，日子过得很不开心。这个父亲很内疚，在自己死后就变成了一条蛇把老汉咬死了，使女儿得以改嫁到一个好青年家。于是这个父亲又变成了一只老虎在女儿家四周来守护她，但他的女婿不知道那是他岳父，却把他射死了。

《“珠亚祖鲁”的骟牛和公马》讲的是“珠亚祖鲁”买来一对宝贝的骟牛和公马，他们又能犁地又能驮东西，为“珠亚祖鲁”干了一辈子的活，最后，它们累死了，但是“珠亚祖鲁”并没有把它们的死当一回事，“骟牛在一抱树叶上睡觉，公马被绳索拴着睡觉。骟牛累死了，如死了“珠亚祖鲁”一个小工，公马累死了，如死了“珠亚祖鲁”的早死儿。”

《老虎“力宝”》讲的是“力宝”是一只通人性的老虎，它拿走了猎人的弩，保护了许多野兽。“力宝”养了两个儿女，一个叫“帅郎”，一个叫“凤姑”，但是因为它拿走了猎人的弩而得罪了猎人。“‘力宝’摘弩惹火烧身，‘力宝’摘弩得罪猎人，‘力宝’的对门上出现了弩箭，‘力宝’的山脚出现了刀枪。”“力宝”只好远走他乡，“‘力宝’养儿丢在石包脚，‘力宝’养女丢在石包旁。‘力宝’养儿后走远方，丢下虎儿好可怜。”“力宝”无力管好“帅郎”和“凤姑”，让他们不幸地流落到别人家去受苦。“鸡叫三更时，凤姑起来为箐苗婆冲碓。鸡叫半夜时，凤姑起来为箐苗婆冲米碓。”最后，“力宝”回来解救了他们，并且“‘力宝’咬死了夷蛮家的一头小牛，‘力宝’咬死了夷蛮家的一匹大公马。”但是，夷蛮家用毒弩射死了“力宝”。“力宝”死了但它的精魂在一节骨头里不会死。“‘力宝’的肉烂完，血流尽，精神还在，骨血有一节不烂。一节不烂骨血变成了一条蛇，一条精精神神怒吼的蛇。一口咬着夷蛮子的胸部。夷蛮子说：过去，有一位老人说过，虎死了精魂也要回来报仇。”很明显，这是“蒙恰”苗人在古歌中表示的一种不死的精神。

《绽蕾女和围镯郎》讲的是一对“蒙恰”苗人不屈的爱情故事。古歌中讲他们如何相恋，如何因为得罪了夷蛮家，不得不逃走的经历。“绽蕾女和围镯郎的暗中相恋，惹恼了夷蛮官家。夷蛮家发誓要打这场官司，绽蕾女和围镯郎连夜悄悄逃走，使得夷蛮家的官司没有打处。”

《“谷晴苦磨”》实际上讲的是“蒙恰”苗人中第一个有名字的人的故事，是一个典型的古代传说故事。讲的是最初的时候，人们不知道有名字，就乱取了一个人的名字叫“谷晴苦磨”，接着就讲他为了生存，学会了种粮食，等等。“叫‘动老眼’的女人有女不会取名字，才乱取名叫‘谷晴苦磨’。谁想吃大米饭，‘谷晴苦磨’想大米饭吃。想吃大米饭的‘谷晴苦磨’才去开荒，才铲地铲到坡地箐头。谁想吃鸟肉，是‘谷晴苦磨’想鸟肉吃，想吃鸟肉的‘谷晴苦磨’才去种稻米来诱鸟，才种稻米诱鸟到坡地箐头。”后来，“谷晴苦磨”吃了一种叫“亚香果”的毒果死了。在春天的时候，他的魂魄回来了，但他遇见的人又都不能讲他回来了。“春天来了，‘谷晴苦磨’的魂魄急忙走过，春天来了，‘谷晴苦磨’魂魄急忙走来。春天的万物生长，不觉间像黑蕓菜长过膝盖。‘谷晴苦磨’遇见少年是看牛娃，‘谷晴苦磨’遇上少女是放猪崽。遇见看牛娃的‘谷晴苦磨’不能讲，遇上放猪崽的‘谷晴苦磨’不能说。”而他家里的人又很想念他。“太阳出来笙鼓响，‘谷晴苦磨’妈和亲戚聚拢来，‘谷晴苦磨’妈久等‘谷晴苦磨’不回，‘谷晴苦磨’妈做了‘谷晴苦磨’的魂魄花。‘谷晴苦磨’爹久等‘谷晴苦磨’不归，‘谷晴苦磨’爹做‘谷晴苦磨’的魂。”

《“文女”和“礼仕管子奖”》讲的是古代一对青年男女相恋，并最终逃婚的故事。这个逃婚似乎很美好，但最后结局却不太好。“‘文女’逃婚穿走她妈妈的衣裙，‘礼仕管子奖’逃婚穿走他父亲那件衣服，‘文女’三年逃婚后还是原来的衣装，‘礼仕管子奖’三年逃婚后仍然是以前的衣装。”

《孤女孤儿歌》讲的是孤女孤儿的悲惨情景。在苗族中，叙述孤女孤儿的可怜是其民间文艺的一个经常性的主题，这在“蒙恰”苗人的古歌中也不例外。

《无粮人家的儿女》说的是一家人无粮食度日，连花场都不能去，靠着打草鞋换些饭来过日子。“一班兄弟姐妹在家打一天草鞋，好明天拿去与后寨老人换勺饭吃。”后来，他们通过自己的劳动过上了好日子。“无粮的人家儿女怕饿，缺衣的人家儿女怕冷。无粮的人家儿女才含辛茹苦开荒，无粮的人家儿女才百般勤劳种地。现在，无粮人家的儿女有粮食吃了，缺衣人家的儿女有衣服穿了。”而同时，“后寨老人家因懒惰要挨饿了，后寨老人家因懒惰要无衣穿了，后寨老人家看见他们有吃有穿，后寨老人家放声哭得像个老母牛。”这首古歌歌颂了勤劳，讽刺了懒惰。

在这些古歌中，我们可以从表述的内容上做一个分类：

描述战争的有：《剑鬼和梭神》《大头蜂和大头蝎》。

描述古代习俗的有：《男孩做“媳妇”》。

描述芦笙和鼓的来历的有：《传芦笙种和鼓种》。

描述婚姻习俗的有：《说亲歌》《接亲歌》。

描述死亡的有：《生死夫妻》《灵巧女和勤劳郎》《巧姑娘之死》《巧女死去不离织》。

描述古老观念的有：《太阳姑娘和月亮小伙》《老虎“力宝”》《“留米”的神马》。

描述坚贞不屈的爱情故事的有：《绽蕾女和围镯郎》。

描述逃婚男女的有：《逃婚男女》《“文女”和“礼仕管子奖”》。

描述苦难婚姻的有：《姑娘做新娘》《姑娘嫁老汉》。

描述孤儿孤女的有：《孤女孤儿歌》。

歌颂勤劳的有：《无粮人家的儿女》。

描述古代神话传说人物的有：《巧女“接嘴雀”》《猴婆婆》《“珠亚祖鲁”的骗牛和公马》《“谷晴苦磨”》。

第二节 “蒙恰”古歌的文化价值

在“蒙恰”苗人的古歌中，我们讲其在文化上的价值时，只是一个笼统的概念，它在实际中可能包含了其文化价值的许多方面。

我们以为，其文化方面的价值可以分为以下几个方面来认识：一是“蒙恰”苗人关于观念文化上的价值；二是“蒙恰”苗人关于历史文化上的价值；三是“蒙恰”苗人关于古老习俗文化上的价值；四是“蒙恰”苗人关于情感文化上的价值；五是“蒙恰”苗人关于精神文化上的价值，等等。其中我们以为，在其观念文化上的价值最引人注目。另外，其艺术文化上的价值也是其中的重要方面，但我们把它放到下一个专节中来论述。

一、“蒙恰”古歌中观念文化上的表现

“蒙恰”古歌在观念文化上的表现最为突出，有对自然现象的观念表现，有对大地回春与灵魂观念的表现，也有对死亡观念的表现，等等。

在《太阳姑娘和月亮小伙》这一古歌中，讲的表面上是一个爱情故事，但实际上是对自然现象的拟人化表现，这里面包含了“蒙恰”苗人祖先对自然事物的古老

观念。它应该起源于对太阳和月亮这两个天体的思考，为什么这两个天上的光球一个热，一个冷？为什么它们几乎永远都不能在一起？对这个的思考很有意义，因为它把太阳赋予了女性的性格，反而把月亮赋予了男性的性格。这样，苗族人的宇宙观中就永远不会有关于“阴阳”的观念，也就是说，苗族人在一开始的宇宙观中，就与中国古代的主流文化的宇宙观是相反的。我们现今不能说整个的苗族文化在宇宙观上都与主流文化的宇宙观是相反的，但至少在很大的程度上是如此。因为我们在苗族人的其他原始文化表现中也能找到这样的文化证据。

也许，像《太阳姑娘和月亮小伙》这样的古歌不是一个普遍存在的事物，而且“蒙恰”苗人的文化存在也是一种孤岛文化状态和文化残存状态，是一种次生性质的文化，但是我们有理由认为，残存性质的文化可能就是最少变化，最古老的文化，它们往往保存了最为真实的来自古代的文化残留。我们以为，“蒙恰”苗人的古歌就具备了这样的性质。这样说不仅仅是因为《太阳姑娘和月亮小伙》的存在，在其古歌中，类似的存在还比比皆是。

像《太阳姑娘和月亮小伙》一样拥有古老文化观念的古歌还有一首古歌《“谷晴苦磨”》。这首古歌说“谷晴苦磨”在山上吃了亚香果之后就没有回来，这个没有回来并不是我们以为的一种死亡，而是去了另外一种生命状态，他在适当时机还要以另外一种生命状态回来的。而在古歌中，“谷晴苦磨”真的回来了，在春天回来了，但他由于只遇见了放猪的少女和放羊的少年，没法告知他的回来。而他的家人也相信他的存在，为他做了“魂魄花”和“魂”。这是古代人们对自然生命的一种感悟和认识，也是对自然生命周而复始的迷惑，在他们做出解释的时候，就往往结合了人的生死现象，也就衍生出对人的生命的理解。关键的是，我们在今天还能在“蒙恰”苗人的古歌里看到这些“迷人的迷惑”。

可以说，没有哪一首苗族古歌像这首古歌那样把灵魂不死的观念表现得如此美好了。实际上，关于灵魂不死是一个世界性的文化主题，埃及有，希腊有，世界其他民族都有，中国古代有，“蒙恰”苗人的古歌也以自己特有的方式表示了自己关于灵魂不死的观念。灵魂不死是世界性的文化主题，在一定程度上也是世界文化发展的动力，这在“蒙恰”苗人中也不例外。可以说，“蒙恰”苗人有了这样的古歌，“蒙恰”苗人的灵魂就不会死去，就会在其文化的方方面面刻上这种观念的烙印。

春天来了，
“谷晴苦磨”的魂魄急忙走过，
春天来了，
“谷晴苦磨”的魂魄急忙走来。
春天的万物生长，
不觉间像黑蕖菜长过膝盖。
（见《“谷晴苦磨”》）

《“留米”的神马》也是一首表现了“蒙恰”苗人古老观念的古歌。在这首古歌里，通篇讲的都是一个叫“留米”的神人的一匹神马，用种种情节来表现马的神性。

“留米”骑着超风追影的雄马在天地间奔驰，
脚腿有一抱粗，出气像团雾，
天地间出了个要弄垮天地的妖魔，
要“留米”骑着超风追影的雄马去捉拿。

“留米”骑着超风追影的雄马在天地间奔驰，
爬上三个大坡，飞过三个丫口。
有个大坡最大，
“留米”骑着超风追影的雄马不吃人间的盐巴，
“留米”骑着超风追影的雄马不吃人间的马料，
“留米”骑着超风追影的雄马爬到天上。
吃到了天上的美味。
（见《“留米”的神马》）

其中还引出了大坡上有一窝神鸟，它是天下所有鸟儿的祖先。这是一个非常有意义的隐喻，即神马亦是天下马儿的祖先，骑在神马上的自然是天下苗人的祖先了。

把自己族群的祖先神圣化，这是每一个民族文化群体在文化原始生发阶段的必然现象，也是民族文化提高自己文化自信心的“文化手段”。苗族人的祖先自然也会这样做的，我们以为，这首古歌也就是表现“蒙恰”苗人神性祖先观念的最好表达。可贵的是，在“蒙恰”苗人的古歌中，它还如此自然鲜活地保存着，并且是一种非常古老的形态。

在这里出现的神鸟的描述，我们还可以追溯到苗族人的原始鸟图腾崇拜观念形态。

大坡路上光滑平顺，
有一对大鸟从天上下来在坡地上做窝。
大母鸟扛虫子从山上来给小鸟喂食，
大公鸟扛树枝从山上来给小鸟建巢，
这才有了天地间凡鸟的子孙后代。
（见《“留米”的神马》）

在广大的苗族地区，鸟是其文化中的重要形象，是他们重要的图腾崇拜对象之一，但其传说中没有哪个鸟的形象如《“留米”的神马》中的鸟的形态那样古朴。因此，我们可以说，“蒙恰”古歌中鸟所给予人们的观念意识可能是最为古老的。

在人类所有的文化观念中，对死亡观念的思考可能是最多的，这在“蒙恰”苗人的古歌里也不例外。

在追寻死亡来源的时候，“蒙恰”苗人认为：

上天不撒下瘟病灾，
人间不会死人，
就像树上的树叶一样，
没有秋天的风吹它不会落。
人就像林木一样，
有春天，也有秋天。
（见《猴婆婆》）

死亡是由于有“瘟病灾”造成的，而“瘟病灾”是从天上降下来的，但是，“蒙恰”苗人又认为这已经是常理，也就是死亡像四季变化一样的东西。

“蒙恰”苗人还认为，这个死亡是很大很凶狠的。

天上放瘟病来有桶口大，
死有背箩口粗，
人怎么生病无人知道，
人怎么死谁也说不清。
（见《猴婆婆》）

死亡是凶狠的，但是“蒙恰”苗人似乎并不害怕死亡，也不怨恨死亡，只是不喜欢死得不是时候。

灵巧女死在纺纱织布最忙的时候，
勤儿郎死在农忙季节。
（见《巧女死去不离织》）

死亡并不可怕，但遗憾的是他们死得不是时候，在人们最需要他们的时候死去，才是让人悲哀的事情。

结合人间的婚姻，其死亡给人的痛苦就最大。

娇女好男，美好婚配，
生死无常。
（见《生死夫妻》）
姑娘走了死去儿郎的今世妻，
儿郎走了死去姑娘今世夫。
（见《生死夫妻》）
姑娘死去放不下儿郎情和爱，
儿郎死去放不下姑娘爱和情。
姑娘死去垮了儿郎半边床，
儿郎死去垮了姑娘半边房。
（见《生死夫妻》）

死亡夺走美好姻缘是痛苦的，但奇怪的是，死去的苗人男女实际上并不一定想回来。

聪明伶俐的姑娘死了就像外出干活没回家，
人生之路说长也长，
人生之路说短就短。
死了的姑娘想到生时病痛就不想转回，
死了的儿郎想到生时病痛就不想转来与人再成双。
（见《生死夫妻》）

在“蒙恰”苗人的观念中，瘟病导致的死亡是由上天造成的，而瘟病给人造成的痛苦超过了死亡的痛苦，以至于“想到生时病痛就不想转回”。这种痛苦观念后面的生存病痛的现实回报就可想而知。

但是，“蒙恰”苗人在死亡之后，仍然有许多恐惧。

姑娘不怕死，
儿郎死不怕，
不怕死来死不怕，
就怕死后成孤魂，
就怕死后掉进阎王家黑洞门。
（见《生死夫妻》）
巧姑娘死去不怕什么，
怕绸缎盖住她的嘴，
怕石棺盖轰地一声垮下来压住胸膛。
（见《巧姑娘之死》）

在“蒙恰”苗人的死亡恐惧中，“成孤魂”“掉进阎王家黑洞门”“绸缎盖嘴”“石棺盖压胸膛”这四种死亡观念中臆想的情景，在“蒙恰”苗人中都是根深蒂固的。“成孤魂”是对灵魂归属的臆想，是一种不能与祖先相会的灵魂，是一种没有生人抚慰的灵魂，是一种没有住所的灵魂。“掉进阎王家黑洞门”在苗语的翻译中是对汉族“阎王”词汇的借用，实际上是生者对黑暗恐惧的延续。“绸缎盖嘴”和“石棺盖压胸膛”也是现世人对“死亡呼吸”的臆想，在现世，手压住胸口都会做噩梦，死了石棺盖压住胸膛也会做噩梦的。

这些观念对“蒙恰”苗人的习俗和其他文化是有直接影响的，实际上，有许多习俗文化的形成都是这些观念造成的。

在“蒙恰”苗人的死亡观念中，也有死去人的归属描述。

聪明伶俐的姑娘死了要爬上天上的天梯，
聪明伶俐的姑娘死了不要从天梯落下来，
（见《生死夫妻》）
灵巧女子死了顾不上，

顺着芦笙和鼓声的指引走向远方。
死去的灵巧女子跟着神灵爬上山坡，
（见《灵巧女和勤劳郎》）

夫妻死了互相顾不上，
顺着芦笙和鼓声的指引走向远方。
死去的巧姑娘跟着神灵走过荒坡。
（见《巧姑娘之死》）

这里的上天仿佛是对好人的一种奖励，好人是可以上到天上的，但这种观念在“蒙恰”苗人的古歌里是比较模糊的。可能现实中最多的是“走向远方”“爬上山坡”去与祖先的灵魂相会。

在“蒙恰”苗人的死亡观念中，死去的人要为生人留下自己应该留下的，为苗族人留下枫树，为自己的后代留下生活的希望。

夫妻死了互相喊不应，
顺着芦笙和鼓声的指引走向远方。
死去的姑娘跟着神灵走过丫口，
在丫口丢下枫树枝，
世上就有了枫树。
枫树长得又大又高，
遮盖了好宽一片地方。

姑娘死去留台纺纱架给女儿，
儿郎死去留下田地给孩儿。
（见《生死夫妻》）

枫树是苗族人观念中的神树，在几乎所有的苗族人中都有这样的原始影像，这在“蒙恰”苗人中也是如此，但他们的枫树却是其苗人灵魂的象征。

二、“蒙恰”古歌中历史文化上的表现

在“蒙恰”苗人的古歌中，其历史文化上的表现也是很多的，比如《剑鬼和梭神》《大头蜂和大头蝎》《老虎“力宝”》《“谷晴苦磨”》《“朱哑祝鲁”的骗牛和公马》《“朱哑祝鲁”》等等。

我们知道，苗族人是没有文字的民族，但我们任何时候都不会说他们是一个没有历史的民族，我们不但在汉族文化的历史文化中看到苗族的历史，其实我们也能在其“口传史述”中看到他们的历史。文字是记载历史的最好工具，但在没有文字的状态下，人类的文化表现中有许多“记录”历史的手段，比如我们看到的在妇女的服饰中记载历史，在音乐中记载历史，在一些物质形态上记载历史，最多的我们以为是在“口述”的种种形式里记载历史，其中尤其是古代的神话和传说。在“蒙恰”苗人的

古歌里不一定都是这样的神话和传说，但在他们的古歌里却包含了不少这样的内容。就是这些内容在一定程度上反映了“蒙恰”苗人在其古歌中留存的一些珍贵的历史文化影像。

《剑鬼和梭神》讲的是两个以兵器为名字的苗族战神如何战胜敌人的故事。且不说这场战争的历史背景如何，就这两个以兵器为名字的战神，就使人不得不把它与苗族人的远古历史影像结合起来看待。“蚩尤主五兵”是汉族文献中记载的“典史”，是不容人们怀疑的，但“蚩尤主五兵”主的是哪五兵？所主兵器的材料是什么？我们能不能这样来看问题，剑和梭镖应该是“蚩尤主五兵”的“五兵”之二。虽然这些兵器是如何在历史的长河中演绎成了“蒙恰”苗人的战神，我们不得而知，但这一历史文化影像却是逼真的。在这里，还有一个十分令人费解的事，这两个战神所用兵器的材料都是红铜。红铜是一种比较软的铜，是铜文化最早出现的金属，而后来的青铜和青铜文化，实际上是一种以铜为主的“合金铜”的文化和文化时代。我们可不可以这样来推测“蚩尤主五兵”时的金属，实际上就是红铜的“五兵”，而“蒙恰”苗人的古歌中就保留了这样的历史真像。

如果是这样，“蚩尤主五兵”时代的“五兵”在那个时代就并没有我们以前想象的那么强大的兵器优势，有时候，红铜的硬度还赶不上某些硬木。当然，这只不过是一种推测，不可能找到历史的证据，但我们要注意的是，为什么“蒙恰”苗人一定要在这样的古歌里“顽强”地表述，剑鬼和梭神的兵器是红铜的?!

还有，“领导”这两员神将的神人“娘九津井”是不是有所指？

在《剑鬼和梭神》和《大头蜂和大头蝎》这两首古歌中，都标明了同一个战争对象，即“夷蛮家”。这个“夷蛮家”在我们翻译的最初，翻译者直接表述的就是“彝蛮家”，直接指的是彝族人，在我们的建议下，才改为一个具有泛指性质的“夷蛮家”。但我们以为，在不久远的年代里，“蒙恰”苗人与彝族人的祖先可能是有过实实在在的战争行为的，并且是以失败而告终。这两首古歌里出现的描述就是这些战争的变形反映。

在现实的文化演绎中，一旦在实际的战争中以绝对劣势失败的一方，在文化和精神上一定要修补这种缺失，以保持生活信念的平衡。即在现实中我们战胜不了的敌人，我们一定要在想象中战胜它。《剑鬼和梭神》和《大头蜂和大头蝎》最极致地表现了这样的文化演绎。

神人“娘九津井”有两员神将，
一为剑鬼，
一称梭神。

剑鬼（是苗族传说中从天上下来的剑术很厉害的人）来到河边，
堵截夷蛮；
梭神（是苗族传说中从天上下来的武艺高强持梭标的人）来到寨中，
驱逐夷蛮。

剑鬼用锋利的剑，
把夷蛮家逼在九个石山上。
梭神用高强武艺，
把夷蛮家围在深沟里。

剑鬼来到渡口，
堵截夷蛮；
梭神来到林中，
驱逐夷蛮。
剑鬼用锋利的剑四处围追，
把夷蛮家围在九个山头上。
梭神用高强武艺遍地冲杀，
把夷蛮家堵在深坑里。

漫山遍野到处是剑鬼的英姿，
坡上坡下到处是梭神的身影。
剑鬼的队伍把江河的清水变成了浑水，
梭神的人马像坡上的沙子一样多。
剑鬼的红铜剑映红江水，
梭神的红铜梭在阳光下闪光。
(见《剑鬼和梭神》)
大头蜂飞出来去与人家打斗，
来到一位叫“开阿鲁”(人名) 的夷蛮家的园子脚。
大头蜂飞出来去与人家作战，
来到一位叫“开阿嘟”(人名) 的夷蛮家的大门口。
与夷蛮打得不可开交，
把夷蛮咬得七零八落。
大头蜂牙齿嚼三嚼，
咬烂夷蛮九床被。
大头蜂蜇针蜇三针，
刺穿夷蛮九层衣。
夷蛮大败四处逃，
大头蜂半空飞射去，
咬住夷蛮不松口。
《大头蜂和大头蝎》

说《剑鬼和梭神》的战争是一种想象性质的战争，可能有人还可以说出一些别的理由，因为这是直接的战争描述，而这在《大头蜂和大头蝎》中，就不可能这样说了，这完全是神的怨恨造成的战争，但灾难的对象却都“想象”到了“夷蛮家”

的身上，使这首古歌很像一首充满巫术力量的咒歌。

《老虎“力宝”》这首古歌讲的是一只老虎的故事，但更像是一个苗族古代英雄的故事，并进而演绎为民族救星的象征。

凤姑哭了一夜，
诉不完的苦情。
凤姑说：
希望有一天，“力宝”突然从那个岩石上下来，
才能结束凤姑的苦难。
（见《老虎“力宝”》）

在这里，“凤姑的苦难”就是苗族人的苦难象征。其实苦难的苗族人一直“希望有一天，‘力宝’突然从哪个岩石上下来，”从而结束苗族人的苦难。但他们在古歌里表现得十分朴实，不像基督教徒呼唤“救世主”的声音那么响亮和华丽，但性质是一样的。

《“谷晴苦磨”》主要体现的是“蒙恰”苗人的原始文化观念，但其中的历史文化影像亦是鲜明的，它表现了名字在“蒙恰”苗人文化发展历史上的意义。

天地诞生以来，
人间的人有了名字，
雷神的名字得到最晚。
叫“动老眼”的女人有儿不会取名字，
才乱取名叫“谷晴苦磨”。
（见《“谷晴苦磨”》）

《“朱哑祝鲁”的骟牛和公马》《“朱哑祝鲁”》这两首古歌讲的是一个叫“朱哑祝鲁”的有钱有势的人的故事，但从中反映出来的“蒙恰”苗人在某个历史时期，已经有了初步的贫富不均的现象。

“朱哑祝鲁”在地方有名望，
高楼大厦建在吉祥福地中。

富贵的人很富有，
漂亮的鱼在好鱼塘。
有钱有势的人做地方首领，
就像大鱼做了鱼群的头领，
得意地游动在水中岩石脚。
（见《“朱哑祝鲁”》）

在“蒙恰”苗人的古歌中，表现出其历史文化影像的地方还有不少，而且有的

地方对我们认识苗族文化的历史有极为重要的意义，比如说《剑鬼和梭神》中的历史文化影像，就可能加深我们对民族文化远古历史的认识。这些所谓的历史文化影像都是一些"口传史述"中的表现，都不是文献性的，但对于一个没有文字的民族来说，其"口传史述"在某种程度上就是这个民族重要的"文献"。

三、"蒙恰"古歌中古老习俗文化上的表现

在"蒙恰"苗人的古歌中，表现其古老习俗文化的有《男孩做"媳妇"》和《传芦笙种和鼓种》。

在人类婚姻文化的历史进程中，母系氏族婚姻是一个先于父系婚姻的婚姻文化阶段，这是为许多民族学和文化人类学研究成果不断证实了的事实。在现今的少数民族传统婚姻中，还有不少"不落夫家"习俗的表现，它们的存在直接证明了母系氏族婚姻的历史性，这在苗族和布依族中尤甚。但是，在口传性质的古歌中直接描述和解释这种习俗的变化，则是不多见的，而我们在"蒙恰"苗人的古歌中就见到了这样的描述。

母鸡抱孵母鸭蛋，
母鸭忙碌把活干。
"朱哑祝鲁"（"朱哑祝鲁"苗语意为"达官显贵"）留姑娘在家做鬼师，
有位男孩爱上她。

是谁想给人家做"新娘"，
是男孩想给人家做"新娘"。
是谁到姑娘家耙田，
男孩赶牯牛给姑娘家耙田。

姑娘是水汪汪的一片大田，
姑娘是平展展的一块大地。
男孩是好水源，
男孩是好阳光。

是谁想给人家做"新娘"，
是男孩想给人家做"新娘"。
是谁做了姑娘的"新娘"？
是男孩做了姑娘的"新娘"。

《男孩做"媳妇"》

这是在男性为主的时代对旧有的女性为主时代的一种描述，所以，即便是男孩做了"新娘"也是"水源"和"阳光"，是一种主动式样的"新娘"。我们以为，可能这种描述更能表现习俗回忆的真实性。在这首古歌中，随后就解释性描述了姑娘做新

娘的变化，其理由是姑娘贪吃。

是谁在路上跑来与他抢鸡肉吃？
是姑娘跑来与他抢鸡肉吃，
抢得男孩一只鸡腿。
是谁想得到人家的肥猪肉片吃，
是姑娘想得到人家的肥猪肉片。

姑娘抢鸡肉吃，
姑娘想猪肉吃，
人们才改变了人间的“人亲礼爱”（“人亲礼爱”意为“婚姻礼仪”），
爹娘才要给姑娘做嫁妆，
姑娘才开始到男孩家做新娘。
（见《男孩做“媳妇”》）

这也是对今天女子做新娘的习俗解释，以此说明女子做新娘的来由。但这首古歌中，还表述了这种变化的根本。

男孩手上提剑，
腰间挎弩。
走在白天的男孩不怕蛇，
走在夜间的男孩不怕虎。
（见《男孩做“媳妇”》）

在“蒙恰”苗人的婚姻习俗和丧葬习俗中，芦笙和鼓是两个不可缺少的事物，是“蒙恰”苗人在文化构建中的关键构件，也可说如果没有这两件事物，“蒙恰”苗人的这些习俗文化可能就找不到自己的表现形式。所以，“蒙恰”苗人在构建这两个事物时，并不是简单的如常的来看待它，而是把它们作为两件具有神性的事物来看待，《传芦笙种和鼓种》这首古歌就是为了显现这种神性而出现的。在这首古歌中，说芦笙的声音是神性的声音，芦笙的制作也是神性的制作，鼓的声音和鼓的制作也是如此，因为道理很简单，传播这一声音和制作发出这种声音的人就是一个神人，即芦笙的声音、鼓的声音，以及鼓的声音和鼓的制作都因是神人所为而有神性的。

是谁下凡来传笙种（芦笙种子，一种比喻），
是“卜丢（虚词，无词意）郎子奖津井”下凡来传笙种，
是谁下凡来传鼓种，
要“卜丢郎子奖津井”下凡来传鼓种。
传笙种来要传“顾你勒勒”（芦笙音），
冷天冻地传笙种到大地河流的上游。
传鼓种要传“顾你勒做”（鼓声音），

冷天冻地传鼓种到大地河流的下游。
制成芦笙要来传芦笙曲，
蒙成了鼓要来传鼓舞，
制成芦笙要不了天地间一把滑竹，
蒙成鼓来要不了天地间一张老黄牛皮。
（见《传芦笙种和鼓种》）

在这首古歌中，把谁传的芦笙和鼓，传的什么样的芦笙和鼓声，以及芦笙和鼓用什么样的材料来做成，都说得清清楚楚。但这里有两句古歌最让人兴奋，即“冷天冻地传笙种到大地河流的上游”和“冷天冻地传鼓种到大地河流的下游”，为什么要说成是“冷天冻地”，即古代的芦笙声和鼓声是在“冷天冻地”时敲响的，这可是“蒙恰”苗人最为古老的关于芦笙和鼓的原始信息。即在古代，“冷天冻地”的时代里，自然是没有生命的一种景象，为了唤醒大地的生命，神人下凡来传授了芦笙和鼓，吹响了芦笙和敲响了大鼓，大地的生命就回到了大地，春天也就来了。

这个神话主题在古代的原始民族中，是一个普遍存在的主题，但我们在“蒙恰”苗人的古歌里看到了这样的古歌，不能不说是一个很大的收获。芦笙和鼓，历来在苗族中被十分看重，有“芦笙不响，五谷不长”的苗谚；也有不打大鼓，唤不醒祖先的灵魂的说法，但为什么，我们却得不到比较确切的解释，而这一切在《传芦笙种和鼓种》里却有了最鲜明的解释。

苗族的神人是为了帮助苗族的祖先唤醒“冷天冻地”的大地才下到凡间来传播芦笙和鼓的，这才是“芦笙不响，五谷不长”苗谚的最为根本性的解释，从此，苗族人就离不开芦笙了。神人还一同传授了鼓，以此来唤醒祖先的灵魂，以便获得祖先灵魂的庇护。

在《传芦笙种和鼓种》中，古歌还把这两种神器的用途说得清清楚楚。

芦笙响齐天，
鬼鼓应彻地，
吹响芦笙，音韵回旋空中主客同欢乐，
擂响鬼鼓，震动天空来怀念祖先亲人。
（见《传芦笙种和鼓种》）

在这里，芦笙似乎是为了生的欢乐而准备的，而鼓则是为了死的怀念而准备的。更为奇怪的是，在所有的苗族中，至今的确是这样来使用这两种乐器和神器的。也许，芦笙的应用更为广泛一些，还能为死者吹奏，但鼓却不行，绝对没有在苗族的婚姻礼仪中出现鼓声的情况。这在古歌中也有了表述。

吹响芦笙为死者送行，表想念之情，
擂动鬼鼓为死者送行，表难忘之意。
吹响芦笙为死者送行，不得同去，

转回寨中把芦笙挂上墙壁。
擂动鬼鼓为死者送行，不得同行，
转回寨中把鬼鼓挂在房屋柱上。
（见《传芦笙种和鼓种》）

古歌说得很明白，生者吹响芦笙和敲响大鼓是为了给死者送行，不能因此跟随死者前去，苗族人相信，生者和死者是可以离得很近的。

四、“蒙恰”古歌中精神文化上的表现

在“蒙恰”苗人的古歌中，“蒙恰”苗人表现了许多在文化上有着不凡意义的事物，这对“蒙恰”苗人的文化意义深刻，对整个苗族文化的存在也有自己独特的意义，显得非常重要。这方面，我们能够分析和看到的东西可能比在古歌实际存在中要少得多。在这些我们能够看到和分析的文化中，恐怕还有一个更为重要的东西，即“蒙恰”苗人在自己的古歌中还建立了自己民族精神的基本范式。这种精神主要表现在《老虎“力宝”》中。

在一个苦难的民族中，一定要有一种精神来支撑自己的生存信念，“蒙恰”苗人在自己的古歌中塑造了一个叫“力宝”的老虎形象，把自己的不屈精神寄托在“力宝”形象中。

夷蛮家的心恨死“力宝”，
夷蛮家给“力宝”下毒药。
一弩射中“力宝”尾巴，
一弩射中“力宝”胸膛，
一弩射中“力宝”尾巴，
一弩射中“力宝”腹心，
“力宝”死在夷蛮家的珍珠米坡（地名）。
“力宝”的肉烂完，血流尽，
精神还在，
骨血有一节不烂。
一节不烂骨血变成了一条蛇，
一条精精神神怒吼的蛇。
一口咬断夷蛮子的屁股。
夷蛮子说：
过去，有一位老人说过，
虎死了精魂也要回来报仇。
（见《老虎“力宝”》）

“‘力宝’的肉烂完，血流尽，精神还在，骨血有一节不烂。一节不烂骨血变成了一条蛇，一条精精神神怒吼的蛇。”这是何种顽强不屈的精神，“蒙恰”苗人用自

己的方式表现了这种不屈的精神，并成为世世代代苗族人精神的象征。这种文化才是古歌中最为珍贵的苗族文化精神财富。

第三节 “蒙恰”古歌的文学艺术价值

论述到“蒙恰”古歌在其文学艺术上的价值，我们可以从以下几个方面来认识：一是“蒙恰”古歌的表现形式；二是“蒙恰”古歌中的审美情感；三是“蒙恰”古歌的地位和影响。

一、“蒙恰”古歌的表现形式

我们在前面所论述的主要是“蒙恰”古歌在文化上的价值和表现，涉及的主要是其内容上的东西，但是，所有的内容都是有形式的，作为“蒙恰”苗人的古歌也不例外。在某种意义上说，古歌既是一种文化意义上认定的理解，但它归根到底也是我们所说的民间口传文学的一种形式，是歌谣类的民间文学形式，我们在论述它的文化意义的同时，也很有必要论述它的表现形式，这也是其文学艺术价值的一部分。

古歌不管怎么说，都是一种在歌唱的形式中表现的民间文学，总有一种形式上的意义出现。正是这种形式把我们引向苗族人文化的远古和苗族人的情感世界。这种形式往往与内容相依，成为其文化的一个组成部分。

“蒙恰”苗人古歌的演唱中，来自语言的自然节律在一定程度上决定了他的词和句，应该没有如汉语那样成熟的所谓韵律和格律的要求，但实事求是地讲，我们可能还没有能力深入苗族语言的内部来理解古歌的节律。所以，我们更多的论述古歌形式的文字可能主要在其古歌的句式结构上。

在“蒙恰”苗人的古歌中，其歌词的结构中，占主导地位的是一种可以称为复式结构的歌词结构。即在歌唱中，它的每一短歌词都要吟唱两次，并且只在某些个别的关键词句上有小小的变化皆可。

男孩手上提剑，
腰间挎弩。
走在白天的男孩不怕彝，
走在夜间的男孩不怕汉。

做“媳妇”的男孩往姑娘家走去，
做“媳妇”的男孩从山崖下走来。

男孩手上提剑，

腰间挎弩。
走在白天的男孩不怕蛇，
走在夜间的男孩不怕虎。

做“媳妇”的男孩往姑娘家走去，
做“媳妇”的男孩从山崖下走来。
（见《男孩做“媳妇”》）

在这样的四段歌词中，我们把前两段称为 A 组，把后两段称为 B 组，A 组和 B 组对比起来看，只有“不怕彝”“不怕汉”变成了“不怕蛇”“不怕虎”，实际上就变了两个字。

这是有变化的复式结构，还变了两个字，实际上在“蒙恰”古歌中，一字不变的复句比比皆是。如在《太阳姑娘和月亮小伙》中就是。

太阳姑娘背嫁妆，
月亮小伙披巾帕。
是太阳姑娘要选月亮小伙做丈夫，
月亮小伙选太阳姑娘裙角做把凭（“把凭”为民间所说的答应婚姻的依据），
意想二人总有一天能相会。

太阳姑娘来得迟，
月亮小伙赶不及。
太阳姑娘刚从天底露出来，
月亮小伙翻过西边地平线。

太阳姑娘背嫁妆，
月亮小伙披巾帕。
是太阳姑娘要选月亮小伙做丈夫，
月亮小伙选太阳姑娘裙角做把凭，
意想二人总有一天能相会。

太阳姑娘来得迟，
月亮小伙赶不及。
太阳姑娘刚从天底露出来，
月亮小伙已翻过西边地平线。
（见《太阳姑娘和月亮小伙》）

在这首古歌里，这种重复一字不变。

这种复式结构，在所有的苗族古歌中都是这样表现的。我们在苗语的东部方言区、中部方言区、西部方言区里所见的古歌，都是这样表现的，尤其是中部方言区的黔东南，这种复式结构与“蒙恰”古歌中表现的形式基本上一致。

为什么苗族的古歌中会出现这样的结构句式呢？我以为有以下几点：一是歌唱的需要；二是无文字民族的语言记忆的需要；三是表达情感的需要。

苗族的古歌不管讲述的是什么内容，在形式上都是唱出来的，而复式结构的歌词正是所有歌唱类型的表述所必需的，唱一段，在原有的基础上稍稍变化，就可以变化出新的一段，出现新的意义，使内容得到强调，这在“蒙恰”苗人的古歌中也不会例外。也就是说，只要内容是以歌唱的形式出现，一般都会出现这种复式的结构，这是歌唱的词句结构的必然，只不过苗族人的这种表现太纯粹了。

这种复式结构的歌词，对于苗族来说，还有无文字民族的语言记忆的需要上的意义，反复地吟唱，对于记忆来说，肯定是最好不过的形式了。

第三点是为了表达感情的需要，这在“蒙恰”苗人的古歌中，也是其出现复式结构歌词的一个重要原因。

聪明伶俐的姑娘死了要爬上天上的天梯，
聪明伶俐的姑娘死了不要从天梯落下来，
姑娘走了死去儿郎的今世妻，
儿郎走了死去姑娘今世夫。

聪明伶俐的姑娘死了要爬上天上的天梯，
聪明伶俐的姑娘死了不要从天梯落下来，
姑娘走了死去儿郎的一世妻，
儿郎走了死去姑娘一世夫。
（见《生死夫妻》）

在这样的歌词里，如果没有这样的反复，其“一世妻”“一世夫”的意义是不会那么令人感动的。所以说，这种重复的歌词结构，有时候是为了表达感情的需要而出现的。

二、“蒙恰”古歌中的审美情感

在人类的文化中，每一个文化共同体都会以一定的方式建构自己的审美情感和审美文化，因为这是这个文化共同体的一个重要组成部分。“蒙恰”苗人也自然会在其古歌中包含这样的审美情感和审美文化。在“蒙恰”苗人的古歌中，其审美情感亦有丰富多彩的表现，赞美爱情、美丽、劳动，歌颂英雄和不屈不挠的反抗精神，等等，但这是以他们极为朴实的方式来表现的。

姑娘死去放不下儿郎情和爱，
儿郎死去放不下姑娘爱和情。
姑娘死去冷了儿郎半边床，
儿郎死去冷了姑娘半边房。

姑娘死去放不下儿郎情和爱，
儿郎死去放不下姑娘爱和情。
姑娘死去垮了儿郎半边床，
儿郎死去垮了姑娘半边房。
（见《生死夫妻》）

把死亡与爱情对应描写，这种爱情的表述既朴直又强烈，给人的印象很深。

夫妻死了互相喊不应，
顺着芦笙和鼓声的指引走向远方。
死去的姑娘魂灵来地里寻得一蔸苦菜，
苦菜杆红，苦菜嫩绿如油。
清晨天亮时芦笙、唢呐四处响起，
黄牛角声、水牛角声呜呜声呜，
人的吼声摇天动地震动姑娘的嘎房。
（见《生死夫妻》）

这种爱情的哀痛是“蒙恰”苗人式的，但这种痛切我们也能感受得到。

可以说，“蒙恰”苗人正是以这样特有的形式，表现了他们的爱情和爱情的情感方式，并且在很大程度上影响着“蒙恰”苗人的现实社会的感情方式。

是谁听到天地间的公鸡叫，
是“阿年”听到天地间的公鸡叫。
公鸡一叫，
老鼠、虫子、鸟儿都自己跑到水湾底水中被淹死。
绽蕾女容光焕发长成一位美丽姑娘，
围镯郎潇潇洒洒生得像棵挺拔的春竹。

绽蕾女和围镯郎暗中相恋，
相会时绽蕾女穿着美丽衣裳，
相会时围镯郎穿着气派衣装。
绽蕾女和围镯郎暗中相恋，
像蝙蝠一样在黑夜相会，
像鸟一样四处游荡。
（见《绽蕾女和围镯郎》）

美和青春是人类赞颂的永恒主题，在“蒙恰”古歌中也有如“绽蕾女容光焕发长成一位美丽姑娘，围镯郎潇潇洒洒生得像棵挺拔的春竹”的句子。还极为夸张地形容这种惊艳的美，“公鸡一叫，老鼠、虫子、鸟儿都自己跑到水湾底水中被淹死。”即天一亮，绽蕾女的容光让老鼠、虫子、鸟儿羞愧得自己跑到水湾底水中被淹死。也只有“蒙恰”苗人的古歌才有这样的比喻和形容。但是，像以下表述他们自由爱情的词句，却与我们一般的汉语词汇习惯有相当大的差异。“绽蕾女和围镯郎暗中相恋，像蝙蝠一样在黑夜相会，像鸟一样四处游荡。”这也许是“蒙恰”苗人表示赞扬的习惯性比喻，而像蝙蝠一样的动物却不是一种正面意义的形象。

灵巧女子喜欢纺麻，
勤劳的儿郎喜欢种地。
灵巧女子担忧无衣穿，
纺了麻团纺线团。
（见《灵巧女和勤劳郎》）

这是“蒙恰”苗人好男好女的标准在古歌中的表现，也是他们审美中的价值观念的体现。

在“蒙恰”苗人的古歌中，歌颂英雄和不屈不挠的精神也是它审美情感的一个重要组成部分，这是“蒙恰”苗人的一种大美，我们在前面已经有了专门的论述，这里从略。

三、“蒙恰”古歌的地位和影响

在“蒙恰”苗人的文化中，属于文学艺术类的文化有神话传说，民间故事、歌谣、音乐，以及服饰文化中的一部分，等等，但古歌应该是其“蒙恰”苗人文学艺术类文化中居于主要地位的事物。古歌在“蒙恰”苗人中，其形式只是一种歌唱性的艺术形式表现，但它包含了“蒙恰”苗人文化中太多的东西，我们根本不可能只把它作为一种艺术性的表现来看待它。在某种意义上说，它是“蒙恰”苗人的“百科全书”，祭祀信仰文化的、婚姻礼仪的、一般意义的风俗习惯的、神话传说的、民间故事的、歌谣的、音乐的、审美情感的、民族精神的等等，我们在里面都能找到。更为重要的是，“蒙恰”苗人的古歌在小处说是“蒙恰”苗人的古歌，但在大处说是所有苗族人的古歌。我们在“蒙恰”苗人的古歌中，还看到了我们在其他苗族人古歌中看不到，或者说已经在其他地方消失了而仍然存在于“蒙恰”古歌中的珍贵的苗族的原始文化信息。苗族是一个苦难的民族，在远古时代战败之后，就以一种无文字的状态来延续和发展自己的文化，但他们在历史的长河中“磨灭”了的文化太多了，而诸如汉文献的记载又多是一种歧视性的、道听途说式的、只言片语式的，这样，在“蒙恰”苗人的古歌中出现的诸如《剑鬼和梭神》《传芦笙种和鼓种》的古歌是十分珍贵的苗族的“口传史述”文献。

在“蒙恰”苗人的古歌中，它主要表现的是苗族人的文化，但它的存在与“蒙恰”苗人的其他艺术形式也有广泛的联系，并在一定程度上影响到它们的存在。首先，古歌的演唱内容中大量地以“蒙恰”苗人的神话传说为内容，或者说以此为背景。这样的内容之多之广，让人不得不产生这样的想法，是不是“蒙恰”苗人的神话和传说就是以古歌的形式来讲述的，以古歌的形式而存在的。这种说法也站得住脚，因为“蒙恰”苗人的古歌中有太多的“蒙恰”苗人的古代神话和传说的内容，比比皆是。但是，我们也看到，在民间传说故事中，“蒙恰”苗人的古代神话和传说也是存在的，有时候它们还可以相互印证。

“蒙恰”苗人的古歌，无疑是一种歌唱艺术，它在演唱的时候，是以苗族人固有的语言和声调演唱的，可能在声调上不会有太大的所谓创造，但它的吟唱调却是“蒙恰”苗人歌唱艺术的基础，它的所有歌谣都是这样来唱的。我们不好说是“蒙恰”苗人的古歌决定了“蒙恰”苗人的歌唱艺术形式，但其歌唱艺术的方方面面却实实在在地出现在“蒙恰”苗人的古歌中。

在这些个影响中，我们以为，它与民间故事的关联最为密切，它的许多段落都与“蒙恰”苗人的民间故事有关。这里又有三种表现：一是整个的古歌故事是以某一个民间故事为背景的；二是本身就是一个民间故事的“古歌化”；三是其中的某些词句是与某个民间故事为背景的。

第一种情况如《猴婆婆》。它不是讲述仙女是如何变成猴子的，而是讲述猴婆婆是怎么死的，并且由此引出一系列的古歌内容。还有如《姑娘嫁老汉》，这首古歌讲的是一个姑娘如何在父母亲的逼迫下嫁给了一个老汉的故事，但它只讲了她如何不喜欢不愿意，最后逃婚，等等。但这个古歌是有这样一个背景的，说是一个父亲把女儿嫁了一个老汉，日子过得很不开心。让这个父亲很内疚，在死后就变成了一条蛇把老汉咬死了，使女儿得以改嫁到一个好青年家。于是这个父亲又变成了一只老虎在女儿家四周来守护她，但他的女婿不知道那是他岳父，却把他射死了。也就说，“蒙恰”苗人基本上都是知道这个故事的，他们在听唱这首古歌时，是以此为背景来理解这首古歌的。

第二种情况如《老虎“力宝”》《太阳姑娘和月亮小伙》《“谷晴苦磨”》等等。它们实际上只要用散文的形式来记录，并且加上一些描述性的语言，就可以是地地道道的民间传说故事。

第三种情况如《生死夫妻》。

夫妻死了互相顾不上，
顺着芦笙和鼓声的指引走向远方。
死去的姑娘魂灵来地里寻得一蔸苦菜，
苦菜杆红，苦菜嫩绿如玉。
清晨天亮时芦笙、唢呐四处响起，
黄牛角声、水牛角声呜呜声鸣，
人的吼声震天动地摇动姑娘的嘎房。
（见《生死夫妻》）

这“苦菜杆红，苦菜嫩绿如玉”一句后面，就有一个民间传说，一个女子认为地里的苦菜又嫩又鲜，很想吃，但这苦菜是牛吃的野菜。这女子对自己的丈夫说，她好想变成一头牛吃苦菜。他丈夫打断了她头上的木梳，她头上立即就长出一对牛角，变成了一头母牛来吃地上的苦菜。这是一个满足死者心愿的比喻，很奇特，但是“蒙恰”苗人喜欢。

在这里，它不是整个古歌的背景，只是一两句古歌的背景。这有些像我们诗歌中用的典故。

第六章 “蒙恰”古歌与其丧祭文化

“蒙恰”古歌内容极其丰富，它的存在涉及了“蒙恰”苗人社会生活的方方面面，我们在前一章的研究和论述中有一定的关照。在这些关联中，我们以为与其丧祭文化的关联最为重要。在“蒙恰”苗人把自己的信仰和精神观念“浓缩”在一系列丧祭的仪式中，并把自己的丧祭的仪式用“口述历史”的方式展示在古歌中时，其“蒙恰”苗人的古歌就不是一般意义上的民间的口头文学作品了。在这样的古歌中，他们表现了自己极具特色的丧祭文化，与“蒙恰”苗人的文化发生了极为广泛的联系，并在其中表现了他们的文化特质。

第一节 涉及“蒙恰”苗人丧祭文化的古歌

在“蒙恰”苗人的古歌中，涉及了古代神话传说、战争、生产生活习俗、婚姻爱情、丧葬习俗等方方面面。其中蕴含了“蒙恰”苗人的古代信仰价值观念，以及对世界的认知过程及其方式，赋予了这一族群丰富多彩的情感世界……这些古歌无疑是研究“蒙恰”苗人丧祭文化现象的一个重要窗口。

在“蒙恰”苗人的古歌中，直接表现“蒙恰”苗人丧祭文化的古歌有：《传芦笙种和鼓种》《生死夫妻》《灵巧女和勤劳郎》《巧姑娘之死》《猴婆婆》《巧女死去不离织》等等。

《传芦笙种和鼓种》主题讲的是一个“蒙恰”苗人的神话故事，主要表述说明“蒙恰”苗人的鼓和芦笙的来由，以表现“蒙恰”苗人的这两种器物的神性，但其中的鼓却在一定程度上既定了“蒙恰”苗人的死亡归属和途径。丧祭文化的一切表现就是要对死亡有一个“说明”，而且是与众不同的“说明”。在《传芦笙种和鼓种》中，芦笙和鼓的出现都有着唤醒“冷天冻地大地”的原始意味和象征，“冷天冻地大地”就是“蒙恰”苗人在古歌中表现的死亡的象征性事物，是因为有大地的死亡才有了人的死亡，但“蒙恰”苗人从神人那里得到芦笙和鼓以后，在希望唤醒大地的时候，亦希望唤醒自己如大地一样死去的亲人。“冷天冻地大地”一年又一年的复苏，而死去的人却没有谁从自然的复苏中回来，所以，“蒙恰”苗人也只能——

芦笙响齐天，
鬼鼓应彻地，
吹响芦笙，音韵回旋空中主客同欢乐，
擂响鬼鼓，震动天空来怀念祖先亲人。
……

吹响芦笙为死者送行，表想念之情，
擂动鬼鼓为死者送行，表难忘之意。
吹响芦笙为死者送行，不得同去，
转回寨中把芦笙挂上墙壁。
擂动鬼鼓为死者送行，不得同行，
转回寨中把鬼鼓挂在房屋柱上。
……

（见《传芦笙种和鼓种》）

在贵州西部的苗族中，人死了“吊大鼓”，吹芦笙是一个基本的仪轨，不“吊大鼓”，不经过鬼鼓的敲击，不吹芦笙，其苗人的灵魂是回不到自己祖先那里去的，而“蒙恰”苗人古歌里就表述和描述了这种丧祭的原始理由。这方面，我们会在以后的论述中加以论述。

《生死夫妻》说的是“蒙恰”苗人一个动人的人间故事，说一对好夫妻的死亡经历，它有多方面的意义，但在与“蒙恰”苗人的丧祭文化关联上有以下几个方面：

一是描述了“蒙恰”苗人的死亡观，并与现实的病痛作了深刻的对比。

聪明伶俐的姑娘死了就像外出干活没回家，
人生之路说长也长，
人生之路说短就短。
死了的姑娘想到生时病痛就不想转回，
死了的儿郎想到生时病痛就不想转来与人再成夫妻。

聪明伶俐的姑娘死了就像外出干活没回家，
人生之路说长也长，
人生之路说短就短。
死了的姑娘想到生时病痛就不想转回，
死了的儿郎想到生时病痛就不想转来与人再成双。

（见《生死夫妻》）

二是描述了死者去了何处。

聪明伶俐的姑娘死了要爬上天上的天梯，
聪明伶俐的姑娘死了不要从天梯落下来。
（见《生死夫妻》）

三是描述了对死亡的恐惧感。

姑娘不怕死，
儿郎死不怕，
不怕死来死不怕，
就怕死后成孤魂，
就怕死后掉进阎王家黑洞门。
（见《生死夫妻》）

四是描述了“蒙恰”苗人丧祭的场面。

夫妻死了互相顾不上，
顺着芦笙和鼓声的指引走向远方。
死去的姑娘魂灵来地里寻得一蔸苦菜，
苦菜杆红，苦菜嫩绿如玉（有一个民间传说，一个女子认为地里的苦菜又嫩又鲜，很想吃，但这苦菜是牛吃的野菜。这女子对自己的丈夫说，她好想变成一头牛吃苦菜。他丈夫打断了她头上的木梳，她头上立即就长出了一对牛角，变成了一头母牛来吃地上的苦菜。这里的古歌指的就是这个传说）。
清晨天亮时芦笙、唢呐四处响起，
黄牛角声、水牛角声呜呜声呜，
人的吼声震天动地摇动姑娘的嘎房（贵州黔西北的彝族、苗族在为死者办丧祭时，都要用竹、木、草等为死者盖一个称为“嘎房”的灵房，以便祭祀亡灵）。
（见《生死夫妻》）

五是描述了死者对家人儿女的眷恋。

姑娘死去放不下儿郎情和爱，
儿郎死去放不下姑娘爱和情。
姑娘死去垮了儿郎半边床，
儿郎死去垮了姑娘半边房。

姑娘死去放不下儿郎情和爱，
儿郎死去放不下姑娘爱和情。
姑娘死去留下子女守别人家门槛，
儿郎死去留下子女围别人家火塘。
（见《生死夫妻》）

六是描述了“蒙恰”苗人死时要给后人留下念想的观念。

夫妻死了互相顾不上，
顺着芦笙和鼓声的指引走向远方。
死去的姑娘跟着神灵走过丫口，
在丫口丢下枫树枝，
地上就有了枫树。
枫树长得又高又大，
遮盖了好宽一片地方。

姑娘死去留台织布架给女儿，
儿郎死去留下犁耙给孩儿。
（见《生死夫妻》）

古歌《生死夫妻》几乎全景式的表现了“蒙恰”苗人的丧祭文化，有仪式过程的描述，有对死亡观念的表述，也有对人间情爱与死亡的对比，还有对死亡道德的标榜，等等。

《灵巧女和勤劳郎》表现了“蒙恰”苗人对死亡的忧伤，在这方面与上一首古歌有相似之处，但这一首古歌给人最为重要的东西是死者灵魂行程中的路径描述。

灵巧女子死了顾不上，
顺着芦笙和鼓声的指引走向远方。
死去的灵巧女子跟着神灵爬上山坡，
爬过山坡，
灵巧女子转身望向天边。
天边有三条路排在一起（贵州黔西北的苗族死者的灵魂走向祖先的路上，一般都会遇上有三条路的路口，一般说左边的是汉族人的路，右边的是彝族人的路，只有中间的那条路是苗族人的路。古歌中讲的三条路即此），
有一条散在一边。
灵巧女子怨恨天地，
天让我死我不能怜儿，
地让我亡我不得悯女。
有山头在它总会转，
石头栽在岩头上它会脱。
（见《灵巧女和勤劳郎》）

在《巧姑娘之死》这首古歌中，其表现的“死亡情感”与上述的相类似的古歌大同小异，但在表现的死亡恐惧上则比较特定。

巧姑娘死去后见到怪事，

“虎毒不食子”的大虎吃掉小虎，
小虎没吃的吃黄泥巴。
巧姑娘死去离开了她的田地和家乡，
勤儿郎死去离开了他耕作的地方。
……

巧姑娘死在纺纱织布最忙的时候，
勤儿郎死在农忙季节。
……
巧姑娘死去不怕什么，
怕绸缎盖住她的嘴，
怕石棺盖轰的一声垮下来压住胸膛。
（见《巧姑娘之死》）

第一段的描述是一怪异的比喻，我们在翻译时仔细询问过这段古歌的具体含义，但“蒙恰”苗人说这是古苗语，他们也不能完整解释，只能参照第二段的古歌句子，解释为“死得怪，不是时候”。第三段是死亡恐惧的一种原始臆想，人在手压住胸膛是会做噩梦，有东西挡住嘴不能呼吸，“蒙恰”苗人在古歌中表现了这种最质朴的担心，死了的人也会呼吸吗？不知道！

古歌《猴婆婆》实际上是一民间故事的古歌化，它在古歌中表现的“蒙恰”苗人的丧祭文化并不多，也就是对“蒙恰”苗人最隆重的丧祭仪式的记录，以及对死亡原因的归结等。

是谁有九个兄弟，
是“射啊语”有九个兄弟。
九个兄弟九天为猴婆婆杀了九头牛，
九个兄弟七天为猴婆婆杀了七匹马。
做了九天七夜丧事。
（见《猴婆婆》）

这是“蒙恰”苗人丧祭仪式中时间和用牺牲的最高表现，这种描述在“蒙恰”苗人中有经典意义。

黔西北苗族普遍使用的丧祭大鼓

接嘴雀叫来接嘴雀叫，
接嘴雀飞在枫树梢。

上天不撒下瘟病灾，
人间不会死人，
就像树上的树叶一样，
没有秋天的风吹它不会落。
人就像林木一样，
有夏天，也有冬天。

天上放瘟病来有桶口大，
死有背箩口粗，
人怎么生病无人知道，
人怎么死谁也说不清。
（见《猴婆婆》）

死亡是自然规律，也是不可以抗拒的，而且这个死亡是“天”上“放”下来的东西，这在“蒙恰”苗人的古歌里描述得具象、自然而质朴。

《巧女死去不离织》是一首对好人死去的哀歌，是“蒙恰”苗人对死者的一种怀念，也是“蒙恰”苗人死亡文化情感的一种表述。

在其古歌中对死者灵魂描述的是《“谷晴苦磨”》。

春天来了，
“谷晴苦磨”的魂魄急忙走过，
春天来了，
“谷晴苦磨”的魂魄急忙走来。
春天的万物生长，
不觉间像黑蕻菜长过膝盖。
“谷晴苦磨”看见少年是看牛娃，
“谷晴苦磨”看到少女是放猪崽。
遇见看牛娃的“谷晴苦磨”讲不出，
遇上放猪崽的“谷晴苦磨”说不得。

太阳出来笙鼓响，
“谷晴苦磨”妈和亲戚聚拢来，
“谷晴苦磨”妈久等“谷晴苦磨”不回，
“谷晴苦磨”妈做了“谷晴苦磨”的魂魄花。
“谷晴苦磨”爹久等“谷晴苦磨”不归，
“谷晴苦磨”爹做“谷晴苦磨”的魂。
（见《“谷晴苦磨”》）

这首古歌是“蒙恰”苗人对于灵魂解读的经典，也是自然灵魂描述的经典。在

“蒙恰”苗人的丧祭文化表现中，关于灵魂的内省和外在形象化的表现，其源头都在这里。

第二节 “蒙恰”苗人现实中的丧祭文化

在“蒙恰”苗人的古歌中，表现了“蒙恰”苗人深刻而广泛的丧祭文化，是“蒙恰”苗人文化的一个重要组成部分，但古歌与其现实生活中的丧祭文化又不能等同，它们有其自身的特定表现。我们为了更为深入地理解古歌中表现的“蒙恰”苗人的丧祭文化，特进行了一系列的调查，有两个调查报告如后，它们会在与古歌的丧祭文化的对应表现中，显示出自己的意义。

新场乡苦李井村小田坝苗族丧葬文化调查

采访地点：苦李井村村民家中

采访时间：2008 年 1 月 2 日

讲述人：杨进文，男，苗族，65 岁，在家从事农业生产。另外还有两位对本民族文化有一定理解的两位老人，其中一位会唱苗族古歌。在讲述中，以杨进文为主，其他人时时有所补充。

天气：阴转晴

采录人：吴秋林、杨春艳

老人在弥留之际，其儿女或族宗之人要在身边守护，扶着他落气（方言：即“咽气”）。这时要把老人扶着坐起来，在床铺抽起让其坐着落气，他们认为睡着落气是不好的事情。扶着老人落气的人越多越好，儿子、女儿、媳妇都可以来扶着老人落气“送终”，而没有性别、身份的特殊要求。在老人要去世时，他的家人会围在老人的身旁，大家握着老人的手让其安心地走，儿孙都围在老人的身边，病者心里会高兴，才不会觉得有什么遗憾。

落气后让死者躺着，开始洗脸、洗脚、洗身，由死者的亲人来为其净身，男老人是男亲属来为其净身，女死者是女亲属为其净身，还要给老人梳头。死者穿的衣服必须是棉、麻质地的衣服，男老人穿老式样的长衫，女老人穿女式样的老服装。穿的衣服有定数，只能穿单，不能穿双，最多穿七件，一般穿五件。对于为什么死者只穿单的缘由说不清楚。像布扣子一类属于疙瘩的都要丢掉。有带带的也不能打成结，死者身上的腰带也是散开不系结的。

衣服穿好之后，把死者放入棺材装好。主家放火炮，以前是三排地炮（铁制的管状物，装上黑火药点之，响声巨大），一排三个，放九响，现在用鞭炮代替。孝子开始哭。放炮之后，寨子的其他家就都知道某家的老人过世了，会前来帮忙。

棺材停放在堂屋里，按顺梁停棺的方位停放，即棺材大头放在靠火房的那头（寨里房屋的结构中间的一大间是堂屋，左右各还有一间）。棺材的大头处放一张桌子。在停放棺材的时候，要开始煮饭，男老人过世先撮九把米放入锅中，女老人过世先撮七把米，之后把放入锅中的米的数量补足两斤左右；还要杀一只鸡，选择杀鸡的人没有讲究，鸡血要倒掉不用。饭煮好后，盛进一个小米簸箕里，鸡稍煮成型，破肚，扑在饭上。小簸箕放在棺材大头处的桌上。

准备工作做好后，要开始给死者的亡灵献饭。献饭时要用“蔑挑”献，这样死者才享用得到阳间人的献饭。“蔑挑”的制作是先去自家后阳沟草房上取半截竹子（男老人用后阳沟草房上的竹子，若是女老人就要取大门前的竹子），约四尺左右长，从中对半划开，小的那一头再破开，划成鱼尾状。之所以蔑挑要划成鱼尾状的缘由，有一个传说故事：鱼尾是唐僧去西天取经时得来的，唐僧一行在掉河后得了一条鱼，后来苗家得了鱼尾，汉族得了鱼头，彝族得了鱼中间部分，所以苗家献饭的“蔑挑”是鱼尾状，汉族在超度亡灵时敲木鱼，彝族办丧事时用的相应工具两端都是齐的。丧事期间的献饭在每次吃饭前进行。

这样准备好了后就要请人看“期程”（方言：即“日期”，主要指办丧事的日期）。

看好“期程”，准备下葬的前一天，要去寨子某家把大鼓接来家中吊起，存放大鼓的某家是大家选定的放大鼓地点。主事家找两个帮忙兄弟去背大鼓时，去的人要提一斤左右的酒，算是给某家的“保管费”。接大鼓的人把大鼓用老式样的衣服蒙起，两个人轮流背鼓回到主事家，中途大鼓不能落地。

这个大鼓是用生牛皮蒙制的木鼓。

鼓背回来后挂在老人的脚边，即棺材的小头处，怎么样挂鼓没有什么讲究，但鼓挂上之后还不能敲打，要做了交牲仪式，献完饭之后才能敲打。

原来主事家用小猪来祭，即用小猪来做交牲仪式，现在改用鸡来祭。做完交牲仪式，接下来就是给亡者献酒、献饭。提起蔑挑献完酒、献完饭后就可以开鼓了。开鼓之后，随便哪个会吹芦笙的人都可以来敲打了，大家也可以随便吹芦笙，热闹气氛。吹芦笙的同时有人唱孝歌。

在本村寨，芦笙孝歌有十二谱，各人随兴致吹奏，但如果要十二谱孝歌谱全吹完，大概要一整晚，至少要五六个小时。

在开大鼓后每次献饭时，就必须要吹一谱芦笙孝歌，媳妇们哭一回。

开鼓以后，去山上砍九棵带斑点的小竹子拿回家，七个小孩扛竹子，大孝子背弩，弩上用根麻布带子捆一把刀，在家中转房子。死者是男老人的话，从房子左手边开始转，女老人从房子右手边开始转，这个仪式叫“起兵”，总共需要九人，大孝子走前面，跟着的是吹牛角的一人，身背“称筒”，用反手绳挂起背在身上。后面是七个扛竹子的小孩。

起兵从大孝子在棺材前磕个头开始。竹子在这其中代表的是一种兵器。起兵的意思是护送老人去老祖宗那里。

开大鼓以后老人还未下葬在家的这几天里，每天要“起兵”三次，天见亮一次，

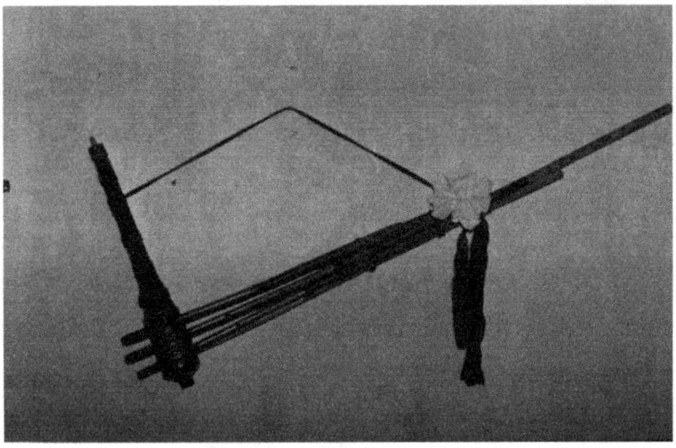

晚上天黑一次，半夜一次。一般在家做丧事，没有定数，三五天都行，根据自家看的“期程”决定停尸天数。下葬日子是狗场天、马场天、鸡场天都可以，只要错开牛场天、猪场天即可，因为这两天不能杀牛和杀猪。而死者下祭必须得交牲，需宰牛宰猪。

如果死者明日下葬，主事家就会安排帮忙弟兄今天就在山上建好嘎房。

嘎房的建造简单来说是这样的：一棵杉树，划成两破，拿一半栽起，有一人高。在栽起的半块杉树上支起一个十字架，四角分别用杈杈撑起，搭成雨亭形。顶上用草扎只雀儿，头向西方。

客来的当天晚上起兵之后，苗家的指路先生开始指路。指路先生手抱一只老公鸡，把老人指向西方，指路这个过程至少要耗时一个小时。指好路以后鸡就拴在棺材大头的桌子脚，每顿吃饭前献饭给鸡吃。去请指路先生时带一瓶酒，寨中会指路的先生不计什么报酬，乐意前往为死者指路。

下葬的那天先把棺材抬起在嘎房里转圈。牵着指路鸡，围着嘎房按男老人正反转九圈，女老人正反转七圈的转法在外面转完后，把棺材停放在嘎房内，按男老人放在嘎房的左边，女老人放在嘎房的右边的方位停放。

转的时候，随棺转嘎房的顺序是：孝子—吹牛角的—扛竹子的—吹芦笙的……

转的时候，大媳妇点燃火把跟在大儿子后面。火把是从屋里就点起的。转完，弩放在嘎房上，火把放在棺材脚。

转完嘎房，就是交牲下祭（方言：即拉牲口来祭祀亡者）的仪式。

姑娘家会拉牛来下祭，其他人家可以拉猪，拿鸡来下祭，一般是自己在棺材处交牲，交牲时要给死者献酒献饭。

姑娘家拉来的牛要“打牛”（方言：在下祭时杀牛）时，若是男老人死了，打牛的人是他同辈的年纪比他大的老表，但只要来做个意思就行，不一定要老表把牛真的打死。要是死者的老表死了，那就由老表的儿子代替来打牛。打牛的时候围着牛转三圈，不管从哪个方向开始转，拿起斧头，意思到了就行。

交牲的牵的牛绳是反手绳，即反搓的绳子。

交牲时，要推开棺材盖，把反手绳放在死者的手中，代表着他得到牛，牵着牛去阴间过日子。

下祭的牛不能是残废的，儿子家拿来献祭的牛更是大而壮，这样的牛才会被认为是好的牛。

姑娘家拉来下祭的一般是牛，其他家拉猪。但哪家拉什么牲口没有特别的硬性规定，想拉什么都可以，但不可以拉羊。

还可以用鸡来祭，牛是大祭，猪、鸡算是小祭。打牛交牲的含义是，老人在生的时候，肯喂牛，现在他死了，打一头牛给死者，让他在“那边”也有喂的。

凡是拉来的牲口，都要交牲，拉来的牛、猪、鸡全都要杀，不准留下活的牲口。交牲的时候，也要用蔑挑来交，这样死者才能得到。

打完牛，把牛的胸脯肉杈在一个三角形杈杈上，放在棺木的小头，一个牛一个杈杈，这样的杈杈的重量要是大牛的话有一二十斤。

牛都在嘎房边打，猪可以在前天交牲的时候杀。

挂好胸脯肉，现在在家中安席，原来在嘎房边安席吃饭。选择嘎房的地方要是以前别家在这里做过嘎房的，另外一家就不会选择这个地点建嘎房。建嘎房的地点离家远近不管，只要是地势平坦、宽阔处即可。

吃完饭，各家亲戚带领吹芦笙、唢呐的开始转嘎。各家亲戚转嘎时有一定的顺序：姑妈家（家中男老人过世时）或舅舅家（家中女老人过世时）先转，其次是姑娘家按从大到小的顺序依次转嘎，最后是孝子按从大到小的顺序依次转嘎。转时是按男女老人各正反九圈、七圈的转法转圈。一般来说，轮到孝家转嘎，也就是该上山的时候了。这之后转嘎的持续时间看离下葬的时间距离长短而定，要是离确定的下葬时间还早，各家亲戚可以组织大家转嘎的时间持续长一点；反之，转完礼节上的该转的，也就不再转嘎了。

下祭时各家亲戚必须带芦笙手两个，唢呐手四个，唱孝歌的两到三个都行，其他还有一些人，人来得越多，场面越大越好，表明某家很有面子。

转嘎的时候，寨上帮忙的人就去“开土”，把坟堂挖好了。先生拿着竹篾片，拿点酒，像献饭时一样祭过后，孝子开始挖土，看地势挖深浅，里面挖平就可以了，不特别要求葬坑的深浅。

上山的时候，不是随便抬起棺材就走，遇到有沟有坎和过桥的时候，孝子须在沟、坎、桥下面跪着，棺木从孝子上面过，意即亡人这里过不去，孝子背着老人过。一路上放鞭炮，不大烧纸钱。

棺木放入葬坑以后，孝子先铲一铲土撒向棺材，这称为“回土”。落土的时候，簸箕里的饭和鸡一起埋入土中，撮三把酒洒在前后，意思给亡人买地。

簸箕挨着棺材的大头放好，随后坟墓用石头和土砌成，砌成之后，上面放三个竹筒，一个装水，一个装米，一个装苞谷面，三个竹筒里的米和苞谷面分男女老人撮九把和七把装在里面。这些东西都是在家里就装好的，拿在坟上挂好。

下葬后的三天的早上孝子和一位鬼师都要给亡人敬饭，第一天要去坟上敬饭，鬼师在一边讲“某某来给你送早饭”，就这样口中念着这句话，要把亲戚中比亡者小一辈的所有人都要念到。手中提起竹篾挑，一边献酒献饭。第二、三天给亡人的敬饭放在嘎房边。

整个丧葬活动结束。

但这里只是一般意义上的丧葬仪式结束，并不是最后的仪式。在“蒙恰”苗人中，一般意义的丧葬仪式结束后，还有一个称为“解簸簸”的仪式要举行。

在家里老人过世安葬后，要么三天，要么二十五天后的这两个日子里，要接他的灵魂回来“解簸簸”，意即把他的灵魂接回来和老祖宗的放在一起。

“解簸簸”的第一步是“接魂”，即要把在坟上的死者魂灵接回来，以便给他做这个仪式。

其过程是这样的：大儿子要身披一件长衫到老人的坟上，磕个头，反跪在坟门前，口中念死者的名字，把他背回来，实际上大儿子披着长衫就回来了。在离家100或200米远的地方，女儿、媳妇们就在那里哭，是为了迎接死者的魂魄回来。

大儿子背来父亲魂灵后，先在堂屋门边，用长衫裹成人形的样子，放在堂屋中间的凉席上，凉席用两根板凳支起。然后杀小猪、鸡来交牲献祭，另还需竹篾片来献饭，把小猪、鸡都要破成五块，肉煮成形，编一米左右长、七八十公分宽的竹篱笆，并用砍来的四个杈杈把竹篱笆支起，把成形的猪、鸡放在上面作为祭品。

这些做好的东西又要抬到屋子外面。

“解簸簸”的第二步是“祭魂”。

先用两片竹片，一个簸箕，做成一个提篮状的“簸簸”，把从坟上背回来的衣服盖在上面，代表死者亡灵的住所。

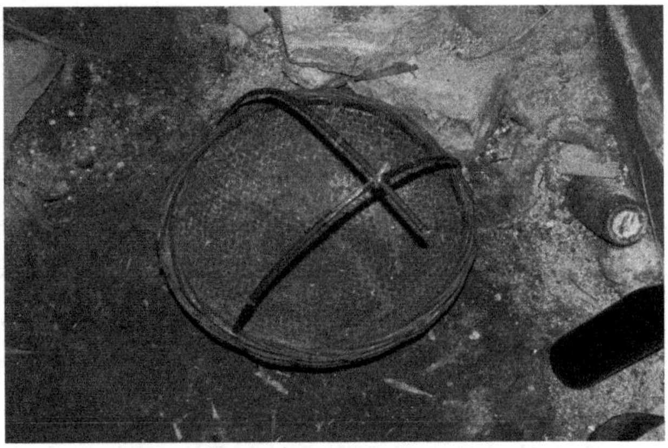

“解簸簸”仪式中所用的簸箕

拿17个碗摆放在竹篱笆上，其中的一个碗是用瓢来代替，瓢里放鸡头，中间四个碗放鸡腿、猪腿，再来献饭、供酒。

竹篱笆离家有一定的距离，一次把竹篱笆往家移一点，男的移九次进家，女的移七次到家，放回席子上供，这一仪式完了，把鸡肉、猪肉全又拿回来，切好、煮熟了大家吃。

长衫拿在火焰上过一遍，以后还可以继续用。

鸡头不吃，丢掉的鸡头有些狗都不吃，要把鸡舌头割掉后狗才吃，至于这种现象无处可考，或许属于偶然，或许这些狗也知道这鸡头是“解簸簸”用过的。

通过解簸簸，死者的灵魂就走了，以后家中亲人就很少能梦见死者了，若是不经过这一程序，就会经常梦见。

在这支苗族中，老人过世了，都必须得经过解簸簸，再忙也得抽出时间来解簸簸，整个丧葬仪式才算完整。

以上是第一个个案，我们在距离小田坝不足十公里的长水沟，又采录了第二个个案。

新场乡岩上村长水沟苗族丧葬文化调查

采访地点：岩上村长水沟王亮枝家中

采访时间：2008 年 1 月 4 日

讲述人：王亮枝，男，65 岁，苗族，懂得婚俗和丧葬中的各种礼词

天气：阴

采录人：吴秋林、杨春艳

家中的男子要拉着老人的手让其落气，老人过世要说成"成神"。

老人死的时候要先净身，梳好头发，换上新衣（寿衣），死者放在几块板子做成的简易平板上，停放在堂屋，然后放三个火炮，鸣炮三响，孝家做"过世饭"，做过世饭时分男女死者，是男老人先撮九小撮米，女老人撮七小撮米，觉得少了，可以任意增加，饭做熟之后，装在糍粑大小的一个簸箕里。再把半斤重以上的鸡捏死，内脏剖开，回熟，扑在饭上。

因为现在是砖房，没有竹子做成的墙，所以在老人过世之前，家中就要准备竹子放在适当的地方，到时候才有用的。男老人的话，在堂屋左手边靠里面的后墙壁上取竹子，女老人的话，在堂屋右手边的前墙壁取竹子，要用的竹子的长度，这一竹子的根部大约尺把长，划成两瓣，拿其中一瓣再划长度的二分之一左右，用圆麻来绕成圆形，夹在这被划破的二分之一竹子当中，形状为扇形，放在簸箕上。圆麻上还得夹有一个鸡骨头（平时存放的鸡骨头）。

用的时候两竹片叉起来用，祭奠的时候（献酒、献饭时）三个指头提起在桌子上敲一下。

死的老人还未放入棺中的方向是头朝东、脚朝西，入棺也如此方向。

装棺：自己家里的人，内亲装棺，不喜欢别人来弄，防备放骨头、铁进去，这样的东西放进去的话，死者就不能投胎转世，压起也不能翻身；还有一种说法是若放骨头了，以后自家的儿子会骨头痛。

穿衣：男老人穿九件上衣，五条裤子或者七件上衣，三条裤子。不要求穿太多，穿多了去阴间活动不方便。女老人穿裙子，也是这个数。

"蒙恰"苗人丧葬习俗的采录现场

棺材底部要放九刀以内的白棉纸，不能超过九刀，不装黄纸，一般认为黄纸装在棺材底会出毛虫。

现在兴垫盖、底盖，也就是说兴做一套棉絮垫一床、盖一床，棉絮的宽度需和棺材的一样。盖絮不能盖到死者的脸、耳朵，要不然的话会出现下一辈有人是哑巴、聋人、眼

瞎等不好的情况。脸用一块青蓝布盖住，长宽六七寸左右，称为盖嘴布。这块布只在死者未入土之前盖，在入土的时候要把盖在脸上的布拿开放在身上。装好棺，死者的手脚还要用青蓝布缝成的三角形布袋装起，称为“雀手雀脚”。

死者除穿一双布鞋外，还要穿一双草鞋。

若不穿草鞋，死者在去阴间的路上遇到赖毛虫的时候，就过不去。

古老的时候就套雀脚，如果没有雀手雀脚，他在阴间就找不到祖宗，没有归属，前人不认为是他们的后代。

死者身上还背一个五寸宽的口袋，男老人背在左边，女老人背在右边。用从市场上买来的一丈二的青布来做，若用不完，也就拿去烧了。

各口袋从中间隔开，一格装米，一格装苞谷面。男老人撮九小撮，女老人撮七小撮。意即“米装九撮，拿给你去吃，你去吃会遇上老祖公，老祖太”。

盖嘴盖到小口袋处。

装好盖好，大家开始哭，盖棺材的时候，大家要哭一场。哭的时间长短不限。

由家里面既是长辈又通鬼师的人来给死者的亡灵献饭。开始献饭时，三个指头提起“齿篓”敲一下献酒、献饭。献饭时，鬼师讲的大意是：一城宇尺覆盖（这是一句开场白，几乎每次鬼师念时都要念这句话），祭一杯酒给你喝，要吃你的早饭（晚饭），去遇你的祖公祖太，香围年，香围岁，饿拿吃，馋拿喝，吃病路，吃死路，吃饿路，吃去栽天果，喝去栽心果，吃去鬼星宿，喝去鬼掌角，吃去垫牛，喝去垫岁，吃去遇祖太，喝去遇祖公。

家中人按竹器（即竹刻）看“期程”，决定哪天客来。

客来的前一天指路，指路天必须有大鼓、唢呐（老人一过世就有的）、芦笙，指路前必须把大鼓接来。

大鼓是用一米长左右的梧桐树抠成的，用的是生黄牛皮或老牛皮，都必须得很扎实的牛皮蒙两头，再用竹钉钉结实做成的。

初次蒙鼓时要烧香纸在鼓里面。

专门有一家管鼓，管鼓的人是组织蒙鼓的人。

接鼓的时候，几个小伙拿一瓶酒去接，接鼓背来中途不能落地歇气，背回来要横着吊起来，有的可吊在棺木大头，也可吊在棺木脚面墙壁。

王家的要求吊在棺材的小头处。

鬼师用两只鸡，死者是男老人，用草鸡做一个“断气鸡”，一个公鸡作起鼓笙鸡，死者是女老人，反之。

杀鸡的时候也要给死者献酒献饭，鬼师讲的大意是：一城宇尺盖起，祭一杯就给你喝，做你的断气鸡，给你去遇祖公祖太，香围年，香围岁，饿拿吃，馋拿喝，吃病路，吃死路，吃饿路，吃去栽天果，喝去栽心果，吃去鬼星宿，喝去鬼掌角，吃去垫牛，喝去垫岁，吃去遇祖太，喝去遇祖公。

杀鸡前，要先祭死者。鬼师把鸡放在棺材的大头处，同样拿齿篓敲一下桌子，说：用这只鸡给你起鼓起芦笙，让你去遇祖公祖太，香围年，香围岁，饿拿吃，馋拿喝，吃病路，吃死路，吃饿路，吃去栽天果，喝去栽心果，吃去鬼星宿，喝去鬼掌角，吃去垫牛，喝去垫岁，吃去遇祖太，喝去遇祖公。

这以后，就可以随意打大鼓、吹芦笙了。

打鼓有一定的规矩：打鼓的人要配着芦笙的节奏打，是给芦笙打点，因此打鼓的人必须懂得芦笙谱，打鼓的人还要配合芦笙手做相应的动作。

“解簸簸”仪式中17个碗摆放在竹篱笆上

指路在客来的前一天进行，有专门的人指路，这种人就叫“指路”，指路是跟长辈学的，老辈会指路，年轻一辈就跟着学会了。

大致的指路意思是：从病床上开始指，下床，告别火灶，告别大门口，从大门口出发，向哪个方向走（在邻近的这几个寨子，具体的是指向北方），先遇岔路口，下面的一条是汉族人的路，上面的一条是彝族人的路，这支苗族人的要走中间的路；又遇三口井，左边的一口是汉族人的，右边的一口是彝族人的，中间那口才是苗家的。“你要喝水捧三捧，喝了你就走。”又走了很多山冲，翻过了很多座山，遇到了一个大坝子，里面有很多堆人，其中有一堆是他的祖公祖婆，穿青色衣服的不是家族中的人，身穿花衣服的才是家族中的祖公祖婆，指到这里叫他追随祖公祖婆去。

指路之前，先安排孝子找一把弩，弩上栓一把尖刀，还要一人拿一把梭镖（木把上装一把尖刀），第二人背米称筒，男老人需九棵嫩赤竹，女老人需七棵嫩赤竹。吹牛角，牛角用竹筒代替也可。后面七个年轻人，手拿嫩赤竹，跟着大孝子绕房子，这一场面称为“当兵”，意即给老人周围驱逐其他灵魂，转房子的时候边吹牛角边叫边吼。

男老人先往房子的左边，也即逆时针方向转五转，再从房子右边顺时针方向转四转。

女老人先从房子的右边顺时针方向转四转，再从房子左边逆时针方向转三转。

转完一次后，指路，这一天只转一次。

客来的那天按这样的方式转三次。

指路之后，天亮了再转一次，转的过程中吹号角，大声吼叫，形如古代打仗。

第二天早上，吃完早饭，就要“阿权”。每吃一顿饭，都要给亡灵献酒献饭。“阿”是做的意思，“阿权”是“做灵堂”的意思。

阿权的做法是：砍来一棵杉树，要20厘米左右直径大小的，架个十字架，杉树尖放在十字架中央。用山上茅草做成的草绳拉成亭角状的飞檐状。

棺材停放在阿权里顺山势，不分东西向停放。

跪接姑妈家、娘舅家，其他的亲戚随便接。跪接之前，老娘舅走在前面，姑妈家亲戚接着娘舅家的亲戚走在后面。

主人家拿出一床凉垫席，放在屋前，在姑妈家来的路上跪接，放一个杯子和字尺，杯子放在凉垫席上，字尺要放在凉垫席下面藏起来，娘舅家、姑妈家的来人都要给死者亡灵献酒。跟着娘舅、姑妈来的“织筛”（苗话音译，是娘舅、姑妈家的来人，类似于讲话师傅之类的人），“织筛”找到字尺，拿起来在凉席上敲一下，讲道：“某某老人，娘舅家、姑妈家，一城字尺盖起，娘舅家、姑妈家祭一杯就给你喝，做你的断气鸡，给你去遇祖公祖太，香围年，香围岁，饿拿吃，馋拿喝，吃病路，吃死路，吃饿路，吃去栽天果，喝去栽心果，吃去鬼星宿，喝去鬼掌角，吃去垫牛，喝去垫岁，吃去遇祖太，喝去遇祖公。”祭完，伸手拉起跪着的孝子一起到棺材边哭。

姑妈家、娘舅家来都要拉一对满双月的小猪，不论公母的小猪。在棺材边哭了一阵后，孝子去劝，陪着姑妈/娘舅家的来人再哭一场，之后，家中管事安排鬼师来交牲。

搓一棵反手绳，长三到五尺，一头拴着猪，一头放在死者的手边，口念交牲词：某某老人，娘舅家、姑妈家拉来猪送给你喂养，一城字尺盖起，祭一杯就给你喝，做你的断气鸡，给你去遇祖公祖太，香围年，香围岁，饿拿吃，馋拿喝，吃病路，吃死路，吃饿路，吃去栽天果，喝去栽心果，吃去鬼星宿，喝去鬼掌角，吃去垫牛，喝去垫岁，吃去遇祖太，喝去遇祖公。

半斤左右的一包饭，一个鸡蛋递给鬼师去献酒献饭，管事的安排把猪杀了，这时杀的是交牲的那头猪，讲话师傅请管事的来说话，请他把猪杀了。之后，安排娘舅家、姑妈家住的“店”。把娘舅家、姑妈家来上祭的人安排在寨上邻近的某家，住店的这家在地势上要高于主事家的房屋。

其他亲戚拉来的猪也同样要交牲，献酒献饭，献饭、掐鸡蛋意即给亡灵吃。所有的献饭都丢在簸箕里。

管事的把猪杀了，安排其他亲戚住的地方。

他们也要住店，但不管远近和与主事家房屋地势的高低了。

若死者有女儿，女儿来下祭必须拉一头牛来，还要安排吹芦笙、唢呐的队伍，吹芦笙的走在前，牛在中间，吹唢呐的队伍在后面。

孝家用三斤左右的鸡，不论公母，给姑娘家去做“牛枕头”。

等姑妈家吃好饭，他们派人来通报主事家管事：我们吃好了。

管事的提起酒，带着死者的后辈到姑妈家来人的住店，去请他们。先请姑妈家、娘舅家的人在堂屋坐好，管事组织孝家帮忙的人发碗、倒酒给姑妈家、娘舅家的人。管事进到姑妈家、娘舅家来的人住的店时要弓背柱棍装成身高矮一截的样子。

倒好酒了，向姑妈、娘舅家的“织筛”发问：老舅父、老姑妈，叫我来有什么事？

“织筛”回答：我叫你来问个哪样（生气状的语气），我叫你来问其他的亲戚是不是都吃完饭，客人们是不是都招呼好了？

管事的回答：老舅父、老姑妈，亲亲戚戚都吃好饭，客人也都招呼好，只差老舅父、老姑妈没招呼到。

“织筛”回答：我，你就不用管了。

这段对话重复三次，双方带着互相客气的语气重复对话。

三次以后，管事以孝子的身份、语气讲话：我们的父亲/母亲已经升官升府（升天的意思）、要来请老姑妈、老舅父家去看一下。

“织筛”回答：你莫乱讲，我们来的时候还见他打柴/她打猪草。

管事说：真的已经升官升府了，还要请老姑妈、老舅父去看一眼。

这样的对话重复三遍。

三遍以后，管事接着说：还是真的呢。

“织筛”回答：既是这样，请小小兄弟去看一眼到底是真是假，若是真的，我们才去看。

其中有几个人假意在外面转一圈转来，说：还是真的升官升府了。

“织筛”发脾气似的大声讲道：得病都不通知我，死了才通知我？

管事回答：父亲/母亲得病儿得等，父亲/母亲得死儿得叫花子，所以记不住通知舅父/姑妈。

这样的对话也重复三次。

完了，轮到“织筛”问管事的：那么，你父亲/母亲死，大儿子要可怜他什么（这里可怜的意思是说要用什么东西祭奠父母），二儿子要可怜他什么，三儿子要可怜他什么？

管事回答说：手长袖子短，一样都可怜不到。

这段对话也重复三次。

最后管事像是妥协似的回答：大儿子能可怜他一个金银钵，二儿子可怜他牛蛋（宰牛），三儿子可以可怜他象蛋（杀猪）。对于幺儿方面，管事继续说情似的为他说话：雀儿迟，不遇虫，儿晚不遇爹娘，是我也一样的可怜不起爹娘哪样，他确实可怜不起他父母。

“织筛”说：他爹/妈背他脚跟像指头大，趾头像香脂树的果子大（香脂树的果实只有高粱米般大小），背他爬坡摘花，下坡摘果，乳房是他的晌午，盖膝是他的板凳。

管事的接着说：幺儿实在没有什么能够可怜父亲/母亲的。

“织筛”说：实在可怜不起，回去与你家的邻官邻府商量。

管事假意到外面转个身，再回来，说道：大舅父、大姑妈，幺儿真的可怜不起我们的父亲/母亲。

“织筛”问道：真的可怜不起吗？

管事的说：真的可怜不起。

“织筛”让步，说：真的不行，是幺儿也就算了。

等这场交锋完了之后，管事组织所有的孝子进来给娘舅、姑妈家的来人磕第一转头，走出去。

“织筛”说：对幺儿，大舅父/大姑妈给了承让，那么大的三个儿子要可怜你的父亲/母亲金山还是银山？

管事回答：爬坡顶可怜不到金山，爬岩顶也可怜不到银山。

这样的对话又要重复三次。

“织筛”说：可怜得起要可怜，可怜不起也要可怜，他父亲/母亲等他们，不怕他们长得慢，他们等父亲/母亲不怕死得早，金山银山可怜得起要可怜，可怜不起也要可怜。

管事回答：既是这样，他们三位勉强能可怜起一个金银钵。

说完，管事再组织所有的孝子进来再磕一转头，“织筛”也安排大舅父/大姑妈家的座着的人让开位子，招呼管事和孝子一起坐下，以娘舅/姑妈的身份倒三转酒给管事和孝子，大家喝完酒后，管事和孝子就返回家中，出娘舅/姑妈的住店时，回过头来说：请大舅父/大姑妈一起到丧堂守夜。

大舅父/大姑妈会在稍后去丧堂守夜，从店家出发时，先放三响火炮，孝家听到炮响后，也相应地放三炮以表示迎接，老舅父/老姑妈进丧堂后，如果死者为女老人，舅父家的来人要打开棺材，给老人穿裹脚；如果死者是男老人，姑妈家的来人就给老人栓腰带。

穿裹脚或是拴腰带的缘故，是因为死者在生时，兄弟会给姊妹送裹脚，姐妹给兄弟送腰带，是一种生活上互相照顾的反映。

穿好裹脚或是拴好腰带后，将棺材盖好，大家一起哭一场之后，管事组织姑妈/舅父在一个火塘边坐好，发碗给每个人倒三转酒，装一转烟，给姑妈/舅父家的唢呐师傅几斤酒。他们在火塘边饮酒、守夜。

管事又重新组织孝子带起酒去姑娘家来人住的店里去请他们。管事作弓背拄棍的样子对姑娘家的讲话师傅说：请你的亲戚坐好，我们要开始请你家去守夜了。于是姑娘家的来人坐好，管事安排人发碗，碗从讲话师傅处开始发，顺时针方向发给其他人，倒三转酒。

管事说：父亲父兄做得一根柱子，姑丈老爷做得一个抵角，来时半天轰响（形容来上祭时的热闹场面），姑丈老爷？

讲话师傅说：剩菜剩饭都没得一瓢来给我们的父亲/母亲。

这样的对话重复三次后，孝子进来磕一转头，又走出去，在门外等着管事和讲话师傅交涉。

管事仍然是弓背拄棍的模样，继续说道：剑是姑丈老爷仗，伞是姑丈老爷戴，蓑是姑丈老爷披，明日明早一把刀子一个砧凳给姑丈老爷，姑丈老爷做高吃高，做矮吃矮。

讲话师傅说：剑是管事仗，伞是管事戴，蓑是管事披，明日明早管事做高我们吃高，做矮我们吃矮。回答完与管事相对应的客气话，接着说：我们来是开花，去是结果，来是黄轿，去是黑轿，银轿换金轿，明日明早不得要问管事要。

管事回答：明天不得问我，算我的。

随即喊孝子进家磕一转头。

讲话师傅安排管事和孝子坐下，发碗倒三转酒，吃完酒，管事对讲话师傅说：我们来请姑娘家去坐夜。

说完带着孝子回丧堂。

姑娘家来的人从住店出发时放三响炮，孝家也会放炮以表示迎接。

姑娘家来的人进丧堂里哭一场，后到指定的火塘边去守夜。

在客来的当天，下午六点左右的时候，要组织转圈一次，围着房子转圈，半夜也要转一次，天亮时再组织转一次。转完后，死者的大媳妇点着火把，大儿子背着弩在大门口等着，管事组织帮忙兄弟将棺材抬出，到“阿权”处时，按照转房子的方式抬着棺材转。队伍讲究前后的排列顺序：牛和大鼓在最前面，芦笙手紧接着，后面跟着背弩的大孝子和点火把的大媳妇，“当兵”的兵将，棺材，后面才是大姑妈/老娘舅、姑娘家的亲友，队伍最后才是吹唢呐的师傅。

按规定转完后，将棺材抬入“阿权”内顺山势，按男左女右的方位把棺材停放在板凳上，棺材大头边上放一方桌，簸箕饭放在桌上。

棺材一放下，马上祭一杯酒，祭完酒后，开始交牲。交牲时，推开棺材盖，用一根长约三米左右的反手绳，反手绳是用米草或茅草做成的。一头放在死者的手上，一头拴在牛鼻线绳上，管事把拉牛的人叫开，鬼师开始念交牲词，每头牛前都要先敬一杯酒后才开始念交牲词。交牲时先交孝家的牛，孝家的祭牛也称为荫蔽牛，苗语称略阿重，孝家总共出一头略阿重就合乎礼节了。再交姑娘家来上祭的牛。

交牲词的大意如下：某某老人，某某人是你的大儿子，拿这头牛给你去，做种做样，他拿一个送你，你要拿千万个送他。在念到儿子的名字时，只提大儿子的名字。

交完牲，鬼师带着孝子、姑娘、姑妈等人一起哭一场。之后，各杀各来上祭的牛，剥好牛皮后，管事安排帮忙弟兄把带着牛尾巴的后腿送到老姑妈/老舅父住的店家。

要是其中一个老人还在，牛皮就归孝家，要是两位老人都过世了，孝家和姑娘家各自收好牛皮。

以下的各个丧葬活动环节，基本上与个案一大同小异，这里就不再赘述。

第三节　两个丧祭个案的文化分析

“蒙恰”苗人的这两个丧祭文化的个案报告，较为全面地表现了“蒙恰”苗人的丧祭文化，但要与其古歌进行对应分析前，我们还应该对其丧祭文化有一个解读性的分析。

这两个个案的讲述人不同，讲述地点不同，其基本的内容是一致的，但也有一定的区别。这种区别表现了文化的地域差异和角度差异，也许，在文化的现实运行中，文化的多样性就是从这个基点上出发的。

在“蒙恰”苗人的丧葬中，第一个环节是对待老人的去世，这是一个被强化了的观念显示，即要以非常的态度来对待老人的死亡，它既是世俗社会中对一个去世老人的安慰，也是神性理解中对待死亡的一种仪式。同时，也是“蒙恰”苗人对死亡的一种思考。在这样的情景中，是生命与死亡的诀别，一般的理解中，生命是要逃离死亡的，但“蒙恰”苗人却把这两者放置在一个情景中，以思考或者说纪念生命的源起。即在世者的生命直接来源于死者，这个死亡者在某种程度上创造了他眼前的这些生命。这个过程会最终导致一种感恩的心理，即我们要感谢给予我们生命的先祖，会生发出一系列的文化观念，比如说“孝”，以及祖先崇拜，等等。

但是，现实中这种死亡与生命的诀别是相当困难的，对死亡与生俱来的恐惧感会让许多人逃离死亡者。但“蒙恰”苗人用另外一种观念来消解这种恐惧，即能扶着老人去世，是一种死者对生者的赐福的过程，你作为晚辈，扶的时间越长，所得福也越多，所以，在“蒙恰”苗人中，扶着老人去世是按照兄弟姐妹的顺序来的，即不能让某一个兄弟姐妹独占了赐福。在整个的死亡过程中，死者的后代都要直接面对。在老人即将去世时，所有的兄弟姐妹都会来拉着老人的手，撒手的时候，老人就走了。

这种与死亡诀别的方式，可能在其他民族中也有一定的表现，但“蒙恰”苗人比较注重它。

这是一个巧妙的“文化设计”，它“软化”了死亡的过程的恐惧和遗憾，也成为自己文化信仰中的一个核心构建，影响了“蒙恰”苗人文化的许多方面。

在老人去世之后，死者的一家就要从一个文化单元的仪式中走出来，把自己家中老人的死亡意义从家庭死亡转换到社会死亡，因为人不但是一个家庭成员，同时还是一个社会的成员，在生的时候他负担有社会的义务和责任，那么，他的死亡就不仅仅是家庭成员个体的死亡意义，而且也具有社会成员死亡的意义，这个社会文化中的其他人也有关注他的死亡基本文化机制。这就渊生了丧祭的第一个形式——告知。即要实现从家庭成员的死亡意义转换到社会成员的死亡意义，首要的是要以一定的方式告知其他社会成员。

“蒙恰”苗人的死亡告知是放炮，在小田坝个案中是放的三排九响，在长水沟个案中是放的三响。这个差异可能与死者的身份有关联，我们以为，三是告知响声的基本数字，因为“三”是多的起点，但放到九响就是一种告知的强调了，既可能是身份地位重要的强调，也可能是高寿的强调，还可能是悲哀的强调。虽然“蒙恰”苗人在这些方面并没有太明确的意识，但他们在现实中会很自然地应用这些潜在的告知规则。

这个告知仪式一出现，这个死者的死亡就不仅仅是这个家庭自己的事情了，它立即转换为这个以村落为单位群体的事情了。所以，在“蒙恰”苗人的村寨里，一家有人死了，全寨的人都会来帮忙，就是基于这样的文化规则。

在死者死亡时鸣炮是对死者所处村寨群体的告知，但这种告知还有一项内容，就是在亲属关系中的告知。在村寨群体的告知中，只是鸣炮，不会逐一通知，即只示意不告知（直接告知），由此演化为丧事的客人是自己来的，喜事的客人是请来的习俗。但这一规则在自己的亲属中就不能如此办理了，它必须得有一定的正式的通告仪式。这种仪式有时候显现在派出去告知的人那里，有时候显现在对亲属来者的迎接仪式上。"蒙恰"苗人基本上显现在迎接上。

在"蒙恰"苗人对待亲属上，又以姑妈和娘舅家的亲戚最为重要。死者如果是男性老人，这个老人的姐姐和妹妹家就是这个丧事中最为重要的亲属；死者如果是女性老人，这个老人的哥哥和弟弟家就是这个丧事中最为重要的亲属，他们在通告和迎接上会显现出特别的礼仪来，以表示这一亲属的重要性。

在长水沟个案中，关于迎接这两种亲属有这样的文字："跪接姑妈家、娘舅家，其他的亲戚随便接。跪接之前，老娘舅走在前面，姑妈家亲戚接着娘舅家的亲戚走在后面。"

这两种亲属的重要性不仅仅显现在迎接上，在其他场合也有表示，比如在"转嘎"这一场合中，在小田坝个案中有这样的文字："吃完饭，各家亲戚带领吹芦笙、唢呐的开始转嘎。各家亲戚转嘎时有一个顺序：姑妈家（家中男老人过世时）或舅舅家（家中女老人过世时）先转，其次是姑娘家按从大到小的顺序依次转嘎，最后是孝子按从大到小的顺序依次转嘎。"

有时候，这种重要亲属的重要性还在一些细节中被刻意地强调。在长水沟个案中，这两种亲属的住处一定是高于死者的住地的，以显现娘舅和姑妈为大的意义。

为什么要在丧祭仪式中一再强调娘舅和姑妈这两种亲属的重要性呢？这与这两种亲属有对死者死亡问责的权利有关。死的是男性老人时，这个男性老人的姐妹是亡人后代的长者，她们有权利问责死者的后人是否在死者生前虐待老人，以及是否尽到赡养老人的义务等责任，以及老人的死亡原因是否正常？是否有人要对老人的死亡负责任，等等。在死去的是女性老人时，她的哥和弟弟就是这种问责权利的人物。

这种问责权利在"蒙恰"苗人的丧祭仪式中有直接的表现，在长水沟个案中，有这样的文字：

> 等姑妈家吃好饭，他们派人来通报主事家管事：我们吃好了。
>
> 管事的提起酒，带着死者的后辈到姑妈家的住店，去请他们。先请姑妈家、娘舅家的人在堂屋坐好，管事组织孝家帮忙的人发碗、倒酒给姑妈及娘舅家的人。管事进到姑妈、娘舅家来人住的店要弓背拄棍装成身高矮一截的样子。
>
> 倒好酒了，向姑妈、娘舅家的"织筛"发问：老舅父、老姑妈，叫我来有什么事？
>
> "织筛"回答：我叫你来问个哪样（生气状的语气），我叫你来问其他的亲戚是不是都吃完饭，客人们是不是都招呼好了？
>
> 管事的回答：老舅父、老姑妈，亲亲戚戚都吃好饭，客人也都招呼好，只差老舅父、老姑妈没招呼到。
>
> "织筛"回答：我，你就不用管了。

这段对话重复三次，双方带着互相客气的语气重复对话。

三次以后，管事以孝子的身份、语气讲话：我们的父亲/母亲已经升官升府（升天的意思），要来请老姑妈、老舅父家去看一下。

“织筛”回答：你莫乱讲，我们来的时候还见他打柴/她打猪草。

管事说：真的已经升官升府了，还要请老舅父、老姑妈去看一眼。

这样的对话重复三遍。

三遍以后，管事接着说：还是真的呢。

“织筛”回答：既是这样，请小小兄弟去看一眼到底是真是假，若是真的，我们才去看。

其中有几个人假意在外面转一圈转来，说：还是真的升官升府了。

人死了是大家都知道的事情，但为了表明这种问责的权利，故意说“不晓得”。当然，这里还有对生者的缅怀之意。

在证实了死亡之后，这个称为“织筛”（问责权利行使人）还要把这种权利表述继续进行。

“织筛”发脾气似的大声讲道：得病都不通知我，死了才通知我？

管事回答：父亲/母亲得病儿得等，父亲/母亲得死儿得叫花子，所以记不住通知舅父/姑妈。

这样的对话也重复三次。

完了，轮到“织筛”问管事的：那么，你父亲/母亲死，大儿子要可怜他什么（这里可怜的意思是说要用什么东西祭奠父母），二儿子要可怜他什么，三儿子要可怜他什么？

管事回答说：手长袖子短，一样都可怜不到。

这段对话同样重复三次。

最后管事像是妥协似的回答：大儿子能可怜他一个金银钵，二儿子可怜他牛蛋（宰牛），三儿子可以可怜他象蛋（杀猪）。对于幺儿方面，管事继续说情似的为他说话：雀儿迟，不遇虫，儿晚不遇爹娘，他确实可怜不起他父母。

“织筛”说：他爹/妈背他脚跟像指头大，趾头像香脂树的果子大（香脂树的果实只有高粱米般大小），背他爬坡摘花，下坡摘果，乳房是他的晌午，盖膝是他的板凳。

…………

这种表述还有许多内容，它并不是一定要求死者的儿女做到什么，而是这两种亲属一定要进行这种要求的表述。

当然，大多数时候这种问责权利是隐含性质的，或者说是象征性的，更多的不是一种实际的问责，而是一种必须对这一死者姻亲表示尊重的礼仪。但这一隐含性的表述对世俗行为的规约是十分有效的，也是一种潜在的观念性的制约力量的表现。正因为如此，“蒙恰”苗人中不赡养老人，抛弃老人，甚至虐待老人的现象是极为罕见的。我们在现代社会依靠养老制度来完成的事情，在“蒙恰”苗人那里，依靠一种观念性制约力量就能够解决好。

通过放炮告知来实现个人死亡意义向社会死亡意义的转换，又通过另一种告知方式来告知亲属，也是其死亡意义转换的一个组成部分，表明他或她的死亡也具有与其他亲属成员关联的意义，并由此联系到更深一层次的文化中。但是，这本质上也是一种死亡意义由个人意义向群体意义的转换，但这个群体不是一般意义上的文化群体，而是以血缘关系为基本标识的群体。当然，这也是社会文化群体的一种表现。

在告知这个过程完成或者说同时，死者的家人要给其装棺了。“蒙恰”苗人实行棺木土葬，所以，装棺和停棺也是其文化表现的一个部分。

> 装棺：自己家里的人，内亲装棺，不喜欢别人来弄，防备放骨头、铁进去，这样的东西放进去的话，就不能投胎转世，压起也不能翻身，还有一种说法是若放骨头了，以后自家的儿子会骨头痛。
>
> 穿衣：男老人穿九件上衣，五条裤子或者七件上衣，三条裤子。不要求穿多，穿多了去阴间活动不方便。女老人穿裙子，也是这个数。(长水沟个案)

这在小田坝个案中也是这样做的，但它强调了衣服的质地，一定要麻和棉，并要求去除所有的扣子和系结的带子，认为打上结的带子入棺，会带来不好的后果。这与注意不能让外人放进铁和骨头的性质是一样的，它们都表明，死者棺木里的有关事物的存在，是会影响到活在世上人的生存状态的，只不过小田坝个案强调了衣服上的口子和带子的结，而长水沟个案强调了铁器和骨头的危害。这是一种意识，我们以为重要的不是这些事物会真的像“蒙恰”苗人所认识的那样，会造成实际的后果，而是通过这种意识认定死者在死后与我们息息相关的意义，从而把我们生者与死者联系在一起，从而实现死者的归属意义。这就是中国人为什么要把“祖坟地”视为决不可侵犯之地的原因，汉族人是这样，“蒙恰”苗人也是这样。

在穿衣服上，长水沟个案中似乎要比小田坝个案复杂得多。

> 棺材底部要放九刀以内的白棉纸，不能超过九刀，不装黄纸，一般认为黄纸装在棺材底会出毛虫。
>
> 现在兴垫盖、底盖，也就是说兴做一套棉絮垫一床、盖一床，棉絮的宽度需和棺材的一样。盖絮不能盖到死者的脸、耳朵，要不然的话会出现下一辈有人是哑巴、聋人、眼瞎等不好的情况。脸用一块青蓝布，长宽六七寸左右，称为盖嘴布。这块布只在未入土之前盖，在入土的时候要把盖在脸上的布拿开放在身上。装好棺，死者的手脚还要用青蓝布缝成色三角形布袋装起。称为“雀手雀脚”。
>
> 死者除穿一双布鞋外，还要穿一双草鞋。
>
> 若不穿草鞋，死者在去阴间的路上遇到赖毛虫的时候，就过不去。
>
> 古老的时候就套雀脚，如果没有雀手雀脚，他在阴间就找不到祖宗，没有归

属，前人不认为是他们的后代。

死者身上还背一个五寸宽的口袋，男老人背在左边，女老人背在右边。用从市场上买来的一丈二的青布来做，若用不完，也就拿去烧了。

各口袋从中间隔开，一格装米，一格装苞谷面。男老人撮九小撮，女老人撮七小撮。

米装九撮，拿给你去吃，你去吃会遇上老祖公、老祖太。

在这里，多了“盖嘴布”和“雀手雀脚”这样的事物，这与衣服一样，也是与祖先会面的一种必要标识。在这里还有装粮食的布袋出现，也是吃了这特定的粮食后能够见到祖先的一个必要条件，有一些像我们所说的“阴间食”，即死人的食物的意思，人死了吃了这种食物才能具有阴间人的性质。

这个文化事象在小田坝个案中是出现在最后。

簸箕挨着棺材的大头放好，随后坟墓用石头和土砌成，砌成之后，上面放三个竹筒，一个装水，一个装米，一个装苞谷面，三个竹筒里的米和苞谷面分男女老人撮九把和七把装在里面。这些东西都是在家里就装好的，拿在坟上挂好。

一个是用布袋，只装米和苞谷面，放在棺木里，一个是用三个竹筒，装水、米、苞谷面，放在坟土上，意义是一样的，但是方式上却不同。

这也是我们所说的文化演进的一个例证。

还有，在长水沟个案中，死者还有一双草鞋，并说是为了过毛虫之地的需要。这个事象与彝族人的丧葬观念有关，我们后面还要论述，且略。

在这个环节里，要求衣服质地都会是棉和麻，这也是有意义的。衣服多数时候是种属的一种外在标志，祖先都穿的是棉和麻的衣服，你穿了另外质地的衣服，怕祖先不认你，而“蒙恰”苗人的死亡归属就是去与祖先汇聚。这个事象又会形成一个观念，即人的死亡只是另一种生存状态的转换，我们在这里死了，可以与祖先会面后，实现另一种生存。从这里，我们人又可以生出更多的文化想象力。应该承认，这种文化想象力大大减轻了我们人类对死亡的恐惧感。

在这个环节里，其“蒙恰”苗人的停棺也是拥有它自己的理解和方式的。“蒙恰”苗人的棺木一般是顺着屋子的大梁而停的，即横着停在堂屋里，而许多民族的棺木停放是对着大门停放的，大头一般在供有祖先的神龛下，小头对着大门，“蒙恰”苗人棺木的大头一般是朝着伙房的那一间屋子。也就是说，在山区依地形建房的情况下，“蒙恰”苗人棺木的停放是没有固定方向的。

随后，“蒙恰”苗人就要为死者煮“过世饭”了。

棺材的大头处放一张桌子。在停放棺材的时候，要开始煮饭，男老人过世先撮九把米放入锅中，女老人过世先撮七把米，之后把放入锅中的米的数量补足两斤左右；还要杀一只鸡，选择杀鸡的人没有讲究，鸡血要倒掉不用。饭煮好后，盛进一个小米簸箕里，鸡稍煮成型，破肚，扑在饭上。小簸箕放在棺材大头处的

桌上。(小田坝个案)

鸣炮三响，孝家做“过世饭”，做过世饭时分男女死者，是男老人先撮九小撮米，女老人撮七小撮米，觉得少了，可以任意增加，饭做熟之后，装在糍粑大小的一个簸箕里。再把半斤重以上的鸡捏死，内脏剖开，回熟，扑在饭上。(长水沟个案)

这个被“蒙恰”苗人称为“过世饭”的事物，是贵州黔西北地区苗族人丧葬祭祀中一种较为普遍存在的文化事物，这在“蒙恰”苗人这里也不例外。这个事物在他们的意识中是极为重要的，重要到这样一个程度，即把装这种“过世饭”的簸箕视为一种文化象征物，以表现生者与死者的关联。死者有没有这个称为“簸簸”的东西，与死者在另外一边生存的关系重大。可以说，“簸簸”是一种生者对死者供养义务的表现和关联，即人死了，生者还要有一段时间的供养联系，要做一个称为“解簸簸”的仪式之后，这种生者与死者的供养关系才会中断。在“蒙恰”苗人中，这种供养关系他们认为是可以实实在在存在的，如果不在适当时机举行“解簸簸”仪式，以断开这种供养关系的话，死人会在梦中经常来找生者，家里的粮食也会自然的短少，等等。

在现实中，也许“蒙恰”苗人说不清楚其“解簸簸”的意义，但这个仪式他们一定要举行，并把它视为整个丧祭仪式的最后结束。

做好“过世饭”，就要给死者献饭了。这种献饭是“蒙恰”苗人在丧祭中经常性的仪式活动，即每天在生人吃饭前要进行献饭仪式，在有任何形式的献祭时也要献饭，在任何一个来祭奠亡灵的人来到时，最先的仪式也是献饭。为了强调献饭的特定含义，要有一个过程，即做一个特定的献饭工具。

准备工作做好后，要开始给死者的亡灵献饭。献饭时要用“蔑挑”献，这样死者才享用得到阳间人的献饭。“蔑挑”的制作是先去自家后阳沟草房上取半截竹子(男老人用后阳沟草房上的竹子，若是女老人就要取大门前的竹子)，约四尺左右长，从中对半划开，小的那一头再破开，划成鱼尾状。(小田坝个案)

这一竹子的根部大约尺把长，划成两瓣，拿其中一瓣再划长度的二分之一左右，用园麻来绕成圆形，夹在这被划破的二分之一竹子当中，形状为扇形，放在簸箕上。园麻上还夹得有一个鸡骨头(平时放起的鸡骨头)。

竹尖部握拳，大拇指翘起的长度截下来，两头削成鱼尾状。

用的时候两竹片叉起来用，祭奠的时候(献酒、献饭时)三个指头提起在桌子上敲一下。(长水沟个案)

这个工具在“蒙恰”苗人中称为“篾挑”，扇状，柄为鱼尾，“蒙恰”苗人认为只有使用这样的用具，亡人才能得到献祭的饭食。这是一个神性的事物，但为何如此的依据在“蒙恰”苗人的说法中让人比较费解。对此有一个传说：

鱼尾是唐僧去西天取经时得来的，唐僧一行在落河后得了一条鱼，后来苗家得了鱼尾，汉族得了鱼头，彝族得了鱼中间部分，所以苗家献饭的“蒐挑”是鱼尾状，汉族在超度亡灵时敲木鱼，彝族办丧事时用的相应工具两端都是齐的。丧事期间的献饭在每次吃饭前进行。(小田坝个案)

像其他文化表现事物一样，这样的文化事物我们也无法证实，但它作为一种解释，也是文化的一种表现。另外，这个解释还彰显了各民族的内在文化联系。

经过这个工具的一系列过程，这个献饭就不是我们世俗意义的饭了，而是生者与死者在特定时期的一种联系和沟通。

这个献饭是在簸箕中进行的，应该看作是生者与死者供养关系的一个中间状态的表现。

在做完以上的一系列事情，就要进行一个叫“看期程”的过程。“蒙恰”苗人“看期程”是用一个称为“木刻”的小片来看的，类似于其他民族请先生看日子。这个木刻上刻有许多表现时间和事件的印痕，“看期程”时，就以上面的印痕来计算出哪一天是比较吉祥的日子。

这种“看期程”的方法在“蒙恰”苗人中，老人一般都会看。

看完“期程”，定好了其他丧葬仪式举行的日子，就可以进行下一步的丧祭仪式了。

在这之后，首先是要举行一个称为“吊大鼓”的仪式，即在死者棺木的小头处，吊上一个苗族人特有的木鼓，并举行一定的开鼓仪式之后，就可以敲击大鼓，吹奏芦笙、唢呐等等。

这种大鼓是整棵木头的一节，中间挖空，两头用生牛皮蒙上，用竹钉钉结实即可。

这种大鼓在“蒙恰”苗人中有专门的人家保管，一般是谁组织做的鼓就由其保管。在有丧事时，死者家里要派人专门去请鼓，并有一定的过程。

存放大鼓的某家是大家选定的放大鼓地点。主事家找两个帮忙兄弟去背大鼓时，去的人要提一斤左右的酒，算是给某家的“保管费”。接大鼓的人把大鼓用老式样的衣服蒙起，两个人轮流背鼓回到主事家，中途大鼓不能落地。(小田坝个案)

接鼓的时候，几个小伙拿一瓶酒去接，接鼓背来不能落地歇气，背回来要横起吊，有的可吊在棺木大头，也可吊在棺木脚面墙壁。(长水沟个案)

接鼓时有一定的禁忌，以表现鼓的神性。但是，这个鼓的神性意义现今“蒙恰”苗人已经比较模糊，其一般意义是击鼓唤醒祖先灵魂保佑生者和死者。吊大鼓是一个标志，即丧祭的芦笙和唢呐可以上场了，通过鼓的悬吊，已经建立了一个“蒙恰”苗人神性的场域，可以举行一系列神性仪式了。

吊大鼓是一个神性场域内部范围确立的仪式，这时还需要一个划定外部环境，这就是另一个仪式，即一个称为“起兵”的仪式。

开鼓以后，去山上砍九棵带斑点的小竹子拿回家，七个小孩扛竹子，大孝子背弩，弩上用根麻布带子捆一把刀，在家中转房子。死者是男老人的话，从房子左手边开始转，女老人从房子右手边开始转，这个仪式叫“起兵”，总共需要九人，大孝子走前面，跟着的是吹牛角的人，身背“称筒”，用反手绳挂起背在身上。后面是七个扛竹子的小孩。

起兵从大孝子在棺材前磕个头开始。竹子在这其中代表的是一种兵器。起兵的意思是护送老人去老祖宗那里。

开大鼓以后老人还未下葬在家的这几天里，每天要“起兵”三次，天见亮一次，晚上天黑一次，半夜一次。(小田坝个案)

指路之前，先安排孝子找一把弩，弩上栓一把尖刀，还要一人拿一把梭镖(木把上装一把尖刀)，第二人背米称筒，男老人需九棵嫩赤竹，女老人需七棵嫩赤竹。吹牛角，牛角用竹筒代替也可。后面七个年轻人，手拿嫩赤竹，跟着大孝子绕房子，这一场面称为“当兵”，意即给老人周围驱逐其他灵魂，转房子的时候边吹牛角边叫边吼。

男老人先往房子的左边，也即逆时针方向转五转，再从房子右边顺时针方向转四转。

女老人先从房子的右边顺时针方向转四转，再从房子左边逆时针方向转三转。

转完一次后，指路，这一天转一次。

客来的那天按这样的方式转三次。

指路之后，天亮了再转一次，转的过程中吹号角，大声吼叫，形如古代打仗。(长水沟个案)

在起兵仪式所“划定”的范围，就是这次丧葬仪式的神性范围，任何邪灵都不能够进入这个范围，以保证整个丧祭仪式的正常进行。而且这个过程在整个丧祭仪式中，会不断得到强化。小田坝个案在开鼓后就每天三次，而长水沟个案是在举行“指路”仪式之前举行，但意义都是一样的。

这个仪式应该是“蒙恰”苗人古代驱逐仪式在其丧葬仪式中“固化”的结果。在很久远的年代里，这样的仪式应该分布于“蒙恰”苗人的多种仪式中。

其后就是“指路”仪式的举行。

客来的当天晚上转圈之后，苗家的指路先生开始指路。指路先生手抱一只老公鸡，把老人指向西方，指路这个过程至少要耗时一个小时。指好路以后鸡就拴在棺材大头的桌子脚，每顿吃饭前献饭给鸡吃。去请指路先生时带一瓶酒，寨中会指路的先生不计什么报酬，乐意前往为死者指路。(小田坝个案)

指路在客来的前一天进行，有专门的人指路，这种人就叫“指路”，指路是跟长辈学的，具体的哪家老辈会指路，年轻一辈就都学会了。

大致的指路意思是：从病床上开始指，下床，告别火灶，告别大门口，从大门口出发，向哪个方向走（在邻近的这几个寨子，具体的是指向北方），先遇岔路口，下面的一条是汉族人的路，上面的一条是彝族人的路，这支苗族人要走中间的路；又遇三口井，左边的一口是汉族人的，右边的一口是彝族人的，中间那口才是苗家的。“你要喝水捧三捧，喝了你就走。”又走了很多山冲，翻过了很多座山，遇到了一个大坝子，里面有很多堆人，其中有一堆是他的祖公祖婆，穿青色衣服的不是家族中的人，身穿花衣服的才是家族中的祖公祖婆，指到这里叫他追随祖公祖婆去。（长水沟个案）

这个指路仪式明显与彝族人的指路仪式有直接的联系，但“蒙恰”苗人以自己的方式把它融入了自己的丧葬仪式中。这方面，我们在下一节中还要进一步地论述。

在决定死者要上山埋葬的前一天，“蒙恰”苗人会在死者家不远处的任何一块平地上（但要求此地没有人家建立过嘎房就行）搭建“嘎房”，以便举行“交牲”和“转嘎”。

嘎房的建立请参见第一节的个案。

在搭建好嘎房后，棺木就要适时地移到嘎房中停放。并开始“转嘎”和“交牲”仪式。

下葬的那天先把棺材抬起在嘎房里转圈。牵着指路鸡，围着嘎房按男老人正反转九圈，女老人正反转七圈的转法在外面转完后，把棺材停放在嘎房内，按男老人放在嘎房的左边，女老人放在嘎房的右边的方位停放。

转的时候，随棺转嘎房的顺是：孝子—吹牛角—扛竹子—吹芦笙的……

转的时候，大媳妇点燃个火把跟在大儿子后面。火把是从屋里就点起的。转完，弩放在嘎房上，火把放在棺材脚。

转完嘎房，就是交牲下祭（方言：即拉牲口来祭祀亡者）的仪式。

姑娘家会拉牛来下祭，其他人家可以拉猪，拿鸡来下祭，一般是自己在棺材处交牲，交牲时要给死者献酒献饭。

姑娘家拉来的牛要“打牛”（方言：在下祭时杀牛）时，若是男老人死了，打牛的人是他同辈的年纪比他大的老表，但只要来做个意思就行，不一定要老表把牛真的打死。要是死者的老表死了，那就由老表的儿子来代替打牛。打牛的时候围着牛转三圈，不管从哪个方向开始转，拿起斧头，意思到了就行。

交牲的牛绳是反手绳牵的，即反搓的绳子。

交牲时，要推开棺材盖，把反手绳放在死者的手中，代表着他得到牛，牵着牛去阴间过日子。

下祭的牛不能是残废的，儿子拿来献祭的牛更是大而壮，这样的牛才会被认为是好的牛。

姑娘家拉来下祭的一般是牛，其他家拉猪。但哪家拉什么牲口没有特别的硬性规定，想拉什么都可以，但不可以拉羊。（小田坝个案）

长水沟个案中也有类似的表现，但我们在采录上没有完整地记录。

在这些仪式中，每一个细节都是有意义的，但我们的解释并不一定准确。转嘎的顺序实际上是对现实秩序的一种关照；男九转女七转是一种男女有别，或者说男尊女次的观念表现（与穿衣的件数意义相同）；“反手绳”是另一个世界与现实世界性质相反的认知，也是一种避免另一个世界灵魂进入现实世界的心理防范；不可以拉羊和不称为“成神”的观念是一样的，是希望与彝族人的死亡认知有所区别。但对大儿媳妇为什么要点火把，我们就没有把握进行明确的解释了。

在这些仪式进行完毕，就可以把死者埋葬入土了，但是，这还不是“蒙恰”苗人丧祭仪式的终结，它的终结仪式是在一个叫“解簸簸”的仪式之后。因为，正如前面所说，“蒙恰”苗人棺木大头前的那簸箕饭，是一种生者与死者供养关系的象征，解除这种关系之后，就要举行这个叫“解簸簸”的仪式。在埋葬死者的时候，这个簸箕和簸箕里的饭及鸡是直接埋葬在棺木的大头之处的，它代表死者在死后仍然具有这种权利。

第四节　古歌的丧祭文化分析

上一节我们分析的是“蒙恰”苗人丧祭个案中表现的丧祭文化，从某种意义上说，它是仪式和仪式操作层面上的事情，是在具体的文化表现中如何把丧祭意义表现出来，以完备“蒙恰”苗人在丧祭文化上的意义。在把这种表现与其古歌中的丧祭文化对比起来看的时候，古歌中的丧祭文化就显得特别有意义。“蒙恰”苗人的古歌从总的意义上来说，是“蒙恰”苗人的文化综合性经典，这也自然是其丧祭文化组成部分的经典。实际上也是如此，我们在古歌中看到的“蒙恰”苗人的丧祭文化，基本上都不是操作层面的描述，而是原典性的描述。所以，我们分析“蒙恰”苗人古歌中的丧祭文化亦主要从这方面入手。

在“蒙恰”苗人的丧祭个案中，不管它们的仪式过程如何，都要在自己的文化中解决以下几个问题：一是灵魂的状态和性质问题；二是丧葬仪式的神器性质问题；三是死亡灵魂去向问题。其中的每一个问题都可以决定世俗丧祭活动的基本性质和外在形式。在一般意义上的丧葬仪式上来说，有什么样的灵魂状态就会有什么样的丧葬仪式；同样，有什么样的神性认知，就会有什么样的丧祭仪式的神圣性，而且这些神性器物还是丧祭仪式神性的依据和媒介，只有它们体现出来的神性才会引导死者的灵魂走向。还有，一个与众不同的丧祭文化仪式，其灵魂的归去都会有自己独特的解释，这亦需要某种原典性质的叙说来作为依据的。

这三个问题正好在“蒙恰”苗人的古歌中得到最好的解决。

对于“蒙恰”苗人灵魂的状态和性质，在《“谷晴苦磨”》中得到了最好的表现。这是一种源于自然生命的灵魂表述，“谷晴苦磨”的名字是随意取的，是在山间吃了一种毒果后失去生命的，但是，谷晴苦磨好像失去的只是我们理解的一种生命形式，他的父母都在等待谷晴苦磨回来，而且做了代表他的灵魂形式的魂魄花。而且在古歌中我们看到，谷晴苦磨是回来了，随着春天的到来一起回来了，但是，古歌却一再表述，我们处于这样的一种生命形式的人看不到谷晴苦磨的生命形式，也无法和他交流和相会。这样的灵魂观念影响了“蒙恰”苗人的生命观念，也影响了“蒙恰”苗人的死亡观念，要不在古歌中就不会出现这样的句子：

巧姑娘死去不怕什么，
怕绸缎盖住她的嘴，
怕石棺盖轰的一声垮下来压住胸膛。
（见《巧姑娘之死》）

这样的死是我们一般理解的死亡吗？不是，它不是终结，而是生命形式的转换，这个死去的人在另外一种生命状态中如果有了这样的状态，也是无法呼吸，同样是要做噩梦的。这就是“蒙恰”苗人举行一系列丧祭仪式的基础，你在“这边”的人不安排好他们在“那边”的生活，不通过一系列的仪式完成这种生命形式的转换，你“这边”的人会不得安宁的。问题的关键是，“蒙恰”苗人的这种灵魂生命观念表现得如此具有自然性是极为罕见的，因为这是人类形态最为古老的灵魂生命观念，它以自然四季为灵魂生命观念的基本背景，是自然生命在其中的文化影像。就苗族人的灵魂生命观念表现而言，其自然性质都会非常浓厚，但它都给予一个鬼灵的形式，但这在“蒙恰”苗人这里没有，他们的“谷晴苦磨”就是与春天一起回来的。所以，“蒙恰”苗人的灵魂生命观就是一种自然生命观念，这也决定了“蒙恰”苗人的丧祭仪式的自然生命性质。

古歌中的这种关于灵魂的原典性质，直接影响了“蒙恰”苗人世俗生活中的丧祭仪式的一般意义。

在一般意义的丧祭文化中，一般会有什么象征性的器物和声音来作为沟通两种生命形式的媒介，“蒙恰”苗人的芦笙和鼓就是这样的器物。

芦笙响齐天，
鬼鼓应彻地，
吹响芦笙，音韵回旋空中主客同欢乐，
擂响鬼鼓，震动天空来怀念祖先亲人。
……

吹响芦笙为死者送行，表想念之情，
擂动鬼鼓为死者送行，表难忘之意。
吹响芦笙为死者送行，不得同去，
转回寨中把芦笙挂上墙壁。
擂动鬼鼓为死者送行，不得同行，

转回寨中把鬼鼓挂在房屋柱上。

……

（见《传芦笙种和鼓种》）

在苗族人的丧祭中，芦笙和鼓的演奏是必不可少的，因为这是为死者送行的神性之音。也只有芦笙和鼓的声音能引导死者的灵魂往前走。

顺着芦笙和鼓声的指引走向远方。
死去的灵巧女子跟着神灵爬上山坡，
爬过山坡，
……

在苗族中，重视芦笙和鼓在丧祭中的作用是普遍存在的，但像“蒙恰”苗人古歌这样具体的经典性的描述则不多见。“蒙恰”苗人的芦笙和鼓在“蒙恰”苗人的古歌中被明确地描述为是神人在天寒地冻时，由神人传下来的，而且传下来的目的就是为了通过芦笙和鼓的敲击，使冰冻融化，冰冻融化后的天地自然是春天的来临。冰冻的大地自然是死亡的大地，而春天的大地自然是生命的大地，神人传下的芦笙和鼓，其敲击出来的声音可以使冰冻融化而唤醒生命，那在人死亡之后敲击它们就再自然不过了，是自然的四季变化赋予了芦笙和鼓这种神性。以这种原始意象赋予的神性，在人类文化的自我觉悟中是最为古老的。这正是“蒙恰”苗人的芦笙和鼓的神性源泉。这种神性在后来发生了许多变化，在一些支系的苗族中，芦笙逐渐成了一种乐器，以表现苗族人的审美需求，成为一种族群的标志性物件。其实芦笙在最初的时候就是一件神传下来的神器，而且主要就是为丧祭仪式举行服务的，即为死人而吹奏的神器。在贵州西部的“小花苗”中，他们的芦笙有36谱，但只有一谱是喜事谱，即用于喜事的乐谱，一谱是问询谱，一谱是打招呼谱，而有33谱是丧祭谱，也就是说，芦笙在贵州省西部的苗族中，主要是为了丧祭而吹奏的。这种历史和文化的初始动因就是神人所传……在这方面，可以说“蒙恰”苗人古歌中所描述的这两种器物的神性是最古老的，从这个角度也彰显了“蒙恰”苗人古歌的意义和价值。

在“蒙恰”苗人的世俗社会的丧祭中，虽然它夹杂了许多的“另类”构件，但“顺着芦笙和鼓声的指引走向远方”则是主导。

鼓的神性也与芦笙相同，但似乎它与死者的关系更为密切一些，有时候，贵州西部的苗族在没有芦笙的情况下可以埋葬死者，但不可能没有鼓和鼓声。在苗族中，鼓的器物发展几乎没有成为乐器的经历，它从一开始至今，就是为了苗族死者而敲击的神器，变化极小。但在不同地区，鼓的神性来源却有了一些“转移”，比如说黔东南的苗族就会说鼓的敲击是为了“打”出居住在枫木鼓中的祖先灵魂。这种神性的“转移”表明黔东南一带的苗族人已经完成了由自然崇拜为主向祖先崇拜为主的转移，而这样的转移在贵州省西部苗族中却没有发生，“蒙恰”苗人不过是贵州省西部苗族中的一个较为典型的一员。这些，亦表现在他们的丧祭和古歌中。

另外，在古歌中表现的鼓和芦笙神性的来源，也与古歌关于灵魂生命的描述具有高度的一致性，都是自然生命的觉悟。

在“蒙恰”苗人的世俗社会的丧祭仪式中，一般都有一个类似于彝族人的指路仪式，即通过这个仪式，把死者指引到与祖先相会的路上去。彝族人的指路仪式很明确，就是要把彝族死者的一个灵魂指引到云南省的苍山，说他们祖先的灵魂都在那儿，但“蒙恰”苗人的指路却没有这个终极，而是一个有三条路的路口即可。在这个仪式中，亦说是去与祖先的灵魂相会，实际上却很含混。这个答案要在“蒙恰”苗人的古歌里来寻找。在彝族人的指路仪式中，是有自己的灵魂引导形式的，在“蒙恰”苗人的指路仪式中，也有自己的灵魂引导形式，这就是鼓声和芦笙声，但二者所引导的灵魂性质不一样，一个是人文性质的祖先灵魂，一个是自然性质的生命灵魂，所以，我们在古歌中看不到其祖先灵魂居住地的描述，只是“死去的灵巧女子跟着神灵爬上山坡，爬过山坡，……”了事。这说明，“蒙恰”苗人在丧祭仪式中虽然受到祖先崇拜的影响，但仍然没能实现由自然神灵向祖先神灵的转变，这也与其鼓的神性表现一致。

通过以上的分析，我们可以得出这样的认识，即“蒙恰”古歌在一定程度上是“蒙恰”苗人世俗社会丧祭仪式的经典，是这些口传的经典在一定程度上既定和指导了“蒙恰”苗人世俗社会丧祭仪式的进行。实际上也是这样表现的，“蒙恰”苗人世俗社会丧祭仪式的指导原则，基本上来自“蒙恰”苗人的古歌。不但如此，在“蒙恰”苗人世俗社会丧祭仪式中，古歌的演唱还是其丧祭的一个重要组成部分。

“蒙恰”苗人世俗社会丧祭仪式中，生者与死者的离别是一个非常重要的内容，而古歌中就有不少这样的内容，古歌不但是丧祭文化的原典，还同时表现大量世俗的生离死别的人类情感。《生死夫妻》就是古歌中最典型的作品。我们在前面说它表现了“蒙恰”苗人六个方面的死亡情感：一是描述了“蒙恰”苗人的死亡观，并与现实的病痛作了深刻的对比；二是描述了死者去了何处；三是描述了对死亡的恐惧感；四是描述了“蒙恰”苗人丧祭的场面；五是描述了死者对家人儿女的眷恋；六是描述了“蒙恰”苗人死时要给后人留下念想的观念。

在第一个方面，“蒙恰”苗人不相信人的死亡是一种生命的终结，而是转化，所以相信“聪明伶俐的姑娘死了就像外出干活没回家”，但同时这也是一种对死者的深切怀念。不过，“蒙恰”苗人也很清楚，这也是一种生命形式的完毕。“人生之路说长也长，人生之路说短就短。”但后两句不知道是安慰自己还是安慰死者，“死了的姑娘想到生时病痛就不想转回，死了的儿郎想到生时病痛就不想转来与人再成夫妻。”也许两者皆有，心情很复杂。

这种死亡情感从第二个方面表现了更多的关切。

> “聪明伶俐的姑娘死了要爬上天上的天梯，聪明伶俐的姑娘死了不要从天梯落下来。”这种古歌在丧祭仪式中演唱时，可以让在场的人泪如雨下。

在表述对死亡的恐惧感时，这种死亡情感的关切更深。

"姑娘不怕死，儿郎死不怕，不怕死来死不怕，就怕死后成孤魂，就怕死后掉进阎王家黑洞门。"这种死亡的孤独是什么？是生者的孤独？还是死者的孤独？都是！

…………

死亡的情感表述是相互的，在生者对死者的关切之后，更让人痛切的是死者对生者的关切。

"姑娘死去放不下儿郎情和爱，儿郎死去放不下姑娘爱和情。姑娘死去垮了儿郎半边床，儿郎死去垮了姑娘半边房。姑娘死去放不下儿郎情和爱，儿郎死去放不下姑娘爱和情。姑娘死去留下子女守别人家门槛，儿郎死去留下子女围别人家火塘。"

这些内容在丧祭仪式中反复演唱后，"蒙恰"苗人的死亡情感就会到达一个高度，净化"蒙恰"苗人的灵魂，成为"蒙恰"苗人的一笔精神财富，也可以说是人类文化的精神财富。从这方面来讲，"梦恰"苗人的古歌亦直接参与了"蒙恰"苗人世俗社会的丧祭仪式，是其重要的组成部分。

第七章 “蒙恰”古歌与其婚姻文化

生、死是人类文化的两大主题，表现死的文化的主要在其丧祭仪式中，但表现生的文化则主要表现在其婚姻文化中，这在“蒙恰”苗人的文化中亦不例外。相比较而言，“蒙恰”苗人的婚姻文化表现的更多的是“蒙恰”苗人的世俗生活观念和精神，与其丧祭文化有很大的不同，神性事物在婚姻文化中表现极少，是其社会生活的另一面。这一面肯定与它们神性的一面有联系，但它基本是直观的生命表现，亦是生之快乐的一部分。一个文化体中生的演绎当然不仅仅是婚姻，还有诸如生育环节的礼仪，但婚姻是其最为重要的组成部分，是生命可见的可以把握的“生产方式”。可以说，有什么样的婚姻文化，亦可以回观其文化的本体。

第一节 涉及“蒙恰”苗人婚姻文化的古歌

在“蒙恰”苗人的古歌中，其婚姻文化的表现比比皆是。具体涉及“蒙恰”苗人婚姻文化的古歌有以下几个方面：一是对古老婚姻习俗的回忆，比如《男孩做“媳妇”》；二是婚姻礼仪的直接描述，比如：《说亲歌》《姑娘做新娘》《接亲歌》等；三是对逃婚男女的描述，比如《逃婚男女》；四是对于不和谐婚姻的描述，比如《姑娘嫁老汉》；五是对美好婚姻和爱情的礼赞，比如《绽蕾女和围镯郎》《“文女”和“礼仕管子奖”》；等等。

《男孩做“媳妇”》是一个在父权话语下对母权话语的回忆。讲的是一个古代的男孩“嫁”给女性为“媳妇”的过程。它讲了男孩为什么要“嫁”给女孩，但在这一过程中处处显示出男孩的优越，表现出男女性别在婚姻地位中的变迁等等，以及最终是怎么由男孩嫁给女孩变化为女孩嫁给男孩的，才最终奠定了人间的“人亲礼爱”。

是谁想给人家做“新娘”，
是男孩想给人家做“新娘”。
是谁到姑娘家犁地，

男孩赶牯牛给姑娘家犁地。
……

水汪汪的一片大田，
平展展的一块大地。
好田要有好水源，
好地要有好阳光。

姑娘是水汪汪的一片大田，
姑娘是平展展的一块大地。
男孩是好水源，
男孩是好阳光。
……

男孩手上提剑，
腰间挎弩。
走在白天的男孩不怕蛇，
走在夜间的男孩不怕虎。
……

姑娘抢鸡腿吃，
姑娘想猪肉片吃，
人们才改变了人间的"人亲礼爱"（"人亲礼爱"意为"婚姻礼仪"），
姑娘的爹娘才想要有一位亲家，
姑娘才开始到男孩家做新娘。
（见《男孩做"媳妇"》）

直接的婚姻礼仪描述在"蒙恰"苗人的古歌中有《说亲歌》《姑娘做新娘》《接亲歌》等三首。

《说亲歌》中说明了一个婚姻的古规和好鸡卦的祈求。

好花藏山后，
好女在深闺。
"锁金阿压"（求婚后的小伙子名字）游玩时遇见好女，
媒人就来姑娘家说亲。
媒人说亲要姑娘家的鸡看鸡卦（"鸡卦"是用鸡的腿骨卜卦的方式。在贵州的黔西北地区非常普遍，多用其来预测婚姻是否美满等），
姑娘家的鸡喂在山中。
媒人就来姑娘家说亲，
媒人杀姑娘家公鸡看卦。

媒人吃完鸡肉啃完鸡头，
再看鸡卦怎么说。
鸡卦一出，
好就是好，
成就是成，
说什么都没有用，
照鸡卦来定男女姻缘。
……
那边坡姑娘家有一对好公鸡，
好公鸡有一对好鸡卦，
滑如玉如一对玉竹。
（见《说亲歌》）

《姑娘做新娘》是教导姑娘结婚后要好好做好新娘，要会舂米，要会背水，要会与寨邻搞好关系，“得个牛是头浊水牛，得个羊是只花猫羊，会杀，送给父母老人吃，会想，送给弟兄寨邻分”。否则：

姑娘做新娘顺崖来去，
去人家不要，转来不闻转离（婚人）。
（见《姑娘做新娘》）

《接亲歌》是一首在婚姻礼仪中带有祝祈意义的仪式性古歌，它一般会在接亲的时候演唱，由于是仪式性古歌，故许多词语都是老辈传下来的，其意义多有不明之处，但自古如此，因而我们也没有作过度的翻译，基本上维持原来的样子。比如其古歌的收尾段：

客来拿客腰，客退拿客皮，
客来乱了爹娘老人良心，
客退见得大运随父圆烟烧，
客来拿客腰，客退拿客手，
客来乱了娘爹老人良心，
客退见得大运顺父圆满散。
（见《接亲歌》）

《逃婚男女》讲的是逃婚男女不得正果的遭遇，说明“蒙恰”苗人社会是不赞成习俗中可以谅解的逃婚现象的。

黄牛想在坡上吃草，
公马想吃山上一窝青藤。
逃婚女回来不得母亲一勺凉饭吃，

逃婚郎得不到亲朋好友说句好。

黄牛想在坡上吃草，
公马想吃山上一窝青藤。
逃婚女回来不得母亲一瓢剩饭吃，
逃婚郎得不到亲朋好友赞扬声。
……
逃婚女离开了锅灶，
逃婚郎做不成家的主人，
逃婚女背不成背箩，
逃婚郎干不成正事。
天意不会遂逃婚女的心意，
上天不会使逃婚郎顺心。
……
相好的逃婚女和逃婚郎，
只能悄悄来往。
逃婚女走山背后湾子那条路，
逃婚郎走丫口那条路。

逃婚女逃婚了不敢走大路，
只怕原丈夫拿藤索来捆，
逃婚郎逃婚了不敢走大路，
只怕棵藤索来捆绑。
……
逃婚女有吃穿才能逃婚，
逃婚郎有家底才敢逃婚，
逃婚女逃婚因为有母亲做有许多衣裙。
逃婚郎逃婚因为父亲家有许多粮食。
（见《逃婚男女》）

《姑娘嫁老汉》是一个“蒙恰”苗人民间故事的古歌化，这个故事说的是一个父亲把女儿嫁给了一个老汉，日子过得很不开心。让这个父亲很内疚，在自己死后就变成了一条蛇把老汉咬死了，使女儿得以改嫁到一个好青年家。于是这个父亲又变成了一只老虎在女儿家四周来守护她，但他的女婿不知道那是他岳父，就把他射死了。

雀京（鸟名）飞在树枝上，
京眉（鸟名）飞在岩石上，
这位姑娘的妈养得一个姑娘。
姑娘的妈为姑娘选夫，

选了一个苗寨的老头为夫。
……

这位姑娘的妈养得一个姑娘。
姑娘的妈为姑娘选夫，
选了一个苗寨的干老汉为夫。
这位姑娘对妈说：
妈呀，你为我选夫，
为何选了个苗寨的干老汉为夫。
姑娘妈对姑娘说：
我儿你的命不好，
就像一把干谷把没有几粒米。
……
姑娘在闲时不纺麻，
做客时不纺线。
不去干老汉处爹娘骂，
去了寨子里众人笑话她，
让她无脸见人，
生不如死。
……
姑娘上山归来不捡柴，
做客归来不扯藤。
嫁干老汉的姑娘逃婚回来，
遇见一位逃婚小伙来留她。
有一位逃婚小伙逃婚回来，
就有一位逃婚姑娘来拉；
有一位逃婚姑娘逃婚回来，
就有一位逃婚小伙来留。
（见《姑娘嫁老汉》）

《绽蕾女和围镯郎》和《“文女”和“礼仕管子奖”》都是礼赞“蒙恰”苗人美好婚姻和爱情的古歌。

《绽蕾女和围镯郎》描述了“蒙恰”苗人的绝配：

是谁听到天地间的公鸡叫，
是“阿年”（天上的雷神）听到天地间的公鸡叫。
公鸡一叫，
老鼠、虫子、鸟儿都自己跑到水湾底（地名）水中被淹死。

绽蕾女容光焕发出落成一位美丽姑娘，
围镯郎潇潇洒洒长得像棵挺拔的春竹。
（见《绽蕾女和围镯郎》）
但是，他们最后的结局也只有选择逃婚。
绽蕾女和围镯郎的暗中相恋，
惹恼了夷蛮官家。
夷蛮家发誓要打这场官司，
绽蕾女和围镯郎连夜悄悄逃走，
使得夷蛮家的官司打不起来。
（见《绽蕾女和围镯郎》）

《“文女”和“礼仕管子奖”》讲的也是这两人的爱情故事，虽然美好，结果也是逃婚，但古歌中却没有责备他们。

怪树上有眼喷泉，
喷出了一地水泡，
叫“礼仕管子奖”（人名）男儿拿乐管来吹，
乐管声响遍寨子，
使一个叫“文女”的姑娘陶醉其中。
……
“文女”和“礼仕管子奖”暗中相恋来往，
两人相约逃婚。
“文女”逃婚穿走她妈妈的衣裙，
“礼仕管子奖”逃婚穿走他父亲那件衣服，
“文女”三年逃婚后还是原来的衣装，
“礼仕管子奖”三年逃婚后仍然是以前的衣装。
（见《“文女”和“礼仕管子奖”》）

第二节　“蒙恰”苗人现实中的婚姻文化

为了更为深刻地理解“蒙恰”古歌中的婚姻文化意义，我们亦对“蒙恰”苗人婚姻习俗文化进行了调查。在其婚姻习俗文化上，我们也选择了两个调查点，一个是苦李井村的小田坝，一个是岩上村的长水沟。两个点，亦自然就产生了两个个案。

这两个婚姻习俗个案的调查人和讲述人与丧祭个案同，故略。

小田坝婚姻习俗个案

相识。男女青年一般在跳花坡的时候相识，如果双方相互喜欢，在寨子边“赛月亮”的时候，两者会更进一步了解对方。这样只要青年双方同意了，男青年把心意和家长通气后，家长都会支持青年自主的婚姻选择，“只要你们相互喜欢，我请人去通信”。

请媒人。男方请三位能说会道、有儿有女、家庭和睦、夫妻双方父母健在、懂礼仪、善交往的人，也即在别人看来属于“命好”的那类人去女方家说亲。男方家长请这位说亲的人会去他家说：“我家儿子看上某家姑娘，请你给她说去。”这些受邀请去说亲的人一般都会欣然前往。

看鸡卦。在这支苗族中，婚事都要看鸡卦。到目前，这种习俗仍然延续。

去说亲之前，男方先要在家中杀一对鸡，看完卦，要是家里的鸡卦好了，媒人才动身去女方家说媒，要是家里的鸡卦不好，也即到此为止。不再多有想法。

说亲。三个说亲的人去女方家，都要背一顶凉帽，认为这是一件好事，故背一顶凉帽。到了女方家进家门后要故意说：“我们本来从家里动身得早，但在路上耽搁了，所以来迟了，某家要我们来你家，找你家姑娘给某家老人背水喝。”女方家长也就知道来者的意思了。随后会给说亲的三人做饭吃，要是在交谈中女方家长同意把姑娘许配给青年，来人就留下同意吃饭，否则的话也就及时返回，不吃这顿饭了。

女方家长把姑娘喊来，当着来说亲的三人的面，问姑娘去不去给某家老人背水喝，姑娘即使愿意这时也不说要去，而是跑出家门去玩了。

第二天早上主人家拿来一只鸡给说亲的人，这只鸡与平常天宰鸡不一样，而是把鸡捏死，弄净煮好。吃这顿早饭的时候，主人家请来寨中一人作陪客，陪说亲的来人吃饭。吃饭时，把桌子摆好，拿鸡卦给说亲的来人和陪客看，鸡卦好了，这门亲事算是说定了，要是鸡卦不好，在场的各人也就知道情况，不用多说什么，吃完饭各自就走了。

鸡卦好坏的决定，是看鸡卦的颜色和酬（鸡腿骨上的小洞）数。鸡卦不能是红色，要呈白色的为好，四酬、两酬的都算是好卦，鸡卦成三酬、一酬或是有一酬在中间成了木马卦就是不好，意味着两位年轻人的婚事不合，也即作罢。若是成木马卦时，双方一定要结婚，也会认为是寿缘不长。另外还要拿着从男方家带来的鸡卦和女方家的鸡卦对比，认为好的话才接着下一步讲彩礼钱。

讲彩礼。彩礼钱不管讲多少，按古老说法，都是讲牛，一头牛，不管大小，一般一头大牛折成彩礼钱的定数。现在讲彩礼钱时，也是讲牛，只是拿钱来折合牛的价钱。到目前哪家说一个姑娘，彩礼钱要七八千。原来双方说好拿多大的牛作为彩礼钱后，男方家还要再拿一定的礼钱。牛的大小是讲定了的，礼钱的多少视男方家家庭经济情况而定。牛要在完婚后才从男方拉到女方家。

双方经过几番的交涉，最终达成一致。礼钱在说定的时候不直接拿给女方家，要过一段时间或者到过年的时候，男方送钱去女方家，这时的意思即男方家想把姑娘娶进门了。

送日子。送彩礼钱的同时，男方同时会送日子给女方家，把期程拿给女方家看，女方家视青年结婚的日子把礼钱用来给姑娘置办衣物。

接亲。男方家去五个人接亲。一个吹芦笙，一个押礼先生，两个陪新郎的。押礼先生要戴一顶凉帽，背五根两头有绣花的白布带子卷成的筒状物，红绿花线一样要有一点。

去接亲的在路上隔女方家不远的时候，大约离家100米的地方，女方家来人拦住，都是新娘的同辈，这时他们可以任意取闹来接亲的人，如揪接亲人的耳朵，给他们打黑脸，这时五人不能躲，女方来人说五人都是新郎，故揪他们的耳朵就是揪新郎的耳朵，因此也不为过。这样边打闹，边往前走，到大门前，摆设一张桌子在大门边，女方管事让来接亲的五人坐起，五把马勺有的藏在桌子脚，有的挂在头上的门梁上，要押礼先生把五把马勺拿出来，桌上放一个小簸箕，装有苦酒，说是喂小猪。“你家不香盐巴（方言：没有盐味）。”说要拿一块石头去碓窝里冲（只是意思）。去打闹的同辈姑娘舀一盆水来，让五个遭打黑脸的接亲人洗，是哪个姑娘摸的接亲的来人脸黑乎乎的，哪个就打水来让他洗。

“蒙恰”苗人梳妆中的妇女

之后，去坐桌子。五个接亲的坐着，女方家再来三个人陪，请他们把五个来接亲的人招呼好。堂屋里正中的席位是家中年长的老人来坐。

倒三次苦酒，端着碗，五个来接亲的人一个个地给堂屋中的老人磕一次头，磕完头后，同辈的其他人还要他来磕玩意（方言：逗着玩）。

老人安排五个接亲的坐好。

座席时接亲的在一只角，姑娘家的在另一只角，对角安席。三个人一直陪着来接亲的五人直到把新娘接走。这三个人中有新娘的亲哥，女方家请来陪男方媒人看鸡卦的人等。

深夜，管事安排家中老人在堂屋坐好，帮忙的人发碗给老人，倒三转苦酒，男方媒人端起酒给老人们“道歉”，说些感谢的话，五人再给老人们磕一次头，之后老人碗中斟满酒，大家唱酒令。

要请新郎到寨上某家去住，这晚新郎不住在新娘家。其他四人可以在新娘家住，但一般是在火塘边休息。

第二天早上，吃过早饭，就要接新娘出发了。

在堂屋里的坐法与前一天的坐法相同。

送亲的一个姑娘，六个人作陪，要求六人的父母健在，不能是怀孕的人，新娘的姐、姨妈、老表都可以。

花衣服、花裙子包在包单里，一个人背起，和两个拿伞的人跑出去，送亲的拿起花鞋，要向男方讨花钱。这几人故意跑出去到处躲，不直接把这些东西给接亲的人，新郎和另外的两人负责追这个故意到处躲的姑娘，直到姑娘愿意把东西拿给接亲的人，接亲的把准备好的花线分给背花衣服、花鞋的几人，每人分得两支花线才把东西交给接亲的和新郎。

出门之前，五个接亲的又要给女方年长的老人倒三转酒，磕头。押礼先生背着凉帽在前面，吹芦笙的一人跟在后面，在姑娘的闺房旁一直吹芦笙，意即催新娘动身。

到动身的时候，押礼先生一只脚踩在门槛上，再一次给女方父母说些道歉的话，送亲的一人和新娘就各打一把伞走出房门。等前面一行先走了，新娘的亲哥和女方陪看鸡卦的那一人背着饭后走。快到男方家的时候，离家两三百米的地方，接亲、送亲的一行停下来让新娘和送亲的吃晌午饭，只是吃个意思而已。

男方寨上的人会前来看新娘。

吃过晌午饭，新娘和送亲的要再梳妆打扮一遍，说是在路途中走累了，新娘要把鞋换成新鞋等，要梳妆整理合乎礼仪后才进男方家门。

男方在新娘到达之前就砍来三棵木棒，削成四方有棱角的搭成门状，做一个叫“拦喜神”的仪式。新娘要从这个门中走过，走过时，先生会拿一只鸡在新娘头上扫一遍，弄完把鸡随手甩出，任其随意去哪里就去哪里。

走过拦喜神的门，进到堂屋时还要经过“打醋坛”仪式，新郎的妹或嫂子在门槛边，堆个草疙瘩，上面放一枚红火碳，用葫芦瓢里的水淋红火碳，使其冒出水烟气，以示扫除。

新娘进家，主事的安排供菩萨，有供三献神的和供五献神的。供三献菩萨时座六人，供五献菩萨时座六人。

供完后，家中主事把客安顿好。

当天晚上，新娘和送亲的住在寨上别家。晚上十二点过后，三四个青年会拿着酒给新娘和送亲的“吃夜酒”。听新娘和送亲的唱酒令，她们唱酒令，青年就要喝酒。小伙要是能对唱酒令，新娘和送亲的也要喝至少三杯酒。两方要是都能唱，双方就接着一直唱，喝酒。

家中堂屋会唱酒令的唱酒令，其他说白话的说白话。这一晚大家自由玩乐。

“蒙恰”苗人妇女上装

女方家的媒人和新娘的哥说话给大家听，要求男方加礼钱，这是在前面讲彩礼钱之后的又一次讲礼钱。女方要求男方在原讲定的礼钱上再加一定的礼钱，最后讲定加的礼钱是一百四五十元，讲完大家就休息了。

第三天早上，若送亲的说还可以在男方家住一天，就还在男方家住一天，如果送亲的说当天就要回去，那就当天回了。

送亲的从男方家回去的时候，男方管事的在堂屋外面摆设一张桌子，上面放一个簸箕。男方家媒人邀送亲的媒人：“我们两个出去晒太阳。”即使当日没有出太阳，也这样说，成为固定的“行话”。如果送亲的说：“今天没有太阳，我们就不去了。”媒人就说：“太阳来了，你看到没有?”如果送亲的回答：“我没看到。”那就要喝一杯酒，直到送亲的觉得喝不下去了，才会说：“看到了。”倒酒给送亲的喝意即给他洗脸，洗好脸了自然就看到太阳了。送亲的喝酒多少自然要看自己的酒量而定了。

开始给主要亲戚讲礼钱，以前一般是老娘舅三块，老姑妈三块，姨妈三块，老祖公、老祖母还健在的话，各三块，新娘的兄长、姐姐一块二，弟妹则没有礼钱。现在随着经济条件的改善，礼钱都增加不少，最少都要给六块，一般十二块，多的给三十六块。讲定后，管事的将礼钱一样样点给送亲的媒人。

之后送亲的媒人还要问男方讲彩礼钱，即牛对不对数时，主事家有牛就拉牛来，没有牛，看讲好的彩礼钱折算成多少钱。这时男方才把牛拉来或数钱，交给女方家的媒人和新娘的哥。

回亲。吃过早饭，送亲的媒人背上伞向男方家道歉，说些致谢的话。内容大致是大家劳累了几天几夜，把亲戚喊到堂屋坐起，倒三转酒，感谢三亲六戚，男方媒人拿来一口袋饭，袋里还要放一公一母熟了的两只鸡，另外还有两个瓢。男方家媒人在门口等着，等女方家媒人把在堂屋里的事情处理完，要出门的时候，就拿这个口袋笼在女方家媒人的脖子上去，要是没笼到，还要追一阵，大家故意玩乐、热闹。

新郎给女方媒人磕头，他随即掏出两块礼钱给新郎。

等送完女方媒人，男方媒人切肉分给来主事家赶热闹的小孩子们吃。

“刷偏棍”。男方家拿只母鸡给女方家媒人，大约有两斤重左右。刷偏棍代表打牛的棍子，给媒人的鸡意即给他带牛回女方家的辛苦费。

女方家三亲六戚在家等着媒人从男方家背回来的一口袋饭和一对鸡。大家在吃饭之前要供菩萨。

亲戚吃过这顿“回亲饭”，回亲过程结束。

再过三五天，新郎把新娘接回家来，整个婚礼也就结束了。

长水沟婚姻习俗个案

说亲。“感谢父亲、外公，感谢母亲、外婆，感谢小的弟兄。”男方家派去说亲的人说完这三句话，招呼大家吃饭，说这件事情是比较顺利和好的。大家听到这几句话，也就知道鸡卦是好的，顺利后，大家一起吃饭，每人一副杯碗，倒三转酒。

女方家要有意说不把姑娘放你家。男方要说断气得很，即说钱的情况恼火（困难）。意思即要开始讲彩礼了。

男方媒人说："这个老人家要抬高手让一些，虽然鸦雀窝在，但鸦雀蛋没得几颗。"意思是男方家财力有限，让女方家少要一些彩礼。这些话被称为"花言剪语"。

女方代言人说："男方家父亲老人在某个地方站着占起半边天，坐起占到半边地。"意思是在地方上是有钱有势的人家。

这样双方对话几个回合，男方家在叫苦，女方家在恭维。原来讲彩礼是男方家送女方家一头牛，另外的礼钱根据时代而说定。

双方讲定，要是送牛直接就可以，要是不送牛还需把牛的价值折换成现钱，在王亮枝这一辈，折算的钱在八九十左右。现在要八九千了。

男方家媒人最后说："没有问题，到时主人家不给这么多，就算我的。"

"蒙恰"苗人妇女裙子

女方家代言人说："那到时我们拿不到这么多的彩礼，我们就只找你要了。"

说定，大家喜欢划拳的划拳。原来的老规矩还要等到第二天杀一头猪招待来说亲的人，第三天说亲的才返回家。

说定亲事，一年半载男方去女方家送彩礼钱、定期程，把大礼都送了，小礼在婚礼时才送。

小礼钱的规定，按老辈人来说，老娘舅、老姑妈三块，姨、姐、哥各两块，这些人当中，都只有年龄最大的才收这份礼钱。等到后来哪天这对新人生小孩了，这些得过礼钱的亲戚和外家都要在满月酒的时候送来背扇等物品，这是兴的一般规矩。礼钱随着现在人们物质生活水平的提高，现在要给到三十块的礼钱才说得过去。

接亲。分大接和小接两种。

大接时五个人去接，其中一个必须是吹芦笙的。即一个媒人，一个芦笙匠，一个代表男方父母的长辈，一个新郎的陪郎、新郎。小接就只有三个人：媒人、陪郎、新郎。

大接的过程：一人背一个串带，串带是自家用白布缝成的腰带。一个串带里面放一把伞。出门之前，把家中的老人全都喊来坐在堂屋中，管事的倒完三转酒给老人吃后，媒人给各长辈倒酒磕头，磕完头，再带上五块钱左右不同颜色的花线，就走了。

芦笙匠走在最前面。

根据路程的远近，一般在五六点钟的时候到达女方家寨子算是合适的时间。新娘的同辈姑娘就来和接亲的五个人"锁银"，揪男青年的耳朵，和接亲的人开玩笑。

她们在进屋的路上堵三回道路，揪一回接亲的耳朵，放走一道。当第三次揪耳朵的时候，接亲的就到达新娘家屋前。等女方家管事的把家中年长的老人安排在堂屋坐好以后，叫新郎一行进家。堂屋前放一张大桌子，一个大簸箕放在上面，一瓶酒摆在簸箕里，桌前放五个碗、五双筷子，叫来人喝酒吃菜，意思一下即可，而不是真的安排他们吃饭喝酒。舀三小瓢，叫他们赶紧吃，拿酒敬他们，叫他们自己找故意藏起来的马勺（小木瓢），可能在桌子角，也可能挂起在堂屋的门梁上，还可能藏在饭里面，马勺要藏好，故意让新郎一行找不到。

果真接亲的找了一会还找不到马勺，就要闹笑话了，看热闹的人就会说："你们快吃呀，不吃明天就把你们赶到场上卖了哦。"

这一小细节意即试探男方接亲的来人机灵与否，找到马勺了，这一过程就完了。

桌子抬在一边，女方家老人坐在堂屋，管事的倒三转酒，接亲的从年长的开始磕头，磕三转头，请接亲的屋里吃饭，吃完饭回来坐在堂屋的某一固定的位置，坐到半夜时间，媒人就会说："老人们，天要亮了，做饭的接着做，明早我们好早点走。"这样重复讲三遍，不管有没有人答应，中间隔一个小时就讲一遍。

天快亮了，老人们安排座席。

在外家吃饭时，新郎家靠堂屋里面角坐，新娘家在大门角坐，他们坐的位置恰成一个对角。

在男方家座席的时候，位置反之。

在外家吃两顿饭，吃饭之前，男方家接亲的人等菜上桌，拿起筷子准备吃饭的时候，要拿起筷子，说感谢的三句话。

吃早饭的时候，管事的叫老人坐好，倒三转酒，大家一起端好碗，四个出到门口，枝倒凉（苗话音译）安排掌握财礼的人，把伞背起，接亲的磕完头，四个出去了，枝倒凉面对神龛，站在大门口，说："感谢了，父亲外公；感谢了，母亲外婆，狗脚猪脚，踩坏父母金场银坝，我们来费父母的水，费父母的酒，转过父母不要说伤心丧气的话，是不?"往左边转一转，转到半转的时候，一只脚踏在门槛上，仍然在原地面对神龛说："父母们吃草根，吃饭根，接肉让长让高，九天十天不带妹子去，今天要带妹子去，父母不要讲伤心丧气的话，是不?"说完随即侧转身。

走出到大门口的时候，再侧转身回去，说："感谢了，父亲外公，感谢了，母亲外婆，感谢了，弟兄们，一家老幼安心地在。"

然后枝倒凉走到姑娘的房门前，喊她："妹子来，走了。"枝倒凉在这时候不管与新娘的辈分如何，都喊她妹子。

新娘的姐妹们把新娘的花鞋、伞、包单拿到门口，枝倒凉用花钱取包单、伞、花鞋，每样用一枝花线去换取。出大门口，送亲的姐妹把伞打开，新娘和送亲的各打一把伞。女方家亲戚对接亲的讲："你们要砌好路，新娘才能走。"接亲的把挨在身边的桌凳稍稍移动，表示已经砌好路，说："我们已经砌好路了。"把桌子移开，新娘就开始出发了。大家慢慢上路了。

这时新娘的哥，堂哥、亲哥都可以，枝打折（女方家送亲的，辈分比姑娘长一辈，代表新娘的父母接受彩礼），背起晌午饭，有七八斤的饭，一刀煮熟的肥肉，要切成片片连起的。两个马勺放在装饭的饭袋里面，赶后跟着走，途中他们走得很慢，如果路远，枝打折可以催大家走快点。当走到离男方家500米左右的地方，新娘重新进行梳妆，送亲的兄弟和枝打折把晌午饭拿出来，烧火把肉煮熟，给新娘和送亲的姑娘吃晌午饭，意思一下即可。男方家姐妹们来看新娘，新娘拿晌午饭给男方家的姐妹吃，最后留下三片肉和一碗左右的饭到男方家祭奠男方家上辈老祖。

“蒙恰”苗人服饰精美绣片

进亲，“秋留局”（苗话音译）。晌午过后，男方家管事组织接待新娘，准备进亲，要叫家中的老人，亲戚中的长辈在堂屋中坐起，每人手拿一个碗，倒三转酒，在山上砍两棵有杈杈的树条和一棵没杈的树条，搭成门的形状在房子进屋的侧面，男方家找个缘分好的男子（所谓缘分好，指的是父母健在，夫妻双全，有儿有女，家庭和睦的人）拿着一只大红公鸡站在条子门边，新娘要将头饰梳子之类的解下，把围腰解掉，把花鞋（船形的鞋）脱掉，交给别人，新娘要从条子门下进入，在进入的时候，缘分好的男子拿大红公鸡在新娘头上绕，口中念：“新媳妇背清水，早媳妇背早水，背金背银孝敬公婆，绕新娘进家中，绕不干不净，丢在外面。”讲完，把鸡丢掉，随即把三根木条撤去，新娘就往家门口走。

新郎的一位嫂子（必须是不怀孕的，缘分好的）拿一个小葫芦装一葫芦水，洒在已经准备好的在门口边的小草篼上，上面放有一个红火碳，水淋上去产生烟气，新娘从上走过，从房子左边进入新房，苗话称新房为“剖那”。

主人家三个鬼师在门口献酒，祭奠前三辈祖宗，三个鬼师各祭一辈，有三个人，第一人是嫂子拿的水葫芦，祭奠前三辈中最长的一辈，口中念：“新媳妇背酒来到，某某老人，请喝酒。”

到最后一个鬼师，除祭前三辈们最后一辈外，还要祭所有的列祖列宗。

结束以后，水葫芦收好，以后照用。

接待送亲的进家，老人已坐好在堂屋，主人家派一个人接枝打折的那个饭袋，拿个板凳让他坐到大门口内左边。新娘的兄弟要朝长辈的老人磕一转头，磕完后挨着枝打折坐，男方家管事安排碗给他们两个，同样倒三转酒，喝完酒，收起碗、酒，安排桌子吃饭。新媳妇、陪娘叫来一起吃饭，坐的位置是新郎一桌在大门边，新娘一桌在堂屋里边，新郎与新娘坐的位置成对角。

吃完饭，要把新娘带到男方家安排的寨子上的另一家去住，这一家称为新娘店。

到了晚上，送亲的枝打折和男方家的亲戚一起在堂屋里坐夜，到半夜，又喝喜酒，过程是：拿碗发给每个人，包括枝打折，人手一碗，同样倒三转酒，这时候男方家另外找一个人来陪枝打折，到此时，媒人的任务已全部结束，陪枝打折的这个人来代替媒人完成剩下的事。另外安排两个年轻人再发一个碗给他们（他们这时手中有两个碗），帮忙的人倒酒在他们碗中，倒三转酒，拿一个人端三个碗，另一个拿一个碗，将碗中的酒先倒给枝打折，回去，先端着三个碗的小伙拿酒碗把酒倒给陪枝打折的那个人。这个过程称为丢喜酒。

喜酒到手后，陪枝打折的那个人就开始发话了，问枝打折：你来时父母（指的是女方家父母）装箭在你的筒，装言装语在你的嘴，你要讲出来让爹娘（指的是男方家父母）放心。

枝打折故意不回答。

重复三遍后，枝打折答话：如果这样，我说点给父母听，十二棵藤，十二样长，十二棵索，十二样齐，锁太阳出锁月亮出，礼核礼实，父钱母钱，不说父母也知道，说了父母也知道。

坐了一个小时后，枝打折提醒，自言自语讲，父母们在天亮时做汤做菜早一些，我们吃早好走，每隔一个小时讲一遍，共讲三次。

天亮以后，男方主人家管事安排摆起一张桌子放在大门口场坝上，桌上放一个小簸箕，内有一碗酒，一个小杯子，小礼钱放在簸箕内，把老人、长辈叫来坐在堂屋里，发碗倒三转酒，枝打折和陪他的那个人坐在大门口的左边，这两个这时以夫妻相称，枝打折为夫，那个人为妻，三转酒倒完之后，“妻子”发言：“酒要喝，话要讲，太阳来了，我要带你去晒太阳。”枝打折讲：“早上很冷，哪里有太阳。”要讲三遍，“丈夫”也照前回答。

三遍后，“丈夫”假意将头伸向外来看，说：“哎，太阳真的出来了，我们要晒就去晒太阳吧。”然后两个一起来到桌子边，“妻子”说：“你看见对面的大山（指的是后补的彩礼）没有?”若枝打折回答没有，“妻子”就说：“你眼睛不见亮，需要洗一下。”然后倒一杯酒给他喝，再问他看见那座大山没有，连续这样重复三次，“丈夫”喝了三次酒，他才说看到了。

这时“妻子”就说既然你看到了，那么需要补的彩礼总共多少，枝打折就讲，意即要求再补一点，这点不够，姑娘家父母要求得多少多少我才能收，否则我不能收，你这里不够数。“丈夫”讲：“没有了，家里面很困难，天上见炀炊，地上见灰，刷不来了。”

枝打折还是说不行。

“妻子“说：“那再去刷一下，看刷得来不?”

最后都会补一次礼钱，多少补一点，补的礼钱收好，当着大家的面把礼钱点好，除了五组礼钱外，另有一块五的礼钱给新娘的父母，这份礼钱称为“南佐夫果”。表示在以后走姑娘、亲戚的费用。

收好钱后，安排桌子吃饭，出发回亲时候同样是把老人喊起来坐起，倒三转酒，男方家装一口袋饭，有一只煮熟的整鸡，一刀切好连片的肉，鸡装一袋，肉、饭装一袋，“妻子”拿着袋子在大门口等待，等枝打折走出门，这时枝打折在堂屋手端着酒碗坐着。有两个年轻姑娘分别拿两条腰带，递给枝打折一条，送亲的兄弟一条。递给枝打折腰带的这个姑娘，同时讲：“父亲父兄来，不得吃，不得喝，拿这小匹麻送给你拴，好的话就拴，不好的话就放起。”

枝打折回答：“不讲不讲，是金带，是银带。”这个过程称为丢腰带。

“妻子”拿伞来给枝打折背起，枝打折站起在堂屋面对神龛讲：“感谢父亲，感谢母亲奶奶，你家忙劳力，拿劳力，你家忙工夫，拿工夫。”

转一转，脚踏大门槛一下，又讲：“卖田不踏田坎，嫁女不等劳力，九节肉是你家肉，九节骨是你家骨，有一节是我家的，是不?”

转半转，侧身面对神龛，说：“感谢父亲老爷，感谢母亲奶奶，感谢弟兄，大家老幼在，我们就走了。”

从大门走出来，“妻子“拿口袋欲把袋子笼在脖子上，他尽量躲开，最终会被套上，让大家欢笑一阵。

出大门口外，新娘的包单、花鞋、伞被男方家的姐妹背出来，枝打折用肉换取包单、花鞋、伞，剩下的肉带回女方家祭奠祖宗，同时新娘在枝打折被套上口袋后给枝打折磕个头，然后枝打折拿条腰带送新郎，若不送腰带，就送一块二的礼钱。新郎从接亲的五个人中找一个年轻人和他做伴背饭去外家敬祖。

到外家后，如果外家宰鸡来招待提鸡腿给小伙吃，小伙要在桌边站起说些表示感谢的三句话，一般第二天回去。

整个接亲过程结束。

第三节　两个婚姻个案的文化分析

以上的两个婚姻习俗个案在实际的生活中可能会展示更多的我们意想不到的细节，表现更多的具有文化意义的事象，也就是说，实际的婚姻习俗活动，比我们在文字描述中的要复杂和生动活泼得多。

“蒙恰”苗人的婚姻习俗一般是从青年男女的恋爱行为开始的，这与其他民族或文化体中的类似行为一样，都是一种青春期文化的表现，这在“蒙恰”苗人文化中也是如此。“蒙恰”苗人的青年男女一进入青春期，这样的文化活动就会展开，不过，这种青春文化的展开的方式在不同地区、不同的文化中表现又是不一样的，“蒙恰”苗人的青年男女就有自己独有的方式。在“蒙恰”苗人中，这种方式被称为“花场”，每年的适当时间，一般是每年的年节前后，春天来临之际。在“蒙恰”苗人中，这种花场在不久前还存在过，但现今已经基本消失。

在"蒙恰"苗人的居住区域附近地区，有多个支系的苗族存在，他们都有自己固定地点、固定时间的花场，比如"四印苗""箐苗""小花苗"等等，都有自己的花场。这种花场其主要的文化功能就是为自己民族青春期男女婚恋提供一个文化空间，使自己民族的人口繁衍在文化上有一定的文化依托。人类在形成了自己的一定文化构建之后，就已经不把性和生育看成是纯粹生物性质的行为了。

还有，这些苗族支系在由于种种原因进入大山深处时，与外界的交通和联系是非常困难的，有时候，与自己文化种群的交流都会显得相当困难，如果没有这种交流，其避免血缘婚姻就会变得很困难，故寻求民族文化群体内部的远缘婚姻就要寻求一种方式，每年一次的"花场"就是在这样的文化动因下产生的。产生这种花场的前提是交流的闭塞，如果这种闭塞一旦消失，血缘交流的这一巨大动力就会消失，"花场"就会弱化为只为其另外的文化功能服务。"蒙恰"苗人的花场消失的主要原因就是如此，随着社会和交通信息的发展，一条短信就可以解决青春期男女的交流问题，花场的消失就在一定程度上不可避免。我们以为，"蒙恰"苗人的花场消失的主要原因就在于此，当然，也还有其他的一些原因。在今天，这一地区苗族花场为远缘民族婚姻提供文化空间的功能已经大大减弱，虽然有的支系苗族的花场仍在，但文化功能已经发生了重大的转移。

"蒙恰"苗人的花场消失，但婚姻恋爱的交流却依然存在，它仍然是其婚姻习俗的一个重要组成部分，只可惜这一部分受到太多的来自外部世界的影响，也就是说，现代的"自由恋爱"也是"蒙恰"苗人青年男女婚恋习俗的一种构成。在"蒙恰"苗人中，传统的父母亲做主的婚姻和"自由恋爱"的婚姻同时存在，或者说把二者结合起来的婚姻也是存在的，即先恋爱，后请父母亲请媒人说媒。我们以为，这三种情况在"蒙恰"苗人中都有。

但是，据我们的实际观察和调查，传统的婚姻仪轨仍然是"蒙恰"苗人的婚姻文化的主流，一系列的传统婚姻文化观念仍然影响着"蒙恰"苗人的婚姻习俗。因为不管是什么样的婚姻起因，一旦进入婚姻仪轨，传统的婚姻观念就会成为其婚姻文化的主角。

这样，首先是说亲，并且说亲的起始就是看鸡卦，并且由鸡卦来决定一切。这在其古歌《说亲歌》中就有：

媒人就来姑娘家说亲，
媒人杀姑娘家公鸡看卦。
媒人吃完鸡肉啃完鸡头，
再看鸡卦怎么说。
鸡卦一出，
好就是好，
成就是成，
说什么都没有用，

照鸡卦来定男女姻缘。
（见《说亲歌》）

在以上两个婚姻习俗的个案中，我们看到，“鸡卦”是其一个根深蒂固的婚姻观念。鸡卦的文化事象在贵州的黔西北地区非常普遍地存在，它在多种文化表现中出现，是多个民族，多种文化表现的一个神秘预测性质的事物。在“蒙恰”苗人的婚姻习俗中出现，也是要预测这个婚姻大事的前途性质的。鸡卦好，可能就会掩盖许多问题，但是，如果真的鸡卦不好，包括婚姻的当事人也不大会拿自己一辈子的婚姻来作为赌注。更为严重的是，一旦是不好的鸡卦，家庭就不会为这对新人做任何事情，而这一对新人如果要强行走自己的婚姻道路，在现实中只有一种可能，就是两人逃婚，从此不属于这个文化群体。也就是说，鸡卦不好，不管是对于父母做主的婚姻，还是对于自己恋爱、家里说媒的婚姻，都是决定性的。

“蒙恰”苗人应该说至今仍然是很看重鸡卦这一事物的意义。

如果鸡卦这一关过了，就可以进入正常的婚姻礼俗过程了。两个不同的家庭，要缔结婚姻关系，男方家庭对女方家庭进行一定补偿是婚姻文化的一般性质的表现，这在“蒙恰”苗人里也不例外，所以，“蒙恰”苗人的婚姻礼俗在过了鸡卦关之后，就是讲礼钱了。在过去，这礼钱讲的就是一头牛，这是定数，即男方家庭给予女方家庭一头牛作为补偿就可以了，不会是两头牛、三头牛的说法，所以，所谓的讲礼钱实际上是讲这头牛的大小。或者说讲礼钱是一种婚姻礼俗的表现，是男方、女方媒人共同来强调这个女儿是多么珍贵，男方家是多么重视的一种礼俗。

现今，“蒙恰”苗人的婚姻礼钱仍然是一头牛，但在现实中已经折算为实际的钱款，但仍然说是一头牛的钱款。这头牛的钱数在实际中已经到了七八千元，但“蒙恰”苗人讲这种礼钱有一个公认的原则，即男方家庭的经济情况是这种讲礼钱的基准，礼钱的多少，一般不会超出男方家庭的承受能力，如果超出，就会被认为是女方不同意这门亲事了。

这是对女方家庭的礼钱，但“蒙恰”苗人的婚姻礼俗中还有一种礼钱，这就是在结婚时要讲的礼钱，这就是给予女方长辈亲戚的礼钱。这种礼钱往往是一种象征性的礼钱，即表明与女方长辈亲戚关联的重要性，和对女方长辈的尊重，等等，并没有什么实际的经济利益关系。这种礼钱讲起来可能绕来绕去讲很长时间，但最后的实际钱数并不多，重要的是通过这种讲礼钱，把女方长辈亲戚的重要性显示出来。实际上，这个讲礼钱说明了此次婚姻的缔结，不但是两个家庭亲缘关系的缔结，也是两个亲缘集团关系的缔结。

礼钱讲定，这次婚姻的关系就算是确定了下来。

在以后某一个时间里，男方家认为做好了准备工作，可以为儿子举行婚礼了，就会看好一个日子，并把看好的日子和原先讲好的礼钱送到女方家，这样，两个家庭就会为儿女们筹办婚礼事宜了。在以前，女方家基本没有什么准备的，只有女儿自己做的一些衣服就可以了，牛也是实实在在的一头牛，牛拉来，女儿就可以嫁过去了，但现今有了不少的变化，因为送来的不是实际的牛，而是一头牛的钱币，故一般的人家就多少要为女儿办理一些嫁妆。

到婚礼举行的预定时间，"蒙恰"苗人婚姻礼俗的表现首先是"接亲"，即男方来人到女方接走新娘。

> 接亲。分大接和小接两种。
>
> 大接时五个人去接，其中一个必须是吹芦笙的。即一个媒人，一个芦笙匠，一个代表男方父母的长辈，一个新郎的陪郎、新郎。小接就只有三个人：媒人、陪郎、新郎。
>
> 大接的过程：一人背一个串带，串带是自家用白布缝成的腰带。一个串带里面放一把伞。出门之前，把家中的老人全都喊来坐在堂屋中，管事的倒完三转酒给老人吃后，媒人给各长辈倒酒磕头，磕完头，再带上五块钱左右不同颜色的花线，就走了。
>
> 芦笙匠走在最前面。
>
> 根据路程的远近，一般在五六点钟的时候到达女方家寨子算是合适的时间。新娘的同辈姑娘就来和接亲的五个人"锁银"，揪男青年的耳朵，和接亲的人开玩笑。
>
> 她们在进屋的路上堵三回道路，揪一回接亲的耳朵，放走一道。当第三次揪耳朵的时候，接亲的就到达新娘家屋前。等女方家管事的把家中年长的老人安排在堂屋坐好以后，叫新郎一行进家。堂屋前放一张大桌子，一个大簸箕放在上面，一瓶酒摆在簸箕里，桌前放五个碗、五双筷子，叫来人喝酒吃菜，意思一下即可，而不是真的安排他们吃饭喝酒。舀三小瓢，叫他们赶紧吃，拿酒敬他们，叫他们自已找故意藏起来的马勺（小木瓢），可能在桌子角，也可能挂起在堂屋的门梁上，还可能藏在饭里面，马勺要藏得好，故意让新郎一行找不到。
>
> 果真接亲的找了一会还找不到马勺，就要闹笑话了，看热闹的人就会说："你们快吃呀，不吃明天就把你们赶到场上卖了哦。"（长水沟个案）

在小田坝个案中，也有这样的情节，其接亲的人也是五个人，但在女方家遇到的不是揪耳朵，而是打花脸，但意义都是一样的，都是为了一个群体要"失去"一个女性成员的情绪宣泄，也是新娘的女性群体对新娘的重视表现。这些都与讲礼钱等有相同的文化功能，也是暗示男方，我们非常重视这个成员，她的背后是一个整体性的文化群体，你们要重视这个成员，重视我们这个文化群体。

对应的是，"大接"的迎亲由五个人组成，也是一种"重视"这次婚姻缔结的表示。在所谓"小接"的时候，可以不出现芦笙，但"大接"时芦笙出现了。我们知道，芦笙这样的事物在苗族中不仅仅是一件乐器，而且很多时候是一件礼器，或者说神器，在"蒙恰"苗人的"大接"中出现芦笙，至少是一种礼器的表现。芦笙这一事物在"蒙恰"苗人中存在现今已经不是太普遍了，即作为乐器的时候少，但在礼器和神器的表现上还普遍存在，在"蒙恰"苗人的接亲中出现芦笙，也就是礼器的表现之一。

在迎接亲队伍出发前，要在男方的家族中有一个仪式，即给老人敬酒，它的出现是在向自己家族宣称，我们的家庭里要有一个新的成员出现，我们家庭对她的到来很重视，等等，其文化功能与女方的种种表现是一样的。

在进入女方家的第一个环节中，有一个事物可能不太好解释，即把让接亲的人吃酒等称为“喂猪”，称不好好吃食要拿到市场上去卖掉等等。

还有找藏起来的马勺，明里说是试探女婿的智慧，但我们以为可能还有这个更为深刻的内涵。我们以为，这是文化中“憨包女婿”主题在“蒙恰”苗人文化中的一种特定表现。在一般意义的婚姻礼俗中，“憨包女婿”似乎是一个永恒的文化主题，许多文化都以此方式来表示新娘的聪明能干等等。我们以为，“蒙恰”苗人的这种婚姻礼俗表现也是这样范畴内的事物。

在进入女方家庭后，接亲的人要给女方长辈磕头，我们可以称此为“磕头求亲”的礼节，这实际上是一种仪式。在某种程度上来说，这个要出嫁女儿的家庭重视的是“讲礼钱”这一个婚姻礼尚往俗的环节，而他们所处的这个文化群体更注重的是“磕头求亲”这一仪式，所以，在这样的场合中，往往有家族中的成员在“起哄”。

在上桌子吃饭时，在堂屋里男女双方的座位和桌子位置往往呈对角分布，即老人坐中堂，男家、女家坐对角。这个方位是有意义的，但是具体是什么意义可能“蒙恰”苗人自己也说不太清楚。实际上这是内亲外戚在方位上的一种表现，而维系我们这种关系的是中堂的先辈。

这种位置在男方家的坐桌子吃饭中依然存在，只不过方位正好相反。

在接亲的人要起程时，接亲的人要用手中的丝线去换取女方随嫁的衣裙，还要打发一定的礼钱，等等。

> 送亲的一个姑娘，六个人作陪，要求六人的父母健在，不能是怀孕的人，新娘的姐、姨妈、老表都可以。
>
> 花衣服、花裙子包在包单里，一个人背起，和两个拿伞的人跑出去，送亲的拿起花鞋，要向男方讨花钱。这几人故意跑出去到处躲，不直接把这些东西给接亲的人，新郎和另外的两人负责追这个故意到处躲的姑娘，直到姑娘愿意把东西拿给接亲的人，接亲的把准备好的花线分给背花衣服、花鞋的几人，每人分得两支花线才把东西交给接亲的和新郎。(小田坝个案)

这个事象也与前面所说的文化群体中对要出嫁女性重视的文化表现有关，只不过范围只是新娘的女性儿时伴侣，即她们收藏了新娘的花衣，而只有用女孩子们喜欢的绣花线才能换回。这也是对新娘儿时伴侣的一种文化尊重和理解。

在押礼先生脚踏门槛道别，芦笙声声催人启程的过程完成后，新娘在六个陪伴的陪伴下，向男方家走去。这六个陪伴有一定的要求，这些要求都表示对此次婚姻礼俗的重视，以及他们内心世界中对新婚者的祝福和相关的婚姻礼俗禁忌。

这里还有一个礼俗，即要由女方准备一口袋的饭和两只鸡，以备在路上吃晌午饭，即便是离新郎家很近，这顿晌午饭还是要吃的，这已经是一个礼数，一定要有。

这个饭口袋对到很远的地方去求亲的苗族人来说，是相当重要的，但在这种实际需求的前提消失之后，就是一种礼仪表现了。从中我们不难看到，有些现今令我们莫名其妙的文化事物，在最初出现时，都是有一定程度的实际功能的，但在实际功能消失之后，它们往往会转化为一种文化礼仪，并长久地存在于文化中。"蒙恰"苗人的这种饭口袋就是这种转换中的文化事物，它既有实际的功能性，也有礼仪性的表现。

在接亲的队伍来到男方家的村外，队伍就要停下来，吃掉这只口袋里的食物，新娘也要换上新鞋，并重新梳妆，等等，即在这里要有一个停顿。

在整理完毕，开始进入男方家时，在门口会有两个仪式，一个叫"拦喜神"的仪式；一个是打除蘸仪式。

> 男方在新娘到达之前就砍来三棵木棒，削成四方有棱角的搭成门状，做一个叫"拦喜神"的仪式。新娘要从这个门中走过，走过时，先生会拿一只鸡在新娘头上扫一遍，弄完把鸡随手甩出，任其随意去哪里就去哪里。
>
> 走过拦喜神的门，进到堂屋时还要经过"打醋坛"仪式，新郎的妹或嫂子在门槛边，堆个草疙瘩，上面放一枚红火碳，用葫芦瓢里的水淋红火碳，使其冒出水烟气，以示扫除。(小田坝个案)

> 进亲，"秋留局"(苗话音译)。晌午过后，男方家管事组织接待新娘，准备进亲，要叫家中的老人，亲戚中的长辈在堂屋中坐起，每人手拿一个碗，倒三转酒，在山上砍两棵有杈杈的树条和一棵没杈的树条，搭成门的形状在房子进屋的侧面，男方家找个缘分好的男子（所谓缘分好，指的是父母健在，夫妻双全，有儿有女，家庭和睦的人）拿着一只大红公鸡站在条子门边，新娘要将头饰梳子之类的解下，把围腰解掉，把花鞋（船形的鞋）脱掉，交给别人，新娘要从条子门下进入，在进入的时候，缘分好的男子拿大红公鸡在新娘头上绕，口中念："新媳妇背清水，早媳妇背早水，背金背银孝敬公婆，绕新娘进家中，绕不干不净，丢在外面。"讲完，把鸡丢掉，随即把三根木条撤去，新娘就往家门口走。
>
> 新郎的一位嫂子（必须是不怀孕的，缘分好的）拿一个小葫芦装一葫芦水，洒在已经准备好的在门口边的小草篼上，上面放有一个红火碳，水淋上去产生烟气，新娘从上走过，从房子左边进入新房，苗话称新房为"剖那"。(长水沟个案)

在"蒙恰"苗人的观念中，从新娘那里会有一种叫"喜神"的事物跟着新娘一起过来，这对于男方家是不利的，所以会采用一种仪式把"喜神"拦在外面。我们以为这是一种决断女方与原来文化共同体神性联系的仪式，即女方原来的保护神性已经成为过去，来到的这个女儿应该在夫家的神性中得到保护，实现这种转换的就是这个仪式。

这个仪式也反映出这些"蒙恰"苗人对新进来的人和事物的谨慎。

后一个仪式就是一般意义上的除祟的仪式，它除去对家庭不好的不吉利的事物，以保佑新人和家人，以及整个寨子的平安。

这样的仪式，对于这个家庭，以及对整个村寨都是有意义的，它几乎可以视为一种“免责”性质的仪式，即我们举行了这样的仪式，村寨再出现什么不吉利的事物，应该是神性的显现，与我们的婚姻行为无关了。

这两个仪式在某种意义上来说，都是新娘进入一个新的文化群体的必备仪式，只有举行了这样的仪式，在文化心理上大家才是安全的。

在这些仪式完成之后，就是唱酒令等一系列世俗的礼仪活动，这些活动往往会成为一个民族歌唱艺术和器乐音乐艺术表现的平台，“蒙恰”苗人的婚姻礼仪中也有这样的平台构建。他们主要是唱酒令等，也还有诸如“丢腰带”“祭祖”等一系列仪式举行。

在新娘到了新郎家的第一天晚上，也与其他苗族一样，两个新人是不同房的，在村子里会有一家称为“新娘店”的人家，专门接待新娘居住。

这不用说，是旧有的苗族人“不落夫家”的习俗余绪。

第二天，送亲的人在得到“小礼钱”后就可以回去了。

回去的时候也会带回由男方准备的一口袋饭和两只煮熟的鸡。女方家的亲戚会在家里等着吃这个口袋中的饭和鸡。吃完，“蒙恰”苗人的婚姻礼俗才告完毕。

第四节　古歌的婚姻文化分析

婚姻文化说到底是关于两性性别关系的文化，也就是说，所有的婚姻就是两性的婚姻，这是自然秩序，也是人性的秩序。但是，对两性的认识和观念又往往影响到这种秩序的确立，故我们在论述和分析“蒙恰”苗人古歌中的婚姻文化时，也得从这里开始。

在“蒙恰”苗人的古歌中，有一首古歌称为《太阳姑娘和月亮小伙》，这是一首以男女关系来拟人化地表达对太阳和月亮认识的古歌，不是直接表达婚姻的，但是，它的一些认识却在一定程度上影响了我们对于“蒙恰”苗人的理解。我们一般的性别观念中，男为阳（太阳），女为阴（月亮），而这种关系在这首古歌中正好相反。不好说苗族人的最初始的文化中一定就有与我们今天主流文化相左的东西，但我们一定要理解它文化中的一系列的异样，当然也包括《太阳姑娘和月亮小伙》。我以为，这一观念与苗族人的“不落夫家”的习俗是有一定联系的。

“蒙恰”苗人古歌中的婚姻文化，从总体的意义上来说，也与其丧祭文化上的意义相同，亦是具有原典意义的，“蒙恰”苗人现实社会中的婚姻习俗文化，也是要在“蒙恰”苗人古歌中寻求其经典表述的。这些方面，我们将在后面叙述，这里，我们先从“蒙恰”苗人古歌中的古代婚姻习俗文化讲起。

《男孩做“媳妇”》是一首对女性为主婚姻关系的回忆，它有一个奇怪的开头：

　　母鸡抱孵母鸭蛋，

母鸭忙碌把活干。
"朱哑祝鲁"("朱哑祝鲁"苗语意为"达官显贵")留姑娘在家做鬼师，
有位男孩喜欢她。
(见《男孩做"媳妇"》)

古歌一开始就取一种否定女性为主婚姻的态度，因为"母鸡抱孵母鸭蛋，母鸭忙碌把活干"的比喻就是如此，完全可以看出这是父权话语的表现和角度，这很有意思。随后的"朱哑祝鲁留姑娘在家做鬼师，有位男孩爱上她"两句，从这两句看，在母权制的社会影像中，"巫"的主权好像在女性手中，而这是男女性别社会主权的象征。从这里开始，古歌进行了一系列的讲述，讲男孩子在性别上的优越性，讲女孩子如何没有远见贪吃，而最终改变了婚姻的主从关系等等。其实，这首古歌讲述这一切的目的就是为了现今的"人亲礼爱"寻找"古规"，寻找现实婚姻礼仪的基本依据。

姑娘抢鸡腿吃，
姑娘想猪肉片吃，
人们才改变了人间的"人亲礼爱"("人亲礼爱"意为"婚姻礼仪")，
姑娘的爹娘才要想有一位亲家，
姑娘才开始到男孩家做新娘。
(见《男孩做"媳妇"》)

不难看出，这也是古歌在婚姻文化原典上的一种表现。

这个古规表述完成后，就为"蒙恰"苗人现今的婚姻礼仪寻找到了基本的规范，但是，如何在个体的婚姻关系中来表现，就有了《说亲歌》的出现。

《说亲歌》讲的就是鸡卦在世俗婚姻中的神性，即婚姻的配合在"蒙恰"苗人中被认为是一种"神合"，而且是超越人意的。如果一对青年男女相爱，不但要双方情投意合，还要祈求一对好鸡卦。

那边坡姑娘家有一对好公鸡，
好公鸡有一对好鸡卦，
滑如玉如一对玉竹。
(见《说亲歌》)

姑娘要好，小伙子要好，但鸡卦也一定要好，要"滑如玉如一对玉竹"。

古歌中所强调和祈求的鸡卦现象，在"蒙恰"苗人的社会生活现实中也是对应表现的，古歌中是这样要求的，实际的婚姻中也是这样呈现的，这我们在婚姻习俗的个案中可以看到。

《姑娘做新娘》是一首教育姑娘怎么样做新娘的歌，内容很具体，要会舂米，要会背水，要会与寨邻搞好关系，等等，这实际上是现实社会对新娘子的具体要求。我们在"蒙恰"苗人的老人与老人的定亲的话语中会听到，"某某家要你家的姑娘去背水给老人吃”，意思就是求婚了。

《接亲歌》是一首带有一定祈愿性质的古歌，一部分歌词带有巫意，在婚礼中演唱这种《接亲歌》，有求吉消灾之意，所以，我们难于用正常的字面意义来理解它。

《说亲歌》《姑娘做新娘》《接亲歌》等三首古歌表现了三种不同的婚姻文化功能：《说亲歌》表述的是婚姻的神意和确定神意的方式，使“蒙恰”苗人的婚姻文化一开始就具备了一种神圣性和确立了用鸡卦来解读神意的方法。这种神性婚姻的解读和解读方式，对于其神性婚姻关系的建立是至关重要的，在繁衍种族，保持文化的延续性为第一要的民族中，这样的婚姻文化表现是非常重要的，而“蒙恰”苗人的婚姻文化中，这样的表现是很彻底的。《姑娘做新娘》是“蒙恰”苗人婚姻中的基本“法度”，简单扼要，但实际，在婚姻仪式中演唱时，其婚姻教化作用直接而明显。《接亲歌》在婚姻仪式中出现的时候，实际上有此次婚姻的基本预测功能，唱好了此次婚姻吉利，反之亦然。

这三首古歌都是要在“蒙恰”苗人的婚姻仪式中演唱的，是婚姻礼仪是否合乎规范的一种检验，也是其婚姻仪式的一个组成部分。

在古歌中，表现婚姻文化的另一个重要组成部分是讲述“逃婚男女”的故事。在这故事中，从来没有批评“逃婚”这种习俗的“错误”，而是讲述“逃婚男女”的困境和艰难。比如：

> “逃婚女回来不得母亲一勺凉饭吃，逃婚郎得不到亲朋好友说句好。”不是父母不心疼儿女，而是不能，因为：“逃婚女逃婚了不敢走大路，只怕原丈夫拿藤索来捆；逃婚郎逃婚了不敢走大路，只怕棵藤索来捆绑。”其原来的夫和妻仍然有社会公认的某些权利，所以，古歌说：“逃婚女有吃穿才能逃婚，逃婚郎有家底才敢逃婚；逃婚女逃婚因为有母亲做有许多衣裙，逃婚郎逃婚因为父亲家有许多粮食。”

这就透露出“蒙恰”苗人社会对“逃婚”这一习俗的基本态度。不是不可以逃，要逃得起。这种观念我们还可以在其另外的古歌中得到证实。如《姑娘嫁老汉》说的是一个由于父母把女儿嫁给了一个她自己不喜欢的老汉，最后走向了逃婚。“嫁干老汉的姑娘逃婚回来，遇见一位逃婚小伙来留她。”似乎“蒙恰”苗人的社会还比较赞成这样的逃婚，所以，古歌后面的歌句是：“有一位逃婚小伙逃婚回来，就有一位逃婚姑娘来拉；有一位逃婚姑娘逃婚回来，就有一位逃婚小伙来留。”这方面，我们在这首古歌的背景故事中亦可得到证实。

在“蒙恰”苗人的古歌中有条件的赞成逃婚，其在现实生活中的逃婚现象也是“蒙恰”苗人可以理解的一种婚姻行为，但把这些古歌与现实的婚姻习俗联系起来认识的时候，会发现“蒙恰”苗人的婚姻观念是矛盾的，一方面要维护婚姻的基本礼仪，另一方面又要理解和容忍逃婚的现象，这与苗族人的自然生命观念有关。

礼赞“蒙恰”苗人的美好婚姻和爱情也是古歌婚姻文化的一个重要方面，也是一个颇为独特的方面。

是谁听到天地间的公鸡叫，
是“阿年”（天上的雷神）听到天地间的公鸡叫。
公鸡一叫，
老鼠、虫子、鸟儿都自己跑到水湾底（地名）水中被淹死。
绽蕾女容光焕发出落成一位美丽姑娘，
围镯郎潇潇洒洒长得像棵挺拔的春竹。
（见《绽蕾女和围镯郎》）

这种表现青春和美的比喻很绝，说因为他们的美和青春，“老鼠、虫子、鸟儿都自己跑到水湾底（地名）水中被淹死。”这是倒装句，说他们的美和青春“吓”得这些“老鼠、虫子、鸟儿”自己跑到水里把自己淹死了。我们在翻译此句古歌时，专门询问过这句话的“本意”，所以，我们保留了它奇特的想象和韵味。

这是《绽蕾女和围镯郎》，另一首内容相同的《“文女”和“礼仕管子奖”》则说的是因为音乐而相爱的美好。

这两首关于爱情的古歌，其最后的结果都是逃婚，它们再一次证明了“蒙恰”苗人在婚姻现实和婚姻理想中的矛盾。

在以上的长水沟个案中提到，在接亲时，有大接和小接两种，大接时五个人去接，其中一个必须是吹芦笙的。即一个媒人，一个芦笙匠，一个代表男方父母的长辈，一个新郎的陪郎、新郎。芦笙匠走在最前面。小接就只有三个人：媒人、陪郎、新郎。

在这里，又与我们古歌中的关于《传芦笙种和鼓种》的古歌联系了起来。

我们都知道，芦笙在苗族中是普遍存在的，它不仅是一件乐器，更重要的是一件礼器、神器。在“蒙恰”苗人的“大接”中所出现的芦笙，至少是一种礼器的表现。但是，《传芦笙种和鼓种》是同时进行的，那为什么鼓没有成为“蒙恰”苗人的婚姻仪式中的礼器呢？应该与这样的古歌相关：

是谁下凡来制造芦笙，
是“卜丢郎子奖津井”下凡来制造芦笙。
造六片铜簧配六根手指，
造一片来配大拇指，
铜簧做成芦笙的发音片，
手指配合好就能奏出芦笙曲。

芦笙响齐天，
鬼鼓应彻地，
吹响芦笙，音韵回旋空中主客同欢乐，
擂响鬼鼓，震动天空来怀念祖先亲人。
（见《传芦笙种和鼓种》）

“芦笙响齐天，鬼鼓应彻地，吹响芦笙，音韵回旋空中主客同欢乐，擂响鬼鼓，震动天空来怀念祖先亲人。”从这里我们不难看出，芦笙可以是哀音，也可以是乐音，但鼓永远是哀音，所以芦笙可以用于婚姻仪式中，而鼓不能。这与“蒙恰”苗人的基本文化表现是一致的。并且，在整个西部苗族的文化中也是这样来表述的。

第八章 “蒙恰”古歌与西部苗族古歌比较研究

“蒙恰”古歌，作为“蒙恰”苗人文化的一个组成部分，它是“蒙恰”苗人经过长期的历史文化发展积累下来的口述文本。它既可以成为民间文学的口头作品，也是一种经典性的口头史诗，也可以是一种文化的口述历史的表现。它生动、具体、广泛地反映了“蒙恰”人民生活的方方面面，也曲折、深刻地反映了“蒙恰”苗人的社会现实。因此，对“蒙恰”苗人古歌的研究，具有重大的意义及其价值。

但是，对于这样一支自称为“蒙恰”，仅有千余人且零星分布在贵州西部六枝及周边地区的苗族。我们去研究它的古歌，除了从文化本位的角度和意义上来研究它的古歌外，我们还应该寻找一个有意义的参照系来与之进行对比研究，这样才能在一个更为宽阔的领域来显示“蒙恰”古歌的意义。

选择什么样的视域来展开它呢？这是我们在对“蒙恰”古歌进行比较研究前不得不关注的事项。

我们以为，“蒙恰”苗人作为贵州西部苗族的一个分支，虽然在人数上，分布地域上以及一些表层的文化上表现出与其他苗族支系有相异的一面。但从我们对它的文化调查研究来看，总体上，它的文化与其他支系的还是基本同源的。因此，我们在对它的古歌进行比较研究时，首选的参照系即锁定贵州西部苗族古歌来展开研究。通过比较研究，可以在一定程度上更为深入地理解“蒙恰”苗人古歌和贵州西部苗族古歌的意义。

我们具体选择的贵州西部苗族古歌，即为毕节地区民族宗教事务局、毕节地区民族研究所主编，于2007年11月由云南民族出版社出版的《中国西部苗族口碑文化资料集成》里的古歌部分。

我们的比较研究其所选择的视域，也因为所比较的两者即“蒙恰”古歌与西部苗族古歌，其主体同属于苗族，且同处贵州西部，不存在跨地域、跨文化、跨民族之间的比较，在直接影响交流上也不存在互不相交的所谓的“平行现象”。而刚好与之相反，在寻溯这两者的源流上、文化传播交往、交流上都存在着密切的联系。故而，在我们的研究中，我们主要从“蒙恰”苗人古歌与贵州西部苗族古歌的相互影响，即从古歌的故事情节、古歌的思想内容、古歌的艺术形式三方面来展开比较，并以此来解决“蒙恰”苗人与其他贵州西部苗族支系在文化上的一些关联现象；通过比较两者的异同和独特之处，又去找寻“蒙恰”苗人在与其他苗族支系或其他民族交往后，受外来文化影响下，古歌的变异状况及其演变规律。

当然，我们对“蒙恰”苗人古歌与西部苗族古歌的比较研究，充其量只能算作民族文学的比较研究，而未上升到比较文学的阶段。因为它们的研究对象都局限在同一民族文学的范围之内，并没有超越民族的界限；另外，它们也未能超越不同文化体系之间的界限。因此，同一民族作家的创作，同属于一个文化传统，对它们进行比较研究后所得出的结论，也只能说明在本文化传统范围之内的一些规律性的东西，不一定具有普遍的意义。

第一节　古歌故事情节比较研究

在第一章曾提到，“蒙恰”苗人是六枝苗族支系中人口最少的一个苗族支系。据“蒙恰”苗人的老人们回忆说，他们在此地的人口原来是很多的，由于在清代时参与了一次起义，后来就在这里“站不住”，所以多数人就搬走了。搬走是往西搬的，具体“落脚”哪里就不清楚了。

可见，在很早以前，“蒙恰”苗人就与其他西部苗族支系共同生活在一起，他们之间应该有着很密切的亲缘关系。后来，由于战争等原因才使得他们分散而呈现出现在的分布格局。但这种格局，不管如故事里所说的“起义”等战争因素，还是事实上另外一些因素所致，都为“蒙恰”和其他苗族支系之间的文化相互碰撞、相互吸收、相互影响和相互促进等现象提供了交流的前提。那么，反映在他们的民间文学尤其古歌里，又是怎样一个表现呢？

一、解释自然现象故事的比较

关于解释自然现象的故事，在“蒙恰”苗人古歌和西部苗族古歌里，主要体现在日女月郎的故事中。而对于日女月郎的故事，几乎在所有苗族地区，甚至整个西南少数民族地区都有流传。它作为一个解释自然现象的神话，通常以一种很天真、朴实的口吻，讲述了太阳姑娘由于白天害羞才放出利箭光芒来刺人，月亮小伙走夜路不害怕才晚上出来的自然现象。而在“蒙恰”古歌和西部苗族古歌中，这则神话故事又是怎样来呈现的呢？

在“蒙恰”古歌中，传说“嘟格贡子诺”提把斧子从天上下来砍箐，砍倒“冬发节种”树，树干用来造纺纱架，树枝用来削绕纱棍。月亮小伙来绕线，太阳姑娘来绕纱。由于月亮小伙来得早，太阳姑娘来得迟，所以等太阳姑娘刚从天底露出来时，月亮小伙已经翻过西边地平线。后来他们决定相爱，太阳姑娘背嫁妆，月亮小伙披巾帕。是太阳姑娘要选月亮小伙做丈夫，月亮小伙选太阳姑娘裙角做把凭。但是两人始终都无法相见，在太阳姑娘起来的时候，月亮小伙却在天边撵不上自己心爱的人儿。

而在西部苗族古歌中，讲述的却是从那九重天形成起，日女就生活在这里。日女是一个美丽又漂亮的姑娘，月郎早就已知道，他很想娶日女为妻。美丽日女很情愿，于是就和那月郎成为一家人。有一天，日女月郎相邀出远门，可惜日女月郎未成行。原来日女未带背衫带，于是，出门以后又转回来准备，用那丝绸来编织日女的背衫。月郎也没有背弩绳，出门后也转回来准备，用那麻线来搓月郎背弩绳。等他们都准备好后，日女月郎开始结伴而行，走到天涯和地边。天涯啥样子，天边只是像那网络互相连；地边怎么样呢，地边只是像那网络相交错。只见天涯一片漆黑覆盖住，地边光滑又黑暗，于是日女月郎急急忙忙找返回的路。

两则故事，都描述到“纺织”这一文化表象，都是围绕它而展开的。但在“蒙恰”古歌里，却是因为月亮小伙来绕线，太阳姑娘来绕纱，这样明确的分工使得他们错过了相见的机会。任凭爱恨几何，两人始终都是无法相见的。这里不仅仅包含了一种永远无望爱情的悲剧，同样也包含了对太阳和月亮永远无法相见的朴素的哲学认识。相较于西部其他苗族支系的日女月郎神话故事，日女与月郎这样一对情侣，潇洒地遨游人间，这样对爱情的幸福遐想，在一定的程度上给苦难的人们以无穷的憧憬，但另一方面却削弱了神话本身的科学价值。从发生学的角度看，“蒙恰”日女月郎古歌，保存得应该比西部其他苗族古歌更为古朴一些，西部苗族“日女月郎”的古歌，很明显地带有后人臆造的痕迹。

二、战争战神故事的比较

对战神故事的提及，在“蒙恰”主要体现在《剑鬼和梭神》这则古歌里。它讲述的是在天荒地老时，神人“娘九津井”有两员神将，一员为剑鬼，一员称梭神。两人来到河边、寨中等地方堵截驱逐夷蛮家的故事。剑鬼用他锋利的剑，把夷蛮家逼在九个石山上；梭神则用高强的武艺，把夷蛮家围在深沟里。漫山遍野到处是剑鬼的英姿，坡上坡下到处是梭神的身影。

……
漫山遍野到处是剑鬼的英姿，
坡上坡下到处是梭神的身影。
剑鬼的队伍把江河的清水变成了浑水，
梭神的人马像坡上的砂子一样多。
剑鬼的红铜剑映红江水，
梭神的红铜梭在阳光下闪光。
剑鬼用锋利的剑，
把夷蛮家逼在九个石山上。
梭神用高强武艺，
把夷蛮家围在深沟里。

漫山遍野到处是剑鬼的英姿，
坡上坡下到处是梭神的身影。
剑鬼的队伍把江河的清水变成了浑水，
梭神的人马像坡上的砂子一样多。
剑鬼的红铜剑映红江水，
梭神的红铜梭在阳光下闪光。
剑鬼用锋利的剑四处围追，
把夷蛮家围在九个山头上。
梭神用高强武艺遍地冲杀，
把夷蛮家堵在山下的深坑里。
（见《剑鬼和梭神》）

很显然，“剑鬼和梭神”描述的是两个以兵器为名字的战神的战争故事，这里的战争故事有苗族人的原始战争的影像在其中，可能也有近代史上战争的印迹。至于原始战争的影像，仅从故事情节看已经是虚无缥缈，只有红铜兵器和红铜战神的名字还可以理解一些影像的意义。但奇怪的是，这样的战争，到底为何而战？这在整个“蒙恰”的战争古歌中仅存一例，它到底释放的又是什么历史信息？

而在西部苗族古歌中，对战神的提及也是很多的。比如在《格武爷老格诺爷老打仗的军队》中，讲述格武爷老、格诺爷老居住在直米利利莫平原的金城里，为抗击来自北方沙蹈爵氏敖的侵略。率领成千上万的骑士，三千六百名舞剑兵在利莫平原浑水河边击杀沙蹈爵氏敖的故事。

格武爷老格诺爷老会指挥，
让那三千六百骑兵打前锋，
骑兵得令往前冲，
挥剑砍杀如雄鹰展翅飞，
杀得沙蹈爵氏敖兵马成片倒。
战马飞跃越野间，
如同江河奔腾涌。
七千四百步兵紧随后，
要杀沙蹈爵氏敖往后退。
这七千四百步兵，
砍杀沙蹈爵氏敖的兵马四处逃。
（见《格武爷老格诺爷老打仗的军队》）

又如《格耶爷老的子孙》，讲述的是在很久以前，有一位很智慧、聪明的将领住在武城。他叫格耶爷老，世间都传说他是一个著名的弩手。有一天，来自蔡塞米大地的格炎敖孜老，想来霸占纳伊莫中心地。于是，格耶爷老率领兵马阻击格炎敖孜老。刚开始时，他们把格炎敖孜老打退了，后来由于格炎敖孜老用上了火炮，最后反而是格耶爷老败了下来。格耶爷老的子孙只能四处逃。

格耶爷老身披蓑衣，
骑着灰褐色的骡马，
扬蹄快走平地行，
四蹄腾空蓝天飞。
扬蹄来回草原奔，
四肢扬起穿青天。
……
格炎赦孜老来自蔡塞米大地，
想来霸占纳伊莫中心地。
格耶爷老心不服，
青年男女众民心不满。
格耶爷老捡起粗大磨石来磨剑，
刀剑磨得锋利亮铮铮。
格耶爷老抬出硬磨石来磨矛，
矛尖磨得锋利白净净。
（见《格耶爷老的子孙》）

再如《三位爷老》，讲述的是格耶爷老、格蚩爷老、嘎骚卯碧，是世人的三位领袖。格蚩爷老住在金城，格耶爷老住在氐伊旁平原河七道弯中心地，嘎骚卯碧住在笃纳仪莫大平原。他们率众抵抗沙蹈爵氏敖的侵占，最后不敌沙蹈爵氏敖，只好带领子孙远走他乡的故事。

……
格耶爷老、格蚩爷老、嘎骚卯碧，
是世人的三位领袖。
格蚩爷老住在金城。
格耶爷老住在氐伊旁平原河七道弯中心地。
嘎骚卯碧住在笃纳仪莫大平原。
世人都知晓格耶爷老是名将，
格蚩爷老是统帅，
嘎骚卯碧是猛将：
格耶爷老是名将、著名的弩手。
……
格耶爷老是世上出了名的弩手，
拿出硬弩拉上弦，
脚蹬弩板绷紧弦，

伸手握利箭，
利箭嗖嗖飞敌阵，
击中沙蹈爵氏敖七将领成排倒。
格蚩爷老是世间的统帅，
速站阵前把咒语念，
咒语一出沙蹈爵氏敖兵马成堆倒。
嘎骚卯碧是世间的猛将和骑士，
牵出战马备好鞍，
马鞍捆牢马背上。
嘎骚卯碧飞身往上跨，
跨上神马背，
挥起利剑四处砍，
杀得沙蹈爵氏敖兵马成片倒，
砍得沙蹈爵氏敖兵马拦腰断。
（见《三位爷老的子孙》）

可见，在西部苗族古歌里，对战争的交代，对英雄形象的塑造是非常详细具体的，连英雄的名字，统帅之战争的起因，都作了一一的展开。比如，英雄的名字有格武爷老、格诺爷老、格耶爷老、格蚩爷老、嘎骚卯碧等等；甚至对英雄之间的关系，也都有一定的描述“格武爷老则是位善于骑马的武将，也善于统兵。格蚩爷老和格武爷老是郎舅，这两人以打仗射弩著称于世，世间的人们都知道他俩的英名”（见《三位首领》）。战争的起因也是由于外族抢占地盘，为捍卫土地而引起的。其过程曾一度打败过外族，但结果又由于在武器装备上的落后，最后战败，只能接受举族迁徙的残酷现实。它们的故事情节，相较于“蒙恰”苗人的战争类古歌，也显得比较完整、饱满。而“蒙恰”古歌对英雄塑造就略缺不足了，其战神的形象也比较笼统、模糊。

这种文化描述上的巨大差距，又是什么原因导致的呢？

我们以为，这是“蒙恰”苗人社会经济发展不够充分，致使古老的氏族制度和部落组织残余没有受到彻底的洗涤而造成的。在苗族历史的某个发展阶段，“蒙恰”苗人应该与其他西部苗族一起，共同生活在同样的生境下，后来，由于受到战争等各种原因的影响，致使“蒙恰”与其他苗族支系分离而迁徙到他乡异域，或与其他民族杂居，又或隐藏于深山老林里。而其他的苗族支系，虽然受尽了战争的洗礼，饱受苦难，但却在各种外在的因素比如外来文化的冲击下得以保存下来，从而不管在社会发展，还是文化上都取得了异样的前进。

反映在古歌的内容上，“蒙恰”古歌保存的历史信息比西部苗族古歌则多得多。虽然其故事情节较为简单，只是对战争前期取得胜利这个阶段有所描述；甚至连战神的名字也只是很笼统地以两个武器名称来给予命名。而在西部苗族古歌中，其故事内容则显得比较繁复、庞杂，不时还影射了众多外来文化的因子；在情节的表述上，从战神的出生，战争的形象，战神的战争事迹以及整个战争的发展脉络，也都给予清楚的描述。但正因为这样，从神话故事发展的角度来看，西部古歌里所描述的战争，应该是“蒙恰”古歌里描述的战争的延续，是这个战争的后时期。其人物，在“蒙恰”古歌里，本来是人们臆断、想象而加工制造出来的“武器名字战神”，而到了西部苗族古歌以后，则变成有姓有名的英雄了（见下表），这是人们对英雄神话故事给予拟人化的结果。

“蒙恰”古歌	西部苗族古歌
娘九津井	格蚩爷老
梭神	嘎骚卯碧
剑鬼	格耶爷老

于是，从这样的事象里，我们便不难推断出，“蒙恰”与西部苗族古歌在源流上的问题了。可以这么说，在这个战神战争故事里，“蒙恰”苗人古歌是源，而西部苗族古歌则是流。

三、民间民俗故事的比较

涉及民间、民俗的故事，在蒙恰苗人古歌的表述中，也是比较丰富多彩的。其中描述古代习俗的有《男孩做“媳妇”》；描述芦笙和鼓的来历的有《传芦笙种和鼓种》；描述婚姻习俗的有《说亲歌》和《接亲歌》；描述民间故事的有《孤女孤儿歌》《无粮人家的儿女》；等等。它们在一定的程度上，展现了“蒙恰”苗人的生活状况及其现实，为我们进一步了解“蒙恰”苗人提供了便利的条件。下面我们就其中的一些古歌与西部苗族古歌进行简单的比较。

《传芦笙种和鼓种》讲的是一个叫“卜丢郎子奖津井”的神人下凡来传笙种和鼓种的故事。

> “是谁下凡来传笙种，是‘卜丢郎子奖津井’下凡来传笙种；是谁下凡来传鼓种，要‘卜丢郎子奖津井’下凡来传鼓种。”并且说，“传笙种来要传‘顾你勒诺’（芦笙音），冷天冻地传笙种到大地河流的上游。传鼓种要传‘顾你勒做’（鼓声音），冷天冻地传鼓种到大地河流的下游。”同时还传下了如何做芦笙的技艺，说“造六片铜簧配六根手指”。并且说明，芦笙是为生者造的，鼓是为死者造的这一习俗。“芦笙响齐天，鬼鼓应彻地，吹响芦笙，音韵回旋空中主客同欢乐，擂响鬼鼓，震动天空来怀念祖先亲人。”

而吹芦笙，也成了怀念祖先亲人的方式。

而在西部苗族古歌中，吹芦笙又传递了怎样的信息呢？在《远古时候人们的生活》这一古歌中，传说远古时候，老辈人们不会建屋居住，他们只居住在山石岩洞或者是树根树脚。那个时候树林茂密，人们很害怕野物。在这样的情况下老辈人们最先只能摘野果充饥或者是靠打猎来维持生活。外出打猎的人们，当返回居住地的时候，必须吹芦笙或者木叶，让在家的人知道是自己人回来了，并且会问道："你们是人还是鬼?"当他们证实了确实是自己家人的声音后，才转回到居住地。可见，吹芦笙便成了一种起警示功用的事象了。

至于鼓种，在《爷觉黎刀》中也是这样表述的，说爷觉黎刀祭祀年，就要到那卯嘎直地去借鼓，可那卯嘎直地不愿借雄鼓给爷觉黎刀，只拿那小鼓出来借。爷觉黎刀想尽了各种办法才借到雄鼓，回到家后，爷觉黎刀与亲朋好友商量，自己制作鼓的故事。

爷觉黎刀说：
那卯嘎直地，
路途又遥远，
不如家族自己来制鼓。
爷觉黎刀背，
背那卯嘎直雄鼓回去还。
爷觉黎刀回转又回到，
回到爷觉黎刀堂屋里，
喊家族兄弟齐会聚，
请亲家亲友来到达。
爷觉黎刀作安排：
叫张姓家族制雌鼓，
要杨姓家族做雄鼓。
拿那香樟木制外鼓，
用那米松树做内鼓。
那卯嘎直传颂源头歌，
爷觉黎刀家族传那芦笙源，
那卯嘎直传记芦笙尾，
爷觉黎刀家族传那尾颂歌。

它较"蒙恰"的《传芦笙种和鼓种》，在描述上细腻了许多。在"蒙恰"古歌里，笙种和鼓种是神人"卜丢郎子奖津井"下凡来传的，从而在传送者的问题上烙印上神的印痕；而在《爷觉黎刀》中，传鼓种的却是一个自私的凡人那卯嘎直地。这样从神性到世俗的转变，其实也在无意间表明，两者之间的一种先后承接。

此外，在苗族社会中，叙述孤女孤儿的可怜是其民间文艺的一个经常性的主题，这在"蒙恰"苗人的古歌中也不例外。其中《孤女孤儿歌》讲的是孤女孤儿的双亲死后，孤女孤儿常常穿不到新衣，吃不饱饭，每日劳动，很晚才回到家里来，回家以后又没有饭吃，只好去吃人家的剩猪食、人家的猪狗食的悲惨情景。

天平滑雨要下
地平滑风要来，
做孤女的妈妈死早，
做孤儿的爹爹去得快。
……
孤女出去采野菜，
人家指孤女到笆茅坡，
孤儿出去打柴，
人家指孤儿到光坡。

采不到野菜孤女日偏西才回来，
吃的是人家的剩猪食。
孤儿打不到柴深更半夜才回来，
吃来是人家的猪狗食。
……

孤女纺麻得不到好麻，
人家给的麻理不顺，
人家给的麻捆不齐。
孤女用乱麻理起纺线，
孤女用别人的线头织布，
孤女伤心外出做工不愿回来。
孤女后妈心肠不好，
剪断孤女织好的布丢在织布架旁，
孤女见状不停地流泪。
（见《孤女孤儿歌》）

而在西部苗族的《孤儿歌》中，其所描述的孤儿，由于勤劳，有善心，最后得到了龙王老爷的帮助，最后身财万贯，成了一个大富翁的故事。

是谁良心最好？
孤儿召觉力银心最好。
明天天会亮，
指派大哥来喊话，
喊说孤儿召觉力银有善心。
龙爷会来扶持，
扶持孤儿召觉力银也像，
像世人一样有家也有室。

明天天会亮，
孤儿召觉力银去，
去到了龙爷家门前，
打开龙爷家的那大门，
便开口讲了话。
孤儿召觉力银走进去，
钻进了爷觉力让的心屋，
钻进了爷觉力让的身心。
孤儿召觉力银伸手便去拿，
拿得不白晃晃的银子，
又回转回来到，
回到孤儿召觉力银的家里。
今年会知道，
知道过去孤儿召觉力银很贫穷，
没有家来没有住房在，
现在爷觉力让来扶持，
扶持孤儿召觉力银成好汉，
扶持孤儿召觉力银成富翁。
孤儿召觉力银不愁吃，
过的日子如世人头发白。
（见《孤儿歌》）

更有甚者，有的西部苗族古歌在描述孤儿身世时，有的把孤儿描述成在龙爷、龙女的帮助下，最后登上了皇帝的宝座。再之后，孤儿委派神童儿子掌管天下事，孤儿只治理天上，治得天地都太平。这样的故事，在苗族社会里，是不可能找到任何丁点的社会基础的。它与“蒙恰”《孤儿孤女歌》形成了很鲜明的对比。前者作为一种残酷的社会现实，影射了“蒙恰”苗人的艰辛的生活；而后者，却作为一种美好的理想愿望存在于人们的脑际。这是两种很对立的生活反映，或者说态度。很显然，这是西部苗族在受到其他民族文学，尤其是汉族文学的影响后而反映在古歌上的结果。

四、民族交往故事的比较

在贵州的西部，居住着汉、苗、彝、布依、仡佬等数十个民族。其间各民族相互交错、杂居一起，彼此之间各民族的文化交流也因这种居住格局而变得异常频繁。而“蒙恰”作为西部苗族中人口最少的一个苗族支系，自然不会例外。它或多或少，不管是经济上，还是文化上都会与别的民族产生一定的交往。反映在古歌上，也一定会有所描述的。事实上，也确实如此。

在《剑鬼和梭神》，讲述的是两个以兵器为名字的战神率兵来到河边、寨中等地方堵截驱逐夷蛮家的战争故事。《大头蜂和大头蝎》讲的是有一位叫“苦婆津井”的神人来到人间。喜欢上天王家的神人“象男津井”，但最后神人“象男津井”背负了她，于是她心生怨恨，向世间派出了巨蜂和巨蝎这两种大害虫，“放出三千六百个大头蜂，放出三千六百个大头蝎。”专门攻击天王夷蛮家庄园，最后把夷蛮家的人都打败了，只好扛起夷蛮家大马走了。夷蛮家下毒来毒它们，没毒到。这些巨蜂和巨蝎想到人间来找衣服穿，把人们吓得要死。最后，夷蛮人用火来烧它们，才把它们烧死了。把这些巨蜂巨蝎烧死之后，世界上就只有细小的蜂和细小的蝎子了。《绽蕾女和围镯郎》讲的是一对“蒙恰”苗人不屈的爱情故事。古歌中讲他们如何相恋，如何因为得罪了夷蛮家，不得不逃走的经历。

在这三则古歌中，剑鬼和梭神率兵驱逐夷蛮，大头蜂和大头蝎毒死夷蛮，绽蕾女和围镯郎得罪夷蛮……它们都提到了“夷蛮”这一对象。当然，这里的“夷蛮”，并非就是所谓的“彝族”。而是在“蒙恰”的角度，它们对其他少数民族的泛称，甚至包括汉族。但不管具体指彝族也罢，还是泛指少数民族，这都反映了民族间交往的事实。

在西部苗族古歌中，反映民族交往的故事则主要体现在《十二姓苗族进入彝族地区》和《十二姓苗族迁入比诺地歌》这两则古歌中，它们讲述的是在很久以前，十二姓苗族幸福地生活在直米利利莫平原，后来，为了争夺地盘，蹈家与卯家起了很大冲突，从而一打就是十二年。双方都死伤惨重，十二姓苗族只好放弃直米利利莫平原，迁徙到没有战火的地方，最后就迁到比诺家地盘的故事。

比诺家大女儿，
嘎芒各嫫是彝家统兵的女将，
听说十二姓苗族迁到渡直榜斗地了。
嘎芒各嫫心没底，
嘎芒各嫫骑着灰色骒骏马，
率领浩荡军队去观察。
……
嘎芒各嫫开口来询问：
你们是否是十二姓苗族，
从直米利利莫平原迁来的是不是？
十二姓苗族听到嘎芒各嫫的询问声，
十二姓苗族兵马不作声。
嘎芒各嫫举起右手挥挥说：
我们都是兄弟姐妹别盲动，
我们都是兄弟姐妹别妄为。
十二姓苗族人马纷纷放，
放下武器在地下。
……
十二姓苗族听嘎芒各嫫说真话，

十二姓苗族知道嘎芒各嫫真心来指点，
苗家首领也真心实意道真言，
十二姓苗家兵马喜笑颜开，
老老少少提到直米利，
在那里吃够了苦受尽了难，
仰望天空放声哭，
泪如雨下流不尽。
……
别愁别心焦，
轻重担子由我扛，
事大事小有我在，
你们十二姓苗族放宽心，
尽管种你们庄稼生活过日子。
（见《十二姓苗族迁入比诺地歌》）

这首古歌叙述了从十二姓苗族生活在直米利利莫平原伊始，到争夺地盘，战败举族外迁，最后融入比诺家地界的故事。这故事，可以说是民族融合的例证。它对战争的描述，虽然没有“蒙恰”古歌描述得那么详细，但在战争之后，十二姓苗族是如何举族外迁，如何融入比诺家地盘的过程，西部苗族古歌里描述得又是非常清楚的。而“蒙恰”古歌，在战争的叙述上非常生动，但战争之后的事情却很少去展开，压根没有涉及。这又是为什么呢？我们以为，这可能与“蒙恰”战败后一直隐蔽起来，不与别的民族或支系有过交往有很大的关联。故而在它们的古歌里，没有描述民族间融合的痕迹。

第二节　古歌思想内容比较研究

思想是客观存在于人的意识中并经过人的思维活动而产生的结果。其内容为社会制度的性质和人们的物质生活条件所决定的，在阶级社会中，思想具有明显的阶级性特征。而“蒙恰”古歌与西部苗族古歌，其主体同属于一个社会制度之下，那么呈现在它们的古歌里，其思想内容又是怎样得以体现的呢？我们认为，它们主要体现在“勇于抗争与安于现状”和“悲情性”两大方面。

一、勇于抗争与安于现状

抗争，是一个民族为满足自我发展而对外界等诸多因素所做出的无奈抉择。它几乎在所有民族的口头文学或书面文学里，都是一个经常被提及的主题。即便在“蒙恰”苗人这样一个人口较少的苗族支系及其古歌里，亦是如此。

（一）战争类古歌比较

比如在《剑鬼和梭神》中，虽然这里的战争故事所隐含的原始战争信息，诸如为何而战等历史信息已经较为模糊了，但从一些零星的古歌印迹里却还可以窥见这场战争的抗争残痕。"蒙恰"苗人的反抗是很明显的，是在捍卫家园、护守土地，以此来满足最基本的物质需求前提下而被迫展开的对外族的抗争。他们亦是坚决的，他们"把夷蛮家逼在九个石山上""把夷蛮家围在九个山头上""把夷蛮家堵在深坑里"。这是对保卫土地的抗争。

与《剑鬼和梭神》故事相似的西部苗族古歌《格武爷老格诺爷老打仗的军队》，它讲述的即是在很久以前，格武爷老格诺爷老就居住在直米利利莫平原的金城里，为抗击来自北方沙蹈爵氏敖的侵略。率领成千上万的骑士，三千六百名舞剑兵在直米利利莫平原浑水河边击杀沙蹈爵氏敖。但最后战败，只能举族四处漂泊的故事。

格武爷老格诺爷老的兵马，
被砍杀得成片倒。
格武爷老格诺爷老被打败，
格炎敖孜老召焦敖孜老得霸占，
霸占格武爷老格诺爷老的中心地，
格武爷老格诺爷老悲愤放声哭。
天狠天也软弱，
格武爷老格诺爷老的子孙，
只有当牛做马四处求生存，
当牛做马吃苦受尽折磨难。
（见《格武爷老格诺爷老打仗的军队》）

很显然，在这些描述战争类的西部苗族古歌中，虽然也有对抗争主题的记述，但大多都是对征服自然的渴望或者战败以后，举族外迁时对困难的征服，它的对"抗争"的强调似乎没有"蒙恰"古歌强调得那么强烈。反映在篇章结构上，"蒙恰"苗人古歌对抗争的事实是加以重复颂扬的，而西部苗族古歌则更多的是对入侵者的入侵一笔带过，而强调更多的是战败后率众迁徙的艰辛，对失败的结果也只能如格武爷老格诺爷老那样"悲愤放声哭"，甚至"天狠天也软弱"地悲天悯人。

（二）爱情类古歌比较

在"蒙恰"古歌《大头蜂和大头蝎》中，讲述的是神人"苦婆津井"来到人间。喜欢上天王家的神人"象男津井"，但最后神人"象男津井"背负了她，于是她心生怨恨，便向世间派出了巨蜂和巨蝎这两种大害虫，"放出三千六百个大头蜂，放出三千六百个大头蝎。"专门攻击天王夷蛮家庄园，最后把夷蛮家的人都打败了，只好扛起夷蛮家大马走了。夷蛮家下毒来毒它们，没成功。这些巨蜂和巨蝎想到人间来找衣服穿，把人们吓得要死。最后，夷蛮人用火来烧它们，才把它们烧死了。这故事表面上似乎是一则男女之间由爱积怨，由怨成恨的爱情类故事，实质上却包含了对爱情、对信念的赞颂。虽然这样的爱，此后派生出诸如海伦式“为爱而战”的战争，似乎有点臆断、虚构的嫌疑，但却无意中表明，人们在这种毒蜂似的、巨蝎般的爱下对自由、幸福、美满爱情的追求。这是一种对爱情压迫的抗争，更是一种对自我爱情理性的抗争。

而在西部苗族古歌《召格娶仙女》，“野蜂”这一意象只是在故事的结尾才开始。它讲述的是召格与仙女相爱成婚，有了两个孩子，后来受到他人的陷害，把仙女变成别的动物，并千般引诱两兄弟去吃母亲肉的故事，但两个孩子克服百般困难，在野蜂的帮助下，打退了猴家。

便让召格去砍柴，
拿柴给猴女背，
背去放在野蜂那里。
召古让召格去喊，
去告诉那猴家：
野蜂把猴女刺死了。
猴家跟着来攻打，
要将野蜂消灭了。
猴家来攻打野蜂，
野蜂把猴家刺死了。
仅剩下几个外甥。
我们不杀他们了。
（见《召格娶仙女》）

在这则西部爱情类古歌里，它的故事在展开上似乎不大紧凑、情节也略有些散漫之嫌。但“野蜂”这个意象是一直贯彻全文始末的，在这里，野蜂成了争取爱情、亲情幸福的使者。所不同的是在西部苗人古歌里，野蜂式的抗争，充其量只能算是召格召古两人的帮佣、替死鬼（注：猴女本来是召古射死的，为躲避猴家的报复，召格召古把柴放在野蜂那里，并告诉猴家说是野蜂把猴女刺死的）。这种抗争是很苍白且无力的，它在一种盲目的抗争下，所遭受到的是一种盲目的报复，其结果也只能是一种更加盲目的结果，无论失败或胜利，都是令人不解的。它不如“蒙恰”古歌里的大头蜂和大头蝎那样明确，在人们的虚构下迸发出的巨大力量，这种力量要么是毁灭性的，要么是重建性的。

（三）婚姻习俗类古歌比较

在表现抗争主题的蒙恰婚姻习俗类古歌中，《逃婚男女》应该是最为典型的一例。它讲述的是走向逃婚道路的男女，在不成功的情况下所遭受的悲惨命运。

逃婚女回家只能睡母亲的床，
逃婚郎回来只有住父亲的房。
逃婚女回来不敢敲母亲家的门，
逃婚郎回来怕亲朋好友见到。

逃婚女回家只能睡母亲的床，
逃婚郎回来只有住父亲的房。
逃婚女回来不敢进母亲家，
逃婚郎回来不敢见亲友面。

逃婚女离开了锅灶，
逃婚郎做不成家的主人，
逃婚女背不成背篼，
逃婚郎干不成正事。
天意不会遂逃婚女的心意，
上天不会使逃婚郎顺心。
（见《逃婚男女》）

可见，整个"蒙恰"苗人社会对逃婚这种婚姻形式是不认可的，他们对逃婚男女的悲惨遭遇不起丁点同情，甚至可以说是鄙视。"逃婚女回来无伴侣，拿母亲的麻布裙来拉扯发火。逃婚郎回来无情人，把父亲的耙和犁来碰撞。"很显然，这是一种对旧有婚姻枷锁的抗争而失败的凄凉结果。

而到《姑娘嫁老汉》以后，则对逃婚男女又给予了充分的肯定。

姑娘上山归来不捡棒，
做客归来不割草。
嫁干老汉的姑娘逃婚回来，
遇见一位逃婚小伙来留她。
有一位逃婚小伙逃婚回来，
就有一位逃婚姑娘来拉；
有一位逃婚姑娘逃婚回来，
就有一位逃婚小伙来留。
（见《姑娘嫁老汉》）

这不能不说是一种奇怪的现象，同在一个文化体系里，对"逃婚"这种婚姻形式却形成了如此强烈的对比。前者是反对的，而后者又是肯定的。这是什么原因呢？我们以为，这是"蒙恰"苗人与其他民族杂居一起或者交往后，对旧习俗和异文明或异化文明抗争的结果，只不过这种抗争之后，它原有的文化方向更多地倾向于外文化之中。在蒙恰苗人社会里，最初对"逃婚"这种婚姻形式应该是嗤之以鼻的，自从与其他民族相处后，对“逃婚”也就形成了容许的态势。但不论如何，其间不断抗争却是一个不争的事实。这是一种文化观念之间的抗争。

而在西部苗族婚姻习俗类古歌中，反映男女逃婚则主要体现在《男女离异歌》上。其中《男女离异歌》之《女方弃男方》讲述的是一对姐妹婚后分居两地，由于思念，最后只好相约一起逃婚的经历。

今年还知道，
知道郚少郚收，
模样身形难区分。
狗咬不停在外面，
郚少郚收急出往外看，
羊叉召敢苏身形摇晃晃，
身形摇晃穿着盛装那山弯。
郚少郚收急拉毛毡衣来盖，
盖好双双坐床边。
郚少郚收起身拿，
拿那裙子和背带，
和羊叉召敢苏去。
郚少郚收和，
和羊叉召敢苏走，
走了三夜遇天黑。
郚少郚收与，
与羊叉召敢苏去，
行了三晚露月亮。
羊叉召敢苏和，
和郚少郚收走，
走到一条大河边，
笃纳伊莫渡不过。
羊叉召敢苏砍，
砍那松木来做筏。
羊叉召敢苏与，
与郚少郚收过了河。
羊叉召敢苏和，
和郚少郚收走，
边走边话语。
一对姐妹呀，
遭遇战火就想念，
想念老家直竖的麻园。

碰到战争就思念，
思念那挺直竖立的麻秆。
（见《男女离异歌》之《女方弃男方》）

《男女离异歌》之《男方弃女方》，讲述的则是一位老姑娘嫁给小男孩，最后遭到男方抛弃的故事。古歌是这样唱的：

拉郜敢苏年纪大，
许给娥羊叉那召敢苏，
敢叉那男孩年纪小，
那娥羊叉那召敢苏不知事。
娥羊叉那召敢苏，
年幼小男孩睡觉只会拉，
拉那黑毛毡盖身上，
盖那娥莫妮曼拉郜敢苏，
同那老姑娘床上睡。
年幼小男孩只会和，
年幼小男孩同，
和娥羊叉那召敢苏，
年幼小男孩，
同那同龄同伴跑着玩。
……
年轻的伙伴，
同龄相仿相趣好友带，
成家居住格佐银塘湾，
安家居住格佐金塘湾。
（见《男女离异歌》之《男方弃女方》）

很显然，从这两则西部苗族古歌看，那种对婚姻的抗争就相对减弱了。他们逃婚的目的，也就笼统地视为由于"遭遇战火就想念老家直竖的麻园，思念那挺直竖立的麻秆"以及"不同龄不同趣"。读罢让人甚感困惑，在爱情和亲情的抉择上，我们应该坚守什么？在面对生活的艰辛和安逸，我们又应该如何取舍？在这样一个对逃婚过于明确，且又不充分的古歌描述上，没有引人些许同情，反而给人以鄙夷之感。难道仅仅因为婚后分居两地，过于思念，每每回忆少年时光，又或想念老家的麻园、麻秆，便就可以置一切于不顾？这就失去了抗争主题给人以教育、激励的功能。同样，对于"不同龄不同趣"的婚姻形式，西部苗族古歌最后也只能在传统的范式之内，让"年轻的伙伴，与同龄相仿相趣的好友，成家居住在格佐银塘湾、金塘湾"里。那么，我们不禁要问：那位年老的姑娘呢？以人惯有的思维，假如我们对 A 深表同情，那么对 A 的对立面 B 则多少有点反感。倘若一再去强调 B 的舒适，如古歌"年轻的伙伴，与同龄相仿相趣的好友，成家居住在格佐银塘湾、金塘湾”那般，那势必让人有“志不同不相为谋”的感慨。既然“志不同”，古歌的主旨又怎能引起众生的共鸣？所以说，在对婚姻自由的抗争上，“蒙恰”古歌表现得比西部苗族古歌丰富多了。

（四）民间故事类古歌比较

在“蒙恰”古歌里，反映民间疾苦的故事主要体现在《无粮人家的儿女》上，它讲述的是一家人无粮食度日，连花场都不能去，靠着打草鞋去换些饭来过日子。“一班兄弟姐妹在家打一天草鞋，好明天拿去与后寨老人换勺饭吃。”后来，他们通过自己的劳动过上了好日子。“无粮的人家儿女怕饿，缺衣的人家儿女怕冷。无粮的人家儿女才含辛茹苦开荒，无粮的人家儿女才百般勤劳种地。现在，无粮的人家儿女有粮食吃了，缺衣的人家儿女有衣服穿了。”而同时，“后寨老人家因懒惰要挨饿了，后寨老人家因懒惰要无衣穿了，后寨老人家看见他们有吃有穿，后寨老人家放声哭得像个老母牛。”这首古歌表面上主要是歌颂了勤劳，讽刺了人们的懒惰，但实质上更多的是对贫困生活的抗争。

而在西部苗族古歌里，对疾苦进行抗争的故事也是很多的。比如描述孤儿生活的《孤儿歌》便是其中的一例。它讲述了一个孤儿由于勤劳，有善心，在一次偶遇中相识龙王老爷幺女，并娶之为妻，最后在龙女的帮助下，最后登上了皇帝的宝座。再之后，孤儿委派神童儿子掌管天下事，孤儿只治理天上，治得天地都太平的故事。

今年会知道，
知道孤儿去打柴。
龙王很可怜，
真正的可怜。
今年会知道，
知道龙爷幺女经过，
那无际无涯的下方，
在途中遇上孤儿，
孤儿在那儿打柴。
龙爷的幺女遇上了，
遇上途中的孤儿。
龙爷幺女同孤儿一起去睡，
……
龙爷幺女一心扶孤儿做皇帝。
汉皇帝的长子已成为，
成了一家黑彝的领主。
皇帝的部下与随从，
带着孤儿上路了，

去到皇帝居住的地方。
……
孤儿就指派，
指派手下随从来迎接，
迎接龙爷幺女和两位神童儿子，
来到孤儿做官的地方。
孤儿委派神童儿子掌管天下事，
孤儿只治理天上，
治得天地都太平。
以后若是天疲软地顶着，
地疲软了天拉住，
让天地永远太平。
（见《孤儿歌》）

这样的故事，在苗族社会里，是不可能找到任何一点痕迹的。它只能作为一种理想愿望，依附于西部苗族人的意识形态里。但正因为这样不切实际的愿望，无意间抹杀了人们仅存的丁点斗志，使得在那里、在那样生境下的人们，在对于残酷的现实中所引发出来的反抗也只是被动的，他们压根儿不会揭竿而起，只能小心翼翼地、安静地满怀期待着。那种“孤儿遇龙女”聊斋式的爱情以及“孤儿当皇帝”的美事也从来不曾光顾，只犹如挂在天边的星星那般，永远是那么遥不可及。或许他们压根儿就不曾也不敢去幻想，只是在这“无为”的信念中苟且地活着。久而久之，这种“无为”的信念，渗透到人们的思想中。其结果只能使这里的人们在无为中再度迷失，又或者只能在百无聊赖的生活里找寻那么一点点慰藉。它与“蒙恰”《无粮人家的儿女》这样的民间故事类古歌不同，《无粮人家的儿女》描述的是一种残酷的社会现实，影射了“蒙恰”苗人生活的艰辛。它利用古歌的反复传唱，从而引起人们对孤儿孤女的关注和同情，同情之余又激发了人们对这种残酷现实的抗争。

总之，在蒙恰古歌中，勇于抗争的主题是很多的。有对土地的抗争，有对爱情的抗争，有对婚姻压迫的抗争，有对生命的抗争，有对贫困生活的抗争……无一不呈现在“蒙恰”古歌里。而在西部苗族古歌中，虽然也有对抗争主题的记述，但大多都是一种“幻想式”的对征服自然的渴望或者战败以后，举族外迁时对困难的征服。它对抗争的强调程度没有“蒙恰”古歌那么强烈，相反，而显得过于安分、守己。这是为什么呢？

回到段首的问题，“蒙恰”古歌所形成的思想，是客观存在于“蒙恰”人的意识中并经过人们不断思维活动而产生的结果，其内容为社会制度的性质和人们的物质生活条件所决定。但“蒙恰”苗人与其他西部苗族，他们同处于一个社会制度奴役之下，不存在社会性质的差异。那么，导致他们思想上两种截然不同的观念——勇于抗争与安于现状，其结论就只有一个，那就是两者之间的“物质生活条件”了。“蒙恰”苗人自战败后，他们或隐藏或融入其他民族一起生存下来。这样，不管在政治上还是经济上，都处于一种孤立的、边缘的、隶属的状态。在物质条件没有完全满足自身需求，自然条件的恶劣以及受其他主体民族的压迫等情况下，他们不得不时时以高度的警惕、频繁的抗争来防卫自己、延续自己。而对于那些战败以后举族外迁的其他苗族支系，虽然他们在物质条件上也没有获得更多的优裕，但正因为举族外迁的漂泊，又使得他们在繁杂的环境下保持相对封闭的状况，从而在一定的程度上，使他们摆脱了，或者确切地说是减少了来自其他强势民族的奴役，因此，它们对抗争主题的描述也就相对减少。此外，到处漂泊且人数较少的客观事实，其相互协作的需求总要大于抗争，西部苗族的社会现实便刚好证明了这一点。

二、悲情性

悲，又称悲剧、悲情。在汉语语境里，它指的是一种不幸的遭遇，或者由于与现实不可调和的冲突而引起的悲惨结局。它不仅作为一种思想，而且还作为一种审美范畴，广泛地存在于“蒙恰”苗人以及西部苗族诸多古歌里。

在“蒙恰”古歌中，反映这种悲情的主要体现在《巧女“接嘴雀”》中。它讲述的是在神人“娘九津井”的时代，人们遇上了大饥荒，连种子都没有了。在人间有一个聪明能干的女子也没有办法使一家吃饱肚子。只好去借贷，去挖野生植物来充饥，可挖野菜也没有挖处，在家里有点吃的都让公婆吃了，自己只吃点汤水。“荒年里巧女的儿子饿了，饿了儿子去找母亲，母亲也饿，饿了母亲没有找处。”只好跳进水里自杀了。自杀了的巧女变成了一只接嘴雀。“死了的巧女魂魄变成接嘴雀，像影子一样飞上了天。”最后说这接嘴雀又变成了一个巧女，靠自己与男人的勤劳，使自己吃饱穿暖，终于过上了好日子。

天荒地老时，
神人“娘九津井”在大地上。
这个天神的故事，
在大地上流传。
……
荒年来到，
神人“娘九津井”的神袋无粮，
神人“娘九津井”的神衣会冷。
地上的男儿吃不饱，
地上的男儿穿无衣。

荒年来到，
田里的谷禾不会成熟。
荒年来到，
地里一片荒芜。

荒年的年头苦，
荒岁的日子难。
荒年苦难何时到头，
留下种粮有一斗来烂一斗，
有一石来烂一石。

荒年无希望，
荒岁年岁寒。
荒年来了，
心灵手巧的姑娘也挨饿，
巧姑娘肚子饿，
巧姑娘才骂勤快郎。

父子和别人借债，
儿子说少借点，
父亲说多借些。
儿子说用山羊和毛羊抵债，
父亲说用田地抵债。
……
荒年的年头苦，
荒岁的日子难。
荒年中巧女吃了头牛也不觉得饱，
荒年里勤快郎吃完匹马也不知足。

荒年的年头苦，
荒岁的日子难。
荒年中巧女吃了头牛还要怪人，
荒年里勤快郎吃完匹马仍不讲理。

荒年的年头苦，
荒岁的日子难。
荒年里巧女饿了骂勤快郎，
骂得父子给人去打铁，
打得铁锄给巧女挖蕨根。

水在山中流，
水在溪中淌。
挖来的野菜哪里洗？
山中水中洗。

洗好野菜回到家，
好吃好喝的公婆吃了，
残汤剩水是媳妇的。
……
荒年的年头苦，
荒岁的日子难。
荒年里巧女的儿子饿了，
饿了儿子去找母亲，
母亲也饿，
饿了母亲没有找处。
无处可去的巧女在竹子尖上吊不死，
回身跳进漂马箐（地名）水中。
死了的巧女魂魄变成接嘴雀，
像影子一样飞上了天。
……
接嘴雀叫来接嘴雀叫，
接嘴雀飞落枫树尖，
接嘴雀要变巧女下凡做蓝靛。

接嘴雀叫来接嘴雀叫，
接嘴雀飞落枫树尖，
接嘴雀要带勤快男下凡犁牛和耙田。

巧女嫁得勤快郎，
男耕女织好时光；
一天三顿吃饱饭，
巧女脸庞有红光。

接嘴雀叫来接嘴雀叫，
接嘴雀飞落枫树尖，
接嘴雀要变巧女下凡做蓝靛。

接嘴雀叫来接嘴雀叫，
接嘴雀飞落枫树尖，
接嘴雀要带勤快男下凡做生产。

巧女嫁得勤快郎，
男耕女织好时光；
一天三顿吃好饭，

巧女脸上放红光。

（见《巧女"接嘴雀"》）

可见，它描写的巧女，是个"与我们相似"的人，她不怎么善良，甚至在"饿了的时候骂勤快郎，骂得父了去打铁"，即不是好到极点的人。她之所以陷入厄运，不是由于她的为非作歹，也不是她犯下什么过失，而是自然给她的捉弄。在那样一个"田里的谷禾不会成熟，留下种粮有一斗来烂一斗，有一石来烂一石"的荒年里，勤劳的巧女，只好去挖野菜，可野菜竟然没有挖处，家里剩点吃的全给了公婆，自己只好喝些汤水，无处可去的巧女，只有在绝望中"回身跳进漂马箐水"里悄悄死去。它应该给我们一种特殊的快感，这种快感是由于这个故事或者这个由于人的意识所无法管辖的行为（荒年）所产生的悲惨结局，从而引起了我们的怜悯和同情。

除了怜悯和同情外，快感中还有恐惧。这种恐惧不是日常生活中面临生命危险时的那种恐惧，也不是胆怯和懦弱，而是一种哀伤或忧郁的情结，它是一种忧患的意识。是面对强大的邪恶力量如荒年而感到的无能为力。然而，我们在感到压抑、无奈又或理想破灭而绝望，甚至选择离去时，仍旧感到振奋或想抗争。这时，恐惧成为一种强烈的动力，它能唤起我们一种非同寻常的生存本能。因此，悲剧又常常与生死和痛苦联系在一起，"死后的巧女魂魄变成接嘴雀，像影子一样飞上了天。再之后接嘴雀又变成巧女，与勤快的男人一起幸福的生活。"这种死和由死而产生的悲戚，生和由生而产生的愉悦，构成了悲的另一因素。它包含两个对立的过程——生和死，从而使这个故事具有了深刻的哲学内涵。然而，在事实上，作为一种生理规律的死亡，本身没有悲剧的含义。只是它在某种方式下的"死"的代表、体现和肯定了某种理想、某种价值。比如在《巧女接嘴雀》中，巧女的死，不是生老病死的轮回，而是在现实与理想的矛盾冲突中，理想的破灭与复活。它在反映历史必然和现实可能性矛盾冲突的同时，又以对普通人日常生活中不幸和苦难的记述，折射了一个时代的走向及命运。这种由生而死、由死转生的轮回，也不会因理想的毁灭而消逝，相反，它更会长久地存活于整个苗族社会的记忆里，并且物化在"蒙恰"苗人的行为和文化中。

而在其他西部苗族古歌中，却由于它相对封闭的社会环境以及相对满足需求的物质生活条件，使得它的悲情性内容比"蒙恰"古歌少得多。纵观整个西部苗族古歌，呈现悲情性内容的主要反映在《婆操爷操歌》《穷人搬迁歌》《列嘉和娥冉觉妮榜》等古歌里。

《婆操爷操歌》讲述的是在"多灾又多难，粮不熟果不结，野竹遍地花开放，野竹都结果"的年代里，人们的生活极其艰苦，婆操爷操为了给史比主自老家租税，只好留儿女在屋子里，去后山采野竹果来交租。但史比主自老家"以前用升量，后来换成斗，交了一石还不够。婆操爷操夫役租税重，婆操爷操租粮难交足，婆操爷操寻路迁"。又逢沙蹈爵氏敖和史碧主自老战火起，那婆操爷操难以生存，只有"快速寻路逃，男人走一边，妇女逃一方。"但后来遇上了麻烦，只好逃到史碧主自老的地盘，给史碧主自老当奴隶。时境不久，又被史碧主自老转卖给骚诺主自老当奴隶，给骚诺主自老放牲口。平时吃的是"丢在簸中的剩菜，狗槽里的饭食。"最后，才逃出了骚诺主自老的控制，在安义革再山石边修房建屋，从而定居下来。

《婆操爷操歌》描写了个人命运与自然灾害、战争的冲突。爷操婆操与我们一样，也是日常生活中再普通不过的一员。他们没有惊天动地的伟业，只是正常的生活愿望受到了各种外在因素的摧残和毁灭，他们的悲惨命运不是他们自己造成的，而是他所在的阶级压迫的结果。但他们似乎又没有竭力去反抗，反而隐在命运的罗网中一逃再逃，最后在“人们的安排”下才得以安居下来。他们的遭遇，虽然也引起了人们的同情，但这样的圆满结局在很大的层面上，更多的是人们对其经历的感慨，它是不会勾起人们的悲愤，或者由悲愤而产生的振奋与抗争的。因此，不管是思想内容上，还是情节安排上，它都削弱了悲剧的本质。

《穷人搬迁歌》讲述的是穷人在搬迁时，由于不种庄稼，不耕地，天天只盼人来帮忙，而陷入了“哭了饥饿仍连着饥饿”，最后，只好“拿着牲畜出去卖，卖来救济子孙的饥饿，卖来救济子孙的饥渴”的凄凉处境。歌是如此唱的：

今年会知道，
知道搬迁人想法多。
搬迁人不种庄稼，
搬迁人不耕地，
搬迁人只盼着，
天天等人来帮忙。
晴天明朗朗，
晴天让搬迁人心忧伤。
搬迁人携带着，
带着子孙爬，
爬山过岭放声哭。
晴天让搬迁人心忧愁。
搬迁人带领子孙爬，
爬山上岭让人可怜。
搬迁人不务农，
搬迁人不种粮，
搬迁人没粮食，
搬迁人无食物。
搬迁人子孙放声哭，
哭了饥饿仍连着饥饿。
搬迁人搬到老，
搬迁人该怎么办?
搬迁人想的是为了一张嘴，
想起话来口中说。
搬迁人会来拿，

拿那牲畜出去卖，
卖给沙蹈爵氏赦得到，
银钱白晃晃带回来。
出卖牲畜为啥事？
卖来救济子孙的饥饿，
卖来救济子孙的饥渴。
（见《穷人搬迁歌》）

很显然，这种凄凉的处境，也是一种痛苦。但这种"痛苦"，这种由"不务农、不种粮"而引发的"痛苦"完全是"咎由自取"的结果，它不是个人意志与社会的斗争下个人理想的毁坏。他们的悲惨处境，充其量只会警诫人们不再顺从命运，而不会使我们产生很大的同情。

《列嘉和娥冉觉妮榜》讲述的是一个叫列嘉的男子，在一次钓鱼中钓得一条泥鳅，后来这条泥鳅变成了他的妻子。在妻子的帮助下，列嘉过上不愁吃不愁穿的生活。但过不了多久，列嘉受到了娥古（人名）的谗言，就把妻子给抛弃了。当他回到家中，看见所有的家底都不见了，于是他去找娥古，想和娥古成为一家人，但遭到了娥古的冷眼。这时才意识到妻子的好，但已后悔莫及。列嘉只好回家来待着，之后他变成点水雀，天天找寻妻子的故事。

在这样一个以荒诞、浪漫为基调的故事里，列嘉与幸福的邂逅，是令人向往的。但他却因为无法把握这份幸福而又造成了悲剧，这种悲剧不是蓄意的，而是在不明真相或不自愿的情况下所犯下的"过失"，从而使他遭受到了不应遭受的厄运。他在道德上，似乎是一个很矛盾的人，一方面，休妻时的暴怒以及休妻后回到家里，看见家底不见的时候，他仍执迷不悟地选择了娥古，其良心的发现也是由于遭受到娥古的唾弃而觉醒；另一方面，他好像又不算是个坏人，比如在得知事情真相之后，他变成了一只点水雀，为爱而实现一次完美的救赎。但是，正因为这种救赎，从而更加放大了列嘉对"真、善、美"的肆意抹杀，于是，他才落得个悲惨的下场。人们对他的态度——与其说变成点水雀是一种自我救赎，还不如说是一种惩罚。因而，它不会在很大程度上引起我们的同情和怜悯，也不会引起人们的震撼的。

第三节　古歌艺术形式比较研究

所谓艺术形式，指的是艺术作品内部的组织构造和外在的表现形态以及种种艺术手段的总和。它包括两个层次：一是内形式的，即内容的内部结构和联系；二是外形式的，即由艺术形象所借以传达的物质手段所构成的外在形态。一般情况下，在任何艺术作品里，内形式与外形式是结合在一起的，只有通过两者的相互调和，艺术作品的内容才能够更好的表现。

而对于古歌的内形式，我们在前两节，从严格意义上讲，已经通过“故事情节与思想内容”两个方面的比较对它有了一定程度的展开。因此，在这一节，我们主要从外形式即结构、艺术语言、表现手法三个方面来进行比较、研究。

一、结构比较

结构，是一篇文艺作品的组织方式和内部构造。作为一条主心骨，它贯穿于文章始终。然而，对于不同风格，不同内容的文章，其结构的择取又是不一样的。

在“蒙恰”古歌中，其结构形式往往过于粗糙，在故事情节的连接上也不大紧凑，甚至出现断裂的痕迹。比如古歌《太阳姑娘和月亮小伙》，在第一部分以“是谁提把斧子从天上下来砍箐”这样的疑问作为开始，间接地引出“纺车及其材料的来由”，而至段末，便马上点出两个与段首无关的意象——太阳姑娘和月亮小伙，在内容结构上发生了巨大跳跃。经过反复吟唱两遍，接着才在第二部分，名副其实转到对太阳和月亮的描述，由于“太阳姑娘要选月亮小伙做丈夫，月亮小伙选太阳姑娘裙角做把凭”，所以二人总想有一天能相会。到第三部分，又解释了由于各种原因，两人始终无法相见。

如果仅从“古歌的理解”角度来看，通过联系上下文，对古歌的理解还算清楚。但如果从文艺的角度看，它在第一部分描述的是纺车等意象，而到第二、第三部分则转到对太阳和月亮的描述。这样，在内容上发生了巨大转移，使得篇幅结构上毫无承接，完全失去了层次给人的美感。

又如《剑鬼和梭神》，虽然我们仅以“剑鬼和梭神”命名，但从古歌的内容上看，却又有很多的文字对他们之上的一个神人——娘九津井做了很多的描写，古歌的第一部分，就是专门记述神人娘九津井的；而第二部分以后，古歌才转为对“剑鬼和梭神”率兵驱逐夷蛮故事的描述。这是两个完全独立的部分，但他们却存在于一首古歌里，如果说他们有何联系，那么只能这么说，“娘九津井”是“剑鬼和梭神”的统帅，“剑鬼和梭神”是“娘九津井”的战将这样一种上下属的关联。

此外，在第二部分“剑鬼和梭神”率兵驱逐夷蛮的描述里，古歌对“为何而战”这样的战争起因以及战后的结果也是没有提及，仅以“剑鬼和梭神”围堵夷蛮的片段给予反复强调，仿佛一张照片一般，突然从某一片段定格下来，从而把它最优美的部分陈列在人们的眼前。这样一种在一个庞大、繁杂的文化体系里，仅仅以一种很粗糙，甚至断裂的方式去描述某一种片段文化成分的表述结构形式，很显然，是比较单一的。人们在欣赏它的“美”的同时，所引发出的诸多对它“过去”（起因）与“未来”（战后的结果）的假设，在传统上应该在古歌里找出，哪怕丁点痕迹。但却由于古歌的“忽略”，使得古歌本身没有完整而分身出两个独立的部分。这不能不说是结构粗糙、松散所致。

而在西部苗族古歌中，它们在结构上较“蒙恰”苗人古歌就相对完整了。比如同为描写自然天象的古歌，在《日女月郎》里，却是把一个很清晰的文脉呈现在读者面前，先交代故事的时间即“在很久很久以前”，接着交代故事的内容，“他很想娶日女为妻。美丽日女很情愿，于是就和那月郎成为一家人”。最后才交代未能成为一家人这一结果的缘故，“原来日女未带背衫带，月郎也没有背弩绳。”当然，这样的“交代”其内容未必科学，但作为一种叙事方式，它使得古歌具备了比较完整的特性。

又如西部苗族战争类古歌，不管是哪一篇，在古歌的展开上都是“在很久以前，某某祖先一直幸福地生活在某某地方里；后来，外族来抢占地盘，从而引起祖先们的抗拒，战争刚刚开始时，把外族打退了；但外族不甘心，又卷土重来，最后祖先们被打败了，只好举族外迁的经历。再之后，有的描述是如何融入其他族群的经历，有的便又是描述如何定居下来的结果”。但无外乎，都是一样的结构模式，这种平铺直叙的手法，犹如打开一张历史画卷一样，慢慢地把西部苗族的历史，一点一滴地呈现在人们的眼前，整个西部苗族历史故事的来龙去脉也跃然于歌中。从这些记述里，我们能清晰地知道战争的起因——争地盘，战争的结果——融入其他民族中或者举族外迁等等；其间，各个战争故事的交错，不管是人物的，还是故事的，又使得整个古歌形成了一张庞大的“网”，并以一个文化体系存活在西部苗族中。

总之，在结构的呈现上，“蒙恰”古歌表现由于相对粗糙、松散，从而导致其内容情节上出现一定程度的断裂或转移，使得它形成一个个比较独立、单一、平行的个体；而西部苗族古歌则刚好相反，它在结构上表现得比较完整，从而又使得古歌在各种形式下交织成一个庞大的故事群或者说文化体系。然而，引起这两种截然不同结构形式的原因又是什么呢？我们认为，这可能跟“蒙恰”和西部苗族的生存状况有很大的联系。“蒙恰”苗人自战败后，与整个西部苗族脱离出来而形成一个独立的个体，犹如一个破碎了的镜面，零星地分散在六枝等这样一些偏僻的生境里。其点状关联的分布，反映在他们的古歌中，作为一种文化碎片，虽然也能发射出耀眼的光芒，但却未能折射出整个历史的影子。而西部苗族却在战败后，选择了异样的道路，这样的选择使得他们经历了战争的全部，呈现在古歌里也就比较丰富、完整了。当然，这样的“丰富与完整”，是谁都不愿意的，并且它需要付出惨重的牺牲。

二、艺术语言比较

语言，是一篇文学作品的基石，也是一篇文学作品的生命力。它在词与句的语调起伏上所引出的参差不齐，使得文学作品具有了韵律和格律的音乐美感。

在“蒙恰”古歌中，其词句的语调起伏，主要表现在一种反复式的歌词结构。所谓反复，在修辞学里，往往是为了突出某个意思，强调某种感情而特意重复某个词语或句子。但在“蒙恰”古歌中的反复，有时候似乎不仅仅是这种目的，而具有更为丰富的成分，它在表达情感需要的同时，也还具有歌唱需要以及无文字民族语言记忆的需要的功能。

在反复中，有一种是一字不变的重复；此外，还有一种变调反复，即在一个相同的句式结构末换上一个声调不同的词，以形成反复。比如在《男孩做“媳妇”》中就有这样的呈现。

是谁想给人家做“新娘”？
是男孩想给人家做“新娘”。
是谁到姑娘家耙田，
男孩赶牯牛给姑娘家耙田。

是谁想给人家做“新娘”，
是男孩想给人家做“新娘”。
是谁到姑娘家犁地，
男孩赶牯牛给姑娘家犁地。
（见《男孩做“媳妇”》）

上例引自《男孩做“媳妇”》中的一段，在这首古歌里，8句中可分为前后两个部分，“是谁想给人家做‘新娘’，是男孩想给人家做‘新娘’”是原字不动的；只有到了3—4句和7—8句句末的词语才发生了变化。在3—4句的句末词语是“耙田”，而到7—8句则改成了“犁地”。

至于为什么苗族的古歌中会出现这样的结构句式呢？在前文的第六章已有比较全面的展开，在此不再赘述。

而在西部苗族古歌中，这样的一种语言重复，又是怎样来呈现的呢？比如在《创造世界歌》里：

四邦铜匠四方来，
四邦铜匠来炼铜，
铸得铜柱来撑天，
把圆圆的天撑在上空，
将坦荡的天置于上面，
天空平坦又光滑，
日女月郎欢快穿梭行。

四邦铁匠四方来，
四邦铁匠来打铁，
打得铁柱来支地，
把大地支得稳当当，
让世间的山峰与峻岭，
平整分布于上面，
叫那沟壑河谷地下行。
（见《创造世界歌》）

这两个部分，一字不变的“重复”是没有的，只是“变调重复”改变了“铜”

“铁”“天”“地”几个字词。但严格来看，它仍不属变调重复的范畴。

三、表现手法比较

一般来说，在一篇文学作品里，内容决定形式，形式表现内容，并随着内容的发展而发展。但形式在一定的程度也可以反作用于内容，既可以有助于内容的完美展示，也可以阻碍内容的充分表现。但是，形式在某种情况下又具有相对的独立性，它可以采取不同的表现手法去表现内容。因此，形式具有多种多样的特点与方法。

比如同是一个以“老虎”为意象的主题，在表现的手法上，“蒙恰”古歌与西部苗族古歌就存在较大的差异。在“蒙恰”古歌《老虎“力宝”》里，讲述的是一只通人性的老虎，它拿开了猎人的弩，保护了许多野兽。“力宝”养了两个儿女，一个叫“帅郎”，一个叫“凤姑”，但是因为它拿开了猎人的弩而得罪了猎人。“‘力宝’摘弩惹火烧身，‘力宝’摘弩得罪猎人，‘力宝’的对门上出现了弩箭，‘力宝’的山脚出现了刀枪。”“力宝”只好远走他乡，“‘力宝’养儿丢在石包脚，‘力宝’养女丢在石包旁。‘力宝’养儿后走远方，丢下虎儿好可怜。”“力宝”无力管好“帅郎”和“凤姑”，让他们不幸地流落到别人家去受苦。“鸡叫三更时，凤姑起来为箐苗婆冲碓。鸡叫半夜时，凤姑起来为箐苗婆冲米碓。”后来，“力宝”回来解救了他们，并且“‘力宝’咬死了夷蛮家的一头小牛，‘力宝’咬死了夷蛮家的一匹大公马。”但最后，夷蛮家用毒弩射死了“力宝”。故事末，古歌又以“虎死了精魂也要回来报仇”做结尾。

这样的讲述，就不仅仅是一只老虎的故事了，反而更像是一个苗族古代英雄的传说，并进而演绎为民族救星的象征。

凤姑哭了一夜，
诉不完的苦情。

凤姑说：

希望有一天，“力宝”突然从那个岩石上下来，
才能结束凤姑的苦难。
（见《老虎“力宝”》）

对于“蒙恰”这样一个苦难的族群，在历史的发展中，深受到来自外界诸多阶级的压迫。为求生存，一定要塑造一种民族精神来支撑自己生活的信念。于是，通过对“力宝”的塑造及其拯救苦难的表现，使得“力宝”便也成了一种不屈精神的象征。

而在西部苗族古歌中，涉及“老虎”这一意象则主要表现在《卯蚩彩娥翠和召采》《虎爷娶孙媳》和《愚蠢的老虎》上。但它们大多都是把老虎表现成一种有勇无谋，很愚蠢的动物，并借老虎对人类的危害，老虎的勇猛来突显人们的机智、聪明。这样的表现方法，在那种恶劣的自然环境下，对稳定人们在物质生产上的情绪，有很

大的帮助。但从另外一个层面来说，这样一种对人类的“中国式”的含蓄表扬，与刘伯温“虎之食人不恒见，而虎之皮人常寝处之，何哉？虎用力，人用智。虎自用其爪牙，而人用物。故力之用一，而智之用百，爪牙之用各一，而物之用百，以一敌百，虽猛必不胜”那般，都津津乐道于“虎用力，人用智”那样的智慧。殊不知，“虎之食人不恒见，而虎之皮人常寝处之”，那是因为人比动物更阴险、狡猾，是故老虎“虽猛必不胜”。当人是禽兽时，他甚至连禽兽都不如。

所以，在人与动物的故事里，像西部苗族古歌那样对动物的极力嘲讽，对人类的含蓄表扬，反而使故事在表现手法上显得单调、笨拙，从而失去了其深刻的社会内涵，它不利于内容的完美展开。

当然，在这里我们仅从以上三点，对“蒙恰”古歌和西部苗族古歌做了一个尝试的粗浅的比较。此外，古歌的艺术形式还有很多，比如体裁，同为一个主题，在蒙恰古歌与西部苗族古歌里，却形成两种不同的叙述方式等等。

总之，民间文学的比较研究是非常重要的，事物的特点都是相比较而存在的。通过比较，我们可以发现各种文学其存在的状况，异文的演变规律以及作品的流传路线，等等，通过对它们内容的比较，研究，我们还可以从繁杂的文化事象中了解到各族人民的文化交往，了解民间文学同社会生活的关系，了解作品的民族特色和地方特点；对古今作品的比较研究还可以发现民间文学的传统特征和时代特色。

因此，我们在对“蒙恰”古歌和西部苗族古歌进行比较研究时，本着的就是这样一个原则，通过对两者“故事情节、思想内容和艺术形式”三个方面的比较，从而去“发现”它们之间一些规律性的东西，进而去了解整个西部苗族文化上的变迁情况。但由于研究水平上的受限，使得我们仅局限在某一个角度或者观念里，不能进行广泛的、深入的研究。是故，我们在比较研究的同时，亦是一个学习、探讨的过程，我们不求一种“既定的说法”，只希望我们的研究能起到一种抛砖引玉的作用，并希望有更多的专家学者，投入到研究“蒙恰”古歌中来。

关于《“蒙恰”古歌研究》之后记

从“发现”（请原谅我说“发现”一词）“蒙恰”苗人古歌之日起，到今天已经是近两年的时间了，时间一晃而过。想当初，我们在采录了这些我们今天称之为“蒙恰”苗人古歌的东西之后，对它只是一种直觉的认识，认为它有比较深刻的内容，会在一系列方面体现它的价值，但到底是什么，我一无所知，因为我不懂苗话，听不懂杨先生所唱的一切。

后来，我们在六枝特区民族与宗教事务局的支持和帮助下，展开了初步的翻译，“蒙恰”苗人古歌金子一般的光芒显露了出来，对于它的价值和意义基本可以肯定了，于是，我们在六枝特区民族与宗教事务局的支持下，展开了六枝特区“蒙恰”苗人的全面调查，并在调查的基础上对“蒙恰”苗人古歌进行了进一步的整理和翻译，以至于有了一个关于“蒙恰”苗人文化研究的初步成果——《“蒙恰”苗人文化研究》（贵州大学出版社，2008）的出现。但是，对于“蒙恰”苗人古歌，我仍然“心有纠结”，总以为“蒙恰”苗人古歌的意义不仅仅于此，还应该有进一步的挖掘和研究之必要。于是，我们在求得贵州省非物质文化遗产保护中心的支持后，又进行了更为深入的调查和整理，并在此基础上，开展了“蒙恰”苗人古歌的国际音标记音整理，以及比较深入和专业化的研究，其结果就是今天的《“蒙恰”古歌研究》。它以更为完备和科学的状态，表现了它在非物质文化遗产保护上的意义，表现了它在贵州省西部苗族古歌收集整理和研究上的意义，对比20世纪柏格里等人收集整理的贵州西部苗族古歌，无疑是一个巨大的进步和突破。《“蒙恰”古歌研究》应该在研究贵州西部苗族的文化，以及对比研究贵州苗族文化方面意义亦很重大……

在“蒙恰”古歌的调查中，在当地工作的王亮贤老师，“蒙恰”苗人的老歌师杨德发，贵州民族学院的游珍海老师、学生杨春艳、郎丽娜等人做出了重要贡献，新场乡人民政府亦给予了大力支持。

在“蒙恰”古歌直译中，王亮贤老师承担了主要的工作。在“蒙恰”古歌意译中，吴秋林承担了主要的工作。“蒙恰”古歌的后期国际音标记录，是由贵州民族学院的罗兴贵老师完成的，其国际音标记录录入是由黄丽媛同学完成的。在此，一并表示最诚挚的谢意！

在研究中，吴秋林承担了第一章至第五章的写作，第六章的写作由吴秋林、郭宸利完成，第七章的写作由郎丽娜完成，第八章的写作由王金元完成。

几年的辛劳在今天有了一个结果，累，亦释然！不过，我还是要把这最终极的谢意给予贵州省非物质文化遗产保护中心的罗运琪先生和周碧树先生，因为当初肇始我们进行非物质文化遗产调查的是他们，今天最后支持我们进行“蒙恰”苗人古歌研究的亦是他们。

是为记！

吴秋林

2009 年 9 月 25 日